ANALECTA BIBLICA

INVESTIGATIONES SCIENTIFICAE IN RES BIBLICAS

110

PIETRO BOVATI, S.J.
Pontificio Istituto Biblico

RISTABILIRE LA GIUSTIZIA

Procedure, vocabolario, orientamenti

ROME
BIBLICAL INSTITUTE PRESS
1986

Vidimus et approbamus ad normam Statutorum

Pontificii Instituti Biblici de Urbe
Romae, die 19 mensis Decembris anni 1985

R. P. Luis Alonso Schökel, S.J.
R. P. Pierre Proulx, S.J.

ISBN 88-7653-110-6

Gregorian University Press
Biblical Institute Press
Piazza della Pilotta, 35 - 00187 Rome, Italy

PREFAZIONE

Questo studio è stato presentato come tesi di dottorato in Scienze Bibliche presso il Pontificio Istituto Biblico di Roma; alcuni complementi e qualche integrazione bibliografica sono intervenuti tra la difesa della dissertazione nel maggio del 1985 e la sua attuale pubblicazione.

Il lavoro è stato condotto sotto la direzione del P. Luis Alonso Schökel S.J., il cui impulso è stato decisivo per la scelta del tema e il configurarsi della ricerca; la sua rara conoscenza del testo biblico, la sua vastissima cultura letteraria, la sua sapiente umanità mi furono di inestimabile aiuto. A lui va in primo luogo la mia grande riconoscenza per avermi accolto come discepolo, per la fiducia accordatami, e per il costante, prezioso sostegno in ogni fase della investigazione.

Il P. Dennis McCarthy S.J. è stato per alcuni anni il secondo relatore della dissertazione; la sua improvvisa scomparsa nell'agosto del 1983 mi ha privato di un lettore acutissimo e di un amico fraterno: lo ricordo qui con affetto e nostalgia. A lui è generosamente subentrato il P. Pierre Proulx S.J., a cui devo moltissimo per i suggerimenti, le informazioni e le innumerevoli, precise osservazioni: la sua intelligente ed erudita collaborazione hanno reso meno lacunoso il mio scritto.

Il mio ringraziamento si estende a coloro che in diverso modo hanno reso possibile la elaborazione e la pubblicazione di questo studio: il P. Paul Beauchamp S.J., mio primo maestro di S. Scrittura nella Facoltà Teologica di Fourvière, che mi ha formato con la sua penetrante, feconda, amorosa lettura del testo biblico; il P. Denis Vasse S.J. e la Communauté du Pélerin di Lyon, la cui fraterna accoglienza mi ha sempre sostenuto, e la cui vitalità ha stimolato la mia ricerca; i dott. Domenico Comite e Claudio Simonini, che mi hanno introdotto nel mondo complesso del diritto; la sig.ra Maria Grazia Franzese e la sig.na Bruna Costacurta per la loro sollecita cura nella battitura e nella correzione del manoscritto; il P. James Swetnam S.J., che ne ha curato la preparazione per la collana Analecta Biblica.

Ringrazio anche il P. Carlo M. Martini, il P. Maurice Gilbert S.J. e il P. Albert Vanhoye S.J., Rettori dell'Istituto Biblico, per la benevolenza e comprensione con cui hanno promosso e favorito il mio studio; esprimo insieme la mia riconoscenza a tutti i Professori dell'Istituto per il loro valido insegnamento. La mia gratitudine va inoltre ai confratelli e amici per il loro contributo e incoraggiamento in questi anni di prolungato lavoro. Tengo in particolare a ringraziare di cuore la sig.na Vittoria Casanova, la cui generosità ha in larga parte provveduto alle spese di stampa.

Roma, gennaio 1986

Pietro Bovati S.J.

INTRODUZIONE

Genesi del lavoro e premesse metodologiche

Il sorgere e prendere corpo di uno scritto è assai spesso condizionato se non prodotto da due fenomeni apparentemente contraddittori, in realtà complementari fra loro. Da una parte, la presenza di una nutrita serie di interventi su un determinato soggetto, che prova l'importanza dell'argomento e la sua attualità; dall'altra, la percezione di poter intervenire nel dibattito con una parola utile e originale. Così crediamo possa spiegarsi la genesi della presente dissertazione.

Il *tema della giustizia* ha da sempre costituito un centro di interesse per gli studi esegetici; ma negli ultimi decenni ha attirato l'attenzione della ricerca in modo più specifico e sistematico. Tre direttrici fondamentali si delineano in questa panoramica.

1) La storia contemporanea si è resa progressivamente conto di gravi problemi sociali presenti all'interno di singoli paesi e nell'ambito più vasto dei rapporti internazionali; le proposte teoriche e ideologiche per spiegare e risolvere la conflittualità di tale situazione si sono vivacemente scontrate, e non solo a livello accademico. Anche il mondo esegetico è stato sollecitato ad intervenire e a presentare organicamente il contenuto della Scrittura come strumento per una corretta lettura degli eventi storici e come tramite di una concezione della società conforme ai dati della Rivelazione. Ciò è da situarsi inoltre nel contesto di un rinnovato sforzo di inculturazione del messaggio evangelico, il quale ha la sua base nella tradizione veterotestamentaria, e non si identifica con una dogmatica giuridica dipendente dal diritto romano [1]. È naturale che oggetto precipuo

[1] Facciamo allusione non solo al complesso movimento teologico dell'America Latina, con le sue diverse teologie della liberazione, ma più in generale al riproporsi, anche in altre aree culturali, della questione sociale con le sue implicazioni teoriche e pastorali; anche il Concilio Vaticano II e i documenti degli ultimi Pontefici sono una testimonianza della importanza di tale tematica. Per quanto riguarda direttamente la S. Scrittura, segnaliamo alcune opere recenti nelle quali si potrà trovare una bibliografia complementare: M. SCHWANTES, *Das Recht der Armen*, BeiBibExT 4, Frankfurt am Main 1977; *Los pobres. Encuentro y compromiso*, *ed.* L. BRUMMEL, *al.*, Buenos Aires 1978; C. BOERMA, *Rich Man, Poor Man – and the Bible*, Leiden 1979; *Traditionen der Befreiung*,

della ricerca siano stati i libri profetici, nei quali più istantemente ritorna la denuncia della ingiustizia sociale [2].

2) La teologia si è d'altro canto costantemente occupata della tematica della giustizia: sollecitati in particolare dal messaggio paolino sulla giustificazione, che rinvia ad un rapporto con la tradizione veterotestamentaria, gli studiosi hanno tentato di delineare i tratti caratteristici della «giustizia biblica» in generale, e di configurare in specie la relazione tra la giustizia di Dio e il peccato dell'uomo [3].

Sozialgeschichtliche Bibelauslegung, Bd. 1. Metodische Zugänge, *ed.* W. SCHOTTROFF – W. STEGEMANN, München 1980; J. PONS, *L'oppression dans l'Ancien Testament*, Paris 1981; A. PENNA, «I diritti umani nel Vecchio Testamento», in: *I diritti umani*. Dottrina e prassi, Opera collettiva diretta da G. CONCETTI, Roma 1982, 61-95; L. EPSZTEIN, *La justice sociale dans le Proche-Orient ancien et le peuple de la Bible*, Paris 1983; D. MCCARTHY, «Les droits de l'homme et l'Ancien Testament», in: *Droits de l'homme. Approche chrétienne*, Fédération Internationale des Universités Catholiques, Centre de Coordination de la Recherche, Rome 1984, 11-25.

[2] Tra gli interventi più recenti citiamo: H.-J. KRAUS, «Die prophetische Botschaft gegen das soziale Unrecht Israels», *EvT* 15 (1955) 295-307; H. DONNER, «Die soziale Botschaft der Propheten im Lichte der Gesellschaftsordnung in Israel», *OrAnt* 2 (1963) 229-245; G. J. BOTTERWECK, «Die soziale Kritik des Propheten Amos», in: *Die Kirche im Wandel der Zeit*, Fs. J. HOEFFNER, Köln 1971, 39-58; *id.*, «'Sie verkaufen den Unschuldigen um Geld'. Zur sozialen Kritik des Propheten Amos», *BiLeb* 12 (1971) 215-231; K. KOCH, «Die Entstehung der sozialen Kritik bei den Propheten», in: *Probleme biblischer Theologie*, Fs. G. von RAD, München 1971, 236-257; G. WANKE, «Zu Grundlagen und Absicht prophetischer Sozialkritik», *KerDo* 18 (1972) 2-17; M. FENDLER, «Zur Sozialkritik des Amos. Versuch einer wirtschafts- und sozialgeschichtlichen Interpretation alttestamentlicher Texte», *EvT* 33 (1973) 32-53; S. HOLM-NIELSEN, «Die Sozialkritik der Propheten», in: *Denkender Glaube*, Fs. C. H. RATSCHOW, Berlin 1976, 7-23; E. HERNANDO, «Los profetas y el derecho de gentes», *LuVitor* 28 (1979) 129-152; J. L. SICRE, *Los dioses olvidados*. Poder y riqueza en los profetas preexílicos, Madrid 1979; B. LANG, «Sklaven und Unfreie im Buch Amos (II 6, VIII 6)», *VT* 31 (1981) 482-488; *id.*, «The Social Organisation of Peasant Poverty in Biblical Times», *JSOT* 24 (1982) 47-63; C. H. J. de GEUS, «Die Gesellschaftskritik der Propheten und die Archäologie», *ZDPV* 98 (1982) 50-57; H. B. HUFFMON, «The Social Role of Amos' Message», in: *The Quest For the Kingdom of God*, Fs. G. E. MENDENHALL, Winona Lake 1983, 109-116; I. M. ZEITLIN, «Classical prophecy and the concern for social justice», in: *Ancient Judaism*. Biblical Criticism from Max Weber to the Present, Cambridge 1984, 208-257; J. L. SICRE, *«Con los pobres de la tierra»*. La justicia social en los profetas de Israel, Madrid 1984.

[3] Possiamo qui citare solo alcune delle pubblicazioni più significative, rinviando, come complemento bibliografico a H. GROSS, «'Rechtfertigung' nach dem Alten Testament», in: *Kontinuität und Einheit*, Fs. F. MUSSNER, Freiburg–Basel–Wien 1981, 17-29: F. NOETSCHER, *Die Gerechtigkeit Gottes bei den vorexilischen Propheten*. Ein Beitrag zur alttestamentlichen Theologie, ATA VI/1, Münster i.W. 1915; N. H. SNAITH, *The Distinctive Ideas of the Old Testament*, London 1944, 51-78; G. von RAD, «'Gerechtigkeit' und 'Leben' in den Psalmen», Fs. A. BERTHOLET, Tübingen 1950, 418-437; O. SCHILLING, «Die alttestamentliche Auffassung von Gerechtigkeit und Liebe», in: *Vom Wort des Lebens*, Fs. M. MEINERTZ, Münster i.W. 1951, 9-27; H. CAZELLES, «A propos de quelques textes difficiles relatifs à la justice de Dieu dans l'Ancien Testament», *RB* 58 (1951)

3) E poiché la scienza contemporanea chiede rigore e precisione nella terminologia, e manifesta irrinunciabili esigenze tassonomiche, l'esegesi ha sostenuto la sua ricerca con studi sul vocabolario biblico. Oltre ai recenti dizionari di teologia dell'Antico Testamento[4], è altamente significativa la produzione esegetica che ha per oggetto specifico una o più parole appartenenti direttamente alla tematica della giustizia[5].

169-188; A.H. van der WEIJDEN, *Die «Gerechtigkeit» in den Psalmen*, Nimwegen 1952; E. BEAUCAMP, «La justice de Yahvé et l'économie de l'alliance», *SBF* 11 (1960-61) 5-55; *id.*, «Justice divine et pardon», in: *A la rencontre de Dieu*, Mém. A. GELIN, Le Puy 1961, 129-144; *id.*, «La justice en Israël», in: *Populus Dei*, I. Israel, Studi in onore del Card. A. OTTAVIANI, Roma 1966, 201-235; H.H. SCHMID, *Gerechtigkeit als Weltordnung*. Hintergrund und Geschichte des alttestamentlichen Gerechtigkeitsbegriffes, BeiHistT 40, Tübingen 1968; M. BARTH, *Rechtfertigung*. Versuch einer Auslegung paulinischer Texte im Rahmen des Alten und Neuen Testamentes, ThSt 90, Zürich 1969; P. DACQUINO, «La formula 'Giustizia di Dio' nei libri dell'Antico Testamento», *RivB* 17 (1969) 103-119, 365-382; J.C. CRENSHAW, «Popular Questioning of the Justice of God in Ancient Israel», *ZAW* 82 (1970) 380-395; H. REVENTLOW, *Rechtfertigung im Horizont des Alten Testaments*, BEvT 58, München 1971; U. LUCK, «Gerechtigkeit in der Welt – Gerechtigkeit Gottes», *WDienst* 12 (1973) 71-89; H.H. SCHMID, «Gerechtigkeit und Barmherzigkeit im Alten Testament», *WDienst* 12 (1973) 31-41; V. SUBILIA, *La giustificazione per fede*, Brescia 1976 (soprattutto pp. 329-351); L.J. KUYPER, «Righteousness and Salvation», *ScotJTh* 30 (1972) 233-252; W. ZIMMERLI, «Alttestamentliche Prophetie und Apokalyptik auf dem Wege zur 'Rechtfertigung des Gottlosen'», in: *Rechtfertigung*, Fs. E. KÄSEMANN, Tübingen-Göttingen 1976, 575-592; A. DIHLE, «Gerechtigkeit», *RAC* X, Stuttgart 1978, 233-260; J.H. STEK, «Salvation, Justice and Liberation in the Old Testament», *CalvTJ* 13 (1978) 133-165; *Amore – Giustizia*. Analisi semantica dei due termini e delle loro correlazioni nei testi biblici veterotestamentari e neotestamentari, *ed.* G. DE GENNARO, L'Aquila 1980; W.H. SCHMIDT, «'Rechtfertigung des Gottlosen' in der Botschaft der Propheten», in: *Die Botschaft und die Boten*, Fs. H.W. WOLFF, Neukirchen-Vluyn 1981, 157-168; B. MOGENSEN, «*ṣᵉdāqā* in the Scandinavian and German Research Traditions», in: *The Productions of Time*: Tradition History in the Old Testament Scholarship, *ed.* K. JEPPESEN & B. OTZEN, Sheffield 1984, 67-80.

[4] Ci riferiamo ovviamente al *THAT*, I-II e al *TWAT*, ancora in corso di pubblicazione. Anche il *TWNT* costituisce un significativo contributo per la terminologia ebraica. Per certe voci, il *DBS* fornisce utili indicazioni lessicografiche.

[5] Gli studi citati alla nota 3 sono spesso fondati su una accurata indagine lessicografica della radice *ṣdq* (e dei suoi sinonimi o correlati semantici); fra questi, cfr. in particolare H.H. SCHMID, *Gerechtigkeit als Weltordnung*, Tübingen 1968.

Il concetto di giustizia e diritto ha suscitato una serie di interventi sui termini ebraici più significativi: E. KAUTZSCH, *Ueber die Derivate des Stammes ṣdq im alttestamentlichen Sprachgebrauch*, Tübingen 1881; H. FERGUSON, «The Verb *špṭ*», *JBL* 8 (1888) 130-136; G. WILDEBOER, «Die älteste Bedeutung des Stammes *tsdq* [= *ṣdq*]», *ZAW* 22 (1902) 167-169; K. CRAMER «Der Begriff *ṣdqh* bei Tritojesaja», *ZAW* 27 (1907) 79-99; H.W. HERTZBERG, «Die Entwicklung des Begriffes *mšpṭ* im Alten Testament», *ZAW* 40 (1922) 256-287; 41 (1923) 16-76; K.HJ. FAHLGREN, *Ṣᵉdāḳā, nahestehende und entgegengesetzte Begriffe im Alten Testament*, Uppsala 1932; O. BOOTH, «The Semantic Development of the Term *mšpṭ* in the Old Testament», *JBL* 61 (1942) 105-110; J. van der PLOEG, «*Shāpaṭ* et *mishpāṭ*», *OTS* 2 (1943) 144-155; F. ROSENTHAL, «Ṣedaqa, charity», *HUCA* 23 (1950-1951) 411-430; I.H. EYBERS, «The Stem š-p-ṭ in the Psalms», in: *Studies on the Psalms*, OTWerkSuidA 6,

Il nostro studio è largamente debitore di questo fermento culturale, delle problematiche, metodologie e contributi emersi.

L'ambito dei rapporti sociali, pur apparendo a prima vista quale ambito parziale, ha l'indubbio vantaggio di consentire una considerazione della giustizia articolata a eventi e istituzioni più direttamente controllabili del mondo complesso delle idee. Ma soprattutto ha il merito di evidenziare il nucleo più significativo dell'intera problematica della giustizia. G. von RAD, nella sua Teologia dell'Antico Testamento, ha sottolineato che il concetto di *ṣᵉdāqâ* non esprime tanto il riferimento dell'individuo alla norma etica, quanto piuttosto la relazione fra due esseri, relazione che è comunicazione per una vita di comunione [6]. Questa definizione deve essere poi calata nel concreto della storia, nella quale non vi sono solo dei soggetti in generale, ma dei soggetti giusti e dei soggetti ingiusti. Da qui deriva che la relazione più difficile, ma al tempo stesso più decisiva, è quella che il giusto stabilisce con l'ingiusto (o con chi è ritenuto tale): il giusto è chiamato infatti non solo ad operare correttamente verso l'altro, ma a *ristabilire la giustizia,* così da promuovere un retto rapporto fra tutti i membri della società.

Il settore delineato coincide sostanzialmente con il campo del diritto penale. E poiché lo studio del diritto esige una certa organicità, abbiamo assunto, come schema euristico, la moderna procedura penale, seguendo in questo l'esempio dei ricercatori che ci hanno preceduto [7]. Ciò consente

---

Potchefstroom 1963, 58-63; J. P. JUSTESEN, «On the Meaning of ṣāḏaq», *AUSS* 2 (1964) 53-61; A. JEPSEN, «*Ṣdq* und *ṣdqh* im Alten Testament», in: *Gottes Wort und Gottes Land*, Fs. H.-W. HERTZBERG, Göttingen 1965, 78-89; E. TOAFF, «Evoluzione del concetto ebraico di zedāqa», *AnStEbr* (1968-1969) 111-122; E. BERKOVITS, «The Biblical Meaning of Justice»; «*Ṣedeq* and *Ṣ'daqa*», in: *Man and God.* Studies in Biblical Theology, Detroit 1969, 224-252; 292-348; J. J. SCULLION, «Ṣedeq – ṣedaqah in Isaiah cc. 40–66 with special reference to the continuity in meaning between Second and Third Isaiah», *UF* 3 (1971) 335-348; W. A. M. BEUKEN, «Mišpaṭ. The First Servant Song and its Context», *VT* 22 (1972) 1-30; J. JEREMIAS, «*Mišpāṭ* im ersten Gottesknechtslied (Jes. XLII 1-4)», *VT* 22 (1972) 31-42; C. F. WHITLEY, «Deutero-Isaiah's Interpretation of *ṣedeq*», *VT* 22 (1972) 469-475; F. CRUESEMANN, «Jahwes Gerechtigkeit (*ṣᵉdāqā/ṣädäq*) im Alten Testament», *EvT* 36 (1976) 427-450; F. V. REITERER, *Gerechtigkeit als Heil. ṣdq* bei Deuterojesaja. Aussage und Vergleich mit der alttestamentlichen Tradition, Graz 1976; D. COX, «Ṣedaqa and mišpat. The Concept of Righteousness in Later Wisdom», *SBF* 27 (1977) 33-50; B. JOHNSON, «Der Bedeutungsunterschied zwischen *ṣädäq* und *ṣedaqa*», *ASTI* 11 (1977-1978) 31-39; S. H. SCHOLNICK, «The Meaning of *mišpaṭ* in the Book of Job», *JBL* 101 (1982) 521-529; J. M. BERNAL GIMÉNEZ, «El siervo como promesa de 'mišpāṭ'. Estudio bíblico del término 'mišpāṭ' en Is 42,1-4», in: *Palabra y vida*, Homenaje a J. ALONSO DÍAZ, Madrid 1984, 77-85.

[6] G. von RAD, *Theologie des Alten Testaments*, I, München 1957, 368-369.

[7] Trovandosi in presenza di una cultura antica che, nel campo giuridico, ci ha tramandato solo elementi frammentari, non è possibile procedere se non situando tali elementi in un quadro sistematico offerto da un'altra cultura. Si può allora discutere sul modello che si è scelto e sui suoi diversi gradi di pertinenza (Cfr. H. J. BOECKER,

di specificare e articolare fra loro le singole manifestazioni del procedere giuridico, dato che la *procedura* è precisamente una serie di atti la cui specifica funzione è comprensibile solo se inserita in un insieme organico. Nel complessivo sistema ricavabile dai testi biblici, si sono venute delineando, nella loro relativa autonomia, due fondamentali strutture procedurali: quella della controversia bilaterale (esaminata nella Prima Parte del nostro lavoro) e quella del giudizio propriamente forense (a cui è consacrata la Seconda Parte della presente dissertazione)[8]. Nelle pagine iniziali della Prima Parte descriviamo il sorgere e lo svilupparsi della controversia, e il suo articolarsi al processo giudiziario: rinviamo quindi a quella sede[9] la presentazione contenutistica del nostro assunto.

Il supporto dimostrativo della nostra ricerca è costituito dallo studio del *vocabolario* ebraico attinente alle procedure di tipo penale: esaminato sia nei suoi termini tecnici[10], sia nel linguaggio di uso comune[11], il vocabolario si rivela semanticamente necessario per una esatta comprensione delle procedure giuridiche e del loro senso. La particolarità della nostra indagine è non solo di aver raccolto in una prospettiva di ragionevole completezza vocaboli ed espressioni pertinenti al mondo procedurale, ma di avere altresì studiato la terminologia nelle sue strutturali correlazioni: più che una serie disparata di parole «giuridiche» abbiamo inteso esaminare il campo semantico[12]; più che il termine isolato si vuole studiare

---

Redeformen des Rechtslebens im Alten Testament, Neukirchen 1964, 14-15); resta che i concetti fondamentali del diritto romano (base degli attuali ordinamenti) sembrano generalmente accettati come utile strumento per descrivere e organizzare i dati dell'Antico Testamento.

Siamo coscienti che uno schema euristico rischia di trasformarsi in ipotesi o tesi interpretativa; ma, come è inevitabile il dover ricorrere alla terminologia del nostro diritto penale (*ibid.*, 17-18), così è impossibile sfuggire al confronto — più o meno teorizzato — tra il mondo giuridico antico e il nostro.

[8] A motivo della sua specificità, non abbiamo discusso nella presente dissertazione del cosiddetto «diritto sacro» (cfr. p. 249); ci riserviamo di trattare questo argomento in una ulteriore pubblicazione.

[9] Pp. 21-26.

[10] Secondo la attuale accezione, per «termine tecnico», in opposizione a «termine di uso comune», intendiamo semplicemente «la *speciale* terminologia di cui fa uso una determinata scienza, disciplina, mestiere» (*Dizionario Enciclopedico Italiano*, XII, Roma 1961, 19).

[11] Per quanto riguarda la terminologia di uso comune, ricordiamo con I. L. Seeligmann la difficoltà di delimitare con precisione il linguaggio giuridico procedurale: «Wörter, die in einem bestimmten Zusammenhang einen spezifisch forensischen Sinn haben, werden sonstwo in ganz allgemeiner Bedeutung ausgewandt» («Zur Terminologie für das Gerichtsverfahren im Wortschatz des biblischen Hebräisch», *VTS* 16 [1967] 253-254).

[12] Riprendendo e adattando al nostro soggetto le osservazioni di J. F. A. Sawyer, *Semantics in Biblical Research*, London 1972, 32-33, diciamo, ad esempio, che la questione del significato di *ryb* è diversa da quella del significato della *controversia* nell'Antico

inoltre la frase e il discorso, introducendo quindi un trattamento paradigmatico e sintagmatico del materiale a nostra disposizione.

Il nostro lavoro si presenta essenzialmente come una considerazione sincronica [13] dei dati linguistici ebraici; e gli elementi procedurali sono organizzati in un sistema che non si trova esattamente riprodotto — almeno con la medesima precisione e completezza — in nessuno dei testi biblici. A questo proposito pensiamo necessario prevenire le naturali obiezioni.

Sarebbe senz'altro auspicabile e metodologicamente più rigoroso l'introdurre un trattamento diacronico del lessico ebraico; purtroppo le conoscenze attuali in materia sono così scarse o controverse che il progetto di una storia della terminologia giuridica rischierebbe di essere fondato su delle basi troppo ipotetiche. Gli stessi lessici e dizionari, pur fornendo occasionalmente utili elementi di distinzione [14], non si pronunciano se non saltuariamente sull'eventuale rapporto cronologico tra i vari termini ed espressioni. Di più, se è possibile stabilire, con relativa verosimiglianza, la datazione di un testo [15], rimane difficile la

---

Testamento: per rispondere alla prima, la teoria dei campi semantici è un aiuto; ma per la seconda, è uno strumento essenziale.

Per il concetto di «campo semantico», cfr. S. Ullmann, *The Principles of Semantics*, Oxford–Glasgow 1957², 152-170; *id.*, *Semantics*. An Introduction to the Science of Meaning, Oxford 1970, 236-258; G. Mounin, *Clefs pour la sémantique*, Paris 1972; J. Lyons, *Semantics*, I, Cambridge 1977, 230-269; H. Geckeler, *Strukturelle Semantik und Wortfeldtheorie*, München 1982. Per quanto riguarda la ricerca sul testo della Bibbia, segnaliamo le pagine metodologiche di I. Riesener, *Der Stamm* **ʿbd** *im Alten Testament*. Eine Wortuntersuchung unter Berücksichtigung neuerer sprachwissenschaftlicher Methode, BZAW 149, Berlin–New York 1979, soprattutto pp. 54-75 (con bibliografia).

[13] Cfr. J. Barr, «Semitic Philology and the Interpretation of the Old Testament», in: *Tradition and Interpretation*, *ed.* G. W. Anderson, Oxford 1979, 61-63.

[14] I recenti Dizionari di Teologia Biblica, e *THAT* in modo sistematico, forniscono dati statistici sulla presenza dei vocaboli nell'Antico Testamento e nelle sue singole parti. Ma scrive E. Jenni nell'Introduzione a *THAT*, I, p. xviii: «Der Wert der statistischen Angaben wäre für die Sprachgeschichte natürlich bedeutend grösser, wenn sie nicht mechanisch nach biblischen Büchern, sondern nach der Abfassungszeit der einzelnen literarischen Komplexe hätten geordnet werden können. Da aber die literarische Analyse und die Datierung vieler Texte umstritten oder unmöglich ist, konnte dieser Weg für die Wortstatistik nicht oder nur in Ausnahmefällen beschritten werden». Cfr. anche L. Koehler, «Problems in the Study of the Language of the Old Testment» *JSS* 1 (1956) 3.

[15] Di indubbio interesse sono gli studi che affrontano il problema della datazione basandosi su criteri schiettamente linguistici; citiamo, in particolare, anche per la problematica sulla metodologia che vi è implicata, le opere di D. A. Robertson, *Linguistic Evidence in Dating Early Hebrew Poetry*, SBL Diss 3, Missoula 1972; R. Polzin, *Late Biblical Hebrew*. Toward an Historical Typology of Biblical Hebrew Prose, HSM 12, Missoula 1976; e i diversi contributi di A. Hurvitz: «The Chronological Significance of 'Aramaisms' in Biblical Hebrew», *IEJ* 18 (1968) 234-240; *Bein Lashon Lelashon* (Biblical Hebrew in Transition. A Study in Post-Exilic Hebrew and its Implications for the Dating

decisione riguardante una singola parola o un determinato sintagma, dato che per lo più ci sfugge quale intervento armonizzante sia stato fatto sul testo al momento della sua redazione finale. Per quanto concerne il mondo giuridico in particolare si può ritenere poi che, per natura sua, esso sia tendenzialmente conservatore[16]; non è assurdo perciò pensare al perdurare lungo i secoli di una stessa terminologia, tenendo presente lo sforzo costante della giurisprudenza di accordare fra loro parole e formule di rilevanza legale.

L'evoluzione delle istituzioni giuridiche e quindi delle procedure connesse sembra un fatto più generalmente riconosciuto e attestato; anche in questo caso tuttavia, quando dalla affermazione generica si passa a contenuti più precisi, emerge immediatamente la difficoltà di configurare con sicurezza le modalità di una tale evoluzione[17]. Nel nostro lavoro abbiamo cercato di non scendere in dettagli specifici, mantenendoci al livello di fatti sostanzialmente documentati lungo tutta la storia di Israele. È certo, ad esempio, che l'avvento della monarchia ha modificato o più accuratamente definito alcuni tratti del procedimento forense; tuttavia ciò non ci pare abbia mutato strutturalmente né l'idea della giurisdizione, né la natura del processo. In questo senso ci sembra errato, perché non fondato sui testi, il supporre che solo con la costituzione di Israele come Stato (al tempo della monarchia) sia stata fissata una rigorosa procedura giudiziaria[18].

Come appare dal Sommario, lo svolgimento del nostro discorso segue l'andamento logico e temporale delle diverse procedure. Se il contenuto della dissertazione è così di chiara percezione, meno evidente è il nostro situarci nella storia della ricerca.

---

of the Psalms) (in ebraico), Jerusalem 1972; «The Evidence of Language in Dating the Priestly Code. A Linguistic Study in Technical Idioms and Terminology», *RB* 81 (1974) 24-56; «The Date of the Prose-Tale of Job Linguistically Reconsidered», *HarvTR* 67 (1974) 17-34; *A Linguistic Study of the Relationship Between the Priestly Source and the Book of Ezekiel*. A New Approach to an Old Problem, Cahiers de la Revue Biblique 20, Paris 1982. Cfr. anche G. M. LANDES, «Linguistic Criteria and the Date of the Book of Jonah», *Eretz-Israel* 16 (1982) 147*-170*.

16 Cfr. I. L. SEELIGMANN, «Zur Terminologie», 255.

17 Cfr. G. D'ERCOLE, «The Juridical Structure of Israel from the Time of her Origin to the Period of Hadrian», in: *Populus Dei*, I. Israel, Studi in onore del Card. A. OTTAVIANI, Roma 1969, 389-461.

H. J. BOECKER, pur rinunciando ad una esposizione sistematica della storia del diritto israelitico, pensa sia possibile ravvisare due importanti momenti nello sviluppo storico del popolo ebraico, che hanno avuto rilevanza giuridico-istituzionale: la sedentarizzazione e l'istituzione della monarchia (*Redeformen*, 10-12). Concordiamo sull'importanza di tali eventi, anche se ci sembra difficile trarne conseguenze sull'eventualità di speciali ordinamenti (quali il «diritto anfizionico»).

18 Cfr. G. C. MACHOLZ, «Die Stellung des Königs in der israelitischen Gerichtsverfassung», *ZAW* 84 (1972) 157-182.

È doveroso quindi indicare a quali autori è particolarmente debitrice la nostra indagine: date le caratteristiche dell'opera, che doveva necessariamente contenere in uno spazio limitato un argomento assai vasto, rarissimamente abbiamo potuto introdurre un confronto puntuale con gli autori citati. Lasciando da parte quanto concerne esclusivamente la linguistica e la teoria del diritto, raggruppiamo sotto tre rubriche principali gli studi che hanno precorso e fecondato la nostra ricerca.

1. Segnaliamo, in primo luogo, gli autori che si sono interessati alle procedure giuridiche nel quadro della legislazione o, più in generale, delle Istituzioni del popolo di Israele. I risultati conseguiti da questi studiosi consentono una ricostruzione coerente, o per lo meno plausibile, del mondo procedurale veterotestamentario, sulla base di testi legali, racconti o altre fonti informative presenti nella letteratura biblica, integrata e confrontata spesso con altre letterature e altri sistemi giuridici.

Le opere del passato non vengono oggi più citate nella bibliografia esegetica, preferendosi studi più sintetici e ammodernati che costituiscono come dei manuali di rapida consultazione: fra questi, godono di particolare credito quelli di J. PEDERSEN e soprattutto di R. de VAUX[19]. Il breve saggio di L. KOEHLER, dal titolo «Die hebräische Rechtsgemeinde»[20], continua ad essere una valida introduzione al mondo giuridico dell'Antico Testamento. Più decisivi per il nostro lavoro, anche se taluni trattano aspetti solo marginali del soggetto da noi dibattuto, sono stati gli scritti di D. DAUBE, B. COHEN, Z. W. FALK, B. S. JACKSON, H. J. BOECKER, K. W. WHITELAM[21]. In questa serie, pur con delle riserve sulla collocazione, crediamo significativo il contributo di A. GAMPER[22].

Dato il suo specifico contenuto, questa letteratura ha ispirato in modo particolare la II Parte della nostra dissertazione, quella concernente l'istituzione giudiziaria; da questi studi abbiamo desunto i testi giudicati di maggiore rilevanza per la comprensione della struttura processuale.

---

[19] J. PEDERSEN, *Israel*. Its Life and Culture, II, Copenhagen 1926, soprattutto pp. 378-410; R. de VAUX, *Les Institutions de l'Ancien Testament*, I, Paris 1958, 231-250.

[20] Il saggio, del 1931, è stato posto come appendice a *Der hebräische Mensch*, Tübingen 1953, 143-171.

[21] D. DAUBE, *Studies in Biblical Law*, Cambridge 1947; B. COHEN, *Jewish and Roman Law*. A Comparative Study, I-II, New York 1966; Z. W. FALK, *Hebrew Law in Biblical Times*, Jerusalem 1964; *id.*, *Introduction to Jewish Law of the Second Commonwealth*, I-II, Leiden 1972, 1978; B. S. JACKSON, *Essays in Jewish and Comparative Legal History*, Leiden 1975; H. J. BOECKER, *Recht und Gesetz im Alten Testament und im Alten Orient*, NStB 10, Neukirchen-Vluyn 1976; K. W. WHITELAM, *The Just King*. Monarchical Judicial Authority in Ancient Israel, JSOT Suppl. Series 12, Sheffield 1979.

[22] A. GAMPER, *Gott als Richter in Mesopotamien und im Alten Testament: zum Verständnis einer Gebetsbitte*, Innsbruck 1966.

Per ragioni di competenza, oltre che per una diversa impostazione metodologica, non abbiamo avvalorato la nostra analisi con un sistematico confronto fra i dati biblici e quelli provenienti dalla letteratura del Medio Oriente antico. Per lo stesso motivo, non abbiamo situato le procedure bibliche sullo sfondo di altre importanti tradizioni giuridiche, come quella rabbinica e romana. Riconoscendo quindi al nostro lavoro un carattere di parzialità, che potrà forse essere integrata in altra sede, riteniamo comunque non aver trasgredito ai principi di una seria indagine scientifica. Da una parte infatti i positivi risultati dello studio comparato del linguaggio e delle istituzioni giuridiche sono confluiti nei manuali e nelle opere specializzate sull'argomento, e non sembrava indispensabile riprendere punto per punto la documentazione in proposito. D'altra parte, resta senza dubbio la possibilità che su precise questioni si possa fare maggior luce o eventualmente criticare la nostra argomentazione, partendo dalla conoscenza di altre procedure o modalità giuridiche: crediamo che ciò sia la normale situazione della scienza, che rimane strutturalmente aperta a contributi integrativi o correttivi.

2. In secondo luogo, ma non per secondaria importanza, devono essere ricordati gli autori che si sono interessati ai generi letterari giuridici della Scrittura. In questa direzione della ricerca la produzione esegetica è particolarmente rilevante per abbondanza e qualità[23]: non possiamo perciò ricordare se non le opere più decisive per la nostra investigazione.

---

[23] Per la storia della ricerca, oltre agli scritti che verranno citati nelle note seguenti, devono essere ricordati: H. Gressmann, *Die älteste Geschichtsschreibung und Prophetie Israels*, Göttingen 1910, 323-328; *id.*, «Die literarische Analyse Deuterojesajas», *ZAW* 34 (1914) 254-297; H. Gunkel, «Die Propheten als Schriftsteller und Dichter», in: H. Schmidt, *Die grossen Propheten*, Göttingen 1915, xxxvi-lxxii; L. Koehler, *Deuterojesaja stilkritisch untersucht*, BZAW 37, Giessen 1923, 110-120; J. Lindblom, *Die literarische Gattung der prophetischen Literatur*, Uppsala 1924; J. Begrich, *Studien zu Deuterojesaja*, BWANT 77, Stuttgart 1938; E. Wuerthwein, «Der Ursprung der prophetischen Gerichtsrede», *ZTK* 49 (1952) 1-16; F. Hesse, «Wurzelt die prophetische Gerichtsrede im israelitischen Kult?», *ZAW* 65 (1953) 45-53; H.B. Huffmon, «The Covenant Lawsuit in the Prophets», *JBL* 78 (1959) 285-295; C. Westermann, *Grundformen prophetischer Rede*, München 1960; H.J. Boecker, «Anklagereden und Verteidigungsreden im Alten Testament. Ein Beitrag zur Formgeschichte alttestamentlicher Prophetenworte», *EvT* 20 (1960) 398-412; J. Harvey, «Le 'Rîb-Pattern', réquisitoire prophétique sur la rupture de l'alliance», *Bib* 43 (1962) 172-196; E. von Waldow, *Der traditionsgeschichtliche Hintergrund der prophetischen Gerichtsreden*, *BZAW* 85, Berlin 1963; J. Limburg, «The Root *ryb* and the Prophetic Lawsuit Speeches», *JBL* 88 (1969) 291-304; A. Schoors, *I Am God Your Saviour*. A Form-critical Study of the Main Genres in Is XL–LX, *VTS* 24 (1973) 176-295; R.V. Bergren, *The Prophets and the Law*, HUCA Monograph Series 4, Cincinnati 1974; K. Nielsen, *Yahweh as Prosecutor and Judge*. An Investigation of the Prophetic Lawsuit (Rib-Pattern), JSOT Suppl. Series 9, Sheffield 1978; M. De Roche, «Yahweh's *rîb* against Israel: a Reassessment of the so-called 'Prophetic Lawsuit' in the Preexilic Prophets», *JBL* 102 (1983) 563-574.

L'opera classica di H. J. BOECKER, *Redeformen des Rechtslebens im Alten Testament*[24], è quella che più da vicino esamina testi ed espressioni alla ricerca delle formule caratteristiche del procedere giuridico; anche se non direttamente incentrata sul problema dei generi letterari, essa ha notevolmente influenzato la ricerca in merito. Lo studio di J. HARVEY sui cosiddetti *rîb* profetici[25] è invece interessato allo schema o *pattern* della contesa giuridica, con la problematica tradizionalmente connessa del suo *Sitz im Leben*. Lo scritto di B. GEMSER[26] ha il merito precipuo di suggerire come il mondo giuridico influenzi concretamente i diversi ambiti della letteratura biblica, non esclusa quella sapienziale. Riteniamo che l'esegesi che si è occupata in particolare delle controversie tra Dio e Israele abbia trascurato il contributo di J. VELLA[27], il quale aveva messo sulla pista di una più esatta comprensione della natura della contesa bilaterale: il non aver tenuto presente la differenza tra questa e il procedimento giudiziario pensiamo sia una delle cause maggiori della non convincente interpretazione di molti testi biblici.

Dagli studi appena menzionati (e da altri che risultano dalla nostra bibliografia generale), abbiamo tratto i testi biblici a partire dai quali è stata elaborata in particolare la I Parte della nostra dissertazione; potevamo infatti metodologicamente contare sul convergente riconoscimento che tali brani erano meritevoli di una specifica interpretazione giuridica.

3. L'ultimo gruppo di scritti determinanti per il nostro lavoro comprende i diversi contributi alla lessicografia ebraica concernenti il mondo giuridico. Facciamo riferimento non solo agli strumenti essenziali, quali i Dizionari di Teologia (già ricordati), ma a quelle opere o articoli che discutono il vocabolario ebraico dei procedimenti legali in modo più o meno sistematico. Alcuni degli autori che abbiamo citato nei paragrafi precedenti affrontano la loro tematica mediante una presentazione del vocabolario giuridico ebraico: fra questi, ricordiamo soprattutto BOECKER, GAMPER, GEMSER e anche HARVEY. Significativo è l'articolo di I. L. SEELIGMANN[28], che pur rinunciando ad un trattamento organico e com-

---

[24] WMANT 14, Neukirchen-Vluyn 1964.

[25] J. HARVEY, *Le plaidoyer prophétique contre Israël après la rupture de l'alliance. Etude d'une formule littéraire de l'Ancien Testament*, Studia 22, Bruges–Paris–Montréal 1967.

[26] B. GEMSER, «The *rîb*- or Controversy-Pattern in Hebrew Mentality», *VTS* 3 (1955) 120-137.

[27] J. VELLA, *La giustizia forense di Dio*, Brescia 1964; *id.*, «Una trama letteraria di liti di Dio con il suo popolo: schema di teologia biblica», XXVI SemBEsp, Madrid 1969, 113-131.

[28] I. L. SEELIGMANN, «Zur Terminologie für das Gerichtsverfahren im Wortschatz des biblischen Hebräisch», in: *Hebräische Wortforschung*, Fs. W. BAUMGARTNER, *VTS* 16 (1967) 251-278.

pleto del lessico processuale, ne discute alcuni dei principali termini. Fra le monografie consacrate ad un soggetto più specifico e più direttamente attinenti al nostro studio, vogliamo segnalare quelle di R. KNIERIM[29] e J. PONS[30] per la qualità delle loro analisi nei rispettivi campi semantici affrontati, e il saggio di J. F. A. SAWYER[31] soprattutto per il contributo di natura metodologica.

La presentazione che faremo ha dei caratteri di sintesi: si intende infatti non solo raccogliere il materiale e le osservazioni pertinenti che sono il risultato della ricerca degli esegeti che ci hanno preceduto; ma, di più, mediante la nostra personale indagine, abbiamo voluto presentare l'insieme organico dei soggetti, atti e procedimenti che, secondo il lessico ebraico, definiscono nell'Antico Testamento l'azione giuridica promossa contro l'ingiustizia.

Ne risulta probabilmente un quadro che, per la sua stessa sistematicità, potrà forse apparire — almeno in parte — rigido e semplificatore. Non ci è stato possibile tra l'altro, dato l'intento perseguito, discutere secondo i tradizionali metodi esegetici neppure i principali testi che fanno da supporto alle nostre tesi. Si è infatti preferito paragonare continuamente i testi fra loro, alla ricerca di vocaboli ed espressioni identiche, simili, equivalenti o contrapposte, con uno sforzo di paradigmatizzazione che apparirà senza difficoltà dalle pagine della dissertazione. Talvolta abbiamo presentato un testo (specie narrativo) in modo descrittivo, al solo scopo di annunciare, mediante un esempio significativo, le principali articolazioni del discorso che avremmo fatto in seguito. Più interessati a rilevare un fenomeno sia linguistico che istituzionale e a cercare la sua collocazione nelle procedure giuridiche che a determinarne esaustivamente tutti i casi, le citazioni dei passi biblici non presentano elementi statistici, né intendono esaurire le possibili occorrenze: al contrario, aprono la possibilità di approfondire l'argomento apportando eventualmente precisazioni, sfumature e ulteriori distinzioni. La coerenza del quadro che abbiamo tracciato è per noi un criterio significativo a conforto del nostro discorso.

Nelle prime pagine di questa Introduzione accennavamo all'interesse teologico suscitato dal tema della giustizia; confessiamo che il fine ultimo della nostra ricerca è stato di meglio comprendere il messaggio biblico che — per parlare dei rapporti tra Dio e gli uomini — si serve in modo privilegiato del linguaggio giuridico. Alle nostre analisi lessicografiche

29 R. KNIERIM, *Die Hauptbegriffe für Sünde im Alten Testament*, Gütersloh 1965.

30 J. PONS, *L'oppression dans l'Ancien Testament*, Paris 1981.

31 J. F. A. SAWYER, *Semantics in Biblical Research*. New Methods of Defining Hebrew Words for Salvation, StBibT Second Series 24, London 1972.

abbiamo così frequentemente fatto seguire delle riflessioni sul tema in questione, il cui statuto scientifico non è paragonabile a quello delle pagine antecedenti. Questo genere di considerazioni è per altro riscontrabile negli studi esegetici, in particolare nei saggi di teologia biblica, dove l'andamento argomentativo è meno rigorosamente documentato che nel settore propriamente esegetico; non è però abituale trovare giustapposte analisi lessicografica e riflessione di indole speculativa. Invitiamo perciò il lettore a giudicare la parte riflessiva come un *tentativo* di intervenire nel dibattito generale concernente il senso della giustizia e alcune importanti tematiche di teologia biblica.

PARTE PRIMA

LA CONTROVERSIA GIURIDICA (*RÎB*)

Il *rîb* è una controversia che si viene a creare fra due parti[1] su questioni di diritto. Per giungere alla contesa, i soggetti in questione devono essere precedentemente relazionati fra loro da un vincolo (anche se non esplicito) di natura giuridica; è necessario cioè che essi facciano riferimento ad un insieme normativo che regoli i diritti e i doveri di ciascuno. Questo supporto fondante la relazione fra i soggetti non solo permette la nascita, ma determina anche lo svolgimento di una conflittualità, che si sostanzia di argomentazioni giuridiche e chiede una soluzione conforme al diritto[2].

La proprietà di un bene mobile o immobile, un contratto economico o un trattato politico, i diritti individuali o collettivi sanciti dalla tradizione o da un codice, e così via, sono, per esperienza universale, oggetto perenne di disputa[3]; colui che si sente leso o defraudato instaura una lite nei confronti di colui che ne è la causa (reale o presunta) onde reintegrare lo stato di diritto: egli assume il ruolo di «accusatore» e di «rivendicatore» nei confronti dell'altra parte, e la sua azione giuridica non si arresta finché non si giunge ad una soluzione percepita concordemente come giusta, conforme cioè al diritto o all'equità[4].

Volendo ulteriormente esplicitare la natura e il senso del *rîb*, possiamo fornire la seguente descrizione: all'inizio vi è uno stadio di relativo accordo fra due parti, una situazione di intesa pacifica; si verifica in seguito un episodio che turba questo rapporto, perché mette in questione un elemento sul quale l'intesa fra i due era (esplicitamente o implicitamente) fondata[5]. Ecco allora che la parte offesa si muove per

---

[1] Vi sono controversie fra due persone (Gen 21,25; 31,26; Ger 12,1; ecc.), fra due gruppi (Gen 13,7; 26,20-21; ecc.), e anche fra un individuo e un gruppo (Giud 8,1; 12,2; Neem 5,7; ecc.); queste varianti tuttavia non costituiscono delle formalità giuridiche particolari, poiché ciò che è veramente determinante è il contrasto fra *due parti*. Il concetto di «simmetrico» e «asimmetrico» con cui G. LIEDKE (*THAT* II, 771-777) articola la sua trattazione sul *rîb*, non ci pare fondata sui testi, né pertinente in un trattamento rigorosamente giuridico della controversia.

[2] A. GAMPER distingue, a proposito dei conflitti al tempo dei Patriarchi, tra contese con «stranieri» e contese «all'interno della stessa tribù»; tuttavia anch'egli riconosce che, da una parte, anche le contese con stranieri sono fondate su un preciso diritto, e che, dall'altra, entrambe presentano uno svolgimento simile (*Gott als Richter*, 109s).

[3] Cfr. B. GEMSER, «The *Rîb*- or Controversy-Pattern», 120-122.

[4] Cfr. J. BEGRICH, *Deuterojesaja*, 20.

[5] Fra i contendenti si suppone esista un comune diritto, almeno il cosiddetto diritto naturale o il diritto delle genti. Il fatto di aver stretto un patto (cfr. Gen 21,22-24 in rapporto con il v.25), di vivere una relazione di alleanza (come tra YHWH e Israele) o di

contestare l'altra parte, per accusarla di infedeltà e ingiustizia, e riportarla quindi ad una relazione che sia rispettosa della natura di entrambi. Se il *rîb* ottiene il suo effetto, le due parti potranno, secondo verità e giustizia, riannodare il loro rapporto, rendendolo anzi più intenso, e fondare un accordo di pace che strutturerà in modo nuovo le relazioni fra i soggetti.

Da quanto abbiamo detto appare chiaramente che il *rîb* è come un momento di crisi giuridica posto fra due situazioni tendenzialmente stabili. Poiché intendiamo, in questa sede, inquadrare il discorso che andremo svolgendo nei capitoli seguenti, ci sembra utile anticipare, in modo globale, le articolazioni principali della controversia, mettendo soprattutto in rilievo i diversi modi con cui può risolversi.

Il primo momento, quello che determina l'inizio del *rîb* e ne costituisce l'interiore dinamismo, è l'*accusa,* l'iniziativa cioè della parte (che si sente) lesa, la quale si rivolge all'altra chiedendo giustizia.

Di fronte a questa azione giuridica di accusa, abbiamo la *risposta dell'accusato,* che può assumere due fisionomie divergenti e contrapposte: 1) l'accusato può infatti confessare la sua colpa e ammettere il suo torto, oppure 2) può protestare la sua innocenza, fornendo adeguate motivazioni al proposito.

La diversa reazione dell'accusato determina diverse modalità di *replica da parte della accusa,* dalle quali scaturiscono diverse forme di conclusione del *rîb.* 1) Se l'accusato ammette la sua colpevolezza e chiede il perdono, la lite può risolversi mediante la riconciliazione offerta dalla parte lesa. Ma se l'accusa non concede il perdono, se sono respinte le offerte di risarcimento o altre forme di transazione, la controversia persiste: l'accusato sarà trascinato davanti al giudice, il quale gli applicherà una pena proporzionata al torto commesso, oppure sarà «punito» direttamente mediante un'azione di forza nei suoi confronti. 2) Se l'accusato sostiene invece la sua innocenza, abbiamo soluzioni simmetriche a quelle sopra descritte, anche se con motivazioni e sfumature diverse. Può avvenire (a) che l'accusa accetti le ragioni dell'accusato, riconoscendo al tempo stesso l'infondatezza della propria azione giuridica; ma può anche capitare (b) che l'accusa si ritenga insoddisfatta della risposta altrui e persista nelle sue rivendicazioni. Se nel caso (a) le due parti possono trovare un compromesso e una intesa, giungendo alla riconciliazione, offerta questa volta dalla parte ingiustamente accusata, nel caso (b) il *rîb* non può essere concluso se non ricorrendo ad un tribunale imparziale che definirà chi ha ragione e

---

essere legati da una legge che rende tutti compatrioti, concittadini, fratelli, esplicita ancor più la possibilità della controversia, proprio per la chiarezza del diritto riconosciuto esplicitamente ad ognuno.

chi ha torto; se poi questo tribunale non esiste, la parola lascia il posto alle «vie di fatto», allo scontro fisico, alla guerra, che viene percepita come una specie di ultimo giudizio di giustizia [6].

Semplificando e schematizzando quanto abbiamo sopra esposto, giungiamo al quadro seguente:

INIZIO	SVOLGIMENTO		CONCLUSIONE
accusa	*accusato*	*accusa*	*entrambi*
L'accusa inizia il *rîb*	l'accusato confessa la sua colpa	l'accusa concede il perdono	RICONCILIAZIONE
		l'accusa rifiuta il perdono (o le diverse forme di transazione)	TRIBUNALE GUERRA
	l'accusato protesta la sua innocenza	l'accusa persiste nell'accusa	TRIBUNALE GUERRA
		l'accusa desiste dall'accusa	RICONCILIAZIONE

[6] Scrive H. J. BOECKER: «Es ist eine im Alten Testament verbreitete Auffassung, den Krieg, in dem der Kriegsgott durch Sieg oder Niederlage die Rechtentscheidung trifft, als einen Rechtsstreit anzusehen» (*Redeformen*, 51). Come esempi tipici si possono vedere Sal 76 e Sal 7 (cfr. R. L. HUBBARD, «Dynamistic and Legal Processes in Psalm 7», *ZAW* 94 [1982] 267-279).

Questo schema formale, che verrà ulteriormente arricchito e motivato, sarà lo sfondo in cui collocheremo gli elementi del vocabolario ebraico che abbiamo studiato. È necessario quindi tenere ben presenti i momenti logici secondo i quali si articola la controversia se si vuole comprendere il senso esatto delle singole affermazioni dei contendenti, e se si vuol dare una spiegazione non arbitraria agli esiti divergenti di una controversia giuridica.

Ci pare rilevante l'aver indicato come vi sia *distinzione* e *articolazione* tra la «lite a due» e il «processo davanti al giudice»: la prima ha una sua propria consistenza giuridica, può svolgersi e risolversi senza mediazione di una istanza terza; d'altra parte, l'intervento del giudice può, in alcuni casi, rappresentare la ragionevole conclusione di un procedimento che, in un primo momento, metteva in azione solo le due parti in causa.

È estremamente ingannevole, dal punto di vista biblico, il sottovalutare in quanto «pre-giudiziaria» la controversia a due [7], ritenendo che essa sia dotata di minore rigore giuridico rispetto all'istituzione processuale davanti al giudice, o pensare che essa sia da ascriversi a procedimenti arcaici scomparsi dalla storia di Israele quando questo popolo è pervenuto ad un sufficiente grado di evoluzione culturale.

Secondo il testo biblico, l'istituzione di un corpo di giudici autorizzato a «risolvere secondo giustizia le liti tra fratelli» risale al tempo del deserto (Es 18,13-26; Deut 1,9-18) [8]. È comunemente ammesso che in questo periodo, mediante la promulgazione di una legge comune, viene data ad Israele la configurazione di popolo sottoposto ad una precisa struttura giuridica; di conseguenza, si potrebbe pensare che il sistema processuale, regolato da un giudice, diventi da quel momento coestensivo alla storia di Israele, e investa, se non la totalità, almeno la parte più considerevole delle sue manifestazioni giuridiche.

Difatto la cosa è più complessa. La controversia a due mantiene la sua validità giuridica lungo tutto l'arco della storia di Israele; e ciò dipende sia dalla natura dei soggetti che vengono a contesa, sia dalla natura del torto che una parte rinfaccia all'altra.

---

[7] È questa la terminologia usata da H. J. BOECKER, *Redeformen*, 25-34.

[8] I testi citati indicano che prima Mosè esercitava *da solo* l'ufficio di giudice, ma non viene espresso quando egli abbia iniziato questa sua attività. Come sarà mostrato al cap. 5, autorità e giurisdizione sembrano coincidere nelle istituzioni d'Israele.

H. REVIV esamina i testi di Es 18,13-27; Num 11,16-25; e Deut 1,9-17, giungendo alla conclusione che essi riflettono rispettivamente il tempo di Davide (prima della ribellione di Assalonne), di Giosafat (2 Cron 19,8-11) e di Ezechia o Giosia («The Traditions Concerning the Inception of the Legal System in Israel: Significance and Dating», *ZAW* 94 [1982] 566-575).

Ai tempi dei Patriarchi, le contese fra individui e gruppi potevano risolversi solo per accordo (o scontro) fra le parti, data la mancanza di una autorità superiore dotata di adeguata giurisdizione; ma, nonostante l'istituzione mosaica dei «capi del popolo» (Es 18,21; Deut 1,15), anche in seguito certi conflitti — tra le varie tribù, ad esempio — non potevano trovare un tribunale competente per il giudizio fino all'apparire dell'istituzione monarchica. Ma, una volta attribuita al trono regale la suprema giurisdizione su tutto Israele, restavano pur sempre delle controversie che il re non poteva giudicare, quelle, ad esempio, in cui il sovrano stesso era implicato come parte in causa [9], oppure quelle che si venivano a creare fra capi di diverse nazioni. Se poi si pensa al rapporto globale di alleanza stipulato fra il popolo di Israele e YHWH [10], si vede bene che non può esistere un vero tribunale atto a giudicare fra queste due parti quando esse si trovino in situazione di reciproca controversia [11].

Bisogna inoltre notare che un certo numero di liti giuridiche sorgono per ragioni che non richiedono necessariamente — secondo il diritto di Israele — l'intervento del giudice, ma possono risolversi mediante composizione o conciliazione fra le parti. Tipiche sono le offese che riguardano l'onore, la situazione conflittuale tra creditore e debitore, i torti involontari, ecc., dove la controversia può decidersi mediante transazione o condono. Se un soggetto, in questi casi e altri analoghi, è

---

[9] Emblematica al proposito è la vicenda intercorsa fra Saul e Davide, nella quale si possono ritrovare i caratteri di tutte le contese riguardanti il potere regale, rivendicato, legittimamente o a torto, da diverse persone nel corso della storia. Ricordiamo anche i casi in cui avviene una lite tra il profeta e il re (Samuele e Saul, Elia ed Acab, ecc.). Dopo la sparizione della monarchia, le situazioni conflittuali permangono a causa delle diverse forme di autorità che si vengono a determinare in Israele (cf. ad es. Neem 5,7; 13,11.17).

[10] J. Harvey, *Le plaidoyer prophétique*, 139-141, seguito da J. Limburg, «The Root *ryb*», 303s, ha mostrato il rapporto tra il diritto internazionale e i *rîb* profetici, affermando che il *Sitz im Leben* di questi ultimi sarebbe da ricercare nei trattati di alleanza fra sovrano e vassallo frequenti nel Medio Oriente Antico. Noi ribadiamo che, perché una controversia prenda forma, è necessario che vi sia una qualche forma di rapporto giuridico fra i due litiganti; se quindi i due sono in relazione di *alleanza*, appare più evidente il motivo della contestazione. E aggiungiamo: i *rîb* fra due re e i *rîb* fra Dio e Israele possono avere diversi elementi in comune quanto alla struttura e al vocabolario, proprio perché entrambi rispondono alla medesima struttura della *controversia che non può essere risolta con la mediazione di un terzo soggetto giuridico (giudicante)*. Non pare tuttavia che da ciò si debba necessariamente concludere che il *rîb* sia «une formule rattachée au *droit divin*, et concrètement au droit royal» (J. Harvey, *Le plaidoyer prophétique*, 138).

[11] Tradotta in termini individuali, questa problematica è suscitata da Giobbe nella sua controversia con Dio: Giob 9,32-33; 16,21; 31,35 (cfr. M. B. Dick, «The Legal Metaphor in Job 31», *CBQ* 41 [1979] 45-49).

investito da una accusa che riconosce fondata, è suo interesse comporre la vertenza direttamente, senza far ricorso al giudice: in un giudizio pubblico infatti egli non solo verrebbe svergognato di fronte a tutti, ma riceverebbe altresì una punizione più severa, che può forse (almeno in parte) evitare se si affida al dialogo e alla equità del suo accusatore [12]. Infine, se il torto è così generalizzato che ognuno ha la sua parte di colpa, che senso ha ricorrere al giudice? La condanna di tutti, non essendo a vantaggio di nessuno, non può essere ragionevolmente ricercata.

Queste considerazioni, unite alle altre che faremo nel corso del nostro lavoro, mostrano perché la controversia a due si trovi con frequenza nei testi biblici, e perché essa meriti un trattamento a parte secondo le sue specifiche modalità e funzioni.

---

[12] Cfr. Matt 5,25-26.

CAPITOLO PRIMO

La lite giuridica in generale

Due contese avvenute tra gli Efraimiti e i «giudici» Gedeone e Jefte sono narrate in Giud 8,1-3 e 12,1-6; in entrambi i casi la discordia nasce perché gli Efraimiti non sono stati chiamati a combattere contro dei nemici di Israele (Madianiti: 8,1; Ammoniti: 12,1). Ora, mentre in 8,1 si dice esplicitamente che siamo in presenza di un *rîb (wayrîbûn 'ittô b^{e}ḥozqâ)*, in 12,1ss il fatto è descritto senza alcuna precisa qualificazione giuridica.

Nel 1° libro di Samuele, ai capitoli 24 e 26, leggiamo due racconti di analogo significato; Davide, pur essendo ricercato e perseguitato a morte da Saul, risparmia la vita al re che si era venuto a trovare indifeso nelle sue mani. Mentre in 1 Sam 24,16 la controversia fra i due è chiamata un *rîb,* non abbiamo la stessa terminologia al cap. 26.

Questi e tanti altri casi simili ci mostrano chiaramente che non si può limitare l'analisi delle controversie giuridiche ai soli casi in cui compare una terminologia «tecnica». Tuttavia, per essere in grado di rilevare gli elementi strutturalmente decisivi per la controversia, e mostrarne la pertinenza secondo le leggi di una ragionevole metodologia, in questo nostro capitolo partiremo proprio dal lessico che ha nella radice *ryb* il suo punto focale [1].

---

[1] Non concordiamo con J. BEGRICH (*Deuterojesaja*, 31), il quale afferma che *ryb* «ist die technische Bezeichnung der Verhandlung des Streites vor Gericht»; la controversia (*rîb*) in quanto tale non è necessariamente forense, come lo provano fra l'altro gli stessi testi citati da BEGRICH per sostenere la sua opinione (Ger 2,29; Giob 9,3; 33,13; Mi 6,1.2; Is 3,13).

G. LIEDKE (*THAT* II, 771-777) ritiene che *ryb* e i suoi derivati si trovino nell'Antico Testamento in tre campi vitali e linguistici (*Sitz im Leben*) che si intrecciano fra loro: quelli del conflitto (a) extra-giudiziario, (b) pre-giudiziario, e (c) giudiziario. Confessiamo di non comprendere la pertinenza della distinzione fra extra-giudiziario e pre-giudiziario: se con il primo termine si vuole definire il litigio che non ha le caratteristiche del procedere giuridico (Es 21,18), non appare chiaro perché, ad esempio, le liti per i pozzi (Gen 13,7s; 26,20ss) debbano entrare in questa categoria. Quanto diremo nel seguito di questo capitolo cercherà d'altronde di mostrare come la «guerra» e la «collera» non siano affatto estranee per l'Antico Testamento ad un discorso giuridico.

Pensiamo in ogni caso che l'analisi della radice *ryb* rappresenti un conveniente punto di partenza per lo studio della conflittualità giuridica: sarà relativamente facile individuare

1. I soggetti del *rîb*

I soggetti tra i quali la controversia ha luogo non hanno in generale, nel lessico ebraico, una designazione che specifichi la loro natura di contendenti: i nomi propri, di categoria o di gruppo sono normalmente ricorrenti quando si vuole narrare o alludere ad una lite precisa.

Possiamo però ritenere emblematica, perché quasi definitoria, l'espressione di Deut 19,17, che designa i contendenti come: *šenê hā'ănāšîm 'ăšer lāhem hārîb*. Uno dei due litiganti può essere invece qualificato con l'espressione di 2 Sam 15,2: *hā'îš 'ăšer yihyeh lô rîb* (cfr. anche v.4)[2]. In modo ancora più specifico, colui che è oggetto di contestazione, e quindi viene a subire accusa e minaccia, è chiamato *'îš rîb* (Giud 12,2; Ger 15,10)[3].

All'opposto, l'accusatore, colui che intraprende una contesa contro un altro, è chiamato da Giob 31,35 *'îš rîbî*; e parlando dei nemici di Israele, Dio li definisce *'anšê rîbekā* (Is 41,11)[4]: in questi due casi sembra che il suffisso pronominale, aggiunto al sostantivo *rîb*, trasformi completamente il significato dell'espressione.

Nella linea dell'avversario, sempre inteso giuridicamente come colui che attacca un altro secondo principi di diritto, abbiamo il sostantivo *yārîb* (Is 49,25; Ger 18,19; Sal 35,1) e il participio *mērîb* (1 Sam 2,10)[5]: anche qui però abbiamo sempre dei suffissi pronominali che li

---

i pochi casi in cui la controversia si presenta sotto la forma degenerata dell'alterco e della rissa. J. LIMBURG, «The Root *ryb*», 298-299 n. 19, ritiene, ad esempio, che Deut 33,7 (se non si apportano correzioni) è l'unico testo dell'Antico Testamento dove la radice *ryb* significa una colluttazione fisica; per Es 21,18 si può infatti immaginare che, analogamente a Neem 13,25, una disputa verbale si trasformi poi in rissa (cfr. S. PAUL, *Studies in the Book of the Covenant*, *VTS* 18 [1970] 67).

[2] Nota che colui che si immischia in una controversia di cui non è soggetto di diritto viene detto: *mit'abbēr 'al rîb* ***lō' lô*** (Prov 26,17).

[3] In Giud 12,2, l'espressione completa è: *'îš rîb hāyîtî 'ănî we'ammî ûbenê 'ammôn me'ōd*; il contesto dice chiaramente che Gedeone è stato attaccato dagli Ammoniti. In Ger 15,10 leggiamo: *'îš rîb we'îš mādôn lekol hā'āreṣ*; anche qui appare evidente, dal seguito del versetto, che Geremia è stato contestato da tutti senza motivo.

Su questa questione, esprimono parere diverso J. LIMBURG, «The Root *ryb*», 298, che dà all'espressione *'îš rîb* il senso generale di «legal adversary»; e B. GEMSER, «The *Rîb*- or Controversy-Pattern», che traduce «a person with a case, a feud against...» (p. 121), o semplicemente «adversary» (p. 123).

[4] Sia in Giob 31,35, sia in Is 41,11, è evidente che si tratti di avversari; l'importanza del suffisso pronominale non è rilevata, a nostra conoscenza, da nessuno degli studiosi che si sono occupati del vocabolario del *rîb*. ZORELL (voce: *rîb*) distingue correttamente tra *'îš rîb* «cui obloquuntur» Ger 15,10, «adversarius» Giob 31,35, e *'anšê rîbekā* «qui tibi obloquuntur» Is 41,11.

[5] Oggetto di diverse interpretazioni è il testo di Os 4,4. Sembra vi sia una certa convergenza nell'esegesi contemporanea a correggere il TM in: *we'immekā rîbî kōhēn* (H. W. WOLFF, *Dodekapropheton 1. Hosea*, BK XIV/1, Neukirchen 1961, 88).

qualificano. Se poi, al posto della radice *ryb*, abbiamo un sinonimo, noi vediamo riapparire lo stesso fenomeno (*'anšê maṣṣutekā* e *'anšê milḥamtekā*: Is 41,12) [6].

Il soggetto che interviene nella lite può essere espresso in ebraico mediante uno stato costrutto, dove *rîb* funge da *nomen regens* e il «soggetto giuridico» da *nomen rectum*: solo dal contesto però si può dedurre se il soggetto in questione sia colui che accusa oppure colui che viene accusato. Se, da una parte, abbiamo: *rîb b^enê yiśrā'ēl* (Es 17,7) o *rîb yhwh* (Mi 6,2), dove si fa allusione agli accusatori [7], troviamo anche *rîb ṣiyyôn* (Is 34,8) dove certamente si qualifica chi è (stato) attaccato; in altri casi poi, si può solo sapere che qualcuno è implicato in un *rîb*, ma non si può chiaramente dedurre quale sia il suo ruolo giuridico (Es 23,3.6; Is 1,23; Prov 18,17; ecc.) [8].

In conclusione, più che da un vocabolario tecnico che li definisca univocamente, i soggetti giuridici della controversia sono precisati dal ruolo che esercitano, ruolo deducibile spessissimo solo dal contesto.

2. La situazione della controversia: il verbo *ryb*

In questo paragrafo prendiamo in esame il verbo *ryb*, per vedere come esso esprima la situazione della lite giuridica [9]. E in primo luogo,

---

[6] Si può probabilmente ritenere che l'espressione *'îš* + *šālôm* + suffisso pronominale costituisca l'antonimo di *'îš* + *rîb* + suffisso pronominale: cfr. Sal 41,10 (*'îš š^elômî*); Ger 20,10 (*'ĕnôš š^elômî*); Ger 38,22 (*'anšê š^elōmekā*); Abd 7 (*'anšê š^elōmekā*). Da notare tuttavia che, nei testi citati, il paradosso è che l'amico (*'îš š^elômî*...) si riveli avversario (*'îš rîbî*...). Cfr. anche *šôl^emî* in Sal 7,5 (J.H. TIGAY, «Psalm 7,5 and Ancient Near Eastern Treaties», *JBL* 89 [1970] 182-186).

[7] La designazione dell'accusatore è chiara quando abbiamo nello stesso sintagma anche il riferimento all'accusato: *rîb* **l**^e*yhwh* **'im**... (Os 4,1; 12,3; Mi 6,2); *rîb* **l**^e*yhwh* **b**^e... (Ger 25,31); *rîbām* (dei servi) *'immādî* (contro di me) (Giob 31,13).

[8] Nella II Parte, al cap. 7, quando analizzeremo il vocabolario del dibattimento, saranno dati ulteriori elementi concernenti i soggetti della lite giuridica. Già fin d'ora si può osservare che, nonostante accusatore e accusato siano due termini logicamente opposti, non è sempre facile assegnare con precisione tali funzioni ai soggetti concreti della lite, dato che spesso questi si scambiano i ruoli.

[9] J. LIMBURG riassume così le posizioni degli autori che hanno esplicitamente trattato del senso di *ryb*: «Thus the lexicons and literature understand the primary meaning for *ryb* as ranging from the broad 'strive, contend' through a more restricted 'conduct a legal process' to a most restricted 'accuse, make an accusation'» («The Root *ryb*», 292); a seguito della sua inchiesta personale, prima in contesti non teologici, poi nelle controversie tra Dio e Israele (nei profeti), egli ritiene di poter stabilire che *ryb* ha sempre il significato di accusare (290, 301). Noi concordiamo nell'affermazione che la radice *ryb* indichi una azione giuridica di rivendicazione del diritto; precisiamo tuttavia che le costruzioni grammaticali, e talvolta il contesto, possono suggerire se questa azione sia diretta *contro* o *a favore* di qualcuno.

tenendo presenti le preposizioni mediante le quali è costruito, o più generalmente il suo complemento grammaticale, si deve operare una distinzione precisa tra due significati del verbo: nel primo caso il *rîb* è diretto *contro* qualcuno (*rîb* di accusa), nel secondo, *a favore* (*rîb* di difesa)[10].

2.1. **Ryb** *come azione giuridica contro qualcuno* **(ryb 'et/ʿim/bᵉ/'el)**

Il verbo *ryb* è in primo luogo costruito con un gruppo di preposizioni diverse, che senza rilevabile differenza fra loro[11], servono tutte a definire l'azione di accusa nei confronti di una determinata persona o gruppo.

ryb 'et : Num 20,13; Giud 8,1; Is 45,9; 49,25; 50,8; Ger 2,9; Sal 35,1; Prov 23,11; 25,9; Neem 5,7; 13,11.17[12].

---

[10] La distinzione logica tra *rîb* di accusa e *rîb* di difesa non significa che si possa separare una azione dall'altra; pur essendo necessario rilevare il fatto linguistico e da qui la diversa modalità dell'intervento giuridico, si deve dire che, anche quando il *rîb* è a favore di qualcuno non può mai dissociarsi da una certa presa di posizione contro qualcun altro: il *rîb* a favore è, per così dire, un intervento di secondo grado che suppone un *rîb* già in atto. Cfr. ad esempio:

Is 49,25 :	*wᵉ'et yᵉrîbēk 'ānōkî 'ārîb*	(accusa)
	wᵉ'et bānayik 'ānōkî 'ôšîᶜ	(difesa)
Prov 22,23 :	*kî yhwh yārîb rîbām*	(difesa)
	wᵉqābaᶜ 'et qōbᵉᶜêhem nāpeš	(accusa).

(Cfr. A. Cody, «Notes on Proverbs 22,21 and 22,23b», *Bib* 61 (1980) 418-426).

[11] Cfr. J. Limburg, «The Root *ryb*», 296. H. J. Boecker, *Redeformen*, 54 n. 2, esplicita invece le seguenti sfumature: *ryb* assoluto, *ryb ʿim* e *ryb 'et* designano per lo più l'intero procedimento della controversia; *ryb bᵉ* indica l'accusa; *ryb 'el* significa sporgere accusa presso qualcuno. Classificazioni ancora diverse in A. Gamper, *Gott als Richter*, 185, e J. Harvey, *Le plaidoyer prophétique*, 116-117.

[12] In Mi 6,1, l'espressione *ryb 'et* risulta problematica rispetto a tutte le altre occorrenze.

Le versioni antiche (LXX, Vulgata, Siriaca, Targum) danno a *ryb 'et* (6,1) un significato non dissimile da quello di *rîb ʿim* (6,2).

Le versioni recenti invece (TOB, RSV, Einheitsübersetzung, NBE, Vaccari) evocano, in modo più o meno evidente, la differenza tra l'atto della convocazione di montagne e colline (*ryb 'et*: 6,1) e l'atto della contestazione portata da Dio nei confronti del popolo di Israele (*rîb ʿim*: 6,2). I Commentari esplicitano questa differenza, attribuendo alle montagne la funzione di testimoni della controversia: cfr. J. M. P. Smith, ICC, Edinburgh 1912, 118-120; Th. H. Robinson, HAT I/14, Tübingen 1954, 144, 146; R. Ungern-Sternberg, BotAT 23/3, Stuttgart 1958, 134; W. Rudolph, KAT 13/3, Gütersloh 1975, 106-107, 109; J. L. Mays, OTL, London 1976, 1980², 127; L. Alonso Schökel, *Profetas*, II, Madrid 1980, 1064. Questa linea è seguita anche da A. Gamper, *Gott als Richter*, 185, e da J. Harvey, *Le plaidoyer prophétique*, 42.

Originale è la posizione di H. W. Wolff, BK XIV/4, Neukirchen 1982, 139-146, il quale, proprio perché *ryb 'et* non è mai attestato nel senso di «fare una controversia *alla presenza di*», ritiene che in 6,1 si parli di un *rîb* contro le montagne e colline («cifra» delle nazioni idolatre: cfr. 5,14), e in 6,2 inizi il *rîb* di YHWH contro il suo popolo (in quest'ultima controversia le montagne avrebbero il ruolo di testimoni).

ryb ʿim : Gen 26,20; Es 17,2; Num 20,3; Giud 11,25; Giob 9,3; 13,19; 23,6; 40,2; Prov 3,30(Q); Neem 13,25.
Il sostantivo *rîb* è costruito con *ʿim* in Os 4,1; 12,3; Mi 6,2; Giob 31,13.

ryb bᵉ : Gen 31,36; Giud 6,32[13]; Os 2,4.
Il sostantivo *rîb* è costruito con *bᵉ* in Ger 25,31.

ryb 'el : Giud 21,22; Ger 2,29; 12,1; Giob 33,13.

La preposizione *bᵉ* serve ad indicare lo strumento o modalità del *rîb* in Giud 8,1; Am 7,4[14]; Giob 23,6; e la preposizione *ʿal* designa il motivo della controversia in Gen 26,21.22; Giob 10,2.

2.2. **Ryb** *come azione giuridica a favore di qualcuno* (**ryb lᵉ/rîb** + suff. pron.)

Un significato diverso da quello sopra indicato ha il verbo *ryb* quando è costruito con la preposizione *lᵉ* o con un accusativo interno: in questo caso, ha valore di «intervenire in un processo a favore di (qualcuno)», «assumere la causa di (qualcuno)», «difendere».

ryb lᵉ : Deut 33,7; Giud 6,31(*ter*); Giob 13,8

ryb 'et rîb + suffisso pronominale : 1 Sam 24,10; 25,39[15]; Ger 50,34; 51,36; Prov 23,11

---

[13] L'espressione di Giud 6,32: *yāreb* **bô** *habbaʿal* pensiamo debba tradursi: «che sia Baal a fargli causa», «che Baal lo accusi»; e non: «che Baal difenda se stesso», come verrebbe spontaneo riprendendo il v.31, dove però abbiamo: *hû' yāreb* **lô**. Questa osservazione è comunque da rapportarsi all'evidente gioco di parole col nome Ierub-baal.

[14] La preposizione *bᵉ*, in Am 7,4 (*wᵉhinnēh qōrē' lārīb* **bā**'*ēš 'ădōnāy yhwh*), indica lo strumento o la modalità del *rîb*, non l'accusato; qualcosa di analogo si trova in Giud 8,1 (*wayrîbûn 'ittô* **bᵉ***ḥozqâ*) e in Giob 23,6 (*ha***bᵉ***rob kōḥ yārîb ʿimmādî*). Errata appare quindi la citazione nella lista di J. Harvey, *Le plaidoyer*, 116 n.7. D.R. Hiller, «Amos 7,4 and Ancient Parallels», *CBQ* 26 (1964) 221-225, seguito da H.W. Wolff, BK XIV/2, Neukirchen 1969, 338, ha proposto la correzione di *lrb b'š* in *lrbb 'š* (pioggia di fuoco): se si accetta questa proposta, viene a cadere ogni motivo di discutere il senso particolare del sintagma *ryb bᵉ* in Am 7,4. L'espressione *ryb bā'ēš* appare però plausibile se confrontata con espressioni analoghe (dove il soggetto grammaticale è Dio): *ʿnh bā'ēš* (1 Re 18,24); *bw' bā'ēš* (Is 66,15); *špṭ* (*Ni*) *bā'ēš* (Is 66,16).

[15] L'espressione esatta di 1 Sam 25,39 è: (*bārûk yhwh 'ăšer*) *rāb 'et rîb ḥerpātî*: con quest'ultimo termine viene specificato sia il soggetto che è implicato nel *rîb* (mediante il suffisso pronominale), sia la natura o la causa della controversia (mediante il sostantivo *ḥerpâ*) (cfr. Sal 74,22).

ryb rîb + suffisso pronominale	:	Mi 7,9; Sal 43,1; 74,22; 119,154; Prov 22,23; 25,9 [16]; Lam 3,58 [17].

Solo in pochi casi (Deut 33,7; Giud 6,31b; Sal 74,22; Prov 25,9) si tratta di auto-difesa (il verbo *ryb* viene ad assumere il valore riflessivo di «difendersi»); negli altri casi viene segnalato (o invocato) l'intervento di un terzo soggetto il quale fa causa comune con l'accusato.

2.3. *Il verbo* **ryb** *con altre costruzioni, ma con i medesimi significati*

Oltre agli usi segnalati sopra, il verbo *ryb* può essere usato in modo assoluto, oppure con un oggetto diretto: in questi casi è solo il contesto a permettere di decidere tra il senso di «accusare» e quello di «difendere».

Ryb usato in modo assoluto:

a) = accusare	:	Is 3,13; Is 57,16; Os 4,4; Am 7,4; Sal 103,9; Prov 25,8 [18]
b) = difendere	:	Is 19,20

Ryb con oggetto diretto [19]:

a) = accusare	:	Deut 33,8 [20]; Is 27,8; Giob 10,2
b) = difendere	:	Is 1,17; Is 51,22

---

[16] Possiamo notare i sistemi mediante i quali viene espresso sia l'intervento a difesa sia quello di accusa:

Prov 23,11	:	*hû'*	*yārîb 'et rîbām*	*'ittāk*
Prov 25,9	:	(tu)	*rîbᵉkā rîb*	*'et rē'ekā*
1 Sam 25,39	:	(*yhwh*)	*rāb 'et rîb ḥerpātî*	*miyyad nābāl*
Sal 43,1	:	(Dio)	*rîbâ rîbî*	*miggôy lō' ḥāsîd*

[17] Al posto del suffisso pronominale, in Lam 3,58, abbiamo l'equivalente con il sostantivo *nepeš*: *rabtā 'ădōnāy rîbê napšî.*

[18] Il senso «aggressivo» di *ryb* usato in modo assoluto si può desumere anche da Es 21,18, dove la lite sfocia in una rissa.

[19] Si può notare che nei casi in cui *ryb* ha per oggetto un *pronome* personale suffisso (3 volte) il suo senso è di «accusare»; quando invece l'oggetto è un *sostantivo* (2 volte), il significato è di «difendere». Non ci sentiamo comunque di affermare che ciò costituisca una *regola* di rilevanza grammaticale e semantica.

[20] Il testo di Deut 33,8 non è del tutto chiaro: il verbo *ryb* è in parallelo con il verbo *nsh* (*Pi*), il che fa supporre che non si tratti di un intervento a favore, come invece afferma A. GAMPER, *Gott als Richter*, 185. Il fatto che l'episodio di Massa e Meriba sia oggetto di varie interpretazioni nella Scrittura stessa (cfr. Es 17,1-7; Num 20,1-13; Sal 81,8; 95,8s; 106,32) non ci aiuta a decidere il senso esatto da attribuire alla citazione del Deut.

3. Verbi paralleli o correlati al verbo *ryb*[21]

La distinzione fondamentale che abbiamo sopra segnalato per il verbo *ryb* tra un significato di accusa e un altro di difesa è esplicitata dal sistema del parallelismo sinonimico così frequente nella letteratura biblica. Pur non essendo sempre chiaro il grado di sinonimia, e pur essendo spesso difficile decidere se si tratti di parallelismo o di correlazione, sembra che si possa stabilire la seguente bipartizione:

a) riconducibili ad una azione di *accusa* (intervento contro), abbiamo questi principali sinonimi di *ryb*

— *ykḥ*	*(Hi)*		= *ryb*	Os 4,4
	(Hi)	+ acc.	= *ryb ʿim*	Giob 40,2
	(Hitp)	*ʿim*	= *rîb ʿim*	Mi 6,2[22]
— *nišpaṭ*[23]		*l^e^*	= *rîb b^e^*	Ger 25,31
— *lḥm*	*(Qal)*	*'et*	= *ryb 'et*	Sal 35,1
	(Ni)	*b^e^*	= *ryb ʿim*	Giud 11,25
— *qṣp*			= *ryb*	Is 57,16
nṭr			= *ryb*	Sal 103,9

b) indicanti invece una azione di *difesa* (intervento a favore), abbiamo:

— *yšʿ (Hi)*	+ acc.	= *ryb l^e^*		Giud 6,31
(Hi)		= *ryb*		Is 19,20
— *špṭ*	+ acc. (*miyyad-*)	= *ryb 'et rîb*	+ suff. pron.	1 Sam 24,16
	+ acc.	= *ryb*	+ acc.	Is 1,17 (cfr. 1,23: *rîb*)
	+ suff. pron. acc.	= *ryb rîb*	+ suff. pron.	Sal 43,1
— *ʿśh mišpaṭ*	+ suff. pron.	= *ryb rîb*	+ suff. pron.	Mi 7,9[24]
— *g'l*	+ suff. pron. acc.	= *ryb 'et rîb*	+ suff. pron.	Ger 50,34; Prov 23,11
	+ suff. pron. acc.	= *ryb rîb*	+ suff. pron.	Sal 119,154 (cfr. anche l'equivalente in Lam 3,58)
— *nqm (Pi)*	+ ogg. int.	= *ryb 'et rîb*	+ suff. pron.	Ger 51,36

---

[21] In questo paragrafo indicheremo anche alcuni paralleli del sostantivo *rîb*, perché esso, in certi casi, non solo designa l'evento della contesa, ma ha la stessa funzione del verbo nel segnalare soggetto e oggetto dell'accusa (cfr. Os 4,1; Mi 6,2; ecc.).

[22] Ulteriore conferma del rapporto di sinonimia tra la radice *ryb* e *ykḥ* in Giob 13,6-7 e 33,19.

[23] Indichiamo con *nišpaṭ* il *Niphal* del verbo *špṭ* che non ha valore passivo (Cfr. GK 51 d; Joüon 51 c).

[24] Per *ʿśh mišpaṭ* + suffisso pronominale, si veda anche Lam 3,58-59. Segnaliamo anche altre radici che presentano un carattere di sinonimia con *ryb* come intervento di difesa: *nṣl* (*Hi*): Is 19,20; *plṭ* (*Pi*) *min*: Sal 43,1; *ʿēzer min*: Deut 33,7.

Questa lista merita qualche nota di commento, così da ampliare il nostro esame del lessico ebraico, e mostrare altresì la pertinenza del discorso di insieme che abbiamo fatto nella Introduzione alla Prima Parte. Le nostre osservazioni si distribuiranno in due paragrafi, corrispondenti alla suddivisione che abbiamo sopra operato.

3.1. *I sinonimi di* **ryb** *come intervento contro qualcuno*

Considerando i termini (verbi, espressioni) che, usati in parallelo con *ryb* (oppure *rîb*), hanno il significato di intervento contro (qualcuno), cerchiamo di precisarne con più accuratezza il senso, e vedere in che modo essi intervengano nella terminologia giuridica della controversia.

3.1.1. La radice ***ykḥ***

Tra i sinonimi di *ryb* come intervento di accusa, abbiamo in primo luogo indicato il verbo *ykḥ,* che, quasi sempre alla forma *Hiphil* (al *Niphal*: Is 1,18; Giob 23,7; Gen 20,16: quest'ultimo testo è assai controverso; allo *Hophal*: Giob 33,19; allo *Hitpael*: Mi 6,2), si presenta con una gamma di significati a prima vista difficilmente riconducibili ad unità [25]. Le diverse preposizioni con cui il verbo è costruito non sembrano permettere la distinzione fra le varie sfumature di significato, che sono quindi ricavabili solo dall'analisi dei loro precisi contesti; purtroppo, essendo la radice usata per lo più in testi poetici, anche questa operazione risulta disagevole.

È certo comunque che il soggetto a cui è attribuita l'azione del verbo *ykḥ* è in qualche modo un *censore*: egli critica, ammonisce, chiede conto dell'operato, interviene per stabilire la giustizia. L'importante sarebbe allora di vedere chi interviene, e a chi è rivolta l'azione di critica, in quale ambito quindi viene situata l'azione di *ykḥ*.

Pur essendoci discordi opinioni sull'ambiente originario di questa radice ebraica [26], pensiamo che si possa senz'altro affermare che vi è una

---

[25] Oltre agli articoli di Dizionari (*THAT* I, 730-732, a cura di G. Liedke; *TWAT* III, 620-628, a cura di G. Mayer; *Materiales*), cfr. V. Maag, *Text, Wortschatz und Begriffswelt des Buches Amos*, Leiden 1951, 152-154; B. Gemser, «The *Rîb*- or Controversy-Pattern», 124-125 n. 4; H. J. Boecker, *Redeformen*, 45-47; I. L. Seeligmann, «Zur Terminologie», 266-268; R. R. Wilson, «An Interpretation of Ezekiel's Dumbness», *VT* 22 (1972) 98-100; E. Kutsch, «'Wir wollen miteinander rechten'. Zu Form und Aussage von Jes 1,18-20», in: *Künder des Wortes*, Fs. J. Schreiner, Würzburg 1982, 29-31.

[26] G. Liedke (*THAT* I, 730) distingue fra chi ritiene che la radice *ykḥ* sia originariamente ambientata nel campo della procedura giudiziaria (H. J. Boecker, F. Horst) e chi pensa invece al mondo sapienziale (V. Maag). Noi propendiamo piuttosto

sfumatura etica e sapienziale da tenere sempre presente. Infatti noi vediamo che il verbo *ykḥ* è utilizzato per indicare la correzione educativa del padre nei confronti del figlio (2 Sam 7,14; Prov 3,12)[27]; inoltre, è frequentemente parallelo o correlato alla radice *ysr* (Ger 2,19; Sal 6,2; 38,2; 94,10; Giob 5,17; 40,2; Prov 3,12; 9,7)[28], che è unanimemente riconosciuta come appartenente al lessico sapienziale («impartire una lezione»); infine, si trova spesso in relazione con una varietà di termini e di figure che generalmente sono ascritte al mondo della sapienza (Is 11,1-5; Sal 141,3-5; Giob 6,24-26; 15,2-3; 32,11-14; Prov 9,7-8; 15,12; 19,25; 25,12)[29].

Tuttavia ciò non esclude affatto che la radice *ykḥ* sia pertinente al mondo giuridico, sia perché alcuni testi lo provano in maniera incontrovertibile (Gen 21,25[30]; 31,37; Is 1,18; 29,21; Am 5,10; Sal 50,8.21; Giob 9,33; 13,10.15; 22,4; Prov 22,23-25)[31], sia perché il mondo della sapienza è molto più collegato con quello giuridico di quanto in genere si pensi.

Invece di ritenere allora che questo verbo abbia diverso significato a seconda dei diversi contesti, sembra più logico pensare che esso esprima *l'istanza sapienziale del procedere secondo giustizia,* mediante la critica, l'accusa e la sanzione. Non è esatto affermare, ad esempio, che il rapporto padre–figlio sia estraneo al mondo giuridico; al contrario, l'autorità paterna funziona, nell'ambito familiare, alla stregua di quella di un capo per una comunità civile, e viceversa[32]; se il padre fa prevalere generici sentimenti di affetto su una rigorosa condotta secondo rettitudine, egli sanziona il male nell'ambito di responsabilità che gli è

---

per la seconda opinione, considerando tra l'altro l'uso particolarmente frequente della radice *ykḥ* nel libro dei Proverbi.

27 Cfr. anche Prov 29,15.

28 Cfr. il parallelo frequente in Prov, tra *tôkaḥat* e *mûsār*: 3,11; 5,12; 10,17; 12,1; 13,18; 15,5.32; in 6,23 inoltre abbiamo *tôk^{e}ḥôt mûsār*, mentre in Sal 39,12 troviamo il sintagma *ysr (Pi) b^{e}tôkāḥôt*.

29 Ricordiamo il parallelismo tra *tôkaḥat* e *ʿēṣâ* in Prov 1,25.30; nel libro dei Prov, il sostantivo *tôkaḥat* è chiaramente situato nell'ambito della terminologia sapienziale (cfr. 5,12-13; 12,1; 15,5.31.32; 29,15).

30 L'identità di funzione tra *ykḥ* e *ryb* come verbi indicanti la contestazione giuridica, appare chiaramente dal confronto fra due testi di Genesi:

21,25 :	*w^{e}hôkîḥ 'abrāhām*	*'et 'ăbîmelek*	*ʿal 'ōdôt b^{e}'ēr hammayim*
26,20 :	*wayyārîbû rōʿê g^{e}rār*	*ʿim rōʿê yiṣḥāq*	*lē'mōr: lānû hammayim*
21 :	*... wayyārîbû gam*		*ʿālèhā*

31 Il sostantivo *tôkaḥat* significa una presa di posizione nel dibattito in Abac 2,1; Sal 38,15; Giob 13,6; 23,4.

32 Cfr. R. R. WILSON, «Enforcing the Covenant: the Mechanisms of Judicial Authority in Early Israel», in: *The Quest For the Kingdom of God*, Fs. E. MENDENHALL, Winona Lake, 1983, 64.

affidato (la «giurisdizione» familiare), e viene a trovarsi lui stesso in colpa (cfr. 1 Sam 3,13); l'autorità parentale è, d'altra parte, così pacificamente riconosciuta nella sua funzione correttiva, che, nel caso in cui non possa esercitarsi, i genitori possono giungere fino a deferire il figlio alla autorità pubblica per una punizione capitale (Deut 21,18-21)[33].

Non bisogna infatti confondere un procedimento giuridico con il procedimento forense: il primo può rimanere nella sfera di una semplice relazione interpersonale (privata), senza strutture formali precise (pubbliche); ma è un procedere giuridico nella misura in cui vi si può riconoscere un intervento di accusa fondato sulla conoscenza del misfatto, articolato ad una riconosciuta facoltà di sanzione. Ciò vale quindi nella relazione genitori – figli, e vale nel rapporto normale fra i cittadini (Lev 19,17; Prov 24,23-25; 28,23). Il fatto che, in certi casi, questa funzione di censura sia esercitata «alla porta», cioè in sede forense, significa che il *rîb,* non potendosi risolvere nell'ambito di una relazione a due, viene portato a conoscenza del giudice e sottoposto alla sua decisione (Is 29,21; Amos 5,10).

È comunque importante rilevare che la dimensione sapienziale suggerita dal verbo *ykḥ,* se, da una parte, sottolinea il rapporto tra procedura giuridica e punizione (2 Re 19,4; Ger 2,19; Abac 1,12; Sal 94,10; 105,14), vi introduce, dall'altra, una finalità che non si limita ad una pura applicazione della giustizia «retributiva» (o vendicativa): l'intenzionalità del «correggere», propria della controversia, mette in luce che il fine del procedimento giuridico è l'*emendamento* dell'avversario, non semplicemente la sua punizione; la sanzione è talvolta necessaria come strumento, ma è la realtà umana del soggetto «avversario» che si cerca di toccare e su cui si vuole influire[34]. Da qui si deduce che l'azione di *ykḥ,* l'accusa cioè e perfino l'azione punitiva, rappresentano un procedere secondo giustizia nella misura in cui sono mosse dall'*amore* per l'altro: è segno di amore infatti agire perché l'altro possa orientare la sua vita nella via della giustizia (Lev 19,17-18; Prov 3,11-12; 6,23; 10,17; 13,24; 15,10; 27,5-6), mentre un accusare dettato dall'odio si oppone alla sapienza e alla vera giustizia[35].

---

[33] Cfr. E. Bellefontaine, «Deuteronomy 21,18-21: Reviewing the Case of the Rebellious Son», *JSOT* 13 (1979) 13-31; Ph. R. Callaway, «Deut 21:18-21. Proverbial Wisdom and Law», *JBL* 103 (1984) 341-352.

[34] Cfr. J. Scharbert, *Der Schmerz im Alten Testament*, BBB 8, Bonn 1955, 190-194.

[35] Cfr. M. Ogushi, *Der Tadel im Alten Testament.* Eine formgeschichtliche Untersuchung, EurHS XXIII/115, Frankfurt a.M. 1978, soprattutto pp. 148-152.

Per quanto riguarda le particolarità espressive del verbo *ykḥ* determinate dal regime delle preposizioni, notiamo una distinzione fondamentale:

1) *ykḥ*, usato in forma assoluta (Is 1,18; 29,21; Os 4,4; Am 5,10; ecc.), con oggetto diretto (2 Sam 7,14; Ger 2,19; Sal 6,2; 38,2; 50,8; ecc.), oppure seguito dalle preposizioni *'im* (Mi 6,2; Giob 23,7), *'et* (Gen 21,25; Lev 19,17; Giob 13,10; Prov 3,12), *bᵉ* (2 Re 19,4 = Is 37,4; Prov 30,6), *'el* (Giob 13,3; cfr. 13,15), *lᵉ* (Is 2,4 = Mi 4,3; Giob 32,12; Prov 9,7.8; 15,12; 19,25), significa criticare, correggere, accusare, ecc.

Da notare che, diversamente dal verbo *ryb*, anche con la preposizione *lᵉ* il verbo *ykḥ* è l'equivalente dell'azione di accusa (unica eccezione Is 11,4 [36]). Come con il verbo *ryb*, per altro, la preposizione *'al* desi-

---

[36] Giob 16,21 presenta una formulazione particolare che merita qualche commento. Il TM dice: *wᵉyôkaḥ lᵉgeber 'im 'ělôh – ûben 'ādām lᵉrē'ēhû*. I problemi filologici di questo versetto sono sostanzialmente due: 1) il senso del verbo *ykḥ*; 2) il senso delle preposizioni rette dal verbo: dalle diverse risposte date a questi due quesiti si ricavano le molteplici interpretazioni dell'intero versetto.

Le antiche versioni (LXX, Siriaca, Targum) danno a *ykḥ* il significato di accusare; solo la Vulgata traduce: *atque utinam sic iudicaretur vir cum Deo* (significato «giudicare»; e *wywkḥ* letto come *Hophal*). Quanto al senso delle preposizioni, segnaliamo che tutte traducono *ben 'ādām* come «figlio dell'uomo» (nessuna cioè ha letto la preposizione *bên* con *scriptio defectiva*); inoltre, nel secondo stico, introducono (ad eccezione della LXX) un elemento di paragone («come» un uomo ...); si noti infine che il Targum, sempre nel secondo stico, sostituisce *lᵉ* con *'im*. Tutto ciò mostra una certa difficoltà dei traduttori antichi nel rendere il testo ebraico.

Fra i *moderni commentatori* (S. R. Driver – G. B. Gray, *The Book of Job*, ICC, Edinburgh 1921; G. Fohrer, *Das Buch Hiob*, KAT XVI, Gütersloh 1963; F. Horst, *Hiob*, BK XVI/1, Neukirchen 1968; M. H. Pope, *Job*, AncB 15, Garden City 1974; R. Gordis, *The Book of Job*. Commentary, New Translation and Special Studies, New York 1978; L. Alonso Schökel – J. L. Sicre, *Job*. Comentario teológico y literario, Madrid 1983) prevale, per il verbo *ykḥ*, il senso di «giudicare» (Gordis, Alonso) o «decidere» (Driver, Fohrer); comune la correzione di *ben* in *bên*, così come il dare alle diverse preposizioni (*lᵉ* ... *'im*; *bên* ... *lᵉ*) un significato simile; come esempio, citiamo la versione di L. Alonso Schökel: «que juzgue entre un varón y Dios, entre un hombre y su amigo».

S. R. Driver – G. B. Gray attribuiscono invece un valore preciso alle preposizioni *lᵉ* e *'im* del primo stico («decide for ... in his contest with ...»). Originale la posizione di M. H. Pope, il quale segue il TM quanto a *ben 'ādām*, introduce l'elemento di paragone nel secondo stico (*waw comparationis*?), e dà lo stesso valore alla preposizione *lᵉ* nei due stichi: «he pleads for a man with God, as a fellow does for his friend».

La lettura altamente innovativa di M. Dahood («For can a mere man argue with God Or a human discern his intentions») è basata su discutibili argomentazioni filologiche; in ogni caso non è di grande aiuto per l'analisi del verbo *ykḥ* e delle preposizioni correlate («The Phoenician Contribution to Biblical Wisdom Literature», in: *The Role of the Phoenicians in the Interaction of Mediterranean Civilization, ed.* W. A. Ward, Beirut 1968, 124).

In conclusione, se si accetta la posizione di Driver – Gray e di Pope, avremmo un altro caso, oltre a Is 11,4, nel quale il sintagma *ykḥ* (*Hi*) *lᵉ* significherebbe un intervento giuridico a favore (di qualcuno).

gna il motivo o la ragione dell'accusa (Gen 21,25; Sal 50,8; 105,14 = 1 Cron 16,21)[37]; e con *b*ᵉ si esprime la modalità o lo strumento dell'intervento (2 Sam 7,14; Is 11,4; Sal 6,2; 38,2; Giob 15,3; 33,19).

Equivalente sinonimico di *mērîb* (e *'îš rîb*+suff. pron.) abbiamo *môkîḥ* (Giob 32,12; 40,2; Prov 9,7; 24,25; 25,12; 28,23; con la specificazione *baššaʿar*: Is 29,21; Am 5,10) e *'îš môkîḥ* (Ez 3,26[38]; cfr. anche Os 4,4). Equivalente invece di *'îš rîb* (accusato) è *'îš tôkāḥôt* (Prov 29,1).

2) *ykḥ,* seguito da *bên* (Gen 31,37; Giob 9,33) può essere interpretato come un «prender posizione fra due parti in causa», con un significato quindi riconducibile a «arbitrare» e perfino «decidere». A questo significato, pur senza la preposizione *bên,* si potrebbero forse ricondurre le occorrenze di Gen 24,14.44[39]; 31,42. Giob 16,21[40] presenta una formulazione originale, che rientra probabilmente in questa sfera di significato.

Il problema semantico di come una azione giuridica contro qualcuno possa equivalere ad una decisione di arbitrato o ad una sentenza (cfr. il parallelismo tra *ykḥ* e *špṭ* in Is 2,4 = Mi 4,3; Is 11,3-4) sarà sviluppato in seguito quando tratteremo del giudizio (cap. 5).

3.1.2. La forma *špṭ* (Ni)

La forma *nišpaṭ* solo in pochi casi (Sal 9,20; 37,33; 109,7) è usata come passivo del verbo *špṭ*; altrove invece significa «entrare in controversia

---

[37] Il testo di Giob 19,5b (*wᵉtôkîḥû ʿālay ḥerpātî*) è tradotto dai commentatori dando al sintagma *ykḥ* (*Hi*) *ʿal* un senso genericamente avversativo, poiché la preposizione *ʿal* regge un suffisso pronominale che fa riferimento all'accusato: S. R. DRIVER – G. B. GRAY: «and argue against me my reproach»; G. FOHRER «und mir meine Schmach vorhalten?»; F. HORST: «und mir zu Lasten schändlich Tun beweisen»; M. H. POPE: «and argue my disgrace against me»; L. ALONSO SCHÖKEL: «echandome en cara mi afrenta?». R. GORDIS ha invece una posizione diversa, dato che attribuisce al verbo *ykḥ* un valore dichiarativo («declare right, justify»): «and justify the humiliation I have suffered».

[38] R. R. WILSON ritiene che l'espressione *'iš môkîḥ* significhi mediatore o arbitro; il comando di tacere impartito da Dio a Ezechiele, correlato con la frase *wᵉlō' tihyeh lāhem lᵉ'îš môkîḥ,* significherebbe, secondo questo autore, la fine della attività profetica di mediazione e l'assunzione del ruolo di proclamatore della sanzione divina («An Interpretation of Ezekiel's Dumbness», *VT* 22 (1972) specialmente 98-104). Noi diciamo piuttosto che in Ez 3,26 viene indicato il passaggio dal *rîb* verbale (accusa) al *rîb* gestuale (punizione), passaggio motivato dal rifiuto di ascoltare da parte del popolo.

[39] La scelta della sposa di Isacco è senz'altro un atto giuridico di grande rilevanza, in quanto decide della discendenza del popolo di Israele: per questo viene ascritto all'intervento stesso di Dio.

Un caso analogo può essere visto in Tob 6,18, dove viene usato il verbo *etoimazein* (sempre con soggetto Dio), lo stesso che, nella LXX, traduce *ykḥ* in Gen 24,14.44.

[40] Cfr. n. 36.

con qualcuno», «confrontarsi legalmente»[41]. Come per i verbi *ryb* e *ykḥ*, diverse preposizioni, senza differenza nel significato, segnalano il soggetto giuridico contro cui è rivolta l'azione: *'et* (1 Sam 12,7; Is 66,16; Ez 17,20; 20,35.36; 38,22; Prov 29,9)[42], *'im* (Gioele 4,2; 2 Cron 22,8; cfr. anche Sir 8,14). *le* (Ger 25,31). Anche qui la preposizione *'al* indica il motivo dell'azione legale (Ger 2,35; Gioele 4,2), e la preposizione *be* la modalità o strumento (Is 59,4; 66,16; Ez 38,22).

Il fatto che nella forma *nišpaṭ* sia riconoscibile il valore semantico della radice *špṭ* induce a concepire la controversia giuridica come un «sottoporre a giudizio» la causa che si è creata fra le due parti[43]: che ciò avvenga davanti ad una istanza terza (cfr. 1 Sam 12,7), oppure no (cfr. Ez 20,35), non modifica sostanzialmente il senso della confrontazione, che ha di mira lo stabilire la verità e la giustizia.

3.1.3. La controversia e la guerra (= scontro armato)

Avremo modo, nella seconda parte del nostro lavoro (soprattutto al cap. 7) di illustrare il rapporto esistente tra la controversia giuridica e la guerra. In questa sede ci preme solo di accennare a due punti particolarmente significativi: 1) il *rîb* è «come» una guerra: l'accusa infatti, proprio perché si fa carico dell'istanza di ristabilire la giustizia, porta con sé degli elementi di aggressività e di forza (cfr. Giud 8,1; Ger 50,34; Sal 35,1; Giob 9,3; 23,6; Prov 23,11) che tendono ad imporsi malgrado l'opposizione dell'accusato; 2) il *rîb* sfocia necessariamente in una guerra quando le due parti non trovano nella parola la possibilità di una giusta intesa; si potrebbe dire che il *rîb* prosegue la sua dinamica di confronto, mettendo in gioco la totalità del corpo, fino a che uno dei due ceda e dia ragione all'altro.

3.1.4. La collera

a) La terminologia

Fra i sinonimi di *ryb*, abbiamo sopra citato dei verbi che appartengono al campo semantico della collera: accanto alla terminologia che indica

---

[41] GK 51 d fa notare l'aspetto di reciprocità del *Niphal* (= confrontarsi), ben visto per Is 43,26: *niššāpeṭâ yāḥad*, a cui si può associare, per analogia di significato, Is 1,18: *lekû na' weniwwākeḥâ*, ed anche 2 Sam 19,10: *wayhî kol hā'ām nādôn bekol šibṭê yiśrā'ēl*. La reciprocità viene comunque a scomparire quando *nišpaṭ* è costruito con un complemento: il senso allora è «confrontarsi *con qualcuno*».

[42] Riteniamo che solo in Ger 2,35 (*nišpāṭ 'ôtāk*) *'et* potrebbe essere ritenuta la particella indicante l'accusativo (cfr. però Joüon 103 j); per Is 66,16; Ez 20,36; Prov 29,9 è preferibile pensare che si tratti della preposizione significante «con/contro».

[43] Questo sarebbe confermato dal parallelismo tra l'espressione *bw' bemišpāṭ* (o *bammišpāṭ*) *'im* con i verbi *ryb* (Is 3,13) e *ykḥ* (Giob 22,4).

la controversia come azione giuridica di accusa, dobbiamo dunque considerare il lessico che esprime, per così dire, il lato emozionale della contesa.

Il vocabolario ebraico dell'ira è assai ricco; i termini più importanti sono i seguenti: *'np – 'ap, ḥēmâ, ḥrh – ḥārôn, ʿebrâ, qṣp – qeṣep, zʿm – zaʿam, zʿp, qn' – qin'â*[44].

b) I rapporti tra il vocabolario della contesa giuridica e quello della collera

Sembra utile indicare come si presenta, dal punto di vista letterario, il complesso sistema di rapporti tra il linguaggio giuridico (*ryb, ykḥ, nišpaṭ*) e quello della collera.

Abbiamo, in primo luogo, un *parallelismo* che possiamo giudicare sinonimico: oltre a Is 57,16 e Sal 103,9, si possono citare Is 41,11; 66,15-16; Ger 2,35[45]. A questi testi, dove il rapporto di equivalenza è reperibile dalla immediata giustapposizione delle terminologie, si devono aggiungere quelli in cui, nella stessa unità letteraria, ma a distanza di versetti, lo stesso intervento è descritto con il lessico della lite e con il lessico della collera. Ad esempio, in Ger 25, la manifestazione dell'ira di Dio contro tutte le nazioni (*ḥēmâ – ḥărôn 'appô* e spada: vv.15-16.[27-29].38) equivale alla sua controversia contro ogni uomo (*ryb – nišpaṭ* e spada: v.31); e in Ez 38, la grande collera di YHWH (*ḥēmâ – 'ap – qin'â – ʿebrâ*) contro Gog (vv.18-19) è interpretata come azione giuridica (*nišpaṭ*: v.22)[46].

In secondo luogo, la manifestazione dell'ira è talvolta *correlata* letterariamente all'azione del *rîb*; pur essendo difficile determinare esattamente la natura del rapporto, crediamo si possa parlare di reciproca implicazione (o perlomeno di compresenza nell'unità dello stesso evento) di collera e accusa. In Gen 31,36 e Neem 5,6-7, troviamo la sequenza: collera (*ḥrh*) – azione giuridica della lite (*ryb bᵉ / 'et*) – parola che esplicita l'accusa; in Neem 13,25, la sequenza è così modificata: azione della lite

---

[44] J. Fichtner, «*orgē*», *TWNT* V, 392-394: come appartenenti alla terminologia ebraica dell'ira vengono dall'autore segnalati anche i termini *kʿs, rgz, rûḥ*; cfr. anche E. Johnson, «*'ānap*», *TWAT* I, 379-383; G. Sauer, «*'ap* Zorn», *THAT* I, 224; M.I. Gruber, *Aspects of Nonverbal Communication in the Ancient Near East*, Studia Pohl 12, II, Roma 1980, 480-553.

[45] Il parallelismo tra «collera» e vocabolario della lite in Ger 2,35 è da ritrovare nella composizione chiastica del versetto:

wattō'mᵉrî kî niqqêtî	╲╱	*'ak šāb 'appô mimmennî*
hinnî nišpāṭ 'ôtāk	╱╲	*ʿal 'omrēk lō' ḥāṭā'tî.*

[46] Vi è pure un rapporto sinonimico tra il cessare dell'ira e l'intervento giuridico a favore (cfr. Is 51,21s; Mi 7,9).

(*ryb ʿim*) – manifestazione della collera – parola che specifica l'accusa. Una certa conferma del fenomeno può venire dal fatto che, mediante la preposizione *b^e^* viene espressa la modalità dell'intervento giuridico[47]: quando leggiamo che la controversia avviene, ad esempio, *bāʾēš* (Is 66,16; Am 7,4; cfr. anche Ez 38,22), si può pensare che si tratti di un intervento caratterizzato dall'«ardore» della collera; d'altra parte, è esplicitamente detto che è possibile, anche se non augurabile, un intervento giuridico (*ykḥ*) sotto forma di collera (Sal 6,2: *b^e^ʾapp^e^kā*; 38,2: *b^e^qeṣp^e^kā*)[48].

Infine, ed è questo il fenomeno letterario più considerevole, il lessico dell'ira occupa il posto che è da assegnare, nella struttura giuridica, al lessico del *rîb*: abbiamo così un fenomeno di *sostituzione* (sinonimica) che è l'indizio principale dell'appartenenza di una determinata terminologia allo stesso paradigma. Come mostreremo ampiamente nel capitolo seguente, il *rîb* si struttura secondo tre elementi: 1) conoscenza del misfatto; 2) parola di accusa (azione giuridica); 3) rapporto alla punizione. Ora è significativo notare che il secondo elemento è spesso sostituito con la terminologia della collera[49]. Come testi particolarmente pertinenti possiamo citare: Gen 34,7-31; 39,19-20; Es 22,22-23; 32,9-10; Num 11,1; Deut 32,19. In modo più generale, lo schema: peccato – ira di Dio – punizione è ancora più frequente di quello: peccato – azione del *rîb* – punizione (cfr. Num 11,33; 12,9; Deut 6,15; 7,4; 11,7; Giud 2,11-15.19-22; ecc.).

c) Il senso della terminologia della collera[50]

In questo paragrafo cerchiamo di fornire alcuni elementi interpretativi che consentano di chiarire almeno parzialmente il senso e la funzione del lessico della collera nell'ambito giuridico.

Partiamo dalla difficoltà risentita da ogni lettore della Scrittura, e affrontata tematicamente dagli esegeti[51]: nella accezione attuale del

---

[47] Cfr. p. 31.38.39.

[48] Il libro dei Proverbi, che ripetutamente condanna le dispute (6,19; 10,12; 16,28; 17,14; 26,21; 29,22), indica il rapporto tra la collera e la controversia in 6,34-35; 15,18; 30,33.

[49] Cfr. K. HJ. FAHLGREN, *Ṣ^e^dāḳā*, 56-64.

[50] Le considerazioni fatte in questo paragrafo si appoggiano largamente alla trattazione di M. VILLER, «Colère», *Dict. de Spiritualité* II, Paris 1953, 1053-1077. In questo articolo, e soprattutto in *TWNT* V, 383-392 (a cura di H. KLEINKNECHT) si può trovare riassunta la problematica dell'antichità classica sul tema dell'ira.

[51] L'esegesi si è preoccupata di discutere il senso teologico della «gelosia» e della «collera» *di Dio*, collegando queste nozioni con le tematiche del peccato e della punizione; non abbiamo tuttavia trovato né degli studi che situino questi sentimenti sullo sfondo di una adeguata analisi antropologica, né un trattamento organico del vocabolario che vi si riferisce. Cfr. F. KÜCHLER, «Der Gedanke des Eifers Jahwes im Alten Testament», *ZAW*

termine, la collera (o eventuali sinonimi) è definita come un «movimento disordinato dell'animo per cui siamo violentemente eccitati contro qualcuno» [52]; la sua connotazione è quindi chiaramente negativa, in quanto vi sono implicate la perdita del controllo di sé (irrazionalità) e la violenza delle manifestazioni contro altri. Da qui sorge il problema di applicare un tale concetto al mondo giuridico (caratterizzato dalla razionalità e dall'assenza di violenza passionale), e di attribuire a Dio [53] un comportamento collerico, altrove biasimato come manifestazione di un vizio capitale.

Per tentare di rispondere a questa difficoltà sembra necessario riflettere sulla ambiguità della collera, illustrandone due aspetti complementari nei quali essa esternamente si manifesta.

1) *Il mettersi in collera*

Sembra si possa descrivere la collera come la reazione che un soggetto prova di fronte a qualcosa sentito come insostenibile [54]: è perché vi è un eccesso di male, è perché si sono passati i limiti, che si produce una spontanea reazione nell'uomo, la quale, nei suoi «eccessi», indica precisamente l'insopportabilità della situazione [55].

---

28 (1908) 42-52; R. V. Tasker, *The Biblical Doctrine of the Wrath of God*, London 1951; K.-H. Bernhardt, *Gott und Bild*. Ein Beitrag zur Begründung und Deutung des Bilderverbotes im Alten Testament, TArb 2, Berlin 1956, 86-92; S. Lyonnet, *De peccato et redemptione*, I, Romae 1957, 40-41; II, Romae 1972², 69-71; B. Renaud, *Je suis un Dieu jaloux*. Evolution sémantique et signification théologique de *qin^e'ah*, LDiv 36, Paris 1963; H. Ringgren, «Einige Schilderungen des göttlichen Zorn», in: *Tradition und Situation*. Studien zur alttestamentliche Prophetie, Fs. A. Weiser, Göttingen 1963, 107-113; H. A. Brongers, «Der Eifer des Herrn Zebaoth», *VT* 13 (1963) 269-284; *id.*, «Der Zornesbecher», *OTS* 15 (1969) 177-192; S. Erlandsson, «The Wrath of Yhwh», *TyndB* 23 (1972) 111-116; D. J. McCarthy, «The Wrath of Yahweh and the Structural Unity of the Deuteronomistic History», in: *Essays in Old Testament Ethics*, Fs. J. P. Hyatt, New York 1974, 97-110; W. Harrelson, «A Meditation on the Wrath of God: Psalm 90», in: *Scripture in History and Theology*, Fs. J. C. Rylaarsdam, Pittsburgh 1977, 181-191; C. Westermann, «Boten des Zorns. Der Begriff des Zornes Gottes in der Prophetie», in: *Die Botschaft und die Boten*, Fs. H. W. Wolff, Neukirchen-Vluyn 1981, 147-156.

[52] È la definizione data da F. Palazzi, *Novissimo dizionario della lingua italiana*, Milano 1974, 723. Altri dizionari forniscono definizioni sostanzialmente simili.

[53] Ricordiamo che nell'Antico Testamento i termini indicanti l'ira sono usati molto più frequentemente per significare la collera divina (circa 375 volte) che non quella umana (circa 80 volte): *TWNT* V, 395.

[54] «La colère a donc pour cause un mécontentement éprouvé en face de ce qui paraît inadmissible et qui réagit en volonté de défense, de réprobation et, s'il y a lieu, de châtiment» (*DictSpir*, 1056).

[55] J. L. Palache ritiene che il senso della radice *'pp* sia quello di sommergere («overwhelm») (*Semantic Notes on the Hebrew Lexicon*, Leiden 1959, 8-9); sarebbero così presenti le connotazioni di eccesso e di distruzione, caratteristiche del dispiegarsi collerico.

Da questo punto di vista, l'ira deve essere giudicata un atto riprovevole, se rivela che il soggetto (collerico) è turbato e «acceso»[56] da qualcosa che non merita tale comportamento[57]; ma vi è anche la possibilità di un'*ira giusta,* che è indignazione di fronte ad un fatto oggettivamente inaccettabile. La «collera di Dio» si situa ovviamente in questa seconda categoria: come la collera del re o dell'uomo giusto, lo sdegno di Dio esprime la non connivenza con il male, e la corretta reazione di fronte ad una grave situazione di ingiustizia[58].

2) *Il dispiegarsi della collera*

L'ira è una emozione che provoca nel corpo una spinta ad agire per togliere di mezzo ciò che è sentito come insopportabile. Anche in questo caso, si possono avere due opposte figure: quella della collera che, radicata nell'orgoglio e nella gelosia, esprime la sua valenza di odio facendosi rancore, rabbia e spietata vendetta nei confronti dell'altro; e quella della collera ispirata alla giustizia, che agisce per togliere il male dal mondo[59].

La collera equivale in questo secondo caso all'intervento punitivo[60]: se ci si trova in una struttura giudiziaria, la manifestazione della collera equivale alla sentenza di condanna che infligge la pena[61]. In una struttura di controversia bilaterale invece, l'ira punitiva — nella misura in cui procede da un desiderio di giustizia — si indirizza verso colui che, rifiu-

[56] Cfr. P. DHORME, *L'emploi métaphorique des noms de parties du corps en hébreu et en akkadien*, Paris 1923, 81.

[57] Cfr. *TWNT* V, 394-395, dove sono indicati i testi biblici (in particolare della letteratura sapienziale) dai quali emerge la critica dell'ira dettata da motivi egoistici.

[58] S. LYONNET parla dell'ira di Dio come di una metafora che suole designare, mediante l'effetto prodotto nel peccatore, «repugnantiam absolutam inter Deum et peccatum» (*Exegesis Epistulae ad Romanos*, Cap. I ad IV, Romae 1963, 125-126).

Si deve comunque ricordare che nella Scrittura uno degli epiteti di Dio è quello di «lento all'ira» (*'erek 'appayim*) (Es 34,6; Num 14,18; Giona 4,2; Nah 1,3; Sal 86,15; 103,8; 145,8; Neem 9,17): ciò sembra sottolineare che, quando Egli si adira, la situazione di peccato è particolarmente grave.

[59] In questo contesto va collocato il rapporto tra la collera e la cosiddetta «giustizia vendicativa»; cfr. S. Agostino: «Meminerimus sane iram Dei sine ulla affectione turbulenta intelligere: ira quippe eius dicitur, ratio iusta vindictae; tamquam si lex dicatur irasci, cum ministri eius secundum eam commoti vindicant» (*Enarrationes in Psalmos*, Ps LXXXII,12). Non siamo quindi d'accordo con l'interpretazione di F. HORST quando sottolinea unilateralmente l'aspetto ingiusto dell'ira: «Der Grimm weist aber die Verhandlung ab und suspendiert das Recht. Wo Zorn waltet, tritt das Recht zurück. Die Suspendierung von Recht wird aber notwendig zum Unrechthandeln abgestempelt, wenn die eigene Rechtheit und Lauterkeit zum Mass genommen wird, um daran Gottes Zornhandeln zu messen» (*Hiob*, BK XVI/1, Neukirchen 1968, 150).

[60] Anche la radice *ryb* indica talvolta l'intervento punitivo: Is 27,8; Ger 25,31; Os 12,3; Am 7,4.

[61] Cfr. cap. 8, p. 346.

tandosi di ascoltare la parola, può essere raggiunto e toccato solo mediante la sofferenza corporea; essa è strumentale ad un intento di correzione del colpevole e, in definitiva, di riconciliazione con lui[62].

Concludendo: visto nella prospettiva delle procedure giuridiche che stiamo studiando, il momento della collera *accompagna* e talvolta *sostituisce* l'azione di parola del *rîb*.

La collera infatti può indicare l'indignazione del «giusto» di fronte al male, l'avvenuta percezione del pericolo che esso cela; essa spinge quindi a rivolgere una parola pressante e minacciosa. In questo modo sarebbero spiegati i fenomeni letterari di parallelismo e di correlazione tra il lessico del *rîb* e il lessico della collera.

D'altra parte, però, la collera è pure il passaggio dalla parola ai gesti, dalla minaccia alla punizione; essa quindi viene dopo il *rîb* (esplicitato a parole) e ne costituisce un necessario complemento. Si potrebbe dire che la manifestazione della collera è il *rîb* «gestuale» rispetto al *rîb* «verbale»: si spiega così come la terminologia dell'ira sostituisca talvolta quella più strettamente giuridica nella struttura della controversia.

3.2. *I sinonimi di* **ryb** *come intervento a favore di qualcuno*

Possiamo dividere i sinonimi di *ryb* (come difesa) secondo una chiara bipartizione semantica: da una parte quelli che significano un intervento «salvifico», dall'altra quelli che significano un intervento «vendicativo».

3.2.1. Giudizio e salvezza

Abbiamo visto che i verbi *špṭ, yšʿ (Hi), gʾl,* oltre all'espressione *ʿśh mišpāṭ,* vengono utilizzati, in parallelismo sinonimico con il verbo *ryb,* quando questo ha il significato di un intervento giuridico di difesa.

---

[62] Una caratteristica della collera nella controversia bilaterale è quella di poter essere calmata dall'atteggiamento del colpevole pentito (cfr. cap. 4); inoltre, è interessante rilevare che di Dio si dice che mostra la sua ira «per un istante», che non serba rancore (Is 54,7-8; Ger 3,5.12; Sal 30,6; 103,9; Lam 3,31-33): ciò significa che non ci si trova in presenza di una sentenza giudiziaria, che ha nella irrevocabilità uno dei suoi tratti specifici.

L'intento sapienziale della punizione è già stato evocato a p. 36: lo ribadiamo qui, ricordando che il padre, se non «percuote», non dimostra amore per il figlio (Prov 13,24; cfr. anche 3,11-12; 19,18; 22,15; 23,13-14; 29,15.17; Deut 8,5; Sap 11,9-10). «Ira» e «compassione» sono a prima vista sentite da noi come sentimenti contemporaneamente incompatibili nello stesso soggetto. Esse tuttavia sono attestate come compresenti quando esprimono la relazione a due diverse persone (cfr, ad esempio, Es 22,23: collera di Dio verso l'ingiusto; 22,26: pietà verso l'oppresso); e di più, la stessa manifestazione dell'ira può non contrastare il movimento della tenerezza (Ger 31,20; ed anche Is 49,14-15; Os 11,8-9; Abac 3,2).

Come si può vedere facilmente, si tratta di una azione che sopravviene quando un *rîb* è già in corso; ora, poiché è nostro intento in questo capitolo fornire solo una introduzione generale al vocabolario e alla struttura della controversia, possiamo considerare accessorio questo aspetto, e metterlo per il momento tra parentesi. Nella II parte, quando verrà trattata la confrontazione davanti all'istanza giudicante (cap. 5 e 7), apparirà la pertinenza del lessico sopra indicato e il suo preciso significato.

3.2.2. La vendetta [63]

Tra i sinonimi del *rîb* di difesa compare il verbo *nqm* che fa parte del campo semantico della vendetta [64]. Ciò non manca di suscitare delle perplessità: infatti, mentre un intervento volto a salvare appare eticamente nobile e doveroso, la vendetta sembra rivestire i caratteri dell'atto meschino e riprovevole. Nel linguaggio corrente inoltre, la vendetta contrasta con una visione giuridica dei rapporti interpersonali, in quanto rappresenta la trasgressione dell'ordinamento legale per il perseguimento di soddisfazioni o risarcimenti privati e arbitrari [65]. Da qui si vede la difficoltà, in campo teologico, di attribuire a Dio l'azione del vendicar(si) [66].

---

[63] Cfr. E. MERZ, *Die Blutrache bei den Israeliten*, BWAT 20, Leipzig 1916; M. BUTTENWEISER, «Blood Revenge and Burial Rites in Ancient Israel», *JAOS* 39 (1919) 303-321; P. DUCROT, «De la vendetta à la loi du talion», *RHPhR* 6 (1926) 350-365; K. H. FAHLGREN, *Ṣ*ᵉ*dāḳā, nahestehende und entgegengesetzte Begriffe im Alten Testament*, Uppsala 1932, 64-66; R. H. SWARTZBACK, «A Biblical Study of the Word 'Vengeance'», *Interpr* 6 (1952) 451-457; E. NEUFELD, «Self-Help in Ancient Hebrew Law», *RIDA* 5 (3 Sér.) (1958) 291-298; E. PAX, «Studien zum Vergeltungsproblem der Psalmen», *SBF* 11 (1960-61) 56-112; H. MCKEATING, «Vengeance is Mine. A Study of the Pursuit of Vengeance in the Old Testament», *ExpTim* 74 (1962-63) 239-245; H. A. BRONGERS, «Die Rache- und Fluchpsalmen im Alten Testament», *OTS* 13 (1963) 21-42; P. RÉMY, «Peine de mort et vengeance dans la Bible», *ScEccl* 19 (1967) 323-350; L. ALONSO SCHÖKEL, «La Rédemption œuvre de solidarité», *NRT* 93 (1971) 449-472; G. E. MENDENHALL, «The Vengeance of Yahweh», in: *The Tenth Generation*. The Origins of the Biblical Tradition, Baltimore-London 1973, 69-104; W. DIETRICH, «Rache. Erwägungen zu einem alttestamentlichen Thema», *EvT* 36 (1976) 450-472.

[64] Fra i vocaboli di significato affine, G. SAUER segnala *gml*, *šlm* (*Pi*), *pqd* e *šwb* (*Hi*) (*THAT* II, 108). Anche il verbo *g'l*, soprattutto per l'espressione *gō'ēl haddām*, dovrebbe essere incluso in questa lista.

Ricordiamo inoltre che il concetto di ira e quello di vendetta sono spesso correlati come causa ed effetto, e talvolta addirittura si sovrappongono (*THAT* II,108). Tipico al proposito è l'articolo di J. L. MCKENZIE, «Vengeance is Mine», *Script* 12 (1960) 33-39, che, sotto il titolo di vendetta, parla difatto della collera divina.

[65] *Dizionario Enciclopedico Italiano*, XII, Roma 1961, 673.

[66] Cfr. soprattutto Deut 32,35; Nah 1,2; Sal 94,1. Le difficoltà poste all'interprete dei testi biblici dal concetto di vendetta sono ben riassunte da W. DIETRICH, «Rache», *EvT* 36 (1976) 450-453.

È probabilmente utile chiarire allora che con il verbo *nqm* (e sinonimi) si esprime un significato generico che potrebbe essere così formulato: arrecare un danno a qualcuno in contraccambio di un altro danno ricevuto [67]. A seconda delle modalità e circostanze che ne specificano la natura, questa azione riceve una diversa valutazione nell'ambito giuridico ed etico. Gli elementi decisivi in questo senso sono, primariamente, la proporzione tra danno subito e danno inferto; e, secondariamente, il controllo normativo della società.

Se in ogni caso è condannabile la sproporzionata ritorsione (cfr. Gen 4,23-24), la risposta proporzionata al male è conforme all'assioma di giustizia per cui deve esser reso a ciascuno secondo le sue opere [68].

Resta da precisare la modalità di controllo di tale risposta al male, controllo che varia a seconda delle strutture giuridiche, e a seconda della legislazione o del costume. Quando le parti in causa non sono sottoposte ad una autorità superiore, come ad esempio nel conflitto fra Stati, sembra vigere un certo diritto delle genti, il quale però, non essendo in genere codificato in un diritto positivo, lascia adito a comportamenti controversi [69]. Nel conflitto fra «cittadini», è la legge statuale a regolare l'azione vendicativa, oppure l'uso sancito dalla tradizione: in entrambi i casi, la società riconosce e disciplina tale pratica.

Gli ordinamenti giuridici moderni affidano a precisi organismi il compito di esercitare la «vendetta» in conformità a norme rigorosamente definite; viene così praticamente abolito l'istituto dell'auto-difesa, e condannata la vendetta «privata», che consiste nel farsi giustizia da soli, senza sottoporre il proprio diritto alla potestà pubblica.

Una cosa analoga esiste anche nel mondo biblico, nonostante appaia il contrario. La vendetta, come presso molti popoli antichi, è una istituzione riconosciuta pubblicamente dalla società [70], e regolata da

---

[67] Tale è la definizione di «vendetta» in *Enciclopedia Filosofica*, VIII, Roma 1979², 631.

[68] Sull'argomento, si veda l'importante raccolta di articoli in: *Um das Prinzip der Vergeltung in Religion und Recht des Alten Testaments, ed.* K. Koch, WegFor 125, Darmstadt 1972.

[69] Anche quando le parti hanno sottoscritto trattati o convenzioni, di rado vengono precisate le modalità di «legittima» ritorsione; in ogni caso, questa è sempre oggetto di discussione critica. Nella Scrittura, ci imbattiamo frequentemente nell'aspettativa della giusta vendetta (Ger 11,20; 15,15; 20,12; Sal 58,11; ecc.); ma si può notare come si preferisca lasciare a Dio l'intervento, proprio per le ambiguità insite nella reazione vendicativa stessa (cfr. Lev 19,18; 1 Sam 24,13; 25,31.33.39; 26,10; Prov 20,22; 25,21-22; Sir 28,1-7).

[70] Secondo M. David, la vendetta si spiega con la concezione privatistica del reato: «Even the requital for murder or corporal harm done to a member of the community rested on the families concerned. In other words also the most serious crimes had without exception the character of private delicts» («The Codex Hammurabi and its Relation to

precise disposizioni giuridiche[71]. Prendiamo, ad esempio, l'omicidio premeditato[72]: tutti in Israele sanno che il colpevole merita la morte come punizione proporzionata al delitto commesso (norma del taglione); il *gō'ēl haddām* compie un incarico di giustizia andando a cercare e a colpire l'assassino; egli non è altro che l'esecutore di una sentenza, lo strumento necessario del ristabilimento della giustizia. Si noti infatti che la vendetta non è né arbitraria, né lasciata al parere dell'offeso; nel caso di un omicidio colposo o preterintenzionale, l'atto vendicativo è articolato ad una possibilità di fuga dell'uccisore nelle città di rifugio[73] (Es 21,13-14; Num 35,9-34; Deut 19,1-13; Gios 20,1-9). Per colui che ha versato il sangue senza piena responsabilità, ciò rappresenta uno scampo, che lo sottrae all'eventuale rancore della parte lesa; ma questa procedura rappresenta anche un riconoscimento della giustizia insita nella vendetta, perché si concede al *gō'ēl haddām* di inseguire l'omicida fino alle porte della città di rifugio; qui un «giudizio» viene instaurato, e il verdetto degli anziani deciderà se la punizione dovrà avere luogo oppure no (Num 35,12.24-25; Deut 19,12; Es 21,14; Gios 20,4-6).

In Israele dunque si riconosce il diritto e il dovere della vendetta; ma essa è sottoposta al controllo generale della comunità[74], e in alcuni casi a

---

the Provisions of Law in Exodus», *OTS* 7 [1950] 169-170). Il fatto che lo Stato, mediante i suoi organi competenti, non intervenga direttamente nella procedura penale (se non quando vi è contestazione e richiesta di «giudizio»), non significa che il reato e la vendetta siano un affare privato; essi al contrario sono pubblici, in quanto Israele è ben cosciente che un reato non riguarda solo una famiglia, ma l'intera comunità; il sistema procedurale che fa capo al *gō'ēl haddām* è in ogni caso una istituzione giuridica sottoposta al controllo della collettività.

[71] Cfr. B. Cohen, «Self-Help in Jewish and Roman Law», *RIDA* 3. série 2 (1955) 107-133; R. de Vaux, *Institutions*, I, 26-28, 247-250; A. Phillips, «Another Look at Murder», *JJS* 28 (1977) 111-114.

[72] M.-J. Lagrange, «L'homicide d'après le Code de Hammourabi et d'après la Bible», *RB* 13 (1916) 440-471.

[73] N. M. Nicolsky, «Das Asylrecht in Israel», *ZAW* 48 (1930) 146-175. M. David, «Die Bestimmungen über die Asylstadte in Joshua XX: ein Beitrag zur Geschichte des biblischen Asylrechts», *OTS* 9 (1951) 30-48; M. Greenberg, «The Biblical Concept of Asylum», *JBL* 78 (1959) 125-132; L. Delekat, *Asylie und Schutzorakel am Zionheiligtum. Eine Untersuchung zu den privaten Feindpsalmen*, Leiden 1967, specialmente pp. 290-320; A. G. Auld, «Cities of Refuge in Israelite Tradition», *JSOT* 10 (1978) 26-40; M. Fishbane, «Biblical Colophons, Textual Criticism and Legal Analogies», *CBQ* 42 (1980) 443-446; J. Milgrom, «Sancta Contagion and Altar/City Asylum», *VTS* 32 (1981) 278-310; cfr. anche G. Pidoux, «Quelques allusions au droit d'asile dans les Psaumes», in: *Maqqél shâqédh*, Fs. W. Vischer, Montpellier 1960, 191-197.

[74] Scrive P. Rémy: «Le régime 'vie pour vie' n'est pas la conséquence d'une autorégulation du sentiment. Il apparaît au contraire comme le fruit d'une instance supérieure tendant à en limiter les manifestations. Tout se passe comme si, entre les groupes hostiles, un accord tacite survenait autour d'un principe ralliant tous les suffrages, celui de l'égalité. Il pourra être enfreint par excès: venger un mort par plusieurs;

quello specifico del tribunale locale o centrale. Inoltre, se l'atto ingiusto è commesso da un prepotente, se la parte lesa non ha la forza necessaria per portare a compimento la vendetta, è la stessa istituzione forense che si fa carico di giustamente vendicare l'innocente, colpendo il malfattore con il verdetto capitale e con la spada. Il re e Dio stesso sono appunto queste istanze di forza giusta che ristabiliscono la giustizia perché, essendo loro caro il sangue della povera gente, sanno opporsi validamente all'arroganza dei malvagi (Sal 72,14). Da qui si vede come un *rîb* di difesa possa equivalere ad un atto di vendetta [75]. Se togliessimo questo concetto dalla struttura del mondo giuridico, manifesteremmo, da una parte, che il colpevole può restare impunito, e, dall'altra, che la morte (o il danno) delle vittime non ha rilevanza [76].

---

mais on aura alors des réactions en chaîne, qui tendront désespérément et rageusement à réaffirmer le principe égalitaire que ces excès veulent nier. On évoquera l'image d'un pendule qui ne cesse de viser une position d'inertie par le jeu même de ses oscillations divergentes, sans pouvoir y atteindre. Dans la vengeance, le point d'inertie, l'équilibre, c'est l'égalité. Il n'est pas atteint par le sentiment de puissance, mais par l'obéissance à une motivation supérieure, de caractère nettement éthique» («Peine de mort et vengeance dans la Bible», *ScEccl* 19 [1967] 327).

[75] Questo fatto è evidenziato dall'espressione *gōʾēl haddām*: il verbo *gʾl* significa redimere, riscattare (il sangue innocente che è stato versato), ma l'insieme del sintagma equivale a «vendicatore»: cfr. P. JOÜON, «Notes de lexicographie hébraïque», *Bib* 6 (1925) 317-318; B. SANTOS OLIVERA, «'Vindex' seu 'Redemptor' apud hebreos», *VD* 11 (1931) 89-94; N.H. SNAITH, «The Hebrew Root *gʾl* (I)», *AnLeeds* 3 (1961-62) 60-67; *TWAT* I, 886.

L. ALONSO SCHÖKEL in particolare ha mostrato il rapporto esistente tra *gʾl* e *nqm*, inserendolo nell'ambito generale della giustizia come intervento di solidarietà: «La vengeance (*neqama*) peut être considérée comme l'accomplissement du devoir du *goʾel haddam*; ainsi le rapport *gʾl/nqm* est semblable au rapport *gʾl/qny*; l'un et l'autre présentent une racine commune et une application différente, d'un côté aux délits de sang, de l'autre aux propriétés aliénées» («La Rédemption œuvre de solidarité», *NRT* 93 [1971] 454).

[76] La pena di morte o la vendetta del sangue hanno lo scopo di significare paradossalmente l'importanza assoluta della vita: «Le principe 'vie pour vie' a une grandeur éthique tragique. Une vie humaine est à ce point précieuse que sa perte ne peut être sanctionnée que par une perte semblable, du côté des coupables. Rien n'égale une existence humaine sinon une autre. L'irréparable de l'offence ne peut être compensé que par l'irréparable de la sanction... Le tragique est ici: pour affirmer cette valeur incomparable de la vie humaine, on est amené paradoxalement à la détruire» (P. RÉMY, «Peine de mort et vengeance dans la Bible», *ScEccl* 19 [1967] 329).

Il concetto di vendetta, benché collegato, non si identifica tuttavia con la pena di morte: a nostro avviso è la proporzionata «retribuzione» che deve essere simbolicamente significata. Il senso della proporzione e le modalità di espressione possono variare a seconda dell'evoluzione culturale dei popoli, così che la punizione «giusta» corrisponda ad un sempre più adeguato senso della dignità assoluta dell'uomo.

4. Lo svolgimento di una controversia [77]

Il verbo *ryb* e i suoi equivalenti sinonimici sono da vedere non solo nella loro collocazione paradigmatica e sintagmatica; è necessario situarli anche nel loro contesto letterario (specie narrativo), così da ampliare il campo semantico della controversia, e determinare gli elementi strutturalmente decisivi per questa procedura giuridica.

Per un primo orientamento, scegliamo il racconto di Giud 8,1-3, che, per la sua brevità e la sua relativa autonomia letteraria, ci consente un valido quadro di riferimento.

Al v.1, sono presentati i *contendenti*: gli Efraimiti da una parte, Gedeone dall'altra; i primi intentano l'*azione* del *rîb*, che si presenta come particolarmente grave (*wayrîbûn 'ittô b^{e}ḥozqâ*).

In questo stesso versetto viene anche espresso il *motivo* per il quale è nata la contesa: si tratta del fatto che Gedeone non ha convocato gli Efraimiti nell'operazione di guerra contro i Madianiti, tradendo probabilmente un accordo implicito di cooperazione militare e privandoli

[77] La nostra breve esposizione dello svolgimento di una controversia a partire da un testo narrativo può essere completata e confrontata con altri studi su *rîb* particolari. Segnaliamo, in specie, gli esempi forniti da A. Gamper, *Gott als Richter*, 105-110. Sulla controversia tra Labano e Giacobbe (Gen 31), cfr. H. J. Boecker, *Redeformen*, 41-45; C. Mabee, «Jacob and Laban. The Structure of Judicial Proceedings (Genesis XXXI 25-42)», *VT* 30 (1980) 192-207; si veda inoltre il nostro cap. 2, nota 18. Sul *rîb* tra Saul e Davide (1 Sam 24 e 26), L. Alonso Schökel, *Treinta Salmos: Poesia y Oración*, Madrid 1981, 199-201; e i contributi di G. von Rad, «Zwei Ueberlieferungen von König Saul» (1968), in: *Gesammelte Studien zum Alten Testament*, II, TBüch 48, München 1973, 199-211; D. M. Gunn, *The Fate of King Saul.* An Interpretation of a Biblical Story, JSOT Suppl. Series 14, Sheffield 1980, 91-96, 102-106; R. P. Gordon, «David's Rise and Saul's Demise: Narrative Analogy in 1 Samuel 24-26», *TyndB* 31 (1980) 37-64. La storia di Giuseppe (Gen 37-50) può essere vista come una complessa dinamica per la riconciliazione tra fratelli; il testo biblico è stato studiato da diversi punti di vista, tra l'altro per le questioni specifiche di critica letteraria; qui diamo solo alcune indicazioni bibliografiche più recenti: G. von Rad, *Die Josephgeschichte*, BiblSt 5, Neukirchen 1964[4]; L. Ruppert, *Die Josepherzählung der Genesis.* Ein Beitrag zur Theologie der Pentateuchquellen, StANT 11, München 1965; D. B. Redford, *A Study of the Biblical Story of Joseph* (Genesis 37-50), *VTS* 20 (1970); H. Donner, *Die literarische Gestalt der alttestamentlichen Josephsgeschichte*, SHAW PH, Heidelberg 1976; G. W. Coats, *From Canaan into Egypt.* Structural and Theological Context for the Joseph Story, CBQ Monograph Series 4, Washington 1976; H. Seebass, *Geschichtliche Zeit und theonome Tradition in der Joseph-Erzählung*, Gütersloh 1978; H.-Ch. Schmitt, *Die nichtpriesterliche Josephgeschichte.* Ein Beitrag zur neuesten Pentateuchkritik, BZAW 154, Berlin 1980; M. Savage, «Literary Criticism and Biblical Studies: A Rhetorical Analysis of the Joseph Narrative», in: *Scripture in Context.* Essays on the Comparative Method, *ed.* C. D. Evans, *al.*, Pittsburgh 1980, 79-100; A. Schenker, *Versöhnung und Sühne.* Wege gewaltfreier Konfliktlösung im Alten Testament mit einem Ausblick auf das Neue Testament, BiBei 15, Freiburg 1981, 15-40.

di un eventuale bottino. Si può notare come, nel nostro testo, la ragione della controversia sia espressa sotto forma di una parola, rivolta dagli Efraimiti a Gedeone (*wayyō'merû 'ēlâw*), e in particolare si presenti come una domanda (*mâ haddābār hazzeh 'āśîtā lānû*...). Il motivo della controversia è un elemento di grande importanza: può essere introdotto, come abbiamo già segnalato, dalla preposizione *'al* (Gen 26,21.22; Giob 10,2; ecc.), oppure mediante la congiunzione *kî* (Giud 6,32; Ger 2,9-10; Os 2,4), ma più frequentemente è esplicitato da un «dire» accusatorio (verbo *'mr*), che può assumere la forma costatativa (Gen 26,20; Es 17,2; Neem 5,7) o interrogativa (Gen 31,36; Num 20,3-5; Is 45,9; Neem 13,11.17; cfr. anche Ger 12,1; Mi 6,1-3)[78].

I vv.2-3a contengono la risposta di Gedeone alla domanda posta dagli Efraimiti; anche qui troviamo la forma interrogativa (risposta alla domanda con una domanda), mediante la quale l'accusato si difende e ritorce in qualche modo l'accusa stessa: egli infatti ricorda ai suoi accusatori che essi, pur arrivando dopo (a racimolare), avevano raccolto più dei vendemmiatori stessi (Gedeone e i suoi uomini). Elemento che appare necessariamente collegato con il *rîb* è quindi la *risposta dell'accusato* con le sue motivazioni.

Con il v.3b abbiamo la conclusione della contesa: l'animosità degli Efraimiti si calma di fronte alla risposta di Gedeone. Il racconto non presenta nessuna ulteriore indicazione che aiuti a cogliere il rapporto fra i contendenti una volta cessata la controversia. Altri episodi biblici (Gen 31,43-54, ad esempio) sviluppano invece abbondantemente l'elemento che sancisce *la fine* del *rîb*.

Gli elementi che segnano lo sviluppo e la conclusione della controversia, ai quali abbiamo così brevemente accennato, formeranno l'oggetto dei capitoli seguenti, che verteranno appunto sulla accusa (motivazione del *rîb*), sulla risposta dell'accusato, e infine sulla conclusione del *rîb*.

---

[78] La controversia suscitata *senza motivo* è probabilmente espressa in ebraico dal sintagma *ryb 'im ... ḥinnām* (Prov 3,30).

CAPITOLO SECONDO

L'accusa

Il *rîb* prende forma quando appare la parola di accusa, e dura fino a che questa mantiene la sua funzione nella relazione fra due soggetti. È per questa ragione che, benché la controversia comporti una pluralità di rapporti e una certa complessità di procedure, essa tende, in molti casi, ad identificarsi semplicemente con l'azione giuridica dell'accusatore.

L'accusa può formalizzarsi quando un soggetto giuridico imputa ad una determinata persona (o gruppo) la responsabilità di un atto non conforme al diritto o vietato dalla legge; essa si esaurisce quando vengono presi provvedimenti adeguati da parte dell'accusato, o nei confronti dell'accusato stesso, così che l'accusa possa affermare che si è fatta giustizia. Volendo allora esplicitare questi concetti, e rapportarli alle strutture linguistiche e al vocabolario biblico, diciamo che l'accusa si struttura in tre elementi:

1. È necessario, in primo luogo, che qualcuno venga a conoscenza di una ingiustizia o di un reato commesso da un determinato soggetto.

2. È necessario, inoltre, che colui che viene a conoscenza del reato prenda la parola, denunciando l'accaduto e accusando il colpevole.

3. È necessario infine che, dato l'intrinseco rapporto esistente tra reato e sanzione, la parola sia rivestita di una valenza negativa, indicante — implicitamente o esplicitamente — la prospettiva della punizione.

Il presente capitolo si sforzerà di articolare questi tre aspetti dell'accusa.

1. La «notitia criminis»

La prima condizione richiesta perché ci possa essere una accusa (e quindi un *rîb*) è che un «misfatto» sia stato commesso, e che questo possa essere attribuito ad un preciso responsabile. Parliamo di «misfatto» e usiamo un vocabolo generico, volendo con ciò includere tutta la serie degli atti che sono contrari al diritto e alla legge [1].

---

[1] La parola «misfatto» non ha certo la precisione tecnica che la scienza giuridica moderna si sforza di raggiungere nella sua terminologia. L'attuale diritto penale infatti fa

I nostri ordinamenti giuridici, come quelli biblici, il nostro linguaggio, come quello ebraico, presentano una lunga lista di termini che esprimono, in modo sinonimico, il medesimo concetto di misfatto. Questa varietà nella terminologia è dovuta a diversi fattori: spesso vi è una graduatoria di valore fra i vari termini, simmetrica alla gravità dell'atto commesso (gravità che è evidenziata dal tipo di sanzione previsto dalla legge o dalla tradizione); talvolta la varietà è determinata dalla necessità di specificare contro quale diritto o insieme di leggi l'atto è stato perpetrato. Ma soprattutto, la diversa terminologia corrisponde a soggetti e ambienti culturali diversi, i quali, mediante il loro proprio modo di esprimersi e con la scelta preferenziale di un termine rispetto ad un altro, interpretano lo stesso fenomeno secondo la coerenza propria al loro sistema verbale e concettuale. Facciamo degli esempi presi dall'italiano: ciò che il giudice può definire «reato di omicidio», verrà magari chiamato «cosa orrenda», «infamia», «barbarie» dall'opinione pubblica; il pubblico ministero userà il termine di «crimine», «delitto», «dolo», mentre l'arringa della difesa cercherà di imporre il concetto di «colpa», «preterintenzione» o addirittura di «errore»; la madre dell'imputato poi si esprimerà dicendo che il proprio figlio ha commesso una «leggerezza», è stato «traviato», «si è messo su una cattiva strada»; i compagni del reo diranno che è stato uno «stupido», oppure che ha voluto fare una «bravata»; un sacerdote parlerà forse di «peccato» o di «male», e un filosofo tollerante di «trasgressione» o di «rivolta», e così via. Si tratta sempre dello stesso evento, ma il vocabolario per definirlo è pressoché indefinito.

---

riferimento costante alle *norme penali*, che sono disposizioni di legge provenienti dallo Stato vietanti ciò che è contrario ai fini dello Stato medesimo. E dalla legge penale viene la definizione di *reato*, che è l'infrazione di un comando o divieto posto dalla legge medesima, e più esattamente, «quel comportamento umano che, a giudizio del legislatore, contrasta coi fini dello Stato ed esige come sanzione una pena (criminale)» (F. ANTOLISEI, *Manuale di Diritto Penale*, Milano 1975[7], 132). Il termine reato (che si distingue poi in delitto e contravvenzione) sarebbe quindi da preferire nel trattamento rigorosamente giuridico dei testi biblici (cfr. H. CAZELLES, «La transgression de la loi en tant que crime et délit» in: *Populus Dei*, I. Israel, Studi in onore del Card. A. Ottaviani, Roma 1969, 521-528; P. MAON, «Responsabilité», *DBS* X, Paris 1981, 359-364.

Nel nostro discorso, tuttavia, ci situiamo ad un livello in cui non presupponiamo necessariamente l'esistenza di una normativa penale definita, e dove quindi il riferimento interpretativo del comportamento umano è dato a volte solo dalla coscienza personale del bene e del male, del giusto e dell'ingiusto; a volte solo da una certa tradizione o costume. Per questo abbiamo preferito il termine misfatto, che nella sua genericità ha però la caratteristica di indicare che si tratta di un *fatto contrastante* la natura del bene, comunque essa venga «definita». Nella stessa linea, potremmo chiamare «mal-fattore» colui che è autore di un «mis-fatto».

Volendo trovare una analogia con il vocabolario biblico, si potrebbe dire che il concetto di misfatto è ravvisabile nel sintagma ebraico *'îšh rā'â*, mentre quello di malfattore è reso da *pō'ălê 'āwen* (cfr. P. HUMBERT, «L'emploi du verbe *pā'al* et de ses dérivés substantifs en hébreu biblique», *ZAW* 65 [1953] 39).

Se è difficile nella propria lingua fare uno studio paradigmatico del concetto di «misfatto», lo è ancora più in ebraico, dove le valenze interpretative si mescolano e si sovrappongono. Nel nostro lavoro possiamo solo stabilire la importante funzione che il concetto di misfatto intrattiene nella relazione sintagmatica che stiamo studiando; spetterà al ricercatore che studia un determinato termine o una serie di termini [2], oppure all'interprete dei diversi testi biblici, qualificare il grado, il valore e il referente di una determinata terminologia. Per noi non costituisce un interesse specifico, ad esempio, l'esatta distinzione tra *tôʿēbâ* e *nᵉbālâ*, oppure quali siano i termini che possono designare l'idolatria, oppure perché si qualificano semplicemente come *hārāʿ* reati di natura e gravità assai diverse: ciò che riterrà la nostra attenzione è la formalità giuridica della azione criminosa [3].

---

[2] Ricordiamo in particolare gli studi lessicografici di Š. Porúbčan, *Sin in the Old Testament*, Roma 1963; e di R. Knierim, *Die Hauptbegriffe für Sünde im Alten Testament*, Gütersloh 1965.

Negli studi biblici, la problematica di natura etica o teologica ha oscurato in genere una considerazione più squisitamente giuridica dei fatti umani; infatti ai pochi lavori che si occupano del diritto penale di Israele, delle sue categorie e procedure, si contrappone una abbondante produzione concernente il peccato e i suoi riflessi morali e religiosi. Sarebbe probabilmente da chiedersi se non si debba ripensare con più accuratezza il rapporto esistente tra le categorie giuridiche e quelle «teologiche», riconoscendo che, nella Scrittura, il mondo del diritto costituisce una valida sintesi di comprensione dell'esperienza umana e una delle mediazioni più significative della stessa rivelazione divina.

Fra gli studi che hanno affrontato il tema del peccato in modo più attinente al nostro argomento, segnaliamo: L. Diestel, «Die religiösen Delicte im israelitischen Strafrecht», *JPTh* 5 (1879) 246-313; G. Quell, «*hamartanō*. Die Sünde im Alten Testament», *TWNT* I, 1933, 267-288; V. Monty, «La nature du péché d'après le vocabulaire hébreu», *ScEccl* 1 (1948) 95-109; *id.*, «Péchés graves et légers d'après le vocabulaire hébreu», *ibid.* 2 (1949) 129-168; C.R. Smith, *The Bible Doctrine of Sin*, London 1953, 15-56; S. Lyonnet, *De Peccato et Redemptione*, I. *De notione peccati*, Roma 1957, soprattutto pp. 27-51; E. Beaucamp, «Péché. I. Dans l'Ancien Testament. Le vocabulaire hébraïque», *DBS* VII, Paris 1966, 407-471.

[3] Avendo accennato in queste pagine a questioni che concernono il metodo di ricerca e di interpretazione del lessico biblico, ci sembra utile notare che negli studi di lessicografia è talvolta adottata la distinzione tra un uso «teologico» e un uso «profano» dei vari termini ebraici presenti nella Scrittura. Questa bipartizione è sistematicamente presente in *TWNT*, e ovviamente nelle opere che da esso dipendono. Ciò è senz'altro utile quando si vuole mostrare l'estensione del significato di una data terminologia, ma rischia di essere fuorviante quando tende a sottolineare una diversità strutturale di senso in questo stesso vocabolario. A meno che un termine abbia un uso esclusivamente religioso, oppure che si possa mostrare che esso ha una applicazione tecnica nella sfera cultuale, sembra necessario ad una corretta metodologia il dare rilievo al senso «profano», mantenendolo (analogicamente) anche quando si viene a trattare dell'ambito teologico.

Questo principio non è affatto nuovo. Scrive N.W. Porteous: «To arrive at the distinctive Biblical meaning of the religious terms it is necessary that we should recognize that they are being drawn into relationship with each other by the compelling power of the reality which is seeking to make itself known but which can only be grasped indirectly by the use of words which have their own ordinary association» («Semantics and Old

1.1. *Il misfatto secondo il lessico ebraico*

Forniamo qui una lista sommaria di termini indicanti il misfatto[4] che, per la loro frequenza, rivestono una particolare importanza nel mondo giuridico biblico. Questa lista non è per nulla esaustiva; anche uno studio monografico sull'argomento dovrebbe operare una scelta.

Diamo anche le occorrenze di alcuni testi biblici per mostrare come il vocabolario attraversa i vari libri della Scrittura, in contesti culturali e storici assai diversi. Abbiamo dato la preferenza ai passi nei quali più evidente appare il significato giuridico, e nei quali sono evocati atti delittuosi commessi contro uomini.

Questi elementi possono essere letti come l'inizio di un paradigma da arricchire e articolare in altra sede.

ḥṭ'		Gen 20,9; Deut 19,15; 1 Sam 2,25; 1R 8,31; Ger 37,18; Sal 51,6; Giob 8,4
	ḥēṭ'	Gen 41,9; Deut 21,22; 22,26; 24,16; Is 1,18; Sal 103,10
	ḥăṭā'â	Gen 20,9; Es 32,21; Sal 32,1
	ḥaṭṭā'â	*solo in* Es 34,7 e Is 5,18
	ḥaṭṭā't	Gen 31,36; Deut 19,15; Num 5,6; 1 Sam 20,1; Ez 3,20; Sal 59,4; Giob 10,6; 13,23

Testament Theology», *OTS* 8 [1950] 6-7). Nella stessa linea cfr. anche L. KOEHLER, *Deuterojesaja*, 37; e H.W. WOLFF, «'Wissen um Gott' bei Hosea als Urform von Theologie», in: *Gesammelte Studien zum Alten Testament*, München 1973², 184.

Per quanto concerne il nostro studio, vi è innanzitutto un problema di traduzione (R. KNIERIM, *Die Hauptbegriffe für Sünde*, 66-67): il rendere, ad esempio, *ḥṭ'* con «peccare» può presentare degli inconvenienti quando abbiamo a che fare con un codice di procedura penale (H. J. BOECKER, *Redeformen*, 112). Vi è poi un problema concettuale: in Israele, «lo sbagliare», «il commettere un reato», «l'essere criminali» e così via, sono concetti giuridici di tale rilevanza per la giustizia da introdurre con sé necessariamente il riferimento a Dio che è datore della Legge e garante della sua applicazione. Il mondo giuridico va quindi studiato nella sua autonoma struttura e rispettato nella sua terminologia proprio perché mantenga il suo valore metaforico o simbolico quando è riferito al mondo divino (cfr. G. D'ERCOLE, «The Organic Structure of Israel in Terms of her Moral Order and Dogmatic Order of Cult», in: *Populus Dei*, I. Israel, Studi in onore del Card. A. Ottaviani, Roma 1969, 605, con bibliografia).

[4] La nostra lista può essere estesa confrontandola con quelle di K. H.-J. FAHLGREN, *Ṣᵉdāḳā, nahestehende und entgegengesetzte Begriffe im Alten Testament*, Uppsala 1932, 1-50; di Š. PORÚBČAN, *Sin in the Old Testament*, 4-107; e di E. BEAUCAMP, «Péché. I. Dans l'Ancien Testament. Le Vocabulaire biblique», *DBS* VII, Paris 1966, 407-471.

Anche in questi studi di natura monografica si possono notare due difficoltà rilevate dagli stessi autori: in primo luogo, appare impossibile fare un catalogo completo di tutti i termini ed espressioni che, in modo diretto o indiretto, entrano in un campo semantico così largamente definito; in secondo luogo, sembra che, allo stadio attuale della ricerca, sia difficile offrire una organizzazione sistematica di tali concetti nel loro ambito di significazione e nelle loro reciproche relazioni (cfr. G. te STROETE, «Sünde im Alten Testament. Die Wiedergabe einiger hebräischer Ausdrücke für 'Sünde' in fünf gangbaren west-europäischen Bibelübersetzungen», in: *Übersetzung und Deutung*, Fs. A. R. HULST, Nijkerk 1977, 164-175).

'wh		2 Sam 24,17; 1 Re 8,47; Est 1,16
	'āwōn	Deut 19,15; 1 Sam 20,1; Is 59,3; Sal 36,3; Giob 10,6
pš' [5]		Is 59,13; Ger 2,8
	peša'	Gen 31,36; Es 22,8; Am 1,3; Sal 59,4; Giob 13,23; 34,6; Prov 10,12
'wl		*solo in* Is 26,10 e Sal 71,4
	'āwel	Deut 25,16; Lev 19,15.35; Ger 2,5; Sal 7,4; Giob 34,10
	'awlâ	Ez 28,15; Mi 3,10; Sof 3,5; Mal 2,6; Sal 37,1; Giob 6,30
r'' (Hi)		Gen 19,7; Giud 19,23; 1 Sam 26,21; Is 1,16; Prov 24,8
	ra'	Deut 17,2; 2 Sam 12,9; 1 Re 3,9; Is 5,20; Ger 7,30; Sal 36,5; 51,6; Giob 1,1; Prov 21,20
	rā'â	Gen 39,9; Giud 20,12; 1 Sam 12,17; 1 Sam 24,12; Ger 2,13; Os 7,2; Sal 15,3; Giob 22,5; Prov 3,29
rš' (Qal)		1 Re 8,47; Sal 18,22
(Hi)		Sal 106,6; Dan 9,5; Neem 9,33
	reša'	1 Sam 24,14; Ger 14,20; Sal 10,15; Giob 34,10; Qoh 3,16
m'l [6]		Num 5,27; Ez 14,13; Prov 16,10
	ma'al	Gios 7,1; Esd 9,4
mrd		Num 14,9; Ez 2,3
	mered	*hapax*: Gios 22,22
mrh (Qal)		Deut 21,18.20; Is 1,20; Sal 78,8
(Hi)		Deut 9,7; Ez 20,8
	m^e^*rî*	1 Sam 15,23; Is 30,9; Ez 2,5
srr		Deut 21,20; Is 1,23; Sal 78,8
	sārâ	Deut 19,16; Is 1,5
t'b (Hi) [7]		1 Re 21,26; Ez 16,52
	tô'ēbâ	Deut 13,15; 17,4; Ger 6,15; Ez 5,9; Prov 12,22
'šq		Deut 24,14; 1 Sam 12,3; Ger 7,6; Ez 22,29; Giob 10,3; Prov 14,31
	'ōšeq	Is 59,13; Ger 6,6; Sal 62,11; Qoh 5,7

---

[5] Cfr. H. W. HERTZBERG, «Die 'Abtrünningen' und die 'Vielen'. Ein Beitrag zu Jesaja 53», in: *Verbannung und Heimkehr*, Fs. W. RUDOLPH, Tübingen 1961, 97-102.

[6] Cfr. J. MILGROM, «The Concept of *ma'al* in the Bible and the Ancient Near East», *JAOS* 96 (1976) 236-247; *id.*, *Cult and Conscience*. The *Asham* and the Priestly Doctrine of Repentance, Leiden 1976, 16-35.

[7] P. HUMBERT, a partire da una radice *y'b* / *'yb*, ritiene che il sostantivo *tô'ēbâ* designi «ce qui présente une tare, un défaut, un vice, ce qui passe donc pour impur ... et inspire, à ce titre, dégout, horreur, aversion, blâme et interdiction» («L'étymologie du substantif *to'ēbā*», in: *Verbannung und Heimkehr*, Fs. W. RUDOLPH, Tübingen 1961, 159). Da questa descrizione si vede assai bene la difficoltà di definire con precisione un termine ebraico così che il significato possa convenire alle diverse occorrenze bibliche (cfr. anche, dello stesso autore, «Le substantif *to'ēbā* et le verbe *t'b* dans l'Ancien Testament», *ZAW* 72 [1960] 217-237).

n^ebālâ [8]	Deut 22,21; Giud 20,6; 2 Sam 13,12; Ger 29,23
zimmâ	Lev 19,29; Giud 20,6; Is 32,7; Giob 31,11; Prov 10,23
'āwen	Is 10,1; Ger 4,14; Os 6,8; Mi 2,1; Abac 1,3; Sal 5,6; 36,5; Giob 34,22
'āmāl [9]	Num 23,21; Abac 1,3.13; Sal 7,17; 10,7; 55,11; Giob 15,35.

Come dicevamo, la nostra lista può essere prolungata con termini più specificatamente attinenti al mondo religioso, con linguaggio quindi desunto dalla sfera del sacro, oppure con termini che indicano propriamente un «titolo di reato», usato però metaforicamente per definire in generale una condotta malvagia o perversa: ad esempio, *bgd, znh, ḥll, ḥnp, ṭm', kzb, 'qš,* ecc.; e i sostantivi: *mirmâ, šāw', šeqer, ḥāmās,* ecc.

Il verbo *'šm* [10], che spesso viene incluso in liste simili alla nostra, non indica propriamente il commettere il reato, ma piuttosto il diventarne imputabili (Gen 26,10; Lev 5,23; Giud 21,22; Ger 2,3; ecc.). Il sostantivo *'āšām* (colpa), *'ašmâ* (colpabilità) e *'āšēm* (colpevole) sono da ricollegare con la stessa sfumatura del verbo [11].

1.2. *La conoscenza del misfatto*

È evidente che il misfatto può diventare l'occasione o la ragione di un procedimento giuridico in senso stretto solo nella misura in cui è

---

[8] Cfr. H.J. Boecker, *Redeformen*, 18-19; A. Phillips, «Nebalah — a Term for Serious Disorderly and Unruly Conduct» *VT* 25 (1975) 237-241.

[9] Cfr. J.L. Palache, *Semantic Notes on the Hebrew Lexicon*, Leiden 1959, 54-56, dove viene indicato lo sviluppo semantico: opera, lavoro – sofferenza, dolore – male, malvagità.

[10] Cfr. J. Milgrom, *Cult and Conscience*. The *Asham* and the Priestly Doctrine of Repentance, Leiden 1976. Questo studio monografico si occupa della radice *'šm* solo nel suo uso cultuale; per il verbo *'šm* l'autore ritiene due significati fondamentali, correlati con un diverso regime grammaticale: 1) seguito dalla preposizione *l^e* e da un oggetto personale, significa «diventar imputabile presso qualcuno di riparazione»; 2) senza oggetto, si riferisce all'interiore esperienza della imputabilità, e significa «sentirsi colpevole» (p. 3) (cfr. anche, dello stesso autore, «The Cultic *'šm*: A Philological Analysis», in: *Proc. of the Sixth World Congress of Jewish Studies*, I, Jerusalem 1977, 299-308). Si possono integrare questi elementi con gli studi di P. Joüon, «Notes de lexicographie hébraïque. XV. Racine *'šm*», *Bib* 19 (1938) 454-459; H.C. Thomson, «The Significance of the Term 'Asham in the Old Testament», *GUOST* 14 (1953) 20-26; L. Morris «'Asham», *EvQ* 30 (1958) 196-210; P. Maon, «Responsabilité», *DBS* X, Paris 1981, 359-361.

[11] Andrebbe anche considerato come oggetto particolare di studio la terminologia ebraica che definisce il delitto «colposo», dove intervengono le categorie di negligenza, imprudenza, imperizia, equivalenti forse al concetto etico di inavvertenza (cfr. F. Antolisei, *Manuale di Diritto Penale*, 289-303). Segnaliamo in specie la radice ebraica *šgg*: R. Knierim, «*šgg*, sich versehen», *THAT* II, 869-872; J. Milgrom, «The Cultic *š^egāgā* and its Influence in Psalms and Job», *JQR* 58 (1967) 115-125; L. Alonso Schökel, *Treinta Salmos*, 100.

riconosciuto come misfatto. Ora, perché ciò avvenga, è necessario che il soggetto umano presenti un duplice riferimento conoscitivo [12].

Da una parte, si richiede che vi sia un sistema oggettivo di norme che sanciscono ciò che è bene e ciò che è male. La conoscenza della *Legge* (sia essa scritta o tramandata oralmente), necessaria alla civile convivenza [13], è indispensabile in colui che, nella società, intraprende l'azione giuridica di accusa nei confronti del malfattore: la sua azione sarà tanto più pertinente quanto più egli sarà connaturato con la norma e con lo spirito che nella norma si comunica [14].

---

[12] In questo breve paragrafo ci riferiamo a quanto i giuristi chiamano, da una parte, «fonti del diritto», e, dall'altra, «interpretazione della legge penale» (F. Antolisei, *Manuale di Diritto Penale*, 43-75). Il primo aspetto è chiaro: le leggi scritte, e in alcuni casi anche la consuetudine, sono le «fonti di cognizione» del diritto penale, secondo il principio tradizionale: *nullum crimen, nulla poena sine lege*. Il secondo aspetto è più controverso; si può in ogni caso ritenere che sia necessaria «quella operazione mentale con la quale si ricerca e si spiega il significato della legge. Senza questo processo di chiarificazione, evidentemente, non sarebbe possibile applicare la norma al caso particolare... In ogni caso l'interprete non deve arrestarsi al risultato che si desume immediatamente dalle parole, vale a dire al significato apparente, ma deve ricercare il senso più intimo e profondo della disposizione e l'effettiva portata di essa» (*ibid.*, 59-60, con bibliografia).

[13] Cfr. F. Antolisei, *Manuale di Diritto Penale*, 325-346, dove si pone tra l'altro il problema della distinzione tra *ignoranza* ed *errore* nel campo del diritto penale. Si può ricordare, in questo contesto, il noto assioma: *ignorantia legis non excusat*. Cfr. anche D. Daube, «Error and Accident in the Bible», *RIDA* 2 (1949) 189-213; *id.*, «Error and Ignorance as Excuses in Crime», in: *Ancient Jewish Law*. Three Inaugural Lectures, Leiden 1981, 49-69.

[14] In Israele, chi accusa lo può fare «in nome della Legge», anzi in nome di Colui che ha promulgato la Legge; tutta la (sua) autorità gli viene dal riferimento costitutivo al Legislatore, di cui tradurrà nel concreto la sapienza e la intenzionalità. Facciamo qui allusione alla funzione specifica del *profeta* come pubblico accusatore (cfr. soprattutto: H.-J. Kraus, *Die prophetische Verkündigung des Rechts in Israel*, ThSt 51, Zollikon 1957; C. Westermann, *Grundformen prophetischer Rede*, München 1960; R. North, «Angel-Prophet or Satan-Prophet?», *ZAW* 82 (1970) 31-67; S. Amsler, «Le thème du procès chez les prophètes d'Israël», *RThPh* 24 [1974] 116-131; R.V. Bergren, *The Prophets and the Law*, HUCA Monograph Series 4, Cincinnati 1974; A. Phillips, «Prophecy and Law», in: *Israel's Prophetic Tradition*, Essays in Honour of P.R. Ackroyd, Cambridge 1982, 217-232).

La comprensione della funzione profetica ha ovviamente una immediata conseguenza sull'idea che ci si fa di Dio stesso: «Je nach der Beschreibung der Stellung und des Auftrags der Propheten wird sich das Verständnis von Gott ändern: Gott als Ankläger und Richter, Gott als Pädagoge und Vater, der fordernde und strafende Gott, der mahnende und scheltende Gott» (L. Markert, *Struktur und Bezeichnung des Scheltworts*, Berlin–New York 1977, 41). Per questo ci pare rilevante non solo riconoscere la funzione accusatoria del profeta, ma approfondire il senso dell'accusa stessa.

La pretesa profetica di essere la voce del Legislatore deve essere a sua volta sottoposta a discernimento: un testo emblematico al proposito è il processo a Geremia, dove tutta la questione è di sapere in nome di chi il profeta parla (Ger 26). Sul tema del

D'altra parte, è indispensabile pure una precisa articolazione conoscitiva alla *storia* concreta dell'uomo, luogo concreto del bene e del male. Conosce il misfatto colui che sa discernere, nei comportamenti che vede, la conformità o meno alla Legge. Questo secondo aspetto appare ovvio solo quando la violazione della norma assume forme evidenti; ma se si considera che il malfattore maschera tendenzialmente il suo agire con una veste di legittimità, si capisce che la lucidità nel riconoscere il misfatto è difficile, e, d'altro canto, determinante per l'individuo e la collettività [15].

Resta ora da esemplificare, mediante alcuni testi biblici, come l'azione del *rîb* faccia riferimento esplicito al momento logicamente precedente, che è la *notitia criminis,* mostrando anche quale tipo di terminologia sia generalmente usata. Per quest'ultimo aspetto, l'analisi che faremo a proposito del «testimone» nel contesto forense (cap. 7) sarà di necessario complemento.

I diversi verbi ebraici che segnalano la *notitia criminis* [16] hanno analogo significato e funzione; essi sono strutturalmente collegati con la procedura del *rîb,* vista nel suo aspetto di accusa oppure in quello di sanzione punitiva. Diamo naturalmente solo qualche esempio, al fine di mostrare la pertinenza delle nostre affermazioni.

---

vero o falso profeta, cfr. H.-J. KRAUS, *Prophetie in der Krisis.* Studien zu Texten aus dem Buch Jeremia, BiblSt 43, Neukirchen–Vluyn 1964; Th. W. OVERHOLT, *The Threat of Falsehood.* A Study in the Theology of the Book of Jeremiah, StBibT Second Series 16, London 1970; J. L. CRENSHAW, *Prophetic Conflict.* Its Effect Upon Israelite Religion, BZAW 124, Berlin 1971; F. L. HOSSFELD – I. MEYER, *Prophet gegen Prophet.* Eine Analyse der alttestamentlichen Texte zum Thema: wahre und falsche Propheten, BiBei 9, Fribourg 1973.

[15] Colui che viene a conoscenza del misfatto, diventa, per ciò stesso, potenzialmente accusatore nei confronti del colpevole. Questo principio generale vale soprattutto per la tradizione giuridica di Israele, che non distingue tra cittadini tenuti «per ufficio» a compiere il loro dovere di denuncia del reato (pubblici «ufficiali») ed altri che possono ma non sono obbligati a farlo. Eredi di una elaborata tradizione giuridica, noi siamo inoltre abituati a distinguere tra parte lesa, accusa e testimone, anche se sappiamo che in alcuni procedimenti moderni queste diverse funzioni tendono a sovrapporsi. Nel sistema procedurale biblico, l'interscambiabilità di queste figure è quasi costante; in questa I[a] Parte del nostro lavoro, useremo abitualmente la parola «accusatore», che ci appare più generale e più direttamente articolata alla funzione del parlare, oggetto di sviluppo nel paragrafo seguente.

[16] I verbi che segnalano la notizia del reato possono essere usati separatamente, oppure insieme: cfr. Deut 17,4: *ngd* (*Ho*) – *šmʻ*; Gen 21,26: *ydʻ* – *ngd* (*Hi*) – *šmʻ* (tutti al negativo); Es 3,7: *rʼh* – *šmʻ* – *ydʻ*; Es 2,24: *šmʻ* – *rʼh* – *ydʻ*; ecc. Come complemento, cfr. Cap. 6, paragrafo 3 (inchiesta giudiziaria).

1.2.1. Il verbo *šm'*

- Neem 5,6ss: La gente del popolo, e in particolare le donne, esprimono a Neemia la loro situazione di schiavitù imposta loro dagli stessi fratelli ebrei (vv.1-5). Neemia *ascolta (ka'ăšer šāma'tî 'et za'ăqātām)*; da qui la *collera (wayyiḥar lî m^e'ōd)* e l'azione dell'*accusa (wā'ārîbâ 'et haḥōrîm w^e'et hass^egānîm)*.
- 1 Sam 2,22: Eli *viene a conoscenza* dei misfatti commessi dai suoi figli (*w^ešāma' 'et kol 'ăšer ya'ăśûn bānâw*), e quindi li *accusa* (*lāmmâ ta'ăśûn kadd^ebārîm hā'ēlleh*).
- Si possono anche vedere Gen 34,7; Num 11,1; Deut 13,13s.

1.2.2. Il verbo *ngd (Ho)*

- Gen 31,22ss: Labano viene informato della fuga di Giacobbe (*wayyuggad l^elābān*); si mette quindi ad inseguirlo per accusarlo di furto (v.26ss)
- 1 Re 2,41ss: Salomone viene informato dell'infrazione commessa da Shimei (*wayyuggad lišlōmōh kî*...); il re procede quindi ad una azione giuridica, in questo caso una specie di processo per direttissima.
- Gen 38,24: Giuda viene informato (*wayyuggad lîhûdâ*) della prostituzione della nuora Tamar; come «pater familias» decreta immediatamente la sentenza punitiva.
- Altri testi: Deut 17,4; 1 Sam 14,33; Est 2,2.

1.2.3. Il verbo *r'h*

- Neem 13,15-17: Neemia viene a conoscenza (*rā'îtî*) della infrazione del sabato; l'azione giuridica che ne consegue è quella del *rîb* contro le autorità (*wā'ārîbâ 'et ḥōrê y^ehûdâ*).
- Gen 6,5s: Dio vede il male diffuso nell'umanità (*wayyar' yhwh kî*...) e decreta una sentenza di condanna.
- Si può anche vedere: 2 Re 9,26; Ger 23,13-15; Prov 25,7b-8; Neem 13,23-25.

1.2.4 Il verbo *yd'*

- Neem 13,10s: Neemia costata che il Tempio è trascurato (*wā'ēd^e'â kî*...); anche qui ne scaturisce una azione di accusa nei confronti dei responsabili (*wā'ārîbâ 'et hass^egānîm*).
- Prov 24,12: la conoscenza che Dio ha del male (*hû' yēdā'*) determina la sanzione di condanna.
- Con il verbo *yd'* (*Ho*) si veda anche Lev 4,23.28. Al *Niphal,* cfr. 1 Sam 22,6.

2. La parola di accusa

In questo paragrafo vogliamo trattare della controversia vista nella sua espressione verbale, e in particolare della parola di accusa. È importante costatare che nei testi biblici spesso il verbo (o il sostantivo) *ryb* è immediatamente seguito dal verbo *'mr,* che esplicita e qualifica la natura della lite (Gen 26,20; 31,36; Es 17,2; Num 20,3; Giud 8,1; Is 45,9; Neem 5,7; 13,11.17). Non è necessario tuttavia, perché sussista la natura giuridica della contesa, che sia ogni volta presente la coppia *ryb – 'mr*; l'aspetto giuridico risiede piuttosto nella struttura della parola che viene rivolta all'altra persona, come andremo mostrando nel seguito di queste pagine.

2.1 *Il confronto verbale*

Abbiamo già più volte ripetuto che il *rîb* tende ad identificarsi con la presa di parola di un soggetto che accusa un altro. Ciò è propriamente solo l'inizio della contesa; ma, essendone il principio, riveste una tale importanza da lasciare in secondo piano o addirittura far dimenticare ciò che succede in seguito.

Se però vogliamo cogliere esattamente la struttura del *rîb* in generale, e se vogliamo capire la natura stessa della accusa, dobbiamo vedere che la controversia implica una parola che fa appello alla risposta da parte dell'altro. Il soggetto che accusa è certo convinto di portare nel suo discorso tutte le ragioni che motivano il suo attacco e le conseguenze che ne derivano; ma questa stessa interna consapevolezza, prendendo la forma della parola, chiede di fatto di essere accolta, riconosciuta o criticata mediante la parola di chi ha ricevuto l'accusa. Un soggetto parlante suscita un altro soggetto parlante (paradossalmente, proprio nel momento in cui sembra volerlo annientare), così che si possa giungere al comune riconoscimento della verità, fondamento indispensabile della relazione secondo giustizia.

Il *rîb* è difatto un dialogo. Un dialogo che mette in questione uno dei due contendenti, ma che lo mette in questione proprio perché possa affermarsi come autentico «soggetto».

Non fa meraviglia quindi il trovare espressa la situazione della controversia mediante racconti che si presentano come confronto dialogico fra le due parti in causa. I verbi usati dal narratore biblico sono *generici* (*'mr, 'nh,*[17] *šwb (Hi),* ecc.), verbi cioè che possono essere utilizzati in altri contesti con altre funzioni, ma che, nel caso preciso di una vertenza o di una lite, rivestono i valori di accusa, replica, attacco, difesa.

---

[17] L'importanza del verbo *'nh* era già stata segnalata da J. BEGRICH, *Deuterojesaja*, 31-32.

Ciò vale sia quando il dialogo è strettamente limitato ai due contendenti (cfr. ad esempio, Gen 31,26-44 [18]), sia quando esso è portato di fronte al giudice (cfr. 1 Re 3,16-28); e vale non solo per i racconti, ma anche per quel «genere letterario», frequente soprattutto nella tradizione profetica, che è stato appunto chiamato *rîb*: qui il dialogo è talvolta evocato dallo stesso locutore, che riprende nel suo discorso le affermazioni della parte avversa [19] (cfr. ad esempio, Mal 1,6-8 [20]; Ger 2,4-37 soprattutto per i vv.20.23.25.27.31.35). Il libro di Giobbe è l'emblema di questa struttura dialogica, sia per la sua generale composizione, che si presenta come un grande dibattito fra Giobbe e i suoi «amici», e tra Giobbe e Dio; sia per il continuo riferimento al «dire» e «replicare» dei contendenti all'interno dei singoli discorsi (cfr. ad esempio, Giob 9,14-16; 13,22).

---

[18] Sul *rîb* tra Labano e Giacobbe in Gen 31, cfr. C. MABEE, «Jacob and Laban. The Structure of Judicial Proceedings (Genesis XXXI 25-42)», *VT* 30 (1980) 192-207: l'autore fa una accurata analisi delle motivazioni e dello svolgimento della controversia, che per lui inizia al v.25. Riteniamo che i termini frequentemente usati come «judicial proceedings», «judicial encounter», «judicial authority» (riferiti all'accusatore Labano) e simili, non siano dei più felici: essi inducono infatti a pensare che ogni procedimento, per essere *giuridico*, debba sempre presentare dei caratteri *giudiziali* (una delle due parti diventa il giudice): questo non solo non corrisponde alla struttura della controversia, ma è altresì negato chiaramente dall'autore stesso a proposito del testo che esamina: «The judicial encounter is narrated as one event, skillfully raising the specter of a third-party mediation, but remaining throughout fundamentally a two-party dispute» (p. 203).

Sullo stesso testo (Gen 31,25-42) si può anche vedere l'*Excursus* di H. J. BOECKER, che lo considera un esempio tipico del confronto «pregiudiziario» (*Redeformen*, 41-45); ed inoltre, C. H. GORDON, «The Story of Jacob and Laban in the light of the Nuzi Tablets», *BASOR* 66 (1937) 25-27; D. DAUBE – R. YARON, «Jacob's Reception by Laban», *JSS* 1 (1956) 60-62; M. GREENBERG, «Another Look at Rachel's Theft of the Teraphim», *JBL* 81 (1962) 239-248; D. DAUBE, *The Exodus Pattern in the Bible*, London 1963, 62-72; R. FRANKENA, «Some Remarks on the Semitic Background of chapters XXIX–XXXI of the Book of Genesis», *OTS* 17 (1972) 53-64; J. P. FOKKELMAN, *Narrative Art in Genesis.* Specimens of Stylistic and Structural Analysis, SSN 17, Assen 1975, 164-196; M. A. MORRISON, «The Jacob and Laban Narrative in the Light of Near Eastern Sources», *BA* 46 (1983) 155-164; E. BLUM, *Die Komposition der Vätergeschichte*, WMANT 57, Neukirchen-Vluyn 1984, 117-132.

[19] Ciò è da collegarsi con il genere letterario della disputa (secondo il vocabolario di H. GUNKEL: *Streitgespräch, Disputation*: «Die Propheten als Schriftsteller und Dichter», in: H. SCHMIDT, *Die grossen Propheten*, II,2, Göttingen 1915, LXIX–LXXI). Per la storia della ricerca su questo soggetto, si può vedere la monografia recente di A. GRAFFY, *A Prophet Confronts His People*. The Disputation Speech in the Prophets, AnBib 104, Rome 1984, 2-23.

[20] Cfr. E. PFEIFFER, «Die Disputationsworte im Buche Maleachi (Ein Beitrag zur formgeschichtlichen Struktur)», *EvT* 12 (1959) 546-568.

2.2. *La parola che accusa*

Non esiste in ebraico un verbo che significhi in modo univoco l'atto di accusare; possiamo trovare però dei *verba dicendi* che, nel loro sintagma, esprimono esattamente questo valore semantico.

Abbiamo sopra accennato all'articolazione *ryb – 'mr* come una delle possibilità di indicare l'aspetto accusatorio della controversia. Un'altra possibilità è fornita dal verbo *'nh,* che, in contesto procedurale, indica in generale l'attestazione o la dichiarazione giuridicamente pertinente (Es 23,2; Deut 21,7; 25,9), e che nel sintagma *'nh b^e^* riceve una più specifica colorazione di «accusare» (1 Sam 12,3; 2 Sam 1,16; Is 3,9; 59,12; Ger 14,7; Mi 6,3; Os 5,5; 7,10; Giob 15,6)[21]; il soggetto grammaticale del verbo può essere un individuo, che assume la funzione dell'accusatore, oppure, per metonimia, il misfatto stesso.

Appartiene probabilmente a questa serie paradigmatica anche il verbo *dbr (Pi) b^e^* (= contro qualcuno), il cui significato oscilla tra criticare e accusare (Num 12,1.8; 21,5.7; Ger 31,20; Sal 50,20; 78,19; Giob 19,18; cfr. anche *dbr (Pi) 'im* in Gen 31,24.29)[22].

Anche il verbo *ngd (Hi)* può entrare nella serie dei verbi che esprimono l'atto dell'accusa. Come vedremo[23], nel contesto propriamente forense questo verbo ha il significato di deporre come testimone, spesso anche con la sfumatura della denuncia. Quando si tratta del *rîb* a due, l'aspetto messo in rilievo è quello della «notificazione» o contestazione del reato, atto giuridico che giustifica la susseguente azione punitiva. Oggetto del verbo è uno dei termini che definiscono il misfatto; mediante la preposizione *l^e^* ci si riferisce alla parte avversa nella lite (Is 58,1; Ez 23,36; Mi 3,8; Giob 36,9; cfr. anche Is 57,12, dove l'oggetto *ṣidqātēk* ha un senso chiaramente ironico, e Giob 21,31, dove, al posto di *l^e^*, troviamo l'equivalente *'al pānâw*).

Secondo H. J. Boecker[24], anche il verbo *spr (Pi)* è tipico dell'accusa; oltre a Is 43,26, da lui addotto come prova, potrebbero essere considerati pertinenti Ez 12,16; Sal 59,13; 64,6; 73,15; e, con sfumatura particolare di querela, 2 Re 8,6[25].

Segnaliamo infine anche il verbo *yd' (Hi)*: Ez 16,2; 20,4; 22,2; Giob 10,2; 13,23.

---

[21] Il sintagma *'nh b^e^* definisce l'attività del testimone accusatore nel processo davanti al giudice; di questo si parlerà dettagliatamente al cap. 7.

[22] Cfr. anche l'espressione *dbr (Pi) 'et 'ôy^e^bîm baššā'ar* (Sal 127,5).

[23] Cfr. cap. 7, pp. 276-277.

[24] *Redeformen*, 55-56.

[25] J. Begrich, *Deuterojesaja*, 26 n. 2, a proposito di Is 43,26, ritiene significativo anche il verbo *zkr* (*Hi*): «Die Bedeutung 'anzeigen' erhält das Wort im gerichtlichen Zusammenhange dadurch, dass der Anklagende den Richtern den Namen dessen nennt,

2.3. *Forme in cui si presenta la parola di accusa*

La varietà dei modi con cui l'accusatore porta la sua accusa impedisce a rigore di parlare di «formule» o di vocabolario «tipico»; ciò non toglie che si possano determinare ed esaminare le forme retoriche che comunemente esprimono in ebraico la contestazione del reato, sulle quali faremo delle considerazioni di metodo e di contenuto.

La contestazione del reato può essere espressa in forma *dichiarativa*, oppure sotto forma *interrogativa*. Queste due formalità sono talora giustapposte in un unico intervento accusatorio (cfr. ad esempio, Gen 44,5-6; Es 5,15-16; Giud 2,2; 2 Sam 12,9); ma il più delle volte si trova o l'una o l'altra separatamente. Esse appaiono equivalenti quanto al senso e alla funzione che esercitano nella controversia, come risulta dal confronto di frasi pressoché stereotipiche, che significano: «chi può accusare?»:

2 Sam 16,10	:	*ûmî*	*yō'mar*		*maddûʿ*	*ʿāśîtâ kēn*	interrogativa
Giob 9,12	:	*mî*	*yō'mar*	*'ēlâw*	*mah*	*taʿăśeh*	»
Qoh 8,4	:	*ûmî*	*yō'mar*		*mah*	*taʿăśeh*	»
Giob 36,23	:	*ûmî*	*'āmar*		*pāʿaltā*	*ʿawlâ*	dichiarativa

La forma dichiarativa si presenta con una grande varietà di espressioni e di termini, ma può essere facilmente riconosciuta proprio per l'evidenza del suo contenuto semantico, dato che fa riferimento a qualcosa che appartiene alla categoria del «misfatto» (cfr. Gen 16,5; 26,20; Es 32,30; Giud 11,13; 1 Sam 22,8; 1 Re 14,8-9; Is 1,2-3; 43,22-27; Ger 2,13; Giob 36,23; Esd 10,10; Neem 5,9).

Più estranea alla nostra mentalità (ma non a quella del Medio Oriente) è la *forma interrogativa* dell'accusa; per questa ragione riteniamo utile fornire una descrizione più dettagliata e tentare anche di spiegare il motivo di questo fenomeno.

La domanda è introdotta da pronomi o avverbi interrogativi, con i significati propri a ciascuno di essi, senza che questa varietà introduca per altro formalità giuridiche diverse[26]. Una delle forme tipiche[27] è quella

---

gegen den er eine Verhandlung beantragt. Für diese Auffassung spricht ferner die Wendung *hzkyr ʿwn*, welche die Gerichtspraxis zu entstammen und die Anzeige eines Vergehens zu bezeichnen scheint. Hes 21,28 und namentlich Nu 5,15 ist das m.E. noch deutlich zu erkennen». Come si vede comunque il verbo *hzkyr* apparterrebbe eventualmente alla serie dei verbi di accusa in sede forense, piuttosto che a quelli di contestazione del reato, fatto direttamente alla parte avversa.

[26] In Giud 12,1 sono contrapposte due accuse introdotte rispettivamente con *maddûʿ* e *lammâ*; in una stessa accusa poi possono trovarsi diverse interrogative (cfr. Gen 29,25; 31,26-30; Ger 2,31; ecc.).

[27] Nella terminologia di H.J. Boecker si tratta della «Beschuldigungsformel» (*Redeformen*, 26-31).

introdotta da *mah*, di cui diamo qualche esempio per mostrare le varianti di un medesimo sintagma:

Is 45,9	:	*mah*					*taʿăśeh*	
Gen 4,10	:	*meh*					*ʿāśîtā*	
Giud 18,18	:	*mâ*				*’attem*	*ʿōśîm*	
Gen 20,9	:	*meh*					*ʿāśîtā*	*lānû*
Gen 3,13	:	*mah*	*zō’t*				*ʿāśît*	
Giud 2,2	:	*mah*	*zō’t*				*ʿăśîtem*	
Giona 1,10	:	*mah*	*zō’t*				*ʿāśîtā*	
Gen 12,18	:	*mah*	*zō’t*				*ʿāśîtā*	*lî*
Gen 26,10	:	*mah*	*zō’t*				*ʿāśîtā*	*lānû*
Giud 8,1	:	*mâ*	*haddābār*	*hazzeh*			*ʿāśîtā*	*lānû*
Neem 2,19	:	*mâ*	*haddābār*	*hazzeh*	*’ăšer*	*’attem*	*ʿōśîm*	
Gen 44,15	:	*mâ*	*hammaʿăśeh*	*hazzeh*	*’ăšer*		*ʿăśîtem*	
Neem 13,17	:	*mâ*	*haddābār hārāʿ*	*hazzeh*	*’ăšer*	*’attem*	*ʿōśîm*	
Giud 20,12	:	*mâ*	*hārāʿâ*	*hazzō’t*	*’ăšer*		*nihy*^{e}*tâ bākem*	
Gios 22,16	:	*mâ*	*hammaʿal*	*hazzeh*	*’ăšer*		*m*^{e}*ʿaltem*	*bē’lōhê yiśrā’ēl*

Oltre alla domanda introdotta con *mah*[28], frequente è quella che inizia con «perché...?»: in ebraico: *lammâ* (Es 2,13; Num 21,5; 1 Sam 2,29; 15,19; 22,13; 26,18; ecc.) e *maddûaʿ* (Es 1,18; Lev 10,27; Giud 12,1; 2 Sam 12,9; 1 Re 1,6; Ger 2,31; Neem 13,11; ecc.)[29]. Anche altre interrogative hanno analoga funzione: *mî*[30] («chi...?») (Giud 6,29; 15,6; Is 50,1; Giob 9,24); *’êk* («come...?») (Gen 26,9; 2 Sam 1,14; Ger 2,21.23); *’ê* («dove...?») (Gen 4,9; Is 50,1; Mal 1,6)[31].

2.4. *Il senso della accusa sotto forma interrogativa*

J. Harvey[32] distingue, nella struttura del *rîb*, tre elementi fondamentali, che, preceduti dal «prologo» (preliminari del processo) e seguiti dalle «minacce e condanna» (oppure dal «decreto o ultimatum») costituiscono l'ossatura di questo genere letterario. Questi tre elementi sono: 1) *l'interrogatorio* «rivolto dal giudice, che è al tempo stesso accusatore («plaignant»), agli accusati; questo interrogatorio non attende mai una ri-

---

[28] Oltre a «che cosa?», *mah* può significare anche «perché?» (cfr. Zorell, 413): in quest'ultimo senso pure, può introdurre una accusa (cfr. Es 17,2; Is 45,10; Ger 49,4).

[29] Cfr. A. Jepsen, «Warum? Eine lexikalische und theologische Studie», in: *Das ferne und nahe Wort*, Fs. L. Rost, BZAW 105, Berlin 1967, 106-113.

[30] Con il pronome interrogativo *mî* sembra si esprima la denuncia contro ignoti (cfr. anche Gen 21,26).

[31] Talvolta la semplice particella interrogativa *hă*, oppure *hălō’*, può introdurre una contestazione di reato, spesso sotto forma di domanda retorica: cfr. Deut 32,6; 2 Sam 19,22; 1 Re 21,19; Is 57,4b; Neem 2,19. (Cfr. H. A. Brongers, «Some Remarks on the Biblical Particle *h*^{a}*lō’*» *OTS* 21 (1981) 177-189.

[32] J. Harvey, *Le plaidoyer prophétique*, soprattutto pp. 90-100.

sposta degli accusati e non ne ottiene mai; 2) *la requisitoria,* generalmente in termini storici, che ricorda i benefici della parte lesa e le infedeltà della parte accusata...3) *la dichiarazione ufficiale di colpevolezza* della parte accusata, dichiarazione strettamente legata alla requisitoria»[33].

Da un punto di vista strettamente logico, le distinzioni presentate da HARVEY appaiono pertinenti: l'interrogatorio (articolato però all'eventuale risposta dell'accusato) è diverso dalla requisitoria (rivolta ad una «giuria»?), e soprattutto dalla dichiarazione di colpevolezza, articolata alla sanzione punitiva. Abbiamo però non poche difficoltà a condividere questa impostazione del *rîb*[34]. L'elemento che in questa sede ci importa di sottoporre a revisione è l'*interrogatorio,* visto come elemento particolare distinto dagli altri due[35].

Innanzitutto non basta che vi sia una frase interrogativa perché questa sia chiamata «interrogatorio»: questo termine è tipico piuttosto della fase inquisitoria del processo, dove esprime la funzione di appurare i fatti e le responsabilità, in modo tale che il giudice possa emettere un verdetto secondo verità e giustizia; nel *rîb* invece, la domanda accusatoria compare perfino quando l'accusato è sorpreso in flagranza di reato (cfr. Es 2,13; Gen 44,15; Giud 8,1; ecc.), e ha proprio lo scopo di segnalare alla parte (che diviene «avversa») il motivo della contesa. In una controversia, d'altra parte, le domande possono avere valore e significato assai diverso, e non devono quindi essere catalogate tutte nella stessa rubrica[36]: a volte la domanda equivale ad una accusa, a volte invece — come si vedrà — ad una dichiarazione di innocenza da parte del locutore (cfr. Ger 2,5;

---

[33] J. HARVEY, *Le plaidoyer prophétique*, 55.

[34] Un esame rigoroso della tesi di J. HARVEY non ci è possibile in questa sede: dobbiamo tuttavia far notare che lo schema logico proposto dall'autore non sempre corrisponde al tenore dei testi biblici (come anch'egli ammette: *Le plaidoyer prophétique*, 81, 91); inoltre, l'attribuzione di una espressione (o l'altra) ad uno (o l'altro) degli elementi del *rîb* non appare decisa secondo principi metodologicamente controllabili; infine, la scelta dei testi biblici nei quali si ritroverebbe la forma del *rîb* appare arbitraria, per cui vi è continuamente il rischio di estrapolare delle conclusioni non pertinenti.

[35] Nello schema letterario dei «réquisitoires complets» (Is 1,2-20; Mi 6,1-8; Ger 2,4-13.29; Sal 50), J. HARVEY suddistingue fra i «preliminari» (elemento I): a) convocazione del cielo e della terra e appello all'attenzione; b) dichiarazione della rettitudine di YHWH e *accusa* del popolo (*Le plaidoyer prophétique*, 54-55). Ciò che noi quindi chiamiamo «accusa» verrebbe, secondo HARVEY, a ritrovarsi in ben quattro elementi distinti della sua struttura del *rîb*.

[36] Cfr. H.J. BOECKER, «Anklagereden», 407. Si deve inoltre tener presente l'importanza della *domanda retorica*, nelle sue diverse modalità e funzioni espressive (H. LAUSBERG, *Handbuch der literarischen Rhetorik*, München 1960, 379-384); cfr. R. GORDIS, «A Rhetorical Use of Interrogative Sentences in Biblical Hebrew», *AJSL* 49 (1932-33) 212-217; G. W. COATS, «Self-Abasement and Insult Formulas», *JBL* 89 (1970) soprattutto pp. 22s; W. A. BRUEGGEMANN, «Jeremiah's Use of Rhetorical Questions», *JBL* 92 (1973) 358-374.

Mi 6,3); a volte ancora è il rifiuto delle compensazioni sacrificali ad essere presentato sotto forma interrogativa (Is 1,11-12; cfr. anche Mi 6,6-7; Sal 50,13; Is 57,6; 58,5-7; Ger 6,20a)[37].

In secondo luogo, l'accusa può essere formulata semplicemente, oppure può prendere una forma argomentativa complessa[38]: se teniamo presente che lo scopo finale dell'accusa è di essere riconosciuta come vera dalla parte avversa, è normale attendersi che essa si sviluppi secondo tutte le modalità della retorica, e sfrutti tutte le risorse del discorso motivato e ragionevole; questo è frequente quando l'accusato stenta a riconoscersi colpevole del misfatto che è causa della lite. Ciò non determina tuttavia degli elementi strutturalmente distinti nella controversia, perché un elemento è strutturale solo nella misura in cui si può definire per una precisa opposizione agli altri e per una precisa funzione nell'insieme.

Infine, non si deve confondere la struttura (di un genere letterario, di un testo, o più generalmente del *rîb* stesso) con un determinato schema letterario[39]: anche se talvolta vi è coincidenza materiale, vi è una differenza essenziale tra le due cose. La struttura è una organizzazione logica, di natura astratta e concettuale, e prevede, di natura sua, una indefinita serie di varianti e di trasformazioni: quello che importa non è l'ordine di apparizione degli elementi o la loro materiale formulazione, ma la logica rigorosa che intercorre fra di essi; e benché la struttura sia ricavata dall'analisi di un certo *corpus* testuale, nessuno dei testi la riproduce in quanto tale, essendo essa un fenomeno interpretativo di comprensione[40].

Uno schema letterario invece è un procedimento che si avvicina al formulario, reperibile quindi per la sua stereotipia, per i fenomeni di ordine e di ripetizione; esso presiede alla composizione di un certo numero di testi ad opera di autori che vogliono manifestare fedeltà ad una determinata tradizione letteraria di cui si appropriano il senso attualizzandolo. Lasciando quindi da parte la questione di decidere se esista realmente uno schema letterario del *rîb*, l'intento del nostro studio è quello di definire gli elementi *strutturali* della controversia come

---

[37] Perfino l'annuncio della sanzione può esprimersi sotto forma di domanda: Deut 32,30; Is 42,24; Ger 2,14; 5,9.29; ecc.

[38] Nota J. Begrich: «Die Appellationsrede des Anklagende hat mit der des Angeschuldigten die freie Anordnung der Aufbauglieder gemein, eine Wiederspiegelung der Erregung, in welcher beide Parteien miteinander reden» (*Deuterojesaja*, 27).

[39] La terminologia «schema di litigio» è usata, per esempio, da P. Buis, «Les conflits entre Moïse et Israël dans l'Exode et Nombres», *VT* 28 (1978) 257-270, il quale, nei racconti dell'Esodo e dei Numeri, trova tre schemi narrativi diversi di contesa (ognuno dei quali con varianti), che talvolta si sovrappongono fra loro.

[40] P. Beauchamp, «Propositions sur l'alliance de l'Ancien Testament comme structure centrale», *RechSR* 58 (1970) 192-193.

procedura giuridica. Da questa nascono i prodotti letterari che se ne servono per interpretare la relazione intercorrente tra YHWH e il popolo di Israele. In questa prospettiva noi affermiamo che l'accusa è un fattore essenziale del *rîb*[41], sia che si presenti sotto forma dichiarativa, sia che assuma l'aspetto interrogativo.

Resta allora da chiarire, almeno in linea propositiva, il perché di questo diverso apparire dell'accusa, e in particolare il perché della forma interrogativa. Abbiamo segnalato (cfr. 2.1) che il *rîb* si presenta come confronto dialogico fra due parti, anzi, più precisamente, come uno scambio verbale instaurato e promosso dall'accusa. Il fatto che questa presenti la sua contestazione sotto forma interrogativa non diminuisce affatto la sua natura giuridica né la sua valenza di minaccia (cfr. ad esempio, Giud 12,1), ma sottolinea il fatto che il suo scopo è raggiunto solo nella misura in cui la parte avversa ha avuto la possibilità di addurre argomenti per la propria giustificazione o di accettare le ragioni dell'accusa. Una lite instaurata senza che l'imputato possa replicare snatura la controversia giuridica, in quanto non permette il comune riconoscimento di ciò che è giusto; una lite invece che, nella sua stessa espressione letteraria, postula la risposta dell'altro e la promuove, è «giusta» proprio perché — contro ogni pretesa orgogliosa o violenta — accetta di passare attraverso il vaglio critico dell'accusato, e di ricevere dall'altro stesso (malfattore, criminale, peccatore) la garanzia della giustizia di cui è interprete.

2.5. *Elementi integranti l'accusa e loro finalità*

L'accusatore, prendendo la parola, non si limita solo a notificare all'altro il suo misfatto; poiché, come dicevamo, il reato spesso non è immediatamente riconosciuto dal suo autore, la parte accusatrice introduce a volte nel suo discorso degli elementi che, da una parte, servono a garantire le sue affermazioni, e, dall'altra, ne esprimono la finalità.

L'accusatore[42], specie nelle controversie a espressione letteraria più complessa, fa (quando può) esplicito riferimento a un soggetto terzo (una

---

[41] Lo stesso J. Harvey sembra preferire il termine «formula» (*Le plaidoyer prophétique*, 28-30). M. Mannati sembra concedere l'esistenza della «formula letteraria» del *rîb*, negando tuttavia la sua applicabilità al Sal 50 («Le Psaume 50 est-il un *rîb*?», *Sem* 23 [1973] 27-50).

[42] Parliamo di «accusatore», anche se talvolta è l'imputato a fare appello ad un arbitro: se infatti si osserva con rigore la formalità di questo ricorso si vede che l'imputato può farlo solo nella misura in cui pensa di essere dalla parte della ragione, e quindi di poter accusare il suo accusatore di intenzionalità malvagia (cfr. Gen 31,37.41-42; 1 Sam 24,13). Si veda al proposito H. J. Boecker, *Redeformen*, 48-57). Questa situazione è analogicamente quella che dà luogo al giudizio, mediante il ricorso all'autorità giudicante fatto da chi crede di avere ragione.

persona, un gruppo o qualcosa di analogo), che viene evocato o nominato come garante della obiettività del procedimento. Possiamo chiamarlo *testimone* o forse *arbitro*; ma entrambi i termini esprimono solo parzialmente la funzione che vogliamo evocare[43]. Infatti, questo terzo soggetto chiamato in causa dall'accusa rappresenta *l'istanza di un giudizio imparziale* che o è impossibile o non è praticabile secondo precise strutture forensi[44].

Nelle controversie fra soggetti umani, la funzione del testimone-arbitro può essere chiesta a altri uomini (Gen 31,37; 1 Re 20,7; 2 Re 5,7), oppure a Dio (Gen 16,5; Es 5,21; Giud 11,27; 1 Sam 12,5-6; 24,13.16; 26,23). Nei *rîb* instaurati contro il suo popolo, Dio invoca l'intervento testimoniale del cosmo (il cielo e la terra[45]: Deut 32,1; Is 1,2; Sal 50,4-6; il cielo: Ger 2,12; la terra: Ger 6,19; le montagne: Mi 6,1-2), oppure delle stesse nazioni pagane (Ger 2,10; 6,18)[46]. Giobbe poi, nella sua lunga controversia con Dio, chiede l'appoggio di un arbitro, la cui figura non è ben definita proprio perché è impossibile immaginare chi sia in grado di «imporre le mani sui due litiganti» (Giob 9,33; 16,19-21; 19,25).

Il più delle volte l'appello al testimone-arbitro si presenta letterariamente sotto forma di un imperativo (o uno jussivo), mediante il quale si invita qualcuno ad ascoltare o più esplicitamente ad esprimere un parere (dichiarare chi è «giusto») sulla vertenza in corso. Di fatto, né nei raccon-

---

[43] Il termine «testimone» è più adatto quando colui che si interpella potrebbe, con un suo intervento, sostenere e *confermare* la parola dell'accusatore; il termine «arbitro» è più adatto invece quando l'istanza terza potrebbe *decidere* con obiettività la controversia in corso. Non è sempre agevole determinare l'esatta sfumatura da attribuire ai diversi soggetti chiamati a intervenire nella lite giuridica; si deve in ogni caso ribadire che il *rîb* rimane una procedura bilaterale, gestita e risolta dalle due parti in causa, a meno che non sia effettivamente ravvisabile un'istanza giurisdizionale alla quale i contendenti rimettono l'ultima parola.

[44] Il problema è ampiamente discusso da E. von WALDOW, *Der traditionsgeschichtliche Hintergrund der prophetischen Gerichtsreden*, BZAW 85, Berlin 1963, soprattutto pp. 12-19.

L. ALONSO SCHÖKEL, a proposito di Mi 6,1, preferisce usare l'espressione «testimoni notarili» (*Profetas*, 1064): questa terminologia offre l'indubbio vantaggio di ricalcare una istituzione conosciuta, che esercita un ruolo autorevole anche ai nostri giorni. Noi usiamo l'espressione «testimone-arbitro» solo perché, nella sua genericità, fa allusione anche al compito di «arbitrato» in una lite.

Secondo G. E. WRIGHT, «The Lawsuit of God: A Form-Critical Study of Deuteronomy 32», in: *Israel's Prophetic Heritage*, Essays in honor of J. MUILENBURG, New York 1962, 47, «the witnesses were perhaps a special type of 'jury'», in quanto dovevano udire le accuse, ma non agire in quanto giudici.

[45] Cfr. M. DELCOR, «Les attaches littéraires, l'origine et la signification de l'expression biblique 'Prendre à témoin le ciel et la terre'», *VT* 16 (1966) 8-25.

[46] Cfr. H. von REVENTLOW, «Die Völker als Jahves Zeugen bei Ezechiel», *ZAW* 71 (1959) 33-43. In Deut 32,7 viene evocata da Dio la testimonianza dei «padri» (di Israele).

ti, né negli altri testi poetici di controversia, si assiste ad un intervento concreto di questo terzo soggetto: ciò può essere considerato una mera casualità, ma sembra ragionevole supporre che non è propriamente il testimone-arbitro a regolare l'andamento e l'esito della controversia.

Il fatto che ci si rivolga ad un terzo soggetto è un *artificio* che significa in primo luogo che la parte avversa non ascolta; in secondo luogo, che essa rifiuta di dire la verità; e infine, che quanto dice la parte accusatrice è un discorso vero, non «di parte». Il testimone-arbitro non giudica come in sede forense, ma, evocato, ha praticamente la stessa efficacia di dar ragione a chi è innocente e svergognare chi è nel torto.

Interessante, a questo proposito, è l'uso, nella controversia a due, di presentare un *caso fittizio*[47] sul quale l'accusato è chiamato a pronunciare un verdetto (cfr. 2 Sam 12,1-7; 14,1-17; 1 Re 20,35-43; Is 5,1-7; Ger 3,1; Ez 23)[48]; mediante questo artificio, senza ricorrere ad un terzo soggetto giuridico, ma sfruttando lo sdoppiamento di funzione nell'accusato stesso, l'accusa giunge a mostrare la verità delle sue affermazioni[49].

Appare quindi chiaramente che il desiderio dell'accusa non è di vincere l'altro, ma di *convincerlo*. Ciò è comprovato dal fatto che il discorso dell'accusatore assume spesso l'andamento di una argomentazione pressante, che culmina nell'*invito,* rivolto all'avversario, *a riconoscere* il proprio torto, e con ciò stesso a dare ragione all'accusa. Tipico al proposito è l'uso dei verbi *yd'* e *r'h* (all'imperativo), che, come abbiamo visto, segnalano la «notitia criminis»: qui la conoscenza del reato diventa ri-

---

47 Cfr. C. WESTERMANN, *Grundformen prophetischer Rede*, 145; *id., Vergleiche und Gleichnisse im Alten Testament und Neuen Testament*, CalwTMon 14, Stuttgart 1984, 77.

48 Oltre ai Commentari, si può vedere per 2 Sam 12: R.A. CARLSON, *David, the Chosen King*. A Traditio-Historical Approach to the Second Book of Samuel, Stockholm 1964, 152-162; A. PHILLIPS, «The Interpretation of II Sam 12,5-6», *VT* 16 (1966) 242-244; V. SIMON, «The Poor Man's Ewe-Lamb. An Example of a Juridical Parable», *Bib* 48 (1967) 207-242; H. SEEBASS, «Nathan und David in II Sam 12», *ZAW* 86 (1974) 203-211; J.P. FOKKELMAN, *Narrative Art and Poetry in the Books of Samuel*, I, SSN 20, Assen 1981, soprattutto 71-82; A. SCHENKER, *Versöhnung und Sühne*, BiBei 15, Freiburg 1981, 41-53. Per 2 Sam 14: J. HOFTIJZER, «David and the Tekoite Woman», *VT* 20 (1970) 419-444; L. ALONSO SCHÖKEL, «David y la mujer de Tecua: 2 Sm 14 como modelo hermenéutico», *Bib* 57 (1976) 192-205; D.M. GUNN, *The Story of King David*. Genre and Interpretation, JSOT Suppl. Series 6, Sheffield 1978, 40-43; J.P. FOKKELMAN, *Narrative Art and Poetry in the Books of Samuel*, I, SSN 20, Assen 1981, 126-162. Per Is 5: W. SCHOTTROFF, «Das Weinberglied Jesajas (Jes 5,1-7). Ein Beitrag zur Geschichte der Parabel», *ZAW* 82 (1970) 68-91; H.W. HOFFMANN, *Die Intention der Verkündigung Jesajas*, BZAW 136, Berlin 1974, 86-90; J.T. WILLIS, «The Genre of Isaiah 5,1-7», *JBL* 96 (1977) 337-362; A. GRAFFY, «The Literary Genre of Isaiah 5,1-7», *Bib* 60 (1979) 400-409; G.A. YEE, «A Form-Critical Study of Isaiah 5,1-7 as a Song and a Juridical Parable», *CBQ* 43 (1981) 30-40.

49 Si noti come uno dei casi tipici sia quello di indurre il *re* a «giudicare» su un caso che lo concerne in quanto parte in causa.

conoscimento della propria condizione di ingiustizia, e in qualche modo approvazione della accusa [50]. Tra i testi più significativi ricordiamo: Es 10,10; 1 Sam 12,17; 25,17; Ger 2,23; 3,2.13; Giob 5,27; 11,6 [51].

Nei *rîb* di grande estensione letteraria l'aspetto argomentativo è particolarmente evidente; è difficile qui mostrarne le particolarità e le modalità. Infatti, dato che si tratta per l'accusa, non solo di notificare all'altro il suo reato, ma di eliminare le resistenze che sono frutto di passioni o di una ideologia distorta, vengono applicate tutte le risorse dell'ironia, della dialettica, della retorica appassionata per indurre l'avversario ad accettare la verità che si fa luce nelle parole dell'accusa [52].

3. **Il rapporto con la sanzione**

L'accusa, nella misura in cui dichiara l'altra parte responsabile di un determinato misfatto, rende noto, al tempo stesso, che ciò comporta una qualche sanzione punitiva.

Interviene qui un altro elemento, indispensabile per definire l'accusa in termini rigorosi: alludiamo al fatto che essa deve disporre di una certa *forza* per imporsi.

Il termine «*forza*» non è dei più felici dal punto di vista giuridico; il termine «*potere*» sarebbe forse più adeguato, poiché rimane più tradizionalmente nell'ambito di una riconosciuta struttura dei rapporti sociali, dove può colorarsi della qualifica di autorità, facoltà, competenza [53].

Se abbiamo parlato di «forza», è per segnalare esplicitamente che un procedimento giuridico deve disporre di un elemento *coercitivo* nei confronti di colui che non osserva la norma di giustizia, dato che questi in ge-

---

[50] Vedremo (cap. 7) come la coppia *r'h – yd'* costituisca l'elemento definitorio del testimone in sede forense.

[51] Analogo è da considerarsi l'invito a «confessare» il proprio misfatto mediante l'imperativo di *ngd* (*Hi*) (cfr. Gios 7,19; 1 Sam 14,43; Giona 1,18). Di ciò si parlerà soprattutto nel cap. seguente.

[52] Cfr. S.H. BLANK, «Irony by Way of Attribution», *Semitics* 1 (1970) 1-6; G. WARMUTH, *Das Mahnwort.* Seine Bedeutung für die Verkündigung der vorexilischen Propheten Amos, Hosea, Micha, Jesaja und Jeremia, BeiBibExT 1, Frankfurt 1976; Y. GITAY, *Prophecy and Persuasion.* A Study of Isaiah 40–48, ForTLing 14, Bonn 1981.

[53] Secondo CHIOVENDA (*Principi di diritto processuale civile*, Napoli 1965, 45-46) l'azione giuridica è un diritto potestativo, cioè «il potere giuridico di porre in essere la condizione per l'attuazione della volontà di legge. L'azione è un potere che spetta di fronte all'avversario rispetto a cui si produce l'effetto giuridico dell'attuazione della legge. L'avversario non è tenuto ad alcuna cosa dinanzi a questo potere: egli è semplicemente soggetto ad esso. L'azione si esaurisce con il suo esercizio, senza che l'avversario possa fare nulla né per impedirla né per soddisfarla» (citato da G. LEONE, *Manuale di Diritto Processuale Penale*, Napoli 1975[9], 62-63).

nerale non si sottopone spontaneamente alle conseguenze punitive della sua infrazione. Un diritto senza forza è inapplicabile e quindi insignificante (*telum imbelle*).

Ciò vale per l'ordinamento che ha il suo vertice potestativo nel «giudice»; e vale chiaramente anche, nella controversia a due, per colui che intraprende l'azione giuridica di accusa. Due esempi ci consentono di illustrare questa problematica.

Il primo è tratto dal *rîb* tra Labano e Giacobbe: l'accusa del primo nei confronti del secondo (Gen 31,26-28) è correlata all'affermazione: «Sarebbe in mio potere farvi del male» (*yeš le'ēl yādî la'ăśôt 'immākem rā'*)[54] (v.29), dove crediamo di poter ravvisare non solo una facoltà giuridica astratta, ma la concreta possibilità di applicare una sanzione punitiva.

Il secondo esempio si riferisce all'incidente intercorso tra Abner e Ishbaal (2 Sam 3,6-11): Abner, che «era diventato potente nella casa di Saul» (v.6), viene accusato da Ishbaal di essersi presa la concubina di Saul (v.7). Appare evidente che l'accusa è legittima, che Abner ha abusato del suo potere; il seguito del racconto però ci informa che la feroce reazione dell'accusato — che dispone della forza militare — impedisce a Ishbaal di proseguire nella sua critica e di adottare eventuali sanzioni: «Quegli non poté rispondere una parola ad Abner, perché aveva paura di lui (*welō' yākōl 'ôd lehāšîb 'et 'abnēr dābār miyyir'ātô 'ōtô*)» (v.11)[55].

Possiamo così affermare che una accusa risponde veramente alla sua natura se, non solo si limita a contestare il reato, ma si avvale specificatamente del potere concreto di applicare al colpevole una adeguata punizione.

È evidente che, da un punto di vista logico, accusa e sanzione sono distinte: la punizione infatti non ha luogo quando l'accusato riesce a far prevalere le sue ragioni, oppure (in certi casi) quando l'imputato ottiene una forma di compromesso amichevole, oppure offre spontaneamente e generosamente di risarcire il torto. Ciononostante, si può affermare che essere sotto accusa equivale difatto ad essere sotto la *minaccia* di una qualche sanzione, così come «accusare» o «intentare un *rîb* contro qualcuno» tende a diventare sinonimo di «intraprendere una azione punitiva» nei suoi confronti (cfr. Ger 25,31; Os 4,1-3; 12,3; Giud 20,12). Ciò merita di essere ben tenuto presente, anche quando l'accusa non fa esplicito riferimento alle conseguenze che derivano dall'atto imputato.

---

[54] W. G. E. WATSON («Reclustering Hebrew *l'lyd*», *Bib* 58 [1977] 213-215) ha proposto una diversa divisione del testo ebraico (*yeš l' leyādî*...); il senso del versetto rimane tuttavia quello indicato nella nostra traduzione (*l'* = «power»). Per l'espressione *le'ēl yad-*, cfr. Deut 28,32; Mi 2,1; Prov 3,27; Neem 5,5; Sir 5,1.

[55] Cfr. anche Giud 18,20-26; Sof 1,12. Il tema della paura di fronte al potere, che fa rifuggere dall'accusa, può essere reperito in Ger 1,8.17 e forse in Am 5,13.

Ma è la Legge stessa, nel cui nome l'accusatore parla, che definisce il reato come l'atto che deve essere punito [56]; senza la sanzione non vi sarebbe modo di significare e di vivere nella società la differenza essenziale tra il bene e il male, tra la giustizia e l'ingiustizia. Il «prosperare del criminale» è ciò che più mette in questione un sistema giuridico, e, nella Bibbia, rappresenta una delle critiche più radicali alla stessa giustizia di Dio (cioè al senso stesso di «giustizia») nel mondo (cfr. Ger 12,1-2; Abac 1,2-4; Mal 3,14-15; Sal 73,2; Giob 21,7; Qoh 7,15).

L'articolazione logica tra accusa e punizione può non essere sottolineata da particolari strutture sintattiche; per esempio, in Giud 12,1, gli Efraimiti dicono a Jefte: «Perché sei andato a combattere contro gli Ammoniti e non ci hai chiamati con te? Noi bruceremo te e la tua casa»: la semplice paratassi (con cambiamento di tempo) non impedisce di cogliere il nesso tra la domanda (di accusa) e l'affermazione (che commina la pena) (cfr. anche Gen 31,28-29; Giud 2,2-3 [57]; Giona 1,10-12). Per lo più, tuttavia, una particella (congiunzione, avverbio) segna il legame logico con la sanzione, che viene così esplicitamente *motivata* [58]:

(a) il misfatto è introdotto mediante delle congiunzioni causali; queste danno così la ragione della punizione che segue immediatamente: molto frequenti sono *kî* (Deut 32,20; Giud 6,30; 2 Sam 12,12; Ger 6,19; ecc.) e *yaʿan* (talvolta seguito da *kî* o *'ăšer*): Num 11,20; 1 Sam 15,23; 1 Re 11,11; 20,42; 2 Re 21,11; Ger 19,4; 25,8; ecc.;

---

[56] «Le norme penali di regola sono costituite da due elementi: il precetto (*praeceptum legis*) e la sanzione (*sanctio legis*). Il precetto è il comando di tenere una certa condotta, e cioè di non fare una determinata cosa o di compiere una data azione; la sanzione è la conseguenza giuridica che deve seguire l'infrazione del precetto» (F. ANTOLISEI, *Manuale di Diritto Penale*, 32).

[57] In Giud 2,2-3 abbiamo la seguente giustapposizione: *wā'ōmar*: la Legge, il misfatto e l'accusa (*welō' šemaʿtem beqōlî – mah zō't ʿăśîtem*) – *wegam 'āmartî*: punizione (per il valore enfatico della particella *gam*, cfr. B. JACOB, «Erklärung einiger Hiob-Stellen», *ZAW* 32 [1912] 279-282; C.J. LABUSCHAGNE, «The emphasizing particle *gam* and its connotations», in: *Studia Biblica et Semitica* Th. Ch. VRIEZEN... dedicata, Wageningen 1966, 193-203).

In Is 66,3-4 troviamo: *gam hēmmâ* (misfatto) – *gam 'ănî* (punizione); in Deut 32,21: *hēm* (misfatto) – *wa'ănî* (punizione); in Mal 2,8-9: *we'attem* (misfatto) – *wegam 'ănî* (punizione): in tutti questi casi si può notare una somiglianza di vocabolario tra l'azione delittuosa e l'azione giuridica che la punisce, sul tipo di quanto è detto in Ger 5,19: «Come (*ka'ăšer*) voi avete abbandonato il Signore e avete servito divinità straniere nel vostro paese, così (*kēn*) servirete gli stranieri in un paese non vostro».

[58] Cfr. H.W. WOLFF, «Die Begründungen der prophetischen Heils- und Unheilssprüche», *ZAW* 52 (1934) 1-22; H.W. HOFFMANN, *Die Intention der Verkündigung Jesajas*, BZAW 136, Berlin 1974, soprattutto 31-34.

(b) la sanzione è annunciata mediante un avverbio che indica la conseguenza (punitiva) del reato denunciato: frequenti sono *lākēn* (Giud 10,13; 1 Sam 2,30; 1 Re 14,10; Ger 7,20; ecc.) e *wᵉʿattâ* (Giud 20,13; Ger 7,13; 2 Sam 12,10; ecc.)[59].

Merita considerazione anche l'uso di *hinnēh*[60], che, collegato o meno con altre locuzioni segnalanti il misfatto, manifesta nel testo l'apparire della sanzione punitiva: 1 Sam 2,31; 2 Sam 12,11; 1 Re 14,10; 21,21; 2 Re 21,12; Ger 5,14; 6,19.21; 7,20; 25,9; 29,21; ecc.

Come già accennato agli inizi di questo paragrafo, e come risulta dagli indizi di natura sintattica sopra ricordati, l'atto della accusa si presenta spesso *come fosse una sentenza* (un verdetto giudiziario) nei confronti dell'imputato (cfr., in sede forense, il rapporto tra Ger 26,11 e 26,16); il rischio di confusione fra queste due istanze giuridiche è accresciuto dal fatto che, nei testi biblici, l'accusa spessissimo non riceve risposta, e talvolta è immediatamente articolata all'atto concreto della punizione, quasi ci trovassimo in presenza di un giudice che consegna l'accusato, riconosciuto colpevole, nelle mani dell'esecutore di giustizia[61].

---

[59] A proposito delle formule caratteristiche che indicano l'articolazione del discorso, A. Laurentin fa notare l'importanza di *wᵉʿattâ* nei testi di tenore giuridico («*wᵉʿattah* – *Kai nun*. Formule caractéristique des textes juridiques et liturgiques (à propos de Jean 17,5)» *Bib* 45 [1964] 168-197). Egli afferma che nel campo forense la formula è usata sia per convocare l'accusato, sia per notificare la sentenza (pp. 178-182). Si deve tuttavia notare che la formula ha la funzione di segnalare una articolazione logica, più che indicare una specifica funzione o momento della procedura giuridica: dipende essenzialmente dal contesto, cioè dal rapporto fra gli elementi, individuare con precisione la natura di tale articolazione.

Per una discussione filologica di alcune di queste particelle (avverbi, congiunzioni ...) di correlazione, cfr. J. Muilenberg, «The Linguistic and Rhetorical Usages of the Particle *ky* in the Old Testament», *HUCA* 32 (1961) 135-160; H. A. Brongers, «Bemerkungen zum Gebrauch des adverbialen *wᵉʿattāh* im Alten Testament», *VT* 15 (1965) 289-299: R. Frankena, «Einige Bemerkungen zum Gebrauch des Adverbs *ʿal kēn* im Hebräischen», in: *Studia Biblica et Semitica* Th. Ch. Vriezen ... dedicata, Wageningen 1966, 94-99; D. E. Gowan, «The Use of *yaʿan* in Biblical Hebrew», *VT* 21 (1971) 168-185; E. Jenni, «Zur Verwendung von *ʿattā* 'jetzt' im Alten Testament», *ThZ* 28 (1972) 5-12; M. J. Mulder, «Die Partikel *yaʿan*», *OTS* 18 (1973) 49-83; B. Jongeling, «*Lākēn* dans l'Ancien Testament», *OTS* 21 (1981) 190-200; A. Schoors, «The Particle *ky*», *OTS* 21 (1981) 240-276.

[60] Cfr. P. Humbert, «Die Herausforderungsformel 'hinnenî êlékâ'», *ZAW* 51 (1933) 101-108; *id.*, «La formule hébraïque en *hineni* suivi d'un participe», *REJ* 97 (1934) 58-64; D. Vetter, «Satzformen prophetischer Rede», in: *Werden und Wirken des Alten Testaments*, Fs. C. Westermann, Neukirchen 1980, 185-192. Si veda inoltre il nostro cap. 6, nota 62.

[61] H. J. Boecker (*Redeformen*, 21-24) ha messo in rilievo *la formula della consegna* dell'imputato per l'esecuzione, rivolta dalla assemblea giuridica locale al *pater familias*, il quale, possedendo una autorità sui membri della sua casa, è il solo a concedere

La somiglianza nel tenore espressivo tra queste due formalità del procedere giuridico non deve tuttavia far dimenticare la differenza radicale tra di esse, differenza che così enunciamo: *l'accusa è sempre l'anticipazione condizionale della sentenza.* Nel termine «condizionale» si trova il limite e la funzione dell'accusa stessa; infatti l'accusa rimane tale solo nella misura in cui — implicitamente o esplicitamente — si sottopone ad un'altra parola (nella controversia a due, questa parola è quella dell'accusato), ed è da questa che viene o confermata o respinta; la sentenza invece pone fine ad ogni altro intervento ed è di natura sua inappellabile.

Se quindi un soggetto entra in controversia con un altro soggetto, egli enuncia la sanzione come *minaccia,* come eventualità condizionata al dire e al fare della parte avversa.

J. HARVEY, nel suo studio sui *rîb* profetici[62], distingue tra i *rîb* «assoluti» (in cui la condanna è espressa sotto forma di minaccia e non di sentenza) e i *rîb* «mitigati» (in cui si annuncia un decreto positivo, che dichiara il nuovo comportamento esigito dall'accusato se non vuole incorrere nel «*rîb* assoluto»). Riteniamo che questa distinzione non sia più di una variante retorica: la minaccia è di natura sua una offerta — in negativo — della stessa possibilità offerta — in positivo — dal decreto che impone un cambiamento/conversione[63]. Il termine «ultimatum» che HARVEY[64] usa per il «decreto» può certamente essere usato anche per la «minaccia», dato che sottolinea l'aspetto definitivo e drammatico

---

l'autorizzazione alla punizione (Giud 6,30; cfr. anche 2 Sam 14,5-7, e, per estensione ad una tribù, Giud 20,13). Sul tema della *patria potestas*, cfr. anche A. PHILLIPS, «Some Aspects of Family Law in Pre-exilic Israel», *VT* 23 (1973) 349-361; A. M. RABELLO, «Les effets personnels de la puissance paternelle en droit hébraïque, à travers la Bible et le Talmud», in: *Mélanges* à la mémoire de M.-H. PREVOST, Paris 1982, 84-101.

I testi su cui si basano le deduzioni di BOECKER non sembrano sufficienti a garantire con certezza la natura e l'estensione di questa procedura giuridica (che starebbe a significare il conflitto tra una giurisdizione anfizionica e una famigliare, tipica quest'ultima del periodo nomadico). A nostro avviso è di grande importanza sottolineare che ci troviamo sempre in una situazione di *controversia fra due parti* (in Giud 6,31 ciò è esplicitamente indicato con la terminologia del *rîb*): l'assenso richiesto al *pater familias* (al clan o alla tribù) manifesta precisamente che si tratta di una accusa (e non di un verdetto). L'articolazione della accusa alla sanzione, come abbiamo indicato sopra nel testo, è una costante delle procedure giuridiche; ma essa non può essere confusa con il verdetto che commina la pena, perché questo è emesso da una autorità imparziale (a cui le due parti stanno sottomesse) dopo aver sentito accusa e difesa.

[62] J. HARVEY, *Le plaidoyer prophétique*, 100-105. Le controversie prese in esame dall'autore si limitano a quelle intraprese da Dio contro Israele dopo la rottura dell'Alleanza.

[63] Cfr. Th. M. RAITT, «The Prophetic Summons to Repentance», *ZAW* 83 (1971) 30-49; H. W. HOFFMANN, *Die Intention der Verkündigung Jesajas*, BZAW 136, Berlin 1974.

[64] J. HARVEY, *Le plaidoyer prophétique*, 103.

dell'accusa: basti, a questo proposito, ricordare la predicazione di Giona a Ninive per vedere come una minaccia con tutte le apparenze dell'ultimatum («Ancora quaranta giorni e Ninive sarà distrutta»: Giona 3,4)[65] sia implicitamente l'offerta di una conversione che salva (cfr. anche 2 Re 20,1-6; Ger 26,18-19)[66].

È vero che nelle controversie tra Dio e il suo popolo spesso viene espressamente messa in luce l'alternativa posta di fronte all'accusato (cfr. Is 1,18-20; Mi 6,8; Sal 50,14-15.23), ma il «se»[67] (*'im*/*'im lō'*)[68] e

---

[65] Sul complesso problema della profezia di Giona, cfr. in particolare L. Schmidt, «*De Deo*», BZAW 143, Berlin–New York 1976, 4-130. Sul tema della minaccia profetica che non si realizza, cfr. L. Alonso Schökel, «L'infaillibilité de l'oracle prophétique», in: *L'infaillibilité*. Son aspect philosophique et théologique, a cura di E. Castelli, Paris 1970, 495-503.

[66] Cfr. J. Fichtner, «Die 'Umkehrung' in der prophetischen Botschaft. Eine Studie zu dem Verhältnis von Schuld und Gericht in der Verkündigung Jesajas», *TLZ* 78 (1953) 459-466.

[67] Il testo di Is 1,19-20 è estremamente chiaro nella formulazione dell'alternativa offerta da Dio (accusatore) ai capi del popolo (accusati): «Se (*'im*) sarete docili e ascolterete, mangerete i frutti della terra; ma se (*wᵉ'im*) vi ostinate e vi ribellate, sarete divorati dalla spada». Cfr. G. Fohrer, «Jesaja 1 als Zusammenfassung der Verkündigung Jesajas», in: *Studien zur alttestamentlichen Prophetie (1949-1965)*, BZAW 99 (1967) 161: «Dieses Entweder-Oder der gegenwärtigen Entscheidung ist ein wesentlicher Grundzug der vorexilischen Prophetie». Della stessa opinione è H. W. Hoffmann, *Die Intention der Verkündigung Jesaja*, Berlin 1974, 46-47, di cui condividiamo la critica alla tesi di G. Sauer, «Die Umkehrforderung in der Verkündigung Jesajas», in: *Wort – Gebot – Glaube*. Beiträge zur Theologie des Alten Testaments, AThANT 59, Zürich 1970, 277-297.

Come in parallelo al testo di Is 1,19s, si può ricordare quanto Salomone afferma nei confronti di Adonia, che aveva tentato di prendere il potere regale ed era stato sconfessato dalla decisione di Davide: «Se (*'im*) si comporterà da uomo leale, neppure un suo capello cadrà a terra; ma se (*wᵉ'im*) sarà colto in fallo, morirà» (1 Re 1,52).

Il proporre delle condizioni fa parte, come vedremo al cap. 4, del tentativo di restaurare il rapporto tra due contendenti; per quanto riguarda i *rîb* tra YHWH e Israele, si può notare che spesso una offerta sotto forma di alternativa (*'im* / *'im lō'*) è presente nelle parole dell'accusatore (cfr. 1 Sam 12,14-15; Is 58,9.13; Ger 4,1; 26,4; Mal 2,2; ecc.); anche nella lite istaurata da YHWH contro il Faraone, la punizione (le piaghe) è talvolta espressamente introdotta dalla frase: «Se (*'im*) rifiuta di ...» (Es 7,27; 8,17; 9,2; 10,4).

In Ez 33,1-20 troviamo enunciata la tesi generale del comportamento di Dio nei confronti dell'uomo peccatore: ora, si dice che il profeta, denunciando il male e annunciando la sventura, pone costantemente una alternativa all'uomo che ascolta; la minaccia di Dio serve per la conversione e la vita del malvagio, se questi ne tiene conto: in ciò sta il «retto procedere di Dio» (Ez 33,20).

Si noti infine che l'alternativa è strutturalmente contenuta nella stipulazione stessa del patto (Es 15,26; 19,5; Deut 11,26-28; 28,1.15; 2 Sam 7,14; cfr. anche Gen 31,50); il riproporre l'alternativa in fase di controversia equivale alla proposta di una rinnovata alleanza.

[68] Per una discussione puramente filologica, oltre alle grammatiche, cfr. C. van Leeuwen, «Die Partikel *'im*», *OTS* 18 (1973) 15-48. È da tenere presente comunque che il concetto di «condizione» o di «alternativa» non si limita in ebraico ad una sola modalità espressiva.

l'«altrimenti» (*pen*)[69] appartengono strutturalmente alla natura stessa dell'accusa anche quando non sono chiaramente espressi, anzi anche quando l'accusatore pronuncia il guai (*hôy*)[70] o intona un lamento funebre[71].

Queste nostre considerazioni ci permettono di meglio definire l'intento fondamentale della accusa nel *rîb* (a due): quello che viene propriamente ricercato non è la punizione, ma il giusto rapporto con l'altro[72]; quello che si vuole ottenere è che l'accusato cambi vita e viva

---

[69] La particella *pen* può in certi contesti indicare l'evento negativo che fatalmente consegue nel caso non si prendano adeguati provvedimenti: in questo senso essa esprime l'aspetto minaccioso della accusa (cfr. Giud 14,15; Sal 50,22; Ger 4,4; 6,8; 21,12; Os 2,5; Am 5,6). Sulle sfumature semantiche della particella *pen*, cfr. P. Joüon, «Etudes de sémantique hébraïque», *Bib* 2 (1921) 340-342.

[70] Nel *rîb* di Is 1,10-20, abbiamo l'alternativa sopra ricordata (vv.19-20); in quello di 1,2-9 troviamo invece il «*guai*» (v.4): non è possibile pensare che tra i due vi sia una essenziale differenza; si può solo ritenere che il «guai» rappresenti una accentuazione della minaccia implicitamente contenuta nell'alternativa stessa (H. W. Hoffmann, *Die Intention der Verkündigung Jesajas*, Berlin 1974, 103).

Per l'espressione *hôy* come minaccia accompagnante la denuncia dell'ingiustizia, cfr. Is 5,8.11.18.20.21; 10,1.5; 28,1; 29,15; 30,1; 31,1; 33,1; 45,9-10; Ger 22,13; 23,1; Ez 13,3.18; 34,2; Am 6,1; Mi 2,1; Nah 3,1; Abac 2,6.9.12.15.19; Sof 2,5; 3,1; 11,17.

Con la forma *'ôy*, cfr. Is 3,9.11; Ger 13,27; Ez 16,23; 24,6.9; Os 7,13; Lam 5,16 (cfr. anche Giob 10,15, con *'allāy*).

Per una discussione sull'origine e il senso dell'invettiva, specie nei profeti, cfr. C. Westermann, *Grundformen prophetischer Rede*, 137-142; E. Gerstenberger, «The Woe-Oracles of the Prophets», *JBL* 81 (1962) 249-263; R. J. Clifford, «The Use of *hôy* in the Prophets», *CBQ* 28 (1966) 458-464; G. Wanke, «*'ôy* und *hôy*», *ZAW* 78 (1966) 215-218; J. G. Williams, «The Alas-Oracles of the Eighth Century Prophets», *HUCA* 38 (1967) 75-91; H. Wildberger, *Jesaja*, BK X/1, 1968, 175-202; H. W. Wolff, *Dodekapropheton 2. Joel und Amos*, BK XIV/2, 1969, 284-287; W. Janzen, «'*'Ašrê*' and '*hôy*' in the Old Testament», *HarvTR* 62 (1970) 432-433; H.-J. Zobel, «hôj», *TWAT* II, 382-388; E. Otto, «Die Stellung der Wehe-Worte in der Verkündigung des Propheten Habakuk», *ZAW* 89 (1977) 73-107; D. R. Hillers, «*Hôy* and *Hôy*-Oracles: A Neglected Syntactic Aspect», in: *The Word of the Lord Shall Go Forth*, Fs. D. N. Freedman, Winona Lake 1983, 185-188. Per la problematica connessa con il genere letterario dell'invettiva, si veda in particolare L. Markert, *Struktur und Bezeichnung des Scheltworts*, BZAW 140, Berlin–New York 1977.

[71] Vi è senz'altro un rapporto tra il grido *hôy* e il lamento funebre (cfr. Ger 22,18; 34,5). Il genere letterario della *qînâ* è largamente usato nella tradizione profetica per attestare l'ineluttabilità della sventura annunciata: cfr. H. Jahnow, *Das hebräische Leichenlied im Rahmen der Völkerdichtung*, BZAW 36, Giessen 1923; P. Heinisch, *Die Totenklage im Alten Testament*, BZfr 13 F., 9/10, Münster 1931, soprattutto pp. 42-51, 64-82; O. Eissfeldt, *Einleitung in das Alte Testament*, Tübingen 1956², 109-114; W. Janzen, *Mourning Cry and Woe Oracle*, BZAW 125, Berlin–New York 1972; H.-J. Krause, «*hôj* als prophetische Leichenklage über das eigene Volk im 8. Jahrhundert», *ZAW* 85 (1973) 15-46. Eccessivamente complicato ci è apparso lo studio di Ch. Hardmeier, *Texttheorie und biblische Exegese*. Zur rethorischen Funktion der Trauermetaphorik in der Prophetie, BEvT 79, München 1978.

[72] Commentando l'episodio di Gios 22,9-34, H. J. Boecker nota come l'intento dell'accusa è di pervenire ad una intesa conforme al diritto; da qui egli può affermare:

nella giusta relazione, non che sia tolto di mezzo, in nome di un astratto principio di giustizia retributiva. Accusare significa allora volere che l'altro esca dalla sua situazione ingiusta [73] mediante un atto di verità e di giustizia; ma certamente non significa «condannare», se con questo termine si sanziona la fine della relazione fra soggetti mediante la eliminazione (reale o simbolica) di una delle parti.

Certo, anche nel *rîb* propriamente detto l'accusa è spesso disattesa, la sua minaccia è derisa, la sua intenzionalità fondamentalmente positiva — che si manifesta nel parlare a lungo per convincere — è perversamente interpretata come impotenza a nuocere (cfr. Is 28,15-16; Ger 5,12; Am 9,10; Sof 1,12; Sal 10,4). Da qui la necessità che l'accusatore passi ai fatti [74], che metta in pratica le sue parole, e dimostri la verità di quanto aveva enunciato. L'accusatore si «fa sentire» con un atto punitivo che manifesta concretamente la verità delle sue parole e la serietà dell'impegno assunto. Perfino in questo caso tuttavia la sanzione è graduale, la sanzione deve essere applicata come una «correzione paterna», come una medicina che intende guarire e non uccidere (Sal 118,18; Prov 19,18; 23,13-14), come strumento per la vita e non con finalità di morte (cfr. Lam 3,31-33).

In questa linea è utile ricordare come la Scrittura veda nella punizione un mezzo necessario per apprendere la sapienza: la parola che riconosce la verità e non lo *sheol* (Is 38,18-19; Sal 6,6; 88,11-13; ecc.) è, nel *rîb,* la finalità ultimamente intesa dalla parola e dalla azione dell'accusa che si presenti come autenticamente giusta.

«Aber auch für die andere Fälle gilt es zu bedenken, dass das hebräische Verfahren nie auf die Strafe, sondern immer auf die Wiederherstellung gerechter und geordneter Verhältnisse abzielt. Wenn man dies ohne Verfahren erreichen kann, dann ist mit anderen Mitteln derselbe Zweck erfüllt» (*Redeformen*, 35).

[73] In questo contesto si può ricordare l'immagine della «sentinella» usata dai profeti per indicare il loro ruolo nei confronti di Israele: Is 21,6-12; Ger 6,17; Ez 3,16-21; 33,1-20. Cfr. H. von Reventlow, *Wächter über Israel.* Ezechiel und seine Tradition, BZAW 82, Berlin 1962, spec. 126-130; G. Del Olmo Lete, «Estructura literaria de Ez 33,1-20», *EstBib* 22 (1963) 5-31; P. Auvray, «Le prophète comme guetteur», *RB* 71 (1964) 191-205.

[74] In questo senso interpretiamo il segno del silenzio imposto da Dio al profeta Ezechiele (3,22-27): più che attestazione della ineluttabilità del giudizio punitivo (come ritiene E. Vogt, «Die Lähmung und Stummheit des Propheten Ezechiel», in: *Wort – Gebot – Glaube*. Beiträge zur Theologie des Alten Testaments, AthANT 59, Zürich 1970, 100; ed anche R. R. Wilson, citato al cap. 1 nota 38), noi crediamo si tratti di una specie di «minaccia» ultima, in quanto preannuncia il linguaggio muto della azione punitiva di Dio.

CAPITOLO TERZO

La risposta dell'accusato

Nel capitolo precedente abbiamo visto quale sia la natura della parola di accusa nelle sue interne articolazioni, e quale sia la sua funzione nell'ambito della controversia; in questo capitolo ci occupiamo della risposta dell'accusato, da cui dipende essenzialmente l'esito della lite in corso.

Spesso i testi biblici, quando riferiscono di un *rîb,* riducono la sua dinamica interna al semplice confronto di due affermazioni [1] — quella dell'accusatore e quella dell'accusato —, indicando per lo più solo implicitamente quale delle due abbia prevalso e determinato la fine della controversia (cfr. Gen 20,9-16; 21,25-27; Giud 8,1-3; 12,1-4; ecc.). Si tratta indubbiamente di una operazione riassuntiva, che fornisce l'essenziale del dibattito, senza attardarsi nel seguire le movenze del discorso, il quale, come l'esperienza attesta e come anche la Bibbia talvolta riferisce [2], va ripetutamente da un interlocutore all'altro prima di assestarsi in un consenso o in una precisa costatazione di rottura del rapporto.

Due sono i modi con cui sostanzialmente l'accusato può rispondere all'accusa: o ammette il proprio torto, oppure protesta la sua innocenza. All'interno di questa bipartizione logica possono sussistere tutte le sfumature che esprimono la complessità delle psicologie e delle situazioni concrete; ma la verità che si manifesta nella giustizia tende a configurare

---

[1] A proposito delle «*Disputationsworte*», J. BEGRICH dice: «Die gegebenen Formen eines Streitgespräches zwischen zwei Parteien sind Frage und Antwort, Behauptung und Gegenbehauptung» (*Deuterojesaja*, 43).

[2] Come esempio, possiamo citare quei testi biblici in cui la controversia si prolunga letterariamente secondo uno schema di serrato dialogo (cfr. Gen 31,22-54; Mal 1,6-14; ed anche Ger 2,1-37), e soprattutto evocare le liti che si sviluppano in diverse sequenze, ognuna con la sua fisionomia, ma tutte inserite nell'ambito di una sola vertenza: alludiamo al conflitto tra Dio (rappresentato da Mosè e Aronne) e il Faraone, nei capitoli 5–11 dell'Esodo; oppure a quello tra Saul e Davide, che inizia al cap. 17 del 1° libro di Samuele (vv. 8-11), ha episodi emblematici ai cap. 24 e 26, e si conclude in 2 Sam 1 con la morte di Saul, quando Davide mostra di non averne colpa; e soprattutto ricordiamo la grande controversia tra il giusto e Dio che costituisce la trama letteraria di tutto il libro di Giobbe.

rigorosamente i dati secondo una opposizione semplice di sì o no, bene o male, innocente o colpevole, e così via. Per cui, di fronte all'accusa, o si risponde di sì (e ci si dichiara colpevoli), o si risponde di no (e ci si proclama innocenti): le tergiversazioni dovranno prima o poi confluire in una di queste due lapidarie risposte [3].

Questi due tipi essenziali di risposta dell'accusato offrono la materia del presente capitolo; a mo' di conclusione, partendo dalla rilevanza giuridica del verbo *'šh,* faremo alcune considerazioni sull'importanza dei «fatti» in materia di diritto: queste segneranno la transizione dal tema della lite a quello della sua conclusione.

1. L'ammissione di colpevolezza

Le varie modalità con cui, nei testi biblici, un accusato confessa la sua colpa possono essere organizzate secondo tre tipologie distinte, che presentano ognuna la propria originalità espressiva. Riducendole all'essenziale, esse ricevono questa formalizzazione:

1) confessare (confessarsi, fare la confessione)
2) (dire): Ho peccato
3) (dire): Tu sei (nel) giusto.

Questi tre tipi sono equivalenti quanto al significato globale e quanto alla funzione: ognuno infatti può autonomamente rappresentare la risposta dell'accusato che ammette la sua colpevolezza; da questo punto di vista, essi appartengono ad un unico paradigma, e sono (almeno in certo grado) interscambiabili.

Per lo più tuttavia, questi tre tipi sono fra loro articolati in modo tale da costituire dei sintagmi a due o tre elementi. Con una formalizzazione logica, abbiamo le seguenti possibilità:

1)	2)	3)
confessare:	(dire) Ho peccato	
confessare:		(dire) Tu sei (nel) giusto
	(dire) Ho peccato	Tu sei (nel) giusto
confessare:	(dire) Ho peccato	Tu sei (nel) giusto

[3] La bipartizione logica tra innocente e colpevole sottostà a tutte le dinamiche procedurali, e ha naturalmente il suo riscontro in sede giudiziaria. Nel processo, è il giudice ad operare la distinzione tra lo *ṣaddîq* e il *rāšā'* (cfr. capp. 5 e 8); nella controversia propriamente detta invece (quella che rimane bilaterale) è all'imputato stesso che viene richiesta la dichiarazione giuridicamente decisiva.

La nostra esposizione tratterà successivamente di ognuno dei tre tipi di ammissione di colpevolezza, indicando all'occasione la correlazione con gli altri.

1.1. *Confèssare*

Allo scopo di meglio comprendere le varie espressioni e termini del lessico ebraico, cerchiamo di determinare quali sono i tratti significativi che definiscono il concetto giuridico di «confessione».

Sembra che si possa dire innanzitutto che essa è un atto di *parola*; se infatti anche certi gesti equivalgono ad una confessione, questa consiste propriamente in una dichiarazione, corrispondente alla natura verbale della controversia.

In secondo luogo, confessare significa sostanzialmente ammettere *la propria colpa*; il contenuto specifico della confessione è una affermazione che concerne il locutore, e, specificatamente, è il riconoscimento che la propria condotta (o un proprio atto) debba definirsi colpevole (o reato).

Infine, questa dichiarazione ha valore *giuridico,* perché si situa come risposta ad una parola di accusa (sia questa formulata esplicitamente oppure no) di cui riconosce la fondatezza e a cui presta assenso. In questa prospettiva, il contenuto della confessione fa riferimento anche all'altro contendente, dichiarandolo (almeno implicitamente) portatore di diritto nella sua parola e nella sua azione giuridica. Ciò, come vedremo, ha decisive conseguenze sull'esito della controversia.

Queste formalità serviranno da parametro euristico nel nostro trattamento del lessico ebraico; in un primo momento cercheremo soprattutto quella terminologia che può essere collocata secondo il sintagma: *confessare – la propria colpa*; solo alla fine del paragrafo 1. forniremo delle indicazioni per il sintagma in certo modo equivalente: *confessare – il diritto dell'altro.*

1.1.1. La radice ***ydh***

La radice *ydh* è la prima ad essere evocata dai biblisti quando si parla di «confessione», a causa dell'interesse specifico che viene rivolto al tema del «peccato»[4]. Nel discorso giuridico che stiamo sviluppando, essa

---

[4] Più precisamente, l'esegesi biblica si interessa al problema dell'espiazione dei peccati; la confessione è uno degli atti prerequisiti o correlati con il rito sacrificale al quale normalmente viene attribuita l'efficacia espiatoria.

J. MILGROM, *Cult and Conscience*, 106-110; 118-121, mostra in particolare che in Lev 5,1-5; 16,21; 26,40 e Num 5,7 (tutti attribuiti alla fonte P) si tratta esplicitamente di peccati *deliberati* (per i peccati involontari non è richiesta la confessione pubblica), e afferma: «Confession (htwdh), then, is a prerequisite for the ultimate expiation of

non ha un valore privilegiato rispetto ad altre terminologie, ma gode solo di una precisione tecnica nell'ambito squisitamente religioso [5].

Il significato generale della radice è quello di: riconoscere, ammettere, dichiarare [6]; i diversi modi con cui la radice si presenta, il complemento verbale e il contesto determinano importanti sfumature nel significato primario.

---

deliberate sin: it means to «acknowledge» the sin by identifying it and accepting blame» (p. 110). La sua tesi fondamentale è poi che, secondo la fonte P, la confessione trasforma il peccato intenzionale in una «inavvertenza» (espiabile mediante un sacrificio), perché il pentimento e la confessione hanno una «funzione giuridica» (pp. 118-121). Non troviamo tuttavia spiegato perché la confessione dei peccati (e il pentimento che è presupposto) abbiano un tale valore e una tale efficacia giuridica.

[5] La ricerca degli esegeti su questo campo ha seguito due linee principali fra loro complementari.

La prima riguarda lo studio della radice *ydh*, alla quale, per la sua tecnicità, viene riconosciuto un ruolo privilegiato nell'ambito della confessione dei peccati. Ricordiamo P. Joüon, «Reconnaissance et remercîment en hébreu biblique», *Bib* 4 (1923) 381-385; H. Grimme, «Der Begriff von hebräischen *hwdh* und *twdh*», *ZAW* 58 (1940-41) 234-240; R. Pautrel, «'Immola Deo sacrificium laudis'. Ps 50,15», in: *Mélanges bibliques*... en l'honneur de A. Robert, Paris 1957, 234-240; F. Mand, «Die Eigenständigkeit der Danklieder des Psalters als Bekenntnislieder», *ZAW* 70 (1958) 185-199; G. Bornkamm, «Lobpreis, Bekenntnis und Opfer», in: *Apophoreta*, Fs. E. Haenchen, BZNW 30, Berlin 1964, 46-63; H. J. Hermisson, *Sprache und Ritus im altisraelitischen Kult*. Zur «Spiritualisierung» der Kultbegriffe im Alten Testament, WMANT 19, Neukirchen 1965, soprattutto pp. 31-43; W. Beyerlin, «Die *tôdā* der Heilsvergegenwärtigung in den Klageliedern des Einzelnen», *ZAW* 79 (1967) 208-224; A. E. Goodman, «*ḥsd* and *twdh* in the Linguistic Tradition of the Psalter», in: *Words and Meanings*, Fs. D. W. Thomas, Cambridge 1968, 105-115; D. Bach, «Rite et parole dans l'Ancien Testament. Nouveaux éléments apportés par l'étude de *tôdâh*», *VT* 28 (1978) 10-19.

La seconda linea di contributi tocca le grandi preghiere penitenziali del post-esilio nelle quali si esprime in modo letterariamente ampio la confessione dei peccati. Come preghiere penitenziali vengono generalmente citate: a) le confessioni collettive di Esd 9,6-15; Neem 1,5-11; 9,5-37; Dan 9,4-19; Sal 106. Alcuni vi aggiungono Is 59,9-15; 63,7-64,11; Ger 32,17-25 e Lam 5 (cfr. C. Giraudo, *La struttura letteraria della preghiera eucaristica*, AnBib 92, Roma 1981, 110). Si ricordi pure, in greco, Dan 3,26-45 e Bar 1,15-3,8: poiché il nostro studio si fonda sull'analisi della terminologia ebraica, questi ultimi testi vengono lasciati ad una specifica trattazione. b) Le confessioni individuali di Sal 38; (39); 51; 130.

Fra i contributi bibliografici di carattere generale segnaliamo: R. Pettazzoni, *La confessione dei peccati*, II/2, Bologna 1935, 140-311; J. Vella, *La giustizia forense di Dio*, Brescia 1964, 109-126; P. Buis, «Notification de jugement et confession nationale», *BZ* NF 11 (1967) 193-205; E. Lipiński, *La liturgie pénitentielle dans la Bible*, LDiv 52, Paris 1969; C. Giraudo, *La struttura letteraria*, 81-177.

Per quanto riguarda i singoli testi di preghiera, cfr. A. C. Welch, «The Source of Nehemiah IX», *ZAW* 47 (1929) 130-137; M. Rehm, «Nehemias 9», *BZ* NF 1 (1957) 59-63; M. Gilbert, «La prière de Daniel, Dn 9,4-19», *RTL* 3 (1972) 284-310; W. Th. In Der Smitten, *Esra*. Quellen, Ueberlieferung und Geschichte, SSN 15, Assen 1973, 25-34, 47-51; W. Beyerlin, «Der nervus rerum in Psalm 106», *ZAW* 86 (1974) 50-64; M. Gilbert, 'La prière d'Azarias (Dn 3,26-45. Théodotion)», *NRT* 96 (1974) 561-582; A. Lacocque, «The Liturgical Prayer in Daniel 9», *HUCA* 47 (1976) 119-142; M. Gilbert, «La place de la Loi dans la prière de Néhémie 9», in: *De la Tôrah au Messie*, Mél. H. Cazelles, Paris 1981, 307-316; L. Alonso Schökel, *Treinta Salmos*, 189-230.

[6] Cfr. C. Westermann, «*jdh* hi. preisen», *THAT* I, 675; G. Mayer, «*jdh*», *TWAT* III, 456.

(a) Il verbo *ydh* allo *Hitpael* viene usato in modo assoluto, oppure con un complemento (retto da diverse preposizioni); si trova in contesto di liturgia penitenziale[7] per designare la risposta — per lo più pubblica — del peccatore al *rîb* intrapreso da Dio contro di lui. Tranne che per 2 Cron 30,22[8], il senso è sempre quello di «*confessare la propria colpa*»: ciò è reso evidente dal complemento verbale:

htwdh		(assoluto)			Esd 10,1 Neem 9,3 Dan 9,4
»		*ḥaṭṭā'tî* *wᵉḥaṭṭa't ʿammî yiśrā'ēl*			Dan 9,20
»		*'et ḥaṭṭā'tām*		*'ăšer ʿāśû*	Num 5,7
»		*'et ʿăwōnām* *wᵉ'et ʿăwōn 'ăbōtām*	*bᵉmaʿălām*	*'ăšer māʿălû bî*	Lev 26,40
»	(*ʿālâw*)	*'et kol ʿăwōnōt bᵉnê yiśrā'ēl* *wᵉ'et kol pišʿêhem*	*lᵉkol ḥaṭṭō'tām*		Lev 16,21
»		*ʿal ḥaṭṭō't bᵉnê yiśrā'ēl*		*'ăšer ḥāṭā'nû lāk*	Neem 1,6
»		*ʿal ḥaṭṭō'têhem* *waʿăwōnôt 'ăbōtêhem*			Neem 9,2
»		*'ăšer ḥāṭā' ʿālèhā*			Lev 5,5

(b) Diverso è l'uso del verbo *ydh* allo *Hiphil*. In genere esso ha per oggetto una persona diversa dal locutore (oppure le sue qualità e azioni); il significato generico di «riconoscere» assume la connotazione specifica di *lodare*, celebrare, e simili[9].

---

[7] Quando parliamo di liturgia penitenziale intendiamo quell'insieme di riti (parole e gesti) che esprimono la condizione del peccatore pentito e chiedono a Dio misericordia e soccorso. In questo capitolo useremo talvolta il termine «penitenziale» per designare esplicitamente la preghiera che confessa il peccato.

[8] Il testo di 2 Cron 30,22 presenta il sintagma *ydh* (*Hitp*) *lᵉyhwh*: il contesto immediato (in particolare il v.21) suggerisce di tradurlo «celebrare il Signore»; tuttavia si noti che il contesto più vasto contempla un rituale di confessione del peccato e di azione penitenziale (vv.15-20).

[9] C. WESTERMANN ritiene di poter stabilire una differenza tra *ydh* (*Hi*) e *hll* (*Pi*). Nell'uso profano, il primo è la risposta ad una azione o a un comportamento; il secondo è la risposta ad un modo di essere. Ciò corrisponderebbe all'uso teologico, dove *ydh* apparterrebbe alla lode divina narrativa, mentre *hll* apparterrebbe a quella descrittiva (*THAT* I, 674-675).

In due casi però abbiamo chiaramente il significato di «confessare la colpa»:

Sal 32,5:	Prov 28,13:
waʿăwōnî lō' kissîtî	*m^{e}kasseh p^{e}šāʿâw lō' yaṣlîḥ*
'āmartî 'ôdeh ʿălê p^{e}šāʿay l^{e}yhwh	*ûmôdeh w^{e}ʿōzēb*
w^{e}'attâ nāśā'tā ʿăwōn ḥaṭṭā'tî	*y^{e}rūḥām*

Nei due casi troviamo la sequenza: non nascondere – confessare – perdono; nel testo dei Proverbi, il participio *môdeh* sottintende il sostantivo *p^{e}šāʿâw* della prima parte del versetto; nel Salmo 32 abbiamo il sintagma *hwdh ʿălê p^{e}šāʿay,* che ricorda Neem 1,6; 9,2.

Si deve anche osservare che in Sal 32,5 la frase completa presenta pure un altro complemento, *l^{e}yhwh,* così che l'insieme viene tradotto: «Confesserò al Signore le mie colpe»: vediamo qui apparire per la prima volta il fatto che la confessione viene fatta a colui contro il quale si è commessa la colpa.

Ci si può chiedere allora se il sintagma *ydh* (*Hi*) *l^{e}* significhi sempre «lodare». Comunque, in alcuni contesti, «il lodare» esprime il riconoscimento della propria colpevolezza, o, se si vuole, il riconoscimento del diritto dell'altra parte in una situazione giuridica di controversia. Ciò appare se si confrontano fra loro alcuni passaggi della grande preghiera di Salomone all'inaugurazione del Tempio di Gerusalemme:

1 Re 8,33-34[10]	1 Re 8,46-50
1) peccato (*ḥṭ'*) e sconfitta militare	1) peccato (*ḥṭ'*) ira di Dio ed esilio
2) conversione (*šwb*) supplica (*htpll – htḥnn*) formula: *hôdû 'et š^{e}mekā*	2) conversione (*šwb*) supplica (*htpll – htḥnn*) formula: *ḥāṭā'nû w^{e}heʿĕwînû rāšāʿnû*
3) perdono (*slḥ*)	3) perdono (*slḥ*)

(c) Il sostantivo *tôdâ* presenta delle valenze che si richiamano alle forme verbali sopra citate[11]. Il significato più frequente è quello di *lode* (senso prevalente del verbo *ydh* allo *Hiphil*), ma si devono osservare dei casi dove il «riconoscimento» a/di Dio equivale ad una confessione della propria colpa (analogo a quanto osservato per 1 Re 8,33-35).

---

[10] In 1 Re 8,35 è presente l'identica sequenza dei versetti 33-34. Per il tema della «lode» collegata con la conversione dopo l'esilio, cfr. anche Bar 2,32 e 3,6-7.

[11] L. ALONSO SCHÖKEL, *Treinta Salmos*, 206.

Abbiamo anzitutto l'espressione *ntn tôdâ l^e(yhwh)*. In Gios 7,19 l'invito, rivolto da Giosuè al colpevole Acan, pare si debba interpretare come l'altro versante della confessione della colpa: il reo, proclamando pubblicamente il suo peccato, dà «gloria» e «riconoscimento» a Dio, in altre parole dà ragione a Colui che, mediante la sorte, lo ha designato come colpevole:

śîm nāʼ kābôd l^eyhwh ʼĕlōhê yiśrāʼēl
w^eten lô tôdâ

w^ehagged nāʼ lî meh ʻāśîtā
ʼal t^ekaḥēd mimmennî[12].

In Esd 10,10-11 ritroviamo la stessa espressione, sempre all'imperativo, nel contesto generale di una grande preghiera penitenziale (9,5-15), a cui fa seguito l'impegno del popolo di agire secondo la legge di Dio (10,1-9): qui abbiamo una dichiarazione di colpevolezza correlata all'invito a «riconoscere Dio»:

ʼattem m^eʻaltem ....
l^ehôsîp ʻal ʼašmat yiśrāʼēl
w^eʻattâ t^enû tôdâ l^eyhwh ʼĕlōhê ʼăbōtêkem

Un'altra espressione che merita considerazione è *zbḥ tôdâ (l^e)*, che troviamo nel Sal 50 come richiesta da parte di Dio nei confronti del popolo dell'alleanza; se il contesto generale è quello di un *rîb*, è naturale attendersi che l'accusatore (Dio) chieda al colpevole di riconoscere la sua colpevolezza o, equivalentemente, di riconoscere che Egli ha ragione[13] (si noti fra l'altro il gioco con il verbo *kbd* che ricorda Gios 7,19):

Sal 50,14-15	:	*z^ebaḥ*	*lēʼlōhîm*	*tôdâ ....*	*ût^ekabb^edēnî*
23	:	*zōbēḥ*		*tôdâ*	*y^ekabb^edān^enî*
Gios 7,19	:				*śîm nāʼ kābôd l^eyhwh ...*
		w^eten	*lô*	*tôdâ*	

1.1.2. Altri verbi che significano «confessare»

Abbiamo visto che il verbo *ydh* riceve l'indubbia specificazione di «confessare» quando è strettamente collegato con la terminologia del «reato». Un sintagma analogo è riscontrabile anche con altri verbi.

---

[12] Il tema del «*non nascondere*», parallelo a «confessare» ricorda Sal 32,5 e Prov 28,13 sopra citati.

[13] L. ALONSO SCHÖKEL, *Treinta Salmos*, 210-211.

Il più importante fra questi è *yd'*: esso non viene usato nelle grandi preghiere penitenziali del post-esilio, e non sembra presupporre la situazione tecnica di una celebrazione liturgica. Il significato del verbo, per gli esempi che portiamo, è chiaramente quello di *«riconoscere» la propria colpa*[14]:

2 Sam 19,21 :	*kî yāda' 'abdekā*	*kî 'ănî ḥāṭā'tî*
Ger 14,20 :	*yāda'nû (yhwh)*	*riš'ēnû 'ăwōn 'ăbôtênû* *kî ḥāṭā'nû lāk*
Sal 51,5 :	*'ănî 'ēdā'*	*(kî) pešā'ay*
Is 59,12 :	*yeda'ănûm*	*wa'ăwōnōtênû*
Giob 9,2 :	*'omnām yāda'tî*	*kî kēn* *ûmah yiṣdaq 'ĕnôš 'im 'ēl*
Giob 9,28-29 :	*yāda'tî*	*kî lō' tenaqqēnî* *'ānōkî 'eršā'*

Un altro verbo significativo è *ngd (Hi)*: in questo caso, non è l'aspetto del «riconoscere», ma quello del «*manifestare*» che viene alla luce: il locutore si denuncia, si costituisce come reo. Ricordiamo Sal 38,19 (*kî 'ăwōnî 'aggîd*), Is 3,9 (*weḥaṭṭā'tām ... higgîdû*, in senso ironico), ed anche Gios 7,19 e 1 Sam 14,43, dove si esprime l'invito a confessare (rivolto al colpevole).

Nella linea del verbo *ngd (Hi)*, si dovrebbe considerare quale equivalente semantico il verbo *yd' (Hi)* in Sal 32,5 (*ḥaṭṭā'tî 'ôdî'ăkā*)[15].

Meritano infine attenzione i verbi che rappresentano l'antonimo della confessione (nascondere, celare, ecc.); quando essi si trovano *al negativo* vengono ad equivalere alla dichiarazione di colpevolezza. Per il verbo *ksh (Pi)* si veda Sal 32,5; Prov 28,13 e Giob 31,33; per il verbo *kḥd (Pi)*, Gios 7,19 e Is 3,9.

1.2. *La formula del «reo confesso»*

Il secondo modo con cui viene espressa in ebraico l'ammissione della propria colpa è assai simile al primo: anche qui abbiamo sostanzialmente

[14] L'atto di *confessare* la propria colpa espresso con *yd'* deve essere collegato con tutti i mezzi messi in atto dalla accusa per *convincere*: cfr. p. 69 della nostra esposizione.

[15] Forse si può ricordare l'espressione di Gen 41,9: *'et ḥăṭā'ay 'ănî mazkîr hayyôm*; qui la denuncia della propria colpa non è fatta però alla parte lesa-accusatrice, ma all'autorità.

un sintagma costituito da due elementi, da assimilarsi a quelli sopra descritti; ma la particolarità di questo secondo tipo consiste nel fatto che il primo elemento è un verbo generico che significa «dire» (*'mr*), mentre il secondo contiene, per così dire, *la formula*[16] con cui tradizionalmente si fa la dichiarazione della propria colpevolezza. Da qui viene il titolo di questo nostro paragrafo, che vuole suggerire la natura stereotipa e tecnica con cui il locutore si esprime. Lo schema seguente mostra come la formula *ḥāṭā'tî* / *ḥāṭā'nû* si presenta nel suo sviluppo paradigmatico:

'mr ḥāṭā'tî	Es 9,27; Num 22,34; 1 Sam 15,30; 2 Re 18,14
'mr ḥāṭā'tî lᵉ ...	Es 10,16; 2 Sam 12,13; Sal 41,5; (Mi 7,9)
'mr ḥāṭā'tî kî ...	1 Sam 15,24
'mr ḥāṭā'tî ... heʿĕwêtî	2 Sam 24,17
'mr ḥāṭā'tî wᵉyāšār heʿĕwêtî	Giob 33,27
'mr ḥāṭā'tî wᵉhārēʿ hărēʿōtî	1 Cron 21,17
— *ḥāṭā'tî lᵉ ... wᵉhāraʿ bᵉʿênèkā ʿāśîtî*	Sal 51,6
'mr ḥāṭā'tî lᵉ ... wᵉkāzō't wᵉkāzō't ʿāśîtî	Gios 7,20
'mr ḥāṭā'tî ... hiskaltî wā'ešgeh harbēh mᵉ'ōd	1 Sam 26,21
'mr ḥāṭā'tî mᵉ'ōd 'ăšer ʿāśîtî ... niskaltî mᵉ'ōd	2 Sam 24,10
'mr ḥāṭā'tî mᵉ'ōd 'ăšer ʿāśîtî 'et haddābār hazzeh ... niskaltî mᵉ'ōd	1 Cron 21,8

Alla dichiarazione individuale (*ḥāṭā'tî*) corrisponde quella collettiva (*ḥāṭā'nû*): a differenza però della prima, quest'ultima si situa sempre come risposta del popolo che confessa a Dio la sua colpa in contesto religioso e liturgico:

'mr ḥāṭā'nû	Giud 10,15; Neem 1,6; cfr. Num 14,40; Lam 5,16
'mr ḥāṭā'nû lᵉ ...	Deut 1,41; 1 Sam 7,6; cfr. Is 42,24; Ger 3,25; 8,14; 14,7.20

---

[16] Cfr. H. J. Boecker, *Redeformen*, 111-117 (il quale però considera questo formulario come appartenente al dibattimento giudiziario); R. Knierim, *Die Hauptbegriffe für Sünde im Alten Testament*, Gütersloh 1965, 20-37.

'mr	*ḥāṭā'nû kî ...*	Num 21,7; 1 Sam 12,10
'mr	*ḥāṭā'nû le ... weki ...*	Giud 10,10
'mr	*ḥāṭā'nû rāšā'nû*	Dan 9,15
'mr	*ḥāṭā'nû wehe'ěwînû rāšā'nû*	1 Re 8,47
'mr	*ḥāṭā'nû he'ěwînû werāšā'nû*	2 Cron 6,37
—	*ḥāṭā'nû ... he'ěwînû hiršā'nû*	Sal 106,6
'mr	*ḥāṭā'nû we'āwînû wehirša'nû ûmārādnû wesôr mimmiṣwōtekā ûmimmišpāṭèkā*	Dan 9,5

Non si può non riconoscere, nei testi sopra citati, la caratteristica del *formulario,* mediante il quale il reo (individuo o collettività) confessa la sua colpa[17].

Si deve però ritenere che altre espressioni, ricalcate in parte sul formulario suddetto, hanno identico valore e identica funzione nella struttura della controversia giuridica. Possiamo al proposito considerare due gruppi principali:

1) al posto di *ḥāṭā'tî/ḥāṭā'nû,* possiamo avere *altri verbi* che appartengono al paradigma del «misfatto», e che invece di essere giustapposti ai primi (come negli schemi sopra riportati), li sostituiscono. Diamo qualche esempio:

Lam 1,20	:	*mārô mārîtî*
Esd 10,2	:	*'ănaḥnû mā'alnû bē'lōhênû*
Dan 9,9	:	*māradnû bô*
Lam 3,42	:	*naḥnû pāša'nû ûmārînû*

Cfr. anche Is 59,12; 66,5; Ger 14,7; Sal 25,11; 65,4; Esd 9,6; Neem 1,7; 2 Cron 28,13; ecc.

2) Al posto di *ḥāṭā'tî/ḥāṭā'nû* possiamo avere dei *sostantivi,* sempre appartenenti al paradigma misfatto, in frasi nominali; si noti in particolare il ruolo delle diverse preposizioni:

Sal 51,5	:	*kî pešā'ay 'ănî 'ēdā'* **weḥaṭṭā'tî negdî** *tāmîd*
Is 59,12	:	*kî* **pešā'ênû 'ittānû** *wa'ăwōnōtênû yeda'ănûm*

[17] Cfr. C. GIRAUDO, *La struttura letteraria,* 89; B.O. LONG, «Two Question-and-Answer Schemata in the Prophets», *JBL* 90 (1971) 132-133.

1 Sam 25,24 : **bî 'ănî** *'ădōnî* **heʿāwōn**

2 Sam 14,9 : **ʿālay** *'ădōnî hammelek* **heʿāwōn w^{e}ʿal bêt 'ābî**

Cfr. anche Gen 4,13; Ez 33,10; (Giob 19,4); Esd 9,15

1.3. *La dichiarazione che l'accusatore «è (nel) giusto»*

La specificità di questo tipo di confessione della colpa consiste nel fatto che l'accusato introduce chiaramente nel suo discorso non solo una affermazione su di sé (e su quello che ha fatto di male), ma anche una affermazione sull'altro (e sulla sua giusta rivendicazione). Il sintagma completo appare in questo caso tripartito: 1) elemento del «dire»; 2) affermazione che l'altro «ha ragione»; 3) dichiarazione della propria colpa. Gli elementi 2) e 3) possono trovarsi disgiunti, come ad esempio nelle grandi preghiere penitenziali, ma la loro correlazione va giudicata come estremamente pertinente [18].

Per indicare che l'altro (l'accusatore) è nel giusto, tipico è l'uso di *ṣaddîq* in frase nominale:

'mr	*yhwh haṣṣaddîq*	*wa'ănî w^{e}ʿammî hār^{e}šāʿîm*	Es 9,27
'mr	*ṣaddîqîm 'attem*	*hinnēh 'ănî qāšartî ʿal 'ădōnî*	2 Re 10,9
'mr	*ṣaddîq 'attâ ...*	*hinnû l^{e}pānèkā b^{e}'ašmātênû*	Esd 9,15
'mr	*w^{e}'attâ ṣaddîq ...*	*wa'ănaḥnû hiršāʿnû*	Neem 9,33
'mr	*ṣaddîq yhwh ...*	*w^{e}lō' šāmaʿnû b^{e}qōlô*	Dan 9,14
—	*ṣaddîq w^{e}yāšār hû'*	*šiḥēt lô ... dôr ʿiqqēš ûp^{e}taltōl*	Deut 32,4s
—	*ṣaddîq hû' yhwh*	*kî pîhû mārîtî*	Lam 1,18

Il testo di Deut 32,4s, benché si trovi in un *rîb* come affermazione dell'accusatore, rientra in questa serie: il grande cantico ha infatti un duplice livello di lettura, non solo di accusa (detto da Mosè contro il popolo), ma anche di confessione della colpa (ripetuto dal popolo che lo impara a memoria: Deut 31,19.21s) [19].

---

[18] L'opposizione tra *ṣaddîq* e *rāšāʿ* in un *rîb* indica il rapporto necessariamente esistente tra due contendenti: il primo designa il litigante che si trova dalla parte della ragione «o perché le sue accuse sono vere, o perché le accuse dell'avversario sono false»; il secondo designa il litigante che sta dalla parte del torto «o perché le sue accuse sono false, o perché le accuse del suo avversario sono vere» (J. VELLA, *La giustizia forense di Dio*, Brescia 1964, 38). Ciò vale nella controversia a due, e vale anche in sede forense di fronte ad un giudice. Segnaliamo (in riferimento alle pagine 91-93 del nostro lavoro) come il concetto di vero e falso entri nella definizione di «innocente» e «colpevole».

[19] Cfr. G.E. WRIGHT, «The Lawsuit of God: A Form-Critical Study of Deuteronomy 32», in: *Israel's Prophetic Heritage*, Fs. J. MUILENBURG, New York 1962, 56.

Ai passi citati nello schema si dovrebbero poi aggiungere quelli in cui l'accusato (pur senza usare il termine *ṣaddîq* in frase nominale) attribuisce la «innocenza» (radice *ṣdq*) all'accusatore, confessando contemporaneamente la sua colpa: cfr. Sal 51,6; Neem 9,8; Dan 9,7.18; 2 Cron 12,6.

Un discorso a parte va fatto sul sintagma *ṣdq min*: la preposizione *min* non esprime un comparativo di maggioranza («essere più giusto di...»), ma un complemento di relazione («essere giusto nella relazione con...», «essere innocente nei confronti di...»). Quando ci si trova in una situazione di controversia bilaterale, il sintagma definisce che una parte ha ragione rispetto all'altra, e dunque che uno è innocente, e l'altro è colpevole[20].

A volte, chi parla è l'*accusatore,* il quale riconosce che l'accusato è innocente (e quindi il colpevole è lui stesso):

Gen 38,26 : (*'mr*) *ṣādᵉqâ mimmennî kî*...

1 Sam 24,18 : (*'mr*) *ṣaddîq 'attâ mimmennî kî*...

A questi due passi (anche se non abbiamo il *min*) potrebbe essere assimilato

Ger 12,1 : *ṣaddîq 'attâ yhwh kî 'ārîb 'ēlèkā.*

A volte, il locutore è l'*accusato,* ma egli usa il sintagma *ṣdq min* per definire la sua propria innocenza (Giob 35,2; cfr. anche 32,2; e il paragrafo seguente 2.2.).

Infine, *ṣdq min* è usato da un locutore il quale non fa allusione a se stesso, ma qualifica la relazione tra una persona e un'altra, in una situazione più o meno esplicita di controversia: cfr. 1 Re 2,32; Ger 3,11; Ez 16,52; Abac 1,13; Giob 4,17; in Giob 9,2 e 25,4 il sintagma *ṣdq ʿim* ha identico significato; e Giob 32,2 presenta l'espressione *ṣdq (Pi) napšô min.*

L'importanza della radice *ṣdq* per definire l'innocente nel confronto giuridico è stata ampiamente notata; ne è seguito quindi un dibattito sulla sua interpretazione[21].

In questa sede ci sembra utile osservare che oltre a questa radice, altri termini o espressioni sinonimiche possono adempiere alla funzione di qualificare chi nella controversia si trovi dalla parte della ragione.

---

[20] Cfr. GK 133b n. 2; H. J. Boecker, *Redeformen*, 126-129; F. Horst, *Hiob*, BK XVI, Neukirchen 1968, 74-76; L. Alonso Schökel, *Treinta Salmos*, 201.

[21] Sul senso della «giustizia» di Dio, cfr. M. Gilbert, «La prière de Daniel. Dn 9,4-19», *RTL* 3 (1972) 304-309, il quale discute fra l'altro l'opinione di S. Lyonnet (soprattutto in: «La notion de Justice de Dieu en Rom III,5 et l'exégèse paulinienne du 'Miserere'», in: *Sacra Pagina*, II, BETL XIII, Paris-Gembloux 1959, 354-355) e di J. Vella, *La giustizia forense di Dio*, 48-50.56-57.

Oltre a *tām(îm)* e *yāšār,* sinonimi di *ṣaddîq* in Deut 32,4, e *ṭhr,* parallelo a *ṣdq* in Giob 4,17, riteniamo siano importanti:

– la radice *nqh*: Num 5,31; 32,22; Giud 15,3; 2 Sam 14,9; Sal 19,13.14: Giob 10,14; ecc.

– i termini *'ĕmet* (Neem 9,33; Sal 51,8; cfr. anche Sal 25,10-11) e *'ĕmûnâ* (Deut 32,4; Sal 40,10-13). Si può anche vedere il corrispondente greco in Dan 3,27.

– la radice *qdš,* rilevata da L. ALONSO SCHÖKEL [22] come la trasposizione in chiave sacerdotale del riconoscimento della giustizia o innocenza (Ez 20,39; 36,20.23; 39,7; 43,7s; cfr. anche Sal 106,47).

– di particolare rilievo infine è la radice *kbd,* a causa del suo valore oppositivo alla terminologia della *vergogna* (che indica — come avremo occasione di vedere in seguito — l'esperienza della sconfitta giuridica) [23]. Abbiamo segnalato l'apparire della radice *kbd* in Gios 7,19 (a cui si può assimilare 1 Sam 6,5) e in Sal 50,15.23; citiamo inoltre, per *kbd (Pi)*: 1 Sam 2,29; 15,30; Is 24,14s; 43,23; e per *kābôd*: Neem 9,5; Is 42,8; 62,2; Ger 13,16; Ez 39,21.

1.4. *Il fenomeno della ridondanza*

La risposta mediante la quale l'accusato dichiara la sua colpevolezza può essere breve, quasi lapidaria: Davide, ad esempio, dopo che Natan gli ha fatto conoscere la sua colpa e comminato la pena (2 Sam 12,1-12), dice solo: «Ho peccato contro il Signore (*ḥāṭā'tî lᵉyhwh*)» (v.13); i Giudei, di fronte alla denuncia di Esdra (Esd 10,10-11), rispondono: «Sì, dobbiamo fare secondo la tua parola (*kēn kidbārᵉkā* (Q) *'ālênû la'ăśôt*)» (v.12).

Molte volte però abbiamo delle risposte assai più lunghe, con fenomeni di accumulazione e di ripetizione; in primo luogo, all'interno di ogni tipo di dichiarazione, le formule vengono come dilungate mediante l'aggiunta di espressioni sinonimiche (cfr. gli esempi dagli schemi sopra indicati); in secondo luogo, in una sola risposta troviamo riunite più modalità di confessione della colpa (Es 9,27; Esd 9,15; Sal 51,5-6; ecc.); infine, nelle grandi preghiere penitenziali post-esiliche, la confessione del peccato è ripetuta più volte quasi come un ritornello (Esd 9,6-7.10.13.15; Dan 9,5-8.9.10.13.14.15.16.18; ecc.).

---

[22] *Treinta Salmos*, 224.

[23] Cfr. p. 341-342. La «vergogna» come antonimo della «giustizia» nel rapporto bilaterale della controversia appare emblematicamente in Dan 9,7:

lᵉkā 'ădōnāy *haṣṣᵉdāqâ*
wᵉlānû *bōšet happānîm.*

Questo aspetto di ridondanza è certamente più massiccio nei testi di confessione collettiva attribuiti ad un periodo tardivo della storia di Israele [24]; sarebbe però insufficiente la spiegazione che consideri il fenomeno come un puro fatto letterario dovuto a decadenza stilistica. La dichiarazione di colpevolezza — sia nella normale esperienza antropologica, sia nella sua conseguente espressione letteraria — è proporzionata alla *consapevolezza* della gravità della situazione, gravità del reato commesso, dell'accusa e della sanzione [25].

La storia, individuale e collettiva, si presenta secondo la rivelazione biblica come un ripetuto incorrere dell'uomo nel peccato, a cui fa seguito una ripetuta denuncia da parte di Dio (per mezzo dei suoi «inviati»): questa ripetitività però a poco a poco appare come la manifestazione concreta di un rifiuto totale che esige una totale distruzione.

Per questo la tradizione profetica muta gradualmente il suo messaggio da una accusa che tocca punti particolari della condotta degli individui e del popolo ad una denuncia globale [26] che investe tutti nella totalità del tempo, denuncia che diventa minaccia di una irrevocabile punizione [27]. Come la profezia si fa quasi monotona nel rivelare il rifiuto di ascoltare la voce di Dio, così la tradizione post-esilica esprime la risposta cosciente di Israele al profetismo [28], ampliando e ripetendo costantemente la ammissione della colpa del popolo, riconoscimento questo della gravità del peccato che ha causato la sciagura dell'esilio. Di fronte alla prospettiva di una morte già in qualche modo pregustata, l'urgenza di salvezza si esprime necessariamente in dichiarazioni ossessive, insistite, che ritornano sempre su un unico punto, quello della propria responsabilità, articolandolo — come vedremo in seguito — con la richiesta di perdono e di misericordia.

1.5. *Confessione e lode*

Nel corso di queste nostre pagine abbiamo visto come, già a partire dallo studio della radice *ydh* fino all'ultima modalità di confessione della

---

[24] M. Gilbert, a proposito di Dan 9,4-19, parla di «phrases amples, bourrées d'accumulations, dont le but semble être de faire sentir la totalité, la plénitude de la faute ou de la confusion de tout Israël» («La prière de Daniel. Dn 9,4-19», *RTL* 3 [1972] 299).

[25] Il momento dell'esilio deve essere senz'altro considerato come privilegiato nella storia della coscienza religiosa di Israele: la fine delle istituzioni statali (e sacrali) con la minaccia di scomparire nella confusione delle genti ha costretto ad andare fino in fondo nella ricerca del significato di una simile catastrofe.

[26] Cfr. J.K. Zink, «Uncleanness and Sin. A Study of Job XIV 4 and Psalm LI 7», *VT* 17 (1967) 354-361.

[27] Cfr. H. Gross, «'Anfang und Ende'. Beobachtungen zum prophetischen Reden von Schöpfung, Gericht und Heil», in: *Künder des Wortes*, Fs. J. Schreiner, Würzburg 1982, 295-298.

[28] Cfr. H. Gunkel, *Einleitung in die Psalmen*, Göttingen 1966², 131-132.

colpa (che è parallela o coincidente con il riconoscimento della «giustizia» dell'accusatore), si intrecciano fra loro due linee semantiche, quella penitenziale e quella celebrativa. Riconoscere la irreprensibilità di Dio, dargli «gloria», invocare il suo Nome «santo», e così via orientano infatti verso forme letterarie, quali l'inno e il cantico, che paiono estranee alle suppliche penitenziali. Nelle grandi confessioni pubbliche del post-esilio il fenomeno è ancora più vistoso: in esse la proclamazione dei titoli divini (Neem 1,5; 9,32; Dan 9,4), l'invito alla benedizione (*brk*: Neem 9,5; Sal 106,48; cfr. anche Dan 3,26) e alla lode (*tᵉhillâ*: Neem 9,5; Sal 106,2.47: Is 63,7; cfr. Dan 3,26 e Baruc 3,6-7; *hwdh*: Sal 106,1.47) creano qualche problema di classificazione agli esperti di generi letterari [29].

Nostro intento in questo paragrafo è di fornire qualche indicazione sull'articolazione semantica esistente tra la confessione e la lode [30]: noi riteniamo che il concetto di *verità* sia la base comune a queste due espressioni dello spirito umano, che talvolta tendono a separarsi [31], se non a escludersi.

La controversia, che nasce con il sorgere dell'accusa, ha come scopo finale il riconoscimento della verità, senza la quale qualsiasi atto od ordinamento — pur oggettivamente retto — non può ricevere la qualifica umana di giusto. Se infatti ci si trova di fronte ad una condotta o a una struttura ingiusta, il problema non è solo di ripristinare, mediante

---

[29] Cfr. la discussione sulla posizione di H. Gunkel in M. Gilbert, «La prière de Daniel. Dn 9,4-19», *RTL* 3 (1972) 285-286. Per quanto riguarda il Sal 106, cfr. H.-J. Kraus, *Psalmen*, BK XV/2, 727; G. Castellino, *Libro dei Salmi*, Torino 1955, 706-708. Per il Sal 51, si veda in particolare N. H. Ridderbos, «Psalm 51,5-6», in: *Studia biblica et semitica* Th. Ch. Vriezen ... dedicata, Wageningen 1966, 310-311.

[30] Diversi sono stati i tentativi di spiegare come la lode intervenga in campo giuridico (nell'accusa o nella confessione): cfr. F. Horst, «Die Doxologien im Amosbuch», *ZAW* 47 (1929) 45-54; S. B. Frost, «Asseveration by Thanksgiving», *VT* 8 (1958) 380-390; G. Bornkamm, «Lobpreis, Bekenntnis und Opfer», BZNW 30, Berlin 1964, 46-63; G. von Rad, «Gerichtsdoxologie», in: *Schalom*, Fs. A. Jepsen, Stuttgart 1971, 28-37; G. C. Macholz, «Gerichtsdoxologie und israelitisches Rechtsverfahren», *DielhBlAT* 9 (1975) 52-69; J. C. Crenshaw, *Hymnic Affirmation of Divine Justice*: The Doxologies of Amos and Related Texts in the Old Testament, SBL Diss 24, Missoula 1975. Di quest'ultimo autore, si veda anche «*YHWH ṣᵉba'ôt šᵉmô*: A Form-Critical Analysis», *ZAW* 81 (1969) 156-175.

[31] Cfr. C. Giraudo, *La struttura letteraria*, 162: l'autore rileva «una primitiva ricorrenza della radice *ydh* in chiave confessionale consistente nell'ammettere una duplice situazione di fatto in seno all'alleanza, ossia da una parte l'inferiorità e colpevolezza del partner umano e dall'altra la naturale superiorità e impeccabilità del partner divino. È su questo secondo aspetto del momento confessionale che si innestano secondariamente le ricorrenze della radice in chiave puramente celebrativa. Nel qual caso le forme intensive di *ydh* vengono a trovarsi concretamente svincolate da qualsiasi riferimento all'infedeltà del vassallo, dal momento che l'attenzione dell'orante è tutta compresa dalla magnificenza delle opere divine». Cfr. anche E. Valgiglio, *Confessio nella Bibbia e nella letteratura cristiana antica*, Torino 1980, 56-60.

operazioni esteriori più o meno drastiche e violente, le condizioni di legalità; avendo a che fare con dei soggetti liberi, il vero problema è di pervenire all'interiore accettazione degli atti esteriori di giustizia. Ora, poiché solo la verità rende liberi, e senza la libertà non vi è giustizia intersoggettiva, tutta la dinamica della controversia, anzi tutte le procedure del mondo giuridico tendono a favorire la verità, a promuoverla e a farla riconoscere.

Poiché ci troviamo in una struttura bilaterale, ogni affermazione di verità ha come due risvolti: il primo connota la relazione al locutore, il secondo al *partner* della relazione. Per illustrare questo aspetto, ricorriamo ad una esemplificazione tematica, e cioè a come viene considerata *la storia* nelle controversie tra Dio e Israele.

Nei *rîb* profetici, all'interno dell'accusa stessa, ciò che viene detto ha la funzione di imputare all'altro una colpa, e nello stesso tempo di ribadire l'innocenza di chi parla. Se si fa menzione della storia passata, questa diventa contemporaneamente una aggravante del peccato e un riconoscimento della rettitudine di Dio (cfr. Deut 32,7ss; Ger 2,5ss; Mi 6,4ss; ecc.).

Nelle preghiere penitenziali, all'interno della risposta dell'accusato, abbiamo una situazione analoga: la dichiarazione di colpevolezza fa riferimento alla storia di peccato, nella quale si celebra altresì l'integerrimo agire di YHWH (Sal 106,7ss; Neem 9,7ss; ecc.). Da qui l'alternarsi di confessione e lode, così caratteristico delle suppliche penitenziali; non si tratta semplicemente della mescolanza di due generi letterari, ma della unione di due espressioni della verità che devono fra loro essere correlate.

Tuttavia ciò non ci pare ancora l'ultima parola di verità. La storia infatti rivela che il peccato non ostacola il «cammino» di giustizia di Dio; il ripetersi della ribellione non produce nell'Altro il tradimento. Paradossalmente, il peccato dell'uomo apre al riconoscimento più autentico di Dio, il quale non è solo giusto, mentre l'uomo è ingiusto (Mi 6,5), ma è giusto nei confronti di chi è ingiusto. In quest'ultimo riconoscimento di verità che è confessione e lode contemporaneamente, trapela la novità del messaggio cristiano.

2. **La protesta di innocenza**[32]

Vediamo ora come si esprime e cosa significa l'altra possibilità di risposta di fronte all'accusa.

---

[32] Non introduciamo nel nostro discorso le affermazioni che suonano a discolpa perché l'accusato si dichiara «non a conoscenza del reato commesso» (cfr. Gen 21,26; 1 Sam 22,15; 25,25). A questo proposito si deve rilevare che la «non conoscenza» rappresenta, se non una totale discolpa, almeno un'attenuante di grande rilevanza (cfr. Gen 38,16; Num 22,34; Deut 4,42; 19,4; Gios 20,3.5; 1 Sam 2,32; 2 Sam 3,26).

Appare più difficile che per il paragrafo precedente fornire un quadro sistematico entro il quale situare le modalità espressive usate per la dichiarazione di innocenza nella controversia [33]: forse il motivo sta nel fatto che, essendo la protesta di innocenza assai meno utilizzata in campo liturgico [34], essa conserva una libertà e varietà di espressioni più consona all'esperienza comune.

Possiamo rilevare in ogni caso che la dichiarazione di innocenza si oppone direttamente alle pretese dell'accusa (cfr. Giud 11,14 in rapporto a 11,13); ora, come questa si presenta sotto una duplice formalità, quella dichiarativa e quella interrogativa, così anche la risposta di innocenza imita, in modo antagonista, l'accusa stessa, presentandosi secondo le medesime formalità. D'altra parte, la protesta di innocenza si oppone direttamente alla confessione del proprio torto: potremo così riconoscere, nelle terminologie e nelle formule che andremo elencando, la simmetria (oppositiva) con quanto abbiamo sviluppato nel paragrafo precedente.

Per maggiore chiarezza forniamo subito uno schema semplificato che permetterà di orientarsi in seguito; in esso appaiono le relazioni a cui abbiamo or ora accennato:

ACCUSA	RISPOSTA			
	(1) *ydh*	(2) *ḥāṭā'tî*	*bî ... heʿāwōn*	(3) *ṣaddîq 'attâ*
dichiarativa	---	*lō' ḥāṭā'tî*	*b^elî ʿāwōn*	*ṣādaqtî*
interrogativa	---	*meh ḥāṭā'tî*	*meh ʿăwōnî*	---

2.1. *L'accusato si discolpa*

Facciamo innanzitutto notare che non vi è in ebraico una terminologia opposta a quella che esprime la confessione come «riconoscimento» (*ydh, ydʿ*, ecc.); forse per la stessa ragione per cui il linguaggio della discolpa è meno formalizzato rispetto a quello della confessione: e cioè perché non ha una posizione significativa nell'ambito della tradizione religiosa e cultuale.

Trattiamo in primo luogo della dichiarazione di non colpevolezza che è simmetrica al secondo tipo di confessione della colpa (*ḥāṭā'tî*).

---

[33] Nei testi che verranno citati nel prosieguo del paragrafo, la protesta di innocenza talvolta non è una risposta indirizzata all'altra parte, ma è una dichiarazione fatta davanti al giudice. Anche in questo caso si deve presupporre la situazione tipica della lite (portata qui in sede giudiziaria).

[34] Cfr. tuttavia i Salmi 7; 35; 57; 69, che, secondo O. EISSFELDT, potrebbero in qualche modo riferirsi alla procedura legale collegata con il culto (1 Re 8,31s) (*Einleitung in das Alte Testament*, Tübingen 1976⁴, 160).

Anche qui abbiamo un sintagma composto essenzialmente da due elementi: 1) una affermazione (verbo *'mr*, espresso o supposto); 2) terminologia del «reato» *che viene negata*: all'interno di questo elemento distinguiamo tra le frasi verbali e le frasi nominali. Forniamo degli esempi che consentono di evidenziare l'opposizione diretta alla «confessione»:

a) *in forma dichiarativa:*

'mr	*w^{e}lō' ḥāṭā'tî lāk (w^e'attâ ...)*	*'ên b^{e}yādî*[35] *rā'â wāpešaʿ*	1 Sam 24,12
'mr	*w^e'ānōkî lō' ḥāṭā'tî lāk (w^e'attâ ...)*		Giud 11,27
'mr	*lō' ḥāṭā'tî*		Ger 2,35
'mr	*lō' pāʿaltî 'āwen*		Prov 30,20
'mr	*lō' ʿāśîtî m^e'ûmâ (kî ...)*		Gen 40,15
'mr	*lō' ʿāśîtî kēn*		Neem 5,15
—	*bal timṣā' zammōtî* *bal yaʿăbor pî*		Sal 17,3
'mr	*lō' ḥămôr 'eḥād mēhem nāśā'tî* *w^{e}lō' hărēʿōtî 'et 'aḥad mēhem*		Num 16,15
—		*lō' pišʿî w^{e}lō' ḥaṭṭā'tî* *b^{e}lî ʿāwōn*	Sal 59,4s
'mr		*'ên pāšaʿ*	Prov 28,24
'mr		*b^{e}lō' ḥāmās b^{e}kappāy*	1 Cron 12,18
—		*lō' ḥāmās b^{e}kappāy*	Giob 16,17

b) *in forma interrogativa*[36]

'mr	*meh ḥāṭā'tî (kî ...)*	1 Re 18,9
'mr	*meh ḥāṭā'tî l^{e}kā ... (kî ...)*	Ger 37,18
'mr	*ûmeh ḥāṭā'tî lāk (kî ...)*	Gen 20,9
—	*mâ 'epʿal lāk*	Giob 7,20
—	*ûmah šāgîtî*	Giob 6,24

---

35 Sottolineiamo l'importanza della *mano* in queste dichiarazioni di innocenza: le mani «pulite» sono presentate come metafora di irreprensibilità (L. ALONSO SCHÖKEL, *Treinta Salmos*, 200): cfr. Gen 20,5; 1 Sam 12,5; 26,18; Sal 7,4; 18,21.25; 26,6 (L. A. SNIJDERS, «Psaume XXVI et l'innocence», *OTS* 13 [1963] 112-130); Giob 16,7; 1 Cron 12,18.

36 H. J. BOECKER mostra la corrispondenza tra la *Beschuldigungsformel* (*meh ʿāśîtā*) e la *Beschwichtigungsformel* (*meh ʿāśîtî*): *Redeformen*, 31-34.

'mr	*meh 'āśîtî ('attâ kākem)* [37]		Giud 8,2
—	*meh 'āśîtî lᵉkā* *ûmâ hel'ētîkā*		Mi 6,3
'mr	*meh 'āśîtî*	*ûmah bᵉyādî rā'â*	1 Sam 26,18
'mr	*meh 'āśîtî* *ûmah māṣā'tā bᵉ'abdᵉkā*		1 Sam 29,8
'mr	*mah māṣᵉ'û 'ăbôtêkem* *bî 'āwel (kî ...)*		Ger 2,5
'mr	*meh 'āśîtî*	*meh 'ăwōnî ûmeh ḥaṭṭā'tî ... (kî ...)*	1 Sam 20,1
'mr		*mah piš'î mah ḥaṭṭā'tî (kî ...)*	Gen 31,36
'mr		*ûmeh 'ăwōnēnû ûmeh ḥaṭṭā'tēnû* *'ăšer ḥāṭā'nû lᵉ ...*	Ger 16,10
—		*kammâ lî 'ăwōnôt wᵉḥaṭṭā'ôt*	Giob 13,23
—		*hăyēš bilšônî 'awlâ*	Giob 6,30
'mr	*'et šôr mî lāqaḥtî* *waḥămôr mî lāqaḥtî* *wᵉ'et mî 'āšaqtî* *'et mî raṣṣôtî* *ûmiyyad mî lāqaḥtî kōper ...*		1 Sam 12,3

Sempre in forma interrogativa, cfr. anche Gen 20,4; Num 22,28; 1 Sam 17,29; Is 5,4; Ger 2,30. Come frasi interrogative che hanno valore di discolpa nei confronti di un terzo, cfr. 1 Sam 20,32 e Sam 24,17 [38].

2.2. *L'accusato si dichiara innocente*

Abbiamo visto che il terzo modo per confessare la propria colpa è di proclamare che l'accusa ha ragione (mediante la radice *ṣdq* e sinonimi); in modo antagonista, il discolparsi è invece affermare che si è innocenti, che la ragione sta dalla propria parte. Se la confessione si presentava così: «tu sei (nel) giusto, io sono colpevole», la dichiarazione di innocenza assume più o meno la forma: «io sono innocente, tu/lui invece ...».

Non esiste in ebraico la formula *ṣaddîq 'ănî,* ma abbiamo, come risulta dallo schema seguente, delle espressioni equivalenti, quali *ṣādaqtî, 'eṣdāq, zak 'ănî, nāqî 'ānōkî.* I testi sotto riportati riuniscono le frasi sia

---

[37] Solo in Ger 8,6 la domanda *meh 'āśîtî* è rivolta dal locutore *a se stesso*, ed equivale in certo modo ad una auto-accusa (cfr. H. J. Boecker, *Redeformen*, 33).

[38] Sull'episodio di 2 Sam 24, cfr. la monografia di A. Schenker, *Der Mächtige im Schmelzofen des Mitleids*. Eine Interpretation von 2 Sam 24, OBO 42, Freiburg 1982, spec. 3-6.

verbali che nominali. Si noti, in particolare, la ricorrenza delle radici *ṣdq – rš', zkh/zkk*[39], *nqh, tmm*[40]; ed anche il modo con cui si stabilisce il confronto con la parte avversa: oltre che esplicitando l'opposta condotta (cfr. la parte alla destra dello schema), l'accusatore è evocato mediante la preposizione *min* o l'espressione *b^{e}'ênèkā*[41]:

'mr	*ṣādaqtî* ... *b^{e}lî pāša'*	*w^{e}'ēl hēsîr mišpāṭî* ...	Giob 34,5s
—	*'ănî 'eṣdāq*		Giob 13,18
'mr	*ṣidqî mē'ēl*		Giob 35,2
—	*lō' 'āsîr tummātî mimmennî* *b^{e}ṣidqātî heḥĕzaqtî* ...	*y^{e}hî k^{e}rāšā' 'ōy^{e}bî* *ûmitqôm^{e}mî k^{e}'awwāl*	Giob 27,5-7
—	*lō' rāša'tî mē'ĕlōhāy*		Sal 18,22 = 2 Sam 22,22
—	*lō' 'eršā'*[42]		Giob 10,7
'mr	*zak 'ănî b^{e}lî pāša'* *ḥap 'ānōkî w^{e}lō' 'āwōn lî*	*hēn t^{e}nû'ôt 'ālay yimṣā'* *yaḥš^{e}bēnî l^{e}'ôyēb lô*	Giob 33,9s
'mr	*zak liqḥî* *ûbar hāyîtî b^{e}'ênèkā*[43]		Giob 11,4
'mr	*zikkîtî libbî* *ṭāhartî mēḥaṭṭā'tî*		Prov 20,9
'mr	*nāqî 'ānōkî* ... *min* (reato)		2 Sam 3,28
'mr	*w^{e}'ănaḥnû n^{e}qiyyim*	*dāmô b^{e}rō'šô*	Gios 2,19
'mr	*kî niqqêtî*		Ger 2,35
'mr	*niqqêtî* ... *min* (persona)		Giud 15,3
'mr	*b^{e}tom l^{e}bābî* *ûb^{e}niqyōn kappay 'āśîtî zō't*		Gen 20,5
'mr	*w^{e}haṭṭôb b^{e}'ênèkā 'āśîtî*		2 Re 20,3

[39] Per la terminologia concernente il «puro» e l'«impuro», cfr. W. PASCHEN, *Rein und Unrein*. Untersuchung zur biblischen Wortgeschichte, StANT 24, München 1970.

[40] Cfr. L. RUPPERT, *Der leidende Gerechte*, ForBib 5, Würzburg 1972, 29-30; W. BRUEGGEMANN, «A Neglected Sapiential Word Pair», *ZAW* 89 (1977) 234-258.

[41] Per la preposizione *min*, cfr. Giud 15,3; Sal 18,22; Giob 25,5; 35,2; merita considerazione anche il sintagma *swr* (*Hi*) *tummātî mimmennî* (Giob 27,5), da accostarsi al più semplice *swr* (*Hi*) *mišpāṭî* di Giob 34,5; tutto ciò è da riportarsi a quanto detto in precedenza (p. 89) su *ṣdq min*. Per l'espressione *b^{e}'ênèkā*, cfr. 2 Re 20,3; Giob 11,4.

[42] Il sintagma *lō' rš'* serve per dichiarare innocente una terza persona in Giob 34,10.12.

[43] Cfr. Sal 24,4.

A queste che ci sembrano le forme più chiare di dichiarazione di innocenza, si possono aggiungere quelle più indirette (cfr. ad esempio Gen 20,4); un modo abbastanza tipico è quello usato dall'orante che chiede un intervento *k*ᵉ*ṣidqî* (Sal 7,9; 18,21.25), *k*ᵉ*ṣidqātî* (2 Sam 22,21.25), *k*ᵉ*tummî* (Sal 7,9)[44]. Abbiamo anche le espressioni metaforiche prese dal vestirsi (Giob 29,14), dal lavarsi (Sal 26,6; 73,13; Giob 9,30), dal camminare (2 Re 20,3; Sal 17,4s; 26,1.11; 101,2; Giob 23,11), dal pesare (Giob 31,6)[45].

Notiamo infine che l'atto di discolpa è introdotto o retto da verbi di rilevanza giuridica, di cui abbiamo già segnalato il senso e la pertinenza. Diamo qui alcuni esempi:

1 Sam 24,12	:	*daʿ ûr*ᵉ*'ēh*[46] *kî*	*'ên b*ᵉ*yādî rāʿâ wāpešaʿ*
Giob 10,7	:	*ʿal daʿt*ᵉ*kā kî*	*lō' 'eršāʿ*
Giob 13,18	:	*yādaʿtî kî*	*'ănî 'eṣdāq*
Giob 13,23	:	*hōdīʿēnî*	*piš'î w*ᵉ*ḥaṭṭā'tî*
Giob 6,24	:	*hābînû lî*	*ûmah šāgîtî*
Mi 6,3	:	*ʿănēh bî*[47]	*meh ʿāśîtî l*ᵉ*kā ...*
1 Sam 12,3	:	*ʿănû bî ...*	*'et šôr mî lāqaḥtî ...*

2.3. *La protesta di innocenza diventa accusa*[48]

La dichiarazione di non colpevolezza di cui abbiamo fornito le modalità espressive esemplificate con alcuni testi biblici non è da

---

[44] Cfr. A. BARUCQ, «Péché et innocence dans les Psaumes bibliques et les textes religieux de l'Egypte du Nouvel-Empire», in: *Etudes de critique et d'histoire religieuses*, Fs. L. VAGANAY, Lyon 1948, 111-137; L. RUPPERT, *Der leidende Gerechte*, 22-27.

[45] Si può anche ricordare che il giuramento, con una imprecazione pronunciata su se stessi, costituisce una significativa modalità di dichiarazione di innocenza: Sal 7,4-6; Giob 31,7-23. Cfr., al proposito, Sh. H. BLANK, «The Curse, Blasphemy, the Spell, and the Oath», *HUCA* 23 (1950-1951) 91-92; J. LÉVÊQUE, «Anamnèse et disculpation: la conscience du juste en Job 29–31», in: *La Sagesse de l'Ancien Testament*, BETL 51, Gembloux–Leuven 1979, 240-242. Per l'innocenza proclamata in ambito cultuale, cfr. K. GALLING, «Der Beichtspiegel. Eine gattungsgeschichtliche Studie», *ZAW* 47 (1929) 125-130.

[46] Ricordiamo che la coppia *ydʿ – r'h* serve a segnalare la *notitia criminis* (cfr. p. 59); e, all'imperativo, viene utilizzata per l'invito a riconoscere la colpevolezza (p. 69).

[47] Cfr. H. J. BOECKER: «Da hier eine Gerichtssituation vorliegt, wird man *ʿnh b* besser von seiner konkreten juristischen Bedeutung her mit "lege Zeugnis ab gegen mich" übersetzen» (*Redeformen*, 103). Questa interpretazione del testo di Mi 6,3, accettata dal commentario recente di H. W. WOLFF (*Dodekapropheton 4 Micha*, BK XIV/4, Neukirchen 1982, 147), trova riscontro anche nel *Targum* (*'aśhēd bî = testimonium perhibe in me*) e nella *Syriaca* (*'śhdyny = produc mihi testes*).

[48] Il fatto che la protesta di innocenza si trasformi in accusa era già stato segnalato da J. BEGRICH, *Deuterojesaja*, 24.

considerarsi separata dalla situazione della controversia giuridica; non è infatti una affermazione di innocenza assoluta, ma la risposta relativa ad una determinata accusa, che spesso prende forma di minaccia mortale[49].

Appartiene alla struttura stessa del confronto bilaterale il fatto che la protesta di innocenza si muti in accusa contro l'accusatore stesso. Diamo solo qualche esempio per evidenziare il fenomeno. Nel *rîb* tra Saul e Davide, quest'ultimo prende la parola per discolparsi, e le sue affermazioni portano il primo a «confessare la sua colpa» (1 Sam 24,18: *ṣaddîq 'attâ mimmennî*; 1 Sam 26,21: *ḥāṭā'tî*). Nella lite tra Labano e Giacobbe, Labano inizia l'azione di accusa, ma la difesa di Giacobbe diventa un *rîb* contro di lui (Gen 31,36)[50]. E ancora, la rivendicazione del re degli Ammoniti contro Jefte (e Israele) viene trasformata in una dichiarazione di colpevolezza durante il discorso di difesa (Giud 11,27: *wᵉ'ānōkî lō' ḥāṭā'tî lāk – wᵉ'attâ 'ōśeh 'ittî rā'â lᵉhillāḥēm bî*)[51].

Ciò induce a considerare quei testi della Scrittura che costituiscono, per così dire, il corrispettivo dei *rîb* profetici (YHWH contro Israele): facciamo allusione alle «lamentazioni», nelle quali è il popolo a dichiararsi innocente, e a sporgere una certa accusa nei confronti di Dio stesso.

Esempio tipico può essere giudicato il Sal 44. Il riconoscimento delle azioni di salvezza operate da Dio nel passato (vv.2-9) ha la funzione di sottolineare l'incoerenza dell'agire di Dio al presente (cfr., in senso inverso, Ger 2,3-5.11); la frequente menzione dell'innocenza del popolo (soprattutto vv.18-19.21-22) si tramuta in accusa nei confronti di Dio (vv.13.23), accusa che assume la modalità espressiva della domanda «perché?» (vv.24.25). Alla stessa stregua si devono considerare anche i Salmi 74; 80; 89; e forse possono entrare in questa serie anche talune «lamentazioni individuali» (cfr. Sal 22; 42; 77; 81; ecc.), nelle quali più o meno chiaramente appare una forma di rimprovero a Dio articolato ad una certa dichiarazione di innocenza.

Il libro di Giobbe poi mette in scena una lite nella quale l'uomo «giusto» si sente accusato e punito da Dio senza motivo. Crediamo si debba prendere sul serio la metafora giuridica, e affermare che, se si

---

49 P. BEAUCHAMP, *Psaumes nuit et jour*, Paris 1980, 27-30.

50 Cfr. C. MABEE, «Jacob and Laban. The Structure of Judicial Proceedings (Genesis XXXI 25-42)», *VT* 30 (1980) 202-205.

51 Il rovesciamento della prospettiva, da difesa a controaccusa (cfr. Gen 20,9; Giob 7,20; Ger 16,10), è rilevabile da alcuni indicatori sintattici che abbiamo segnalato negli schemi sopra riportati. Da notare innanzitutto il *kî* che continua la dichiarazione di innocenza, specie sotto forma interrogativa (cfr. ad es., Gen 20,9; 31,36; 40,15; 1 Sam 20,1; 1 Re 18,9; Ger 2,5; 37,18); con questa particella si introduce una critica a colui che sta accusando, e si mette sotto accusa l'accusatore. Inoltre la dichiarazione di innocenza stabilisce spesso un confronto esplicito tra il diverso comportamento dei due litiganti, confronto che si esprime così: *io* sono innocente, *ma tu/lui* (*wᵉ'attâ/hû'*) (cfr. Giud 11,27; 1 Sam 24,12; Giob 33,9-11; 34,5-6: ecc.).

tratta di una controversia, uno dei due contendenti ha torto: o il «giusto», che giusto non è, ma pretende di esserlo (soluzione che rende farisaico il dichiararsi innocente), o Dio, che punisce arbitrariamente [52] (soluzione questa inammissibile per gli amici di Giobbe e per ogni lettore fedele alla teologia dell'assoluta giustizia di Dio) [53].

Partendo quindi dal libro di Giobbe, vorremmo fornire un breve contributo riflessivo sul senso della protesta di innocenza nei confronti di Dio stesso [54].

Il «perché?» della querela e del lamento di fronte alla sofferenza e alla morte (al limite sempre giudicata «ingiusta») è legittimo, anzi è l'appello giuridicamente più rilevante rivolto a Dio affinché riveli la sua giustizia. Questa domanda chiede una «giustificazione», e sotto questo aspetto ha una precisa valenza di accusa. Ma ci si deve ora chiedere: quando una accusa è «giusta»? quando mantiene il suo legittimo valore giuridico? Ci sembra di poter rispondere che l'accusa è autentica nella misura in cui rimane *domanda,* in cui cioè fa appello al rapporto interpersonale, lo suscita, almeno con il desiderio. In altre parole, il «perché?» dell'accusa è *ingiusto* nella misura in cui si assolutizza, diventando rivendicazione che *giudica* l'altro, senza attendere che egli possa esprimersi e dire l'ultima parola; il «perché?» dell'accusa è invece *giusto* nella misura in cui è fondato sul desiderio che Dio sia Dio, principio di vita, e che questo sia manifestato nella storia concreta dell'uomo.

Se quindi la dichiarazione di innocenza viene ad assumere i connotati dell'accusa, essa deve, come è struttura dell'accusa stessa, presentarsi come domanda, come invito e stimolo al parlare dell'altro; e questo vale per la controversia con Dio, e vale per le controversie fra gli uomini. Solo se la parola di innocenza non condanna, essa può autenticamente definirsi giusta nella storia dell'uomo [55].

---

[52] Cfr. B. HALPERN, «Yahweh's Summary Justice in Job XIV 20», *VT* 28 (1978) 472-474.

[53] Cfr. M. B. DICK, «The Legal Metaphor in Job 31», *CBQ* 41 (1979) 40.

[54] Ci sia consentito notare che l'evento dell'esilio non ha prodotto in Israele solo la tradizione delle «confessioni pubbliche» (e private) di peccato, alle quali abbiamo fatto allusione nel paragrafo precedente. Anche se in forma meno vistosa si fa strada una tradizione che potrebbe riannodarsi al tema della *passio iusti* (su questo punto, testi e discussione in L. RUPPERT, *Der leidende Gerechte*, Würzburg 1972). La figura emblematica del Servo Sofferente è stata, assai più tardi, evocata nella linea sapienziale da Sap 1,1–6,21. In questo ambito ci pare debba anche essere situata la riflessione condensata nel libro di Giobbe.

[55] Ribadiamo che il nostro discorso si situa al livello giuridico della controversia bilaterale, e che vale nella misura in cui si può parlare di storia interpersonale. Diversa è, come vedremo, la struttura del giudizio, dove la condanna del colpevole è strumento essenziale per la significazione della innocenza.

Aggiungiamo a ciò anche un'altra linea di riflessione che tocca il problema del libro di Giobbe. Che si tratti di una controversia, è manifesto dal vocabolario e dal contenuto dei vari discorsi. Ora, abbiamo più volte affermato che è l'accusa a determinare l'inizio della controversia, e che questa dura finché dura la parola dell'accusa. Per comprendere la natura del dibattimento, è necessario sapere chi ha cominciato, e quale era la natura della parola rivolta all'altra parte.

Tutto ciò può sembrare ozioso, ma a nostro avviso è di capitale importanza. È proprio vero che Dio accusa Giobbe? È proprio vero che Dio ha attaccato Giobbe, lo ha colpito e punito, come lui stesso e i suoi amici ripetutamente affermano?[56] Certo, se Dio accusa Giobbe, questi, che è innocente, deve contrattaccare Dio, arrivando alla soglia della bestemmia. Ma Dio non accusa Giobbe, né nel prologo al libro dove al contrario loda la sua condotta irreprensibile (Giob 1,8; 2,3), né nel discorso che è chiamato a fare (38,1–41,26; cfr. anche 42,7-8) dopo l'appello ultimo di Giobbe (31,35-37). Dio dice invece che è Giobbe ad accusare (40,2); Lui si «difende», evocando non i benefici storici (come nei *rîb* profetici), ma le meraviglie segrete dell'origine del mondo.

È Giobbe che accusa Dio; il motivo della sua lite è la sofferenza e la morte che lo avvicina. Egli interpreta questi segni come punizione, come un atto giuridico che Dio dovrebbe porre in essere *solo* nei confronti di chi è ingiusto. Ma il segno della morte ha solo questa lettura?[57]

3. Il «fare» come luogo di intervento giuridico

Prima di affrontare il tema della conclusione del *rîb*, giudichiamo opportuno far notare l'importanza giuridica attribuita al verbo *'śh* (e ai suoi equivalenti sinonimici)[58]: ciò consentirà di ripercorrere in qualche modo il cammino fin qui tracciato, e permetterà inoltre di situare giuridicamente gli atti che chiamiamo perdono e riconciliazione.

In primo luogo, il verbo *'śh* viene usato per definire l'azione ingiusta, il reato, il misfatto; a suo luogo[59], avevamo indicato come pertinenti

---

[56] Cfr. E.M. Good, *Irony in the Old Testament*, Bible and Literature Series 3, Sheffield 1981², 238.

[57] Cfr. *Filosofia e religione di fronte alla morte*, Archivio di filosofia, Padova 1981; in questa raccolta di articoli segnaliamo soprattutto il contributo di J. Ellul, «Réflexions sur les contradictions de la Bible au sujet de la mort», pp. 315-330.

[58] Ciò che ci interessa è fare allusione alla complessa serie di termini che in ebraico servono ad esprimere l'*atto* umano: in questo senso, è necessario considerare non solo il sostantivo *ma'ăśeh* e il verbo *p'l*, ma il corpo umano (in particolare la mano) con la terminologia esprimente appunto il mondo complesso del «fare» che è luogo giuridico per eccellenza.

[59] Cap. 2, pp. 54-56.

alcuni verbi e sostantivi di uso più frequente nei testi biblici; qui segnaliamo che il sintagma *'śh* + x (misfatto) è uno fra i più ricorrenti. Senza pretese di esaustività, ma al solo scopo di illustrare l'abbondanza e la varietà delle espressioni, forniamo questo elenco:

'śh n^ebālâ (Gen 34,7; Deut 22,21; Gios 7,15; 2 Sam 13,12; Ger 29,23; ecc.); — *d^ebar hann^ebālâ* (Giud 19,24); — *zimmâ ûn^ebālâ* (Giud 20,6); — *zimmâ* (Ez 16,43; 22,9; Os 6,9; Prov 10,23; cfr. Ez 23,48); — *m^ezimmâ* (Ger 11,15; Sal 37,7); — *tô'ēbâ* (Lev 18,27; Deut 12,31; 2 Re 21,11; Mal 2,11; ecc.); — *d^ebar hattō'ēbâ* (Ger 44,4); — *ra'* (Num 32,13; Deut 4,25; Giud 2,11; 1 Sam 15,19; 2 Sam 12,9; Is 56,2; Ger 7,30; Sal 51,6; Prov 2,14; Qoh 8,11; ecc.); — *rā'â* (Gen 26,29; Giud 11,27; 1 Sam 12,17; Ger 2,13; Ez 20,43; Sal 15,3; Neem 13,27; ecc.); — *reša'* (Prov 16,12); — *riš'â* (Mal 3,15.19); — *'āwel* (Lev 19,15.35; Deut 25,16; Ez 18,26; 33,13.15.18); — *'āwen* (Is 32,6); — *r^emiyyâ* (Sal 52,4; 101,7); — *šeqer* (2 Sam 18,13; Ger 6,13; 8,10); — *ša'ărûrit* (Ger 18,13); — *ne'āṣâ* (Neem 9,18.26); — *'iwwelet* (Prov 14,17); — *ḥōnep* (Is 32,6); — *ḥaṭṭa't* (Num 5,7); ecc.

L'uso del verbo *'śh* (con o senza la specificazione del sostantivo indicante il misfatto) è inoltre largamente attestato nella dinamica procedurale della controversia [60]: nella dichiarazione di *accusa* (Gen 20,9; 31,28; Giud 6,29; 1 Sam 26,16; 27,11; Sal 50,21; Neem 5,9; 13,18; ecc.) e nella accusa sotto forma interrogativa (Gen 12,18; 26,10; 31,26; 44,15; Es 1,18; Giud 2,2; 8,1; 1 Sam 2,23; 2 Sam 16,10; Is 45,9; Giob 9,12; Qoh 8,4; Neem 13,17; ecc.), nell'invito a *riconoscere la propria colpa* (1 Sam 12,17; 25,17; Ger 2,23; ecc.) e nella confessione del proprio torto (Gios 7,20; 2 Sam 24,10; Sal 51,6; 1 Cron 21,8; ecc.), nella *proclamazione della propria innocenza,* sia sotto forma interrogativa (Num 22,28; Giud 8,2; 1 Sam 20,1; 26,18; 29,8; Mi 6,3; ecc.) che sotto forma dichiarativa (Gen 20,5; 40,15; Giud 15,11; Sal 7,4; Neem 5,15).

Queste rapide indicazioni hanno in primo luogo la funzione di sottolineare un fatto lessicografico: in ebraico abbiamo un verbo (*'śh*) dal significato in sé molto generico, il quale viene specificato sia dall'oggetto a lui immediatamente collegato (cosa questa assai comune anche nelle lingue moderne), sia dalla posizione che assume nell'insieme delle procedure giuridiche (cosa questa non così facilmente riscontrabile nei nostri ordinamenti che hanno via via tecnicizzato il loro vocabolario). Il rilevarlo consente non solo di essere sensibili al fenomeno in sede di traduzione e commento dei testi biblici; ma permette di rilevare, per riflesso, l'importanza del verbo «fare» anche quando ha per complemento

---

[60] Si pensi, ad esempio, alla parabola di Is 5,1-7, interamente costruita sulla ripetuta menzione del verbo *'śh* (7 volte) (cfr. L. ALONSO SCHÖKEL, *Profetas*, I, 133).

diretto dei termini opposti a quelli sopra citati, quali il «bene», la «giustizia», la «misericordia», e così via; e questo sia per quanto riguarda l'uomo, sia per quanto riguarda Dio stesso.

Questo ci permette di passare ad alcune riflessioni di carattere globale che concernono il mondo giuridico e le sue strutture procedurali.

Il diritto si interessa in primo luogo della condotta umana in quanto esteriormente manifesta, e degli eventi che conseguono alle azioni dei soggetti liberi e responsabili; in altre parole l'azione giuridica ha come ambito specifico l'esteriorità visibile o oggettiva, si occupa dei *fatti,* e non delle esperienze interiori [61].

Il diritto è ben cosciente di quanto sia decisiva la volontà e la coscienza nell'agire dell'uomo [62]. E tuttavia accorda grande attenzione proprio al «fare», a questa concreta oggettività nella quale si rivela l'intenzione dell'animo, essenzialmente invisibile e sconosciuta. L'agire, la condotta, i gesti, gli eventi nella loro concreta esteriorità sono il mondo nel quale si rivelano la giustizia e l'ingiustizia.

L'ingiustizia è un fatto, un dato visibile, un atto appartenente alla storia concreta. Il suo superamento inizia con un confronto di natura verbale (la controversia), confronto che culmina con la confessione della colpa da parte del reo. Ma ciò non è sufficiente per il mondo del diritto: certo è necessario il mutamento interiore, certo si richiede la confessione del proprio misfatto; ma la giustizia domanda un «fare» che si opponga come gesto di bene al gesto di male che è stato compiuto. La giustizia chiede di essere ristabilita nel visibile, per essere significata come dimensione di verità storica dell'uomo.

Il gesto di bene è chiesto al reo, ed è chiesto anche alla parte lesa (che accusa): da una parte il cammino della conversione che si sostanzia di penitenza e di riparazione; dall'altro il cammino della riconciliazione, che prende le forme «sacramentali» dei gesti di pace e di comunione.

È in questa linea che ci apprestiamo ad esaminare le gestualità che significano la fine della controversia.

---

[61] Cfr. F. Antolisei, *Manuale di Diritto Penale*, 170-173.

[62] Cfr. F. Antolisei, *Manuale di Diritto Penale*, 253-342, dove viene lungamente trattato dell'elemento «soggettivo», necessario per la definizione di reato. Cfr. anche quanto abbiamo scritto in questo capitolo, alle pp. 91-93.

CAPITOLO QUARTO

La riconciliazione

Per introdurci nella tematica di questo capitolo, vogliamo fare alcune considerazioni generali sul senso e le modalità di conclusione della lite giuridica.

La controversia può essere paragonata ad una crisi delle relazioni interpersonali, a causa dell'aspetto essenzialmente transitorio della confrontazione. Se infatti il *rîb* è la messa in moto di una parola che aggredisce e minaccia, e manifesta quindi divergenza, il suo scopo è di consentire la giustizia, cioè l'accordo dei soggetti in una struttura che esprima la valenza di stabilità propria del diritto.

Il desiderio che il *rîb* finisca traspare lucidamente dagli interventi di Giobbe nel dibattito che lo vede protagonista e vittima. Egli si trova a vivere un duplice livello di contestazione: il primo, il più fondamentale, è quello in cui Dio appare come l'aggressore, che, con la forza muta del suo intervento punitivo, sembra implicitamente accusare l'uomo «integro e retto»; il secondo è quello della controversia verbale che lo oppone agli amici venuti a consolarlo, i quali si preoccupano di esplicitare il senso accusatorio della punizione divina, invitando in vari modi Giobbe a riconoscere una qualche sua responsabilità peccaminosa. Tutti gli attori, che successivamente intervengono in questo dramma, sollecitano una conclusione; Giobbe, da parte sua, si trova schiacciato dall'assurda situazione in cui si trova: egli desidera intensamente che il *rîb* contro di lui prenda fine, ma altrettanto intensamente desidera che non si concluda secondo le modalità suggeritegli dai suoi amici; e, nell'impossibilità di altre soluzioni, accetta la sua morte stessa, la sua fine (Giob 6,8-11; 7,21; 10,18-22; 13,14-16; 17,11-16; 30,19), non come la vera fine della contesa, ma come la rivelazione della radicale problematicità della sua esperienza, e come estremo appello ad una parola di verità che egli non sa trovare (Giob 16,18-22; 19,25-27).

Questa sommaria illustrazione è per dire che la contesa, benché prema per concludersi, termina solo quando vi è convergenza in una parola che definisce la giustizia secondo verità: se manca la saggezza sufficiente a pronunciare o a sentire quella parola, se una colpevole menzogna occulta l'interiore rifiuto, se soprattutto una qualche forma di prevaricazione affretta e impone la fine del *rîb,* la contesa rimane; anche se apparentemente sopita, essa rinascerà, magari dalla cenere, per riproporre l'incontenibile desiderio di vera giustizia, sola possibilità di vita per un soggetto spirituale.

Venendo allora alle figure concrete che veicolano l'accordo dei contendenti fra di loro, abbiamo, in primo luogo, *il ricorso al tribunale*. Questa modalità, che fornirà materia alla II Parte del nostro studio, può essere considerata una autentica conclusione della controversia solo nella misura in cui entrambe le parti — dato che permangono motivi di disaccordo — decidono [1] unanimemente di sottoporre la loro causa ad un unico verdetto; ed inoltre, solo nella misura in cui il verdetto si manifesta per entrambi come l'incontrovertibile giustizia [2]. Come vedremo, rimane, ciò nonostante, la imperfezione strutturale di questa figura giuridica, che *impone* la giustizia sotto forma coercitiva mediante la condanna di uno dei due contendenti. Paradossalmente, il giudizio è l'istituzione che rivela più intensamente il rifiuto (spesso inconscio) di una parte di accedere alla verità; come tale, il vero «giusto» [3] vi ricorre solo come «ultima» soluzione.

La seconda modalità di conclusione della controversia è fornita dalla guerra o più generalmente dallo *scontro fisico,* quando si «dà la parola» alle armi. Può questo sembrare una procedura barbarica pre-giuridica, ma la sua costante riproposta nel mondo biblico ed extra-biblico, dall'antichità ai nostri giorni, ci obbliga ad una più attenta considerazione. Se, ribadiamo, la contesa *deve* finire, ma, d'altra parte, la mediazione di un arbitro si rivela impossibile, come trovare un accordo? Notiamo che almeno uno dei due litiganti non può vivere lasciando le cose così come stanno: la situazione gli è talvolta materialmente o moralmente insopportabile; d'altra parte spesso egli non può fare appello ad un giudice: o perché non vi è nessuno che abbia potere vincolante per quel caso, o perché entrambi i contendenti non riconoscono la giurisdizione di una autorità ufficiale, o perché il ricorso al giudizio si è nel passato rivelato insoddisfacente e non ha quindi placato gli animi, o perché l'urgenza del fare giustizia non può sottostare alle regole della procedura penale prevista dal codice, e così via.

---

[1] La decisione di sottoporre la propria causa al giudizio del tribunale può essere stabilita — come una forma di consenso generale — dalla prassi consuetudinaria o dalle leggi dello Stato.

[2] Se una parte si ritiene defraudata nel suo diritto, la controversia avrà una conclusione legale, ma sarà irrisolta sotto il profilo sostanziale.

[3] Con l'espressione «vero giusto» intendiamo qualificare colui che nella società persegue esclusivamente intenti di giustizia. È evidente che tale titolo intendiamo applicarlo eminentemente a Dio, il quale dispone altresì di ogni mezzo per portare a compimento le sue intenzionalità.

Abbiamo accennato a motivazioni di diverso valore che portano però, quasi fatalmente, a ricorrere alla forza; esse mostrano, da un lato, che la problematica non è oggi totalmente superata, e, dall'altro, che si entra in una sfera di ambiguità intrinsecamente congiunta con l'esercizio stesso della forza.

Prendiamo come esempio preciso la guerra, vedendo in che modo si esprime e si risolve la controversia di diritto. Si suppone che chi dichiara la guerra lo ritenga giusto e indispensabile; ma lo scontro armato è *imposto* (più o meno direttamente) alla parte avversa, che viene necessariamente coinvolta su quel terreno, e il cui margine di manovra è solo «la scelta delle armi»: il che lascia perplessi sulla prospettiva di un qualsiasi consenso perseguito attraverso tale mezzo. Lo svolgimento delle ostilità poi contempla perfino il rischio che uno dei due contendenti venga distrutto: lo sbaragliare il nemico è anzi il segno di una guerra perfettamente riuscita. Si impone così all'avversario di battersi fino alla morte per significare l'assoluto valore della vita nel rispetto reciproco. E quando alla fine una parte è costretta a riconoscere la supremazia dell'altra, si arriva all'armistizio, che è l'altra faccia della resa: il vincitore accetta di non infierire, a patto che il vinto riconosca la sua sconfitta, e si sottoponga alle condizioni che gli vengono *imposte*. Certo si può dire che la contesa è finita, ma il consenso è talmente «non voluto» da parte dello sconfitto che è lecito domandarsi se la controversia sia realmente terminata.

Questa figura di conclusione del *rîb* rivela anch'essa il rifiuto di una parte (o di entrambe) di riconoscere la verità e la giustizia; ed è del giudizio forense la copia drammatica e violenta. Essa è sopportabile per il giusto come caso limite di un confronto umano sfigurato, che rivela la (sua) colpa nel cercare giustizia.

La terza modalità di conclusione del *rîb* è la *riconciliazióne*. La sua particolarità consiste nel fatto che non fa ricorso ad una istanza diversa dai contendenti (come nel tribunale), né si affida esclusivamente alla forza per affermare il diritto (come nella guerra): è un atto complesso, nel quale entrambi i contendenti sono implicati — ciascuno con la sua specificità — nell'intento di ristabilire la giustizia senza costrizioni [4].

---

[4] B. Cohen, dopo aver affermato che il sistema dell'auto-difesa (*self-help*) risulta gradualmente pericoloso per la sicurezza e l'esistenza dello Stato (cfr. anche E. Neufeld, «Self-Help in Ancient Hebrew Law», *RIDA* 3. Série 5 [1958] 291-298), mostra come le dispute possono ragionevolmente concludersi con la conciliazione e l'arbitrato. Sulla conciliazione, egli scrive: «By conciliation we mean a mode of pacific settlement of litigation without recourse to a third party in contrast to arbitration, which denotes the settlement of dispute by referring the matter at issue to a selected person or persons for judgement. Conciliation therefore is similar to compromise, i.e. a coming to terms, or an

L'elemento essenziale, che rende questo procedimento completamente diverso dagli altri, l'elemento «principiale» che lo rende possibile, è fornito dalla confessione della colpa da parte di chi è in torto. Il consenso che si viene a determinare nella parola, in cui accusatore e accusato si riconoscono, è la matrice di verità che consente una dinamica di perfetta giustizia.

Partendo dunque dalla confessione della colpa, vediamo come si struttura l'atto giuridico della riconciliazione. Il nostro capitolo prevede tre parti, che costituiscono gli atti successivi della pacifica conclusione del *rîb*: la richiesta di perdono (da parte del colpevole); il perdono accordato (da parte dell'innocente accusatore); e l'accordo di pace (siglato da entrambi).

1. **La richiesta di perdono**

La confessione della colpa (richiesta dalla accusa e attuata dal colpevole) non ha solo la funzione di attestare la verità propugnata dall'accusatore, e di dichiarare quindi che il procedimento giuridico in atto è motivato «secondo giustizia». Ciò che il colpevole cerca è la sospensione della minaccia che pesa su di lui, e fondamentalmente la possibilità di un accordo che garantisca sicurezza e rispetto. In altre parole, la confessione della colpa è strettamente articolata ad una richiesta di vita.

A questo momento della controversia è *l'accusato colpevole che prende l'iniziativa* e dispiega tutte le sue energie per ottenere quanto gli preme. Possiamo raccogliere sotto due titoli principali l'insieme delle operazioni che lo vedono protagonista: la richiesta verbale di perdono; e la gestualità che l'accompagna o la prosegue.

1.1. *La richiesta verbale*

Per illustrare, mediante un racconto, il vocabolario e la funzione della richiesta di perdono, evochiamo la storia narrata in 1 Sam 25 [5].

---

arrangement of a dispute by concessions on both sides. Such settlement has the force equal to the authority of a thing adjudged in the civil law, and is also sustained in the common law in accordance with the maxim *Interest reipublicae ut sit finis litium*» (*Jewish and Roman Law*. A Comparative Study, II, New York 1966, 615s). Noi facciamo notare che, oltre alla conciliazione (compromesso, transazione, accomodamento), esiste la *riconciliazione*, dove, pur in presenza di un preciso torto attribuito ad una parte, i litiganti giungono ad una soluzione pacifica della loro controversia.

[5] Sul testo di 1 Sam 25, cfr. J. D. Levenson, «1 Samuel 25 as Literature and as History», *CBQ* 40 (1978) 11-28; D. M. Gunn, *The Fate of King Saul*, Sheffield 1980, 96-102; R. P. Gordon, «David's Rise and Saul's Demise: Narrative Analogy in 1 Sam 24-26», *TyndB* 31 (1980) 37-64.

Davide, ritiratosi nel deserto, invia con intenzioni pacifiche (vv.5-6) alcuni dei suoi uomini dal ricco proprietario Nabal, per ricevere qualcosa in dono, nel momento felice della tosatura del gregge. Nabal non solo rifiuta di privarsi di un qualche suo bene, ma insulta gli inviati di Davide (vv.10-11); ciò scatena la reazione di Davide che si impegna (anche con giuramento: vv.22.34) a fare giustizia (cfr. vv.31.33) mediante la spada (v.13).

La situazione che si è venuta così a creare è tipica della controversia: Davide non ha fatto nulla di male[6] (vv.7-8.15-16.21), e gli viene reso male per bene (v.21), mediante il rifiuto dell'accoglienza e l'insulto (vv.10.14.39). All'infuori di Nabal lo stolto, che non si rende conto di nulla, tutti sono d'accordo su chi sia innocente e chi sia colpevole: non solo Davide e i suoi, che sono parte in causa (vv.21s), ma anche i servi di Nabal (vv.15-17), Abigail (v.25) e Dio stesso (v.39). La minaccia che pesa sulla casa del colpevole è certa, prima ancora che possa manifestarsi concretamente: per questo è necessario e urgente prendere dei provvedimenti (v.17).

È a questo punto che Abigail assume l'iniziativa di un intervento che si concluderà in modo positivo. Ciò che importa rilevare è che l'azione di Abigail ha come centro portante una *parola* (v.24: *'mr; dibrê 'ămātekā*), che, da una parte, ammette il torto (vv.24-25.28), e, dall'altra diventa richiesta insistita e motivata di perdono (in particolare, vv.25.28.31). È inoltre significativo anche il fatto che tale intervento non sia fatto dal colpevole Nabal, ma da qualcun altro che si fa carico della colpa altrui (v.24) e per essa chiede perdono (v.28).

1.1.1. Il lessico ebraico della supplica e della intercessione

Una *parola,* che è confessione e richiesta, muta lo svolgimento della controversia. Nel racconto che abbiamo sopra evocato, come in altre simili narrazioni, questo atto così decisivo è introdotto con una terminologia generica[7]. Nei *rîb* instaurati da Dio nei confronti del suo popolo (o in genere di un colpevole), l'importanza di questa «parola» è sottolineata da un lessico specifico, che, pur appartenendo al più vasto

[6] Dal racconto (scritto dal punto di vista di Davide) non traspare alcuna valutazione negativa della richiesta fatta a Nabal; da un punto di vista oggettivo, ci si potrebbe chiedere se non si tratti di una forma di estorsione e di una arbitraria imposizione di una tassa di protezione.

[7] Quando parliamo di terminologia «generica» intendiamo dire che essa non si è specializzata nel significare qualcosa in opposizione precisa ad altri termini: il verbo *'mr* è, per esempio, un termine generico per introdurre una preghiera che chiede perdono (cfr. anche 2 Sam 19,20; 19,27); ma una volta colta la relazione tra «dire» e «richiesta», si può comprendere che la sua funzione semantica è precisa e specifica.

campo semantico della preghiera, ha una collocazione precisa e una specifica funzione nella dinamica giuridica che stiamo esaminando: facciamo allusione ai concetti di «supplica» e di «intercessione», di cui segnaliamo la terminologia ebraica più ricorrente [8].

Il verbo *pll (Hitp)* [9] è il più frequentemente usato; è costruito con *l^e^* o *'el* (che indicano verso chi/che cosa è rivolta la supplica), e con *ba'ad* [10] o *'al* [11] (che indicano per chi/che cosa si prega): queste ultime preposizioni sono in genere l'indicatore grammaticale della «intercessione».

Con il verbo *'tr ('el/l^e^; e ba'ad)* si esprime la preghiera fatta nei tempi di calamità, talvolta da colui che esplicitamente si riconosce colpevole: al *Qal* (Es 8,26; 10,18; Giob 33,26) e allo *Hiphil* (Es 8,4.5.24.25; 9,28; 10,17; Giob 22,27) significa «pregare»; al *Niphal* (Is 19,22; 2 Cron 33,13.19) il verbo serve ad esprimere l'«esaudimento».

Più specifico appare il verbo *ḥnn (Hitp),* mediante il quale si dice la richiesta di grazia fatta da colui che è stato o si sente condannato (cfr. Est 4,8; 8,3); talvolta è in rapporto esplicito con la preghiera del peccatore (che si trova a subire le conseguenze della sua colpa) (cfr. 1 Re 8,33.47; Giob 8,5; 9,15).

I sostantivi *t^e^pillâ* (1 Re 8,49; 2 Re 20,5; Is 1,15; Dan 9,3.17.21; Neem 1,6.11; ecc.), *rinnâ* (Ger 7,16; 11,14; 14,12; Sal 106,44), *t^e^ḥinnâ* (1 Re 8,38.49; Ger 36,7; 37,20; Dan 9,20) e *taḥănûnîm* (Dan 9,3.17.18; 2 Cron 6,21) entrano in questa medesima serie paradigmatica.

---

[8] La terminologia della preghiera comprende altri termini oltre alla radice *pll*; e questa (come i suoi sinonimi d'altronde) non qualifica solo la preghiera che chiede perdono. Dipende quindi dal contesto stabilire la funzione di una determinata supplica e la sua interna articolazione. Ciò vale anche per il lessico di cui parleremo in seguito. Cfr. al proposito, D. R. Ap-Thomas, «Notes on Some Terms Relating to Prayer», *VT* 6 (1956) 226-241; C. Giraudo, *La struttura letteraria*, 98, 101.

[9] Cfr. J. F. A. Sawyer, «Types of Prayer in the Old Testament. Some Semantic Observation on *Hitpallel*, *Hitḥannen*, etc.», *Semitics* 7 (1980) 131-143.

[10] La preposizione *ba'ad* è usata con vari verbi o espressioni per indicare la preghiera intercessoria, non necessariamente «penitenziale» (cioè non necessariamente correlata alla confessione della colpa); con il verbo *pll* (*Hitp*): Gen 20,7; Num 21,7; Deut 9,20; 1 Sam 7,5; 12,19.23; 1 Re 13,6; Ger 7,16; 11,4; 14,11; 29,7; 37,3; 42,2.20; Sal 72,15; Giob 42,10; *nś' t^e^pillâ*: 2 Re 19,4 = Is 37,4; *'tr* (*Hi*): Es 8,24; *z'q*: 1 Sam 7,9; *bqš* (*Pi*) (con oggetto: Dio): 2 Sam 12,16; *drš* (con oggetto: Dio): 2 Re 22,13; Ger 21,2; 2 Cron 34,21; *kpr* (*Pi*): Es 32,30 (cfr., per quest'ultimo testo, S. Lyonnet, «Expiation et intercession. A propos d'une traduction de saint Jérôme», *Bib* 40 (1959) 885-901); e con altre espressioni ancora: Ez 22,30; Giob 6,22; 42,8.

[11] La preposizione *'al*, unita a *pll* (*Hitp*), è un sostituto di *'el* in 1 Sam 1,10; indica in generale il motivo della preghiera in Sal 32,6 e 2 Cron 32,20; significa «a favore di» (intercessione) in Giob 42,8; Neem 1,6; 2 Cron 30,18.

1.1.2. L'articolazione confessione – supplica [12]

Abbiamo visto in precedenza [13] come *ydh (Hitp)* fosse il termine tecnico per esprimere la confessione del peccato in contesto di liturgia penitenziale; ora, questo verbo, in alcune di queste grandi preghiere, è preceduto da *pll (Hitp)* (Esd 10,1; Neem 1,6; Dan 9,4.20). Questo è un primo modo per mostrare l'articolazione esistente tra confessione e richiesta.

Questa correlazione è inoltre confermata dal fatto che frequentemente i verbi di supplica sono giustapposti alla esplicita confessione della colpa. Diamo solo qualche esempio, sottolineando anche come la punizione in atto o minacciata (il *rîb* gestuale) solleciti e motivi la supplica:

- Num 21,7: «Il popolo venne a Mosé e disse: *Abbiamo peccato* perché abbiamo parlato contro il Signore e contro di te; *prega (pll)* il Signore che allontani da noi questi *serpenti*».
- 1 Re 8,47s: «Se nel paese in cui saranno *deportati* rientreranno in se stessi... supplicandoti (*ḥnn*)... dicendo: *Abbiamo peccato,* abbiamo agito da malvagi e da empi, se torneranno a te ... e ti *supplicheranno (pll) ...*».
- 1 Sam 12,19: «Tutto il popolo disse a Samuele: *Prega (pll)* il Signore tuo Dio per noi tuoi servi, che non abbiamo a *morire,* perché abbiamo aggiunto a tutti i nostri errori il *peccato* di avere chiesto per noi un re».

Si può vedere la stessa struttura anche in Es 9,28; 10,17; 1 Sam 7,3-6; Sal 32,5-6; Lam 3,41-42; ecc.

L'articolazione tra confessione della colpa e supplica per il perdono appare in modo manifesto soprattutto quando si esamina il contenuto delle suppliche stesse. La preghiera fatta da/per colui che è colpevole comporta essenzialmente due elementi: 1) la dichiarazione della propria colpa, espressa sotto forma di «indicativo»; 2) l'esplicita richiesta di essere perdonati, che ha la forma dell'imperativo. Il rapporto fra i due elementi è spesso sottolineato da una particella (l'avverbio *w*e*'attâ* o la congiunzione *kî*) [14] che indica la correlazione logica tra confessione e domanda.

---

[12] Riferendosi sia alle grandi preghiere penitenziali del post-esilio, sia ad altri numerosi testi dove è contenuta la confessione del peccato, M. Gilbert dice che è caratteristica la «struttura» «*aveu-prière*», spesso sottolineata dalla particella *w*e*'attâ* («La place de la Loi dans la prière de Néhémie 9», in: *De la Tôrah au Messie*, Mél. H. Cazelles, Paris 1981, 307-316). Il rapporto stretto tra confessione e richiesta di perdono è particolarmente manifesto nel Sal 51: cfr. E. R. Dalglish, *Psalm Fifty-One in the Light of Ancient Near Eastern Patternism*, Leiden 1962, 103-172.

[13] Cfr. p. 82.

[14] Dai testi citati appare come *w*e*'attâ* e *kî* articolino diversamente confessione e domanda:

a) confessione	+	*w*e*'attâ*	:	domanda di perdono
b) domanda di perdono	+	*kî*	:	confessione

Diamo qualche esempio allo scopo di illustrare la costanza del fenomeno nella varietà delle espressioni utilizzate:

– 1 Sam 25,24	:	(1) *bî 'ănî 'ădōnî he'āwōn ...*
25	:	(2) *'al nā' yāśîm 'ădōnî 'et libbô 'el 'îš habb^{e}liyya'al hazzeh*
– Es 10,16	:	(1) *ḥāṭā'tî l^{e}yhwh 'ĕlōhêkem w^{e}lākem*
17	:	(2) **w^{e}'attâ** *śā' nā' ḥaṭṭā'tî*
– 1 Sam 15,24	:	(1) *ḥāṭā'tî ...*
25	:	(2) **w^{e}'attâ** *śā' nā' 'et ḥaṭṭā'tî*
– 2 Sam 24,10	:	(1) *ḥāṭā'tî m^{e}'ōd 'ăšer 'āśîtî*
		(2) **w^{e}'attâ** *yhwh ha'ăber nā' 'et 'āwōn 'abd^{e}kā*
– 2 Sam 19,20	:	(2) *'al yaḥăšob lî 'ădōnî 'āwōn ...*
21	:	(1) **kî** *yāda' 'abd^{e}kā kî 'ănî ḥāṭā'tî*
– Sal 41,5	:	(2) *yhwh ḥonnēnî r^{e}pā'â napšî*
		(1) **kî** *ḥāṭā'tî lāk*
– Sal 51,3-4	:	(2) *ḥonnēnî 'ĕlōhîm k^{e}ḥasdekā ...*
5-6	:	(1) **kî** *p^{e}šā'ay 'ănî 'ēdā' ...* [15]

1.1.3. La funzione e l'efficacia della domanda di perdono

Parlando della confessione della colpa avevamo cercato di mostrare come l'evento giuridicamente significativo, nell'ambito della controversia, fosse l'apparire di una parola di *verità* riconosciuta concordemente dai contendenti. È questa verità che prosegue ora il suo dinamismo, mettendo progressivamente in luce le nascoste intenzionalità che si dispiegano nella contesa giuridica.

Abbiamo visto or ora come la confessione della colpa si articoli alla richiesta di perdono: la prima, all'indicativo, dichiara la verità; la seconda, all'imperativo, prospetta il da farsi nel futuro, così che il riconoscimento del «male» sia sensato e riveli la sua valenza positiva. Tra confessione e supplica che chiede il perdono vi è una connessione logica che vogliamo elucidare nel suo significato giuridico.

---

[15] Altri testi articolano l'indicativo della confessione della colpa all'imperativo della richiesta, dove questa chiede più in generale la liberazione dalla minaccia o dalla punizione (2 Re 18,14; Ger 14,20-21; 1 Sam 12,10; Giud 10,15; ecc.). Impressionante, per contrasto, è invece la correlazione posta fra i due indicativi di Lam 3,42:

naḥnû pāša'nû ûmārînû
'attâ lō' sālāḥtā.

a) *L'imperativo della richiesta*

Colui che domanda presenta la sua richiesta come un imperativo. Non si tratta certo di un «ordine», il quale è fondato nell'autorità legittima di colui che impersona la Legge; colui che confessa di essere nel torto nega anzi esplicitamente che sia la sua persona ad essere principio dell'azione dell'altro (altrimenti ne dovrebbe conseguire solo una giusta punizione). Il fondamento dell'imperativo contenuto nella supplica risiede nell'accusatore stesso, che è stato riconosciuto come «giusto»; la richiesta fa emergere infatti quale verità e quale giustizia erano impliciti nell'azione giuridica assunta dall'accusatore.

Può sembrare paradossale, ma è sempre di verità e giustizia che si tratta (cfr. Dan 9,16.18; Esd 9,15; Bar 2,19), anche se — abitualmente — si è portati a pensare che per il perdono debbano intervenire altre «virtù» e altri principi. Noi riteniamo invece che la richiesta di perdono ha la funzione di rendere esplicita la *intenzionalità* della azione giusta promossa dall'accusatore.

Nessuno mette in questione che l'accusa sia giusta; ma la supplica per il perdono rivela se l'accusatore era mosso dall'*odio* nella sua rivendicazione, se la sua «giustizia» era puramente esterna senza desiderio di relazione e di vita con l'altro [16]. La certezza dell'aver ragione porterà allora colui che è oggettivamente innocente a infierire contro il colpevole, lo porterà a «giustificarsi» pienamente mediante la esemplare condanna del reo, fino a desiderare e attuare la sua soppressione in modo da apparire come l'unico giusto degno di vivere. L'odio si riveste di giustizia per essere irreprensibile, e si serve della colpa dell'altro per dispiegare la sua potenza di morte; ma la confessione della colpa e la richiesta di perdono lo smascherano, perché lo denunciano come una giustizia che non ha le finalità della giustizia.

---

[16] La Scrittura, come è noto, comprende l'atto del *perdono*, accordato dall'offeso, come una manifestazione di amore (Sal 51,3; 103, 8-14; Dan 9,9; Neem 9,31; ecc.). Si può quindi ragionevolmente dedurre che il *rifiuto del perdono* — quando tutte le necessarie condizioni fossero presenti — costituisca il segno di un animo posseduto dall'*odio*, cioè dal desiderio della morte dell'altro.

È da notare per altro che la radice *śn'* (odiare), frequentemente usata per qualificare il persecutore malvagio che si accanisce *contro l'innocente* (= odio ingiusto: Gen 37,4-8; Sal 25,19; 34,22; 35,19; 38,20-21; 69,5; 109,3; ecc.), è pure utilizzata, con valore positivo, quando si tratta di una azione rivolta *contro il malfattore* (= odio giusto: detto di Dio: Ger 12,8; Sal 5,6-7; 11,5; Prov 6,16-19; detto dell'uomo: Sal 119,113; 139,21-22; Prov 13,5): in quest'ultimo caso, l'odio esprime la non connivenza con il male e il desiderio del fare giustizia.

L'*amore* che perdona il *malfattore* ci sembra trovi una precisa formulazione nell'Antico Testamento solo per quanto riguarda Dio; nel messaggio cristiano, compimento della logica veterotestamentaria, esso è proposto altresì all'uomo come realizzazione della perfetta giustizia (Matt 5,20-26.43-48).

Vediamo invece l'atteggiamento opposto: se l'accusatore era mosso dall'*amore* nella sua azione, cioè dal desiderio del bene altrui e di una comunione nella reciproca verità, quando si trova di fronte alla dichiarazione che attesta questa verità e alla domanda di ristabilire la comunione, egli può rivelarsi, *senza ambiguità,* nella sua dimensione di perdono. Se egli perdonasse senza accusare, assomiglierebbe a colui che è connivente col male; se perdonasse senza confessione della colpa, promuoverebbe una relazione senza coscienza della verità; e se perdonasse senza richiesta, la comunione sarebbe imperfetta, perché non voluta da entrambe le parti.

b) *Le motivazioni della richiesta di perdono*

Nel nostro studio, abbiamo presentato la supplica per il perdono in modo schematico, astraendola non solo dal contesto, ma anche dall'insieme delle altre parole che la accompagnano e la sostengono. Ciò è stato fatto non perché queste ultime siano meno importanti, ma perché meno facilmente organizzabili in un paradigma che dovrebbe ricevere il titolo di «*motivazioni della richiesta*». Se la domanda di perdono assume una forma letteraria sostanzialmente identica pur in diverse situazioni, le motivazioni dispiegano al contrario una varietà di temi e di espressioni che sono consoni alle multiformi caratteristiche dei contendenti e delle loro storie.

Con una forte riduzione logica, tentiamo tuttavia di formalizzare le motivazioni in due gruppi principali, tenendo soprattutto presenti i testi in cui i litiganti sono Dio e il popolo di Israele, anche perché sono quelli in cui la richiesta di perdono è più frequente e più riccamente motivata. L'espressione *w*^{e}*'attâ,* che introduce spesso la richiesta di perdono, ci consente, a causa della sua connotazione temporale, di rivolgere la nostra attenzione alle motivazioni che si situano nel *passato* e nel *futuro.*

Chi supplica fa intervenire il ricordo della storia intercorsa tra i due che ora si trovano in lite: questa evocazione del passato ha come effetto di evidenziare quale è la natura di ognuno rivelatasi negli atti compiuti. In riferimento al partner innocente, ciò mostra che è caratteristico del suo essere il volere la relazione e impegnarsi senza cedimenti perché essa sussista. Il partner colpevole, narrando la storia della «alleanza» dice a colui che è «giusto» che appartiene alla sua struttura l'essere fedele a quanto lui stesso ha principiato; vi sarebbe infatti contraddizione nella sua giustizia se venisse meno, *per sua decisione,* a ciò che ha mostrato di desiderare e promuovere come espressione della sua natura di soggetto spirituale.

Volgendo poi lo sguardo al futuro, il colpevole prospetta una situazione in cui, a causa del perdono accordato, sarà possibile il riconoscimento perfetto della natura del «giusto», che si esprime nella lode

(Sal 51,16-17; 106,47). Questa non è solo un complimento che gratifica superficialmente chi è stato «bravo»; essa esprime, da una parte, l'esperienza di vita gioiosa che, in colui che è reo, indica l'uscita dalla condizione di morte; per colui che è innocente, d'altra parte, è la realizzazione di quella comunione nella quale vi è la felicità perfetta. Se il perdono invece non viene accordato, quale sarà il futuro? Polvere, sheol, morte possono forse significare il terribile potere distruttore del male (cfr. 2 Sam 14,14), ma la vita, che si esprime nel canto di lode, non sarà per nessuno manifestata e promossa (cfr. Is 38,18; Sal 6,6; 30,10; 88,11-13)[17].

Significativo, al proposito, è il riferimento che il colpevole sotto accusa fa a dei «testimoni» della contesa giuridica in atto; ci riferiamo in particolare alla menzione di cosa diranno gli altri, le nazioni, coloro che hanno visto sorgere la relazione fra i due partner, hanno assistito alla loro controversia, e saranno spettatori della sua conclusione. Abbiamo visto che l'accusatore nel suo *rîb* faceva riferimento a dei testimoni-arbitri, chiamati ad appoggiare e garantire l'obiettività della sua parola e della sua azione giuridica (e fra questi testimoni — nelle controversie tra YHWH e Israele — sono menzionate a volte proprio le nazioni pagane)[18]. Ora, al momento della richiesta di perdono, questi stessi testimoni diventano un argomento a favore di chi supplica, poiché essi riconosceranno la giustizia di Dio, il senso della sua storia di relazione con il popolo di Israele solo nella misura in cui vedranno apparire segni di vita superiori alla logica di morte prevista dalla esclusiva considerazione della colpa (Es 32,12; Num 14,13-16; Deut 9,28; cfr. anche Deut 32,27; Ez 20,9).

Quando si parla di motivazioni, si intende che chi parla introduce degli argomenti atti a mostrare la verità del suo assunto, così da convincere l'altro che è giusto quanto egli afferma. Non si tratta quindi tanto di abilità retorica o di astuzia servile e interessata, ma di un discorso in cui si rivelano sapienza e senso dell'umanità; in fin dei conti, si deve giudicare quale parola esprime verità e autentico senso di giustizia.

Il *rîb* di accusa metteva in gioco una serie di motivazioni per convincere l'altro della ineluttabile prospettiva della giusta punizione; la supplica per il perdono cerca i motivi per la soluzione opposta che è quella della giusta clemenza. Se l'accusa guardava al reo, la richiesta di perdono guarda all'innocente (Num 14,9; Sal 51,3; Neem 9,32; 2 Cron 30,18; ecc.) e tende a riassumere tutte le sue argomentazioni con un semplice: perdona perché tu sei giusto, perdona per il tuo nome, perdona perché tu sei tu (cfr. Is 43,25), perché tu possa compiere fino in fondo la giustizia che ti appartiene come soggetto (Ger 14,7.21; Sal 25,11; 79,9; Dan 9,19).

---

[17] Cfr. C. WESTERMANN, *Das Loben Gottes in den Psalmen*, Göttingen 1954, 116-120.
[18] Cfr. pp. 68-69.

Certo, chi supplica volge talvolta anche lo sguardo su di sé, adducendo ciò come una attenuante: il reo è uno stolto, che ha agito senza rendersi conto di quello che faceva (Num 12,11; 1 Sam 25,25; 26,21; Sal 32,6; ecc.). Questa attenuante è delicata da maneggiare, e rappresenta un'arma a doppio taglio: può infatti far apparire il reo ancora più drammaticamente collegato con il suo reato, assimilandolo ad un animale (Sal 32,9; cfr. Is 1,3; Ger 2,23; Sal 49,21; 73,22) il cui solo principio di comportamento è una spontanea istintualità, che — se malvagia — non ha in sé alcun correttivo. E pur tuttavia, gli elementi di stoltezza diventano motivo di perdono nella misura in cui — riconosciuti come tali — fanno appello al «giusto» (Giona 4,11) che deve rivelarsi saggio in una tale situazione; il rischio della follia è di coinvolgere infatti l'innocente nella sua spirale insensata e distruttiva (1 Sam 25,31).

1.1.4. L'intercessione [19]

Fra gli strumenti che servono a convincere l'innocente a perdonare, un ruolo speciale è da riservare all'*intercessione*. La particolarità di questa supplica è di essere fatta a nome del colpevole da uno che colpevole non è.

L'intercessione esercita tanto più efficacemente il suo ruolo quanto più assume la causa del reo, e, facendosi carico della sua colpa, afferma una totale solidarietà con la persona e il destino del colpevole. Da questo punto di vista l'intercessione significa che il perdono è già stato attuato da un soggetto umano: infatti non sarebbe possibile la preghiera di solidarietà se non si fosse accondisceso a superare la barriera della colpa. Chi intercede sa benissimo che il reato è stato commesso, e non è affatto connivente con esso; è molto significativo, a questo proposito, rilevare che le grandi figure di intercessori, nella tradizione biblica, sono proprio coloro che erano i portavoce dell'accusa: da Mosè — sia nei confronti del Faraone (Es 8,4; 9,28s; 10,17s) che del popolo di Israele (Es 32,11-14.30-32; Num 14,13-19; 21,7; Deut 9,25-29) — a Samuele (1 Sam 12,23; Ger 15,1) e ai profeti (Ger 7,16; 11,14; 14,11; Am 7,2.5) [20], inviati per denunciare il peccato e minacciare la sua proporzionata punizione. Ora, se il colpevole riesce a ottenere (per sua richiesta, talvolta solo implicita) che il rappresentante dell'accusa muti funzione nella dinamica del *rîb* e diriga la sua parola non più contro di lui, ma a suo favore,

[19] Sul tema dell'intercessione, cfr. N. Johansson, *Parakletoi*, Lund 1940, 3-62; H. Reventlow, *Liturgie und prophetisches Ich bei Jeremia*, Gütersloh 1963, 140-205; A. B. Rhodes, «Israel's Prophets as Intercessors», in: *Scripture in History and Theology*, Fs. J. C. Rylaarsdam, Pittsburgh 1977, 107-128; E. Jacob, «Prophètes et Intercesseurs», in: *De la Tôrah au Messie*, Mél. H. Cazelles, Paris 1981, 205-217; S. E. Balentine, «The Prophet as Intercessor: A Reassessment», *JBL* 103 (1984) 161-173.

[20] Cfr. W. Brueggemann, «Amos' Intercessory Formula», *VT* 19 (1969) 385-399.

diventando l'interprete della difesa, egli può ragionevolmente supporre che non vi sarà più alcuna voce ad accusarlo, ed egli potrà fruire della gioia del perdono.

Questa dualità di funzioni all'interno dello stesso personaggio storico (l'intercessore) non deve meravigliare, perché si tratta di un cambiamento proporzionato al mutare dell'accusato stesso e della logica che deve rivelarsi nella procedura giuridica della controversia. Il fatto che questa duplice formalità giuridica (l'accusa = parola contro; e l'intercessione = parola a favore) prenda corpo in una medesima persona rende questa persona *mediatore* della riconciliazione e della alleanza che ne consegue[21]. Ancora più precisamente, si può affermare che quest'unica persona è già il segno di una comunione tra il colpevole e l'innocente, segno della impossibile unità che chiamiamo riconciliazione. Egli infatti mostra storicamente realizzato il fatto che il giusto può in verità fare della sua giustizia il principio di salvezza e di giustificazione di ogni soggetto umano, rendendo attuale nel mondo una vita di relazione che ha vinto la logica della morte[22].

1.2. *La richiesta gestuale*

Nel paragrafo precedente abbiamo visto come si situa e si struttura il sistema della *parola* che chiede perdono; ora vediamo il sistema parallelo e complementare che ha per luogo espressivo il *corpo* di colui che si dichiara colpevole.

Riprendendo il racconto di 1 Sam 25, possiamo facilmente osservare che la preghiera di Abigail è fatta in un atteggiamento esteriore di grande umiltà: «Appena Abigail vide Davide, smontò in fretta dall'asino, *cadde con la faccia davanti a Davide e si prostrò a terra. Cadde ai suoi piedi* e disse...» (vv.23-24). Ciò corrisponde evidentemente alla disposizione interiore e alla parola pronunciata che riconosce la colpa e invoca clemenza.

Abigail inoltre si era preoccupata di portare con sé «duecento pani, due otri di vino, cinque arieti preparati, cinque misure di grano tostato, cento grappoli di uva passa e duecento schiacciate di fichi secchi» (v.18),

---

[21] Un'ampia trattazione del concetto di «mediatore» nell'Antico Testamento si trova in J. SCHARBERT, *Heilsmittler im Alten Testament und im Alten Orient*, QDisp 23/24, Freiburg i.Br. 1964.

[22] Quando parliamo di «logica della morte» intendiamo riferirci al fatto che il reato, come atto di violenza, non solo pone nel reale un segno di morte, ma fa giuridicamente appello ad una azione «proporzionata» di punizione. L'accusa che si pone al di fuori della prospettiva della riconciliazione persegue una giustizia che paradossalmente vuole negare il segno di morte mediante un altro segno di morte corrispondente al primo, come se, dal male (e dalla morte), non potesse venire che male (e morte).

che ora, nella sua preghiera, offre a Davide e alla sua gente come dono (v.27). L'abbondanza e la varietà dell'offerta indicano che non si tratta solo di un gesto di cortesia: vi si può leggere senz'altro la preoccupazione di riparare l'atto stolto e gretto compiuto da Nabal, e la volontà di mostrare una propria disponibilità ad una relazione di amicizia. Davide infatti «prese *dalle mani di lei* quanto gli aveva portato e le disse: Torna a casa in pace» (v.35). La mano di Davide lascia la spada per ricevere dalla mano di Abigail l'offerta della riconciliazione; e la controversia si conclude pacificamente [23].

Nei *rîb* che intervengono fra uomini o in quelli che coinvolgono Dio e Israele, al momento della richiesta di perdono vediamo apparire una serie complessa di gesti che coinvolgono la totalità del corpo del supplicante. Elenchiamo e descriviamo ora brevemente questi atti esterni che accompagnano la preghiera, rinviando alla fine del paragrafo la considerazione sul loro senso globale e sulla loro funzione giuridica.

1.2.1. La prostrazione [24]

Uno degli atti più comuni per significare la richiesta di perdono è quello di buttarsi a terra, ai piedi di colui a cui si chiede grazia. Atto che dichiara la propria indegnità (colpa), è *atto di supplica* per eccellenza, in quanto esprime la sottomissione alla decisione che viene dall'altro.

Vari sono i termini ebraici usati per indicare sostanzialmente lo stesso atto:

– *npl* 1 Sam 25,23 (*ʿal pānèhā*). 24 (*ʿal raglâw*);
2 Sam 19,19 (*lipnê hammelek*);
Gen 44,14 (*lepānâw ʾārṣâ*); 50,18 (*lepānâw*);
cfr. anche, allo *Hitp.*, Deut 9,25 (*lipnê yhwh*).

– *qdd* Es 34,8 (*ʾārṣâ*); Num 22,31.

– *krʿ* Esd 9,5 (*ʿal birkay*)

---

23 La controversia ha un primo momento di pacifica conclusione riscontrabile nella frase pronunciata da Davide: «Risali in pace a casa tua. Vedi, ho ascoltato la tua parola e avuto riguardo alla tua persona» (1 Sam 25,35). Il segno definitivo di riconciliazione dovrebbe essere ravvisato poi nel matrimonio tra Davide e Abigail, dopo la morte di Nabal (vv.39-42).

24 Ribadiamo ancora una volta una questione di metodo. Quando diciamo che la prostrazione (con il vocabolario corrispondente) interviene come atto di richiesta di perdono, non intendiamo affatto dire che essa *sempre* ha tale significato. Ciò che ci interessa è mostrare come tale atto (che indica in generale sottomissione, rispetto, riverenza) riceve — per la sua collocazione nella struttura che stiamo esaminando — un significato e una funzione specifici. Ciò vale anche per tutti gli altri gesti «penitenziali» e per il lessico che li esprime.

– *ḥwh* (*Eštaf*)[25] 1 Sam 25,23; Es 34,8; Neem 9,3; Num 22,31 (*le'appâw*)
– *kpp* (*Ni*) Mi 6,6; (*Qal*): Is 58,5; cfr. anche Sal 145,14; 146,8.

1.2.2. Il pianto; il digiuno; il vestito penitenziale; la polvere e la cenere[26]

Riuniamo in questo unico paragrafo manifestazioni diverse dell'atteggiamento penitenziale: esse si trovano per lo più congiunte fra loro, ma, anche isolatamente, possono esprimere la confessione del peccato e la richiesta di perdono. Questi gesti hanno avuto una consacrazione «liturgica», che li ha formalizzati e ritualizzati.

La nostra presentazione sarà schematica perché trattiamo di fenomeni assai noti; i testi citati sono quelli in cui il gesto non viene associato agli altri elencati nel titolo di questo paragrafo (per una visione più completa, cfr. il quadro riassuntivo alla fine del paragrafo).

a) *Il pianto (bkh)*[27], in questo nostro contesto, è l'espressione corporea del pentimento: dice l'interiore esperienza della colpevolezza e il dolore del rimorso[28]. Frequentemente associato alla terminologia del lutto

[25] Seguiamo, su questo punto, HALAT (cfr. anche R. MEYER, *Hebräische Grammatik*, Berlin 1966-1972, § 72,1d e 82,5c). Attribuiscono invece a *šḥh* (*Hitpa'lel*): GESENIUS, ZORELL, BDB (cfr. anche GK 75 kk; e JOÜON 79 t). Una ulteriore discussione su questo problema filologico si può vedere in J. A. EMERTON, «The Etymology of *hištaḥawāh*», *OTS* 20 (1977) 41-55; e S. KREUZER, «Zur Bedeutung und Etymologie von *hištaḥawāh/yšt̮ḥwy*», *VT* 35 (1985) 39-60.

[26] Fra i riti penitenziali, indichiamo quelli che ricorrono più frequentemente. A questi atti si accompagnano talvolta altri gesti con significato analogo o complementare: cfr. ad esempio, la lustrazione (1 Sam 7,6; Sal 51,9), lo strapparsi o il radersi capelli e barba (Is 15,2; 22,12; Ger 7,29; 41,5; Ez 7,18; Mi 1,16; Esd 9,3), il farsi delle incisioni sul corpo (Ger 41,5; 48,37; Os 7,14), il battersi il petto o la coscia (Is 32,12; Ger 31,19; Ez 21,17).

Da notare che questo «rituale» è sostanzialmente quello del *lutto* (cfr. 2 Sam 1,11-12; 3,31-35; Ger 6,26; Ez 24,16-17; 26,16-17; 27,30-32; Am 8,10).

Fra gli studi sull'argomento segnaliamo: P. HEINISCH, *Die Trauergebräuche bei den Israeliten*, BZfr 13 F., 7/8, Münster 1931; H. W. WOLFF, «Der Aufruf zur Volksklage», *ZAW* 76 (1964) 48-56; E. KUTSCH, «'Trauerbräuche' und 'Selbstminderungsriten' im Alten Testament», in: K. LÜTHI, E. KUTSCH, W. DANTINE, *Drei Wiener Antrittsreden*, ThSt 78, Zürich 1965, 23-42; J. GIBLET, «Pénitence», *DBS* VII, Paris 1966, 631-632; E. LIPIŃSKI, *La liturgie pénitentielle dans la Bible*, LDiv 52, Paris 1969, 27-41; E. de WARD, «Mourning Customs in 1,2 Samuel», *JJS* 23 (1972) 1-27; 145-166; M. I. GRUBER, *Aspects of Nonverbal Communication in the Ancient Near East*, Studia Pohl 12, II, Roma 1980, 401-479.

[27] Cfr. J. L. PALACHE, «Über das Weinen in der jüdischen Religion», *ZDMG* 70 (1916) 251-256; E. DE MARTINO, *Morte e pianto rituale nel mondo antico*, Torino 1958; F. F. HVIDBERG, *Weeping and Laughter in the Old Testament*. A Study of Canaanite-Israelite Religion, Leiden–København 1962, soprattutto pp. 98-146; T. COLLINS, «The Physiology of Tears in the Old Testament», *CBQ* 33 (1971) 18-38; 185-197.

[28] F. STOLZ, «*bkh* weinen», *THAT* I, 314.

(*'bl*)[29] e della lamentazione (*spd, nwd,* ecc.)[30], il pianto sembra indicare anche che la disgrazia è già una realtà in atto[31]. Cfr. Deut 1,45; 1 Sam 24,17; Is 30,19; Ger 14,17.

b) *Il digiuno (ṣwm)*[32], una delle pratiche collegate con il lamento funebre (1 Sam 31,13; 2 Sam 1,12; ecc.), è presente — nella prospettiva che ci interessa — solo quando si tratta di *rîb* in cui Dio è soggetto attivo dell'accusa e della punizione. Simbolo di una vita in pericolo, il digiuno dichiara che il futuro è chiuso se non interviene la parola consolatrice di salvezza. Cfr. 1 Sam 7,6 (con un rito di lustrazione); 1 Re 21,9; Ger 36,9; Gioele 1,14; 2,15; Zac 8,19.

c) *Il vestito,* ancor più degli atti sopra elencati, interviene nelle manifestazioni di penitenza per sottolinearne l'aspetto pubblico[33]. Le vesti vengono stracciate (*qr'*), si indossa il sacco (*śaq*). Condizione di chi è sconfitto (1 Sam 1,2), riconoscimento della miseria presente (2 Sam 13,19; cfr. Mi 1,8), il vestito lacero o meschino è come l'abito liturgico che qualifica il tipo di preghiera che chiede perdono e clemenza. Cfr. 2 Re 19,1s; Ger 4,8; 36,24.

d) *La polvere e la cenere ('āpār, 'ēper),* sparse sul capo, manifestano una particolare condizione di miseria, forse perché il penitente si identifica,

---

[29] Cfr. in particolare E. Kutsch, «Trauerbräuche», 35-37.

[30] Cfr. E. de Ward, «Mourning Customs in 1,2 Samuel», *JJS* 23 (1972) 1-5, 155-159.

[31] V. Hamp, «*bākâ*», *TWAT* I, 640-642.

[32] E. Lipiński ricorda le altre pratiche generalmente connesse con il digiuno, quali l'astensione sessuale, il divieto di profumarsi e di esercitare attività lucrative (*La liturgie pénitentielle*, 29). Sul rituale e senso del digiuno, cfr. J. Behm, *TWNT* IV, 925-935; K. Hruby, «Le Yom ha-kippurim ou Jour de l'Expiation», *OrSyr* 10 (1965) 43-74, 161-192, 413-442; R. Arbesmann, «Fasten», *RAC* VII, Stuttgart 1969, soprattutto cc. 451-456; *id.*, «Fasttage», *ibid.*, 501-503; P. Gerlitz, «Religionsgeschichtliche und ethische Aspekte des Fastens», in: *Ex Orbe Religionum*, Fs. G. Widengren, II, Leiden 1972, 255-265; F. Stolz, «*ṣūm* fasten», *THAT* II, 536-538; H. A. Brongers, «Fasting in Israel in Biblical and Post-Biblical Times», *OTS* 20 (1977) 1-21 (in particolare, pp. 10-13); S. Ph. de Vries, *Jüdische Riten und Symbole*, Wiesbaden 1981, 135-145.

[33] Il significato ultimo del rituale penitenziale concernente il vestito è variamente interpretato (cfr. A. Lods, *La croyance à la vie future et le culte des morts dans l'antiquité israélite*, Paris 1906, 88-99; E. Haulotte, *Symbolique du vêtement selon la Bible*, Paris 1966, 114ss); ci sembra comunque che non possa essere escluso l'intento di manifestare pubblicamente il proprio stato miserando, inducendo gli altri ad avere pietà. A questo proposito possiamo citare 1 Re 20,31s: «I ministri (di Ben-Adad) gli dissero: «Ecco, abbiamo sentito che i re d'Israele sono re *clementi* (*malkê ḥesed hēm*). Indossiamo *sacchi* (*nāśîmâ nā' śaqqîm*) ai fianchi e mettiamoci corde sulla testa e usciamo incontro al re d'Israele. *Forse ci lascerà in vita!*». Si legarono sacchi ai fianchi e corde sulla testa, quindi si presentarono al re d'Israele e dissero: «Il tuo servo Ben-Adad dice: Su, lasciami in vita!». Quegli domandò: «È ancora vivo? Egli è mio fratello!».

per così dire, con l'elemento che è segno della morte[34] (Gen 3,19; Is 26,19; Sal 7,6; 22,16; 103,14; Giob 7,21; ecc.). Cfr. Giob 2,8; 42,6[35]; Lam 3,28-29; ed anche Gen 18,27; 30,19.

1.2.3. Il «risarcimento» e il dono

Chi supplica e cerca di farsi perdonare accompagna la sua preghiera con dei doni che, da una parte, rappresentano una forma di risarcimento per il torto arrecato, e, dall'altra, sono come una richiesta di pacifica soluzione.

In primo luogo, se si presenta qualcosa all'accusatore adirato, gli si presenta ciò che gli è gradito, ciò che — almeno simbolicamente — si oppone direttamente al misfatto che aveva scatenato il *rîb*. Si ripara al male compiuto mediante la «restituzione» (proporzionata), prima di esservi obbligati con la forza; si restituisce qualcosa, e si ristabiliscono le condizioni precedenti. Non solo: si offre in abbondanza, con generosità, nella consapevolezza della gravità della situazione, causata dalla gravità dell'atto precedentemente compiuto: ci si «ingrazia» così l'offeso.

In secondo luogo, l'atto della offerta significa che si domanda una soluzione di pace: chi accetta il dono acconsente di fatto alla supplica, chi rifiuta il dono prosegue nella sua dimensione di collera aggressiva.

Ciò avviene nelle controversie fra uomini[36], ma abbiamo l'analogo nei *rîb* tra Dio e il suo popolo: qui si fa ricorso alle vittime sacrificali (il cui profumo «è gradito» a Dio), e, più generalmente, agli atti di culto che si suppone manifestino liturgicamente la conversione, la riparazione e l'offerta di riconciliazione[37].

---

[34] Cfr. M. Jastrow (Jr.), «Dust, Earth and Ashes as Symbols of Mourning among the Ancient Hebrews», *JAOS* 20 (1900) 133-150; N.H. Ridderbos, «*ʿāpār* als Staub des Totenortes», *OTS* 5 (1948) 174-178. Scrive H. Lesêtre: «En signe de deuil, on se jetait de la poussière sur la tête... La poussière implique l'idée de la fragilité et surtout celle de la mort. Elle convenait donc bien à l'expression d'un chagrin qui entamait la vie» (*DB* V, 588-589).

[35] Per Giob 42,6, cfr. D. Patrick, «The Translation of Job XLII 6», *VT* 26 (1976) 369-371.

[36] Ricordiamo alcuni episodi: Abimelek fa dono (*ntn*) ad Abramo di greggi e armenti, schiavi e schiave, oltre a mille pezzi d'argento come risarcimento per avergli preso Sara (Gen 20,14-16); Abramo, che senza motivo ha accusato Abimelek per una questione di pozzi, gli dona (*ntn*) greggi e armenti (Gen 21,27); Giacobbe, che sa di aver offeso Esaù, pensa di riconciliarsi il fratello con un ricco dono (*minḥâ*) (Gen 32,21); i fratelli di Giuseppe portano, oltre al denaro, un regalo (*minḥâ*) per ottenere la scarcerazione di Simeone e porre fine alla controversia (Gen 43,11). Cf. inoltre l'episodio di Abigail con Davide (1 Sam 25,27).

[37] Cfr. D. Schötz, *Schuld- und Sündopfer im Alten Testament*, BSHT 18, Breslau 1930; R.J. Thompson, *Penitence and Sacrifice in Early Israel outside the Levitical Law*, Leiden 1963; R. de Vaux, *Les sacrifices de l'Ancien Testament*, Cahiers de la Revue

Per quanto concerne il vocabolario ebraico, indichiamo la terminologia più ricorrente:

- *minḥâ*[38] Gen 32,14.19.21s; 33,10[39]; 43,11.15.25s; 1 Sam 3,14; Is 1,13; 43,23; Ger 14,12; 41,5; Am 5,22; Mal 1,10; 2,13; Sal 40,7
- *mattān* Gen 34,12; Prov 21,14 (18,16; 19,6)
- *b^erākâ* Gen 33,11; 1 Sam 25,27
- *kōper*[40] Giob 33,24

Quanto ai verbi, meritano particolare attenzione:

a) la terminologia dell'offerta:

- *ntn* Gen 20,14.16; 21,27; 34,11s; 1 Sam 25,27; 1 Re 18,14-16
- *bw' (Hi)* *minḥâ* Gen 43,26; Is 1,13; Ger 41,5
  » *b^erākâ* 1 Sam 25,27

b) a cui corrisponde la terminologia dell'accettazione:

- *lqḥ* 1 Sam 25,35; Sal 50,9; Gios 9,14
  » *minḥâ* Gen 33,10; Mal 2,13
  » *b^erākâ* Gen 33,11

Biblique 1, Paris 1964, 28-48; R. Schmid, *Das Bundesopfer in Israel.* Wesen, Ursprung und Bedeutung der alttestamentlichen Schelamim, StANT 9, München 1964; N.H. Snaith, «The Sin-Offering and the Guilt-Offering», *VT* 15 (1965) 73-80; A. Charbel, *Zebaḥ š^elamîm: Il sacrificio pacifico; nei suoi riti e nel suo significato religioso e figurativo*, Jerusalem 1967; A. Schenker, *Versöhnung und Sühne*, Freiburg 1981, 102-116; D. Kidner, «Sacrifice — Metaphors and Meaning», *TyndB* 33 (1982) 119-136.

[38] D.J. McCarthy afferma: «Tribute, commonly expressed by *minḥâ* in Hebrew, is a tax levied on vassal *as a consequence* of the relationship established by a vassal alliance». Diverso dal tributo è un'altra specie di dono il quale «aims at disposing a power to join the petitioner: it *precedes* the alliance. We might call it a bribe, and in fact in Hebrew it is called *šōḥad* in 1 K XV 19; 2 K XVI 8» («Hosea XII 2: Covenant by Oil», *VT* 14 [1964] 216-217). Noi riteniamo importante la distinzione tra il dono (gratuito) che precede l'alleanza e il tributo (imposto) che è la conseguenza di un determinato rapporto di vassallaggio; non ci pare tuttavia che il termine *minḥâ* significhi prevalentemente tributo. Quanto a *šōḥad*, se ne tratterà ampiamente al cap. 5, discutendo anche la «critica» alle compensazioni sacrificali nelle controversie tra Dio e Israele.

[39] Sul rapporto tra Giacobbe ed Esau, cfr. J.P. Fokkelman, *Narrative Art in Genesis*, Assen 1975, 204-208, 223-230.

[40] B.S. Jackson sostiene che il *kōper* (compensazione monetaria) era largamente usato in Israele, perfino nel caso di omicidio (*Essays in Jewish and Comparative Legal History*, Leiden 1975, 43-46, 91-93).

– *rṣh*[41] Gen 33,10; Ger 14,10; Mi 6,7; Mal 1,8
» *minḥâ* Ger 14,12; Am 5,22; Mal 1,10

Per il sostantivo *rāṣôn,* cfr. Ger 6,20; Is 58,5

– *ḥpṣ* Is 1,11
» *minḥâ* Sal 40,7

Per il sostantivo *ḥepeṣ,* cfr. Mal 1,10.

1.2.4. Quadro riassuntivo della richiesta di perdono

Non è assolutamente possibile fornire la totalità dei testi che presentano degli elementi da inserire in questo momento paradigmatico della procedura giuridica che abbiamo definito «richiesta di perdono»; ed è difficile o arbitrario scegliere quei passi che sarebbero «più importanti». Il nostro scopo è duplice, e in base ad esso abbiamo operato una selezione che non ha altro valore che di fornire una certa garanzia testuale: 1) mostrare l'abbondanza dei testi, e la varietà delle situazioni e dei momenti storici e letterari; 2) indicare la correlazione esistente tra le varie espressioni dell'atteggiamento penitenziale pur nella varietà dei collegamenti.

	SUPPLICA[42]	PROSTRAZ.	PIANTO	DIGIUNO	VESTITO	POLVERE	OFFERTA
Gen 44	(18-34) *	14			13		(33)
Gen 50	17	18					18
Es 34	9 *	9					
Num 14	13-19 *	5			5		
Deut 9	26-29 *	18.25		18			
Gios 7	7-9 *	6.10			6	6	
Giud 2			4				5
Giud 20			26	26			26
1 Sam 7	5.8s			6			9-10
1 Sam 25	24-31 *	23-24					27
2 Sam 12	16		21.22	16.21-23	16		

[41] E. WÜRTHWEIN fa notare l'uso specificatamente cultuale di *rṣh* e *ḥpṣ* («Kultpolemik oder Kultbescheid? Beobachtungen zu dem Thema 'Prophetie und Kult'», in: *Tradition und Situation.* Studien zur alttestamentlichen Prophetie, Fs. A. WEISER, Göttingen 1963, 115-131). Cfr. anche R. RENDTORFF, *Studien zur Geschichte des Opfers im Alten Israel,* WMANT 24, Neukirchen 1967, 253-260.

[42] Nella colonna della «supplica» l'*asterisco* significa che il testo ebraico riporta il contenuto esplicito della preghiera.

	SUPPLICA	PROSTRAZ.	PIANTO	DIGIUNO	VESTITO	POLVERE	OFFERTA
2 Sam 19	20-21 *	19					(21)
1 Re 20	32 *				31-32		34
1 Re 21				27	27		
2 Re 22			19		11.19		
Is 22			12	(13)	12		
Is 58	(9)	(5)		3-6	5	5	
Ger 6					26	26	
Ger 14	11			12			12
Ger 41			6		5		5
Ez 7				19	18		
Gioele 1			5		8		
Gioele 1	(14)			14	13		
Gioele 2	17 *		12.17	12.15	13		
Giona 3	8			5.7	5.6.8	6	
Mi 1			10		8	10	
Mi 6		6					6-7
Zac 7	2		3	(3).5			
Mal 2			13				13
Sal 35	13	14		13	13		
Sal 50	14-15						8-13
Sal 69	14		(11)	11	12		
Sal 102	2ss		10	5		10	
Giob 2			12		12	12	
Lam 2	18-22		11.18		10	10	
Est 4			3	3	1.3	1.3	
Est 8		3	3				
Esd 9-10	9,5-15 * 10,1	9,5 10,1	10,1	10,6	9,3.5		(9,5)
Neem 1	4-11 *		4	4			
Neem 9	5-37 *	3		1	1	1	
Dan 9	3-19 *			3	3	3	(21)

1.2.5. Significato delle gestualità corporee

I gesti compiuti dal penitente sono dei gesti esteriori, rapportabili quindi pertinentemente all'ambito giuridico; il loro primo significato è di esprimere senza reticenze la confessione della colpa. Il colpevole infatti, coinvolgendo la totalità della sua persona, conferma di «non tenere nascosto il suo peccato»; l'esporre pubblicamente la condizione di reo corrisponde alla natura del reato che in modo più o meno manifesto ha coinvolto il corpo sociale nella minaccia punitiva. Si noti d'altra parte che l'atto penitenziale pubblico crea dei testimoni i quali saranno portati a «giudicare» il gesto che l'offeso-accusatore compirà nei confronti del colpevole pentito.

La gestualità corporea non è solo espressione di colpevolezza, è anche richiesta di perdono; il «reo confesso» mostra — in modo simbolico — che la minaccia è su di lui e lo sta uccidendo. Egli invita così il suo accusatore alla pietà, lo sollecita a salvarlo dalla sua stessa morte meritata. Mostrandogli le conseguenze di una collera senza ritegno, facendogli per così dire apparire il risultato della sua minaccia, egli chiede che il senso di giustizia non abbia come effetto la morte: questa infatti non potrebbe ottenere un risultato «spirituale» (cioè un effetto di senso) più grande di quello che è già presentemente manifestato.

L'atteggiamento esteriore, infine, indica — sempre simbolicamente — il cambiamento operatosi nel colpevole e la sua volontà di riconciliazione; il dono, in particolare, sta a significare quell'atto che si oppone al misfatto precedentemente compiuto. Se il reato è infatti, nella sua essenza, la manifestazione del rifiuto di un rapporto giusto, nel dono si esprime il desiderio di una relazione fatta di scambio, di generosità, di reciproco bene.

I gesti penitenziali sono *simbolici*: essi dicono, nella esteriorità del corpo, la invisibile condizione del cuore. Essi esprimono l'*umiliazione*[43] e

---

[43] Per indicare l'*umiliazione* pensiamo siano importanti soprattutto le radici *knʿ* e *ʿnh*.
(a) *knʿ* (*Ni*)

In 2 Cron 7,14 e 33,12s (19-23) l'umiliazione è collegata con la supplica (*pll*); in 2 Cron 12,6 (7.12), essa è identificata con la dichiarazione «YHWH è giusto».

In 2 Re 22,19 l'umiliazione (*knʿ*) è invece riferita al lacerarsi le vesti e al pianto; in 1 Re 21,27.29, alla serie pressoché completa degli atti penitenziali (cfr. A. JEPSEN, «Ahabs Busse. Ein kleiner Beitrag zur Methode literarhistorischer Einordnung», in: *Archäologie und Altes Testament*, Fs. K. GALLING, Tübingen 1970, 145-155).

(b) *ʿnh*

La radice *ʿnh* (II) esprime l'atto della umiliazione sotto diverse forme verbali: al *Niphal* (Es 10,3: *mippᵉnê* ...; Is 53,7; Sal 119,107), al *Pual* (Is 53,4; cfr. anche Lev 23,29, dove sembra si faccia allusione al «digiuno», che spesso è indicato con la formula *ʿnh* (*Pi*) (*'et*) *nepeš*: Lev 23,27.32; Num 29,7; Lev 16,29,31; Is 58,3.5; Sal 35,13), allo *Hitpael* (Dan 10,12: *lipnê* ...; cfr. anche Esd 8,21). Il sostantivo *taʿănît* in Esd 9,5 fa riferimento al rito penitenziale.

la *conversione*[44], atti questi che appartengono all'interiorità della coscienza, principio sorgivo della relazione secondo giustizia. Si dice, in questi casi, che il *cuore* è stato toccato, intenerito, spezzato[45]; non perché sia possibile disgiungere la realtà invisibile da quella visibile, ma perché è necessario che la gestualità sia significativa della verità, senza la quale le opere o sono malvage o sono perverse.

Da qui viene il problema della sincerità del cuore, sulla quale l'innocente accusatore è chiamato a pronunciarsi: ciò costituisce l'atto precipuo della parte «giusta», che rischia la derisione nel momento stesso in cui porta a compimento l'esercizio della sua misericordia.

2. Il perdono

Alla iniziativa assunta dal reo confesso mediante il complesso degli atti di richiesta, «risponde» colui che è portatore di accusa e di sanzione mediante l'atto del perdono, che sospende insieme tutte le manifestazioni punitive in corso.

Si può considerare la radice *'nh* anche come funzione espressiva della intenzionalità di colui che punisce, il quale intende «umiliare» il colpevole; a questo proposito, si può vedere *'nh* (*Pi*): Deut 8,2-3.16; 1 Re 11,39; 2 Re 17,20; Is 64,11; Nah 1,12; Sal 119,75; Lam 3,33; allo *Hiphil*: 1 Re 8,35; Sal 55,20; allo *Hitpael*, Sal 107,17.

[44] Per il tema della conversione, cfr. soprattutto W. L. HOLLADAY, *The Root šûbh in the Old Testament with Particular Reference to its Usages in Covenantal Contexts*, Leiden 1958, 116-157. In *THAT* II, 888-890, bibliografia complementare.

Ci sembra utile far notare come la «conversione» sia collegata con la «richiesta» verbale e gestuale di cui abbiamo parlato nel nostro testo: in 2 Cron 7,14 la conversione (*šwb*) è articolata a umiliazione (*kn'*) e supplica (*pll*); in Gioele 2,12s, è in rapporto con il pianto, il lamento e la lacerazione del cuore (opposta alla lacerazione dei vestiti); in Giona 3,9s, è espressa dai riti penitenziali del digiuno e dell'indossare il sacco, oltre che dalla preghiera; in Is 55,6-7 è soprattutto collegata con la preghiera che ottiene il perdono.

[45] Il testo di 2 Re 22,19, che articola l'umiliazione al rituale penitenziale (vesti lacerate, pianto), permette anche di vedere come l'umiliazione sia in relazione con l'esperienza interiore: «poiché il tuo cuore si è commosso (*rak lebābekā*) e ti sei umiliato (*kn'*) davanti al Signore ...».

Indichiamo qui altre espressioni che possono risultare equivalenti a quella sopra citata:

— Sal 51,19 : *rûḥ nišbārâ – lēb nišbār wenidkeh*
— Is 61,1 : *nišberê lēb*
— Is 57,15 : *dakkā' ûšepal rûḥ – rûḥ šepālîm – lēb nidkā'îm*
— Gioele 2,13 : *weqir'û lebabkem we'al bigdêkem*
— Lev 26,41 : *yikkāna' lebābām he'ārēl*
— Sal 34,19 : *nišberê lēb – dakke'ê rûḥ*

Si possono vedere anche 1 Re 8,38; Dan 3,39; Bar 2,18; 3,1.

Sul concetto di «contrizione» cfr. O. GARCIA DE LA FUENTE, «Sobre la idea de contrición en el antiguo Testamento», in: *Sacra Pagina*, BETL XII-XIII, vol. I, Gembloux 1959, 559-579.

Prima di tutto faremo una presentazione sintetica del lessico ebraico pertinente, suddistinto in tre sezioni specificate dal loro particolare aspetto semantico; in seguito, ci soffermeremo brevemente a inquadrare concettualmente questo momento del procedere giuridico.

2.1. *Perdono del peccato: la terminologia ebraica*

Prescindendo dalla distinzione tra perdono richiesto e perdono accordato, forniamo un semplice elenco della terminologia più frequentemente usata per designare l'atto del perdono[46], il quale, in modo più o meno palese, ha sempre una qualche connotazione giuridica. Il perdono infatti ha per oggetto il «misfatto» (reato, peccato); ora, se la procedura della controversia era messa in moto dal misfatto, l'atto che lo «annulla» deve avere una forza giuridica analoga e opposta a quella della accusa. È vero che talvolta l'oggetto grammaticale del «perdonare» è l'uomo-malfattore, ma riteniamo che questo fenomeno — comune a diverse lingue — debba ritenersi derivato, per metonimia, dal primo.

(a) Il verbo *slḥ*[47]

Ha la particolarità, rispetto a tutti gli altri verbi di perdono, di avere sempre Dio come soggetto dell'azione[48]. Secondo il regime degli «oggetti» a cui è diretta l'azione, possiamo distinguere:

DIO *slḥ*	(assoluto)	Num 14,20; 1 Re 8,30.39; 2 Re 24,4; Is 55,7; Am 7,2; Lam 3,42; Dan 9,18; 2 Cron 6,21.30
	le (malfattore)	Num 30,6.9.13; Deut 29,19; 1 Re 8,50; 2 Re 5,18; Ger 5,1.7; 50,20; 2 Cron 6,39

---

[46] Per una trattazione monografica sul perdono dal punto di vista lessicografico, si veda J. J. STAMM, *Erlösen und Vergeben im Alten Testament*, Bern 1940; Š. PORÚBČAN, *Sin in the Old Testament*. A Soteriological Study, Roma 1963, 287-325.

[47] Oltre al verbo *slḥ*, ricordiamo il valore dei termini *sallāḥ* (propenso/incline al perdono) in Sal 86,5, e *selîḥâ* (perdono): al singolare in Sal 130,4 e Sir 5,5; al plurale in Dan 9,9; Neem 9,17 (con significato di superlativo).

[48] Al *Niphal*, il soggetto grammaticale del verbo è il «peccatore» (Lev 4,20.26.31.35; 5,10.13.16.18.26; 19,22; Num 15,25.26.28), ma anche qui, dove abbiamo un formulario di tipo liturgico, è inequivocabilmente YHWH a perdonare e non il sacerdote che pratica il rito (cfr. *THAT* II, 151).

DIO	*slḥ*	*le* (misfatto)	*ʿāwōn*	Num 14,19; Ger 31,34; 33,8; Sal 25,11; 103,3
			ḥaṭṭāʾt	1 Re 8,34.36; 2 Cron 6,25.27; 7,14
			ʿāwōn + *ḥaṭṭāʾt*	Es 34,9; Ger 36,3

(b) Il verbo *nśʾ*

Abbiamo qui un quadro più completo: il soggetto del verbo può essere Dio oppure un uomo; l'oggetto è il misfatto (raramente il malfattore)[49]:

DIO	*nśʾ*	*le* (malfattore)	Gen 18,24.26; Num 14,19 [50]; Is 2,9 [51]; Os 1,6 [52]
		*le peša*ʿ	Es 23,21 [53]
		*peša*ʿ + *ḥaṭṭāʾt*	Gios 24,19
		ḥaṭṭāʾt	Sal 25,18
		ḥaṭṭāʾt	Es 32,32
		*peša*ʿ	Giob 7,21
		ʿāwōn	Mi 7,18; Sal 85,3; Os 14,3
		ʿāwōn + *peša*ʿ	Num 14,18
		ʿāwōn ḥaṭṭāʾt	Sal 32,5
		ʿāwōn + *peša*ʿ + *ḥaṭṭāʾt*	Es 34,7

---

[49] Al *Qal* passivo, il verbo *nśʾ* ha il significato di «essere perdonato» in Is 33,24 (*hāʿām* ... *neśuʾ ʿāwōn*) e Sal 32,1 (*ʾašrê neśûy peša*ʿ).

[50] Le versioni antiche (LXX, Vulgata, Syriaca, Targum) sono unanimi nel tradurre *nśʾ le* di Num 14,19 con «perdonare». Alcuni dei traduttori moderni preferiscono invece il senso di «portare» (NBE) o «sopportare» (Vaccari, Dhorme, TOB, NEB; cfr. anche J. de Vaulx, *Les Nombres*, Sources Bibliques, Paris 1972, 172), riferendosi forse a Es 19,4 («vi ho portato su ali di aquila») o a Deut 1,31 («il Signore tuo Dio ti ha portato come un uomo porta il proprio figlio»), dove però abbiamo *nśʾ ʾet* (cfr. anche Deut 1,9).

Noi pensiamo che Num 14,19 sia da leggersi, nella linea semantica di 14,18 (*yhwh ʾerek ʾappayim werab ḥesed* **nōśēʾ ʿāwōn wāpāša**ʿ), secondo il parallelismo seguente:

selaḥ *nāʾ laʿăwōn hāʿām hazzeh*	*kegōdel ḥasdekā*
wekaʾăšer **nāśāʾtâ** *lāʿām hazzeh*	*mimmiṣrayim weʿad hēnnâ*

[51] Anche se molti ritengono che l'espressione di Is 2,9b sia una glossa, il significato comunemente accettato è quello di «perdonare» (negato) (cfr. H. Wildberger, *Jesaja*, BK X/1, Neukirchen 1972, 93s).

[52] Se il senso generale di Os 1,6 è chiaro, problematica appare la giustificazione sintattica di *kî nāśōʾ ʾeśśāʾ lāhem* (cfr. H.W. Wolff, *Dodekapropheton 1. Hosea*, BK XIV/1, Neukirchen 1961, 7). Noi riteniamo che si debba mantenere il parallelismo tra *ʾăraḥēm ʾet bêt yiśrāʾēl* e *ʾeśśāʾ lāhem*, negati entrambi da *lōʾ ʾôsîp ʿôd* (L. Alonso Schökel – J. L. Sicre, *Profetas*, II, Madrid 1980, 871).

[53] In Es 23,21, il soggetto dell'azione di perdonare è propriamente un *malʾāk* inviato da Dio.

UOMO	*nś'*	*l*ᵉ *peša'*	1 Sam 25,28
		'et ḥaṭṭā't	1 Sam 15,25
		ḥaṭṭā't	Es 10,17
		peša'+ ḥaṭṭā't	Gen 50,17

Si deve naturalmente distinguere accuratamente l'uso del verbo *nś'* sopra indicato dall'espressione *nś' 'āwōn/ḥēṭ'* che significa «essere imputabile di reato», «incorrere in reato», «portare le conseguenze del reato», ecc. [54] (Es 28,43; Lev 5,1.17; 7,18; Num 5,31; 9,13; Ez 14,10; 44,10.12; ecc.). La somiglianza esistente tra i due sintagmi induce tuttavia ad esitare sul senso da attribuire ad alcuni testi (ad es. Lev 10,17; Num 18,1.23; Is 53,12).

(c) Il verbo *kpr (Pi)*

Varie sono le opinioni proposte dagli studiosi [55] sull'etimologia e quindi sul significato preciso di questo verbo; per quanto concerne il nostro lavoro è sufficiente considerarlo una variante paradigmatica, lasciando ad ulteriori studi il decidere sul suo senso preciso e la sua collocazione fra gli altri verbi ed espressioni che definiscono il perdono. Anche questo verbo ha per soggetto Dio quando esprime l'atto del perdono.

DIO	*kpr (Pi)*	*l*ᵉ (malfattore)		Deut 21,8
		*l*ᵉ (malfattore)	*l*ᵉ*kol 'ăšer 'āśît*	Ez 16,63
		'al (malfattore)	*min ḥaṭṭā't*	Lev 16,34
		'āwōn		Sal 78,38; Dan 9,24
		peša'		Sal 65,4
		'al ḥaṭṭā't		Sal 79,9
		'al 'āwōn		Ger 18,23

Al *Pual*, con soggetto *'āwōn*, cfr. Is 22,14; 27,9 [56]; Prov 16,6; con soggetto *ḥaṭṭā't*, Is 6,7.

---

[54] Per questa importante distinzione, rinviamo a *THAT* II, 113s. Cfr. anche W. ZIMMERLI, «Die Eigenart der prophetischen Rede bei Ezechiel. Ein Beitrag zum Problem an Hand von Ez 14,1-11», *ZAW* 66 (1954) 9ss.

[55] Cfr. J. HERRMANN, *Die Idee der Sühne im Alten Testament*. Eine Untersuchung über Gebrauch und Bedeutung des Wortes *kipper*, Leipzig 1905; L. MORALDI, *Espiazione sacrificale e riti espiatori nell'ambiente biblico e nell'Antico Testamento*, AnBib 5, Roma 1956, 192-209; S. LYONNET, «De notione expiationis», *VD* 37 (1959) 336-352; F. MAAS, «*kpr*, pi. sühnen», *THAT* I, 842-844; B. JANOWSKI, *Sühne als Heilsgeschehen*. Studien zur Sühnetheologie der Priesterschrift und zur Wurzel KPR im Alten Orient und im Alten Testament, Neukirchen 1982; B. LANG, «*kippaer*», *TWAT* IV, 303-318 (con abbondante bibliografia).

[56] Su Is 27,9, cfr. A.C.M. BLOMMERDE, «The Broken Construct Chain, Further Examples», *Bib* 55 (1974) 551-552.

(d) Il verbo *ʿbr*

In certi casi questa radice esprime l'atto del perdono; non riteniamo vi siano motivi per affermare che essa indichi qualcosa di meno perfetto rispetto ad altri termini [57]:

DIO	*ʿbr*	*(Qal)*	*le* (malfattore)	Am 7,8; 8,2
			ʿal pešaʿ	Mi 7,18
	ʿbr	*(Hi)*	*'et ʿāwōn*	2 Sam 24,10 (= 1 Cron 21,8); Giob 7,21
			ḥaṭṭā't	2 Sam 12,13
			ʿāwōn mēʿal...	Zac 3,4
UOMO	*ʿbr*	*(Qal)*	*ʿal pešaʿ*	Prov 19,11

(e) Il verbo *ksh*

Il verbo *ksh (Pi)*, unito alla terminologia del misfatto ha un duplice significato [58]:

- se il soggetto è il *colpevole,* ciò equivale al rifiuto di confessare la colpa [59]; in questa linea sembra si debba interpretare il tema del «coprire il sangue» (Gen 37,26; Is 26,21; Ez 24,7; Giob 16,18; cfr. anche Ez 24,8).
- se il soggetto è l'«*offeso*», il verbo *ksh (Pi)* equivale a perdonare:

UOMO	*ksh*	*(Pi)*	*ʿal* (malfattore)	Deut 13,9	(negato)
AMORE	»	»	*ʿal pešaʿ*	Prov 10,12	
CHIUNQUE	»	»	*pešaʿ*	Prov 17,9	
DIO	»	»	*ḥaṭṭā't*	Sal 85,3	
»	»	»	*ʿal ʿāwōn*	Neem 3,37	(negato)

Al *Qal* passivo, abbiamo Sal 32,1 (soggetto grammaticale è *ḥaṭṭā't*; chi perdona è Dio).

---

[57] È opinione di J. J. STAMM (*Erlösen und Vergeben*, 72), ripresa da H.-P. STÄHLI («*ʿbr* vorüber-, hinübergehen», *THAT* II, 204) che *ʿbr ʿal* sia «soltanto una immagine imperfetta e quindi non diffusa del perdono; esprime infatti soltanto il trascurare e il non badare, non l'eliminazione della colpa».

[58] Cfr. H. RINGGREN, «kāsāh», *TWAT* IV, 276.

[59] Cfr. pp. 83-84.

(f) *La serie dei verbi di purificazione*

+ Possiamo considerare appartenente a questa serie metaforica il verbo *mḥh*[60]:

DIO	*mḥh*	*(Qal)*	*peša'*	Sal 51,3; Is 43,25
			peša'+ ḥaṭṭā't	Is 44,22
			'āwōn	Sal 51,11
	mḥh	*(Hi)*	*ḥaṭṭā't*	Ger 18,23 (corr.)

Al *Niphal,* abbiamo come soggetto grammaticale: *ḥaṭṭā't* (Sal 109, 14; Neem 3,37) e *ḥerpâ* (Prov 6,33); Dio sembra essere il soggetto dell'azione di perdonare. Significativo appare anche il testo di Prov 30,20: «Tale è la condotta della donna adultera: mangia e *si pulisce* la bocca e dice: Non ho fatto niente di male!».

+ I verbi *kbs, rḥṣ, ṭhr* appaiono assieme nei ritual di lustrazione (ad es.: *kbs* + *ṭhr* in Lev 13,6.34.58; 14,8; Num 8,7; ecc.; *rḥṣ* + *ṭhr* in Lev 14,8; Num 19,19; Gios 22,17; 2 Re 5,12.13; Prov 30,12; ecc.). A ciò sembrano fare allusione, talvolta anche in modo critico, dei testi quali Is 1,16; Ger 2,22; 4,14; Sal 26,6; 73,13; Giob 9,30.

Questi verbi possono equivalere a «perdonare».

DIO	*kbs*	*(Pi)*	(malfattore)	Sal 51,9
			» *min 'āwōn*	Sal 51,4
			'āwōn	Mi 7,19 (corr.)
DIO	*rḥṣ*		*ṣō'â + d^emê ...*	Is 4,4
			(Cfr. anche al *Pual*: Prov 30,12)	
DIO	*ṭhr*		(malfattore)	Ez 24,13; 37,23; Mal 3,3; Sal 51,9
			» *min 'āwōn*	Ger 33,8; Ez 36,33
			» *min ḥaṭṭā't*	Sal 51,4
			» *min ṭum'â*	Ez 36,25

(g) *La serie dei verbi denotanti attenzione, memoria, ecc.*

Uniamo in una stessa rubrica delle espressioni che, trovandosi in parallelo con i verbi tradizionali del perdono, devono essere inseriti in questo paradigma: la loro particolarità è di essere *al negativo*[61].

---

[60] Cfr. L. ALONSO SCHÖKEL, «māḥāh», *TWAT* IV, 805.

[61] Il verbo *zkr*, al positivo, quando ha per oggetto il misfatto, equivale a non perdonare (Sal 109,14: *zkr // lō' mḥh*) e punire (*zkr // pqd*: Ger 14,10; Os 8,13; 9,9).

Fra tutte è di particolare rilievo *lō' zkr*[62], che presenta una analogia con il nostro concetto di *amnistiare* (almeno per quanto riguarda l'etimologia della parola):

DIO	*lō' zkr*	*ḥaṭṭā't*	Is 43,25
		ḥaṭṭā't + peša'	Sal 25,7
		l^{e}*ḥaṭṭā't*	Ger 31,34
		'āwōn	Is 64,8; Sal 79,8
UOMO	*lō' zkr*	*'et 'ăšer he'ĕwâ* (il colpevole)	2 Sam 19,20

Al *Niphal*, cfr. Ez 18,22; 33,16.

2 Sam 19,20 presenta, con *lō' zkr*, le seguenti espressioni:

– *lō' ḥšb l*^{e} (malfattore) *'āwōn* (cfr. Sal 32,2: soggetto: Dio)
– *lō' śym lēb 'el/'al* (malfattore) (cfr. 1 Sam 25,25)

Ricordiamo infine:

– *lō' šyt 'al* (malfattore) *ḥaṭṭā't* (Num 12,11)

I termini e le espressioni che abbiamo elencato in queste pagine, secondo un punto di vista generico, appartengono tutti ad un medesimo paradigma, anche se alcuni di essi hanno un uso più frequente o, utilizzati in specifici ambienti culturali, appaiono più «tecnici». Non deve meravigliare tra l'altro che questo lessico si presenti con delle espressioni chiaramente metaforiche[63]: tutto il linguaggio, anche quello più rigorosamente concettuale, scientifico e tecnico, è fondato sulla utilizzazione della metafora e del simbolo per indicare dei referenti che non cadono sotto l'immediata esperienza sensibile. Anche il mondo giuridico non può esprimere le sue idee se non prendendo a prestito termini della comune esperienza, i quali possono sembrare a noi meno rigorosi solo

[62] Sull'importanza di *zkr* con valore giuridico, cfr. B.S. Childs, *Memory and Tradition in Israel*, StBibT 37, London 1962, 32-33; H.J. Boecker, *Redeformen*, 106-111; ed anche W. Schottroff, *«Gedenken» im Alten Orient und im Alten Testament.* Die Wurzel zākar im semitischen Sprachkreis, WMANT 15, Neukirchen-Vluyn 1964, 233-238, 279-284. Solo indirettamente od occasionalmente è evocato il significato giuridico della radice *zkr* in P.A.H. de Boer, *Gedenken und Gedächtnis in der Welt des Alten Testaments*, Fr. Delitzsch-Vorlesungen 1960, Stuttgart 1962.

[63] Tra le espressioni metaforiche segnaliamo in particolare il verbo *rp'* (guarire): in 2 Cron 7,14 e Sal 103,3, esso si trova in parallelo con *slḥ*; sembra quindi chiaro che possa appartenere al paradigma del perdono, denotando soprattutto l'aspetto di restituzione delle condizioni di benessere in colui che è stato «colpito» dalla punizione. Fra i testi particolarmente chiari segnaliamo: Ger 3,22; Os 14,5 (oggetto del verbo è *m*^{e}*šûbôt*); Is 6,10; 57,18; Sal 41,5 (oggetto del verbo è il colpevole). Cfr. J. Hempel, *Heilung als Symbol und Wirklichkeit im biblischen Schrifttum*, NAWG PH, Göttingen 1958, n° 3, 237-314.

perché non hanno degli immediati equivalenti nella nostra terminologia giuridica[64]. Se, d'altra parte, tutto il mondo della colpa è collegato con alcuni grandi simbolismi espressivi[65], è naturale che il mondo del perdono si manifesti con delle analogie semantiche: la varietà delle espressioni non corrisponde ad atti diversi o di diverso valore, ma piuttosto è una funzione della ricchezza di senso contenuta nell'evento stesso del perdono[66].

Tutto ciò è d'altronde confermato dal *parallelismo* sinonimico con cui il lessico del perdono si presenta; forniamo solo qualche testo a conferma della nostra asserzione: Deut 13,9 (*'bh, ḥws, ḥml, ksh*); Is 43,25 (*mḥh, lō' zkr*); Ger 31,34 (*slḥ, lō' zkr*); 33,8 (*ṭhr, slḥ*); Mi 7,18 (*nś', 'br*); Sal 32,1-2 (*nś', ksh, lō' ḥšb*); 85,3 (*nś', ksh*); 103,3 (*slḥ, rp'*); 109,14 (*[lō'] zkr, mḥh*); Giob 7,21 (*nś', 'br*); Dan 9,24 (*kl', kpr*); Neem 3,37 (*ksh, mḥh*); 2 Cron 7,14 (*slḥ, rp'*).

2.2. *Il cessare della collera*

Al cap. 1, pp. 39-44, abbiamo cercato di mostrare come la collera appartenesse al lessico del *rîb,* connotando in particolare la modalità punitiva in atto contro l'accusato. Ora, come troviamo lo schema: 1) reato; 2) *rîb*–accusa; 3) confessione–supplica; 4) perdono, possiamo trovare uno schema equivalente, con le varianti desunte dal campo semantico della «collera»: 1) reato; 2) *ira*; 3) atto del *placare*; 4) *cessare* dell'ira. Questi due schemi sono la riproduzione «logica» di due linee espressive fra loro distinte; ma, data la loro sostanziale identità di senso, non è raro che vi siano passaggi da una serie all'altra, con elementi quindi interscambiabili.

Due elementi dello schema interessano a questo momento: da una parte, l'azione del colpevole (o di chi intercede per lui) che si premura di frenare o calmare l'indignazione dell'accusatore; dall'altra, l'atto di questi che, desistendo dall'«ardore della sua ira», sospende o annulla l'azione punitiva.

---

[64] Anche il linguaggio giuridico moderno, benché si voglia tecnico e univoco, fa uso di termini come: assolvere, prosciogliere, cancellare, cassare, estinguere, annullare, amnistiare, ecc. che sono certamente metaforici; inoltre, se nella giurisprudenza attuale tali termini hanno spesso un significato specifico, non sovrapponibile ad altri, il linguaggio parlato dalla gente tende a considerarli sinonimi. Il fatto che i sistemi linguistici di due diversi idiomi non siano fra loro in corrispondenza biunivoca rende necessario che si cerchi nella lingua in cui si traduce la metafora più consona al senso evocato nella lingua di partenza.

[65] Facciamo in particolare allusione al classico studio di P. Ricoeur, *Finitude et culpabilité*, Paris 1960. Si deve naturalmente anche tener presente la diversità dei *Sitz im Leben* quale elemento determinante per la varietà del lessico.

[66] Per indicare il perdono e la sua grandezza, gli autori biblici ricorrono a delle immagini particolarmente espressive: cfr. ad esempio, Giob 14,16-17: «Non spieresti più il mio peccato; in un sacchetto chiuso, sarebbe il mio misfatto ...»; Sal 103,12: «Come dista l'oriente dall'occidente, così allontana da noi le nostre colpe»; Is 1,18: «Anche se i vostri peccati fossero come scarlatto, diventeranno bianchi come neve; se fossero rossi come porpora, diventeranno come lana»; Mi 7,19: «Egli tornerà ad avere pietà di noi, calpesterà le nostre colpe. Tu getterai in fondo al mare tutti i nostri peccati».

2.2.1. Il placare (la collera)

Questo tema andrebbe logicamente anticipato e posto sotto la rubrica «richiesta di perdono» (cfr. n. 1 di questo capitolo); abbiamo preferito inserirlo qui per la sua specifica articolazione al cessare della collera. L'espressione tipica che vogliamo esaminare è *ḥlh (Pi) ('et) p^e^nê-*[67].

Tranne che in Sal 45,13; Giob 11,19 e Prov 19,6, dove il significato sembra essere quello generico di «ingraziarsi qualcuno» (rispettivamente: la regina, Giobbe, un «nobile»), in tutte le altre occorrenze l'espressione suddetta significa l'atto che cerca di placare la *collera di Dio*; il contesto quindi è quello di una controversia a sfondo religioso, e l'atto del placare ha una connotazione sacrale o liturgica.

L'azione del placare la collera dell'offeso ha la stessa funzione della supplica per ottenere il perdono, come appare dalla giustapposizione dei due testi seguenti che parlano dello stesso evento:

	Es 32,7-14	Es 32,30-35
denuncia del peccato	*šiḥēt ʿammᵉkā ...*	*'attem* ***ḥăṭā'tem*** *ḥăṭā'â gᵉdōlâ*
	wᵉyiḥar 'appî *bāhem*	
preghiera di intercessione	***wayḥal*** *mōšeh* ***'et pᵉnê*** *yhwh 'ĕlōhâw*	*wᵉʿattâ 'eʿĕleh 'el yhwh* *'ûlay* ***'ăkappᵉrâ*** *bᵉʿad ḥaṭṭa'tkem ...*
	wayyō'mer	*wayyō'mar*
	lāmâ yhwh ***yeḥĕreh*** ***'appᵉkā*** *bᵉʿammekā ...*	*'annā'* ***ḥāṭā'*** *hāʿām hazzeh* *ḥăṭā'â gᵉdōlâ*
	šûb mēḥărôn 'appekā ***wᵉhinnāḥēm*** *ʿal hārāʿâ* *lᵉʿammekā*	*wᵉʿattâ 'im* ***tiśśā' ḥaṭṭā'tām***
risultato	*wayyinnāḥem yhwh* *ʿal hārāʿâ 'ăšer* *dibber laʿăśôt* *lᵉʿammô*	*mî 'ăšer ḥāṭā' lî* *'emḥennû missiprî*

[67] Cfr. J. REINDL, *Das Angesicht Gottes im Sprachgebrauch des Alten Testaments*, ErfTSt 25, Leipzig 1970, 175-185.

All'espressione *ḥlh* (*Pi*) *'et pᵉnê-*, si può associare *kpr* (*Pi*) *pᵉnê-* in Gen 32,21, dove l'offeso è Esaù che viene «placato» con un dono (*minḥâ*). Si possono forse ricordare anche 2 Sam 21,3 (*kpr bᵉ*) e Prov 16,15 (dove *kpr* è in rapporto con la collera).

Anche il testo di 2 Re 13,2-5 illustra molto chiaramente il posto di questa azione volta a placare la collera (azione che è «supplica», in quanto viene «ascoltata»); in questo caso, Dio ha già messo in atto la punizione:

v.2:	*reato*	«(Ioacaz) fece ciò che è *male* agli occhi del Signore; imitò il *peccato* con cui Geroboamo figlio di Nebat aveva fatto peccare Israele, né mai se ne allontanò.
v.3:	*collera* e *punizione*	L'*ira* del Signore divampò contro Israele e *li mise nelle mani* di Cazael re di Aram e di Ben Adad figlio di Cazael, per tutto quel tempo.
v.4:	*supplica*	Ma Ioacaz *placò* il volto del Signore.
v.5:	*risultato*	Il Signore lo *ascoltò,* perché aveva visto come il re di Aram opprimeva gli Israeliti. Il Signore concesse un *liberatore* a Israele. Essi sfuggirono al potere di Aram».

Si può dire quindi che l'espressione *ḥlh (Pi) ('et) pᵉnê yhwh,* che a volte è contigua a *pll (Hitp)* (1 Re 13,6; 2 Cron 33,12), sostituisce l'elemento supplica nel sintagma che stiamo considerando, mettendo soprattutto in rilievo la relazione alla collera, cioè all'aspetto minaccioso e punitivo del *rîb* (cfr. Es 32,11; 2 Re 13,4; Ger 26,19; Sal 119,58; Dan 9,13). Come ogni supplica che cerca di ottenere il perdono, anche l'azione del placare si accompagna a gesti di umiliazione (Zac 7,2; 8,21s; 2 Cron 33,12) e si appoggia su offerte sacrificali (1 Sam 13,12; Mal 1,9).

2.2.2. Il cessare dell'ira

L'imperativo (della supplica) «recedi dalla tua collera» equivale a «perdona», così come la affermazione della collera cessata corrisponde, in modo sinonimico, al perdono accordato. Bastino anche qui pochi esempi a mostrarlo:

– Mi 7,18	:	**nōśē'** *'āwōn* **wᵉ'ōbēr** *'al peša'...*	= perdono
		lō' heḥĕzîq lā'ad **'appô**	= fine dell'ira
– Sal 85,3s	:	**nāśā'tā** *'ăwōn 'ammekā*	
		kissîtā *kol ḥaṭṭā'tām*	= perdono
		'āsaptā kol **'ebrātekā**	
		hĕšîbôtā **mēḥărôn 'appekā**	= fine dell'ira
– Os 14,5	:	**'erpā'** *mᵉšûbātām*	= perdono
		kî šāb **'appî** *mimmennû*	= fine dell'ira

– Sal 78,38	:	**y^{e}kappēr** *ʿāwōn ...*	= perdono
		w^{e}hirbâ l^{e}hāšîb **'appô**	
		w^{e}lō' yāʿîr kol **ḥămātô**	= fine dell'ira
– Is 64,8	:	*'al* **tiqṣōp** *yhwh ʿad m^{e}'ōd*	= fine dell'ira
		w^{e}'al lāʿad **tizkōr** *ʿāwōn*	= perdono
– Deut 29,19	:	*lō' yō'beh yhwh* **s^{e}lōḥ** *lô*	= *non* perdono
		kî 'āz yeʿšan **'ap** *yhwh*	
		w^{e}qin'ātô *bā'îš hahû'*	= collera

Il cessare dell'ira, nella dinamica della azione giuridica, esprime un mutamento che interviene nell'accusatore stesso, che lo induce ad un diverso rapporto nei confronti del colpevole. La terminologia usata per esprimere il placarsi, l'estinguersi dell'ira è varia e colorita, come avviene di solito quando si qualificano le manifestazioni dei sentimenti; due locuzioni meritano comunque di essere segnalate in particolare:

(a) l'espressione costituita dal verbo *šwb (Qal* o *Hiphil),* unito ad un sostantivo significante «collera», secondo i sintagmi seguenti:

- *šwb* + *'ap* + *min* (malfattore): Is 5,25; 9,11; Ger 2,35; 4,8; 30,24; Os 14,5; Giob 14,13; Dan 9,16; ecc.
- *šwb* + *min* + *ḥărôn 'ap*: Es 32,12; Deut 13,18; Gios 7,26; 2 Re 23,26; Giona 3,9; 2 Cron 29,10; ecc.
- *šwb (Hi)* + *min* + *ḥărôn 'ap*: Sal 66,15; 78,38; 85,4; Giob 9,13; Prov 24,18; Esd 10,14; ecc.

(b) Il verbo *nḥm (Ni)* [68], che di solito viene tradotto come «pentirsi», esprime bene il mutamento che interviene nell'accusatore che minaccia o punisce; concretamente esso ha valore di *revoca* del procedimento in atto (cfr. *nḥm ʿal hārāʿâ*: Es 32,14; Ger 18,18; Giona 3,10; ecc.; e *nḥm 'el hārāʿâ*: 2 Sam 24,16; Ger 26,3.13.19; 42,10). L'espressione *lō'* ... *nḥm* indica al contrario un decreto o procedimento *irrevocabile* (cfr. 1 Sam 15,29; Ger 20,16), specialmente se unita a *lō'* ... *šwb min* (Ger 4,28; Es 24,14) [69].

---

[68] Cfr. J. Jeremias, *Die Reue Gottes*. Aspekte alttestamentlicher Gottesvorstellung, BiblSt 65, Neukirchen 1975; H. van Dyke Parunak, «A Semantic Survey of *nḥm*», *Bib* 56 (1975) 512-532; H. J. Stoebe, «*nḥm pi.* trösten», *THAT* II, spc. 64-65; B. Maarsingh, «Das Verbum *nāḥam, ni.*», in: *Uebersetzung und Deutung*, Fs. A. R. Hulst, Nijkerk 1977, 113-125; H. Simian-Yofre, «*nḥm*», *TWAT* V, spc. 372-378.

[69] Il decreto irrevocabile è espresso mediante *lō' šwb* (*Hi*) in Am 1,3.6.9 ecc. Può essere interessante d'altronde notare che l'atto del perdono, dopo una minaccia, è così formulato: *yāšûb w^{e}niḥam* (Gioele 2,14; Giona 3,9).

2.3. *L'avere misericordia*[70]

La terza ed ultima modalità mediante la quale viene espresso in ebraico il momento del perdono è quella che evidenzia l'elemento «misericordia». Si potrebbe dire che tutto il vocabolario che entra in questa serie paradigmatica ha la funzione di rivelare la disposizione del *cuore* di colui che ha promosso il *rîb*, quale era (ed è) l'intenzionalità dell'accusa e di tutto il procedere giuridico. Clemenza, indulgenza, pietà, misericordia, e così via, sono la rivelazione dell'amore di colui che ha a che fare con il colpevole.

2.3.1. Relazione tra ira e misericordia, tra misericordia e perdono

Colui che si confessa colpevole sa che l'accusatore è ricolmo di ira nei suoi confronti, e che questa ira è giusta; la sua speranza, che si modula in supplica e attesa (Lam 3,25-33; Sal 39,8-10; 130,5), riposa sulla convinzione che la compassione (cioè la giustizia attenta all'uomo minacciato o sofferente) può prevalere sulla collera (la giustizia attenta al reato). Per questo, nei testi biblici, troviamo frequentemente l'*opposizione ira – misericordia*: le manifestazioni concrete di questi due sentimenti sono nettamente distinte, ma — nel procedere perfettamente giusto — il primo è subordinato al secondo, perché questo più visibilmente manifesta la prospettiva della relazione amorosa. Come colui che è paziente (*'erek 'appayim*) è già misericordioso (Es 34,6; Num 14,18; Giona 4,2; Sal 86,15; Neem 9,17; ecc.), così colui che è misericordioso abbandona le manifestazioni dell'ira (Mi 7,18; Sal 6,2-3; 78,10; ecc.).

La *sinonimia* invece tra *perdono* e *atto di misericordia* è così nota ed evidente che è sufficiente citare qualche testo come esempio: Es 34,7; Is 55,7; Os 1,6; Sal 51,3[71]; Dan 9,9; Neem 9,17.

2.3.2. Il vocabolario della misericordia

La particolarità di questo lessico — e ciò è costatabile soprattutto nei verbi — è di avere come oggetto di riferimento *non l'azione o la condotta malvagia* (misfatto, reato, peccato), ma l'*uomo* (malfattore, colpevole, peccatore). L'importanza semantica di questo fenomeno linguistico è degna di nota: confondere la clemenza con la tolleranza della colpa è un errore frequente quanto l'identificare il malfattore con il misfatto che ha commesso.

---

[70] L'articolazione tra confessione della colpa e misericordia di Dio è largamente provata da J. VELLA, *La giustizia forense*, 65-107.

[71] Cfr. P. E. BONNARD, «Le vocabulaire du Miserere», in: *A la rencontre de Dieu*, Mém. A. GELIN, Le Puy 1961, 145-156.

Si può riscontrare il vocabolario della misericordia a tre livelli espressivi:

(a) come sostantivo o verbo che definisce la *supplica* per ottenere il perdono; come abbiamo visto a p. 109, *t^eḥinnâ, taḥănûnîm* e *ḥnn (Hitp)*[72] si trovano in parallelo con *t^epillâ* e *pll (Hitp)*.

(b) come aggettivo che qualifica *la persona* che fa misericordia: particolarmente significativi sono i termini *ḥannûn* e *rāḥûm*, attribuiti esclusivamente a Dio[73]. I sostantivi *ḥesed, 'ĕmet, raḥămîm* hanno spesso un valore aggettivale o avverbiale per qualificare la persona che perdona o il suo atto (cfr. Num 14,19; Sal 25,10; 30,10; 51,3; Prov 16,6; Neem 9,31; ecc.)[74].

(c) come verbo (o sostantivo a funzione verbale) che dice l'*azione* del fare misericordia, del concedere la grazia o l'indulto. Segnaliamo, tra i verbi più usati:

– *ḥnn* Es 33,19; Giud 21,22; 2 Sam 12,22; Is 30,18s; Sal 6,3; Giob 33,24; ecc. Per *t^eḥinnâ,* cfr. Gios 11,20; Esd 9,8; cfr. anche *ḥănînâ* in Ger 16,13.

– *rḥm (Pi)* Es 33,19; Os 1,16; Mi 7,19; Is 27,11; Sal 102,14; ecc.

– *ḥml* Deut 13,19; 1 Sam 15,3.9; Is 9,18; Ger 13,14; 21,7; Prov 6,34; ecc.

---

[72] Sulla radice *ḥnn*, cfr. D. R. Ap-Thomas, «Some Aspects of the Root ḤNN in the Old Testament», *JSS* 2 (1957) 128-148; e lo studio lessicografico di K. W. Neubauer, *Der Stamm CH N N im Sprachgebrauch des Alten Testaments*, Berlin 1964.

[73] Cfr. J. Scharbert, «Formgeschichte und Exegese von Ex 34,6f und seiner Parallelen», *Bib* 38 (1957) 130-150; R. C. Dentan, «The Literary Affinities of Exodus XXXIV 6f», *VT* 13 (1963) 34-51.

[74] Cfr. N. Glueck, *Das Wort ḥesed im alttestamentlichen Sprachgebrauche als menschliche und göttliche gemeinschaftsgemässe Verhaltungsweise*, BZAW 47, Berlin 1927; W. F. Lofthouse, «Ḥen and Ḥesed in the Old Testament», *ZAW* 51 (1933) 29-35; H. J. Stoebe, «Die Bedeutung des Wortes *ḥäsäd* im Alten Testament», *VT* 2 (1952) 244-254; N. H. Snaith, *The Distinctive Ideas of the Old Testament*, London 1944, 110-122, 127-130; F. Asensio, *Misericordia et Veritas*. El *ḥesed* y *emet* divinos. Su influjo religioso-social en la historia de Israel, AnGr 48, Roma 1949; W. L. Reed, «Some Implications of Ḥēn for Old Testament Religion», *JBL* 73 (1954) 36-41; U. Masing, «Der Begriff *ḥesed* im alttestamentlichen Sprachgebrauch», in: *Charisteria* I. Köpp... oblata, Holmiae 1954, 26-63; A. R. Johnson, «Ḥesed and Ḥāsîd», in: *Interpretationes ad Vetus Testamentum pertinentes*, Fs. S. Mowinckel, Oslo 1955, 100-112; A. Jepsen, «Gnade und Barmherzigkeit im Alten Testament», *KerDo* 7 (1961) 261-271; G. Schmuttermayr, «RḤM — Eine lexikalische Studie», *Bib* 51 (1970) 499-532; G. Gerleman, «Das übervolle Mass. Ein Versuch mit ḥæsed», *VT* 28 (1978) 151-164; K. D. Sakenfeld, *The Meaning of Ḥesed in the Hebrew Bible*. A New Inquiry, HSM 17, Missoula 1978; H. D. Preuss – E. Kamlah – M. A. Signer – G. Wingren, «Barmherzigkeit», *TRE* V, 215-238; C. F. Whitley, «The Semantic Range of *Ḥesed*», *Bib* 62 (1981) 519-526; E. Kellenberger, *Ḥäsäd wä$^{\ddot{a}}$mät als Ausdruck einer Glaubenserfahrung*. Gottes Offen-Werden und Bleiben als Voraussetzung des Lebens, Zürich 1982.

– *ḥws* Questo verbo è usato quasi esclusivamente in frasi negative, per indicare il rifiuto del perdono: Deut 13,9; 19,3.21; Ger 13,14; Ez 5,11; 7,4; Gioele 2,17; ecc.

– *'bh* A volte costruito con *lislōḥ* (Deut 29,19; 2 Re 24,4), ma anche da solo indica il consenso al perdono (Deut 13,9; Prov 6,35).

2.4. *Il senso del perdono*

Non pretendiamo offrire in questa sede una riflessione sistematica sull'atto del perdono, che richiederebbe un approccio molteplice e una analisi assai vasta di natura antropologica e teologica; ci limitiamo solo a tratteggiarne alcuni aspetti significativi nell'ambito delle procedure giuridiche che stiamo esaminando, prendendo lo spunto dai dati che abbiamo messo in luce nelle pagine precedenti e integrandoli con altri che sono forniti dai testi biblici. L'assunto generale che vogliamo commentare è questo: il perdono è un atto che ha in sé aspetti dialettici, nei quali si rivela la sua autentica natura.

Il perdono è innanzitutto una *risposta* che viene incontro ad un desiderio e ad una richiesta. Poiché esso è sollecitato dal colpevole mediante una serie di azioni (la richiesta verbale e gestuale), il cui scopo è di suscitare un atteggiamento equo da parte dell'innocente, si potrebbe dire che il perdono è proporzionato e condizionato dall'agire del malfattore pentito.

E tuttavia il perdono, pur essendo risposta, rimane *dono gratuito*: chi chiede e supplica non può pretendere; chi concede non compie un gesto giuridicamente necessario, ma esprime un atto di libertà (Is 43,25). Questo fatto è così importante che merita di essere motivato con riferimenti precisi a dati o espressioni desunti dai testi biblici:

1) Il colpevole non ha *diritti* da far valere [75]; la richiesta di perdono equivale a *rimettersi alla decisione* e alle condizioni imposte dall'offeso, nella speranza che il suo «volere» sia ispirato alla «bene–volenza» [76]. Il

---

[75] Cfr. J. Begrich, *Deuterojesaja*, 23-24; e C. F. D. Moule, «'... As we forgive ...'. A Note on the Distinction between Deserts and Capacity in the Understanding of Forgiveness», in: *Donum Gentilicium*, New Testament Studies in Honor of D. Daube, Oxford 1978, 68-77 (soprattutto 71-72,76).

[76] Che il colpevole non possa pretendere nulla è implicitamente contenuto nella preghiera che ha come oggetto la dichiarazione del proprio torto. La consapevolezza di non avere «diritto» si esprime così nella formula «Fa' quello che è bene ai tuoi occhi» (cfr. Gen 34,11-12; Giud 10,15; 2 Sam 19,28-29; 2 Re 18,14; Ger 14,7).

perdono è così un atto giuridico, ma non è l'espressione di un diritto (del colpevole), quanto piuttosto l'atto di rinuncia — compiuto dall'accusatore — al suo diritto di punire.

2) Chi desidera il perdono sa che la sua preghiera può *non* ottenere quanto chiede; l'incertezza, in questo caso, non significa mancanza di fiducia, ma coscienza della sproporzione tra il suo atto e quello che attende dall'offeso. Chi richiede dice: «Forse mi ascolterà» [77]; con questo esprime una speranza non deducibile se non dalla generosità dell'offeso.

3) L'accusatore concede il perdono solo *a certe condizioni* [78]; non solo è lui a fissarle, ma è il suo insindacabile giudizio che dice se queste condizioni sono state assolte oppure no.

4) Infine, *il perdono può non essere concesso*; anche Dio, di cui si dice che è supremamente misericordioso, in certi casi rifiuta di perdonare [79].

---

[77] È interessante notare come l'atto di chiedere perdono sia articolato all'incertezza della attesa, espressa con *'ûlay* (forse ... perdonerà) (Gen 32,21; Es 32,30; 1 Sam 6,5; 1 Re 20,31; 2 Re 19,4; Am 5,15; Sof 2,3; Lam 3,29) o con *mî yôdē'* (chissà ... che non perdoni) (2 Sam 12,22; Gioele 2,13-14; Giona 3,8-9).

[78] Abbiamo già fatto notare come nei *rîb* si proponga spesso una alternativa all'accusato (pp. 75-76), nella quale si esplicitano le condizioni richieste per ottenere il perdono: ricordiamo, in questa sede, dei testi come Gen 18,26ss; 1 Sam 25,34; 1 Re 1,52; Ger 5,1; 2 Cron 33,23.

[79] Che, di fronte ad una offesa, un uomo non perdoni un altro uomo, può non meravigliare: la vendetta, che si sostituisce al perdono (Gen 4,23-24; 34,1-31; 2 Sam 3,26-27; 13,1-29; Prov 6,34s; ecc.) viene riconosciuta come espressione della malvagità dell'animo umano, e condannata senza mezze misure.

Forse non si riflette abbastanza al fatto che, nella nostra società, è normalmente accettato che, per certi reati, sia prevista solo la punizione e non l'eventualità di un perdono; in certi casi infatti, anche quando l'offeso sarebbe disposto a «passare sopra», il meccanismo della giustizia, una volta messo in moto, porta inesorabilmente a compimento la sua istanza punitiva. Da questo punto di vista, i testi biblici che «comandano» di non perdonare certi delitti (cfr. Deut 7,2; 13,9; Gios 11,20; 1 Re 2,28-34; ecc.) vanno interpretati come una modalità della giustizia che esprime la gravità dell'atto perpetrato; tuttavia ci si può domandare se sia conforme alla perfezione della giustizia non tenere conto della possibilità della riconciliazione, strutturalmente offerta dall'atto del perdono.

Ancora più problematico appare il fatto che Dio stesso, in alcuni casi, rifiuti il perdono ad un uomo o a un popolo intero; e questo talvolta anche quando si manifestano gesti di pentimento e intervenga la preghiera intercessoria di un «giusto» (Es 23,21; 32,33s; Deut 1,45; 29,19; Gios 24,19; 1 Sam 15,25-29; 2 Re 24,4; Ger 5,7; Am 7,8; Lam 3,42; ecc.). Si può addirittura notare che gli innocenti pregano perché Dio non perdoni (Is 2,9; Sal 59,6; 109,1.14; Ger 18,23; Neem 3,36s). Ciò mostra abbondantemente che il perdono — per Dio — non è affatto automatico; e che, perfino in Colui che è la sorgente stessa della misericordia, la clemenza è necessariamente correlata alle disposizioni di colui che la riceve.

Molto espressiva e di interpretazione complessa appare allora l'affermazione pronunciata da YHWH in Es 33,19: *w^{e}ḥannōtî 'et 'ăšer 'āḥōn w^{e}riḥamtî 'et 'ăšer 'ăraḥēm.* La Vulgata (come alcune versioni moderne: NBE, Einheitsübersetzung) esplicita il senso modale dello *yiqtol* con la sfumatura di «volere» (JOÜON, 113 n): «et miserebor cui voluero et clemens ero in quem mihi placuerit». In questa linea va anche VACCARI, per il quale le

Questo rifiuto non è quindi sempre segno di un cuore duro e malvagio; può essere invece segno che il gesto della gratuità amorosa non può esprimersi senza essere pervertito: un perdono facile, infatti, un perdono automatico induce a banalizzare la colpa, a incentivare il male, e a favore la perversione nel cuore del colpevole.

Continuando in questa linea di riflessioni, notiamo che il perdono viene *al termine* di una procedura giuridica: dopo il reato, c'è stata l'azione di accusa, talvolta sotto forma punitiva; a ciò ha fatto seguito la confessione della colpa e la supplica, articolate queste ultime ad un atteggiamento di conversione da parte del colpevole espresso con gesti e promesse. Tutto questo cammino prepara e rende sensato l'atto della remissione della colpa.

Eppure vi è qualcosa del perdono che è precedente la richiesta stessa; la possibilità di fare misericordia — opposta a quella del proseguire la punizione — è ciò che sottende la dinamica stessa dell'accusa in una controversia bilaterale. Ciò è evidenziato dal fatto che talvolta è l'accusatore stesso che offre il perdono prima ancora che l'accusato sia in grado di riconoscere la sua colpa e di chiedere per essa clemenza [80]. L'orizzonte della riconciliazione non si dischiude al momento del perdono se non perché era già iscritto nella denuncia stessa come sua finalità precipua [81]. Visto in questa prospettiva, il perdono è un atto

---

espressioni del testo ebraico «denotano una bontà propensa a dar favori e perdono, ma con piena indipendenza e libertà». La TOB invece, al posto di una formula evasiva (cfr. ancora JOÜON, 158 o), preferisce leggervi una espressione rinforzata, con il senso di «quand j'accorde ma bienveillance, c'est efficace». Noi crediamo che si possa vedere nello *yiqtol* anche una qualche sfumatura di «potere» (faccio grazia a chi posso far grazia); più in generale, riteniamo che la frase voglia presentarsi come una sorta di enigma sui due attributi di YHWH (*ḥannûn* e *rāḥûm*) sul modello di quanto è detto a proposito del nome divino stesso (Es 3,14).

[80] Considerando come tipico il testo di Is 1,18s, noi riteniamo che la predicazione profetica che si esprime nel genere del *rîb* abbia come sfondo l'offerta del perdono di Dio (cfr. Ger 5,1ss; 7,1-15; 26,1-6.18-19; ecc.).

[81] Unilaterale, non corrispondente alla dinamica totale della rivelazione profetica, ci appare l'articolo di K. KOCH, «Sühne und Sündenvergebung um die Wende von der exilischen zur nachexilischen Zeit», *EvT* 26 (1966) 217-239, il quale sostiene la tesi che «die göttliche Vergebung der Sünde spielt im vorexilischen Israel keine Rolle» (p. 219). Gli argomenti addotti dall'autore (pp. 219ss) ci sembra illustrino solo come il periodo del post-esilio costituisca un momento particolarmente significativo della meditazione di Israele sul perdono di Dio (proprio dopo la sventura annunciata dalla predicazione profetica), riflessione articolata ad una specifica organizzazione liturgico-cultuale atta a celebrare e riattualizzare questo perdono. La profezia pre-esilica è — a nostro avviso — orientata proprio a far capire cosa sia il perdono divino, indicando le necessarie condizioni richieste all'uomo e al popolo per poterlo sensatamente ricevere: l'annuncio del non-perdono è una modalità con cui si denuncia non solo il peccato, ma contemporaneamente la ostinata volontà di restarvi.

originario, già in qualche modo concesso unilateralmente dall'offeso, e che aspetta solo l'occasione di rendersi visibile quando il colpevole lo riceve [82].

Quando un reato è stato compiuto, esso diventa una porzione della storia; iscritto per sempre nel reale, lascia delle tracce visibili anche a distanza di tempo, e dal tempo non viene cancellato come fosse una cattiva tintura su una stoffa. Il futuro è condizionato dall'atto del malfattore in modo fatale.

Il perdono, da una parte, viene *dopo il reato,* e in questo senso ne riconosce il terribile statuto; ma è importante costatare che la sua pretesa è di annullare quanto è stato fatto, di considerare il misfatto «come se non fosse accaduto» (cfr. le metafore dell'oblio, del lavare, del cancellare, e così via). Questo annullamento della storia è problematico [83], e può apparire solo una finzione che non tocca né l'uomo-colpevole, né la storia attraversata dalla malvagità. Il «come se» dice che purtroppo le cose stanno diversamente da come le si interpreta.

Il valore del perdono è allora proporzionato al momento stesso del suo porsi: se il perdono è dato *prima del reato,* il futuro non è condizionato solo dalla malvagità, ma dall'atto che la assume in una prospettiva originaria di misericordia e di riconciliazione. Forse non fa tanta meraviglia il vedere che la stragrande maggioranza dei testi biblici dice che è Dio che perdona; ciò significa che il perdono trova la sua vera natura quando è riferito a Colui che, essendo l'origine, conosce perfettamente l'uomo ribelle, debole e meschino, e che, entrando in relazione di alleanza con lui prevede in anticipo la possibilità del tradimento e dell'offesa. È come se Dio prestasse una somma ingente ad un pover'uomo, sapendo pertinentemente che non sarà mai in grado di restituirla, e decidendo quindi di rinunciare a priori al diritto di esigerla a tutti i costi. Questa originaria struttura della remissione diventa storia nel

---

82 H. H. SCHMID, «Rechtfertigung als Schöpfungsgeschehen. Notizen zur alttestamentlichen Vorgeschichte eines neutestamentlichen Themas», in: *Rechtfertigung*, Fs. E. KÄSEMANN, Tübingen–Göttingen 1976, 403-414.

83 E. KUTSCH («'Wir wollen miteinander rechten'. Zu Form und Aussage von Jes 1,18-20», in: *Künder des Wortes*. Beiträge zur Theologie der Propheten, Fs. J. SCHREINER, Würzburg 1982, 23-33) ritiene che si debbano tradurre le alternative di Is 1,18 con una domanda (a cui dare risposta negativa), perché altrimenti si verrebbe a dire che il peccato diventa non-peccato; il che per l'autore è impossibile: «Eine Untat kann nicht in eine Guttat verwandelt werden; Mord bleibt Mord» (p. 26). Egli stima che Isaia non contempli la possibilità di una conversione: a proposito di 1,18b e 1,19-20, dice: «beide rechnen nicht mit der Möglichkeit, dass Gott Sünde vergibt oder tilgt oder dass der Mensch von dem falschen Weg, von dem Sündigen sich abwendet, umkehrt» (p. 29).

Sulla difficoltà di ammettere la radicalità del perdono, cfr. anche J. MILGROM, «The Priestly Doctrine of Repentance», *RB* 82 (1975) 199.

momento in cui il debitore chiede il condono, ma il condono stesso era già voluto dal creditore prima ancora che il debitore si accorgesse della impossibilità di saldare il suo conto.

Il perdono è quindi sinonimo di originaria clemenza nei confronti dell'altra parte con la quale si è stabilito una relazione (un contratto, un patto, una alleanza ...). Ciò sembra contrastare con la presentazione biblica del perdono, dove viene sottolineato il passaggio brusco e apparentemente arbitrario dalla *collera* alla *misericordia*. Come il peccatore si pente e si converte (radice *šwb*), così l'offeso (Dio in particolare) si pente del male che voleva fare e «ritorna» (stessa radice *šwb*) dall'ardore della sua ira. Non si sa come e perché un peccatore cambi atteggiamento; e misterioso appare il trasformarsi dell'atteggiamento di Dio. Una interpretazione globale della Scrittura, frequente non solo nelle persone di mediocre cultura, è quella allora che attribuisce ad un determinato momento storico (per esempio all'Antico Testamento) o a determinate categorie di persone (gli Ebrei o i pagani), il manifestarsi dell'ira; per opposizione, vi sarebbe poi, in un momento diverso, o con diverse categorie di persone, il manifestarsi della misericordia.

Noi crediamo che una corretta interpretazione del perdono non sia traducibile se non cercando di tenere assieme i due aspetti per noi pressoché inconciliabili. Dio è *originariamente* sempre lo stesso verso tutti: è clemenza, pazienza e misericordia; la *storia* lo rivela proprio come colui che rinuncia alla collera giusta per usare a tutti misericordia. È nel passaggio, non storico, ma concettuale, da una dimensione all'altra che si rivela la natura del divino [84].

Resta un ultimo punto, di grande rilevanza, che ci apre a quanto diremo nel paragrafo seguente. Il perdono è significativo nella misura in cui rende possibile la relazione fra le persone, nella misura cioè in cui è articolato alla più vasta struttura di un rapporto di «alleanza». Si può dire che il perdono è anzi la proposta e l'offerta concreta di vivere assieme secondo le dimensioni della giustizia. Ora ciò suppone il costante riferimento alla legge, che della relazione è la mediazione di senso. Non c'è alleanza senza legge. Se si perdona, si suppone che è possibile *ora* rispettare la parola che impegna entrambi.

---

[84] Non intendiamo affatto ridurre il perdono ad un puro concetto teologico da attribuire a Dio: il perdono, al contrario, è un fatto della storia, che, per i cristiani, è rivelato e donato in Gesù Cristo. Ci preme solo di notare che, se in Cristo si rivela la natura di Dio, ciò che in questo evento storico è manifestato (non dedotto da una logica a priori) è il rinunciare di Dio alla collera per fare misericordia al peccatore.

La proporzione tra tipo di perdono, tipo di alleanza e tipo di legge è da tenere presente costantemente per cogliere la natura della riconciliazione che pone fine alla controversia fra soggetti.

3. **La fine della controversia**

In questo ultimo paragrafo segnaliamo le modalità secondo cui i testi biblici presentano la fine della controversia. Data la struttura che abbiamo illustrato in queste pagine, non è possibile che una lite si concluda senza che sia posto — in modo più o meno chiaro — un segno di accordo che implichi *entrambi i litiganti*; è vero che la controversia era suscitata dalla sola accusa, ma, per terminare, si richiede che si giunga ad una qualche intesa comune, così che nessuno abbia più da dire o da ridire.

La logica vuole che il consenso si esprima secondo piena verità; poiché la contesa era nata per una ingiustizia, vera o supposta, ci si aspetterebbe che chi è in torto lo dichiari esplicitamente, e che l'offeso accetti di perdonare. I fatti però (di cui i testi biblici sono testimoni) sono concretamente più ambigui, il torto e la ragione non sono chiaramente definiti, per cui, specie nelle controversie fra uomini, le forme del compromesso prevalgono su una dinamica che risponda a rigorosa verità (Gen 13,1-12[85]; 20,1-18; 21,25-34; 26,18-22; Es 17,1-7; ecc.). Abbiamo anche fatto osservare[86] che l'accusa suppone l'esercizio di un certo potere nei confronti dell'altra parte; ora capita che qualcuno abbia ragione, ma non disponga della forza adeguata per intentare un *rîb* ed esigere un qualche risarcimento (Gen 29,20-28; 1 Sam 24; 26). Diciamo quindi subito che molte volte le controversie terminano senza tuttavia che si sia chiarito adeguatamente il motivo della disputa, e senza che si siano poste le condizioni di una reciproca relazione secondo verità e giustizia.

La nostra esposizione riferirà le modalità più evidenti di fine della controversia, secondo tre titoli che corrispondono a delle espressioni — diverse, ma talvolta complementari — che troviamo a conclusione dei *rîb*: 1) l'accordo; 2) la pace; 3) l'alleanza.

3.1. *Il semplice accordo*

Molte delle controversie narrate nella Bibbia si risolvono perché l'accusa desiste dalla sua azione; di fronte alla reazione dell'accusato che protesta la sua innocenza o adduce delle valide scuse, l'accusatore si ritiene soddisfatto: la controversia non ha così più motivo di trascinarsi e si estingue per mancanza stessa di contenuto.

---

[85] Per Gen 13,1-12, P. Pajardi parla di «commodus discessus» (*Un giurista legge la Bibbia*, Milano 1983, 59).

[86] Cfr. pp. 70-71.

H. J. BOECKER [87] fa notare che, in questi casi, viene usata la formula *wayyîṭab beʿênê-,* e cita come esempi Gios 22,30.33 (a conclusione della lite tra le tribù di Transgiordania e il resto di Israele) e 2 Sam 3,36 (dove il digiuno di Davide alla morte di Abner costituisce una sorta di prova — accettata dal popolo — della sua estraneità all'assassinio). A questi passi si può aggiungere Lev 10,20 (fine della lite tra Mosè e i figli di Aronne) [88] e forse anche Gen 34,18 (dove si parla di un compromesso con cui apparentemente si conclude la disputa tra Sichem e i fratelli di Dina).

Con questa formula viene indicato che l'*accusatore* si ritiene soddisfatto della risposta dell'accusato. Si può d'altra parte ricordare che esistono espressioni equivalenti nella bocca dell'*accusato* (colpevole) che dichiara assentire a quanto l'accusatore deciderà nei suoi confronti, per cui non avrà nulla da obiettare in seguito: Gios 9,25 (nella lite tra Israele e i Gabaoniti, questi dicono: *kaṭṭôb wekayyāšār beʿênèkā laʿăśôt lānû ʿăśēh*); Giud 10,15 (*rîb* di Dio contro Israele: *ʿăśēh ʾattâ lānû kekol haṭṭôb beʿênèkā*); 2 Sam 19,28 (controversia tra Davide e Meribbaal: *waʿăśēh haṭṭôb beʿênèkā*).

L'espressione *yṭb/ṭôb beʿênê-* sembra essere quindi l'indicatore di un accordo proposto all'altra parte per dirimere una certa questione (cfr. anche Gen 20,15; 1 Re 21,2; 2 Re 10,5) [89].

Ci possono essere tuttavia dei *rîb* che si concludono per ritiro dell'accusa senza che sia usata la formula sopra citata (Gen 26,11; Giud 6,32; 8,3; 1 Sam 19,6; 2 Sam 19,30s; ecc.); d'altra parte, l'espressione in se stessa non dice nulla sulle condizioni e le circostanze dell'accordo, che può essere quindi di natura e valore assai diversi.

Concludere una controversia mediante il semplice accordo porta quindi in sé una certa ambiguità: infatti, se, da una parte, vi è qualcosa di molto positivo che consiste nell'evitare o far cessare un conflitto violento, dall'altra dobbiamo costatare che l'accordo si esprime come il convergere in una *opinione,* in un «parere» che non ha precisi riscontri obiettivi, e non sempre offre le garanzie di verità e di giustizia [90].

---

[87] *Redeformen*, 38-40.

[88] La discussione di questo episodio, che verte sul sacrificio espiatorio, si può trovare in J. MILGROM, «Two kinds of *ḥaṭṭāʾt*», *VT* 26 (1976) 333-337.

[89] Un elemento integrativo può venire dalla considerazione del termine *ṭôb* quale termine tecnico della relazione di alleanza: cfr., al proposito, D. R. HILLERS, «A Note on Some Treaty Terminology in the Old Testament», *BASOR* 176 (1964) 46-47; J. S. CROATTO, «ṬÔBĀ como 'amistad (de Alianza)' en el Antiguo Testamento», *AION* 18 (1968) 385-389; A. G. LAMADRID, «Pax et bonum. 'Shalôm' y 'ṭôb' en relación con 'berit'», *EstBib* 28 (1969) 61-77; M. FOX, «Ṭôḇ as Covenant Terminology», *BASOR* 209 (1973) 41-42; I. JOHAG, «*Ṭôb* — Terminus technicus in Vertrags- und Bündnisformularen des Alten Orients und des Alten Testaments», in: *Bausteine biblischer Theologie*, Fs. G. J. BOTTERWECK, Köln–Bonn 1977, 3-23.

[90] Cfr. P. PAJARDI, *Un giurista legge la Bibbia*, 467s.

3.2. *La pace*

La situazione conflittuale si manifesta come il «muoversi dell'uno contro l'altro» (Giud 21,22; 1 Sam 24,15; 25,20-22; ecc.), e si svolge come uno scontro che assomiglia o si trasforma in guerra. La cessazione della lite viene segnalata, allora, con delle espressioni contrarie; si dice che ognuno «ritorna» alla propria dimora (Gen 21,32b; 1 Sam 24,23; 26,25; 1 Re 1,51), e spesso si esplicita che questo ritorno avviene *b^e šālôm* (Gen 26,29.31; 28,21; 1 Sam 29,7; 2 Sam 3,21-23) o *l^e šālôm* (Gen 44,17; 1 Sam 20,13.42; 25,35; 2 Re 5,19).

Il ritornare «pacificamente» è il segno della fine delle ostilità in caso di guerra (Gios 10,21; Giud 8,9; 11,31; 2 Sam 19,25.31; 1 Re 2,17.27-28; Ger 43,12; Sal 55,19); nel caso della controversia giuridica, esso significa che non vi è (più) motivo di scontro, perché il rapporto fra le parti è passato dal disaccordo all'accordo, dalla minaccia punitiva ad una certa relazione di amicizia [91].

Da queste osservazioni possiamo concludere che il concetto di «pace» serve a definire la fine della controversia (cfr. Giob 22,21). Esso ha una polivalenza semantica, messa in luce da vari studi monografici [92]; noi vogliamo qui solo accennare agli aspetti che interessano propriamente l'ambito giuridico.

Abbiamo già fatto allusione all'*opposizione guerra – pace*: questo potrebbe rappresentare lo sfondo per comprendere perché la predicazione profetica, specie in Geremia, insista sulla negazione di un annuncio di pace (Ger 4,10; 6,14; 8,11.15; 12,12; 14,19; 23,17; Ez 13,10.16; Mi 3,5), il che equivale a dichiarare sempre aperto il *rîb* di YHWH contro Israele; viceversa, la buona notizia della pace, dopo la distruzione di Gerusalemme, ha un grande valore come offerta e promessa di riconciliazione (Is 52,7; 57,19).

---

[91] Cfr. D. J. WISEMAN, «'Is it peace?' — Covenant and Diplomacy», *VT* 32 (1982) 311-326.

[92] Cfr. H. GROSS, *Die Idee des ewigen und allgemeinen Weltfriedens im Alten Orient und im Alten Testament*, TThSt 7, Trier 1956; J. J. STAMM, «Der Weltfriede im Alten Testament», in: J. J. STAMM – H. BIETENHARD, *Der Weltfriede im Alten und Neuen Testament*, Zürich 1959, 7-63; W. EISENBEIS, *Die Wurzel* **šlm** *im Alten Testament*, BZAW 113, Berlin 1969, 52-222; H. van OYEN, «Schalom. Gesetz und Evangelium unter dem Aspekt des Friedens», in: *Wort – Gebot – Glaube*. Beiträge zur Theologie des Alten Testaments, AThANT 59, Zürich 1970, 157-170; J. I. DURHAM, «*šālôm* and the Presence of God», in: *Proclamation and Presence*, Fs. G. H. DAVIES, London 1970, 272-293; L. ROST, «Erwägungen zum Begriff *šālôm*», in: *Schalom*. Studien zu Glaube und Geschichte Israels, Fs. A. JEPSEN, Stuttgart 1971, 41-44; H. H. SCHMID, *Šalôm*. «Frieden» im Alten Orient und im Alten Testament, SBS 51, Stuttgart 1971; J. P. BROWN, «Peace symbolism in ancient military vocabulary», *VT* 21 (1971) 1-23; E. DINKLER, «Friede», *RAC* VIII, soprattutto 448-453; G. GERLEMANN, *šlm* genug haben, *THAT* II, 919-935.

È nota, d'altra parte, la *relazione* esistente tra *giustizia* e *pace*[93]: l'ingiustizia è proprio ciò che scatena l'azione giuridica dell'accusatore, e solo il ristabilimento di giuste relazioni può portare la pace fra le persone (cfr. Es 18,23; Is 9,5-6; 26,2-3.12; 32,17-18; 48,18; 59,7-8; 60,17; Sal 72,7; 85,11; 122,7-8; ecc.). Per quanto riguarda la controversia bilaterale, è significativo che l'atto di giustizia che provoca la pace sia essenzialmente il perdono concesso dalla parte offesa (cfr. Is 57,14-21; Ger 33,6-9); ci si può anzi chiedere se, una volta perpetrato il reato, sia possibile giungere ad una reale concordia senza un atto di misericordia che ridia dignità all'uomo e lo ristabilisca nella civile convivenza.

Il concetto di «pace» è però, tutto sommato, assai generico: esso infatti può semplicemente indicare la fine delle ostilità senza che sia richiesta una precisa forma di relazione o di amicizia. Ancora una volta notiamo che è necessario tenere conto della dinamica della controversia stessa per poter valutare il senso della sua conclusione.

3.3. *L'alleanza*

Il concetto di «pace» accennato nel paragrafo precedente può essere arricchito notando che, dopo le ostilità, i contendenti sentono normalmente il bisogno di stipulare fra loro un patto per il futuro[94] (cfr. Gen 26,28.31; Gios 9,14.18-20).

Proprio nella prima pagina del nostro lavoro dicevamo che, per giungere alla controversia i soggetti devono essere in relazione fra loro per mezzo di una qualche struttura (spesso solo implicita) che regoli i diritti e i doveri reciproci; ora, quando la controversia finisce, è questo vincolo di relazione che viene precisato, rinsaldato o rinnovato[95].

Letterariamente appare che spesso, nella Bibbia, un *rîb* si concluda con la stipulazione di una *alleanza*: un caso chiarissimo è quello della controversia tra Labano e Giacobbe (Gen 31,44-54)[96], ma si può anche

---

[93] Cfr. F. VATTIONI, «I precedenti letterari di Is 32,17. Et erit opus iustitiae pax», *RivB* 6 (1958) 23-32.

[94] Forse si può interpretare in questo senso il concetto di *b^erît šālôm* (Num 25,12; Is 54,10; Ez 34,25; 37,26). Cfr. anche Gen 26,28-29.31; 1 Re 5,26; Sal 55,21 (J. PEDERSEN, *Israel*, 285).

[95] Tipico al proposito è il testo di Gen 21,22-32.

[96] Non concordiamo con l'opinione di G.W. COATS, «Strife without reconciliation — a Narrative Theme in the Jacob Tradition», in: *Werden und Wirken des Alten Testaments*, Fs. C. WESTERMANN, Neukirchen 1980, 82-106, il quale pensa che quanto è narrato in Gen 31,44-54 non rappresenti un atto di riconciliazione (soprattutto p. 91). Si può certo riconoscere che la riconciliazione tra Labano e Giacobbe non è perfetta (tra l'altro non è stato esplicitato da nessuna parte il riconoscimento del torto), ma non crediamo sia necessaria la «physical community» (p. 103) per un rapporto cordiale di alleanza.

vedere Gen 21,27; Es 34,10; Gios 9,14; 2 Sam 3,12-21; 1 Re 20,34; Neem 10,1. È noto poi che l'alleanza sia fondata in un reciproco *giuramento*[97] di fedeltà; e noi costatiamo che, dopo la lite, si esplicita questa promessa giurata (Gen 21,31; 26,31; 31,53; 1 Sam 19,6; 24,23; 2 Sam 19,24; 1 Re 1,51; 2,8; Neem 5,6-13). Infine, il rituale di una alleanza dopo un *rîb* può prevedere che i contraenti prendano un pasto in comune[98] (Gen 26,31; 2 Sam 3,20), o facciano un sacrificio (Giud 2,5; 2 Sam 24,25) o pongano altri *segni* della loro comune decisione (cfr. Gen 21,27s; 31,25; cfr. anche 1 Sam 15,31; 2 Sam 12,20).

Sarebbe assolutamente sproporzionato al nostro lavoro addentrarci nell'analisi della struttura dell'alleanza[99]; ci preme solo di notare che essa rappresenta una modalità di conclusione della controversia che è assai più ricca semanticamente di quelle elencate in precedenza. Il suo valore consiste innanzitutto nel fatto che vengono fissate delle norme precise che regoleranno il comportamento di ciascuno per il futuro (la legge); e questo eviterà (si spera) una serie di malintesi che fatalmente nascono da una imperfetta conoscenza dei diritti e dei doveri di ciascuno. In secondo luogo, una alleanza è una promessa solenne di fedeltà reciproca, che non solo dichiara al presente una condizione di amicizia, ma si presenta come garanzia per il futuro, in quanto colui che giura attira su di sé un giudizio infallibile e giusto quale è il giudizio di Dio. Infine, specie nei riti di alleanza che prevedono un banchetto o un sacrificio, viene significata una comunione fra i contraenti che va molto al di là di un accordo occasionale o di una tregua nelle ostilità: il prendere parte alla stessa sorgente di vita è segno di una comunione fra le persone[100], nella quale sono ravvisabili le dimensioni della vera giustizia.

Ma anche per l'alleanza, come per tutte le altre eventuali forme di conclusione del *rîb* l'importante non è insistere sulla forma esterna mediante la quale si significa la fine della discordia e il principio di una nuova relazione. È assolutamente necessario vedere come si è svolta la controversia stessa, e a quali livelli di verità si è giunti nel reciproco rapporto.

Gli accordi si disfanno, le paci si violano, le alleanze si infrangono: ciò non nega il loro valore e la loro relativa funzione; ma lascia perplessi sulla possibilità di uscire da una situazione interpersonale perpetuamente

---

97 Cfr. M. G. KLINE, *By Oath Consigned*, Grand Rapids 1968, 14-22; D.J. MCCARTHY, *Treaty and Covenant*. A Study in Form in the Ancient Oriental Documents and in the Old Testament, AnBib 21A, Rome 1978², *passim*.

98 Cfr. W. T. MCCREE, «The Covenant Meal in the Old Testament», *JBL* 45 (1926) 120-128; D.J. MCCARTHY, *Treaty and Covenant*, 254-256.

99 Cfr. D.J. MCCARTHY, *Treaty and Covenant*, con abbondantissima bibliografia.

100 *Ibid.*, 255-256.

sottoposta alla crisi e incerta sul futuro. La storia di Israele, vista con gli occhi del Deuteronomista, appare difatto come una serie, ripetuta fino alla monotonia, di accordi continuamente rotti e riformulati tra Dio e Israele. Questa scansione del tradimento rende via via sempre più insignificante la riproposta del patto, e rende ingiustificato, da parte di colui che è stato offeso, il fare un nuovo tentativo.

Viene un momento, nella storia, in cui non è più consentito rimettere sul tavolo la solita proposta fingendo di ricominciare da capo; viene il momento in cui la vecchia struttura viene giudicata decaduta e finita per sempre (Ger 31,31-32). E appare il nuovo, che non è il riammodernamento del già vissuto, ma l'inaudito e l'inatteso (Is 48,6-8). Il prezzo di questa novità — nella quale caliamo il contenuto della «nuova alleanza»[101] — è la confessione della umana impossibilità di essere fedeli a Colui che è «giusto in ogni sua azione», e la fiducia che la sua giustizia possa comunicarsi come dono personale di comunione (la legge) (Ger 31,33). L'autentica riconciliazione, che ha i caratteri della stabilità del cielo (Ger 31,35-37; 33,19-26), non può aversi che nella umile costatazione che la miseria del peccatore non è così forte da ostacolare la volontà di misericordia attuata dal Giusto (Is 45,21; Ger 31,20; Os 11,8-9).

---

[101] Cfr. soprattutto P. Beauchamp, *L'un et l'autre Testament*. Essai de lecture, Paris 1976, 249-274.

PARTE SECONDA:

IL GIUDIZIO (*MIŠPĀṬ*)

Nella I parte del nostro lavoro abbiamo trattato del vocabolario e delle procedure che regolano la controversia fra due parti, dove, per mancanza di strutture o per autonoma decisione dei contendenti, il ristabilimento della giustizia avviene senza la mediazione della autorità giudicante.

Veniamo ora a parlare del giudizio, cioè della struttura giuridica propriamente forense, dei suoi soggetti e momenti costitutivi, così da stabilire la specificità di questa procedura e del suo vocabolario rispetto a quelli precedentemente analizzati.

La organizzazione generale di un processo è a tutti familiare, anche se i non specialisti ignorano la complessità delle operazioni che, nelle moderne procedure penali, sono messe in atto in modo tecnico e riflesso. Poiché il nostro discorso si articolerà secondo momenti giuridici facilmente riconoscibili, non ci pare necessario presentare il movimento di insieme di questa II Parte. Più utile riteniamo precisare il rapporto con la I Parte, dal punto di vista del vocabolario, ed anche del senso globale da attribuire alle due distinte procedure giuridiche.

Il *rîb* si prolunga nel processo, e cerca nel giudizio la sua conclusione. Ciò significa che vi sono elementi propri alla controversia che permangono nella situazione forense, ed altri che o subiscono una importante trasformazione o sono caratteristici di questo tipo di procedura. La conseguenza di questa osservazione è che, per quanto riguarda il vocabolario, è più facile riconoscerlo come «giuridico» che collocarlo esattamente nella struttura procedurale che gli appartiene. Poiché la «notitia criminis», l'accusa, il dibattito fra le parti, la sanzione, e così via sono fattori giuridici comuni alla controversia e al processo, noi troveremo, in sede forense, parte del lessico che abbiamo già incontrato in sede di lite; sarà nostro compito tuttavia inserirlo come momento di una struttura con funzione e senso specifici. L'operazione che ci accingiamo a compiere non è affatto semplice, anche perché, come è noto, l'Antico Testamento non ci fornisce un manuale di procedura a cui riferirsi; la ricostruzione che tentiamo dovrebbe tuttavia consentire una sistematizzazione ragionevole e coerente dei singoli elementi, salvo restando le incertezze che fatalmente permangono nel trattamento di fenomeni linguistici e di istituzioni a noi note solo per testimonianze brevi e frammentarie.

Il *rîb* si prolunga nel processo perché non riesce a trovare nel confronto fra le parti un accordo di verità che garantisca il ristabilimento della giustizia. Come vedevamo, il ricorso al giudice manifesta che almeno una delle parti rifiuta di confessare il proprio torto; il giudice —

si spera — riuscirà a far luce sulla situazione, ma dovrà necessariamente condannare il colpevole e non potrà quindi ristabilire la giustizia come riconciliazione delle parti. Da questo punto di vista, la procedura che, al contrario, passa attraverso il perdono, appare più conforme alla piena giustizia; tanto è vero che in essa Israele riconosce l'agire «divino» per eccellenza nei suoi confronti, e quindi l'istanza di senso da perseguire nella società e nella storia degli uomini.

Bisogna tuttavia ricordare che il perdono non sempre è possibile: se infatti il malvagio, pretendendo di avere ragione, prosegue nella sua arrogante prepotenza, l'unico ricorso è di rifarsi all'autorità superiore del tribunale perché intervenga a difesa di colui che è ingiustamente oppresso. Il perdono, inoltre, non sempre è opportuno: specialmente quando prende la forma della remissione universale, della amnistia, del condono generalizzato, è un atto che sembra sottovalutare la natura del crimine commesso. La remissione della colpa è un gesto sensato, ragionevole e giusto nella misura in cui sa riconoscere il male come male; non perché dichiara buono ciò che è malvagio, ma perché, pur condannando ciò che è condannabile, salva l'uomo dal potere distruttore della sua stessa malvagità. Ciò significa che il perdono ha di mira l'uomo, ma il suo intento può essere frainteso, pervertito e posto al servizio della iniquità.

Con questo veniamo ad affermare che nessuno dei procedimenti giuridici che si preoccupano di restituire le condizioni della giustizia è del tutto esente da ambiguità. È giusto e doveroso infatti indignarsi contro l'ingiustizia e perseguire il colpevole; tuttavia la tradizione sapienziale mette in guardia contro la collera facile (Prov 14,17; 22,24; 29,22; 30,33) e il futile litigio (Prov 6,19; 10,12; 15,18; 17,14.19; 18,6.17; ecc.); e si sa quanto sia vero il detto «*Summum jus, summa iniuria*», quanto cioè sia facile mancare di equità nello zelo spietato contro l'ingiustizia [1]. D'altra parte, è atto encomiabile il saper perdonare le colpe altrui; ma talvolta è più saggio punire che tollerare, perché il perdono può favorire l'abitudine al male. Come ricorda Is 26,10, la punizione insegna la giustizia (*yuḥan rāšāʿ bal lāmad ṣedeq*), e come ammonisce Prov 29,15, la verga è strumento di sapienza (*šēbeṭ wᵉtôkaḥat yittēn ḥokmâ*).

Sembra quindi che la complementarietà delle due strutture procedurali — quella della controversia che si conclude, mediante il perdono, con la riconciliazione, e quella processuale che ha termine, mediante la sentenza, con la punizione del colpevole — sia da ritenere l'espressione del diritto nella sua integralità. È il rapporto fra le due procedure che, in questa storia dell'umana società, deve essere mantenuto secondo una interazione da sorvegliare e discernere costantemente.

---

[1] Cfr. D. DAUBE, «Summum Ius – Summa Iniuria», in: *Studies in Biblical Law*. Cambridge 1947, 190-313; M. FUHRMANN, «Philologische Bemerkungen zur Sentenz 'Summum ius summa iniuria'», in: Studi in onore di E. VOLTERRA, II, Milano 1971, 53-81; A. CARCATERRA, «'Ius summum saepe summast malitia'», *ibid*, IV, 627-666.

CAPITOLO QUINTO

Il giudizio in tribunale. Elementi e vocabolario generici

Nella I Parte del nostro lavoro, abbiamo iniziato la nostra indagine partendo dall'uso e dal significato della radice *ryb;* in questa II Parte, sarà la radice *špṭ* a introdurci nel tema del giudizio forense.

La distinzione e l'articolazione fra le due radici sopra menzionate — e quindi fra le due parti del nostro lavoro — ci vengono suggerite da testi biblici, dove chiaramente si dice che la situazione iniziale di contesa (*rîb*) si risolve con il verdetto del tribunale (*špṭ*):

– Deut 25,1 : **kî yihyeh rîb bên ’ănāšîm**
w^{e}nigg^{e}šû ’el hammišpāṭ ûš^{e}pāṭûm

– Deut 19,17s : *w^{e}ʿām^{e}dû* **š^{e}nê hā’ănāšîm ’ăšer lāhem hārîb**
lipnê yhwh lipnê hakkōhănîm w^{e}haššōp^{e}ṭîm ...
w^{e}dār^{e}šû haššōp^{e}ṭîm hêṭēb

– 2 Sam 15,2 : **wayhî kol hā’îš ’ăšer yihyeh lô rîb**
lābô’ ’el hammelek lammišpāṭ ...[1]

Dai testi che abbiamo citato si vede anche come la radice *špṭ* si presenti sotto tre forme distinte: 1) *šōpēṭ* (Deut 19,17s); 2) *špṭ* (Deut 25,1); 3) *mišpāṭ* (Deut 25,1; 2 Sam 15,2). Questa triade, presente in uno stesso testo, manifesta in modo sintetico l'azione giuridica forense:

– Deut 16,18 : **šōp^{e}ṭîm** *w^{e}šōṭ^{e}rîm titten l^{e}kā b^{e}kol š^{e}ʿārèkā ...*
w^{e}šāp^{e}ṭû *’et hāʿām*
mišpaṭ *ṣedeq*

– 2 Cron 19,6 : *wayyō’mer ’el* **haššōp^{e}ṭîm**
r^{e}’û mâ ’attem ʿōśîm kî lō’ l^{e}’ādām **tišp^{e}ṭû** *kî l^{e}yhwh*
w^{e}ʿimmākem bibdar **mišpāṭ**

---

[1] Che il *rîb* possa essere portato in sede forense è attestato anche da Es 23,3.6; Deut 1,12; 17,8; Is 1,23; 50,8; Ez 44,24; Giob 31,13; Prov 18,17; 22,22-23; Lam 3,35-36; 2 Cron 19,8-10.

– Deut 1,16s : *wā'ăṣawweh 'et* **šōpᵉṭêkem** *bā'ēt hahî' lē'mōr*
šāmō' bên 'ăḥêkem **ûšᵉpaṭṭem** *ṣedeq bên 'îš ûbên 'āḥîw*
ûbên gērô
lō' takkîrû pānîm **bammišpāṭ**

La distribuzione interna del presente capitolo riprodurrà così le modalità secondo cui compare la radice *špṭ:* innanzitutto tratteremo del vocabolario con cui si designa la figura giuridica a cui è demandata la autoritaria decisione in un processo (*šōpēṭ,* con i suoi sinonimi ed equivalenti paradigmatici); in secondo luogo, vedremo il senso generale da attribuire al verbo *špṭ,* illustrandolo nel rapporto con i suoi sinonimi; infine ci occuperemo del sostantivo *mišpāṭ* e degli altri termini che, a seconda del contesto o del sintagma in cui sono inseriti, indicano la modalità, il procedimento, la sede giuridica o l'atto decisorio del giudicare.

La finalità di questa nostra trattazione è di mostrare come il campo semantico della giustizia forense non si restringa ad un lessico tecnico di natura esplicitamente «legale»; ciò che rende giuridicamente pertinente un termine o una espressione è infatti la struttura di relazioni che in un preciso contesto viene da essi significata. Questa nostra panoramica sulla terminologia generica del giudicare ci permetterà anche di fornire un quadro di riferimento per l'analisi successiva della procedura forense e del suo vocabolario nei momenti specifici che la costituiscono.

1. **Il giudice**

Elemento essenziale per l'istituzione legale del giudizio è la giurisdizione [2] che compete al giudice: questi è il soggetto giuridico al quale si demanda il diritto e il potere di fare giustizia là dove essa fosse minacciata o violata.

1.1. *I termini ebraici usati per la carica di giudice*

1.1.1. *šōpēṭ*

Diversi termini vengono utilizzati per designare la funzione giudicante; fra questi il più frequente è *šōpēṭ*.

[2] «Della 'giurisdizione' si sono proposte innumerevoli definizioni: ma la più semplice ed espressiva è ancora quella che, attingendo alla stessa etimologia del termine (*jus dicere*), la fa consistere nel potere di dichiarare, con forza vincolante, quale sia la volontà della legge in un determinato caso concreto, in cui la legge sia stata, o si ritenga violata. In particolare, la *giurisdizione penale* consiste nel dichiarare, con forza cogente, la legge penale applicabile in un determinato caso concreto, e nell'irrogare le sanzioni e le misure da questa previste» (G. D. PISAPIA, *Compendio di procedura penale*, Padova 1979², 3-4).

Il participio del verbo *špṭ,* tranne alcuni casi in cui viene usato con valore finito in frasi nominali (Giud 4,4; 1 Sam 3,13; 8,2; 2 Re 15,5; Ez 34,17), serve a designare una carica di pubblico interesse: normalmente si tratta di una funzione di *magistrato*[3], ma non mancano testi in cui il participio sostantivato significa genericamente autorità, capo, maggiorente, ecc., dove quindi la connotazione giuridica non è più chiaramente rilevabile (cfr. ad esempio, Os 7,7; 13,10; Dan 9,12; e il libro dei «Giudici»). Il termine viene usato al singolare e al plurale; ed è un titolo attribuito a Dio[4].

1.1.2. *dayyān*

Due volte troviamo il termine *dayyān,* e sempre riferito a Dio; esso è quindi significativo non tanto per la sua frequenza, ma perché costituisce il *nomen agentis* di *dyn,* come *šōpēṭ* lo è di *špṭ.*

In 1 Sam 24,16, una serie di verbi (*špṭ bên ... ûbên, r'h, ryb 'et rîb, špṭ miyyād*), tutti attinenti al mondo forense, dilucidano il senso dell'unico sostantivo *dayyān:* Davide fa appello al giudizio di YHWH nella sua contesa con Saul, giudizio che, pur non potendosi manifestare secondo le forme di un normale processo in tribunale, ne ha le caratteristiche strutturali e linguistiche.

In Sal 68,6 (*'ăbî y^etômîm w^edayyan 'almānôt*), il riferimento agli orfani e alle vedove, che — come vedremo — sono un oggetto tipico dell'attività di giudicare, conferma la pertinenza del termine *dayyān* nella serie lessicale che designa la funzione del giudice.

1.1.3. *'āb*

Il testo appena citato (Sal 68,6) presenta un parallelismo tra *dayyān* e *'āb;* il che ci porta ad interrogarci sull'uso di quest'ultimo termine per denotare il compito del giudice.

---

[3] Nell'uso moderno, *giudice* e *magistrato* sono due termini sinonimi: «*Giudice* è genericamente chi ha la facoltà o l'occasione di emettere il proprio parere intorno a una questione, parere vincolante per le parti in contrasto; in senso più stretto è la persona investita dallo Stato della facoltà di emettere una sentenza in cause civili o penali, cioè il *magistrato*» (G. CESANA, *Dizionario ragionato dei sinonimi e dei contrari,* Milano 1981, 272).

[4] In Sal 58,12 abbiamo il solo caso dove il plurale *šōp^eṭîm* è applicato a Dio: *'ak yēš 'ĕlōhîm šōp^eṭîm bā'āreṣ.* Sul Sal 58, cfr. in particolare L. ALONSO SCHÖKEL, *Treinta Salmos,* 231-247.

Sul rapporto tra «gli dei» e il giudizio (con riferimento specifico al Sal 82), cfr. H.-W. JÜNGLING, *Der Tod der Götter.* Eine Untersuchung zu Psalm 82, SBS 38, Stuttgart 1969; M. TSEVAT, «God and the Gods in Assembly. An Interpretation of Psalm 82», *HUCA* 40-41 (1969-1970) 123-137; L. ALONSO SCHÖKEL, *Treinta Salmos,* 287-304.

L'uso metaforico di *'āb* per indicare il *protettore* sembra essere concordemente riconosciuto dagli studiosi sia nel Medio Oriente Antico sia nel mondo biblico [5]. L'oggetto di questa responsabilità e l'ambito nel quale si esercita determinano diverse sfumature di significato: possiamo avere il «maestro» (caposcuola, capomastro, direttore) di una corporazione artigiana (1 Cron 4,14), il padre spirituale (il fondatore) di una confraternita profetica (2 Re 2,12; 13,14) [6], il responsabile sacerdotale (cappellano, preposto) di una famiglia o di un clan (Giud 17,10; 18,19), il tutore di una classe giuridicamente o socialmente sprovveduta, come gli orfani, le vedove, i poveri (Giob 29,16; 31,18; cfr. Sir 4,10), e infine il sovrintendente con funzione politica (Gen 45,8; Is 22,21; cfr. 1 Macc 2,65). Di particolare interesse per noi sono le due ultime categorie, perché più collegate con il mondo giuridico e in particolare con la responsabilità del giudicare [7].

«Padre» degli orfani, (vedove), poveri è un titolo che, in modo generale, riceve colui che si prende cura di questa gente; si deve tuttavia notare che il contesto è talvolta estremamente giuridico, così che si potrebbe dire che il «padre» è colui che difende il diritto di chi non è in grado di farlo (cfr. Lam 5,3). In Giob 29,16, per esempio, l'espressione «padre io ero per i poveri» entra nella descrizione dell'attività giudicante esercitata da Giobbe alle «porte della città» (29,7), dove i miseri, l'orfano, la vedova, lo sconosciuto (29,12-16) sono salvati dalla violenza dell'iniquo (*'awwāl*). Anche il testo di Sir 4,10 (*hyh k'b lytwmym*) è immediatamente collegato con l'esercizio del giudizio (cfr. 4,9: *hwš' mwṣq mmṣyqyw w'l tqwṣ rwḥk bmšpṭ ywšr*).

Il termine «padre» riferito ad un funzionario politico e in particolare al re sembra più comune al mondo circostante che non a quello propriamente israelitico [8] (cfr. 1 Sam 24,12; 2 Re 5,13; 16,7); tuttavia la titolatura presente in Is 9,5 contempla, fra gli attributi regali, anche *'ăbî'ad*, mediante il quale potrebbe essere indicata la costante sollecitudine del re per il suo popolo, specialmente per la povera gente,

---

[5] E. JENNI, «*'āb* Vater», *THAT* I, 6; H. RINGGREN, «*'āb*», *TWAT* I, 2-3,6; Ph. NEL, «The Concept 'Father' in the Wisdom Literature of the Ancient Near East», *JNWSemLg* 5 (1977) 53-66. In contesto di alleanza, cfr. D.J. MCCARTHY, «Notes on the Love of God in Deuteronomy and the Father-Son Relationship between Yahweh and Israel», *CBQ* 72 (1965) 144-147; F.C. FENSHAM, «Father and Son as Terminology for Treaty and Covenant», in: *Near Eastern Studies*, Fs. W.F. ALBRIGHT, Baltimore 1971, 121-135.

[6] E. JENNI, *THAT* I, 5-6 (con bibliografia). In particolare si veda A. PHILLIPS, «The Ecstatics' Father», in: *Words and Meanings*, Fs. D.W. THOMAS, Cambridge 1968, 183-194; J. COPPENS, «Le roi idéal d'Is IX 5-6 et XI 1-5 est-il une figure messianique?», in: *A la rencontre de Dieu*, Mém. A. GELIN, Le Puy 1961, 96-99.

[7] P.A.H. de BOER ricorda che in Giud 5,7 troviamo, attribuito a Debora, il titolo *'ēm bᵉyiśrā'ēl* («The Counsellor», *VTS* 3 [1955] 59).

[8] *TWAT* I, 2-3.

caratteristica questa del buon governo[9] (Deut 10,18; Sal 10,14.18; 72,12-13; 82,3-4; ecc.). Il titolo *'ābînû* (parallelo a *gō'ălēnû*) di Is 63,16 può essere forse considerato un titolo di sovranità (cfr. v.19: *hāyînû mē'ôlām lō' māšaltā bām*).

1.1.4. *pālîl*[10]

Il termine *pālîl* è usato tre volte, al plurale. Sembra indicare una categoria di *mediatori* che permettono una transazione o accomodamento mediante compensazione pecuniaria in Es 21,22[11], mentre in Deut 32,31 sembra piuttosto evocare la figura del *testimone-arbitro* in una controversia: in questi due casi non si tratta propriamente di una funzione giudicante, quanto piuttosto di quella di intermediario, che non pronuncia un verdetto di assoluzione e/o di condanna, ma favorisce un accordo in caso di contestazione[12].

Il testo di Giob 31,11 (*wᵉhû' 'āwōn pᵉlîlîm*), che richiama 31,28 (*gam hû' 'āwōn pᵉlîlî*), parla di un reato che, più che esigere un tribunale, richiede un intervento intercessorio.

---

[9] Per la discussione sulla titolatura regale di Is 9,5 e in particolare sul senso preciso da accordare a *'ăbî'ad*, rinviamo a H. Wildberger, «Die Thronnamen des Messias, Jes 9,5b», *ThZ* 16 (1960) 314-332; *id.*, *Jesaja*, BK X/1, Neukirchen 1972, 362-363, 376-386 (con ricca documentazione bibliografica).

[10] Cfr. bibliografia alla nota 42 di questo capitolo.

[11] B.S. Jackson (*Essays in Jewish and Comparative Legal History*, Leiden 1975, 79-81) discute criticamente tutte le difficoltà di Es 21,22-25, giungendo alla conclusione che *wᵉnātan biplīlîm* «is an interpolation, representing the growth of state authority at the expense of self-help» (p. 81; in nota, l'autore aggiunge: «This does not necessarily imply a judicial function, since the role of the *pelilim* was probably to assessing damages, not assigning liability»). Cfr. anche G. Liedke, *Gestalt und Bezeichnungen alttestamentlicher Rechtssätze*, WMANT 39, Neukirchen 1971, 44-45.

[12] H. Cazelles, parlando dello statuto giuridico delle tribù prima del loro costituirsi come popolo sotto Mosè, dice: «Les conflits étaient des conflits de famille à famille, de tribus à tribus; pour les empêcher de dégénérer en interminables vendettas, des intercesseurs et arbitres (en hébreu *pelilim*) intervenaient pour régler à l'aimiable par des compositions et des concessions. C'étaient généralement des anciens qui, par leur autorité morale et leur expérience, finissaient par créer une sorte de jurisprudence coutumière, enregistrée dans des sentences ou *mishpâtim*» («Le sens religieux de la Loi», in: *Populus Dei*, I. Israel, Studi in onore del Card. A. Ottaviani, Roma 1969, 184).

Non sappiamo se, dai testi biblici, si possa identificare la figura dei *pᵉlîlîm*, raramente menzionata, con quella degli *zᵉqēnîm*, che ha una funzione giuridica rilevante e assai ben definita. Questi ultimi intervengono probabilmente per regolare pacificamente i diverbi tra famiglie e forse tra clan (cosa che è plausibile, ma non documentata nella Bibbia), ma presiedono certamente i processi che si celebrano nelle varie «città» di Israele, pronunciando sentenze anche capitali (cfr. Deut 21,18-21; 22,13-21; 1 Re 21,8-16).

Sulla procedura dell'arbitrato, cfr. B. Cohen, *Jewish and Roman Law*. A Comparative Study, II, New York 1966, 651-709; in particolare, per quanto concerne il mondo biblico, pp. 658-663. Si veda inoltre la nota 43 di questo capitolo.

In conclusione, è forse più probabile ritenere che il senso della radice *pll* (intercedere) sia presente anche nel sostantivo *pālîl* conferendogli il valore di intermediario, mediatore, conciliatore [13].

1.2. *Coloro che esercitano la funzione di giudice* [14]

È generalmente riconosciuto che in Israele esistono tre giurisdizioni principali, alle quali ricorrono coloro che si sottopongono a giudizio: 1) quella degli anziani, «alle porte della città»; 2) quella dei sacerdoti; 3) quella del re [15]. Abbiamo così tre sostantivi (*z^eqēnîm – kōhănîm – melek*) che spesso sono i sostituti paradigmatici della parola «giudice», in quanto lo designano secondo la particolare forma di competenza giuridica richiesta dal caso in questione.

Ci si ingannerebbe tuttavia se si ritenesse la situazione chiaramente definita in Israele, sia per quanto riguarda le effetive competenze dei singoli tribunali, sia per quanto riguarda le persone che li presiedono [16]. Prescindendo dal problema posto dalla mutazione delle istituzioni nel corso della storia [17], ci si può chiedere chi fossero in realtà gli «anziani»,

---

[13] J. L. PALACHE ritiene non sia esatto distinguere tra diverse radici *pll*; l'idea basilare di *pll* sarebbe quella di «spaccare in due, separare», da cui verrebbe *pillēl* «giudicare, decidere» (latino: *dirimere*) e *htpll* «domandare un giudizio (favorevole)». L'autore non riconosce poi a *plyl(ym)* il senso di arbitro, giudice, per nessuno dei testi abitualmente citati (*Semantic Notes on the Hebrew Lexicon*, Leiden 1959, 59-60).

[14] Cfr. J. P. M. van der PLOEG, «Les juges en Israël», in: *Populus Dei*, I. Israel, Studi in onore del Card. A. OTTAVIANI, Roma 1969, 463-507.

[15] Sulla giurisdizione, nelle sue varie forme, cfr. R. de VAUX, *Les Institutions de l'Ancien Testament*, I, Paris 1958, 235-239; Z. W. FALK, *Hebrew Law in Biblical Times*, Jerusalem 1964, 56-57; H. J. BOECKER, *Redeformen*, 11-12; L. ROST, «Die Gerichtshoheit am Heiligtum», in: *Archäologie und Altes Testament*, Fs. K. GALLING, Tübingen 1970, 225-231; K. W. WHITELAM, *The Just King*: Monarchical Judicial Authority in Ancient Israel, JSOT Suppl. Series 12, Sheffield 1979 (pp. 39-46: sulla giurisdizione prima della istituzione monarchica); R. R. WILSON, «Enforcing the Covenant: The Mechanisms of Judicial Authority in Early Israel», in: *The Quest For the Kingdom of God*, Fs. E. MENDENHALL, Winona Lake 1983, 59-75.

[16] A partire dal saggio di L. KOEHLER («Die hebräische Rechtsgemeinde», 152), è diventata opinione comune il ritenere che i giudici (in particolare, quelli che presiedono i tribunali locali) non fossero in Israele un corpo specializzato di funzionari; al contrario — si dice — ognuno dei cittadini poteva, all'occasione, essere chiamato ad esercitare l'ufficio del magistrato giudicante, così come le altre funzioni, di difensore o accusatore, richieste dal pubblico processo (cfr. H. J. BOECKER, *Redeformen*, 13). La nostra interpretazione dei testi biblici è diversa: la funzione di giudice non è esercitata indistintamente da tutti, ma piuttosto da coloro ai quali viene riconosciuta una autorità (di governo): a seconda delle sfere di competenza, a seconda della evoluzione storica delle forme di autorità politica (civile o militare), la giurisdizione compete a diverse persone. Ciò spiega perché il titolo di «giudice» sia associato a *z^eqēnîm, śārîm, melek*, ecc.

[17] Cfr. G. D'ERCOLE, «The Juridical Structure of Israel from the Time of her Origin to the Period of Hadrian», in: *Populus Dei*, I, 389-461.

quale fosse la giurisdizione dei sacerdoti e dove fosse esercitata, di quali funzionari si servisse il tribunale regale, se questo rappresentasse effettivamente una corte di appello, e così via [18].

Troppo abituati ai principi delle nostre moderne costituzioni politiche, diamo per scontato che nell'antico Israele esistesse almeno una qualche «divisione dei poteri» [19]. Ora, ciò che risulta dalla Bibbia è invece che il potere tende a concentrarsi nelle medesime figure, e che la importante funzione del giudicare è assegnata proprio a coloro che detengono le altre forme di autorità (sia civile che militare, sia politica che religiosa) [20].

Ciò spiega, da una parte, perché *šōpēṭ* designi talvolta solo una carica autoritativa in Israele, senza specifica connotazione forense; d'altra parte, si è indotti ad affermare che spesso è reperibile una significazione giurisdizionale nelle voci ebraiche usate per dire «autorità», «capo» e così via.

---

[18] Sulla difficoltà di determinare con sicurezza le competenze giurisdizionali, cfr. A. MALAMAT, «Organs of Statecraft in the Israelite Monarchy», *BA* 28 (1965) 34-65; M. WEINFELD, *Deuteronomy and Deuteronomic School*, Oxford 1972, 233-236; G. C. MACHOLZ, «Die Stellung des Königs in der israelitischen Gerichtsverfassung», *ZAW* 84 (1972) 157-182: questo autore nega che il tribunale del re a Gerusalemme costituisse una corte di appello (p. 177), contro R. de VAUX, *Institutions*, I, 234 (2 Sam 14,4-11); A. GAMPER, *Gott als Richter*, 181; e H. J. BOECKER, *Recht und Gesetz im Alten Testament und im Alten Orient*, Neukirchen 1976, 32-40.

[19] Per «divisione dei poteri» si intende che le tre potestà fondamentali dello Stato — quella legislativa, quella esecutiva, nell'ambito sia politico che amministrativo, e quella giurisdizionale — devono essere esercitate da gruppi di organi fra loro distinti e indipendenti. Tutte le altre forme di autorità (militare, economica, familiare, educativa, ecc.) sono regolate dai suddetti organi di Stato secondo le loro diverse competenze.

La nostra interpretazione del fatto giurisdizionale in Israele — praticamente affidato a coloro che dispongono del potere esecutivo — non contrasta con quanto scrive N. LOHFINK (commentando Deut 16,18-18,22): «Im ganzem gilt also dass eine früher vorhanden stärkere Machtkonzentration bei König und Priestern abgebaut und ein gewisses gleichgewicht der Kräfte zwischen vier verschiedenen Gewalten, nämlich Rechtsprechung, königlicher Regierung, Tempelpriestertum und freiem Charisma angestrebt wird. Wir können die Gewaltenteilung als Leitprinzip dieser Ämterverfassung bezeichnen, obwohl keine historische Kontinuität zur modernen Form der Gewaltenteilung vorliegt und im einzelnen viele Unterschiede zu modernen Systemen vorhanden sind» («Gewaltenteilung. Die Ämtergesetze des Deuteronomiums als Gewaltenteiliger Verfassungsentwurf und das katholische Kirchenrecht», in: *Unsere grossen Wörter*, Freiburg–Basel–Wien 1977, 72-73).

LOHFINK ricorda quindi che (per la legge del Deuteronomio) il potere dello Stato non è accentrato in una sola persona; ciò non significa però che per le tre potestà fondamentali (legislativa, esecutiva, giurisdizionale) vi siano organi tra loro distinti e indipendenti. Qualche difficoltà viene inoltre dal situare il profeta nella stessa linea dei giudici (= anziani?), del re e dei sacerdoti: il profeta, oltre ad essere «carismatico», non sembra disporre di quell'elemento coercitivo necessario per il potere giurisdizionale. Quando è riconosciuto come profeta, egli sembra piuttosto godere di una autorità morale, che gli permette di dare ordini a tutte le (altre) autorità di Israele.

[20] Cfr. J. P. M. van der PLOEG, «Le pouvoir exécutif en Israël», in: *Populus Dei* I, 509-519.

Sembra opportuno, al proposito, richiamare i testi che trattano esplicitamente della «istituzione dei giudici»[21] da parte di Mosè: Es 18,13-27[22]; Deut 1,9-18[23]; tra le due redazioni esistono delle varianti, ma è chiaro che si tratta dello stesso evento e della stessa problematica.

La questione centrale posta da questi brani è l'impossibilità, per un *uomo solo,* di reggere un *popolo numeroso* (Es 18,18: *kî kābēd mimm^{e}kā haddābār lō' tûkal 'ăśōhû l^{e}baddekā;* Deut 1,12: *'êkâ 'eśśā' l^{e}baddî ṭorḥăkem ûmaśśa'ăkem w^{e}rîb^{e}kem;* cfr. anche Es 18,14 e Deut 1,9); la quantità di casi che richiedono una decisione autoritativa rende insensato il dipendere di tutti da una sola persona. Questo però non è solo un problema concernente l'amministrazione della giustizia, ma è, più in generale, quello della autorità in uno Stato; un solo capo infatti non può essere presente a tutte le situazioni se la popolazione è grande o si distribuisce in un vasto territorio. Si può ricordare, in merito, Num 11,10-30, dove, di fronte ad un popolo che ha fame, Mosè deve riconoscere la difficoltà di far fronte da solo alle necessità della gente

---

[21] Cfr. p. 24, nota 8. La terminologia usata per indicare la *istituzione* dei «giudici» è uguale a quella utilizzata per le altre cariche autoritarie di Israele:

śym	qualcuno	[GIUDICE]	*šōpēṭ*	*bā'āreṣ*	2 Sam 15,4
»	»		*l^e'îš śar w^{e}šōpēṭ*	*'ālênû*	Es 2,14
»	»		*šōp^{e}ṭîm*	*l^{e}yiśrā'ēl*	1 Sam 8,1
»	———		*śārê 'ălāpîm ...*	*'ălēhem*	Es 18,21
»	»		*b^{e}rā'šêkem*		Deut 1,13
śym	———	[AUTORITÀ]	*śārê 'ălāpîm*		1 Sam 22,7
»	———		*śārê 'ălāpîm*	*lô*	1 Sam 8,12
»	———		*melek l^{e}šopṭēnû*	*lānû*	1 Sam 8,5
»	———		*melek*	*'ālay*	Deut 17,14
»	———		*melek*	*'ālèkā*	Deut 17,15
ntn	———	[GIUDICE]	*šōp^{e}ṭîm*	*l^{e}kā b^{e}kol š^e'arèkā*	Deut 16,18
»	»		*rā'šîm*	*'ălêkem*	
			śārê 'ălāpîm ...	*l^{e}šibṭêkem*	Deut 1,15
ntn	———	[AUTORITÀ]	*melek l^{e}šopṭēnû*	*lānû*	1 Sam 8,5
»	»		*(melek)*	*'ālèkā*	Deut 17,15
»	———		*melek w^{e}śārîm*	*lî*	Os 13,10
»	———		*melek*	*l^{e}kā*	Os 13,11
»	———		*n^{e}gîdîm*	*bāhem*	2 Cron 11,11
'md (Hi)	———	[GIUDICE]	*šōp^{e}ṭîm*	*bā'āreṣ*	2 Cron 19,5
'md (Hi)	»	[AUTORITÀ]	*lārō'š*		
			l^{e}nāgîd	*b^e'eḥâw*	2 Cron 11,22

[22] Cfr. R. KNIERIM, «Exodus 18 und die Neuordnung der mosaischen Gerichtsbarkeit», *ZAW* 73 (1961) 146-171.

[23] Cfr. H. CAZELLES, «Institutions et terminologie en Deut I 6-17», *VTS* 15 (1966) 97-112.

(Num 11,14: *lō' 'ûkal 'ānōkî lebaddî lāśē't 'et kol hā'ām hazzeh kî kābēd mimmennî*) [24].

Il problema viene risolto con la creazione di un *corpo di giudici* (Es 18,22-26; Deut 1,16-17), il quale però non è un organo «separato», dotato di autonomia propria nell'ambito della sua competenza, ma piuttosto un insieme organico di persone alle quali si delega un potere per cause minori [25]. I «giudici» sono o diventano «capi» di Israele; ad essi viene riconosciuta o conferita una autorità anche giurisdizionale, secondo una scala gerarchica ben definita [26] (Es 18,25: *wayyittēn 'ōtām rā'šîm 'al hā'ām śārê 'ălāpîm śārê mē'ôt śārê ḥămiššîm weśārê 'ăśārōt;* cfr. anche v.21; Deut 1,15: *wā'eqqaḥ 'et rā'šê šibṭêkem ... wā'ettēn 'ōtām rā'šîm 'ălêkem śārê 'ălāpîm* ecc.).

Coloro che sono «scelti» (Es 18,25), infine, devono avere qualità particolari; in Es 18,21 sono definiti *'anšê ḥayil* [27] *yir'ê 'ĕlōhîm 'anšê 'ĕmet*

---

[24] Cfr. S. R. DRIVER, *Deuteronomy*, ICC, Edinburgh 1902³, 14-19.
Anche Salomone presenta la difficoltà di governo come la sproporzione esistente tra la sua giovane età (*na'ar qāṭōn*) e la moltitudine di persone a cui provvedere (*'am rāb 'ăšer lō' yimmaneh welō' yissāpēr mērōb*) (1 Re 3,7-8); la terminologia usata in questo passo (in particolare ai vv.8-9 in rapporto con Es 18,18; Deut 1,8-9; Num 11,14) e la richiesta del dono della *sapienza* (che si rivelerà nel famoso processo di 1 Re 3,16-28) mostrano come governo e giurisdizione tendano a sovrapporsi. Cfr. F. C. FENSHAM, «Legal Aspects of the Dream of Solomon», in: *Fourth World Congress of Jewish Studies*, Jerusalem 1967, 67-70; K.W. WHITELAM, *The Just King*, Sheffield 1979, 156-166; H.A. KENIK, *Design for Kingship*. The Deuteronomistic Narrative Technique in 1 King 3,4-15, SBL Diss 69, Chico 1983, 143-146.

[25] Il sistema di governo e di giudizio creato in Israele prevede sostanzialmente due istanze: la prima è quella demandata alle autorità locali, che si occupano dei casi semplici o di minore gravità, che non richiedono una interpretazione difficile della legge; la seconda è quella riservata a Mosè (o ad un organismo centrale), al quale spetta il compito di decidere su questioni di particolare importanza per la vita del popolo o su questioni controverse (Es 18,22.26; Deut 1,17). Questa distinzione di istanze può essere rilevata anche in Deut 17,8-13 e 2 Cron 19,5-11: quest'ultimo testo, che parla delle misure prese da Giosafat nella sua riforma istituzionale, prevede non solo una distinzione tra autorità locale (vv.5-7) e autorità centrale a Gerusalemme (vv.8-11), ma anche una distinzione fra le cause religiose di competenza sacerdotale e quelle «civili» di competenza reale (v.11). Cfr. W. ALBRIGHT, «The Judicial Reform of Jehoshaphat», in: A. MARX Jubilee Volume, New York 1950, 61-82; A. GAMPER, *Gott als Richter*, 181-183; G.C. MACHOLZ, «Zur Geschichte der Justizorganisation in Juda», *ZAW* 84 (1972) 314-340; M. WEINFELD, *Deuteronomy and Deuteronomic School*, Oxford 1972, 235-236.

[26] La scala gerarchica deve essere intesa nel senso proposto da S. R. DRIVER: «The passage does not state that the *whole* people was divided systematically into thousands, hundreds, fifties, and tens, but only that chiefs commanding these numbers were appointed, who exercised judicial authority, not necessarily over those only who were under their immediate command, but over the people at large. Men were appointed with military rank, and entrusted for the time with a share in the administration of justice» (*Deuteronomy*, ICC, Edinburgh 1902³, 18).

[27] Cfr. J. van der PLOEG, «Le sens de *gibbôr ḥail*», *RB* 50 (1941) = *Vivre et penser*, I, 120-125; W. McKANE, «The *Gibbôr Ḥayil* in the Israelite Community», *GUOST* 17 (1957-1958) 28-37.

śōnᵉʾê bāṣaʿ (cfr. anche v. 25), e in Deut 1,13: *ʾănāšîm ḥăkāmîm ûnᵉbōnîm wîdūʿîm* (cfr. anche v. 15)[28]. Ora queste qualità, se sono indispensabili nel giudizio, sono altresì postulate in chi governa: se infatti, da una parte è necessaria la *forza* (altro nome del potere) (Is 9,5; 11,2.4; 28,6; Sal 2,9; ecc.), dall'altra, per il buon governo di Israele, si richiedono delle qualità «morali», quali l'amore per la verità, il disinteresse, il timor di Dio e soprattutto la sapienza (cfr. Deut 17,20; 2 Sam 14,20; 1 Re 3,9-12.28; Is 9,5-6; 11,1-5; Sal 2,10-11; Prov 8,15-16; ecc.)[29].

Da queste osservazioni traiamo brevemente alcune conseguenze che toccano direttamente il tema che stiamo trattando.

Nei testi biblici, a seconda del tempo, delle tradizioni locali o degli autori, abbiamo vari titoli per designare l'autorità; prescindendo dal re (che, oltre a *melek*, è chiamato *rōʿeh, mōšēl, rōzēn*, ecc.), i diversi capi del popolo ricevono il titolo di *rāʾšîm, śārîm, qᵉṣînîm, nᵉdîbîm, ḥōrîm, nᵉgîdîm*[30], *nᵉśîʾîm*, ecc.[31]. Gli specialisti delle istituzioni di Israele

---

[28] La terminologia di Es 18,21 e Deut 1,13 riecheggia, in modo ironico, nella critica ai giudici fatta da Is 5,21-23:

Is 5,21 :	*hôy ḥăkāmîm bᵉʿênêhem*	Deut 1,13 :	*ʾănāšîm ḥăkāmîm*
	wᵉneged pᵉnêhem nᵉbōnîm		*ûnᵉbōnîm*
22 :	*hôy gibbôrîm lištôt yāyin*	Es 18,21 :	*ʾanšê ḥayil*
	wᵉʾanšê ḥayil limsōk šēkār		
23 :	*maṣdîqê rāšāʿ ʿēqeb šōḥad*		*śōnᵉʾê bāṣaʿ*
	wᵉṣidqat ṣaddîqîm yāsîrû mimmennû		

[29] Sulla *sapienza* quale dote «giudiziaria», cfr. M. NOTH, «Die Bewährung von Salomos 'Göttlicher Weisheit'», *VTS* 3 (1955) 225-237: N.W. PORTEOUS, «Royal Wisdom», *VTS* 3 (1955) 247-261; Ph. REYMOND, «Le rêve de Salomon (1 Rois 3,4-15)», in: *Maqqél Shâqédh*, Fs. W. VISCHER, Montpellier 1960, 210-215; M. CLARK, «A Legal Background to the Yahwist's Use of 'Good and Evil' in Genesis 2-3», *JBL* 88 (1969) 266-278; M. WEINFELD, *Deuteronomy and Deuteronomic School*, Oxford 1972, 244-247, 256; L. KALUGILA, *The Wise King*. Studies in Royal Wisdom as Divine Revelation in the Old Testament and its Environment, ConBibOT 15, Lund 1980.

La necessità dello *spirito* per il buon governo è attestata soprattutto da Num 11,10-30; cfr. anche Is 11,1-4 e Neem 9,20.

[30] Il termine *nāgîd* è stato particolarmente studiato: cfr. P. JOÜON, «Notes de lexicographie hébraïque. X: *nāgîd* 'préposé', d'où 'chef'», *Bib* 17 (1936) 229-233; W. RICHTER, «Die *nāgīd*-Formel. Ein Beitrag zur Erhellung des *nāgīd*-Problems», *BZ* NF 9 (1965) 71-84; T.N.D. METTINGER, *King and Messiah*. The Civil and Sacral Legitimation of the Israelite Kings, ConBibOT 8, Lund 1976, 152-174; B. HALPERN, *The Constitution of the Monarchy in Israel*, HSM 25, Chico 1981, 1-11; Sh. SHAVIV, «*Nābîʾ* and *nāgîd* in 1 Sam IX 1-X 16», *VT* 34 (1984) 111-112.

[31] J. van der PLOEG discute il significato di 15 titoli attribuiti ai capi del popolo di Israele: *śar, nāgîd, nāśîʾ, nāsîk, rōzēn, ʾallûf, sāgān, qāṣîn, peraʿ, pinnâ, ʾayil, šôʿ, nādîb, ḥōrîm, rōʾš*, in: «Les chefs du peuple d'Israël et leur titres», *RB* 57 (1950) 40-61; cfr. anche, dello stesso autore, «Les 'nobles' israélites», *OTS* 9 (1951) 49-64; E.A. SPEISER, «Background and Function of the Biblical *nāśīʾ*», *CBQ* 25 (1963) 111-117; J.R. BARTLETT,

potranno forse determinare qual'è l'origine, la competenza specifica e la storia di questi funzionari [32]; per noi è rilevante il fatto che essi rappresentano l'istanza di *governo* e di *giudizio* nelle varie città di Israele. Se non è sempre chiaro quale sia la distinzione tra le varie classi di autorità e magistrati [33], appare evidente che dal re e dai «capi» del popolo dipende essenzialmente la applicazione della Legge: essi infatti sono gli strumenti istituzionali che, coi loro decreti e sentenze, «fanno legge» in Israele.

«The Use of the Word *r'š* as a Title in the Old Testament», *VT* 19 (1969) 1-10; Ch. SCHÄFER-LICHTENBERGER, *Stadt und Eidgenossenschaft im Alten Testament*. Eine Auseinandersetzung mit Max Webers Studie «Das antike Judentum», BZAW 156, Berlin 1983, 243-255 (su *śar/śārîm*), 355-367 (su *nāśî'*); U. RÜTERSWÖRDEN, *Die Beamten der israelitischen Königszeit*. Eine Studie zu śr und vergleichbaren Begriffen, BWANT 117, Stuttgart 1985.

[32] Cfr. A. PHILLIPS, *Ancient Israel's Criminal Law*. A New Approach to the Decalogue, Oxford 1970, 17-32.

[33] Distinguiamo, su questo tema, diverse questioni:

1) *il problema dei «Giudici»* (prima della istituzione monarchica).

È difficile dubitare che, almeno in certi casi, essi esercitassero propriamente la giurisdizione forense (A. GAMPER, *Gott als Richter*, 118-120, dà come testimonianze certe: Giud 4,4-5; 1 Sam 7,6.15-17; 1 Sam 12; cfr. anche 1 Sam 8,1-3); ma è altrettanto chiaro che essi hanno avuto soprattutto una funzione militare nella conquista del paese di Canaan.

Sembra ragionevole pensare che «giudice» in questo caso significhi l'autorità di riferimento comune, in un periodo in cui le istituzioni politiche non sono chiaramente definite; come «capo», il Giudice decide le operazioni di guerra e tutte le altre controversie che esigono la mediazione di una autorità. È naturale che dal «Giudice» si passi alla istituzione del «Re» (già anticipata in Giud 9 con Abimelek, e poi definita dal passaggio di potere da Samuele a Saul), in quanto un popolo richiede una stabilità nel potere (il re e la sua dinastia «per sempre»), che non era sufficientemente garantita dal carattere carismatico ed esclusivamente personale della figura del «Giudice».

L'argomento è stato assai discusso; fra gli studi, segnaliamo O. GRETHER, «Die Bezeichnung 'Richter' für die charismatischen Helden der vorstaatlichen Zeit», *ZAW* 57 (1939) 110-121; M. NOTH, «Das Amt des 'Richters Israels'», in: Fs. A. BERTHOLET, Tübingen 1950, 404-417; F.C. FENSHAM, «The Judges and Ancient Israelite Jurisprudence», OTWerkSuidA 2, Potchefstroom 1959, 15-22; H.C. THOMSON, «*Shopeṭ* and *Mishpaṭ* in the Book of Judges», *GUOST* 19 (1961-1962) 74-85; J. DUS, «Die 'Sufeten' Israels», *ArOr* 31 (1963) 444-469; W. RICHTER, «Zu den 'Richtern Israels'», *ZAW* 77 (1965) 40-72; K.-D. SCHUNCK, «Die Richter Israels und ihr Amt», *VTS* 15 (1966) 252-262; D.A. MCKENZIE, «The Judge of Israel», *VT* 17 (1967) 118-121; M.S. ROZENBERG, «The *šōfᵉṭîm* in the Bible», *Eretz-Israel* 12 (1972) 77*-86*; T. ISHIDA, «The Leaders of the Tribal Leagues 'Israel' in the Pre-monarchic Period», *RB* 80 (1973) 514-530; A.D.H. MAYES, *Israel in the Period of the Judges*, SBT Second Series 29, London 1974, 56-67; J. HAUSER, «The 'Minor Judges' — A Re-Evaluation», *JBL* 94 (1975) 190-200; S.M. WARNER, «The Period of the Judges within the Structure of Early Israel», *HUCA* 47 (1976) 57-79; C.H.J. de GEUS, *The Tribes of Israel*, Assen 1976, 204-209; A. MALAMAT, «Charismatic Leadership in the Book of Judges», in: *Magnalia Dei. The Mighty Acts of God*, Essays on the Bible and Archaeology in Memory of G.E. WRIGHT, Garden City, 1976, 152-168; Z. WEISMAN, «Charismatic Leadership in the Era of the Judges», *ZAW* 89 (1977) 399-412;

È da considerare allora con particolare attenzione il messaggio profetico indirizzato non tanto genericamente al popolo, ma specificatamente ai suoi capi, ai responsabili, alle autorità di Israele (cfr. ad esempio, Is 1,10ss; 3,1ss.13-15; Ger 21–22; Ez 34; Os 4,4ss; 5,1ss; Am 4,1ss; 6,1ss; Mi 3,1ss; Sof 1,8s; 3,1ss; ecc.); se teniamo presente la loro

---

J. A. SOGGIN, «Das Amt der 'kleinen Richter' in Israel», *VT* 30 (1980) 245-248; H. N. RÖSEL, «Jephtah und das Problem der Richter», *Bib* 61 (1980) 251-255; Ch. SCHÄFER-LICHTENBERGER, *Stadt und Eidgenossenschaft im Alten Testament*, Berlin 1983, 344-354.

2) *il problema degli «Anziani» (zeqēnîm)*

Si discute sull'origine di questo organo autoritario e sulla estensione del loro potere lungo la storia di Israele; cfr. J. L. MCKENZIE, «The Elders in the Old Testament», *Bib* 40 (1959) 522-540; J. van der PLOEG, «Les anciens dans l'Ancien Testament», in: *Lex tua Veritas*, Fs. H. JUNKER, Trier 1961, 175-191; D. G. EVANS, «Rehoboam's Advisors at Shechem and Political Institutions in Israel and Sumer», *JNES* 25 (1966) 273-279; A. GAMPER, *Gott als Richter*, 177-180; H. CAZELLES, «Rédactions et Traditions dans l'Exode», in: *Studien zum Pentateuch*, Fs. W. KORNFELD, Wien 1977, 41-42; H. REVIV, «Elders and 'Saviors'», *OrAnt* 16 (1977) 201-204; F. S. FRICK, *The City in Ancient Israel*, Missoula 1977, 119-127; G. BETTENZOLI, «Gli 'Anziani di Israele'», *Bib* 64 (1983) 47-73; *id.*, «Gli 'Anziani' in Giuda», *Bib* 64 (1983) 211-224. Segnaliamo infine la monografia, in ebraico, di H. REVIV, *The Elders in Ancient Israel*. A Study of a Biblical Institution, Jerusalem 1983.

3) *il problema delle liste dei funzionari.*

Esse sono così varie da richiedere un esame specifico per i singoli testi, onde ricavare con precisione la particolare figura istituzionale che vi è espressa. Un'ulteriore difficoltà viene dal fatto che non sempre appare chiaro se il titolo *šōpeṭîm* rappresenti sempre una *categoria* speciale diversa dalle altre, oppure se esso sia la specificazione del *ruolo* svolto da determinati funzionari. Ad esempio, Deut 19,17-18 recita: *we'āmedû ... lipnê hakkōhănîm wehaššōpeṭîm ... wedārešû haššōpeṭîm hêṭēb*: ci si può chiedere se si è in presenza di un *waw esplicativo* (cfr. H. A. BRONGERS, «Alternative Interpretationen des sogenannten waw copulativum», *ZAW* 90 (1978) 273-277; D. W. BAKER, «Further Examples of the *waw explicativum*», *VT* 30 [1980] 129-136; B. A. MASTIN, «*Wāw explicativum* in 2 Kings VIII 9», *VT* 34 [1984] 353-355), per cui si dovrebbe tradurre: «i sacerdoti che hanno funzione di giudici», «il corpo giudicante dei sacerdoti», «i sacerdoti giudici», oppure se si tratta di un *waw* con valore separativo, per cui la traduzione suonerebbe: «i sacerdoti o i giudici» (distinzione tra autorità religiosa e autorità civile: cfr. Deut 17,12). Per questo tipo di problema si possono vedere Es 2,14 (in rapporto a 18,21-22); Deut 17,9; 21,2; ecc;

4) *il problema di alcuni funzionari.*

Sembra che alcuni funzionari siano incaricati di accompagnare e di servire l'autorità principale (del «capo» o giudice) (Cfr. M. WEINFELD, «Judge and Officer in Ancient Israel and in the Ancient Near East», *IsrOrSt* 7 [1977] 65-88). In particolare, segnaliamo:

a) gli *šōṭerîm*: sembrano essere gli ufficiali che fanno eseguire gli ordini dell'autorità nei vari ambiti in cui si esercita (J. van der PLOEG, «Les *šoṭerim* d'Israël», *OTS* 10 [1954] 185-196; H. CAZELLES, «Institutions et terminologie en Deut I 6-17», *VTS* 15 [1966] 104-108).

b) i *sōperîm*: il loro compito dovrebbe essere quello di redigere e documentare per iscritto il verdetto dell'autorità (cfr. T. N. D. METTINGER, *Solomonic State Officials*: A Study of the Civil Government Officials of the Israelite Monarchy, ConBibOT 5, Lund 1971, 25-51; K. GALLING, «Tafel, Buch und Blatt», in: *Near Eastern Studies*, Fs. W. F. ALBRIGHT, Baltimore 1971, 207-223).

funzione «giudicante», le autorità malvage di Israele consacrano il male dandogli forza di legge, e pervertono la giustizia usandola come strumento di iniquità [34].

In questa linea prende particolare rilievo il tema di *YHWH-Re* e quello del *Messia Davidico* (che da Isaia raggiunge la profezia dell'esilio e del post-esilio): in queste tematiche si racchiude la speranza di un ristabilimento perfetto della giustizia dopo la disastrosa esperienza della corruzione delle guide di Israele [35].

2. L'atto del giudicare

Il «giudicare» è l'atto con cui il giudice ristabilisce la giustizia violata. Tutte le altre azioni del magistrato ne sono la mediazione oppure un sostituto paradigmatico [36].

2.1. *I verbi ebraici per «giudicare»*

Diamo un elenco di verbi che presentano fra loro un certo grado di sinonimia, e che esprimono in modo generale l'atto del «giudicare». Le note di commento permetteranno di valutare la loro pertinenza nella serie,

2.1.1. *špṭ* [37]

Il verbo *špṭ* è solitamente tradotto con «giudicare»; solo in alcuni casi si preferisce il più generico «governare» (Gen 19,9; Rut 1,1; ecc.; cfr., sopra, l'analogo problema con *šōpēṭ*).

---

c) il *mazkîr*: non vi è certo unanimità sulla specifica funzione di un tale funzionario: cfr. R. de Vaux, «Titres et fonctionnaires égyptiens à la cour de David et de Salomon», *RB* 48 (1939) 395-397; J. Begrich, «Sofer und Mazkir. Ein Beitrag zur inneren Geschichte des davidisch-salomonischen Grossreiches und des Königreiches Juda», *ZAW* 17 (1940-41) 1-29; H. von Reventlow, «Das Amt des Mazkir. Zur Rechtsstruktur des öffentlichen Lebens in Israel», *ThZ* 15 (1959) 161-175; H. J. Boecker, «Erwägungen zum Amt des Mazkir», *ThZ* 17 (1961) 212-216; *id.*, *Redeformen*, 106-108; W. Schottroff, *«Gedenken» im Alten Orient und im Alten Testament*, Neukirchen 1964, 253-271; I. L. Seeligmann, «Zur Terminologie», 260-261; T. N. D. Mettinger, *Solomonic State Officials*, 7-24; C. H. J. de Geus, *The Tribes of Israel*, 207-209.

34 Cfr. anche Sal 58; 82; 94; Qoh 3,16.

35 Cfr. J. Lust, «The Immanuel Figure: A Charismatic Judge-leader», *ETL* 47 (1971) 464-470 (con bibliografia).

36 Come scrive G. Leone, il processo (penale) «in senso stretto è il complesso degli atti diretti alla decisione giurisdizionale su una notizia di reato» (*Manuale di Diritto Processuale Penale*, Napoli 1975, 12).

37 Cfr. H. Ferguson, «The Verb *špṭ*», *JBL* 8 (1888) 130-136; J. van der Ploeg, «*Shāpaṭ* et *mishpāṭ*», *OTS* 2 (1943) 144-155; I. H. Eybers «The Stem š-p-ṭ in the Psalms», in: *Studies on the Psalms*, OTWerkSuidA 6, Potchefstroom 1963, 58-63; I. L. Seeligmann, «Zur Terminologie», 272-278; G. Liedke, *Gestalt und Bezeichnungen*, 62-73; *id.*, «*špṭ* richten», *THAT* II, 999-1009; K. W. Whitelam, *The Just King*, 51-59.

Normalmente il giudicare presuppone una situazione controversa, dove il bene e il male[38], il diritto e il torto non siano chiaramente definiti. In prima istanza, il giudicare si presenta così come l'atto autorevole con cui si discerne, si separa, si de-cide tra ciò/colui che è giusto e ciò/colui che è ingiusto, tra innocente e colpevole.

Questo è ricavabile dalla costruzione sintattica con cui spesso appare il verbo *špṭ;* accanto alla forma con l'accusativo (con o senza *'et*), abbiamo *špṭ bên ... ûbên* (Gen 16,5; Es 18,16; Num 35,24; Deut 1,16; Giud 11, 27; 1 Sam 24,13.16; Is 5,3; Ez 34,20). Da assimilare a questa è l'espressione *špṭ bên ... l^e* di Ez 34,17.22; e il più semplice *špṭ bên* di Gen 31,53 e Is 2,4 (= Mi 4,3)[39].

Vi sono anche dei testi molto importanti dove il verbo *špṭ* è chiaramente specificato dalla funzione di distinguere tra lo *ṣaddîq* e il *rāšā'*. Questo appare, per esempio, in Deut 25,1: ... *ûš^epāṭûm w^ehiṣdîqû 'et haṣṣaddîq w^ehiršî'û 'et hārāšā';* così anche 1 Re 8,32: ... *w^ešāpaṭtā 'et 'ăbādèkā l^eharšî' rāšā' lātēt darkô b^erō'šô ûl^ehaṣdîq ṣaddîq lātēt lô k^eṣidqātô*. Si può anche citare a questo proposito Qoh 3,17: *'et haṣṣaddîq w^e'et hārāšā' yišpōṭ hā'ĕlōhîm;* e Gen 18,25, dove al posto di *špṭ* abbiamo l'equivalente *'śh mišpāṭ: ḥālīlâ l^ekā mē'ăśōt kaddābār hazzeh l^ehāmît ṣaddîq 'im rāšā' w^ehāyâ kaṣṣaddîq kārāšā' ḥālīlâ lāk hăšōpēṭ kol hā'āreṣ lō' ya'ăśeh mišpāṭ*[40].

2.1.2. *dyn*[41]

Il parallelismo con *špṭ* mostra che il verbo *dyn* può essere giudicato uno dei suoi importanti sinonimi (Ger 5,28; Sal 9,9; Prov 31,9; cfr. anche 1 Sam 24,16); il seguito della nostra esposizione mostrerà anche come lo spettro semantico di entrambi i verbi tenda a sovrapporsi. Si deve notare

---

[38] Compito del giudice è *lišmō' haṭṭôb w^ehārā'* (2 Sam 14,17), o, con terminologia simile, *l^ehābîn bên ṭôb l^erā'* (1 Re 3,9); la critica ai giudici di Is 5,20 recita: *hôy hā'ōm^erîm lāra' ṭôb w^elaṭṭôb rā'* (Cfr. M. CLARK, «A Legal Background to the Yahwist's Use of 'Good and Evil' in Genesis 2-3», *JBL* 88 [1969] 266-278).

[39] Le varianti con cui si presenta la preposizione *bên* sono state analizzate da J. BARR, «Some Notes on *bēn* 'between' in Classical Hebrew», *JSS* 23 (1978) 1-22.

[40] Da questo punto di vista si potrebbe pensare che il tipo di giudizio che Assalonne pretende istaurare in contrapposizione al tribunale di suo padre Davide non abbia i caratteri del retto giudicare, in quanto sembra dar ragione a tutti quelli che si presentano per un reclamo: *mî y^eśīmēnî šōpēṭ bā'āreṣ w^e'ālay yābô' kol 'îš 'ăšer yihyeh lô rîb ûmišpāṭ* **w^ehiṣdaqtîw** (2 Sam 15,4). Cfr. J.P. FOKKELMAN, *Narrative Art and Poetry in the Books of Samuel*, Assen 1981, 167-168.

[41] G. LIEDKE, «*dīn* richten», *THAT* I, 445-448: la radice indica originariamente proprio il giudicare autoritario che ha luogo in un processo (446); V. HAMP – G.J. BOTTERWECK, «*dîn*», *TWAT* II, 200-207: il senso originale di «giudizio» abbraccia tutti gli atti di giustizia a favore o contro qualcuno (200). Cfr. anche M. DAHOOD, «Is the Emendation of *yādîn* to *yāzîn* Necessary in Job 36,31?», *Bib* 53 (1972) 539-541.

tuttavia che il verbo *dyn* non è mai costruito con la forma *bên ... ûbên;* il che induce a pensare che, mediante questo verbo, non si indichi tanto l'atto del «discernimento» tra innocente e colpevole, ma il procedere giudiziario (a favore o contro). Si tratterebbe così di un verbo che si situa semanticamente tra *špṭ* e *ryb* (cfr. Qoh 6,10), adattandosi all'uno o all'altro a seconda delle contestualità.

2.1.3. *pll* (Pi)

Alcuni ritengono che il verbo *pll* (*Pi*) abbia valore giuridico, e significhi «essere arbitro, mediatore, garante»; al proposito, si citano 1 Sam 2,25; Ez 16,52; Sal 106,30[42]. Come abbiamo già detto a proposito di *pālîl,* riteniamo che la radice *pll* esprima più un ruolo di mediazione che una funzione dirimente nell'ambito forense; per questa ragione *pll (Pi)* non può propriamente essere considerato un sostituto paradigmatico di *špṭ,* anche se introduce un «terzo soggetto» nell'ambito della controversia[43].

2.1.4. *šm'* e *dbr* (Pi)

I verbi *šm'*[44] e *dbr (Pi)* possono, in certi contesti, apparire come sinonimi di *špṭ,* in quanto rappresentano l'attività del giudice secondo due dimensioni fondamentali, quella della «*udienza*» (fase dibattimentale) e quella della emissione della «*sentenza*» (fase conclusiva del processo). È da notare in ogni caso il fatto che essi si trovano in parallelo con il verbo

---

[42] Cfr. M. D. Goldmann, «The Root *pll* and its connotation with prayer (Attempted Explanation of Deuteronomy XXXII,31)», *AustralBR* 3 (1953) 1-6; D. R. Ap-Thomas, «Notes on Some Terms Relating to Prayer», *VT* 6 (1956) 230-239; E. A. Speiser, «The Stem PLL in Hebrew», *JBL* 82 (1963) 301-306; H.-P. Stähli, «*pll* hitp. beten», *THAT* II, 427.

[43] L'esistenza in Israele di una pratica dell'*arbitrato* è attestata da qualche passo biblico, ed è largamente plausibile (cfr. nota n. 12); è anche ipotizzabile che questa funzione di pacificazione nelle contese, specie per questioni di diritto civile, fosse esercitata dalle stesse persone (dotate di autorità almeno morale) a cui era demandato il compito del giudizio. Ma ciò non significa che il giudicare sia una sorta di conciliazione fra le parti, come sembra ritenere B. Gemser («The *rîb*- or Controversy-Pattern», 124): «The decision given by the judges is more of the nature of a settlement through mediation, arbitration, than a verdict based on law-clauses». Questa opinione sembra essere desunta da L. Koehler («Die hebräische Rechtsgemeinde», 150), il quale, parlando della assemblea giudicante di Israele, dice: «Sie ist das Institut der Friedlichlegung». Ciò contrasta vistosamente con il compito che la legislazione biblica assegna ai giudici in sede penale.

[44] M. Weinfeld, seguendo il suggerimento di H. Cazelles («Institutions et terminologie en Deut I 6-17», *VTS* 15 [1966] 109s), ritiene che il verbo *šm'*, connesso con il giudizio, abbia una speciale relazione con la tradizione sapienziale (*Deuteronomy and Deuteronomic School*, Oxford 1972, 245-247).

špṭ o chiaramente lo sostituiscono: per *šm'*, cfr. Deut 1,16 (*bên ... ûbên*)[45]. 17; Giud 11,10 (*bên*); 2 Sam 15,3; 1 Re 3,9[46] (in 3,11: *šm' mišpāṭ*); Giob 31,35; per *dbr (Pi)*, cfr. 2 Re 25,6 (*mišpāṭ*); Is 63,1; Sal 51,6; 58,2 (*ṣedeq*); Zac 8,16 (*'ĕmet*); ecc.

2.1.5. *'śh mišpāṭ*

L'espressione *'śh mišpāṭ*[47] significa avere un atteggiamento etico conforme alla legge (Ger 5,1; Mi 6,8; Prov 21,7.15); in certi contesti tuttavia essa designa l'azione giudiziale, come risulta da:

(a) il collegamento con *špṭ* in testi chiaramente forensi: Gen 18,25; 1 Re 3,28 (= 2 Cron 9,18); si può anche vedere Sal 9,17; 119,84; 146,7;

(b) il fatto che, come *špṭ*, può essere costruita con *bên ... ûbên* (Ger 7,5) o *bên ... le* (Ez 18,8).

Particolarmente significativi i testi in cui *mišpāṭ* si trova allo stato costrutto e il *nomen rectum* designa una categoria di «aventi diritto» (cfr. Deut 10,18; 1 Re 8,59; Sal 9,5; 140,13).

Il sintagma più completo è *'śh mišpāṭ ûṣedāqâ,* che generalmente indica la rettitudine del comportamento (Gen 18,19; Ez 18,5.19.21.27; ecc.), ma ha valore processuale in 1 Re 10,9; Ger 22,3.15; Sal 99,4; a questi ultimi testi si può aggiungere 2 Sam 8,15 (= 1 Cron 18,14); Ger 9,23; 23,5; 33,15; Ez 45,9[48].

2.2. *L'imparzialità necessaria al retto giudicare*

Da una considerazione generica su *špṭ* e sinonimi, veniamo ora a trattare del «giudicare» che risponde alla sua autentica natura: non basta infatti che vi sia giudizio, è necessario che esso sia *giùsto*.

---

[45] Il testo attuale di Deut 1,16 presenta una costruzione sovraccarica; per un più rigoroso parallelismo si dovrebbe inserire *ûbên gērô* immediatamente dopo *bên 'ăḥêkem*.

[46] R. Brunner, «Das hörendes Herz», *TLZ* 79 (1954) 697-700; T. N. D. Mettinger, *King and Messiah*, Lund 1976, 238-246; H. A. Kenik, *Design for Kingship*, Chico 1983, 132-141.

[47] Il valore particolare di *'śh mišpāṭ* con suffisso o in stato costrutto è trattato a p. 185.

[48] Anche la radice *ḥqq* sembra avere una qualche attinenza con il mondo giuridico forense: significativi appaiono i testi di Is 10,1 (*Qal*); Prov 31,5 (*Pu*); e Prov 8,15 (*Po*). Cfr., al proposito, J. van der Ploeg, «Studies in Hebrew Law», *CBQ* 12 (1950) 250-252; Z. W. Falk, «Hebrew Legal Terms», *JSS* 5 (1960) 350-352; R. Hentschke, *Satzung und Setzender*. Ein Beitrag zur israelitischen Rechtsterminologie, BWANT 5/3, Stuttgart 1963; P. Victor, «A Note on *ḥōq* in the Old Testament», *VT* 16 (1966) 358-361; G. H. Jones, «'The Decree of Yahweh (Ps. II 7)'», *VT* 15 (1965) 336-344; G. Liedke, *Gestalt und Bezeichnungen*, 154-186.

Ora, se il giudice ha il compito fondamentale di distinguere il colpevole dall'innocente, la prima e principale caratteristica del suo retto giudicare è quella di mantenere una certa equidistanza dalle due parti in causa; in altre parole, gli si richiede di essere *imparziale,* di non lasciarsi corrompere da nessun elemento che possa mutare il corso della giustizia.

È possibile allora — secondo uno schema logico — stabilire due paradigmi, fra loro antitetici: da una parte, il paradigma del «giusto giudizio», dall'altra, quello del «giudizio disonesto»; al primo appartiene la qualifica dell'imparzialità, al secondo quella della parzialità.

2.2.1. Opposizione tra «corretto» e «corrotto» giudicare

L'opposizione tra i due modi di giudicare si manifesta in modo estremamente chiaro nei testi legislativi, là dove si danno direttive ai giudici per una corretta amministrazione della giustizia:

Deut 1,16 :	*... ûš^{e}paṭṭem ṣedeq* *bên ’îš ûbên ’āḥîw...*	
17 :		*lō’ takkîrû pānîm bammišpāṭ*
	kaqqāṭōn kaggādōl tišmā‘ûn	
Lev 19,15 :		*lō’ ta‘ăśû ‘āwel bammišpāṭ* *lō’ tiśśā’ p^{e}nê dāl* *w^{e}lō’ tehdar p^{e}nê gādôl*
	b^{e}ṣedeq tišpōṭ ‘ămîtekā	
Deut 16,18 :	*... w^{e}šāp^{e}ṭû ’et hā‘ām* *mišpaṭ ṣedeq*	
19 :		*lō’ taṭṭeh mišpāṭ* *lō’ takkîr pānîm* *w^{e}lō’ tiqqaḥ šōḥad*

Raccogliendo, in modo schematico, gli elementi essenziali dei testi sopra indicati, abbiamo:

1. *il giusto giudizio* :	*špṭ ṣedeq*	(Deut 1,16)
	špṭ b^{e}ṣedeq	(Lev 19,15)
	špṭ mišpaṭ ṣedeq	(Deut 16,18)

a cui corrisponde l'*imparzialità: kaqqāṭōn kaggādōl tišmā‘ûn* (Deut 1,17).

2. *il giudizio disonesto* :	*‘śh ‘āwel bammišpāṭ*	(Lev 19,15)
	nṭh (Hi) mišpāṭ	(Deut 16,19)

a cui corrisponde l'atteggiamento di *parzialità* e di *corruzione:*

nkr (Hi) pānîm	(Deut 1,17; 16,19)
nś' pānîm	(Lev 19,15)
lqḥ šōḥad	(Deut 16,19).

2.2.2. Il vocabolario del retto giudicare (il giusto giudizio)

L'esperienza che la giustizia spesso è amministrata in modo disonesto spiega perché frequentemente si sottolinei nei testi biblici il carattere della rettitudine accanto al verbo che esprime l'azione legale del giudizio. Oltre all'espressione *'śh mišpāṭ ûṣ^edāqâ* sopra ricordata, citiamo qualche esempio di sintagmi che esprimono il giudicare conforme alla giustizia:

špṭ	*mišpaṭ ṣedeq*	Deut 16,18
»	*mišpaṭ 'ĕmet*	Zac 7,9
»	*'ĕmet ûmišpaṭ šālôm (b^{e}ša'ărêkem)*	Zac 8,16
»	*ṣedeq*	Deut 1,16; (Ger 11,20; Sal 9,5; Prov 8,16); 31,9
»	*mêšārîm*	Sal 58,2 (75,3)
»	*mîšôr* [49]	Sal 67,5
»	*b^{e}ṣedeq*	Lev 19,15; Is 11,4; Sal 9,9
»	*b^{e}ṣedeq ... be'ĕmûnâ*	Sal 96,13
»	*b^{e}ṣedeq ... b^{e}mêšārîm*	Sal 98,9
»	*be'ĕmet*	Prov 29,14
dyn	*b^{e}ṣedeq ... b^{e}mišpāṭ*	Sal 72,2
»	*b^{e}mêšārîm*	Sal 9,9; 96,10
dbr (Pi)	*ṣedeq*	Sal 58,2
»	*biṣdāqâ*	Is 63,1 [50]

---

[49] In Is 11,4 abbiamo *ykḥ* (*Hi*) *b^{e}mîšôr* in parallelo a *špṭ b^{e}ṣedeq*. Il verbo *ykḥ* (*Hi*) viene usato come sinonimo di *špṭ* anche in Is 2,4 e 11,3; come abbiamo indicato (pp. 34-38), esso assume talvolta il significato di «arbitrare» fra le parti in causa, o di «punire», il che lo avvicina all'area semantica del giudicare.

Come un intervento di difesa (ad esempio *ryb rîb* + suff. pronominale) in favore dell'avente diritto può equivalere ad una autentica azione di giudizio (cfr. pp. 182-185), così una azione di accusa (ad esempio *ykḥ* allo *Hi*) contro il colpevole può essere sinonimica del fare giustizia.

[50] Ricordiamo anche l'espressione *rdp ṣedeq* (Deut 16,20), *rdp ṣ^{e}dāqâ wāḥāsed* (Prov 21,21), *rdp* (*Pi*) *ṣ^{e}dāqâ* (Prov 15,9), che segnalano l'intenzionalità che dovrebbe presiedere il retto giudizio.

2.2.3. L'ingiustizia nel tribunale (giudizio iniquo)

In questo paragrafo indicheremo le espressioni generiche che, in ebraico, servono ad esprimere il giudicare ingiusto. Si deve notare che si tratta sempre di un atto compiuto «legalmente» in sede forense (*bammišpāṭ*), mediante il quale però il diritto (*mišpāṭ*) viene conculcato e stravolto: molto esatta è quindi l'espressione «perversione della giustizia» usata in questo contesto; ci si serve infatti della legge e delle sue istituzioni per promuovere e consolidare l'ingiustizia.

Accanto alle espressioni di carattere generico che definiscono l'ingiusto giudizio, segnaleremo, ogni volta che si presentano, altri elementi correlati; in particolare, sottolineeremo l'apparire di due categorie (oggetto di esame nei paragrafi seguenti) che esplicitano come/perché si pratica l'ingiustizia in tribunale: (1) *la parzialità:* il fare preferenze, l'avere un occhio di riguardo per certe (categorie di) persone, il propendere per uno dei due contendenti intervenuti al processo è negare intrinsecamente l'atto stesso del giudicare: se la decisione deve essere ispirata al vero e al diritto è necessario che il giudice sia equidistante dalle parti senza personale coinvolgimento. (2) *la corruzione:* il ricevere denaro o altre forme di compensi in cambio del «favore» che si accorda a qualcuno in un processo è trasformare il tribunale in mercato, dove a fare le spese è fatalmente la categoria dei poveri.

2.2.3.1. *Importanza del verbo* **nṭh** *(Hi) (pervertire la giustizia)*

Per la sua frequenza e la sua pertinenza forense, merita speciale considerazione il verbo *nṭh (Hi)*. Esso si presenta in diversi sintagmi:

a) costruito con il sostantivo *mišpāṭ* (pervertire, torcere il diritto), a volte con l'indicazione di colui a cui si fa torto:

Deut 16,19 :	*lō' taṭṭeh*	*mišpāṭ*		*lō' takkîr pānîm*	(1)
				w^elō' tiqqaḥ šōḥad	(2)
1 Sam 8,3 :				*wayyiṭṭû 'aḥărê habbāṣa'*	(2)
				wayyiqḥû šōḥad	(2)
	wayyaṭṭû	*mišpāṭ*			
Deut 24,17 :	*lō' taṭṭeh*	*mišpaṭ*	*gēr yātôm*		
Deut 27,19 :	*'ārûr maṭṭeh*	*mišpaṭ*	*gēr yātôm w^e'almānâ*		
Es 23,6 :	*lō' taṭṭeh*	*mišpaṭ*	*'ebyōn^{e}kā*	*b^erîbô*	
Lam 3,35 :	*l^ehaṭṭôt*	*mišpaṭ*	*gāber...*	*b^erîbô*	
36 :	*l^e'awwēt*		*'ādām*		

b) costruito con complemento oggetto indicante *la persona a cui si fa torto;* talvolta vi è aggiunta la specificazione forense (mediante la preposizione *b*^{e} o *min*):

Am 5,12 : *ṣōr*^{e}*rê ṣaddîq* *lōq*^{e}*ḥê kōper* (2)
w^{e}*'ebyônîm* **baššaʿar** *hiṭṭû*

Prov 18,5 : *ś*^{e}*'ēt p*^{e}*nê rāšāʿ lō' ṭôb* (1)
l^{e}*haṭṭôt ṣaddîq* **bammišpāṭ**

Is 10,2 : *l*^{e}*haṭṭôt* **middîn** *dallîm*
w^{e}*ligzōl mišpaṭ ʿăniyyê ʿammî*

Is 29,21 [51] : *maḥăṭî'ê 'ādām b*^{e}*dābār*
w^{e}*lammôkîḥ* **baššaʿar** *y*^{e}*qōšûn*
wayyaṭṭû battōhû ṣaddîq

Mal 3,5 : *ûb*^{e}*ʿōš*^{e}*qê ś*^{e}*kar śākîr 'almānâ w*^{e}*yātôm*
ûmaṭṭê gēr

c) congiunto con *termini che significano «via, cammino, sentiero»,* il verbo *nṭh (Hi)* sembra indicare che l'*iter* della giustizia è stravolto, che le vie legali sono pervertite [52]:

Prov 17,23 : *šōḥad mēḥêq rāšāʿ yiqqāḥ* (2)
l^{e}*haṭṭôt 'orḥôt mišpāṭ*

Giob 24,4 : *yaṭṭû 'ebyônîm middārek*

Am 2,7 : *w*^{e}*derek ʿănāwîm yaṭṭû*

---

51 In Is 29,21, il verbo *nṭh* (*Hi*) è seguito da *b*^{e}, a cui si può dare valore causale («per un nonnulla»); ciò potrebbe essere paragonato quanto al senso con Am 2,6: *ʿal mikrām bakkesep ṣaddîq – w*^{e}*'ebyôn baʿăbûr naʿălāyim*; si può anche ricordare il *b*^{e} modale di Sal 27,9: *'al taṭ b*^{e}*'ap ʿabdekā.*

Un'altra interpretazione potrebbe essere quella di dare a *b*^{e} il valore di preposizione di luogo, nella linea del sintagma presente in Prov 18,5 (e Am 5,12): *nṭh* (*Hi*) – *ṣaddîq*/*'ebyôn* – *baššaʿar*/*bammišpāṭ*. Il tribunale (*šaʿar*, menzionato nello stico precedente) sarebbe allora identificato — in modo ferocemente ironico — al caos primordiale (*tōhû*), dove non vi è alcuna distinzione tra bene e male. Per l'opposizione *tōhû* – *ṣedeq*/*mêšārîm*, cfr. Is 45,19; in Is 59,4 *ṣedeq* e *'ĕmûnâ* si oppongono a *tōhû*/*šāw'*/*ʿāmāl*/*'āwen.*

52 Il concetto di via (*derek* e sinonimi) è spesso usato metaforicamente per indicare la condotta, specialmente nella letteratura sapienziale e nella sfera religiosa (cfr. *THAT* I, 458-460).

Quando il termine *via* è costruito con termini indicanti *diritto*, giustizia, ecc. (del tipo: *'ōraḥ mišpāṭ*), noi pensiamo che significhi il «procedere» conforme al diritto (cfr. Is 26,8; 40,14; 59,8; Prov 2,8; 8,20); quando è costruito con sostantivi significanti l'*innocente*, il giusto, il povero (del tipo: *derek ṣaddîqîm*), il sintagma può essere ricondotto, quanto al

d) abbiamo, infine, il caso particolare di *nṭh (Qal) 'aḥărê*... Mentre, nei casi precedentemente segnalati, *nṭh (Hi)* aveva per oggetto il diritto (*mišpāṭ*) o la persona che lo incarna (*ṣaddîq*), nel presente sintagma il verbo (al *Qal*) indica piuttosto ciò verso cui il giudice «devia», causa questa della perversione della giustizia.

Abbiamo già citato 1 Sam 8,3, dove i due sensi del verbo sono chiaramente correlati: *wayyiṭṭû 'aḥărê habbāṣa'... wayyaṭṭû mišpāṭ*. Lo stesso fenomeno può essere rilevato in Es 23,2: (*lō' tihyeh 'aḥărê rabbîm lᵉrā'ōt wᵉlō' ta'ăneh 'al rīb*) *linṭōt 'aḥărê rabbîm lᵉhaṭṭōt*. Si noti che in 1 Sam 8,3 la perversione del diritto è causata dalla inclinazione al profitto, mentre in Es 23,2 essa è frutto della preferenza accordata alle persone convocate in giudizio: vediamo così apparire nuovamente le due categorie che concretamente esprimono la ingiustizia legale (o meglio, ne sono la causa), menzionate all'inizio di questo paragrafo [53].

2.2.3.2. *Espressioni generiche per indicare l'ingiustizia in tribunale*

Diamo alcuni esempi che ci sembrano particolarmente significativi; la varietà delle espressioni è assai grande, ma — crediamo — si può facilmente vedere come esse siano paradigmatizzabili; si tenga presente, in particolare, come l'atto della «perversione» ha per oggetto sia il diritto, sia colui che ne è portatore (la persona innocente):

– *špṭ*	*'āwel*	Sal 82,2
– *'śh*	*'āwel bammišpāṭ*	Lev 19,15; 19,35
»	*'awlâ*	Sof 3,5
– *'wt (Pi)*	*mišpāṭ*	Giob 8,3; 34,12
»	*ṣedeq*	Giob 8,3
»	*'ādām bᵉrîbô*	Lam 3,36
»	(suff. pron.)	Giob 19,6; Sal 119,78 (+ *šeqer*)

significato, al caso precedente (cfr. Prov 2,8 dove sono messi in parallelo *'orḥôt mišpāṭ* e *derek ḥăsîdâw*). Il giusto «procedere», in certi contesti, come Prov 17,23, può segnalare la procedura forense conforme al diritto (cfr. V. Maag, *Text, Wortschatz und Begriffswelt des Buches Amos*, Leiden 1951, 142). Così I. L. Seeligmann afferma che *derek* talvolta significa «giudizio, processo», citando (oltre ad Am 2,7) Is 40,27 e Ger 5,4 (dove *derek* è in parallelo con *mišpāṭ*), e Sal 1,6 («Zur Terminologie», 269).

53 Ai due casi sopra citati possiamo forse assimilare Giob 36,18: *wᵉrob kōper 'al yaṭṭekkā* (*nṭh* allo *Hiphil*). Il testo di Giob 36,17-21 è particolarmente irto di problemi (cfr. L. Alonso Schökel – J. L. Sicre, *Job*, 508-510); ciò nonostante si può osservare come il tema della corruzione e quello della perversione del diritto siano intimamente collegati.

– *t'b (Pi)*	*mišpāṭ*	Mi 3,9
»	*dōbēr tāmîm*	Am 5,10
– *gzl*	*mišpaṭ ʿaniyyê ʿammî*	Is 10,2
»	*dal ... baššāʿar*	Prov 22,22
gēzel	*mišpāṭ wāṣedeq*	Qoh 5,7
– *swr (Hi)*	*mišpāṭ* (+ suff. pron.)[54]	Giob 27,2; 34,5
»	*ṣidqat ṣaddîqîm mimmennû*	Is 5,23
– *m's*	*mišpaṭ ʿabdî wa'ămātî b^erîbām ʿimmādî*	Giob 31,13
»	*tām*	Giob 8,20
– *prr (Hi)*	*mišpāṭ* (+ suff. pron.)	Giob 40,8
– *ʿqš (Pi)*	*'et kol hayšārâ*	Mi 3,9[55]

2.2.4. Imparzialità e parzialità nel giudizio[56]

I testi legislativi che parlano del processo si preoccupano costantemente di ricordare che il giudizio deve essere imparziale (cfr. i testi già citati di Es 23,2-3; Lev 19,15; Deut 1,17). Al di fuori di Deut 1,17 (dove si comanda l'imparzialità: *kaqqāṭōn kaggādōl tišmāʿûn*), tutti gli altri testi vietano o condannano l'atteggiamento di parzialità.

Per indicare appunto il favorire (ingiustamente) qualcuno in un processo, due sono le espressioni utilizzate, con significato equivalente:

a) *nkr (Hi) pānîm:*

Deut 1,17	:	*lō' takkîrû pānîm*	*bammišpāṭ*	
Deut 16,19	:	*lō' takkîr pānîm*		
Prov 24,23	:	*hakkēr pānîm*	*b^emišpāṭ*	*bal ṭôb*
Prov 28,21	:	*hakkēr pānîm*		*lō' ṭôb*

b) *nś' pānîm*[57]

Deut 10,17	:	*lō' yiśśā' pānîm*	
Mal 2,9	:	*w^enōś^e'îm pānîm*	*battôrâ*

[54] In Sof 3,14, una espressione simile (con il plurale e suffisso pronominale) significa invece il «levare la condanna», cioè amnistiare.

[55] Segnaliamo anche l'espressione particolare di Ab 1,4; *ʿal kēn yēṣē' mišpāṭ m^eʿuqqāl.*

[56] Su questo tema, cfr. J.M. Bassler, *Divine Impartiality*. Paul and a Theological Axiom, SBL Diss 59, Chico 1982, 7-17.

[57] Cfr. anche l'espressione *maśśō' pānîm* in 2 Cron 19,7. Sulle espressioni *nkr (Hi) pānîm* e *nś' pānîm*, cfr. I. L. Seeligmann, «Zur Terminologie», 270-272; J. Reindl, *Das*

Giob 13,10	:	*bassēter pānîm tiśśā'ûn*	
Lev 19,15[58]	:	*lō' tiśśā' p^e^nê* **dāl**	
Giob 34,19[59]	:	*lō' nāśā' p^e^nê* **śārîm**	
Giob 32,21	:	*'al nā' 'eśśā' p^e^nê* **'îš**	
Prov 18,5	:	*ś^e'ēt p^e^nê* **rāšā'**	*lō' ṭôb*
Sal 82,2	:	*ûp^e^nê* **r^e^šā'îm** *tiś'û*	

2.2.5. Integrità e corruzione dei giudici

È mediante l'esame del vocabolario che segnala la corruzione del tribunale che avremo una idea indiretta dell'ideale di integrità che conviene al retto giudizio.

La corruzione è uno degli elementi maggiormente ricorrenti per evidenziare l'ingiustizia del tribunale; la terminologia utilizzata dà rilievo a dei *sostantivi* che dicono sostanzialmente il prevalere del valore economico sulla verità e la giustizia; il tutto, naturalmente, è fatto «di nascosto» (Deut 27,25; Prov 17,23; 21,14; cfr. anche Giob 13,10)[60], in modo che il verdetto pronunciato appaia sempre conforme alla più rigorosa legalità.

a) *šōḥad*[61]

Il senso generale di questo termine è quello di un dono offerto per ottenere in cambio un qualche vantaggio (1 Re 15,19; 2 Re 16,8); concretamente, si tratta di una forma di pagamento per un servizio che si chiede o si riceve (cfr. il parallelo tra *šōḥad* e *m^e^ḥîr* in Is 45,13 e Mi 3,11).

Angesicht Gottes im Sprachgebrauch des Alten Testaments, ErfTSt 25, Leipzig 1970, 189-190; A. S. van der Woude, «*pānīm* Angesicht», *THAT* II, 441-442, 457.

[58] Cfr. anche Sir 35,12-13: *ky 'lhy mšpṭ hw' w'yn 'mw* **mśw' pnym** – *l'* **yś' pnym** *'l dl wtḥnwny mṣwq yšm'.*

[59] Il testo di Giob 34,19, parlando della imparzialità di Dio utilizza contemporaneamente i due verbi *nś'* e *nkr* (*Pi*):
'ăšer lō' **nāśā'** *p^e^nê śārîm*
w^e^lō' **nikkar** *šô' lipnê dāl.* (Cfr. P. Joüon, «Notes de lexicographie hébraïque. XIII. *šô'* 'grand' (socialement)», *Bib* 18 [1937] 205-206).

[60] Per il concetto di «segreto» in Deut 27,25, cfr. S. R. Driver, *Deuteronomy*, ICC, Edinburgh 1902³, 299-300; l'aspetto di «nascondimento» connotato dal sostantivo *ḥêq* (nei Proverbi) è segnalato da G. André, «*ḥêq*», *TWAT* II, 912-913.

[61] Il verbo *šḥd* è usato in Ez 16,33 e Giob 6,22: nel primo caso, si tratta del compenso fornito agli amanti; nel secondo, di un dono fatto per essere liberati da un avversario. Si può vedere una connotazione forense nel testo di Giobbe, così come in Sir 35,12 (ebraico): *'l tšḥd ky l' yqḥ* (da notare il rapporto tra *šḥd* e *lqḥ*).

Nell'ambito del tribunale, *šōḥad* è l'indicatore tipico della corruzione del giudice[62]; uno dei sintagmi ricorrenti è *lqḥ šōḥad,* spesso collegato con le altre espressioni che segnalano la perversione del diritto:

Es 23,6	:			*nṭh (Hi) mišpāṭ*
		lqḥ šōḥad		
Deut 10,17	:	*lqḥ šōḥad*	*nś' pānîm*	
Deut 16,19	:	*lqḥ šōḥad*	*nkr (Hi) pānîm*	*nṭh (Hi) mišpāṭ*
1 Sam 8,3	:	*lqḥ šōḥad*		*nṭh (Hi) mišpāṭ*
Prov 17,23	:	*lqḥ šōḥad*		*nṭh (Hi) 'orḥôt mišpāṭ*
2 Cron 19,7	:	*miqqaḥ šōḥad*	*maśśō' pānîm*	

Cfr. anche Deut 27,25; Ez 22,12; Sal 15,5.

Due testi ci paiono particolarmente significativi per quanto concerne il vocabolario giuridico-forense:

– Mi 3,11 : *rā'šèhā b^{e}šōḥad yišpōṭû*

Non si possono non ricordare i sintagmi *špṭ b^{e}ṣedeq* (Lev 19,15; Is 11,4; ecc.), *špṭ be'ĕmet* (Prov 29,14) e simili, che danno, per contrasto un rilievo ironico straordinario all'espressione profetica[63].

– Is 1,23 : *śārayik sôr^{e}rîm w^{e}ḥabrê*[64] *gannābîm*
kullô 'ōhēb šōḥad w^{e}rōdēp šalmōnîm
yātôm lō' yišpōṭû w^{e}rîb 'almānâ lō' yābô' 'ălêhem

L'oracolo è indirizzato ai «capi» di Gerusalemme, visti proprio nella loro funzione di *giudici:* essi trascurano le richieste della povera gente, perché, avidi di profitto, fanno lega con coloro che derubano orfani e vedove[65]. La parte centrale del versetto è particolarmente interessante per quanto concerne il vocabolario utilizzato:

a) L'espressione *'ōhēb šōḥad* si oppone direttamente a uno dei titoli attribuiti a Dio come giusto giudice: *'ōhēb mišpāṭ*[66]

---

[62] La corruzione del giudice può essere indirizzata alla assoluzione del colpevole (cfr. Is 5,23; Prov 6,35; 21,14), oppure alla condanna dell'innocente (cfr. Deut 27,25; Is 33,15; Ez 22,12; Sal 15,5; 26,9-10).

[63] Cfr. G. Liedke, *Gestalt und Bezeichnungen,* 69.

[64] La radice *ḥbr* indica la complicità anche in Sal 94,20; Prov 28,24; Giob 34,8.

[65] Su Is 1,21-28, oltre ai commentari, cfr. E. W. Davies, *Prophecy and Ethics.* Isaiah and the Ethical Traditions of Israel, JSOT Suppl. Series 16, Sheffield 1981, 90-112.

[66] Cfr. l'opposto: *śônē' mišpāṭ* in Giob 34,17.

(Is 61,8; Sal 37,28), *'ōhēb ṣᵉdāqâ ûmišpāṭ* (Sal 33,5), *'ōhēb ṣaddîqîm* (Sal 146,8)[67]; e ancora, con frasi verbali: *ṣaddîq yhwh ṣᵉdāqôt 'āhēb* (Sal 11,7), *wᵉ'ōz melek mišpāṭ 'āhēb* (Sal 99,4)[68].

Se il re perfetto è caratterizzato dall'amore per la giustizia (cfr. Sal 45,8: *'āhabtā ṣedeq wattiśnā' reša'*), la critica dei profeti presenta una immagine contraria dei capi di Israele; oltre a Is 1,23, si può vedere Mi 3,2 (*śōnᵉ'ê ṭôb wᵉ'ōhăbê rā'â*), e l'ammonimento di Am 5,15 (*śin'û rā' wᵉ'ehĕbû ṭôb – wᵉhaṣṣîgû baššaʿar mišpāṭ*).

b) L'espressione *rōdēp šalmōnîm,* a sua volta, sembra opporsi all'espressione che significa il «perseguimento della giustizia»; cfr. Is 51,1: *rōdᵉpê ṣedeq;* Prov 15,9: *mᵉraddēp ṣᵉdāqâ;* 21,21: *rōdēp ṣᵉdāqa;* e soprattutto, nel contesto dei moniti rivolti ai giudici: *ṣedeq ṣedeq tirdōp* (Deut 16,20)[69].

b) *beṣa'*[70]

Parallelo a *šōḥad* in 1 Sam 8,3 e Is 33,15, *beṣa'* è un termine che sicuramente ha a che fare con l'amministrazione della giustizia se gli uomini scelti come giudici da Mosè dovevano essere *śōnᵉ'ê bāṣa'* (Es 18,21)[71]. È significativo, al proposito, vedere il termine in riferimento alle autorità: queste vengono stimate giuste o ingiuste a seconda del loro rapporto al «profitto» (cfr. Is 56,11; Ger 22,17; Ez 22,27; Prov 28,16).

---

[67] Il Salmo 146 descrive l'azione di YHWH-re (cfr. v.10) in opposizione a quella dei principi (*nᵉdîbîm*: v.3): Egli fa giustizia agli oppressi (v.7), protegge lo straniero, l'orfano e la vedova (v.9); il suo amore per gli innocenti (*ṣaddîqîm*) (v.8) fa sì che il procedere dei malvagi (*derek rᵉšā'îm*) non raggiunga il suo effetto (v.9; cfr. 1,6). Questa presentazione della giustizia di Dio contrasta vistosamente con la denuncia della attività dei capi di Israele fatta in Is 1,23.

[68] I commentari non sono unanimi sul testo e la sintassi di Sal 99,4; vi è però convergenza nel collegare la figura del re con l'amore per il diritto.

[69] Ci si può anche chiedere se nell'espressione *rōdēp šalmōnîm* di Is 1,23 (cfr. J. J. FINKELSTEIN, «The Middle Assyrian *Šulmānu* – Texts», *JAOS* 72 [1952] 79) non vi sia un gioco di parole con *šālôm* (uno degli obiettivi fondamentali dell'amministrazione della giustizia: cfr. Es 18,23; Is 9,5-6; 26,12; Zac 8,16; Sal 122,5ss; ecc.); il rapporto tra *šālôm* e *rdp* può essere visto in Sal 34,15: *baqqēš šālôm wᵉrodpēhû* che è però un invito generale, non specificatamente indirizzato ai funzionari della giustizia.

In questo contesto, con un supposto analogo gioco di parole, si può ricordare anche Mi 7,3: *haśśar šō'ēl wᵉhaššōpēṭ baššillûm.*

[70] Cfr. D. KELLERMANN, *TWAT* I, 734-736; R. BERGMEIER, «Das Streben nach Gewinn — des Volkes *'āwōn*», *ZAW* 81 (1969) 93-97.

[71] L'espressione *śōnē' beṣa'* (Es 18,21; Prov 28,16; cfr. anche Prov 15,27: *śōnē' mattānōt*) si oppone a *'ōhēb šōḥad* ricordata sopra.

c) *mattān, mattānâ*

Sono questi termini generici, che hanno abitualmente un senso positivo; nella letteratura sapienziale tuttavia, sembrano indicare talvolta qualcosa che si avvicina alla corruzione, senza però che il contesto sia mai chiaramente forense (cfr. Prov 15,27; 18,16; 19,6; 21,14; Qoh 7,7).

d) *kōper*

Il termine *kōper* designa tecnicamente la compensazione pecuniaria che si offre come risarcimento in caso di offesa inferta ad altri (cfr. Es 21,30; Num 35,31s; Giob 33,24; ecc.)[72]. In alcuni casi però *kōper* è usato quale parallelo (Prov 6,35)[73] o sostituto di *šōḥad* (Am 5,12: *lqḥ kōper + nṭh (Hi) 'ebyônîm baššaʿar;* e forse Giob 36,18, dove vi è un rapporto tra *kōper* e il verbo *nṭh (Hi)*[74].

La ricchezza infatti può consentire di pagare la propria impunibilità (Prov 13,8; Sal 49,7-9; cfr. anche Prov 6,35), anche nel caso di un reato che non ammette forme di risarcimento (cfr. Num 35,31-32); il *kōper* «accettato» dalla autorità incaricata di far rispettare la legge equivale difatto ad una modalità di corruzione della giustizia. Il testo di 1 Sam 12, 3 è particolarmente illuminante al proposito: Samuele, davanti al popolo che ha chiesto un re, difende il suo operato di giudice; non solo — egli afferma — non ha vessato nessuno sfruttando la sua posizione di potere, ma non ha neppure accettato transazioni così da «chiudere un occhio» contro certi colpevoli (*ûmiyyad mî lāqaḥtî kōper wᵉ'aʿlîm ʿênay bô*).

L'ultimo testo citato ci consente di introdurre due ordini di riflessione, entrambi finalizzati a meglio comprendere l'attività del giudice onesto, cioè il retto giudicare.

Abbiamo visto come il *kōper* raggiunga la sua finalità quando fa sì che il giudice possa chiudere un occhio su un certo reato, e quindi non intervenire con una adeguata punizione; ora questo è trasgredire uno dei doveri essenziali del magistrato: cfr. Es 23,8: *wᵉšōhad lō' tiqqāḥ kî haššōḥad yᵉʿawwēr piqḥîm wîsallēp dibrê ṣaddîqîm;* Deut 16,19 (testo uguale al precedente, con la sola variante di *ʿênê ḥăkāmîm* al posto di

---

[72] Cfr. F. MAASS, «*kpr* pi. sühnen», *THAT* I, 844. Una discussione sulla differenza di legislazione tra Es 21,29-30 e Num 35,31-32, a proposito della compensazione pecuniaria in caso di omicidio, e più in generale sul *kōper*, si trova in B. S. JACKSON, «Reflections on Biblical Criminal Law», in: *Essays in Jewish and Comparative Legal History*, Leiden 1975, 41-50.

[73] Il primo stico di Prov 6,35 (*lō' yiśśā' pᵉnê kol kōper*) presenta delle difficoltà di traduzione che inducono a correggere il TM (cfr. BHS: *pānèkā lᵉkōper*). Sembra in ogni caso che il parallelismo sinonimico tra *kōper* e *šōḥad* sia universalmente accettato.

[74] Cfr. nota 53. Sul *kōper* (ingiusto), cfr. A. PHILLIPS, «Another Look at Murder», *JJS* 28 (1977) 105-126; B. JANOWSKI, *Sühne als Heilsgeschehen*, Neukirchen 1982, 167-168.

piqḥîm); Lev 20,4; Giob 9,24 [75]. Come mostreremo al capitolo 6, nella sezione consacrata all'inchiesta giudiziaria, uno dei compiti principali del giudice è di far luce sui casi che gli si presentano, così da vedere esattamente quale sia il colpevole e applicare le sanzioni previste dalla legge; è chiaro che ogni elemento che «acceca» il magistrato è da considerarsi contrario alla giustizia.

E qui si coglie anche una differenza essenziale tra la struttura della controversia (a due) e la struttura del giudizio: mentre nella prima il *dono* esprime la volontà di risarcimento del colpevole, e la accettazione (*lqḥ*) da parte dell'*offeso* significa la fine della controversia nella riconciliazione fra le parti, in sede di tribunale, il dono diventa *corruzione* (bustarella), e la sua accettazione (*lqḥ*) da parte del *giudice* un atto diametralmente opposto alla sua funzione giudicante [76].

Anche l'espressione *nś' pānîm,* tipica per indicare la «parzialità», ha un valore diverso a seconda delle strutture giuridiche. In una controversia, essa indica l'atto del *fare grazia;* forse viene evocato il gesto concreto di sollevare il volto di colui che si è prostrato a terra in atto di umiliazione e di supplica (cfr. Gen 32,21; 1 Sam 25,35: in entrambi i testi, l'espressione è in rapporto con l'offerta di un dono) [77]. In tribunale, l'avere un atteggiamento di favore nei confronti di una delle parti in causa è un atto sconveniente per un giudice; per cui il fare grazia si trasforma in *fare preferenze* e alterare così la imparzialità del retto giudizio.

In questa prospettiva, appare più chiaro il comportamento di Dio riguardo ai sacrifici e alle offerte cultuali — di cui è frequente menzione nei *rîb* profetici —; se nelle controversie con il suo popolo YHWH non accetta il dono presentatogli [78], non è tanto perché desideri un culto

---

[75] Si può citare anche Is 56,10-11, dove i capi sono detti ciechi (*'iwrîm*), ignoranti (*lō' yādā'û – lō' yādeʻû hābîn*), alla sola ricerca del profitto (*beṣa'*).

Prov 22,12 può essere considerato un testo opposto al precedente, soprattutto tenendo presenti Es 23,8 e Deut 16,19: *'ênê yhwh nāṣerû dā'at waysallēp dibrê bōgēd.*

[76] Ricordiamo Gen 20,16, dove Abimelek, offrendo mille «pezze» d'argento, dice a Sara: *hinnēh hû' lāk kesût 'ênayim*: è evidente che non si tratta di un tentativo di corrompere la donna, ma di una forma di risarcimento per l'offesa arrecatale. È questo un altro esempio di come, a seconda della struttura giuridica in cui ci si trova, espressioni e gesti simili acquistino un senso assai diverso.

[77] In modo ancor più generico, l'espressione *nś' pānîm* ha il significato di «avere pietà», «curarsi di», «acconsentire alla richiesta» di qualcuno che si trova in misere condizioni (cfr. Gen 19,21; Deut 28,50; 2 Re 3,14; Giob 42,8s; Lam 4,16); simile è il senso di *nś' rō'š* in Gen 40,13.19-20; 2 Re 25,27 (= Ger 52,31).

[78] Fra i testi biblici più importanti citiamo: Is 1,11-15; 43,22-24 (cfr. Th. Booij, «Negation in Isaiah 43,22-24», *ZAW* 94 [1982] 390-400);58,3-5; Ger 6,20; 7,21-22; 11,15; Os 5,6-7; 6,6; Am 5,21-23; Mi 6,6-7; Zac 7,4-6; Sal 50,8-13; 51,18-19; (40,7-9); cfr. anche Prov 21,3; Sir 34,18-35,24.

La lista di testi fornita da J. Harvey (*Le plaidoyer prophétique*, 24-25) non ci sembra esatta, soprattutto perché introduce nella stessa rubrica la denuncia delle attività cultuali

«spirituale», o perché le sue esigenze di «offeso» richiederebbero un risarcimento altrimenti proporzionato [79].

Due sono le ragioni fondamentali, fra loro strettamente relazionate, per cui Dio può rifiutare i «sacrifici». La prima è questa: le offerte cultuali sono perverse quando intendono regolarizzare e perpetuare una situazione di ingiustizia, dissociando il senso (pentimento, conversione,

---

rivolte agli idoli (peccato) e il rifiuto delle compensazioni sacrificali. La tesi dell'autore su questo ultimo argomento (pp. 97-99, con bibliografia), può essere così riassunta:
1) il tema del rifiuto dei sacrifici nel genere letterario del *rîb* proviene dal fatto che «la situation vitale dans laquelle venait s'insérer le *rîb* était liturgique et comprenait un sacrifice ... si bien qu'une référence à ce contexte cultuel et à ses limites d'efficacité s'est imposée de soi»;
2) si deve inserire il *rîb* in una precisa situazione storica; i testi affermano solo che «les compensations rituelles *ne valent plus rien dans le moment présent*» dato che l'alleanza è rotta. Ciò significa che il rispetto dell'alleanza ha la priorità su ogni altra manifestazione religiosa.

Anche noi riteniamo che la critica profetica al culto non sia equivalente ad una polemica generalizzata contro le espressioni della vita religiosa (tra l'altro prescritte dalla Legge); ci discostiamo tuttavia da HARVEY sul preciso significato da attribuire a tale critica.

Particolarmente abbondante la bibliografia sul tema; ricordiamo alcuni significativi contributi: P. VOLZ, «Die radikale Ablehnung der Kultreligion durch die alttestamentlichen Propheten», *ZSTh* 14 (1937) 63-85; H. W. HERTZBERG, «Die prophetische Kritik am Kult», *TLZ* 75 (1950) 219-226; R. RENDTORFF, «Priesterliche Kulttheologie und prophetische Kultpolemik», *TLZ* 81 (1956) 341-344; K. ROUBOS, *Profetie en Cultus in Israël* (Prophecy and Cult in Israel), Wageningen 1956; R. HENTSCHKE, *Die Stellung der vorexilischen Schriftpropheten zum Kultus*, BZAW 75, Berlin 1957; R. PRESS, «Die Gerichtspredigt der vorexilischen Propheten und der Versuch einer Steigerung der kultischen Leistung», *ZAW* 70 (1958) 181-184; N. W. PORTEOUS, «Actualization and the Prophetic Criticism of the Cult», in: *Tradition und Situation*, Fs. A. WEISER, Göttingen 1963, 93-105; E. WÜRTHWEIN, «Kultpolemik oder Kultbescheid? Beobachtungen zu dem Thema 'Prophetie und Kult'», *ibid.*, 115-131; M. J. BUSS, «The Meaning of Cult in the Interpretation of the Old Testament», *JBR* 32 (1964) 317-325; Ph. REYMOND, «Sacrifice et 'spiritualité', ou sacrifice et alliance? Jér 7,22-24», *ThZ* 21 (1965) 314-317; H. J. HERMISSON, *Sprache und Ritus im altisraelitischen Kult*. Zur «Spiritualisierung» der Kultbegriffe im Alten Testament, WMANT 19, Neukirchen 1965, spc. 131-145; M. SEKINE, «Das Problem der Kultpolemik bei den Propheten», *EvT* 28 (1968) 605-609; G. FOHRER, «Kritik an Tempel, Kultus und Kultusausübung in nachexilischer Zeit», in: *Archäologie und Altes Testament*, Fs. K. GALLING, Tübingen 1970, 101-116; H. SCHÜNGEL–STRAUMANN, *Gottesbild und Kultkritik vorexilischer Propheten*, SBS 60, Stuttgart 1972; G. BRAULIK, *Psalm 40 und der Gottesknecht*, ForBib 18, Würzburg 1975, 132-141; H. GESE, «Psalm 50 und das alttestamentliche Gesetzesverständnis», in: *Rechtfertigung*, Fs. E. KÄSEMANN, Tübingen 1976, specialmente pp. 69-77; J. MILGROM, «Concerning Jeremiah's Repudiation of Sacrifice», *ZAW* 89 (1977) 273-275; H. J. BOECKER, «Überlegungen zur Kultpolemik der vorexilischen Propheten», in: *Die Botschaft und die Boten*, Fs. H. W. WOLFF, Neukirchen 1981, 169-180.

[79] A proposito del Salmo 50, M. MANNATI riferisce in modo critico le opinioni degli autori che ritengono che il Salmista preconizzi un culto spirituale, oppure si opponga al formalismo e alla sopravvalutazione del culto, oppure insista sulle disposizioni morali necessarie al culto stesso («Le Psaume 50 est-il un *rîb*?», *Sem* 23 [1973] 32, n. 1); nello stesso articolo tuttavia non troviamo una spiegazione dei vv. 8-15 del Sal 50. Su questo passo, cfr. invece L. ALONSO SCHÖKEL, *Treinta Salmos*, 209-210.

cambiamento di vita) dalla cosa (l'atto cultico, il sacrificio esteriore). Ora Dio non ama la cosa in sé, ma ciò che nell'atto è significato; non sono le offerte nella loro esteriore ritualità ad essergli gradite, ma il cuore contrito e umiliato (Sal 51,19), l'obbedienza alla legge (1 Sam 15,22), il «riconoscimento» (*yd'*) della sua verità e della sua giustizia (Os 6,6), cose che il sacrificio può esprimere se vissuto come segno e non come cosa, se nel culto cioè vi è l'adesione del cuore e l'offerta reale di sé che chiede di vivere nella relazione a Dio.

Vi è inoltre un altro aspetto da tenere presente: se fossimo in una struttura totalmente bilaterale (da una parte il popolo che ha peccato, dall'altra Dio che è stato offeso), l'atto del pentimento significato dalla supplica, dai riti penitenziali e dalle offerte, sarebbe perfettamente legittimo e conveniente; e la Bibbia ricorda che Dio lo gradisce. Ma la struttura giuridica che sottostà ai testi a cui alludiamo è più complessa; il popolo è diviso in due parti: vi sono i malvagi (i prepotenti, i violenti) che commettono l'ingiustizia, e vi sono le vittime (innocenti, deboli, senza difesa). Dio interviene a favore di coloro che sono ingiustamente oppressi, e il suo *rîb* di difesa equivale in qualche modo ad un giudizio che intende ristabilire il diritto conculcato: se Egli accettasse le offerte sacrificali, avallerebbe — come un giudice iniquo che si fa corrompere per vantaggio personale — la situazione di ingiustizia contro la quale tutta la sua azione giuridica era diretta [80].

2.3. *La apparente parzialità del retto giudicare*

Il giudice non deve propendere verso nessuna delle parti che si sottomettono a giudizio; nessuna considerazione di statuto sociale, di onore, di storia passata deve influenzare una serena valutazione del caso. Ma questo vale nella misura in cui il giudice non conosce chi ha ragione e chi ha torto: il magistrato infatti non può — inconsciamente o consapevolmente — evitare il discernimento e stabilire a priori le classi o i «tipi» dei colpevoli e/o innocenti. Ma quando fosse o diventasse noto chi sta dalla parte della ragione, è secondo giustizia ed è dovere della autorità giudicante il prendere posizione in favore di chi è portatore di diritto (l'innocente), e, per riflesso, l'opporsi con forza a colui che, avendo violato il diritto (il colpevole), merita la punizione [81].

Non è quindi disgiunto dal retto giudicare, né è contrario alla assoluta imparzialità del giudice nei confronti dei litiganti, che il magistrato as-

---

[80] Questa è l'esplicita interpretazione data da Sir 35,11-15.

[81] Cfr. J. J. M. ROBERTS, «The Divine King and the Human Community in Isaiah's Vision of the Future», in: *The Quest For the Kingdom of God*, Fs. G. E. MENDENHALL, Winona Lake, 1983, 132-133.

suma una causa come propria, perché questa non è una causa particolare, ma la causa della verità e della giustizia che egli è chiamato a proteggere e a promuovere; il giudicare anzi significa propriamente uscire dalla neutralità così da salvare l'innocente (che ha diritto) colpendo il colpevole (che ha torto)[82].

Questo fatto è letterariamente esplicitato da numerosi testi biblici, dove si può notare che l'espressione generica del giudicare (*špṭ* o sinonimi) (1) è sviluppata, da una parte, con termini positivi indicanti benevolenza, attenzione, intervento di salvezza nei confronti dell'avente diritto (2), e, dall'altra, con termini a valenza negativa, indicanti la punizione, nei confronti del malfattore e violatore della giustizia (3). Ad esempio:

Is 11,3s : (1) *w^elō' l^emar'ēh ʿênâw* **yišpōṭ**
w^elō' l^emišmaʿ 'oznâw yôkîḥ

(2) *w^ešāpaṭ b^eṣedeq* **dallîm**
w^ehôkîḥ b^emîšôr l^eʿanwê 'āreṣ

(3) *w^ehikkâ 'ereṣ b^ešēbeṭ pîw*
ûb^erûḥ ś^epātâw yāmît **rāšāʿ**

Lo stesso schema tripartito può essere reperito anche in Ger 11,20; 21,12; Sal 7,9-10.11-12; 9,5-6.17-19; 75,8; ecc. Le due modalità secondo cui si articola il giudizio (salvare – condannare), specificate dal soggetto giuridico verso cui è diretta l'azione del magistrato, bastano da sole ad esprimere l'attività giudicante: cfr. Sal 72,4; Giob 22,29-30; 36,6-7; ecc.

2.3.1. Giudicare l'avente diritto

Giudicare è difatto intervenire con una azione di difesa nei confronti di chi è *ṣaddîq,* di chi è minacciato o leso nei suoi diritti da parte del *rāšāʿ*. Non si deve pensare che questa azione *a favore* della vittima innocente rappresenti qualcosa di alieno alla struttura giuridica *a tre* che è tipica della procedura giudiziaria: l'azione di giudicare «tra le parti in causa» equivale a «rendere a ciascuno secondo il suo diritto», ed equivale quindi a difendere e salvare l'innocente dal suo oppressore. Qualche testo a conferma:

1 Sam 24,13 : *yišpōṭ yhwh bênî ûbênekā*
ûn^eqāmanî yhwh mimmekkā

[82] Si deve ricordare che uno dei caratteri tipici della giurisdizione penale è la *indeclinabilità,* che «si manifesta nel senso che il giudice non può mai rifiutarsi di decidere» (G. D. PISAPIA, *Compendio di procedura penale*, Padova 1979², 7).

1 Sam 24,16 :	*w^{e}hāyâ yhwh l^{e}dayyān w^{e}šāpaṭ bênî ûbênekā*	*w^{e}yēre' w^{e}yāreb 'et rîbî w^{e}yišp^{e}ṭēnî miyyādekā*
1 Sam 26,23 :	*w^{e}yhwh yāšîb lā'îš 'et ṣidqātô w^{e}'et 'ĕmūnātô...*	
24 :		*... w^{e}yaṣṣīlēnî mikkol ṣārâ*
Num 35,24 :	*w^{e}šāp^{e}ṭû hā'ēdâ bên hammakkeh ûbên gō'ēl haddām...*	
25 :		*... w^{e}hiṣṣîlû hā'ēdâ 'et hārōṣēḥ miyyad gō'ēl haddām*

Nonostante questo stretto rapporto tra il «giudicare» e l'«innocente», non troviamo però nella Bibbia il sintagma *špṭ* (o sinonimi) *ṣaddîq*, tranne che in Qoh 3,17 [83]; abbiamo tuttavia un sintagma equivalente, dove il posto di *ṣaddîq* è occupato da (a) qualcuno che proclama la sua innocenza; oppure (b) qualcuno che è (o si dichiara) povero, umile, oppresso. Quest'ultimo caso rappresenta la categoria tipica di coloro che, a causa della loro stessa mancanza di potere, sono vittime abituali del prepotente [84]. Qualche esempio servirà ad illustrare come si può presentare il sintagma sopra indicato:

Sal 7,9 :	*šopṭēnî yhwh*	*k^{e}ṣidqî ûk^{e}tummî 'ālāy*	(a)
Sal 26,1 :	*šopṭēnî yhwh*	*kî 'ănî b^{e}tummî hālaktî*	(a)
Sal 72,4 :	*yišpōṭ yôšî'*	*'ăniyyê 'ām libnê 'ebyôn*	(b)
Ger 22,16 :	*dān dîn*	*'ānî w^{e}'ebyôn*	(b)
Prov 31,9 :	*š^{e}pōṭ ṣedeq w^{e}dîn*	*'ānî w^{e}'ebyôn*	(b)
Is 1,17 :	*šipṭû rîbû*	*yātôm 'almānâ*	(b)

Cfr. anche Is 1,23; 11,4; Ger 5,28; Sal 10,18; 82,3; Prov 29,14; ecc.

---

[83] In Qoh 3,17 abbiamo: *'et haṣṣaddîq w^{e}'et hārāšā' yišpōṭ hā'ĕlōhîm*; la frase significa che il giudizio di Dio metterà in luce chi è innocente e chi è colpevole, diversamente dal tribunale (iniquo) degli uomini (v.16).

[84] Di questo si parlerà ampiamente nel cap. 7.

Dai testi finora citati appare come il verbo *špṭ* sia unito — con valore di sinonimia o di correlazione — con verbi che significano difendere, salvare, e simili [85]; anzi, l'azione di *difesa* [86], proprio perché spesso ha per oggetto la categoria dei miseri, viene fatta equivalere ad un gesto di *compassione*. Per mostrare questo rapporto, prendiamo due Salmi, che parlano in modo esplicito del giudice (umano), paradigmatizzando gli elementi che ci interessano in questo momento:

Sal 72 [87]

v. 2 :	*yādîn b^{e}ṣedeq*	*ʿamm^{e}kā*	
		waʿăniyyèkā	
	b^{e}mišpāṭ		
4 :	*yišpōṭ*	*ʿăniyyê ʿām*	
	yôšîaʿ	*libnê ʾebyôn*	*wîdakkēʾ ʿôšēq*
12 :	*yaṣṣîl*	*ʾebyôn m^{e}šawwēaʿ*	
		w^{e}ʿānî w^{e}ʾên ʿōzēr lô	
13 :	*yāḥōs*	*ʿal dal w^{e}ʾebyôn*	
		w^{e}napšôt ʾebyônîm	
	yôšîaʿ		
14 :			*mittôk ûmēḥāmās*
	yigʾal	*napšām*	
	w^{e}yêqar ... b^{e}ʿênâw	*dāmām*	

Sal 82

v. 3 :	*šipṭû*	*dal*	
		w^{e}yātôm	
		ʿānî	
		wārāš	
	haṣdîqû		
4 :	*pall^{e}ṭû*	*dal*	
		w^{e}ʾebyôn	
			miyyad r^{e}šāʿîm
	haṣṣîlû		

---

[85] Cfr. W. I. Wolverton, «The King's 'Justice' in Pre-Exilic Israel», *AnglTR* 41 (1959) 276-286; J. F. A. Sawyer, «What was a Mošiaʿ?» *VT* 15 (1965) 475-486; *id.*, *Semantics in Biblical Research*. New Methods of Defining Hebrew Words for Salvation, SBT Second Series 24, London 1972: in questo studio Sawyer studia, in particolare, *yšʿ* (*Hi*), *nṣl* (*Hi*), *ʿzr, plṭ* (*Pi*), *mlṭ* (*Pi*).

[86] Come il verbo *ryb* (in senso di difesa) e i suoi sinonimi (cfr. p. 33), anche *špṭ* è talvolta costruito con la preposizione *min* (1 Sam 24,16; 2 Sam 18,19.31; cfr. Sal 43,1).

[87] Il Sal 101, che, come il Sal 72, riflette l'immagine del governante perfetto, sottolinea piuttosto l'atteggiamento del re nei confronti di coloro che stanno al suo

Volendo raccogliere sotto alcuni titoli principali i verbi che presentano, a causa del parallelismo, un rapporto di sinonimia con *špṭ* (e sinonimi), possiamo stabilire queste categorie:

a) *«giudicare» e «salvare»*

špṭ	*yšʿ (Hi)*	Sal 72,4.13; Ez 34,22
dyn	*yšʿ (Hi)*	Sal 54,3
špṭ	*nṣl (Hi)*	Sal 72,12; 82,4 (*miyyad*) Num 35,24-25
dyn mišpāṭ	*nṣl (Hi)*	Ger 21,12 (*miyyad*)
ʿśh mišpāṭ ûṣᵉdāqâ	*nṣl (Hi)*	Ger 22,3
špṭ	*plṭ (Pi)*	Sal 43,1 (*min*); 82,4
špṭ	*pdh*	Sal 26,11 [88]

b) *«giudicare» e «vendicare»*

špṭ	*nqm*	1 Sam 24,13 (*min*)
špṭ	*g'l*	Sal 72,14 (*min*); Lam 3,58

c) *«giudicare» e «difendere»*

špṭ	*ryb rîb* + suff. pron.	Sal 43,1 (*min*)
ʿśh mišpāṭ + suff. pron.	*ryb rîb* + suff. pron.	Mi 7,9
špṭ mišpāṭ + suff. pron.	*ryb rîb* + suff. pron.	Lam 3,58-59
špṭ	*ryb*	Is 1,17

d) *«giudicare» e «avere compassione»*

špṭ	*ḥws ʿal*	Sal 72,13
špṭ	*ḥnn*	Sal 26,11 [89]
dyn	*nḥm (Hitp) ʿal*	Sal 135,14 (= Deut 32,36) [90]
ʿśh mišpāṭ	*'hb*	Deut 10.18
špṭ mišpaṭ 'ĕmet	*ʿśh ḥesed wᵉraḥămîm*	Zac 7,9

---

servizio: si insiste sulla opposizione agli arroganti e ai menzogneri (vv.3-5.7-8) più che sul favore per gli onesti (v.6).

[88] La correlazione tra *špṭ* e *pdh* (e *ḥnn*) è mostrata dalla inclusione del Sal 26:

v.1 : *šopṭēnî yhwh*
kî 'ănî bᵉtummî hālaktî
v.11: *wa'ănî bᵉtummî 'ēlēk*
pᵉdēnî
wᵉḥonnēnî

[89] Cfr. nota precedente.

[90] ZORELL, GESENIUS, BDB, HALAT, attribuiscono, per i testi sopra citati, lo stesso valore del *Niphal* allo *Hitp.* di *nḥm*, rispettivamente: «ad misericordiam se moveri sivit», «um jem. Mitleid empfinden», «be sorry, have compassion», «es sich leid sein lassen». Gli stessi dizionari indicano che la medesima forma verbale in altri testi ha il senso di *vendicarsi* (cfr. Ez 5,13; Gen 27,42).

2.3.2. Giudicare il colpevole

Se nel tribunale dove regna la giustizia l'innocente è assolto e salvato, il colpevole viene condannato: l'atto con cui il giudice decreta la sanzione punitiva viene anch'esso espresso con il verbo *špṭ* e sinonimi.

Il sintagma che si deve considerare è quindi *špṭ* + *reo/colpevole*. Come abbiamo già fatto notare nel paragrafo precedente a proposito di *špṭ ṣaddîq,* tranne che in Qoh 3,17 non troviamo il sintagma *špṭ rāšāʿ;* al posto di quest'ultimo termine si devono collocare paradigmaticamente o dei sinonimi oppure dei «soggetti» che dal contesto risultano dover essere condannati.

D'altra parte, è significativo notare che i verbi ebraici che significano in generale «giudicare» hanno assai raramente il significato esplicito di *condannare* [91]: per *špṭ* — se si esclude il libro di Ezechiele [92] — abbiamo solo 1 Sam 3,13 e 2 Cron 20,12 (*b^e*); per *dyn,* Gen 15,14; 1 Sam 2,10; Is 3,13; Sal 110,6 [93]; per *ʿśh mišpāṭ,* Sal 119,84 (*b^e*) e 149,9 (*b^e*).

La «condanna» si manifesta mediante una serie paradigmatica di verbi che si oppongono direttamente a quelli che abbiamo visto nel

---

[91] Forse è per questo uso particolare del verbo *špṭ* che L. KOEHLER afferma: «Richten heisst nicht deliktische Tatbestände feststellen und auf Grund dieser Feststellung urteilen und verurteilen, sondern im Hebräischen sind 'Richten' und 'Helfen' Parallelbegriffe» («Die hebräische Rechtsgemeinde», 151); e ancora: «Billige Vermittlung... nicht die Feststellung der Strafe, heisst genau šāphaṭ; der šôphēṭ ist in erster Linie der Helfer zum Recht, nicht der (strafende) Richter» (*Deuterojesaja*, 110).

Pur accettando che lo scopo primario del giudizio è l'affermazione (o il ristabilimento) del diritto, non si può negare tuttavia che la sanzione punitiva sia strettamente collegata con l'atto del giudizio. Può risultare significativo il ricordare, a questo proposito, che la salvezza è talvolta vista come lo «scampare» dal giudice: ciò significa dunque che il giudicare — almeno implicitamente — ha la valenza minacciosa della sanzione:

Sal 109,31	:	*l^ehôšîaʿ*	*miššōp^eṭê napšî*
Giob 23,7	:	*wa'ăpall^eṭâ lāneṣaḥ*	*miššōp^eṭî*

(cfr. anche Giob 9,15: *limšōp^eṭî 'etḥannān*).

[92] Per quanto concerne l'uso del verbo *špṭ*, il libro di Ezechiele costituisce una eccezione linguistica. Solo in Ez 34,17.20.22 (dove abbiamo *špṭ bên* ... *l^e*, *špṭ bên* ,.. *ûbên*, e, al v.22, una esplicita correlazione con *yšʿ* [*Hi*]) e 44,24 (dove si parla della attività giudicante del sacerdozio nel Nuovo Tempio), il verbo *špṭ* ha un significato che ricalca quello degli altri testi biblici; altrove (17 occorrenze) il senso è sempre quello di emettere un *verdetto di condanna.*

[93] Il testo di Sal 50,4: «Dio convoca il cielo ... e la terra *lādîn ʿammô*» è generalmente interpretato in senso negativo: «per giudicare (cioè portare un giudizio contro) il suo popolo». Di opinione opposta è M. MANNATI («Le Psaume 50 est-il un *rîb*?», *Sem* 23 [1973] 34-36), che traduce: «pour le jugement qu'il rendra en faveur de son peuple», adducendo come motivo che il verbo *dyn* è generalmente usato nel senso di «rendere giustizia a ...», e, nei pochi casi dove significa «rendere un giudizio contro ...», si tratta di un giudizio *contro* le nazioni *a favore* di Israele. (Cfr. già E. BEAUCAMP, «La théophanie du Psaume 50 [49]. Sa signification pour l'interprétation du Psaume», *NRT* 81 [1959] 903-906).

paragrafo precedente, secondo uno schema che — almeno come prima approssimazione — è così disposto:

a) al posto di *salvare,*	troviamo il *punire* (colpire, consegnare nelle mani del boia, ecc.)
b) la terminologia del *difendere*	ha il suo contrapposto in quella della *collera* (sinonimo di azione giuridica contro...)
c) il lessico dell'*aver compassione*	è usato al negativo.

Poiché le nostre osservazioni appaiono semanticamente assai ovvie, diamo solo un paio di esempi, desumendoli dal libro di Ezechiele:

7,3 :	*ʿattâ haqqēṣ ʿālayik*	
	w^{e}šillaḥtî ’appî bāk	collera
	ûš^{e}paṭtîk kidrākāyik	
	w^{e}nātattî ʿālayik ’ēt kol tôʿăbōtāyik	GIUDIZIO
4 :	*w^{e}lō’ tāḥôs ʿênî ʿālayik*	
	w^{e}lō’ ’eḥmôl	non compassione
16,38 :	*ûš^{e}paṭtîk mišp^{e}ṭê nō’ăpôt*	
	w^{e}šōp^{e}kōt dām	GIUDIZIO
	ûn^{e}tattîk dam ḥēmâ w^{e}qin’â	collera
39 :	*w^{e}nātattî ’ôtāk b^{e}yādām...*	consegna all'esecutore di giustizia
40 :	*w^{e}heʿĕlû ʿālayik qāhāl*	esecuzione
	w^{e}rāg^{e}mû ’ôtāk bā’āben	
	ûbitt^{e}qûk b^{e}ḥarbôtām	
41 :	*w^{e}śār^{e}pû bāttayik bā’ēš*	
	w^{e}ʿāśû bāk š^{e}pāṭîm l^{e}ʿênê nāšîm rabbôt[94].	

3. Il giudizio

Avendo parlato del *giudice* e del suo *giudicare,* poco resta da dire sul *giudizio* per quanto riguarda la comprensione della struttura processuale.

---

[94] Da notare il termine *š^{e}pāṭîm*, specialmente nel sintagma *ʿśh š^{e}pāṭîm b^{e}*, come tipico per indicare il verdetto di condanna: cfr. J.-L. SKA, «La sortie d'Egypte (Ex 7-14) dans le récit sacerdotal (P^{g}) et la tradition prophétique», *Bib* 60 (1979) 206-208; P. JOÜON, «Notes de lexicographie hébraïque», *Bib* 8 (1927) 61.

Questo paragrafo presenterà quindi sostanzialmente degli elementi di carattere lessicografico.

Il nostro esame verte sui sostantivi che hanno la stessa radice dei verbi esprimenti il «giudicare» in generale:

špṭ	*(šōpēṭ)*	....	*mišpāṭ*
dyn	*(dayyān)*	....	*dîn, mādôn*
pll	*(pālîl)*	....	*p^e^lîlâ, p^e^lîliyyâ*
dbr (Pi) [95]		....	*dābār*

3.1. mišpāṭ [96]

È di gran lunga il sostantivo più importante nella serie che presentiamo. Esso ha una certa varietà di significati fra loro correlati: può indicare sia l'azione del giudicare (nome verbale: *mišpāṭ* equivale a *'śh mišpāṭ*), sia ciò che viene giudicato (come oggetto interno, del tipo *špṭ mišpaṭ-*), sia l'atto finale che conclude il giudizio (*mišpāṭ* = sentenza, verdetto, come in *dbr (Pi) mišpāṭ*), sia il risultato giurisprudenziale (*mišpāṭ* come legge, decreto) [97].

3.1.1. *mišpāṭ* come azione processuale

(a) Alcuni testi dove questo significato appare chiaramente:

- Lev 19,15.35 : *lō' ta'ăśû 'āwel bammišpāṭ* (in 19,15 l'espressione che direttamente si contrappone è: *b^e^ṣedeq tišpōṭ 'ămîtekā*)
- Num 35,12 : *'ad 'omdô lipnê hā'ēdâ lammišpāṭ*
- 2 Sam 15,2 : *lābô' 'el hammelek lammišpāṭ*
- Prov 18,5 : *l^e^haṭṭôt ṣaddîq bammišpāṭ*

Cfr. anche Deut 25,1; Is 3,14; 59,11; Sal 143,2; Prov 24,23; ecc.

---

[95] Il rapporto tra il verbo *dbr* e il sostantivo *dābār* nella loro specifica significazione giuridica non appare così stretto come per le altre coppie sopra indicate.

[96] Cfr. H. W. HERTZBERG, «Die Entwicklung des Begriffes *mšpṭ* im Alten Testament», *ZAW* 40 (1922) 256-287; 41 (1923) 16-76; O. BOOTH, «The Semantic Development of the Term *mšpṭ* in the Old Testament», *JBL* 61 (1942) 105-110; J. van der PLOEG, «*Shāpaṭ* et *mishpāṭ*», *OTS* 2 (1943) 144-155; *id.*, «Studies in Hebrew Law», *CBQ* 12 (1950) 248-250; W. A. M. BEUKEN, «Mišpaṭ. The First Servant Song and Its Context», *VT* 22 (1972) 1-30; J. JEREMIAS, «*Mišpāṭ* im ersten Gottesknechtslied (Jes. XLII 1-4)», *VT* 22 (1972) 31-42.

[97] Un'ampia trattazione sui vari significati di *mišpāṭ* si può trovare in G. LIEDKE, *Gestalt und Bezeichnungen*, 73-100; noi proponiamo una diversa e più semplice articolazione semantica.

(b) Termini sinonimici o correlati:

rîb ûmišpāṭ 2 Sam 15,4
dîn ûmišpāṭ Giob 36,17 (cfr. anche, per la sinonimia, Sal 9,5 e 35,25).

3.1.2. ***mišpāṭ*** come diritto (soggettivo)

È ciò che, in una azione processuale secondo giustizia, viene perseguito, salvaguardato e affermato. In particolare, quando si tratta del «*diritto di qualcuno*», ciò equivale alla «causa promossa da qualcuno», in nome del diritto, presso il tribunale, o una causa che potrebbe essere difesa legalmente:

+ *ʿśh*	*mišpāṭ*	cfr. testi citati p. 168
šmʿ	»	1 Re 3,11
drš	»	Is 1,17; 16,5
ydʿ	»	Mi 3,1; Qoh 8,5
byn (Hi)	»	Giob 32,9; Prov 2,9 (con *ṣedāqâ*); 28,5
'hb	»	Is 61,8
hpk	»	Am 6,12
ecc.		

+ *mišpaṭ*	*gēr yātôm we'almānâ*	Deut 27,19
»	*gēr yātôm*	Deut 24,17
»	*yātôm we'almānâ*	Deut 10,18
»	*'ebyônîm*	Es 23,6; Ger 5,28; Sal 140, 13 (// *dîn ʿānî*)
»	*ʿăniyyê ʿammî*	Is 10,2
»	*gāber*	Lam 3,35
»	*'îš*	Prov 29,26
»	*ʿabdô/ʿammô*	1 Re 8,59
»	*habbekōrâ*	Deut 21,17
»	*yhwh*	Ger 8,7; 2 Cron 19,8
»	*hakkōhănîm ('et hāʿām)*	1 Sam 2,13
»	*hammelek*	1 Sam 8,9
»	*hammelūkâ*	1 Sam 10,25
»	+ suff. pron.	Num 27,5; Is 51,4; Mi 7,9; Sal 17,2; Giob 34,5s
ecc.		

Per il sostantivo *mišpāṭ*, J. L. PALACHE fa notare in particolare il rapporto semantico tra *legge* e *costume* (uso, regola): «The transition 'law > custom' and viceversa is known

3.1.3. *mišpāṭ* come sentenza

Analogamente a quanto vale per il verbo *špṭ*, il sostantivo *mišpāṭ*, per metonimia, indica la fase culminante e decisiva dell'azione processuale, quella della sentenza. Il rapporto fra i due aspetti è così forte che spesso non è facile distinguere esattamente tra il significato generale di «azione processuale» e quello di «verdetto»; sembra tuttavia che si possa con certezza riconoscere il secondo significato almeno in questi casi:

(a) *il pronunciare, emettere la sentenza* (cfr. Prov 16,10: dove vi è rapporto alla bocca)

A questo senso riteniamo si debbano ricondurre i sintagmi: *špṭ mišpāṭ* (1 Re 3,28; Zac 7,9; 8,16); *dyn mišpāṭ* (Ger 21,12); *ḥrṣ mišpāṭ* (1 Re 20,40); e soprattutto *dbr (Pi) mišpāṭ 'et* (2 Re 25,6; Ger 39,5; 52,9; cfr. anche Ger 1,16; 4,12); *ntn mišpāṭ* (Ez 23,24; Sof 3,5; Giob 36,6; cfr. anche Ez 20,25; *yṣ' (Hi) mišpāṭ* (Is 42,1.3; Sal 37,6)[98].

(b) espressioni che indicano *il tipo di sentenza:*

mišpaṭ māwet (sentenza capitale): Deut 19,6; 21,22; Ger 26,11.16

mišpaṭ dāmîm (verdetto iniquo): Ez 7,23

mišpaṭ nō'ăpôt... (sentenza che si applica alle adultere...): Ez 16,38; 23,45

(c) forse si può far risalire al concetto di *sentenza equa* l'uso del sostantivo *mišpāṭ* con le preposizioni *l*ᵉ o *b*ᵉ, del tipo: *ysr (Pi) lammišpāṭ* (Ger 30,11; 46,28), o *b*ᵉ*mišpāṭ* (Ger 10,24), *pdh b*ᵉ*mišpāṭ* (Is 1,27), ecc.; a cui andrebbero opposte le espressioni: *lō' b*ᵉ*mišpāṭ* (Ger 17,11), *b*ᵉ*lō' mišpāṭ* (Ez 22,29; Ger 22,13).

3.1.4. *mišpāṭ* come legge (diritto oggettivo)

Sembra vi sia accordo fra gli studiosi nel ritenere che *mišpāṭ* significhi *legge* per il fatto che questa, all'inizio, non era altro che un atto giurisprudenziale, che, in un secondo momento, avrebbe poi assunto il valore di legge in generale (anche apodittica)[99].

---

in many languages and finds its obvious explanation in the history of civilization. Whatever is unusual is not good (cfr. Gen 29,26; etc.) and conversely, general custom tends to become the valid rule of conduct and law» (*Semantic Notes*, 74).

[98] Si possono ricordare anche le espressioni che hanno per soggetto il «pubblico» (non il giudice), come *šm' mišpāṭ* (1 Re 3,28) e *r'h mišpāṭ* (Ez 39,21).

[99] Cfr. H. Cazelles, «Le sens religieux de la loi», in *Populus Dei*, I. Israel, 184: «Le *mishpâṭ* est à l'origine le moyen juridique, la sentence par laquelle on rétablit une situation compromise par une faute ou un délit».

Si può addurre come argomento al proposito 1 Sam 30,21-25 (in particolare l'ultimo versetto); ma soprattutto Deut 17,8-11: «Quando in una causa ti sarà troppo difficile decidere tra assassinio e assassinio, tra diritto e diritto, tra percossa e percossa, in cose in cui si litiga nelle tue città, ti alzerai e salirai al luogo che il Signore tuo Dio avrà scelto; andrai dal sacerdote e dal giudice in carica a quel tempo; li consulterai *wehiggîdû lekā 'et debar hammišpāṭ*. Agirai *'al pî haddābār 'ăšer yaggîdû lekā* nel luogo che il Signore avrà scelto e avrai cura di fare *kekōl 'ăšer yôrûkā. 'al pî hattôrâ 'ăšer yôrûkā we'al hammišpāṭ 'ăšer yō'merû lekā* tu agirai; non devierai *min haddābār 'ăšer yaggîdû lekā* né a destra né a sinistra».

Due osservazioni paiono qui pertinenti:

a) il parallelismo che si può costatare tra *dābār (debar mišpāṭ) – mišpāṭ – tôrâ*. In particolare il rapporto *mišpāṭ – tôrâ*[100] (cfr. Is 42,4) indica che entrambi i termini si riferiscono a una decisione con valore normativo: la *tôrâ* è semplicemente il verdetto pronunciato dall'organo sacerdotale giudicante, il *mišpāṭ* sembra essere invece un termine più generale (cfr. 2 Re 17,27: il sacerdote *yrh mišpāṭ*) indicante una sentenza giudiziaria. Tutta la serie dei «decreti» (*mišpāṭîm, tôrôt,* ecc.) forma poi un codice, in base al quale si definisce la Legge in Israele.

b) l'uso di *'al hammišpāṭ,* che significa «in conformità al decreto» merita attenzione (cfr. Num 35,24; Ez 44,24b).

3.2. dîn (mādôn, midyānîm)

Da una parte, *dîn* sembra parallelo a *mišpāṭ* (Ger 5,28)[101], dall'altra, rappresenta una specificazione particolare all'interno delle cause forensi (*dābār lammišpāṭ bên dām ledām* **bên dîn ledîn** *ûbên nega' lānega' dibrê rîbōt biš'ārèkā:* Deut 17,8): da quest'ultimo testo si potrebbe forse desumere che *dîn* rappresenti quelle cause che — non essendo né di omicidio, né di lesioni — hanno probabilmente a che fare con le proprietà o altre questioni di carattere «civile». Frequente è infatti l'uso di *dîn* per indicare un diritto soggettivo conculcato:

dîn	*yātôm*	Ger 5,28
»	*'ānî we'ebyôn*	Ger 22,16
»	*'ānî*	Sal 140,13

[100] Sul concetto di *tôrâ*, cfr. G. LIEDKE – C. PETERSEN, «*tōrā* Weisung», *THAT* II, 1032-1043 (dove si insiste sull'origine sapienziale del termine).

[101] In Prov 31,5, *dîn* è in parallelo con *mehuqqāq*; secondo S.M. PAUL, verrebbero qui usate espressioni tecniche: *šnh* (*Pi*) *dîn* (alterare, ritrattare, cambiare un verdetto) e *mehuqqāq* (il verbale della sentenza) («Unrecognized Biblical Legal Idioms in the Light of Comparative Accadian Expressions», *RB* 86 [1979] 231-235).

dîn	*dallîm*	Prov 29,7
»	*kol b^e^nê ʿōnî*	Prov 31,5
»	*kol b^e^nê ḥălôp*	Prov 31,8

Il significato normale di *mādôn* (e *midyānîm*) è quello di *disputa,* senza esplicito riferimento forense; forse in Prov 6,19 vi è un qualche rapporto al mondo giudiziario, dato che il testo tratta della falsa testimonianza.

3.3. p^e^lîlâ e p^e^lîliyyâ

I due termini sono degli *hapax,* e non rappresentano quindi un elemento di grande rilievo all'interno del lessico giuridico ebraico. Ci pare interessante tuttavia farne oggetto di una breve considerazione, soprattutto per il rapporto che hanno con *pll* e *pālîl* di cui abbiamo trattato in precedenza.

a) *p^e^lîlâ:* Is 16,3 (*hābîʾi ʿēṣâ ʿăśû p^e^lîlâ*). Il testo e il contesto non sono dei più chiari[102]; interessante appare il parallelismo con *ʿēṣâ*[103].

b) *p^e^lîliyyâ:* Is 28,7 (*šāgû bārōʾeh pāqû p^e^lîliyyâ*). L'oracolo si riferisce a sacerdoti e profeti che vagano e titubano sotto l'effetto del vino; se la visione (*rōʾeh*) è propria dei profeti, sembra che la «decisione» sia in questo caso compito dei sacerdoti.

In ogni caso, la sfumatura di «arbitrato», «mediazione», che abbiamo riconosciuta per *pll* e forse *pālîl,* non appare immediatamente espressa dai due sostantivi di cui sopra.

3.4. dābār[104]

Di particolare interesse, anche perché non sempre oggetto di attenzione, è il sostantivo *dābār* nell'ambito della terminologia forense. Possiamo distinguere tre significati principali:

a) *lite, controversia, caso*

d^e^bar š^e^nêhem	Es 22,8 (ricorda *rîb;* cfr. Deut 19,17)
hyh lāhem dābār	Es 18,16 (ricorda *rîb;* cfr. 2 Sam 15,2)

In Deut 22,26 e forse 19,4, *dābār* significa «caso» giuridico.

---

[102] Cfr. H. WILDBERGER, *Jesaja,* BK X/2, Neukirchen 1978, 593.

[103] La radice *yʿṣ* è strettamente collegata, attraverso il mondo sapienziale, alla sfera del governo: cfr. H.-P. STÄHLI, «*jʿṣ* raten», *THAT* I, 748-753; L. RUPPERT, «*jāʿaṣ*», *TWAT* III, 718-751.

[104] B. S. JACKSON, *Theft in Early Jewish Law,* Oxford 1972, 241, ritiene che *dābār* significhi «*legal dispute*» (e cita come testi Es 18,16.22.23.26; Deut 1,17; 19,15; 2 Cron

b) *causa portata e decisa in tribunale* (ricorda *mišpāṭ*)[105].

+ *bedābār* // *baššaʿar*	Is 29,21
+ *dibrê ṣaddîqīm*	Deut 16,19
debārîm ṭôbîm ûnekōḥîm	2 Sam 15,3
debar šeqer	Prov 13,5; Es 23,7[106]
+ *dibrê rîbōt bišʿārèkā*	Deut 17,8
dābār lammišpāṭ bên ... le	Deut 17,8 (con *rîb* in 2 Cron 19,10)
+ *dābār lammišpāṭ... pl' (Ni) min*	Deut 17,8
dābār... qšh min	Deut 1,17
+ *haddābār haggādōl ... haddābār haqqāṭōn*	Es 18,22
haddābār haqqāšeh ... haddābār haqqāṭōn	Es 18,26
+ *debar yhwh*	2 Cron 19,11 (cfr. v. 8 *mišpaṭ yhwh*)
debar hāʾĕlōhîm	1 Cron 26,32
debar hammelek	2 Cron 19,11; 1 Cron 26,32
+ *debar pešaʿ*	Es 22,8
+ *drš dābār*	Esd 10,16 (corr.)

c) *decisione forense, sentenza, verdetto*

+ *dābār ... qwm (Pi)*	= ratificare un atto	Rut 4,7
dābār ... qwm (Qal)	= istituire un processo o decidere una causa?	Deut 19,15
+ *debar mišpāṭ*		2 Cron 19,6
debar hammišpāṭ		Deut 17,9 (v.11: *mišpāṭ*).

19,6.11; Est 1,17-18; cfr. anche Es 24,14: *baʿal debārîm* = «the complainant»), oppure «*spoken judgement in a case*» (1 Re 17,24; 2 Re 25,6). Lo stesso autore ritiene che *dābār* abbia un rapporto con il responso oracolare; ciò non ci sembra del tutto provato.

[105] Un esempio tipico è quello dell'omicida (colposo) che si presenta (*ʿmd*) alla porta della città di rifugio ed espone il caso presso gli anziani: *dbr* (*Pi*) *beʾoznê ziqnê hāʿîr hahîʾ ʾet debārâw* (Gios 20,4). In questo senso si può anche ricordare il sostantivo *dibrâ* in Giob 5,8: *weʾel ʾĕlōhîm ʾāśîm dibrātî*: il sintagma *śym dibrâ ʾel* sembra avere il senso di «rimettere la (propria) causa nelle mani di qualcuno» (cfr. S. M. Paul, «Unrecognized», 235-236).

[106] H. Cazelles, *Etudes sur le Code de l'Alliance*, Paris 1946, 89, traduce: «Tu te tiendras éloigné d'une cause mensongère», dando al sostantivo *dābār* la sfumatura di una procedura *orale* come in Es 22,8; a proposito di quest'ultimo testo, nota: «le mot a fréquemment le sens d'«affaire», ici d'«affaire judiciaire, contestation, procès» comme dans la suite du Code en XXII,7 et 8 et Ex XXIV,14 – E –. La procedure est orale comme dans les sociétés primitive, l'affaire est nouée par une accusation orale et dénouée après un échange de paroles (*debar šenèyhém*) parfois très long».

4. L'istituzione giudiziaria

Come presso quasi tutti i popoli antichi e moderni, la procedura giudiziaria in Israele è una delle più importanti istituzioni della vita civile. Rispetto alla lite — che presenta una struttura semplificata e si mantiene nell'ambito del privato — la forma del procedimento giurisdizionale è codificata in una legge organica dello Stato, nella quale — in modo più o meno esplicito e dettagliato — sono previsti sedi, organi, e atti del «fare giustizia». Sia nella controversia che nel giudizio l'intento è di opporsi all'ingiustizia restaurando il diritto conculcato; ma, mentre la prima è affidata quasi esclusivamente all'iniziativa e alla decisione dei contendenti, il secondo prevede la mediazione oggettiva e rigorosa dell'autorità giudicante, che — per essere riconosciuta come valida mediazione del bene — necessita di un procedere formalizzato e universale. Proprio questa oggettività dell'organo giurisdizionale consente al diritto di imporsi anche con *la forza,* senza che per questo venga snaturato il rapporto fra soggetti dotati di libertà: l'istituzione infatti rappresenta quell'elemento costrittivo che rende possibile ad una comunità umana l'esercizio ragionevole delle proprie potenzialità vitali.

Il giudice è colui che, per così dire, incarna l'istituzione giudiziaria: è *un uomo* (o un collegio di uomini) al quale è affidato un potere e un compito decisivi per tutti. Ora, gli uomini possono servire l'istituzione rendendo concreto e attuale il suo intento di bene, ma possono anche servirsi di essa per portare a compimento i propri fini particolari e i loro privati interessi. In quanto formalità giurisdizionale, il giudice è l'apparire in una società della giustizia oggettiva; ma come figura storica, è spesso il manifestarsi della strutturale ingiustizia. L'uomo perverso infatti non combatte frontalmente la legge, ma assume l'investitura legale e si avvale della forza del diritto per garantirsi la gestione incontrollata del suo arbitrario potere.

Percorrendo la Scrittura alla ricerca del lessico giuridico-forense, ci si imbatte in espressioni e fatti che evidenziano più frequentemente la perversione della giustizia che non il suo corretto funzionamento. Questo fenomeno, riscontrabile nel vocabolario generico del giudicare, riapparirà anche nel prosieguo del nostro lavoro, in particolare nella fase dibattimentale. La causa di ciò è probabilmente da attribuire alla natura e all'intento dei testi biblici, i quali sono prevalentemente la rivelazione di Israele nella sua concreta dimensione storica; e si sa che la storia non coincide spesso con il «dover essere» dell'uomo. È comunque importante rilevare — anche se ciò può apparire ovvio — che l'aspetto di critica (presente non solo nella tradizione profetica, ma anche nelle sezioni narrative e sapienziali della Bibbia) non deve essere confuso con una svalutazione dell'istituzione in quanto tale. Ciò vale per tutte le istituzioni, e, a maggior ragione, per il mondo giuridico: l'ambiguità che caratterizza la storia non deve indurre a credere che la verità e la giustizia umana si rivelino nell'abolizione di ciò che costituisce la loro mediazione.

Abbiamo visto che i poli nei quali si manifesta la cattiva amministrazione della giustizia sono, da un lato, il fare delle preferenze personali, dall'altro, la corruzione di natura economica.

Il primo di questi poli sembra indicare che l'importanza (sociale) delle persone rischia di compromettere l'imparzialità del giudizio; si può facilmente immaginare che più un soggetto gode di autorevolezza nella compagine sociale, più riguardo gli viene accordato in qualsiasi manifestazione della vita collettiva. Da ciò ne viene che l'organizzazione gerarchica della società — necessaria per l'unità e l'ordine — può diventare fattore di ingiustizia e di oppressione: il potere, di cui l'autorità gode, diventa privilegio e strumento di difesa del potere stesso, a danno della massa subordinata e impotente.

Il secondo polo di ingiustizia nel giudizio evidenzia il fatto che il benessere — aspirazione dell'intera società, e legittima condizione dell'autorità — ha una logica non necessariamente corrispondente alle esigenze della giustizia. Il sopruso e la violenza, nella corrotta amministrazione, sono senz'altro condannati dalla coscienza comune, ma forse non sempre si vede che essi sono fatalmente indotti nella comunità umana dalla sopravvalutazione del bene economico, che trova la sua attuazione nel profitto di uno a scapito di tutti gli altri.

Vediamo così che il mondo *politico* e quello *economico,* che dovrebbero essere controllati dalla verità del diritto, sono invece le forze sociali dominanti che coinvolgono la giurisdizione nella loro sfera di interessi e di intenti. Tipica al proposito è la figura del *re:* suprema autorità politica, è anche colui dal quale dipende l'ultimo verdetto, per cui conta di più piacere al re che avere ragione (1 Re 12,6-15); e, dato che al re vengono riconosciute speciali prerogative, il *mišpaṭ hammelek* può diventare l'organizzazione legale dello sfruttamento (1 Sam 8,10-18; 1 Re 21,4-16). Se allora la Bibbia presenta frequentemente pagine critiche sul re (magistrati, capi, ricchi, ecc.), non si tratta di ventate di anarchia o populismo, né di anacronistiche anticipazioni di esigenze classiste: è il bisogno etico invece di ricordare costantemente che più l'istituzione è buona, più è sottilmente pervertibile, per cui è necessario — per la vera giustizia — che gli uomini vivano il senso strutturalmente suggerito dalle istituzioni stesse.

L'istituzione forense, con i suoi organi e le sue procedure, ha lo scopo di ristabilire la giustizia. Abbiamo visto che ciò equivale al fatto che il giudice, una volta conosciuto chi sia l'avente diritto, interviene per difendere l'innocente, punendo colui che nella controversia risulta colpevole. Il prendere partito per l'innocente non rende il giudice parte in causa (la causa del giudice è la causa della giustizia): anche se il lessico ebraico sembra ambiguamente oscillare dall'ambito forense a quello della controversia, è necessario tenere logicamente distinte le due strutture giuridiche per interpretare correttamente fatti ed espressioni presenti nella Bibbia. Ciò ci fa dire, ad esempio, che non si può affermare — come assioma generale — che «giudicare» sia sinonimo di «salvare», oppure che il giudice manifesti la sua bontà assolvendo il colpevole; il giudice giusto, nell'esercizio delle sue funzioni, salva in un processo *solo l'innocente* e condanna invece con adeguata severità colui che è colpevole.

Teologicamente, queste semplici riflessioni hanno una certa rilevanza: di fronte al giudizio di Dio, chi può essere dichiarato «giusto»? Ebbene, colui che è *vittima* di un rapporto ingiusto, colui cioè che è portatore di diritto nel suo stesso perderlo. Il concetto di vittima (formulabile anche con altre terminologie) è il polo verso il quale si dirige l'istituzione giurisdizionale in tutta la sua interna organizzazione; il giusto giudizio è quello nel quale la vittima riporta la vittoria mediante la vittoria del diritto promossa dalla giusta autorità del giudice. Dio (giudice) e la vittima (giudicata) sono due termini correlati che rendono il dramma del giudizio augurabile per chi ama la vita secondo giustizia.

Inquadrata l'istituzione forense secondo il lessico e nelle sue principali linee di senso, passiamo ora all'esame delle sue procedure: il nascere e configurarsi del processo (cap. 6), il suo momento centrale, che è la fase dibattimentale (cap. 7), e la sua conclusione, nella sentenza pronunciata ed eseguita (cap. 8).

CAPITOLO SESTO

Gli atti e le procedure precedenti il dibattimento

Lo scopo di questo capitolo è di fornire gli elementi della procedura forense che sono logicamente preliminari al dibattimento. Tre punti principali suddividono la materia del nostro intervento, secondo delle formalità che anticipiamo brevemente:

1) l'iniziativa di indire un processo: si studia qui il ruolo assunto dai soggetti giuridici nel mettere in movimento l'apparato giudiziario;

2) la posizione dei soggetti processuali: si esamina, a questo momento, come si situano, l'uno rispetto all'altro, i principali intervenienti nel processo;

3) la fase «istruttoria»: questo punto non è linguisticamente omogeneo coi precedenti (che hanno come significanti di base dei verbi di «movimento»); il ruolo analizzato, inoltre, appartiene quasi esclusivamente al magistrato giudicante (e non agli altri soggetti giuridici); infine, ciò che si descrive può considerarsi coestensivo a tutto il processo (quindi non solo preliminare al dibattimento). Abbiamo tuttavia ritenuto conveniente anticipare in questa sede tutto ciò che non si presenta immediatamente come dibattimento (oggetto specifico del prossimo capitolo), non solo per un maggiore equilibrio espositivo, ma soprattutto per dare il dovuto rilievo alla fase centrale del processo, che presenta una grande complessità di elementi e una abbondanza considerevole di materiale nei testi biblici.

1. L'iniziativa di instaurare un processo

Fermo restando quanto abbiamo detto al cap. 2 sulla necessità, per qualsiasi procedura giuridica, che un fatto delittuoso sia accaduto e conosciuto (o almeno lo si ritenga tale), è necessaria — per la formale istituzione di un processo — l'iniziativa specifica di un soggetto giuridico che faccia intervenire la giurisdizione del giudice a dirimere la questione e restituire le condizioni di giustizia.

1.1 *L'iniziativa dei contendenti*

Ci ricolleghiamo qui a quanto dicevamo sulla controversia che non trova possibilità di soluzione fra i litiganti stessi: le parti in causa, e, in particolare, colui che specificatamente ha funzione accusatoria, si rivolgono al tribunale, al quale vengono riconosciuti la legittimità e il potere (la forza) di decidere e di imporre come normativa la sentenza pronunciata.

1.1.1. Il «movimento» verso il tribunale

L'iniziativa delle parti in causa è espressa generalmente mediante dei *verbi di movimento:* «soggetto grammaticale» del verbo è colui che sottopone il caso o denuncia il colpevole; il «*terminus ad quem*» è la persona o funzione giudicante a cui appunto ci si rivolge. Si potrà notare, dagli esempi che faremo, che, a volte, è colui che si pretende in diritto ad assumere l'iniziativa giuridica onde ottenere soddisfazione; in altri casi invece, sono entrambi i contendenti a rivolgersi unanimemente al giudice; in ogni caso comunque, la struttura giuridica messa in atto comporta sempre tre elementi: le due parti e il giudice. I verbi usati sono diversi, e diverse sono le preposizioni con cui sono costruiti; l'atto significato appare invece identico.

	chi assume l'iniziativa	movimento	istanza giudicante	
2 Sam 15,2 :	*kol hā'îš 'ăšer*			
	yihyeh lô rîb	*lābô'*	*'el hammelek*	*lammišpāṭ*
2 Sam 15,6 :	*kol yiśrā'ēl 'ăšer*	*yābō'û*		*lammišpāṭ*
			'el hammelek	
Es 18,16 :	*kî yihyeh lāhem*			
	dābār	*bā'*	*'ēlay* (Mosè)	*w^{e}šāpaṭtî...*
1 Re 3,16 :	*'āz*	*tābō'nâ*		
	š^{e}tayim nāšîm zōnôt		*'el hammelek*	
2 Sam 12,1 :	(Natan)	*wayyābō'*	*'ēlâw* (re Davide)	
2 Sam 15,4 :			*w^{e}'ālay* (Assalonne)	
		yābô'		
	kol 'îš 'ăšer yihyeh			
	lô rîb ûmišpāṭ			*w^{e}hiṣdaqtîw*
2 Cron 19,10 :	*w^{e}kol rîb 'ăšer*	*yābô'*	*'ălêkem* (sacerdoti)	
	mē'ăḥêkem ... bên ... l^{e} ...			*w^{e}hizhartem 'ōtām ...*
Es 22,8[1] :			*'ad hā'ĕlōhîm*	
		yābō'		
	d^{e}bar š^{e}nêhem			*... yaršî'un ...*

---

[1] Secondo B.S. Jackson (*Theft in Early Jewish Law*, Oxford 1972, 242), Es 22,8 presenta un caso di consultazione oracolare; la prova sarebbe fornita da Es 18,15 dove abbiamo: *bw' ... lidrōš 'ĕlōhîm.* Noi riteniamo che i due testi dell'Esodo non siano

	chi assume l'iniziativa	movimento	istanza giudicante	
Giob 23,3[2] :	(Giobbe)	*'ābô'*	*ʿad t^{e}kûnātô*	
Giob 9,32 :	*yaḥdāw*	*nābô'*		*bammišpāṭ*
Deut 17,8s :	*kî yippālē' mimm^{e}kā* *dābār lammišpāṭ bên ... l^{e} ...* *dibrê rîbōt bišʿārèkā*	*w^{e}qamtā* *w^{e}ʿālîtā* *ûbā'tā*	*'el hammāqôm ...* *'el hakkōhănîm ...* *w^{e}'el haššōpēṭ ...*	*w^{e}dāraštā* *w^{e}higgîdû l^{e}kā* *'ēt d^{e}bar hammišpāṭ*
Giud 4,5 :	*b^{e}nê yiśrā'ēl*	*wayyaʿălû*	*'ēlèhā* (Debora)	*lammišpāṭ*
Deut 25,7 :	*y^{e}bimtô*	*w^{e}ʿāl^{e}tâ*[3]	*haššaʿrâ* *'el hazz^{e}qēnîm*	
Giob 34,23 :	*('îš)*	*lahălōk*	*'el 'ēl*	*bammišpāṭ*
Deut 25,1 :	*kî yihyeh rîb* *bên 'ănāšîm*	*w^{e}nigg^{e}šû*[4]	*'el hammišpāṭ*	*ûš^{e}pāṭûm* *w^{e}hiṣdîqû ...* *w^{e}hiršîʿû ...*

sovrapponibili: in Es 18,15 si descrive con precisione l'atto processuale; il fatto che venga espresso tra l'altro con la terminologia del «cercare Dio» significa che Mosè, quando con il suo giudizio stabilisce ciò che è giusto o ingiusto in Israele, fa riferimento non ad una tradizione precedente né ad una personale saggezza, ma al rapporto privilegiato che intrattiene con Dio, principio ultimo e fondamento essenziale del diritto in Israele (Cfr. A. GAMPER, *Gott als Richter*, 112-113). In Es 22,8 invece, si tratta effettivamente di un procedimento particolare, che, pur avendo un rigoroso valore giuridico, non presenta le caratteristiche della procedura forense. È interessante notare comunque che nei due casi la terminologia utilizzata (verbi di movimento aventi come termine il «giudice») serve a qualificare l'iniziativa giuridica che procede per risolvere il «caso». Sul testo di Es 22,8, cfr. anche L. KOEHLER, «Archäologisches Nr. 22-23», *ZAW* 46 (1928) 213-220; C. H. GORDON, «*'lhym* in its reputed meaning of 'Rulers' and 'Judges'», *JBL* 54 (1935) 139-144; J. R. VANNOY, «The Use of the word *hā'^{e}lōhîm* in Exodus 21:6 and 22:7,8», in: *The Law and the Prophets*, Fs. O. Th. ALLIS, Nutley 1974, 225-241.

[2] L'espressione usata in Giob 23,3 sembra evocare il procedimento di un querelante che si presenta al tribunale (regale) per ottenere soddisfazione; ricordiamo però che — come appare dai vv. seguenti — la lite di Giobbe è proprio con colui che siede sul trono.

[3] Cfr. H. A. BRONGERS, «Das Zeitwort *ʿālā* und seine Derivate», in: *Travels in the World of the Old Testament*, Studies presented to Prof. M. A. BEEK, SSN 16, Assen 1974, 32, il quale ricorda anche Rut 4,1 (*ʿālâ haššaʿar*).

[4] Il particolare valore procedurale dei verbi *ngš* e *qrb* (*rḥq*) è sottolineato da Z. W. FALK, «Hebrew Legal Terms», *JSS* 5 (1960) 353-354. Cfr. anche nota 35.

	chi assume l'iniziativa	movimento	istanza giudicante
Es 24,14 :	*mî ba'al d^{e}bārîm*	*yiggaš*	*'ălēhem* (Aronne e Hur)
Gen 44,18 :	*y^{e}hûdâ*	*wayyiggaš*	*'ēlâw* (vicerè Giuseppe)
Gen 18,23 :	*'abrāhām*	*wayyiggaš*	(Giudice-Dio: cfr. v.25)
1 Sam 14,38 :	*kōl pinnôt hā'ām*	*gōšû hălōm*	*(yd' + r'h)*
Is 41,1 :	*yaḥdāw*	*yigg^{e}šû ...* *niqrābâ*	*lammišpāṭ*
Num 27,1[5] :	*b^{e}nôt ṣ^{e}lopḥād ...*	*wattiqrabnâ*	
Num 36,1 :	*rā'šê hā'ābôt*	*wayyiqr^{e}bû*	
1 Sam 14,36 :		*niqr^{e}bâ hălōm*	*'el hā'ĕlōhîm*

Come si può costatare percorrendo i testi citati, con i verbi di movimento si esprime la sola iniziativa del procedere forense senza distinguere fra i casi di procedura penale e quelli di procedura civile (Num 27,1; 36,1; Deut 25,7), fra il giudizio di un tribunale e la decisione divina di tipo oracolare (Es 22,8; 1 Sam 14,36-38), fra le diverse competenze giurisdizionali (Deut 17,8-9). E si può notare anche che, per quanto concerne il nostro argomento, la diversità dei giudici (o del tipo di tribunale) non determina corrispondenti varianti nella terminologia procedurale.

1.1.2. Il «procedere» contro l'altra parte

Precisiamo che la formalità giuridica di ricorrere ad una istanza giudicante deve essere tenuta distinta da quella di *intraprendere una azione legale nei confronti di un'altra persona.* In quest'ultimo caso viene espressa difatto la semplice situazione della controversia, che può o no finire in tribunale. Facciamo questa osservazione perché anche questa azione giuridica è espressa mediante dei *verbi di movimento,* i quali però hanno come termine di riferimento non il giudice, bensì *la parte avversa*[6].

[5] Sul valore legale di Num 27,1ss, cfr. J. WEINGREEN, «The Case of the Daughters of Zelophchad», *VT* 16 (1966) 518-522.

[6] La distinzione delle due azioni giuridiche, quella di venire a giudizio in tribunale, e quella di venire a contesa con qualcuno, non è sempre facilmente percepibile, perché — specie nei testi poetici — i termini *rîb* e *mišpāṭ* vengono usati in senso pressoché sinonimico; inoltre, quando Dio è il soggetto dell'azione, si è spontaneamente portati a credere che egli non possa agire se non come giudice (il che non è sempre vero).

Diamo qualche esempio, sottolineando all'occasione i rapporti con la terminologia propria al *rîb:* potrà facilmente essere notata la somiglianza e la differenza delle espressioni rispetto a quelle del paragrafo precedente.

Is 3,13	:		*niṣṣāb*	*lārîb*	
		yhwh			
			w^{e}ʿōmēd	*lādîn*	*ʿammîm*
14	:	*yhwh*		*b^{e}mišpāṭ*	
			yābô'		*ʿim ziqnê ʿammô w^{e}śārâw*
Sal 143,2	:		*w^{e}'al tābô'*	*b^{e}mišpāṭ*	*'et ʿabdekā*
Giob 22,4	:			*yōkîḥekā*	
			yābô'		*ʿimm^{e}kā*
				bammišpāṭ	
Mal 3,5	:		*w^{e}qārabtî*		*'ălêkem*
				lammišpāṭ	
Is 50,8	:	*mî*		*yārîb*	*'ittî ...*
		mî		*baʿal mišpāṭî*	
			yiggaš		*'ēlāy*
Is 1,18	:		*l^{e}kû nā'*	*w^{e}niwwāk^{e}ḥâ*	

1.1.3. Il «promovimento» dell'azione penale

Quando i verbi di movimento sono alla forma *Hiphil* o *Piel,* essi sembrano introdurre indirettamente la connotazione di *potere* inerente

---

Si deve notare allora che il *verbo di movimento* denota solo l'iniziativa di tipo giuridico, senza specificarne la natura; questa può essere colta solo dalla relazione fra i diversi elementi del sintagma. Abbiamo infatti almeno le seguenti figure:

a) *il «venire» a contesa* (procedimento contro la parte avversa):

- Giud 21,22 : *kî* **yābō'û** *'ăbôtām 'ô 'ăḥêhem* **lārîb** (Q) *'ēlênû ...*
- Prov 25,8 : *'al* **tēṣē' lārīb** *mahēr*
- Is 66,15s : *kî hinnēh yhwh bā'ēš* **yābô'** ... *kî bā'ēš yhwh* **nišpāṭ**

b) *Il «venire» in giudizio* (ricorso al giudice):

Rinviamo ai testi citati nelle pagine precedenti; in particolare si noti lá differenza tra Is 50,8 (*mî baʿal mišpāṭî yiggaš 'ēlāy* = come accusatore contro l'altra parte) e Es 24,14 (*mî baʿal d^{e}bārîm yiggaš 'ălēhem* = come parte che si rivolge al giudice).

c) *il «venire» a giudicare* (procedere del giudice verso l'imputato) (cfr. E. Jenni, «'Kommen' im theologischen Sprachgebrauch des Alten Testament», in: *Wort – Gebot – Glaube*. Beiträge zur Theologie des Alten Testaments, AThANT 59, Zürich 1970, 258):

- Sal 96,13 (= 98,9) : *kî* **bā' lišpōṭ** *hā'āreṣ – yišpōṭ tēbēl b^{e}ṣedeq ...*
- Ger 26,10 : **wayyaʿălû** (i principi di Giuda) *mibbêt hammelek bêt yhwh*
  wayyēš^{e}bû *b^{e}petaḥ šaʿar yhwh heḥādāš*
- Ger 1,15 : **ûbā'û** (i re del Nord) *w^{e}nāt^{e}nû 'îš* **kis'ô** *petaḥ šaʿărê y^{e}rûšālaim*

all’azione giuridica penale. A seconda dei soggetti e oggetti grammaticali, appaiono diverse formalità giuridiche:

a) i contendenti promuovono un caso giuridico presso l’organo giurisdizionale appropriato [7]:

Es 18,22 :	(giudici inferiori)	*w^{e}hāyâ kol haddābār haggādōl*	*yābî’û*	*’ēlèkā* (Mosè)
Es 18,26 :	(giudici inferiori)	*’et haddābār haqqāšeh*	*y^{e}bî’ûn*	*’el mōšeh*
Num 27,5 :			*wayyaqrēb*	
	mōšeh	*’et mišpāṭān*		*lipnê yhwh*
Is 41,21 :	(voi)	*rîb^{e}kem ... ʿăṣūmôtêkem*	*qār^{e}bû haggîšû*	

b) un contendente (accusatore) fa comparire in giudizio la parte avversa [8]:

Giob 14,3 :	(Dio)	*w^{e}’ōtî*	*tābî’ b^{e}mišpāṭ ʿimmāk*
1 Sam 20,8 :	(Gionata)		*w^{e}ʿad ’ābîkā ...*
		(= me)	*t^{e}bî’ēnî*

c) il giudice promuove l’azione penale, convocando l’imputato (o, per metonimia, il suo operato) a giudizio:

Qoh 11,9 :					*ʿal kol ’ēlleh*
		y^{e}bî’ăkā		(= te)	
	hā’ĕlōhîm		*bammišpāṭ*		
Qoh 12,14 :				*’et kol maʿăśeh*	
	hā’ĕlōhîm	*yābī’*	*b^{e}mišpāṭ*		*ʿal kol neʿlām*
					’im ṭôb w^{e}’im rāʿ
Num 5,16 :		*w^{e}hiqrîb*		*’ōtāh*	
	hakkōhēn	*w^{e}heʿĕmīdāh*			
			lipnê yhwh		
Gios 7,16 :	*(y^{e}hôšūaʿ...)*	*wayyaqrēb*		*’et yiśrā’ēl...*	
17 :		*wayyaqrēb*		*’et mišpaḥat y^{e}hûdâ...*	
18 :		*wayyaqrēb*		*’et mišpaḥat hazzarḥî...*	
		wayyaqrēb		*’et bêtô...*	

---

[7] Questa formalità non è essenzialmente diversa da quella indicata in 1.1.1.: si può infatti dire che i contendenti, comparendo in tribunale, presentano («fanno pervenire») un caso al giudice. In Es 22,8, sopra citato, il verbo di movimento è alla forma *Qal*, e il soggetto è *d^{e}bar š^{e}nêhem*.

[8] Ciò sarebbe equivalente all’uso del verbo *yʿd* (*Hi*) («citare in tribunale») presente in Ger 49,19; 50,44; Giob 9,19 (Cfr. B. Gemser, «The *rîb*- or Controversy-Pattern», 123).

1.2. *L'iniziativa del giudice: la convocazione*

L'iniziativa di indire un processo può essere assunta dal giudice stesso in nome dell'autorità che gli compete di fare giustizia. La notizia di reato, acquisita direttamente o mediante testimoni-accusatori, induce l'organo giurisdizionale a spiccare un «mandato di comparizione»: una volta l'imputato presente, sarà possibile notificargli l'accusa, e procedere formalmente al dibattimento fino al verdetto finale.

Alla fine del paragrafo precedente, abbiamo segnalato l'uso di verbi di movimento (allo *Hiphil*), aventi per soggetto grammaticale l'autorità giudicante, e per oggetto l'imputato.

La forma però più comunemente usata per esprimere in ebraico la convocazione da parte del giudice è il verbo *qr'* l^e (talvolta *'et,* oppure *'el*): chi è chiamato a giudizio è naturalmente l'imputato [9].

Il verbo *qr'* l^e per indicare pertinentemente la convocazione giudiziaria deve trovarsi in una struttura sintagmatica che, in modo più o meno completo, riproduca la totalità del processo stesso. Diamo due esempi:

1 Sam 22,9s :	(Doeg denuncia a Saul il sacerdote Achimelek) *... rā'îtî ...*	1. «notitia criminis»
11 :	*wayyišlaḥ hammelek*	2. potere del giudice in materia processuale (*šlḥ*)
	liqrō' 'et 'ăḥîmelek... w^e*'ēt kol bêt 'ābîw...*	3. convocazione dell'imputato (*qr' 'et*)
	wayyābō'û kullām 'el hammelek	4. il presentarsi dell'imputato (verbi di movimento aventi come «terminus ad quem» il giudice)
12 :	*wayyō'mer šā'ûl...*	5. notifica dell'accusa
13 :	*lāmmâ* q^e*šartem 'ālay...*	
14s :	*wayya'an 'ăḥîmelek 'et hammelek...*	6. intervento di difesa
16 :	*wayyō'mer hammelek* *môt tāmût 'ăḥîmelek* *'attâ* w^e*kol bêt 'ābîkā*	7. sentenza
17s :	*wayyō'mer hammelek lārāṣîm...* *sōbbû* w^e*hāmîtû kōhănê yhwh...*	8. ordine di esecuzione

[9] Nella struttura giuridica della controversia a due, una delle parti può convocare dei *testimoni* a sostegno della sua causa; anche in questo caso può essere usato il verbo *qr'*: cfr. Sal 50,1.4: *qr' 'āreṣ ... qr' 'el haššāmayim ...* w^e*'el hā'āreṣ*; 1 Re 20,7: *qr'* l^e*ziqnê hā'āreṣ*. L'unica cosa che sembra comune ai diversi atti di convocazione è che essa può avere come soggetto solo colui che dispone di una certa autorità.

1 Re 2,41 :	*wayyuggad lišlōmōh kî...*	1. «notitia criminis»
42 :	*wayyišlaḥ hammelek*	2. potere del giudice (*šlḥ*)
	wayyiqrā' lᵉšimʿî	3. convocazione dell'imputato (*qr' lᵉ*)
43 :	*wayyō'mer 'ēlâw... ûmaddûaʿ lō' šāmartā 'ēt šᵉbūʿat yhwh wᵉ'et hammiṣwâ...*	5. notifica dell'accusa
44s :	*wayyō'mer hammelek 'el šimʿî...*	7. sentenza
46 :	*wayṣaw hammelek 'et bᵉnāyāhû...*	8. ordine di esecuzione

Lo schema letterario sopra indicato (cfr. anche Es 1,17-21; Deut 25,7-10; 2 Re 12,7-9) e la situazione giuridica della convocazione dell'imputato da parte del giudice non appaiono frequentemente nella Bibbia: ciò è probabilmente dovuto al fatto che pochissimi sono i testi che narrano l'andamento di un processo [10]; i testi legislativi di tipo procedurale sono, d'altra parte, poveri di informazione su questo punto.

Una posizione giuridicamente intermedia tra la struttura processuale e quella della controversia (a due) si viene a stabilire quando la parte accusatrice è rivestita di autorità e potere politico: in questo caso, invece di «*muoversi*» per andare ad incolpare e punire l'altra parte, l'autorità (che è spesso un sovrano) «*fa venire*» (convoca) il (presunto) colpevole. Anche qui abbiamo l'utilizzazione di *qr' lᵉ*, senza però l'esatta configurazione di un processo (cfr. Gen 12,18; 20,9; 26,9; Num 16,12; Gios 9,22; ecc.) [11].

---

[10] Il testo greco di Dan 13,1-64 (episodio di Susanna) è il racconto più lungo e dettagliato di un processo intentato contro un individuo: in esso si può notare come l'ordine di comparizione (vv.28-30: *...aposteilate epi Sousannan... hoi de eutheōs ekalesan autēn. Hōs de paregenēthē...*) sia situato tra il preteso reato e il processo propriamente detto. Sul testo di Dan 13, cfr. la monografia di H. ENGEL, *Die Susanna-Erzählung*. Einleitung, Übersetzung und Kommentar zum Septuaginta-Text und zur Theodotion-Bearbeitung, OBO 61, Freiburg–Göttingen 1985 (con abbondante bibliografia).

[11] In questo contesto si possono anche ricordare quei brani in cui la convocazione da parte dell'autorità, invece di essere articolata alla «accusa», è in funzione di portare a compimento una azione giuridica (più o meno chiaramente definita) rimasta in sospeso.

In Es 9,27 il Faraone convoca (*qr' lᵉ*) Mosè ed Aronne per dichiarare solennemente il proprio torto nella controversia; a ciò fa seguito l'impegno di dare soddisfazione alle richieste avanzate in precedenza dai convocati (v.28).

Ancora più tipica è la situazione narrata in 2 Sam 21: il re Davide viene a conoscenza della responsabilità della famiglia di Saul nell'eccidio dei Gabaoniti (v.1); egli allora li convoca (*qr' lᵉ*) riconoscendoli portatori di un diritto che richiede riparazione (vv.2-3); la sentenza è pronunciata dai Gabaoniti stessi e ratificata dal re (vv.4-6).

1.3. *Arresto dell'imputato e deferimento all'autorità giudiziaria*

In alcuni casi è abbastanza chiaro che tra il reato (vero o presunto) e il processo ha luogo l'*arresto* dell'imputato (verbi *lqḥ* e *tpś* [12]): ciò sembra avvenire quando il delitto commesso è tale da meritare (eventualmente) la pena capitale. Due episodi, nella biografia di Geremia, ci orientano in questo senso. Al cap. 26, dopo il discorso del Tempio, il profeta viene arrestato (v.8: *wayyitpᵉśû 'ōtô hakkōhănîm wᵉhannᵉbī'îm wᵉkol hā'ām*), con una imputazione capitale (vv. 8-9: *môt tāmût maddû' nibbêtā...*); subito dopo (vv.10ss), viene instaurato e celebrato un regolare processo presieduto dai principi di Giuda. Al cap. 37, Geremia vuole lasciare la città per recarsi nel paese di Beniamino; giunto alla porta, viene «fermato» da un ufficiale della guardia (v.13: *wayyitpōś 'et yirmᵉyāhû hannābî'*) sotto accusa di diserzione o tradimento (v. 13: *'el hakkaśdîm 'attâ nōpēl*). A nulla servono le proteste di innocenza del profeta: è arrestato e deferito ai principi (v.14: *wayyitpōś ... bᵉyirmᵉyāhû waybī'ēhû 'el haśśārîm*).

Più complesso è l'episodio di 1 Sam 29: i principi filistei, scontenti di vedere Davide intervenire al loro fianco nella guerra, sporgono querela presso il re Achis, chiedendo che Davide venga allontanato (vv.1-5). Il re convoca Davide (*qr' lᵉ*): da una parte riconosce la sua innocenza; dall'altra però gli notifica che, poiché il convocato è sgradito ai principi, si vede obbligato a rinunciare alla sua collaborazione militare (vv.6-7). Alla protesta di Davide che si sente trattato ingiustamente, il re ribadisce lo stesso discorso, che diventa quindi esecutivo (vv.8-11). La forza giuridica di questo episodio sta nel fatto che i principi accusano in pratica Davide di essere un traditore, e in questa accusa persino il re è coinvolto. La convocazione permette di risolvere — mediante un compromesso — la difficile situazione: da una parte, Davide è assolto dalla imputazione di tradimento, che avrebbe probabilmente comportato una sanzione capitale; ma, dall'altra, è dichiarato «*persona non grata*», il che determina il suo licenziamento: il decreto di espulsione nei confronti di un «sospetto» libera il re da qualsiasi connivenza con l'imputato.

[12] Il verbo *lqḥ*, benché generico, può dal contesto significare l'azione di polizia giudiziaria promossa dall'autorità contro un presunto criminale (cfr. Gen 39,20; Deut 19,12; 1 Re 22,26; Ger 36,26, ecc.). In particolare si può notare la formula di Ger 36,26 (*wayṣaw hammelek lāqaḥat ...*) nella quale leggiamo il «*mandato* di arresto»; cfr. anche 1 Sam 20,31: *šᵉlaḥ wᵉqaḥ 'ōtô 'ēlay kî ben māwet hû'*.

Il verbo *tpś* designa l'atto della cattura (cfr. al *Ni*, con l'immagine della rete: Es 12,13; 17,20; 19,4.8; Sal 10,2), del «far prigionieri» durante una azione bellica (Gios 8,23; 1 Sam 15,8; 1 Re 20,18; 2 Re 7,12; 10,14; Ger 34,3; Sal 71,11; ecc.). Talvolta il far prigioniero qualcuno è articolato al deferimento ad una autorità giudicante e alla esecuzione capitale (cfr. Gios 8,23; 1 Sam 15,32-33; 2 Re 10,14; 2 Re 25,6-7). Al di fuori del contesto della guerra, il verbo *tpś* designa l'arresto del colpevole in 1 Re 13,14; 18,40; Ger 26,8; 37,13s; Ez 21,28s. Anche in Deut 21,19 l'atto compiuto dai genitori nei confronti del figlio ribelle sembra denotare una precisa azione giuridica: «suo padre e sua madre lo prenderanno e lo condurranno dagli anziani della città alla porta del luogo (dove abita) (*wᵉtāpᵉśû bô ... wᵉhôṣî'û 'ōtô 'el ziqnê 'îrô wᵉ'el ša'ar mᵉqōmô*)».

Il verbo *qmṭ* sembra avere il valore di arrestare in Giob 16,8 e 22,16.

L'arresto con il conseguente incarceramento sembra una misura preventiva [13] in attesa di un formale giudizio [14] che deciderà l'assoluzione o la condanna. Casi analoghi, dove l'arresto ed anche la detenzione sono in funzione di un successivo verdetto, possono essere visti in Gen 40,3; 42,18; Lev 24,12; Num 15,34; 1 Re 22,26-27; per il deferimento all'autorità giudiziaria, cfr. Num 5,16; 15,33; Lev 24,11; Deut 21,19; Ger 26,23.

1.4. *Il processo pubblico*

Non si può trattare dell'iniziativa di indire un processo senza sottolineare un aspetto che le appartiene essenzialmente: chiunque instauri un'azione penale giudiziaria fa passare l'evento giuridico da una dimensione privata ad una dimensione *pubblica* [15]. Se è vero che la struttura del giudizio in tribunale comporta essenzialmente tre soggetti (l'accusa, l'imputato e il giudice), si deve notare che il magistrato, in quanto tale, è il rappresentante (ufficiale) di tutto il popolo, e che la sentenza emessa concerne tutti perché ha valore normativo per la successiva giurisprudenza.

La pubblicità del processo in Israele è cosa ampiamente riconosciuta; nostro compito sarà solo di ricordare le modalità attraverso le quali si esprime nella letteratura biblica il coinvolgimento dell'insieme del popolo in tale procedura giuridica.

---

[13] Scrive R. de Vaux: «Il y avait des prisons où l'on gardait préventivement les accusés jusqu'au jugement, Lv 24,12; Nb 15,34, et où l'on enfermait les suspects par une mesure de police parfois arbitraire, 1 R 22,27; Jr 37,15-18. La mise au carcan ou aux ceps était une rigueur supplémentaire, 2 Cron 16,10; Jr 20,2; 29,26» (*Institutions*, I, 246).

[14] Formalmente distinto da quello sopra enunciato appare quindi l'arresto di un colpevole in fuga, sul quale (esplicitamente o solo implicitamente) si è già sentenziato (cfr. Deut 19,12; 1 Sam 19,19; Ger 36,26; Am 9,2-3; ecc.).

La condanna alla prigione sembra esistere, in tutto il Medio Oriente antico, solo per i prigionieri di guerra (cfr. A. Walther, *Das altbabylonische Gerichtswesen*, LSSt 6, Leipzig 1917, 240; E. Ebeling, «Gefangener, Gefängnis», *Reallexicon der Assyriologie* III, Berlin–New York 1957-1971, 181-182; anche la Bibbia ne fa menzione: Giud 1,6-7; 2 Re 17,4; 24,12; 25,27; ecc.). Per i reati comuni, non veniva propriamente irrogata la pena detentiva; infatti, per i reati contro il patrimonio, in caso di insolvibilità, il colpevole era condannato ai lavori forzati (Ebeling, 181) o alla schiavitù (sua o dei suoi: Es 22,2; Lev 25,39s; Deut 15,2s; ecc.) (R. de Vaux, *Institutions*, I, 246-247): «l'emprisonnement par décision de justice n'apparaît qu'après l'Exil dans Esd 7,26 et comme l'application d'une législation étrangère» (*ibid.*, p. 246).

[15] Ci riferiamo qui ad una concezione del diritto penale, che, seppur desunta dai moderni giuristi, sembra avere il suo riscontro anche nel mondo antico: «il diritto penale fa parte del diritto pubblico interno. I beni che esso protegge, infatti, quando anche sono di pertinenza diretta degli individui (la vita, la libertà, la pudicizia, l'onore, ecc.) vengono sempre tutelati in vista di un interesse pubblico ... Si aggiunga che l'azione diretta alla repressione dei reati è sempre pubblica e spetta allo Stato, anche quando il suo esercizio dipende da una manifestazione di volontà del privato» (F. Antolisei, *Manuale di Diritto Penale*, 7).

1.4.1. L'assemblea del popolo

Specie nei casi più importanti, che sono naturalmente oggetto privilegiato di narrazione nella Bibbia, la presenza della comunità nel processo è espressamente menzionata [16].

Prendiamo come esempio tipico il capitolo 26 di Geremia, che costituisce (con Dan 13, in greco) il racconto più dettagliato di procedura forense in tutta la Bibbia. Il punto di partenza è costituito dalla predicazione del profeta che pubblicamente (cfr. v.8: *'el kol hā'ām*) minaccia la distruzione del Tempio e la rovina della città di Gerusalemme (vv. 1-6) [17]. Chi ascolta queste parole non può restare indifferente: o

---

[16] L'importanza dell'assemblea cittadina negli atti giuridici importanti è universalmente riconosciuta (Gen 23,34; Rut 4,11; Ger 32,12): cfr. L. KOEHLER, «Archäologisches (Nr. 6)», *ZAW* 34 (1914) 148; F.S. FRICK, *The City in Ancient Israel*, Missoula 1977, 117-119; B. HALPERN, *The Constitution of the Monarchy in Israel*, HSM 25, Chico 1981, 187-216. In particolare, per una azione processuale, cfr. 1 Re 21,9-11; Dan 13,28-41 (si veda, al proposito, A. MALAMAT, «Kingship and Council in Israel and Sumer: a Parallel», *JNES* 22 [1963] 247-253).

Secondo Z.W. FALK, «the free burghers of a town formed the local *'edah*, discussed all public affairs and functioned as a court of justice» (*Hebrew Law*, 51); come esempio tipico, egli cita (p. 52) il testo di Num 35,12, dove difatto leggiamo: *'ad 'omdô lipnê hā'ēdâ lammišpāṭ* (cfr. anche Gios 20,4.6).

Per quanto riguarda l'assemblea «divina», con un riferimento particolare al Sal 82, si può consultare H.W. ROBINSON, «The Council of Yahweh», *JTS* 45 (1944) 151-157; F.M. CROSS, «The Council of Yahweh in Second Isaiah», *JNES* 12 (1953) 274-277; W. SCHMIDT, *Königtum Gottes in Ugarit und Israel.* Zur Herkunft der Königsprädikation Jahwes, BZAW 80, Berlin 1961, 32-34; H.-W. JÜNGLING, *Der Tod der Götter.* Eine Untersuchung zu Psalm 82, SBS 38, Stuttgart 1969, 38-69; E. Th. MULLEN (Jr.), *The Divine Council in Canaanite and Early Hebrew Literature*, HSM 24, Chico 1980, 226-244; M.E. POLLEY, «Hebrew Prophecy within the Council of Yahweh, Examined in its Ancient Near Eastern Setting», in: *Scripture in Context.* Essays on the Comparative Method, *ed.* C.D. EVANS, *al.*, PittsbTMonSer 34, Pittsburgh 1980, 141-156.

[17] Si deve tener sempre presente il ruolo giuridico del profeta che, in misura pressoché costante nella Bibbia, è inviato da Dio a «rivelare» le colpe del popolo: egli può essere definito un pubblico accusatore (cfr. Ez 3,26). Se infatti il profeta manifesta «agli orecchi di tutti» l'esistenza del «reato» (per questo parla esplicitamente nei luoghi dove si riunisce la folla: nel tempio, sulla piazza, alla porta), ciò non può restare confinato in una pura dimensione etica, quasi fosse un affare privato lasciato alla coscienza personale. Il reato pubblicamente denunciato richiede necessariamente un procedimento che «giudichi» dell'accusa profetica, traendone le necessarie conseguenze giuridiche. Se il profetizzare è denunciare qualcuno (il re, i sacerdoti, i falsi profeti, il popolo intero), il profeta inizia un processo contro altri; ma viene egli stesso a trovarsi sotto processo (cfr. Deut 18,20), perché, se viene giudicato «falso» nella sua testimonianza, egli deve subire le gravi conseguenze del suo operato. Non si può infatti accusare qualcuno alla leggera o falsamente, senza incorrere nella sanzione proporzionata alla gravità dell'accusa (Deut 19,16-21). Se invece la sua parola è riconosciuta veritiera, si impongono ai colpevoli gli atti pubblici proporzionati alla denuncia fatta.

Da queste osservazioni concludiamo che profeta e processo sono due concetti estremamente legati fra loro lungo tutta la storia del popolo d'Israele fino a Gesù e a coloro che ne divennero testimoni.

Geremia ha ragione e allora è tutto il popolo di Giuda ad essere colpevole; oppure viceversa. In ogni caso il reato è grave: la distruzione della città è la sanzione per il delitto del popolo; la morte, per quello del (falso) profeta (vv.6.8-9).

«I sacerdoti, i profeti *e tutto il popolo*» ascoltano quelle parole (v.7); la loro reazione manifesta che si giudicano testimoni auricolari di un reato (*notitia criminis*); infatti, «i sacerdoti, i profeti *e tutto il popolo*» procedono all'arresto con l'imputazione capitale (v.8).

A questo punto il racconto dice: *wayyiqqāhēl kol hā'ām 'el yirmᵉyāhû bᵉbêt yhwh* (v.9). Pensiamo che con questa frase non venga tanto descritto l'attrupparsi minaccioso della folla attorno a Geremia; viene piuttosto definito il costituirsi dell'assemblea giuridicamente rilevante, che ha un ruolo decisivo all'interno del processo. Quando infatti i «principi di Giuda» si recano alla sede del tribunale per presiedere l'udienza (v.10), il «popolo» viene ora a trovarsi non più dalla parte degli accusatori, ma dalla parte dei «principi», di coloro cioè che, sulla base del dibattimento, esprimono la sentenza. Ciò è espressamente segnalato nei momenti significativi della procedura: «i sacerdoti e i profeti dissero ai principi e a *tutto il popolo*» (momento della formalizzazione della accusa) (v.11); «Geremia rispose a tutti i principi e a *tutto il popolo*» (momento della difesa) (v.12); «I principi e *tutto il popolo* dissero ai sacerdoti e ai profeti: 'Non ci deve essere sentenza di morte'...» (verdetto) (v.16).

Questo racconto ci permette di vedere che la pubblica assemblea funziona quasi come la giuria di una moderna corte di assise, facendosi responsabile in prima persona della decisione presa ufficialmente dal magistrato giudicante (cfr. 1 Sam 14,44-45; 1 Re 21,13; Neem 5,7; Dan 13,41). Ciò permette meglio di spiegare perché, nel caso della pena capitale per lapidazione, tutto il popolo viene chiamato ad eseguire la sentenza (cfr. Lev 24,23; Num 15,35-36; Deut 17,7; 21,21; 22,21).

1.4.2. La sede del giudizio [18]

L'elemento pubblico del processo è evidenziato dalla sede in cui la giustizia viene amministrata. Si sa che «*la porta*» (*ša'ar*) è il luogo dove, nei vari borghi o città di Israele, si svolgono gli affari pubblici, si tengono le sedute processuali (cfr. Deut 16,18; 22,15; 25,7; ecc.) e si eseguono le sentenze (cfr. Deut 17,5; 22,24; Gios 8,29; 2 Re 10,8).

---

[18] Qoh 3,16 usa l'espressione descrittiva *mᵉqôm hammišpāṭ* e in parallelo *mᵉqôm haṣṣedeq* per designare il tribunale: l'intento è ironico, dato che l'autore denuncia l'ingiustizia commessa nella «sede del giudizio» (alla quale pone rimedio il giusto intervento di Dio: v.17).

Normalmente il tribunale «alle porte» è collegato con l'organo collegiale degli *z^eqēnîm* (Deut 21,19; 22,15; 25,7; Gios 20,4; Prov 31,23; Rut 4,11; Lam 5,14; ecc.); ma questa correlazione non deve considerarsi esclusiva. Specialmente nei testi poetici, la porta indica generalmente il tribunale, senza particolare indicazione del tipo di magistrato che lo presiede (Deut 16,18; Is 29,21; Am 5,10.12-15; Zac 8,16; cfr. anche Ger 26,10 e 38,7).

La «porta» deve la sua funzione di sede forense al fatto di essere lo spazio consacrato ai pubblici eventi in tutte le città (fortificate) di Israele: l'andare e venire della popolazione (Gen 23,10; 34,24; Rut 4,11) rende il giudizio aperto all'intervento di tutti i passanti, e consente il coinvolgimento della cittadinanza nella azione giuridica intrapresa [19]. Da questo punto di vista il processo «alle porte» si oppone direttamente al procedimento segreto di tipo inquisitorio, o a eventuali vendette private o esecuzioni sommarie perpetrate là dove si presenta l'occasione [20].

---

[19] Cfr. L. Koehler, «Die hebräische Rechtsgemeinde», 145,147-148; E. A. Speiser, «'Coming' and 'Going' at the 'City' Gate», *BASOR* 144 (1952) 20-23; G. Evans, «'Coming' and 'Going' at the City Gate — a Discussion of Professor Speiser's Paper», *BASOR* 150 (1958) 28-33.

[20] Si può notare che il termine *r^eḥôb* (*piazza*) sembra avere valore di sede forense in Giob 29,7 (in parallelo con *šaʿar*) e in Is 59,14 (cfr. anche Sal 55,12). V. Maag ritiene anzi che «unter *r^ehôb* ist nichts anderes als der 2 Chr 32,6 genannte *rhwb šʿr hʿyr* zu verstehen: der freie Platz auf der Stadtseite der Toranlage» (*Text, Wortschatz und Begriffswelt des Buches Amos*, Leiden 1951, 193).

Quanto ad altri luoghi usati per l'amministrazione della giustizia vi è dibattito sul termine *gōren* (generalmente tradotto con *aia*). G. Münderlein (*TWAT* II,67) riferisce che *grn* in ugaritico «dient auch als Ort der Rechtssprechung» (cfr. C. H. Gordon, *Ugaritic Textbook, Glossary*, AnOr 38, Roma 1965, 622), ma nell'Antico Testamento non sembra attestato che l'aia sia un luogo privilegiato del processo. Su questo argomento si sono pronunciati S. Smith, «The Threshing Floor at the City Gate», *PEQ* 78 (1946) 5-14; *id.*, «On the Meaning of *goren*», *PEQ* 85 (1953) 42-45; e J. Gray, «Tell El Farʿa by Nablus: a 'Mother' in Ancient Israel», *PEQ* 84 (1952) 112; *id.*, «The *goren* at the City Gate: Justice and the Royal Office in the Ugaritic Text 'Aqht», *PEQ* 85 (1953) 118-123. Cfr. anche M. M. Aranov, *The Biblical Threshing-Floor in the Light of the Ancient Near Eastern Evidence*. Evolution of an Institution, Diss. New York University 1977; di essa abbiamo avuto conoscenza solo da *DissAbstr* 38 (1977s) 6179s-A. Come testo significativo dell'importanza di *gōren* (tradotto con *piazza*) in ambito forense viene addotto 1 Re 22,10. Si può inoltre ricordare che, poiché l'aia è la sede del vagliare (il separare il grano dalla pula), essa può diventare *metafora* del giudizio (Ger 51,33; Mi 4,12) (cfr. *TWAT* II, 68).

Citiamo infine l'opinione di Z. W. Falk: «Justice is administered in the name of God and quite often the court convenes in the Sanctuary or on the occasion of a religious ceremony» (*Hebrew Law*, 29). I testi citati dall'autore come prova (Gen 14,17ss; Es 25,25; Gios 24,25; Sal 122,5) non ci paiono tuttavia convincenti.

2. La «posizione» giuridica dei soggetti processuali

Il momento processuale è specificato dal fatto che i vari soggetti che intervengono prendono «posizione», in modo che appaia la funzione che a ciascuno compete e il ruolo che intende svolgere. In questo paragrafo illustreremo appunto le posizioni *corporee* assunte dal giudice e da coloro che si sottopongono a giudizio, nell'intento non solo di visualizzare la scena del tribunale ebraico, ma soprattutto di cogliere le connotazioni giuridiche di un linguaggio descrittivo; all'occasione, mostreremo anche le articolazioni con quanto è stato già indicato in precedenza.

2.1. *Le posizioni del giudice*

Due appaiono essere le posizioni tipiche del giudice in un processo: 1) quella del *sedersi* (sia come movimento, sia come stato); 2) quella dell'*alzarsi*. La prima indica l'inizio e lo svolgimento della fase dibattimentale; la seconda, il momento conclusivo della sentenza. Entrambe le posizioni tuttavia possono, per sineddoche, rappresentare l'intera attività giudicante.

2.1.1. La «seduta» instaurata dal giudice

Il verbo *yšb* connota, in campo forense, l'azione del giudice che inaugura e tiene una seduta in tribunale [21]. Ciò è così universalmente conosciuto da non richiedere particolari commenti. Segnaliamo quindi solo i testi in cui vi è un rapporto esplicito tra il *sedersi* del giudice (*yšb*) [22] e l'atto del *giudicare* (radice *špṭ* e sinonimi), del tipo: *wayyēšeb mōšeh lišpōṭ 'et hā'ām* (Es 18,13): Giud 4,4-5; Is 16,5; 28,6; Ger 26,10; Gioele 4,12; Sal 9,5; Prov 20,8 [23].

Da notare che il «*sedersi*» del giudice è articolato talvolta al *movimento* di coloro che si presentano in giudizio per sottoporre un caso (Es 18,13.14.16; Giud 4,5; Gioele 4,12; cfr. anche Sal 122,4-5).

In questo contesto, ricordiamo che Salomone, oltre al Tempio, fece costruire la propria reggia; in quest'ultima si trovava la sede del tribunale regale: *we'ûlām hakkissē' 'ăšer yišpoṭ šām 'ūlām hammišpāṭ 'āśâ* (1 Re 7,7).

---

[21] In Esd 10,16-17 abbiamo anche l'indicazione precisa della durata di una seduta giudiziaria.

[22] Invece di *yšb lišpōṭ*, in Ez 44,24 troviamo il sintagma *'md lišpōṭ* (secondo il Ketib; il Qeré è *lemišpāṭ*), con il senso di «agire come giudice», «esercitare le funzioni di magistrato» (cfr. nota 36).

[23] Cfr. anche Dan 7,9-10 (aramaico) e 13,50 (greco).

Il «seggio» del magistrato è un elemento semanticamente collegato con la «seduta» giudiziaria [24]; e, in certi testi, può simbolicamente rappresentare l'attività del giudice.

Nessuno mette in dubbio che il «trono» (*kissē'*) sia il segno per antonomasia della dignità, del potere e della gloria di chi governa; tuttavia è importante rilevare come nel testo di 1 Re 7,7 il «seggio» sia collegato con l'esercizio del giudicare spettante al re (attività che d'altronde caratterizza pienamente la figura di Salomone). Se, a proposito della «porta», avevamo sottolineato l'aspetto pubblico del procedimento giuridico, con il termine *kissē'* si introduce il concetto di potere e di autorità. Se poi si tratta del seggio *regale,* la sfumatura specifica che viene introdotta è quella della *suprema* istanza di giudizio: il ricorso ad essa infatti — pur difficile da valutare nelle sue modalità concrete — costituisce la possibilità in Israele di una giustizia uguale per tutti. Il trono del re, d'altra parte, è l'istituzione che, proprio per il suo carattere universale e supremo, regola e controlla, mediante direttive e decreti, la giurisprudenza locale in Israele (cfr. Ger 26,17-24).

Il rapporto tra il trono regale e l'amministrazione della giustizia è ben attestato (1 Re 10,9; Is 9,6; 16,5; Sal 94,20; Prov 16,12; 20,8.28; 25,5; 29,14; cfr. anche, in aramaico, Dan 6,7-10). In particolare si può ricordare Sal 122,5, dove di Gerusalemme si dice: *kî šāmmâ yāšᵉbû kis'ôt lᵉmišpāṭ kis'ôt lᵉbêt dāwîd*; l'uso del plurale («seggi») potrebbe semplicemente indicare l'eccellenza del tribunale, ma forse sta ad indicare il complesso delle istanze giudiziarie superiori esistenti nella capitale, istanze che, sotto la tutela della monarchia, garantiscono alle tribù di Israele una soddisfacente amministrazione della giustizia.

Anche quando si parla di Dio come re, si mette in relazione il suo trono con il fare giustizia (Sal 9,5.8; 11,4; 89,15; 97,2). L'estensione universale del dominio di YHWH costituisce la garanzia di un giudizio giusto esteso alla totalità del cosmo [25].

2.1.2. Il «levarsi» del giudice

In alcuni testi, l'azione del giudicare è collegata con i verbi *nṣb* (*Ni*) e *qwm* che, specie quest'ultimo, si oppongono direttamente a *yšb*. Sembra

---

[24] Oltre alla correlazione tra il «seggio» e il verbo *yšb* (1 Re 3,6; Sal 9,5.9; Is 16,5), si noti la frequente utilizzazione del verbo *kwn*: il fondamento del trono, ciò su cui si appoggia e da cui è reso stabile, è proprio l'esercizio della giustizia (Is 9,6; 16,5; Sal 9,8; 89,15; 97,2; Prov 16,12; 25,5; 29,14). In Giob 23,3 il seggio (di Dio) è detto *tᵉkûnâ*; e in 29,7 troviamo il rapporto tra *kwn* e *môšāb*. Con lo stesso senso di *kwn* abbiamo il verbo *s'd* in Is 9,6 e Prov 20,28.

[25] Cfr. H. Brunner, «Gerechtigkeit als Fundament des Thrones», *VT* 8 (1958) 426-428; Z.W. Falk, «Two Symbols of Justice», *VT* 10 (1960) 72-73. Per il rapporto *šēbeṭ/špṭ*, cfr. cap. 8, p. 347.

ragionevole supporre[26] — anche se non è ricavabile direttamente dai testi biblici — che il giudice stia seduto durante il dibattimento (quando la sua funzione è di tenere «udienza», cioè di ascoltare le ragioni delle parti), e che si alzi in piedi al momento del verdetto (quando prende la parola per pronunciare la sentenza che conclude il processo). Questo rapporto tra lo stare in piedi e il parlare sembra coerente anche con i movimenti degli altri intervenienti al processo, come diremo tra poco[27].

I passi biblici che vengono solitamente citati per l'alzarsi del giudice sono: Sal 76,10; 82,1.8; Giob 31,14[28].

2.2. *Lo «stare» sotto processo*

Lo stare seduto del giudice in tribunale si articola — come visto sopra — al movimento di coloro che si presentano a giudizio; ma soprattutto si oppone al loro «*stare in piedi*» durante la celebrazione del processo. Rilevante appare infatti la connotazione forense dei verbi *ʿmd, nṣb* (*Ni*), *yṣb* (*Hitp*), sia nel senso statico di «stare sotto processo», sia in quello dinamico di «comparire in giudizio», «presentarsi in tribunale»[29].

2.2.1. Il verbo *ʿmd*

Per la sua frequenza, il verbo *ʿmd* — di solito con la preposizione *lipnê*[30] — è il più importante fra questi verbi di «comparizione» in giudizio; articolato talvolta ai verbi di movimento (che sottolineano l'iniziativa giuridica), esprime il situarsi delle parti in causa sotto la giurisdizione del magistrato:

– 1 Re 3,16 : *ʾāz* **tābōʾnâ** *šᵉtayim nāšîm zōnôt ʾel hammelek*
wattaʿămōdnâ lᵉpānâw

---

[26] Cfr. R. de VAUX, *Institutions*, I, 240; B. GEMSER, «The *rîb*- or Controversy-Pattern», 123.

[27] L. KOEHLER, «Die hebräische Rechtsgemeinde», 149.

[28] A proposito di Giob 31,14, si legga il commento di Fra Luis de Leon (citato in L. ALONSO SCHÖKEL, *Job*, 445) che sviluppa il valore simbolico del «levarsi» di Dio in tribunale.

[29] Come primo senso di *ʿmd*, ZORELL indica «*erectus stetit* (opp. iacens, sedens)», e BDB «*stand, be in a standing attitude*»; il senso giuridico dello «stare sotto processo» o «comparire in giudizio» è probabilmente derivato dall'atteggiamento concreto assunto dagli imputati durante l'udienza. Lo stare eretto sembra connotare altresì una azione legale vincente (Sal 76,8; 106,23.30; 130,3; ecc.).

[30] Con il senso che stiamo illustrando, *ʿmd* è usato in forma assoluta in Deut 25,8 e Nah 1,6; con la preposizione *ʿal* in Es 18,13.

– Num 27,1 : **wattiqrabnâ** *b^e^nôt ṣ^e^lopḥād...*
2 : **watta'ămōdnâ lipnê** *mōšeh*[31]

Dai testi citati, sembra si possano logicamente distinguere due momenti: quello dell'accedere (verbi di movimento) e quello del sottostare al giudizio (*'md*); difatto il verbo *'md* può rappresentare l'insieme di questi atti, come appare dai testi seguenti, dove i verbi di movimento sono in parallelismo sinonimico con *'md* o *nṣb* (*Ni*):

a) per l'azione giuridica intrapresa *contro l'altra parte:*

– Is 3,13s : **niṣṣāb** *lārîb yhwh*
w^e'^ōmēd *lādîn* — *'ammîm*
yhwh **b^e^mišpāṭ yābô'** — *'im ziqnê 'ammô w^e^śārâw*

– Is 50,8 : *mî yārîb 'ittî* — **na'amdâ** *yāḥad*
mî ba'al mišpāṭî — **yiggaš** *'ēlāy*

b) per l'azione giuridica intrapresa *presso il giudice:*

– Es 18,13 : *... wayyēšeb mōšeh lišpōṭ 'et hā'ām*
wayya'ămōd *hā'ām* **'al** *mōšeh min habbōqer 'ad hā'āreb*

14 : *... maddû' 'attâ yôšēb l^e^baddekā*
w^e^kol hā'ām **niṣṣāb 'ālèkā** *min bōqer 'ad 'āreb*

15s : *... kî* **yābō' 'ēlay** *hā'ām lidrōš 'ĕlōhîm*
kî yihyeh lāhem dābār **bā' 'ēlay**
w^e^šāpaṭtî bên 'îš ûbên rē'ēhû

Si può notare qui la interscambiabilità tra *'md, nṣb* (*Ni*) e *bw' 'el;* e, nello stesso tempo, l'articolazione con la «seduta» e il giudicare del giudice.

– Deut 19,17 : **w^e'^ām^e^dû** *š^e^nê hā'ănāšîm 'ăšer lāhem hārîb* **lipnê** *yhwh* **lipnê** *hakkōhănîm w^e^haššōp^e^ṭîm*

Cfr. anche Es 9,10; Lev 12,4-5; Num 35,12; Deut 25,8· Gios 20,4.6; Ger 49,19; Nah 1,6; Zac 3,1; Sal 76,8; 130,3; Esd 9,15. Forse vi è una connotazione forense in Gen 43,15 e Num 16,18.

---

[31] Parallelo a Num 27,1-2 è Num 5,16, dove però i verbi sono allo *Hiphil*:
w^e^hiqrîb 'ōtāh hakkōhēn
w^e^he'ĕmîdāh lipnê yhwh.

2.2.2. I verbi *nṣb* (Ni) e *yṣb* (Hitp)

Abbiamo già visto come *nṣb* (*Ni*) sia sinonimo di *'md* in Es 18,13-14 e Is 3,13; anche in seguito apparirà come entrambi appartengano allo stesso paradigma.

Il verbo *yṣb* (*Hitp*) ha valore giuridico-forense in 1 Sam 12,7; Giob 33,5; e forse Sal 5,6.

Se si attribuisce un qualche sfondo di natura processuale al comparire di Mosè e Aronne di fronte al Faraone, si possono ricordare, per *nṣb* (*Ni*): Es 5,20s; 7,15; e per *yṣb* (*Hitp*): 8,16; 9,13.

2.3. *Il prendere posizione degli intervenienti al processo* [32]

Abbiamo finora parlato di una situazione processuale in cui, da una parte, si situa il *giudice* (contrassegnato soprattutto dal verbo *yšb*), e, dall'altra, *le parti* sottostanti al processo (caratterizzate principalmente dal verbo *'md lipnê*). Ora vogliamo esaminare ulteriormente l'intervento (dinamico) dei soggetti giuridici, specificando in particolare il ruolo di *accusatore* e *difensore*.

Nelle moderne procedure penali queste due figure giuridiche sono chiaramente definite, e sono distinte sia dal giudice, sia dalla parte lesa, sia dall'imputato. Il ruolo di accusatore è assunto dal Pubblico Ministero che si fa carico ufficialmente dell'azione penale a nome dello Stato; la difesa è svolta da professionisti del diritto, ai quali è demandata la funzione di assistenza e di rappresentanza dell'imputato.

In Israele, per quanto possiamo dedurre dai documenti a nostra disposizione, non abbiamo un simile apparato ufficiale: l'accusatore e il difensore sono semplicemente coloro che, nel pubblico processo, *intervengono contro o a favore* dell'imputato. La situazione che risulta dai testi presenta allora delle difficoltà di interpretazione, non solo perché qualsiasi soggetto può attivamente partecipare al processo, ma soprattutto perché non si può desumere a priori il ruolo che svolgerà nel processo stesso: solo dal contesto; dal contenuto delle sue parole o talvolta da qualche particolarità terminologica si potrà determinare il significato giuridico del suo intervento. Il giudice stesso inoltre svolge talvolta funzione accusatrice (come il moderno pretore), e talvolta si presenta come un difensore dell'imputato (come rilevato al cap. 5).

---

[32] È interessante osservare come un penalista moderno descrive l'atto processuale sottolineando il valore metaforico del «movimento» dei soggetti: «L'atto processuale è l'espressione del *movimento*, del comportamento dei soggetti del rapporto processuale. Poiché questi soggetti *si muovono*, agiscono, collaborano allo sviluppo del processo, sorge la necessità di regolare, delimitare e collegare tali attività» (G. LEONE, *Manuale di Diritto processuale penale*, 265; siamo noi a sottolineare).

La conclusione delle nostre osservazioni è questa: la dinamica espressa nel processo rimane fondamentalmente quella della controversia: abbiamo un accusatore e un imputato, ed è l'esito del loro conflitto ad essere oggetto primario di interesse. Se qualcuno (eventualmente il giudice) sta dalla parte dell'accusatore, diventando accusatore lui stesso, ne consegue la condanna dell'imputato; se qualcuno (magari il giudice) sta dalla parte dell'imputato, facendosi suo difensore, ne deriva la vittoria di questi a scapito dell'accusatore.

Non fa meraviglia allora costatare che il linguaggio biblico indicante il «prendere posizione» nel processo sia per certi versi generico, ambivalente e — secondo i nostri criteri — impreciso: esso indica solo l'*intervento,* specificato dal contesto, secondo una bipartizione essenziale: o *a favore* dell'imputato (difesa) o *contro* (accusa).

Due sono i modi con cui viene segnalato questo intervento:

(a) da una parte, abbiamo i verbi indicanti lo «stare» (*'md,* o sinonimi) con la specificazione particolare della *prossimità* con l'imputato;

(b) dall'altra, troviamo il verbo *qwm* (il «levarsi» in giudizio), collegato, come abbiamo già accennato, a una funzione di parola.

2.3.1. Prossimità o lontananza dall'imputato

Il fatto che il verbo *'md* e sinonimi esprimano l'intervento dell'accusatore e del difensore, analogamente allo «stare» delle parti sotto processo, può essere spiegato così: chi partecipa attivamente al dibattimento, prende le parti di qualcuno, e viene quindi formalmente a trovarsi — come le parti — sotto il medesimo giudizio [33]. Si deve notare però che, mentre per le parti si indica fondamentalmente lo «*stare davanti*» al giudice (*'md lipnê*) [34], per l'intervento dell'accusatore/difensore si sottolinea lo *stare accanto all'imputato* (o il suo contrario: lo stare lontano da lui, cioè non intervenire).

Diamo alcuni esempi:

– Sal 109,6 : (accusatore) *w^eśāṭān ya'ămōd 'al y^emînô* [35] (vicino)

---

[33] Nelle moderne procedure, la posizione dell'accusatore pubblico, del difensore e, *a fortiori*, dei testimoni, non è assolutamente definibile come uno stare sotto processo. Da questo punto di vista, il mondo biblico presenta una implicazione del tutto diversa dei vari intervenienti al giudizio.

[34] Il presentarsi davanti ad un giudice non è mai un fatto neutro: ha sempre una qualche forma accusatoria o rivendicativa di un diritto. Forse si può pensare che l'espressione *'md lipnê*, con significato di «intercedere», possa essere assimilata ad un intervento di difesa (cfr. Gen 18,22; Ger 15,1; 18,20).

[35] Lo stare alla *destra* di qualcuno significa solo «*a lato*», senza specifiche connotazioni positive (di difesa) o negative (di accusa): per il primo aspetto, cfr. Sal 16,8; 109,31; ed anche 142,5; per il secondo, cfr. Zac 3,1; Sal 17,7; 109,6; Giob 30,12.

– Sal 109,31 : (difensore) *kî ya'ămōd lîmîn 'ebyôn*
l^ehôšî' miššōp^eṭê napšô (vicino)

– Sal 10,1 : (difensore) *lāmâ yhwh ta'ămōd b^erāḥôq* (lontano)

– Sal 38,12 : (difensore) *'ōhăbay w^erē'ay minneged*
nig'î ya'ămōdû
ûq^erôbay mērāḥōq 'āmādû (lontano)

Cfr. anche 2 Sam 18,13; Zac 3,1.

Dagli esempi citati sopra appare come lo «stare vicino» abbia notevole importanza per indicare l'intervento dell'accusatore e soprattutto del difensore. Le radici *qrb* e *rḥq* possono (anche senza il verbo *'md* o sinonimi) esprimere questo significato:

a) per *qrb/qārôb:*

1. detto del difensore:

– Lam 3,57 : **qārabtā** *b^eyôm 'eqrā'ekkā ...*
58 : *rabtā 'ădōnāy rîbê napšî ...*

– Is 50,8 : **qārôb** *maṣdîqî mî yārîb 'ittî*

Cfr. anche Is 51,5; Ger 23,23; Sal 34,19; 69,19.

2. detto dell'accusatore:

– Sal 27,2 : **biqrōb** *'ālay m^erē'yîm*

Cfr. anche Sal 55,19; 119,150.

Secondo B. GEMSER, lo «stare alla destra» (in senso difensivo) è una metafora che viene dallo schieramento in battaglia: mentre il lato sinistro era coperto dallo scudo, il lato destro veniva protetto da un soldato (Sal 110,5; 121,5) («The *rîb*- or Controversy-Pattern», 123). Da qui — concludiamo noi — la drammatica situazione di un uomo che «alla destra» trova proprio il suo avversario.

Z. W. FALK ritiene poi che il vocabolario dell'«avvicinarsi» (*qrb* in particolare) sia «a remnant of an earlier practice, settling disputes through combat. The noun *qrb* means struggle, and drawing near to the other party was primarily for the purpose of overcoming him by force. It is only in a civilized stage of society that the conflict must be referred to the judgement of an arbitrator or to the divine decision by ordeal. Language, however, has preserved the memory of the old custom» («Hebrew Legal Terms», *JSS* 5 [1960] 353-354). Dal canto nostro, preferiamo l'interpretazione metaforica del dibattimento a quella che spiega il suo vocabolario attraverso la storia delle istituzioni. Cfr. anche Y. HOFFMAN, «The Root qrb as a Legal Term», *JNWSemLg* 10 (1982) 67-73; per l'utilizzazione di *qrb/rḥq* nella preghiera, si veda W. R. MAYER, «'Ich rufe dich von ferne, höre mich von nahe!'. Zu einer babylonischen Gebetsformel», in: *Werden und Wirken des Alten Testaments*, Fs. C. WESTERMANN, Neukirchen 1980, 302-317.

b) per *rḥq*/*rāḥôq*

1. detto del difensore:

– Is 59,9 : *ʿal kēn* **rāḥaq** *mišpāṭ mimmennû – wᵉlōʾ taśśîgēnû ṣᵉdāqâ*

11 : *... nᵉqawweh lammišpāṭ wāʾayin – lîšûʿâ* **rāḥăqâ** *mimmennû*

14 : *wᵉhussag ʾāḥôr mišpāṭ – ûṣᵉdāqâ* **mērāḥôq** *taʿămōd*

– Sal 35,22 : *... ʾăl* **tirḥaq** *mimmennî*

23 : *hāʿîrâ wᵉhāqîṣâ lᵉmišpāṭî – ʾĕlōhay waʾdōnāy lᵉrîbî*

– Giob 5,4 : **yirḥăqû** *bānâw miyyešaʿ – wᵉyiddakkᵉʾû baššaʿar wᵉʾên maṣṣîl*

Cfr. anche Is 46,12-13; Sal 10,1; 22,12.20; 38,12.22; 71,12; Prov 15,29; Lam 1,16.

2. detto dell'accusatore:

– Es 23,7 : *middᵉbar šeqer* **tirḥāq**

Cfr. anche Is 54,14.

2.3.2. L'alzarsi in giudizio

Un'altra importante modalità espressiva, mediante la quale viene significato l'intervento (sia accusatorio che difensivo) in un processo — spesso con la connotazione di intervento risolutorio e vittorioso — è fornita dal verbo *qwm*. Probabilmente questo verbo, rispetto a quelli precedentemente elencati, fa allusione ad una procedura forense secondo la quale un uditorio stabile (l'assemblea; la giuria; i magistrati) parteciperebbe seduto al processo, mentre chi prende la parola si alzerebbe in piedi (disponendosi eventualmente accanto all'imputato).

Possiamo ritenere che questo verbo entri sostanzialmente nello stesso paradigma di *ʿmd* (e sinonimi), come si può costatare dagli esempi seguenti, dove giustapponiamo dei testi che — a nostro avviso — hanno significato simile:

– Sal 94,16 : *mî* **yāqûm** *lî ʿim mᵉrēʿîm*
mî **yityaṣṣēb** *lî ʿim pōʿălê ʾāwen* (difensore)

– Sal 109,6 : *wᵉśāṭān* **yaʿămōd** *ʿal yᵉmînô*
Giob 30,12 : *ʿal yāmîn pirḥaḥ* **yāqûmû** (accusatore)

– Lev 19,16 : *lō'* **ta'ămōd** *'al dam rē'ekā*[36]
Deut 19,15 : *lō'* **yāqûm** *'ēd 'eḥād b^e'îš...* (accusatore)

Come i verbi indicati in precedenza, *qwm* può indicare sia l'intervento di difesa (cfr. Sal 12,6; 35,1.2; 74,22; 94,16; Giob 19,25; ecc.) sia l'intervento di accusa: quest'ultimo è più frequentemente attestato, e, in certi casi, è precisato dalle preposizioni con cui il verbo *qwm* è costruito:

\+ *qwm* : Mi 6,1; Sof 3,8; Sal 1,5; 35,11; Giob 30,28

\+ *qwm 'et* : Is 54,17

---

[36] Il sintagma *'md 'al* è usato molto frequentemente e con vari significati; anche per quanto riguarda l'ambito giuridico, costatiamo una molteplicità di usi.

Il senso generico di «stare sopra» (Es 3,5; 8,18; Gios 5,15; ecc.) sembra specificarsi talvolta in quello di «presiedere», «sovrintendere», o più semplicemente «avere l'incarico di» (Num 7,2: per il censimento; Deut 27,13: per la maledizione); il testo di Ez 44,24: *w^e'al rîb hēmmâ* (i sacerdoti leviti) *ya'amdû lšpṭ* (Qeré: *l^emišpāṭ*) *b^emišpāṭay wīšp^eṭūhû* andrebbe allora così tradotto: «essi sovrintenderanno la controversia giudiziaria, la giudicheranno secondo le mie leggi».

In Es 18,13-15 abbiamo il parallelismo tra *'md 'al, nṣb* (*Ni*) *'al* e *bw' 'el*: il senso appare chiaramente quello di un «procedimento presso» l'autorità giudicante (Mosè) (cfr. p. 213).

Molto spesso l'espressione *'md 'al* significa «stare presso» (Gen 24,30; 41,1.17; 2 Re 11,14; ecc.); questa prossimità, in certi casi, è sinonimo di *assistenza* (cfr. Dan 12,1; e probabilmente anche Giud 3,19; 1 Re 22,19; e altrove, dove si fa allusione agli ufficiali assistenti il sovrano), in altri casi invece, significa *opposizione* (Dan 8,25; 11,14; 1 Cron 21,1; ecc.). Il senso di *'md 'al y^emîn-* (Zac 3,1; Sal 109,6) sarebbe probabilmente da collocarsi in questa sfera di significato, quella di una prossimità con valore aggressivo (cfr. p. 215-217). E così il testo di Giud 6,31, che fa parte del *rîb* tra Gedeone (con suo padre Ioas) e gli abitanti della città: *wayyō'mer yô'āš l^ekōl 'ăšer 'ām^edû 'ālâw* («rispose Ioas a quelli che lo attaccavano»).

In questa linea leggiamo anche il passo di Lev 19,16: *lō' ta'amōd 'al dam rē'ekā*. Sembra preferibile (con le versioni antiche e moderne e con i recenti Commentari) tradurre il sintagma *'md 'al* (*dam*) con il senso di un *procedimento contro* (la vita); la sfumatura giuridica dell'intentare un processo, intraprendere una procedura accusatoria sembra doversi ragionevolmente dedurre dal contesto (cfr. v.15). Fra i traduttori, solo Vaccari, a nostra conoscenza, si discosta da questa linea interpretativa, dando la seguente versione: «né rimanerti inerte al pericolo del tuo vicino». Zorell, alla voce *'md*, a proposito di Lev 19,16, sostiene questa versione: «*otiosus, non iuvans, stetit* in vitae periculo proximi», citando a sostegno Sal 10,1; 38,12; Is 59,14 (che però non presentano il sintagma *'md 'al*, ma piuttosto *'md + rḥq* o *minneged*); lo stesso Zorell, d'altra parte, alla voce *dām*, per lo stesso testo, dà la versione: «cooperari ad caedem alcs». Poiché è evidente, dalla legislazione ebraica, che non sono affatto proibiti (anzi talvolta sono prescritti) procedimenti giudiziari capitali, è necessario intendere *dam* nel senso di «sangue innocente», «persona innocente», oppure intendere *'md 'al* con la sfumatura di procedura ingiustamente aggressiva; per cui si potrebbe tradurre Lev 19,16 in uno dei due modi seguenti: «non intenterai un procedimento capitale contro la vita del tuo prossimo *innocente*», oppure: «non intenterai un processo *ingiusto* contro la vita del tuo prossimo».

\+ *qwm ʿal* : 2 Sam 14,7. In Sal 3,2; 54,5; 86,14; 92,12, è difficile distinguere tra un intervento giuridico e una aggressione militare.

\+ *qwm bᵉ* : Deut 19,15.16; Mi 7,6; Sal 27,12; Giob 16,8.

3. La fase istruttoria

Desumiamo questa terminologia dalle moderne procedure penali, pur essendo ben consci che, nella Bibbia, non troviamo una distinzione così precisa tra «istruzione» e giudizio. Se però l'istruzione è l'«attività diretta alla raccolta delle prove», e, più in particolare, quella «fase del procedimento destinata, mediante la raccolta delle prove, alla *preparazione del giudizio*: a stabilire, più esattamente, se un giudizio debba farsi o meno» [37], possiamo a ragione ritenere che qualcosa di analogo è segnalato nei testi biblici, tale da meritare una analisi specifica.

Il caso tipico per il quale si rende necessaria l'istruzione si determina quando l'organo giudicante viene sollecitato ad intervenire, ma non dispone delle informazioni necessarie per imputare qualcuno di un reato; per questo, di sua iniziativa, va alla ricerca di tutto ciò che può *accertare la verità,* mediante indagini, perquisizioni e così via. Se, per esempio, giunge notizia che si è verificato un reato di idolatria in una città, col pericolo che si vada estendendo, i giudici devono procedere ad una accurata verifica della situazione, e stabilire se si tratti di un fatto certo oppure no (Deut 13,13-15) [38]. Analogamente, se sorge una questione tra due individui, e questi si presentano al tribunale, l'istanza giudicante non può limitarsi ad avallare l'accusa di uno contro l'altro; deve invece procedere ad una inchiesta che garantisca il dire di uno dei due contendenti (Deut 19,16-21).

Strutturalmente, questo momento del giudizio va collegato con la «notizia di reato», che, come abbiamo spesso ricordato, è condizione indispensabile per qualsiasi procedimento di carattere giuridico. L'attività indagatoria — in Israele ascritta al magistrato, ma di quando in quando

---

37 G.D. Pisapia, *Compendio di procedura penale*, 172. Nelle procedure penali moderne, uno dei caratteri tipici della fase istruttoria rispetto a quella dibattimentale è la *segretezza*; ma ciò non è previsto né attestato nei testi biblici.

38 A questa stregua si deve interpretare il testo di Gen 18,20-21: al giudice divino è giunta l'accusa contro Sodoma e Gomorra; per questo egli si impegna ad appurare i fatti: «Voglio scendere a *vedere* se proprio hanno fatto tutto il male di cui è giunto il grido fino a me; lo voglio *sapere*» (cfr. L. Alonso Schökel, *Génesis*, Los Libros Sagrados I, 1, Madrid 1970, 84).

attribuita perfino all'accusa, quasi si trattasse di un pubblico ministero — ha lo scopo preciso di fare luce su un determinato fatto (delitto), in modo tale che — sapendo che il reato è stato commesso, e conoscendone l'autore — si possa procedere formalmente all'incriminazione e alla condanna del colpevole, secondo verità e giustizia.

3.1. *Il lessico ebraico segnalante l'inchiesta*

In questo paragrafo consideriamo il paradigma dei verbi che, avendo per soggetto l'organo giudicante, esprimono l'atto conoscitivo necessario per l'emissione di un retto giudizio. Il sintagma di riferimento sarebbe così costituito: 1) il giudice, 2) *si informa* (inquisisce) 3) per pronunciare la sua sentenza. Questa articolazione di elementi non è reperibile, come vedremo, solo in precisi testi legali, ma compare frequentemente come schema logico anche in testi narrativi e poetici (cfr. ad esempio: Es 5,21; 1 Sam 24,16; Sal 7,9-10; Lam 3,60-64).

3.1.1. La prima serie di verbi desunta dai testi legali

Una prima serie di verbi indicanti l'inchiesta viene segnalata da testi legislativi del Deuteronomio (Deut 13,15; 17,4.9; 19,18), dove si insiste sull'accuratezza delle indagini; il che sembra presupporre che (in precedenza) non fosse rara la pratica di giudizi sommari, a scapito di persone ingiustamente accusate [39].

Da Deut 13,15, in particolare, possiamo ricavare la pertinenza della serie dei verbi *drš, ḥqr* e *š'l*: «Qualora tu senta dire ... che uomini iniqui ... hanno sedotto gli abitanti della loro città ... tu *farai le indagini, investigherai, interrogherai* con cura». Dato che in Giud 6,29 e Giob 10,6 il verbo *drš* (in preciso contesto inquisitorio) è strettamente collegato con *bqš* (*Pi*), possiamo includere quest'ultimo verbo nella nostra prima serie [40]. Ecco allora la lista, con l'indicazione di alcuni passi significativi:

- *drš* Deut 13,15; 17,4.9; 19,18; Sal 10,13; 142,5; Giob 10,6; Esd 10,16 (corr.)
- *bqš (Pi)* Giud 6,29; Giob 10,6
  (Pu) Ger 50,20; Est 2,23

[39] Si noti in particolare l'espressione *drš hêṭēb* (Deut 13,15; 17,4; 19,18) che designa appunto l'indagine accurata; a dire il vero, ciò potrebbe anche comportare un atteggiamento «inquisitorio» da parte dei giudici.

[40] L'articolo di C. WESTERMANN, «Die Begriffe für Fragen und Suchen im Alten Testament», *KerDo* 6 (1960) 2-30, esamina i verbi *bqš* (*Pi*), *š'l, drš*; la particolare sfumatura giuridica dell'inchiesta è evocata dall'autore a p. 16.

– *ḥqr*[41] Deut 13,15; Giob 13,9; 29,16; Prov 18,17; Lam 3,40[42]
– *š'l* Deut 13,15; 2 Sam 14,18; 2 Re 8,6; Ger 18,13[43].

È interessante notare che questi verbi sono a volte costruiti con la specificazione dell'*oggetto;* in questo modo vengono sottolineati i vari aspetti secondo i quali può configurarsi l'indagine giudiziaria:

a) *istruire un caso*[44]

– *drš*	*haddābār*	Esd 10,16 (corr.)
– *bqš (Pu)*	*haddābār*	Est 2,23
– *ḥqr*	*rîb-*	Giob 29,16

b) *indagare su un delitto*[45]

– *bqš (Pi)*	*la'ăwōnî*	
drš	*leḥaṭṭā'tî*	Giob 10,6
– *bqš (Pu)*	*'et 'ăwōn–*	
	'et ḥaṭṭō't–	Ger 50,20

---

[41] Il sostantivo *ḥēqer* indica l'inchiesta in Giob 34,24. B.S. JACKSON riferisce che nella *Mishna Sanhedrin* 5.1; 4.1, l'interrogatorio forense è chiamato *derishah weḥaqirah* (*Theft in Early Jewish Law*, 231, n. 3). Sulla radice *ḥqr*, cfr. P. JOÜON, «Notes de lexicographie hébraïque», *Bib* 7 (1926) 72-74.

[42] Il testo di Lam 3,40 (*naḥpeśâ derākênû wenaḥqōrâ*) presenta la terminologia dell'inchiesta con una trasposizione interessante: si tratta di fare una indagine non su altri, ma su se stessi, il che equivale ad un «esame di coscienza» che permette la conversione (*wenāšûbâ 'ad yhwh*). Il carattere inquisitorio e accusatorio di questo esame ha la funzione di stabilire la verità (Israele ha peccato), così che il presentarsi davanti a Dio sia trasformato da un atto di rivendicazione in una supplica per il perdono.

Il verbo *ḥpś* (*Pi*) significa l'atto della *perquisizione* allo scopo di trovare il corpo del reato (Gen 31,35; 44,12) o, più in generale, il *perlustramento* per scovare il colpevole (1 Sam 23,23; 2 Re 10,23; Am 9,3; Sof 1,12; Prov 28,12 (L. ALONSO SCHÖKEL – J. VILCHEZ, *Proverbios*, Madrid 1984, 487-488).

[43] L'indagine che in Ger 18,13 il profeta invita a compiere fra le nazioni ha lo scopo di far risaltare, per contrasto, il male presente in Israele (cfr. anche Ger 2,10).

[44] Benché presentino un analogo sintagma, diverso senso hanno le espressioni:

– *drš mišpāṭ* (Is 1,17; 16,5) = «perseguire il diritto»;
– *drš dābār* (1 Re 14,5; 22,5; ecc.)
bqš (*Pi*) *'et debar yhwh* (Am 8,12) = «consultare l'oracolo».

[45] Quando l'oggetto dei verbi di inchiesta è il «misfatto», il significato tende a spostarsi da «*fare una indagine su* (un reato)» a «*chieder conto di* (un reato)» (e quindi

c) *indagare su una persona*

– *ḥqr*	suff.pron./*'etkem*	Prov 18,17[46]; Giob 13,9
– *š'l*	*lā'iššâ*	2 Re 8,6

3.1.2. La seconda serie di verbi, paralleli ai primi

Ai verbi sopra elencati deve essere collegata una serie più varia e più frequentemente usata, che ha significato e funzione sostanzialmente identici alla prima. Specie nei testi poetici, *drš, bqš* (*Pi*), *ḥqr* si presentano in parallelo con altri verbi che esprimono l'aspetto inquisitorio; per cui si può ragionevolmente dedurre che, quando questi ultimi si trovano da soli, possono, in certi contesti, rappresentare la fase di indagine necessaria al retto giudizio.

Il fenomeno del parallelismo mostra una sostanziale interscambiabilità fra tutti questi termini, il che ci induce a inserirli nel medesimo paradigma; nella lista seguente si potrà notare l'importanza del verbo *bḥn* e della coppia *r'h – yd'*[47]. Non abbiamo rispettato l'ordine mutuo di appa-

---

«punire») (cfr., per lo stesso fenomeno, il verbo *pqd*): ciò appare soprattutto nelle espressioni del tipo:

– *drš*		*reša'-*		Sal 10,15
– *drš*			*mē'im...*	Deut 18,19
– *drš*	(*Ni*)	*dam-*		Gen 42,22
– *drš*		*dāmîm*		Sal 9,13
– *drš*		*dāmîm*	*miyyad...*	Gen 9,5
– *drš*		*dam-*	*miyyad...*	Ez 33,6
– *bqš*	(*Pi*)	*dam-*	*miyyad...*	2 Sam 4,11; Ez 3,18.20; 33,8
– *bqš*	(*Pi*)		*miyyad...*	1 Sam 20,16

Cfr. H. Christ, *Blutvergiessen im Alten Testament.* Der gewaltsame Tod des Menschen untersucht am hebräischen Wort *dām*, Basel 1977, 119-126; S. M. Paul, «Unrecognized Biblical Legal Idioms in the Light of Comparative Accadian Expressions», *RB* 86 (1979) 237-239.

[46] Il senso di Prov 18,17 (*ṣaddîq hāri'šôn beribô – ûbā'* (Q) *rē'ēhû waḥăqārô*) appare chiaro, anche se si può esitare sul soggetto e sull'oggetto del verbo *ḥqr*: *soggetto* potrebbe essere la parte avversa sopraggiunta in giudizio (cfr. Sal 35,11 e Giob 40,7, con il verbo *š'l*), oppure una indeterminata istanza giudicante («lo *si* interroga»); *oggetto* potrebbe essere colui che ha presentato per primo il caso (*hāri'šôn*), oppure il *rîb* stesso (cfr. Giob 29,16). Il termine *hāri'šôn* evoca, per converso, il testo celebre di Giob 19,25: *wa'ănî yāda'tî gō'ălî ḥāy we'aḥărôn 'al 'āpār yāqûm*: qui *l'ultimo* intervento giuridico del difensore di Giobbe appare una garanzia di vittoria (L. Alonso Schökel, *Job*, 293-295).

I commentatori propendono per la prima delle alternative proposte. In ogni caso è evidente che l'inchiesta si determina proprio per l'apparire in giudizio di due parti con argomentazioni contrastanti.

[47] Come si mostrerà nel capitolo seguente, la coppia *r'h – yd'* definisce la natura del *testimone*; eppure è chiaro che in certi testi questi verbi indicano il ruolo e la funzione dell'organo *giudicante* (cfr. la correlazione con la radice *špṭ* in Gen 18,21ss; Giob 22,13s).

rizione dei vari verbi nel testo ebraico[48], al solo scopo di far meglio risaltare quelli che ricorrono con maggiore frequenza.

Ger 17,9-10 :	*ḥqr*			*yd'*				*bḥn*				
Sal 139,23-24 :	*ḥqr*			*yd'*	*r'h*			*bḥn*				
Sal 44,22 :	*ḥqr*			*yd'*								
Sal 139,1-2 :	*ḥqr*			*yd'*					*byn*			
2 Cron 24,22 :		*drš*			*r'h*							
Sal 10,13-14 :		*drš*			*r'h*		*nbṭ (Hi)*					
Giob 10,4-7 :		*drš*	*bqš (Pi)*	*yd'*	*r'h*							
Ger 5,1[49] :			*bqš (Pi)*	*yd'*	*r'h*							
Giob 7,18 :								*bḥn*		*pqd*[50]		
Sal 17,2-3 :						*ḥzh*		*bḥn*		*pqd*	*ṣrp*	
Ger 9,6.8 :								*bḥn*		*pqd*	*ṣrp*	
Sal 26,2 :								*bḥn*			*ṣrp*	*nsh (Pi)*
Ger 6,27.29 :				*yd'*				*bḥn*			*ṣrp*	
Giob 23,10 :				*yd'*				*bḥn*				
Ger 12,3 :				*yd'*	*r'h*			*bḥn*				
Ger 20,12 :					*r'h*			*bḥn*				

Più che ribadire il luogo comune della interscambiabilità tra testimone-accusatore e giudice nel mondo forense israelitico (cfr. J. BEGRICH, *Deuterojesaja* 36-37), sembra utile notare che il *momento (logico) della certezza conoscitiva* (fondato sulla esperienza sensoriale o altro tipo di evidenza) è il solo a poter garantire il corretto procedere giuridico; questa certezza può essere mediata dai testimoni, oppure acquisita direttamente dal magistrato stesso: ma è solo quando il giudice si trova nella condizione di «vedere» e «sapere» come stanno le cose che può scaturire la sentenza conforme al diritto.

[48] L'ordine con cui i verbi di inchiesta appaiono nei testi biblici non sembra introdurre delle sfumature di senso particolari; ad esempio, in Ger 9,6 abbiamo: *ṣrp – bḥn*, e in Sal 26,2: *bḥn – ṣrp*; in Ger 12,3 *r'h* precede *bḥn*, e in 20,12 lo segue: *yd'* viene prima di *r'h* in 1 Sam 14,38; Giob 11,11; 23,13s, ma viene dopo in Gen 18,21; e così via.

[49] Nella lista dei verbi di inchiesta di Ger 5,1 appare anche il verbo *šwṭ* (*Pol*) (cfr. anche 2 Cron 16,9). Alla forma *Qal*, in Giob 1,7; 2,2, esso serve a qualificare l'attività di Satana (Pubblico Accusatore alla corte divina) che ispeziona la terra alla ricerca di un motivo di accusa.

In Ger 5,1 la terminologia dell'inchiesta è usata in senso ironico: il profeta infatti invita a perlustrare accuratamente la città non per trovare i colpevoli (e così punirli), ma per scovare almeno un *innocente* (così che Dio possa perdonare, secondo la logica messa in atto da Abramo in Gen 18,23-32).

[50] Sul valore di *pqd* come atto inquisitorio (cfr. anche Giob 31,14) e punitivo, si veda K. HJ. FAHLGREN, *Ṣᵉdāḳā*, 66-69. A proposito di questo verbo, E. A. SPEISER scrive: «there is probably no other Hebrew verb that has caused translators as much trouble as *pqd*. Its semantic range would seem to accomodate «to remember, investigate, muster, miss, punish, number» and the like» («Census and Ritual Expiation in Mari and Israel», *BASOR* 149 [1958] 21). Da segnalare, in particolare, J. SCHARBERT, «Das Verbum PQD in der Theologie des Alten Testaments», *BZ* NF 4 (1960) 209-226 (soprattutto pp. 217-220).

Gen 18,21	:	*yd' r'h*			
1 Sam 14,38	:	*yd' r'h*			
Giob 11,11	:	*yd' r'h*			*byn (Hitp)*
Giob 22,13-14	:	*yd' r'h*			
Sal 11,4[51]	:		*ḥzh*	*bḥn*	

Mentre la prima serie di verbi di inchiesta aveva un complemento oggetto differenziato, questa serie complementare o è usata assolutamente (2 Cron 24,22) oppure ha per oggetto la persona umana (o, per metonimia, la sua condotta, il suo cuore, i suoi pensieri, ecc.).

La varietà delle combinazioni con cui questi verbi si presentano sembra indicare che il loro significato tende a sovrapporsi; anche *r'h* (e sinonimi) e *yd'* (e *byn*) — pur esprimendo talvolta più il *risultato* che l'atto stesso della indagine — devono comunque situarsi logicamente nella fase anteriore all'emissione della sentenza.

Oltre al disordine mutuo dei termini, un'ulteriore conferma della sinonimia tra tutti i verbi di inchiesta viene dall'osservare come essi vengano indifferentemente usati con un oggetto specifico quale «il cuore» e «i reni» (cioè la segreta intimità) dell'uomo:

– *bḥn*	*libbî*	Sal 17,3; Ger 12,3[52]
– *bḥn*	*lēbāb*	1 Cron 29,17
– *bḥn*	*libbôt*	Prov 17,3
– *yd'*	*l^ebābî*	Sal 139,23
– *yd'*	*'et l^ebab kol b^enê hā'ādām*	1 Re 8,39 (= 2 Cron 6,30)
– *yd'*	*ta'ălūmôt lēb*	Sal 44,22
– *drš*	*kol l^ebābôt*	1 Cron 28,9
– *ḥqr*	*lēb*	
bḥn	*k^elāyôt*	Ger 17,10
– *bḥn*	*libbôt ûk^elāyôt*	Sal 7,10
– *bḥn*	*k^elāyôt wālēb*	Ger 11,20

[51] Sul Salmo 11, sulla sua terminologia giuridico-forense, cfr. L. ALONSO SCHÖKEL, *Treinta Salmos*, 81-87.

[52] Ci sembra che le versioni siano concordi nel leggere *libbî* come oggetto di *ûbāḥantā*. C.F. KEIL (*ad. loc.*, p. 220 ed. inglese) in particolare dice che *'ittāk* è da collegarsi con *libbî*, la particella *'et* indicando la relazione che lega il cuore a Dio (cfr. 2 Sam 16,17).

– *r'h*	*k^elāyôt wālēb*	Ger 20,12
– *ṣrp*	*kilyôtay w^elibbî*	Sal 26,2 [53]

3.1.3. Altri sinonimi ancora. Il verbo ***šmr***.

Abbiamo sopra presentato una lista di verbi che segnalano il momento indagatorio del giudizio. Sarebbe un errore considerare esaustivo il nostro elenco, perché, specialmente nei testi poetici, possono venir usati termini ed espressioni che hanno identica funzione pur non essendo riconducibili ad un lessico altrove consacrato (cfr. ad esempio, Ger 16,17; Sal 5,6; 66,7; 90,8; Giob 31,4.6; Prov 20,8.26).

A questo proposito, non ci pare inutile segnalare un valore particolare da attribuire al verbo *šmr*. Traducendolo con «osservare», possiamo, anche in italiano, mantenere i due valori semantici contenuti nel significato della radice ebraica: a) vedere, guardare, tenere d'occhio; b) custodire, conservare, mantenere. Riguardo al primo di questi due «semi» — dove senz'altro vi è un qualche rapporto con l'occhio come organo della vista — possiamo specificare diverse sfumature di significato:

1. Il verbo *šmr* è usato talvolta con il senso di *osservare attentamente, spiare* (cfr. Sal 37,37: qui il verbo *šmr* è in parallelo con *r'h;* Ger 20,10; Sal 56,7; Giob 24,15; 39,1; Qoh 11,4).

2. Frequente è pure il significato di *sorvegliare,* con una connotazione di difesa, protezione (cfr. Sal 97,10; 116,6; 121,7s; 140,5; 141,9; 145,20; 146,9; Giob 10,12; 29,2; Prov 3,26).

3. Sembra si debba inoltre riconoscere in alcuni testi un uso di *šmr* che segnala un vedere inquisitorio, un *ispezionare* [54], che può essere paradigmatizzabile nella linea dell'indagine conoscitiva a fine di giudizio e sanzione. Ciò appare quando il verbo ha per oggetto (grammaticale o logico) il «reato» (Sal 130,3; Giob 10,14; 14,16) oppure la «condotta» umana (Giob 13,27; 33,11). Per questo secondo caso, si può notare che il lessico del *cammino* (*derek* e sinonimi) è uno degli oggetti frequenti dei verbi di inchiesta:

---

[53] Segnaliamo anche le espressioni *tkn libbôt* (= pesare i cuori) (Prov 21,2; 24,12) e *tkn rûḥôt* (= pesare le coscienze) (Prov 16,2) che hanno una analogia di significato con quelle riportate nel testo. Il concetto di «pesare» richiama la metafora della bilancia, dove l'elemento di leggerezza ha una connotazione negativa (*mō'z^enayim*: Is 40,15; Sal 62,10; Giob 31,6; cfr. Dan 5,27; *peles*: Is 40,12; Prov 16,11).

[54] In Qoh 5,7 il termine *šōmēr* designa l'autorità che dovrebbe sorvegliare l'andamento della giustizia.

– *šmr*	*kol 'orḥôtāy*	Giob 13,27; 33,11 [55]
– *zrh (Pi)*	*'orḥî (... wᵉkol dᵉrākay ...)*	Sal 139,3
– *yd'-bḥn*	*'et darkām*	Ger 6,27
– *yd' (bḥn)*	*derek 'immādî*	Giob 23,10
– *yd'*	*nᵉtîbātî*	Sal 142,4
– *r'h*	*dᵉrākâw*	Is 57,18
– *r'h*	*'et darkām*	Ez 14,22
– *r'h*	*dᵉrākāy*	Giob 31,4
– *pls (Pi)*	*kol ma'gᵉlōtâw*	Prov 5,21
– *'ênay*	*'al kol darkêhem*	Ger 16,17
– *'ênâw*	*'al darkê 'îš*	Giob 34,21

3.2. *Il risultato dell'inchiesta*

Scopo di questo paragrafo è di mostrare come viene espressa in ebraico la conclusione della fase indagatoria; l'articolazione tra l'inchiesta e il suo risultato permetterà di delucidare l'intenzionalità della fase istruttoria, e rivelerà inoltre la pertinenza giuridica di un lessico che gli studiosi del mondo giuridico biblico non sempre trattano in maniera organica.

3.2.1. Il verbo ***mṣ'***

La correlazione tra i verbi indicanti la «ricerca» (in particolare *drš* e *bqš (Pi)*) e il verbo *mṣ'* (trovare) non è certo esclusiva del mondo forense [56]; tuttavia, in questo contesto, il rapporto diventa significativo in quanto rivela la colpevolezza (o meno) di una persona, e, di conseguenza, la possibilità o la necessità di procedere (o meno) in giudizio. Ecco alcuni esempi di questa precisa articolazione:

– Sal 10,15	:	*tidrôš*	*riš'ô*	*bal timṣā'*
– Esd 10,16-18	:	*lidrôš* (corr.)	*haddābār...*	*wayyimmāṣē'...*
– Ger 50,20	:	*yᵉbuqqaš*	*'et 'ăwōn...*	*wᵉlō' timmāṣè'nâ*
– Est 2,23	:	*waybuqqaš*	*haddābār*	*wayyimmāṣē'*
– Ger 5,1	:	*ûbaqšû...*		*'im timṣᵉ'û...*
– Sal 17,3	:	*ṣᵉraptanî*		*bal timṣā'...*

[55] Cfr. anche Giob 10,14; 14,16.

[56] Cfr. G. Gerleman, «*mṣ'* finden», *THAT* I, 922-925; S. Wagner, «*māṣā'*», *TWAT* IV, 1043-1063.

Quando si scopre o si costata la colpevolezza (l'innocenza) di un imputato, il risultato a cui si perviene è quello della *certezza* giuridica, che permette di pronunciare con sicurezza il verdetto. Potrebbe essere questo il motivo per cui il «trovare» dopo una inchiesta si esprime in ebraico con lo stesso verbo che significa «cogliere in flagrante», «scoprire sul fatto»: una analoga garanzia di procedibilità giuridica accomuna di fatto le due situazioni [57]. L'uso di *mṣ'* nel senso di cogliere in flagrante [58], è attestato in Es 22,1.3.6-7; Num 15,32-33; Deut 22,28; Ger 2,26.34; 48,27; Prov 6,31 [59].

Può essere utile segnalare varie espressioni con il verbo *mṣ'*, usate per indicare la scoperta del reato, o più esattamente del criminale [60]:

mṣ' (Ni)	(qualcosa)	*b*^{e} (sacco)	Gen 44,12
mṣ' (Ni)	(qualcosa)	*b*^{e}*yādô* [61]	Gen 44,16.17
mṣ' (Ni)		*b*^{e}*yādô*	Es 21,16; 22,3
mṣ'	*m*^{e}*'ûmâ*	*b*^{e}*yādî*	1 Sam 12,5
mṣ'	*'et 'ăwōn–*		Gen 44,16
mṣ'	*zammōtî*		Sal 17,3
mṣ'	*'āwel*	*b*^{e} (qualcuno)	Ger 2,5
mṣ' (Ni)	*'awlātâ*	*b*^{e} (qualcuno)	Ez 28,15
mṣ' (Ni)	*'awlâ*	*b*^{e} (labbra)	Mal 2,6

[57] D. Daube ricorda l'interpretazione rabbinica, secondo cui *mṣ'* (*Ni*) significa «provato» (da due testimoni) («To be Found Doing Wrong», in: Studi in onore di E. Volterra, II, Milano 1971, 5-6). Nello stesso articolo (pp. 1-13), l'autore mette in rilievo la specificità di *mṣ'* (*Ni*) in Deut 17,2s; 21,1; 22,22; 24,7 (cfr. anche 18,10): in questi testi non si tratterebbe della flagranza, quanto piuttosto della semplice segnalazione di un fatto che presenta connotazioni disgustose (= «se c'è ...»). Questa opinione è stata criticata da S. Dempster, «The Deuteronomic Formula *kî yimmāṣē'* in the Light of Biblical and Ancient Near Eastern Law. An Evaluation of David Daube's Theory», *RB* 91 (1984) 188-211, che ritiene invece che le attestazioni bibliche sopra citate, coerentemente con tutte le altre, segnalano diverse sfumature di prova della flagranza di reato.

[58] Cfr. B. J. Jackson, *Theft in Early Jewish Law*, 226; S. Wagner, *TWAT* IV, 1051.

[59] Num 5,13, per indicare la flagranza, usa il verbo *tpś*, che generalmente designa piuttosto l'arresto (cfr. p. 205); forse vi è la sfumatura di «sor-prendere», di «bloccare» qualcuno (nel caso preciso l'adultera) al momento stesso del reato.

[60] Con il verbo *mṣ'*, troviamo anche due espressioni interessanti dal punto di vista giuridico, che equivalgono a «trovare pretesti» contro qualcuno: *mṣ'* (*Ni*) *šōreš dābār b*^{e} (qualcuno) (Giob 19,28); *mṣ' t*^{e}*nû'ôt 'al* (qualcuno) (Giob 33,10).

[61] L'espressione *mṣ'* (qualcosa) *b*^{e}*yad* (di qualcuno) sottolinea specificatamente la flagranza in caso di furto (cfr. Es 21,16; 22,3) o di concussione (1 Sam 12,5). Senza il verbo *mṣ'*, e nel sintagma: reato + *b*^{e}*yad* (di qualcuno), abbiamo un modo di definire l'evidente colpevolezza (1 Sam 24,12; 26,18; Ez 23,37.45; Sal 26,10; cfr. anche Is 1,15).

mṣ' (Ni)	*rāʿâ*	b^e (qualcuno)	1 Sam 25,28; 1 Re 1,52
mṣ'	*rāʿâ*	b^e (qualcuno)	1 Sam 29,6
mṣ'	*rāʿātām*	b^e (luogo)	Ger 23,11
mṣ' (Ni)	*pišʿê yiśrāʾēl*	b^e (luogo)	Mi 1,13
mṣ' (Ni)	*dam–*	b^e (vestito)	Ger 2,34
mṣ'	*qešer*	b^e (qualcuno)	2 Re 17,4
mṣ' (Ni)	*qešer*	b^e (qualcuno)	Ger 11,9
mṣ' (Ni)	*l^ešôn tarmît*	b^e (bocca)	Sof 3,13
mṣ'	*m^e'ûmâ*	b^e (qualcuno)	1 Sam 29,3
mṣ' (Ni)	*d^ebārîm ṭôbîm*	*ʿim* (qualcuno)	2 Cron 19,3
mṣ' (Ni)	*r^ešāʿîm*	b^e (popolo)	Ger 5,26
mṣ'	*ṣaddîqîm*	b^e (luogo)	Gen 18,26 (28.30-32)
mṣ'	*'îš...*		Ger 5,1

3.2.2. La conclusione con la particella *hinnēh* (*hēn*) [62]

Questo modo di esprimere il risultato della indagine è chiaramente segnalato in alcuni testi di procedura del Deuteronomio, ma è presente anche altrove:

– Deut 13,15	:	*w^edāraštā*		
		w^eḥāqartā		
		w^ešā'altā hêṭēb	*w^ehinnēh*	*'ĕmet nākôn haddābār*
– Deut 17,4	:	*w^edāraštā hêṭēb*	*w^ehinnēh*	*'ĕmet nākôn haddābār*
– Deut 19,18	:	*w^edār^{e}šû ... hêṭēb*	*w^ehinnēh*	*ʿēd šeqer hāʿēd*

[62] Gli studi sulla particella *hinnēh* (cfr. anche cap. II, nota 60) ne discutono soprattutto gli aspetti grammaticali e gli effetti stilistici: L. ALONSO SCHÖKEL, «Nota estilística sobre la partícula *hinnēh*», *Bib* 37 (1956) 74-80; C. J. LABUSCHAGNE, «The particles *hēn* and *hinnēh*», *OTS* 18 (1973) 1-14; D. VETTER, «*hinnē* siehe», *THAT* I, 504-507; F. I. ANDERSEN, *The Sentence in Biblical Hebrew*, The Hague 1974, 94-96; A. BERLIN, *Poetics and Interpretation of Biblical Narrative*, Bible and Literature Series 9, Sheffield 1983, 62-63, 91-95. L'articolo di D. J. MCCARTHY, «The Uses of *w^ehinnēh* in Biblical Hebrew», *Bib* 61 (1980) 330-342 si preoccupa di organizzare i diversi usi di *w^ehinnēh* secondo le categorie tradizionali della grammatica; per quanto concerne i passi del Deut da noi considerati pertinenti (cfr. il seguito del nostro testo), MCCARTHY dà alla particella il valore di «condizione» (ad es. per Deut 13,5: «if the matter is established as true they are to put the place under the ban» [p. 336]). A complemento, cfr. anche K. OBERHUBER, «Zur Syntax des Richterbuches. Der einfache Nominalsatz und die sog. nominale Apposition», *VT* 3 (1953) 2-45; J. BLAU, «Adverbia als psychologische und grammatische Subjekte/Praedikate im Bibelhebräisch», *VT* 9 (1959) 130-137.

– Es 32,9 = Deut 9,13	: *r'h*	*w^{e}hinnēh*	*'am q^{e}šēh 'ōrep hû'*
– Lev 10,16	: *drš*	*w^{e}hinnēh*	(frase verbale)
– Is 58,3-4	: *r'h – yd'*	*hēn*	(frase verbale)
– Sal 59,4-5	: *r'h*	*hinnēh*	(frase verbale)
– Sal 73,11-12	: *yd'*	*hinnēh*	(frase nominale)
– Ger 2,10	: *yd' – r'h*	*hēn*	(frase verbale)[63]

3.2.3. La conclusione con la particella *yēš* (o *'ên*)

La conclusione dell'inchiesta può essere segnalata in ebraico dalle particelle *yēš – 'ên* (seguite da frase nominale). Come risulta dagli esempi seguenti, il parallelismo con il verbo *mṣ'* invita a considerare questa modalità espressiva come pertinente al mondo forense:

	inchiesta	risultato		conseguenze
Ger 5,1	: *bqš (Pi)*	*'im timṣ^{e}'û*	*'îš*	
		'im yēš	*'ōśeh mišpāṭ*	*slḥ*

La sostanziale identità di significato tra la conclusione dell'inchiesta mediante il verbo *mṣ'* e quella mediante la particella *hinnēh* può essere vista confrontando fra loro dei racconti in cui si narra di perquisizioni fatte presso qualcuno sospettato di furto. La perquisizione è infatti il modo esteriore e per così dire oggettivo di compiere una indagine conoscitiva sulla colpevolezza presunta di un individuo.

(a) In Gen 31,30-32, Labano accusa di furto (*gānabtā*) Giacobbe; compie quindi una perquisizione nelle sue tende per accertarsi del fatto:

v.33: *wayyābō'...* *w^{e}lō' māṣā'*
v.34: *waymaššēš...* *w^{e}lō' māṣā'*
v.35: *wayḥappēś* *w^{e}lō' māṣā'*
v.37: *miššaštā...* *mah māṣā'tā*

Identica modalità espressiva in Gen 44,1ss: i fratelli di Giuseppe vengono accusati di furto (v.8: *nignōb*), e devono sottostare ad una perquisizione che dà risultato positivo:

v.12: *wayḥappēś...* *wayyimmāṣē'*

(b) In Gios 7,1ss, la violazione dello *ḥerem*, interpretata come furto (v.11: *gān^{e}bû*), induce Giosuè ad adottare il procedimento del tirare a sorte per scoprire il colpevole; viene dalla sorte designato Acan, il quale confessa e indica il nascondiglio del furto. Giosuè porta a compimento l'accertamento delle responsabilità di Acan facendo perquisire la sua tenda:

v.22: *wayyārūṣû...* *w^{e}hinnēh (ṭ^{e}mûnâ b^{e}'ohŏlô w^{e}hakkesep taḥtêhā).*

[63] Cfr. anche Gios 7,22 (*w^{e}hinnēh* + frase nominale); Sal 139,4 (*hēn* + frase verbale); Giob 4,18 (*hēn* + frase verbale); 33,11-12 (*w^{e}hinnēh* + frase nominale).

	inchiesta	risultato		conseguenze
Gen 18,21 :	Dio fa una inchiesta in Sodoma (*r'h – yd'*)			
24 :	(Abramo dice)	*'ûlay yēš*	*ḥămiššîm ṣaddîqîm bᵉtôk hāʿîr*	*nś'*
26 :	(Dio risponde)	*'im 'emṣā'*	... *ḥămiššîm ṣaddîqīm bᵉtôk hāʿîr*	*nś'*
Ger 50,20 :	*bqš (Pu) 'et ʿăwōn yiśrā'ēl wᵉ'et ḥaṭṭō't yᵉhûdâ*	*wᵉ'ênennû wᵉlō' timmāṣè'nâ*		*slḥ*

L'uso di *yēš* (o *'ên*) a conclusione di una attività (esplicitamente o implicitamente) inquisitoria sembra doversi riconoscere anche nei testi seguenti:

	inchiesta	risultato	conseguenze
1 Sam 14,38s :	*yd' – r'h*[64]	*bammâ hāyᵉtâ haḥaṭṭā't hazzō't... kî 'im yešnô bᵉyônātān bᵉnî*	*kî môt yāmût*
1 Sam 20,8 :		*wᵉ'im yeš bî ʿāwōn*	*hămîtēnî 'attâ*
2 Sam 14,32 :		*wᵉ'im yeš bî ʿāwōn*	*wᵉhĕmītānî*
Sal 7,4 :		*'im yeš ʿāwel bᵉkappāy*	(v.5: sanzione)
Giob 6,30 :		*hăyēš bilšônî ʿawlâ*	
Sal 14,2-3 = 53,3-4 :	*r'h*	*hăyēš maśkîl dōrēš 'et 'ĕlōhîm... 'ên ʿōśēh ṭôb 'ên gam 'eḥād*	(14,5 = 55,6: sanzione)
Is 59,15 :	*r'h* *r'h*	*kî 'ên mišpāṭ* *kî 'ên 'îš*	(v.18: sanzione)

3.2.4. La conclusione con il verbo *hyh*

Questo modo di indicare il risultato dell'inchiesta è usato parallelamente a quello con *yēš* in 1 Sam 14,38-39 (cfr. sopra); si trova invece in parallelo con il verbo *mṣ'* in:

1 Re 1,52 :	*'im* **yihyeh** *lᵉben ḥayil* *wᵉ'im rāʿâ* **timmāṣē'** *bô*	*lō' yippōl miśśaʿărātô 'ārṣâ wāmēt*
Mal 2,6 :	*tôrat 'ĕmet* **hāyᵉtâ** *bᵉpîhû* *wᵉʿawlâ lō'* **nimṣā'** *biśpātâw*	

Cfr. anche Deut 21,22.

[64] Ricordiamo anche il testo di 1 Sam 24,12: Saul si è messo alla caccia di Davide, accusato di voler usurpare il trono; quando Davide può mostrargli il lembo del mantello regale tagliato senza inferire alcun danno al sovrano, Saul si trova davanti un dato probatorio attestante l'innocenza di colui che andava inseguendo. Anche in questo caso abbiamo la coppia *yd' + r'h* seguita dalla particella *'ên* che esprime l'aspetto costatativo della assenza di reato (*'ên bᵉyādî rāʿâ wāpešaʿ*).

3.2.5. La dichiarazione

Le modalità che abbiamo finora indicato non devono essere considerate come dei rigidi formulari. Ciò che è formalmente rilevante è, da una parte, l'aspetto *costatativo* o dichiarativo, dall'altra, quello della *evidenza*. In ebraico questa formalità può venir espressa in modi assai diversi; noi abbiamo voluto solo segnalare alcune delle principali formule, tra loro equivalenti.

Si osservi, ad esempio, l'articolazione tra i verbi di indagine e l'atto della parola che esplicita il risultato conseguito:

- Giud 6,29 : *drš – bqš (Pi)* .... *'mr*
- Deut 17,9 : *drš* .... *ngd (Hi)*

Si può anche costatare che, proprio nei testi del Deuteronomio citati all'inizio di questa nostra trattazione sull'inchiesta giudiziaria, nei quali si espone chiaramente la procedura indagatoria, la frase nominale con *w^{e}hinnēh* è esplicitata da una frase verbale che ribadisce lo stesso concetto:

- Deut 13,15 : *w^{e}hinnēh 'ĕmet nākôn haddābār*
  ne'eśtâ hattô'ēbâ hazzō't b^{e}qirbekā
- Deut 17,4 : *w^{e}hinnēh 'ĕmet nākôn haddābār*
  ne'eśtâ hattô'ēbâ hazzō't b^{e}yiśrā'ēl
- Deut 19,18 : *w^{e}hinnēh 'ēd šeqer hā'ēd*
  šeqer 'ānâ b^e'āḥîw

La dichiarazione dell'organo inquirente si presenta contenutisticamente correlativa al tipo di indagine compiuta; ora, appare particolarmente rilevante il fatto che uno degli ambiti fondamentali della inchiesta concerne delle accuse che vanno «*verificate*». In altre parole, il concetto di verità e quello di falsità, che — come vedremo — costituiscono una opposizione essenziale all'interno della testimonianza di accusa, sono altresì correlati con l'attività e la parola del giudice, che dirige tutta la sua attività inquisitoria al conseguimento della verità e della certezza.

Oltre ai testi appena citati, ne segnaliamo altri dove la conclusione dell'indagine evidenzia il concetto di vero e falso: con il termine *'ĕmet,* cfr. Gen 42,16; Deut 22,20; Is 43,9; 59,14-15; Ger 5,3 (*'ĕmûnâ*); con il termine *kēn,* cfr. Gen 42,19-20.33-34; Num 27,7; 36,5; Ger 8,6; Giob 5,27; con *šeqer,* cfr. Deut 19,18; Ger 5,2; Os 7,1; Sal 7,15; con *'awlâ,* cfr. Mal 2,6; Giob 6,30.

3.3. *La non procedibilità*

Abbiamo finora logicamente supposto che, di fronte alla necessità di acquisire le prove per incolpare qualcuno, il magistrato faccia la sua accurata indagine, e questa produca il risultato sperato: l'imputato viene riconosciuto colpevole, o, al contrario, viene provata la sua innocenza.

Questa è la logica astratta, cioè la teoria del procedere giuridico: purtroppo nella realtà concreta l'attività inquisitoria si scontra frequentemente con l'*insuccesso*: il giudice non riesce a trovare nulla, non riesce a provare la colpevolezza, ma nemmeno ottiene la garanzia della innocenza. Il procedere giuridico si trova allora in un vicolo cieco, la giustizia si inceppa, perché le vengono a mancare i requisiti di certezza che le sono indispensabili.

Oppure, e questo è un risvolto diverso del non procedere giuridico, l'inchiesta stessa *non viene fatta* o viene sospesa. In questo caso, i motivi possono essere diversi, tra loro perfino opposti: il giudice può essere connivente con il malfattore e trascurare quindi il dovere connesso con la sua carica, può temere di suscitare un vespaio e turbare l'ordine costituito, oppure può scontrarsi con una autorità superiore che gli impedisca di procedere, e così via. Ma può anche non effettuare l'inchiesta perché un atto dell'autorità sovrana, quale l'amnistia o l'indulto [65], sospende i procedimenti a carico, per il bene della nazione.

Crediamo sia utile segnalare come nel mondo biblico siano presenti ed espressi alcuni di questi fenomeni; il nostro discorso indicherà delle formalità concettuali, evocando sommariamente il lessico ebraico pertinente.

3.3.1. L'insuccesso dell'inchiesta (l'inchiesta senza risultato)

In questo paragrafo supponiamo che l'inchiesta venga effettuata, ma sia caratterizzata proprio dal fatto di non riportare un risultato utile. L'elemento dell'insuccesso, che vanifica la procedura stessa messa in atto,

---

[65] Fra gli istituti che un tempo andavano sotto il nome di «clemenza sovrana» e costituiscono causa di estinzione della punibilità, il Codice Penale italiano enumera l'amnistia, l'indulto e la grazia.

La *grazia* non è una figura giuridica che può interessarci in questa sede, in quanto presuppone il passaggio in giudicato della sentenza di condanna.

L'*amnistia* invece, definita come un «provvedimento generale con cui lo Stato rinuncia all'applicazione della pena per determinati reati», in senso proprio è «proclamata prima che sia esaurito l'accertamento giurisdizionale del reato»; come tale, costituisce una specie di *abolitio publica* del reato (cfr. F. ANTOLISEI, *Manuale di Diritto Penale*, 605-608).

L'*indulto*, come l'amnistia, non presuppone una condanna irrevocabile, ma a differenza dell'amnistia, opera esclusivamente sulla pena principale e non su quelle accessorie.

è ciò che ritiene qui la nostra attenzione; ci sembra che in ebraico ciò venga espresso secondo due modalità principali: la prima, mediante la *negazione* del risultato utile; la seconda, mediante la terminologia del *segreto*.

a) *La negazione del risultato*

Non si deve confondere la ricerca che ha un risultato negativo certo con quella che non ha risultato: la prima giunge ad una certezza (di non colpevolezza), mentre la seconda non perviene a nessuna conclusione di verità.

In ebraico, questo aspetto è espresso soprattutto mediante la negazione dei verbi *r'h – yd'* (e sinonimi), che hanno la particolarità di essere polivalenti, di indicare cioè sia l'aspetto inquisitorio (guardare, informarsi, cercare di sapere), sia l'aspetto di successo nell'operazione (vedere, sapere, scoprire) (Cfr. ad esempio, Is 29,15; Ez 8,12; Sal 10,11; 94,7ss; Giob 22,13-14).

b) *La terminologia del segreto*

È questo un campo semantico assai vasto, non riducibile affatto all'ambito giuridico. Ciò che ci sembra pertinente è vedere che l'inchiesta ha sempre a che fare con ciò che a prima vista non è chiaro; ma se le operazioni dell'organo inquirente si scontrano con ciò che è e rimane segreto, nascosto, oscuro, il magistrato deve dichiarare l'insuccesso giuridico del suo operare.

Nella Bibbia, vi è una distinzione quasi costante tra il procedere giuridico dell'uomo e quello di Dio. Mentre per il primo vi è un ambito considerevole di ignoto, di strutturalmente segreto, di fronte al quale la sua intenzionalità di giustizia è costretta a fermarsi, per il secondo viene spesso ribadita la sua capacità di scandagliare le profondità oscure del mondo umano, così che nulla (nessun reato e nessun colpevole) possa sfuggire al giusto procedere del suo giudizio (cfr. il tema dello «scrutare i cuori e i reni» sopra ricordato; e Ger 16,17; Sal 19,7; 44,22; Qoh 12,14; ecc.).

Il lessico ebraico pertinente comprende le radici *str, kḥd, ksh, 'lm,* di cui parleremo nel capitolo seguente. Basti ora indicare alcuni testi dove questa terminologia è in rapporto con l'attività indagatoria: Gios 7,19; 2 Sam 14,18; 18,13; Is 3,9; Ger 38,14-15; Os 5,3; Sal 10,11; 69,6; 139,14-15; Giob 20,12.

3.3.2. La sospensione dell'inchiesta

La sospensione dell'inchiesta può essere considerata un atto «giusto» nella misura in cui sia «giustificata» dalle circostanze: si richiede infatti che non sia un atto arbitrario, ma abbia una sua ragione e intenda promuovere il bene e la giustizia nella società. Se la sospensione delle indagini (o più radicalmente l'archiviazione del caso, il decreto di non procedere o simili) denota una scarsa sollecitudine per il ristabilimento della giustizia, ciò non può essere visto come un atto di clemenza, ma come un provvedimento iniquo. Il malvagio, nel perpetrare il reato, spera di non essere scoperto; quando sapesse che l'autorità (per debolezza, per connivenza, per impossibilità) non farà nessuna indagine, e quindi il suo reato resterà impunito, egli diventerà arrogante e instaurerà il regno della sistematica ingiustizia (cfr. Is 29,15-16; Ez 8,12; Sal 10,4.11.13; 58,9; 64,6; 73,11; 94,7.9; Giob 22,13-14).

Nella prima parte del nostro lavoro abbiamo asserito che il tribunale non è il luogo del perdono; il giudice infatti deve stabilire chi tra le parti abbia ragione e procedere contro il colpevole secondo le norme previste dal codice penale. Da questo punto di vista, l'atto del giudice che non inquisisce equivale ad un perdono del colpevole, cosa aliena dal retto giudicare, perché fa torto alla vittima ingiustamente colpita dal colpevole.

È tuttavia possibile per il giudice (che, come abbiamo visto, è l'autorità in Israele) sospendere l'inchiesta e far tacere l'accusa quando il male che risulterebbe dal proseguimento della giustizia è più grande del bene sperato. Esiste un margine di discrezionalità lasciato al magistrato e soprattutto al sovrano, per cui il giudice giudica dello strumento stesso della giustizia, così che il *summum jus* non si trasformi in *summa iniuria*.

Si può ricordare, al proposito, la decisione di Davide in 2 Sam 14, in merito alla procedura nei confronti del fratello omicida (figura di Assalonne): il verdetto del re, in questo caso, si oppone, con saggezza, alla pretesa rigida dell'accusa, che, se fosse soddisfatta, otterrebbe solo un fatto di morte senza alcun bene (anzi con un male) per la parte lesa (vv.7.11.13-17).

Si può pensare anche, in modo più generale, ai provvedimenti di amnistia che conseguono a guerre civili e intendono promuovere la riconciliazione degli animi; ciò è praticato da Davide nei confronti di Shimei, al ritorno dall'esilio dopo la rivolta di Assalonne (2 Sam 19,22-24). In questo caso l'autorità giudicante interpreta non la volontà dell'accusatore puntuale (2 Sam 19,23), ma il desiderio globale del popolo di porre fine alla situazione di violenza per instaurare un regime civile di pace e di concordia generale.

Se questo provvedimento giuridico viene metaforicamente usato in campo teologico, Dio appare allora come la suprema autorità che decreta la sospensione di ogni procedimento a carico dei colpevoli. Per il lessico, si deve rimandare a quanto scrivevamo sul perdono: benché le due procedure non siano giuridicamente sovrapponibili, tuttavia, poiché si equivalgono quanto al risultato, esse sono difatto espresse con un vocabolario simile[66].

L'atto di amnistia appare particolarmente pertinente quando, di fronte al giudice «supremo» non vi è *nessuno* che sia innocente: se l'attuazione della rigorosa giustizia implica la soppressione di tutta l'umanità, si rende necessario un atto di giustizia che cancelli tutto il passato e ponga le basi giuridiche per un futuro diverso.

[66] Facciamo in particolare allusione alla terminologia che a pp. 130-131 del nostro lavoro abbiamo raccolto sotto il titolo «serie dei verbi denotanti attenzione, memoria, ecc.». Come esempio, si può vedere Sal 10,11.13: nelle frasi pronunciate dal *rāšā'*, in cui si esprime la sua presunzione di sfuggire al giudizio divino, abbiamo il parallelo tra verbi di inchiesta (*r'h, drš*), usati al negativo, e il verbo che significa la negazione della memoria (*škḥ*):

v.11: *'āmar b^elibbô* *šākaḥ 'ēl*
histîr pānâw bal rā'â lāneṣaḥ
v.13: *'āmar b^elibbô* *lō' tidrōš.*

Capitolo settimo

Il dibattimento

La fase dibattimentale è il cuore del procedimento forense: le due parti in causa, formalmente distinte in accusatore e imputato, si confrontano davanti al giudice; a ciascuna è concesso il diritto di *parola,* con la quale espongono i fatti e le motivazioni giuridiche che ne conseguono, fino a che il giudice ritiene di avere gli elementi di certezza sufficienti per emettere il verdetto.

Indagine (da parte del magistrato) e dibattimento (tra le parti) sono formalità giuridiche distinte, eppure tendono — nel mondo biblico — a sovrapporsi e a confondersi [1]: l'inchiesta può presentarsi sotto forma di interrogatorio (da parte del giudice) a cui è sottoposto l'imputato [2] o l'accusatore stesso [3]; d'altra parte, le argomentazioni e le prove addotte da ognuna delle parti consentono all'organo giudicante di formarsi quel «convincimento» che ispirerà la sentenza, il che appare simmetrico all'attività indagatoria che, mediante la sua ricerca, tende a scoprire la verità, condizione per procedere alla sanzione.

Ciò nonostante, è possibile trattare del dibattimento in sé, come momento distinto ed essenziale di un processo formalmente istituito. Anzi, è il confronto fra le due parti, la loro lotta rispettosa del diritto, che costituisce l'anima della istituzione forense; qualunque istanza che tendesse a vanificare questo scambio di parole ispirate al desiderio di

---

[1] Nella procedura penale prevista dal Codice italiano, «il dibattimento passa attraverso tre fasi ben distinte: le *formalità di apertura*, l'*escussione delle prove* (detta anche istruzione dibattimentale) e la *discussione*» (G. D. Pisapia, *Compendio di Procedura Penale*, 353; cfr. anche G. Leone, *Manuale di Diritto Processuale Penale*, 497-508). L'escussione delle prove, che prevede tra l'altro l'interrogatorio dell'imputato e dei testimoni, ha la funzione di rendere pubblica la «istruzione» che — logicamente e praticamente anteriore — ha, secondo il nostro Codice, il privilegio della segretezza. Senza alcuna pretesa di identificare sistemi giuridici tra loro ben diversi, le osservazioni fatte consentono forse di intuire come, nel mondo biblico, fase istruttoria e fase dibattimentale tendano in certi casi a sovrapporsi.

[2] Cfr. 1 Sam 22,7-15.

[3] Cfr. il contro processo fatto da Daniele ai due anziani accusatori di Susanna: Dan 13,51-59.

verità, renderebbe il tribunale luogo di un esercizio di *forza,* sede del sopruso e della violenza. E quando la forza si sostituisce alla parola per far pendere la bilancia da una parte, il giudizio cessa di essere l'affermazione del diritto e si degrada in una manifestazione pervertita e disumana.

Nei pochi processi che sono narrati nella Bibbia, l'alternarsi degli interventi è espresso con *verba dicendi* assai generici[4]: se lo specifico valore giuridico di questa terminologia può essere desunto solo dal contesto, merita di essere ribadito il fatto che il processo è un confronto

---

[4] Nei tre processi descritti con una certa completezza nella Bibbia ebraica, i *verba dicendi* si susseguono senza che sia riscontrabile una terminologia che specifichi univocamente la natura giuridica dell'intervento; potremmo dire che essa esprime solo il *principio del contraddittorio* che sembra essenziale ad una corretta procedura penale (cfr. G. Leone, *Manuale di Diritto Processuale Penale*, 489-490):

1) *1 Sam 22,7-15*: processo istituito da Saul contro chi lo tradisce sostenendo il partito di Davide:

- Il re accusa (*'mr*) i suoi ministri di essergli infedeli (vv.7-8).
- Interviene (*'nh + 'mr*) Doeg l'Idumeo, che si fa testimone di accusa contro Achimelech (vv.9-10).
- Il re convoca allora Achimelech (v.10), e lo accusa (*'mr*) di tradimento (vv.12-13).
- Achimelech si difende (*'nh + 'mr*) (vv.14-15).
- Il re Saul decreta la morte di Achimelech (*'mr*) (v.16).

2) *1 Re 3,16-28*: processo delle due donne davanti al re Salomone; essendo molto conosciuto il contenuto della vicenda processuale, mostriamo solo come appaia l'alternarsi della parola delle parti in causa, fino alla sentenza del giudice:

v.17: **wattō'mer** *hā'iššâ hā'aḥat* ...
v.22: **wattō'mer** *hā'iššâ hā'aḥeret* ...
... *wezō't* **'ōmeret** ...
wattedabbērnâ *lipnê hammelek*
v.23: **wayyō'mer** *hammelek*
zō't **'ōmeret** ...
wezō't **'ōmeret** ...
v.24: **wayyō'mer** *hammelek* ...
v.25: **wayyō'mer** *hammelek* ...
v.26: **wattō'mer** *hā'iššâ* ... **wattō'mer** ...
wezō't **'ōmeret**
v.27: **wayyaʿan** *hammelek* **wayyō'mer** ...

3) *Ger 26,7-16*: processo istituito contro il profeta Geremia:

- Geremia è arrestato con l'imputazione (*'mr*) capitale di aver profetizzato contro il Tempio e Gerusalemme (vv.8-9).
- Di fronte al tribunale dei «principi» di Giuda, i sacerdoti e i profeti formalizzano l'accusa (*'mr*) (v.11).
- Geremia si difende (*'mr*) (vv.12-15).
- I giudici respingono l'accusa e decretano (*'mr*) l'assoluzione dell'imputato (v.16).

Il racconto prosegue con l'intervento (*'mr*) degli «anziani del paese» (vv.17ss), ma il processo non si svolge più secondo chiare regole dibattimentali.

verbale, nel quale può essere distinta, da una parte, la *parola di accusa,* e, dall'altra, la *parola che (si) difende.* Questa distinzione elementare costituisce l'articolazione maggiore del presente capitolo; alla fine, a mo' di conclusione, accenneremo al significato del *silenzio* nel campo del dibattito giuridico.

I. L'ACCUSA

Come già vedemmo nel capitolo 2, senza accusa non si può parlare di procedimento penale di nessuna sorta. Il soggetto dell'azione giuridica è infatti l'accusatore, il quale, mettendo in rilievo l'infrazione della norma penale, sollecita il ristabilimento della giustizia; senza questa azione, l'ingiustizia è ignorata, oppure non è riparata [5]. Chiamiamo allora «accusa» l'intervento giuridico in sede forense che denuncia un crimine avvenuto (sotto forma del fatto compiuto o del tentativo), chiede che il colpevole sia punito, e che la vittima dell'ingiustizia — se possibile — venga risarcita [6]. L'aspetto odioso dell'accusa viene dal fatto che è

---

[5] Il fatto che il testimone di accusa sia il *portatore* fondamentale dell'azione giuridica forense fa sì che da lui dipenda l'esito del giudizio e quindi il ristabilimento della giustizia; non è banale forse il costatare che l'accusatore è chiamato *ba'al mišpāṭ* (+ suff. pron.) (Is 50,8) o *ba'al d^ebārîm* (Es 24,14).

Ciò non significa tuttavia che *giudice* e *testimone* si confondano nei loro ruoli nel sistema giuridico di Israele; la formalità dell'uno e dell'altro è al contrario nettamente distinta, anche se alcuni testi possono essere di interpretazione dubbia e se talvolta il vocabolario è comune alle due funzioni.

Non sottoscriviamo quindi alla opinione di L. Koehler, che affermava: «Wer der Rechtsgemeinde einen Rechtsfall zur Entscheidung... vorlegen will, ruft zunächst ins Gericht, und zwar zwei Gruppen: erstens die Rechtsgenossen, welche Zeuge und Richter in Einem sind oder doch sein können, und zweitens den oder die Rechtsgegner» (*Deuterojesaja*, 110); e ancora: «Richter und Zeuge sind daher auch nicht voneinander geschieden. Derselbe Mann kann in derselben Sache und an derselben Gerichtstagung als Zeugen und als Richter angerufen werden» («Die hebräische Rechtsgemeinde», 152). Questa tesi sembra essere stata accettata senza discussione anche da una certa letteratura giuridica posteriore; essa è ripresa, tra gli altri da B. Gemser, «The *rîb*- or Controversy-Pattern», 124; H. J. Boecker, «Anklagereden und Verteidigungsreden im Alten Testament. Ein Beitrag zur Formgeschichte alttestamentlicher Prophetenworte», *EvT* 20 (1960) 407-409; A. Gamper, *Gott als Richter*, 149.

Non vediamo da quale testo biblico, né da quale riconosciuta istituzione giuridica dell'antichità possa essere confortata una tale presentazione del processo nell'antico Israele. Crediamo che la ragione delle suddette affermazioni provenga, da una parte, dal non saper chiaramente distinguere tra la procedura della controversia e quella del giudizio forense, dall'altra, dal non riconoscere che una terminologia comune non significa necessariamente identità di persone, di ruoli e funzioni nell'ambito giuridico.

[6] Nel caso di flagranza, si ha un processo *per direttissima* che ha lo scopo di fissare e applicare l'adeguata sanzione punitiva: l'evidente colpevolezza del reo rende superflua la fase istruttoria e riduce al minimo la fase dibattimentale.

sempre diretta *contro* qualcuno: la sua natura aggressiva può essere accettata solo come espressione del desiderio di giustizia.

Nel mondo biblico, l'accusa può presentarsi secondo due modalità diverse, che meritano un trattamento distinto in quanto ognuna ha una configurazione giuridica particolare ed è espressa con un vocabolario proprio.

La prima è la *testimonianza di accusa*. Anticipando in breve quanto sarà sviluppato in seguito, possiamo così descriverla: una o più persone vengono a sapere che un tale ha commesso un crimine; si presentano allora all'autorità giudiziaria denunciando il colpevole e chiedendo (esplicitamente o implicitamente) la punizione. Questa forma di accusa è quella che più ci è familiare; in essa appare manifesto il suo intento *contro* qualcuno (l'imputato); vista come richiesta rivolta al giudice, essa chiede infatti il rigore del giudizio e appare sollecitare un verdetto senza indulgenza. Si può notare infine che, per lo più, il testimone accusatore non è colui che ha direttamente subito il torto connesso con il reato.

La seconda forma dell'accusa è l'*appello* (o la querela) rivolto all'autorità giudiziaria [7]. Qui la situazione ha sfumature diverse da quella precedentemente descritta: innanzitutto, abbiamo in genere qualcuno che è vittima di un sopruso, già compiuto, oppure incombente come minaccia. Inoltre, chi ha subito il torto, più che accusare l'altro (il colpevole), chiede all'autorità giudicante di essere reintegrato nel suo diritto, sollecita cioè un giudizio *a suo favore*. Infine, poiché egli è generalmente un «debole» — vittima di qualcuno «più forte di lui» — si sforza di suscitare sentimenti di compassione nel giudice, richiedendo un verdetto ispirato a pietà (nei suoi confronti) [8].

Poiché la struttura del procedimento forense è sempre a tre elementi (giudice, accusa, imputato), l'organo giurisdizionale, sia nel caso della testimonianza di accusa, sia nel caso dell'appello, interviene — con il suo verdetto — contemporaneamente sull'una e sull'altra delle due parti sottoposte a giudizio [9]; schematicamente però si possono descrivere le due formalità dell'accusa dicendo che:

a) la testimonianza di accusa *designa il colpevole;* il giudice è sollecitato a intervenire *contro* il colpevole (e a rendere così giustizia all'innocente);

---

7 Riprendiamo in questa sede una terminologia che H.J. BOECKER considera pregiudiziaria; egli parla di «*Appellation des Beschuldigers*» (*Redeformen*, 59-66).

8 Il motivo ultimo per il quale abbiamo operato una così netta distinzione espositiva tra l'accusa del testimone e l'appello della parte lesa è dato dall'apparire di un vocabolario specifico per ognuna di queste formalità giuridiche. A suo luogo (I.2), tenteremo di giustificare con maggiore precisione il titolo di *appello* o *querela*.

9 Si sottopone a giudizio anche l'accusatore, perché il giudice può condannarlo qualora costatasse che la sua «testimonianza» è falsa (cfr. Deut 19,16-21; Sal 109,7; Dan 13,50-59).

b) l'appello *designa l'innocente;* il giudice è invitato a intervenire *a favore* dell'innocente (e a punire per questo il colpevole).

1. La testimonianza di accusa

In questo paragrafo, dopo aver dato una definizione del testimone e indicato quale sia il lessico ebraico corrispondente, ci occuperemo della testimonianza di accusa, studiandone gli aspetti paradigmatici e sintagmatici.

1.1. *Il testimone: definizione*

Il testimone è la persona che, a conoscenza di determinati fatti, può riferire ad altri (può cioè dar notizia, informare) su come si siano svolte le cose. Nell'ambito forense, le caratteristiche essenziali del testimone vanno così specificate:

1) è necessaria la *conoscenza dei fatti;* questi sono rilevanti nella misura in cui hanno a che fare con una infrazione della legge. In particolare, la conoscenza del «reato» (e del criminale) è un elemento definitorio del testimone di accusa.

2) è necessaria inoltre *la parola che rivela* i fatti conosciuti all'autorità giudicante; se si tratta di una accusa, ciò equivale alla denuncia del colpevole o alla sua incriminazione.

Questa definizione riproduce difatto il testo di Lev 5,1 [10], dove leggiamo:

w^e^hû' 'ēd : testimone
'ô rā'â 'ô yādā' : conoscenza dei fatti [11]
'im lô' yaggîd : parola che denuncia.

---

[10] I Commentari riconoscono in Lev 5,1 un esplicito riferimento alla testimonianza forense (M. Noth, ATD 6, 1962, 33-34; K. Elliger, HAT 4, 1966, 73-74; G. J. Wenham, NICOT, 1979, 92-93; E. Cortese, La Sacra Bibbia 1982, 44-45).

[11] I verbi *r'h* e *yd'*, come appare da Lev 5,1 e da Is 44,9, servono ad esprimere l'esperienza che è alla base della testimonianza (forense).

Il primo termine (*r'h*) indica la testimonianza *oculare* (cf. I. L. Seeligmann, «Zur Terminologie», 265-266), che è universalmente riconosciuta come certa e incontrovertibile (in Is 11,3, abbiamo però la critica indiretta di un giudizio che sarebbe fondato sull'«apparenza»); il verbo *r'h* da solo può segnalare il testimone (cfr. 1 Sam 22,9; Ger 7,11.17; Ez 8,9-10.12; Sal 35,21; ecc.). Nei testi poetici in particolare, altri verbi di «visione» collegati o meno con il sostantivo *'ayin*, possono adempiere alla medesima funzione espressiva (Sal 11,4; 66,7; Giob 24,15; ecc.).

Questo stesso testo ci permette anche di dire che il *vero testimone*, quello cioè che autenticamente soddisfa la definizione sopra riportata, è colui che unisce e articola i due elementi strutturali della conoscenza e della parola; in altri termini, il testimone veritiero è colui che parla dei fatti che conosce (1. la verità fattuale lo induce a parlare; 2. la sua parola corrisponde al vero).

Vi sono infatti altri tipi di testimone che, pur avendo una collocazione — formale o reale — nell'ambito delle procedure forensi, pervertono il senso della testimonianza stessa o lo vanificano.

Il *testimone falso* è colui che parla, ma la sua parola non esprime la conoscenza del reale, sia questo dovuto a cattiva informazione — al fatto cioè che uno crede di sapere e invece «ha visto male» —, sia ciò ascritto ad una intenzione malvagia che vuole produrre nel giudice una errata valutazione degli eventi [12].

Il *testimone reticente* poi è colui che non parla, pur essendo a conoscenza dei fatti (è il caso ricordato in Lev 5,1, mediante l'espressione: *lô' yaggîd*). I motivi principali per cui qualcuno si sottrae al dovere della testimonianza sembrano ridursi a due: la paura di essere coinvolto in un processo che potrebbe ritorcersi contro il testimone stesso; oppure la connivenza interessata con il malfattore.

Il secondo termine (*yd'*), a causa della polarizzazione semantica con il primo (*r'h*), viene a significare la conoscenza di un fatto acquisita senza aver visto. A. GAMPER, *Gott als Richter*, 147, n. 47, citando Giud 11,10, evoca, ad esempio, l'esistenza del testimone *auricolare*. Si può effettivamente pensare a questo tipo di testimonianza nel caso di un impegno (promessa, voto, ecc.) preso oralmente, che può diventare significativo anche in sede penale (cfr. 1 Sam 14,24s). Più in generale, l'esperienza uditiva è necessaria nei reati di parola, quali la bestemmia, la falsa profezia e la stessa falsa accusa (Lev 24,14; 1 Re 21,10; Ger 20,10; 26,7; cfr. anche Matt 26,65). In Giob 29,11 l'esperienza della testimonianza è espressa dalla coppia parallela *'ōzen šām^e'â – w^e'ayin rā'ătâ*.

Per il rapporto tra *'ēd* e *yd'*, si deve ricordare anche Ger 29,23: *w^e'ānōkî hwyd' wā'ēd*. Le versioni antiche non concordano fra loro: la Vulgata (*ego sum iudex et testis*) e la Siriaca (*w'n' yd' 'n' wshd 'n'*) sembrano, con sfumature diverse, seguire il *Qeré* del TM: *hû(') yōdē'*; forse lo stesso vale per la parafrasi del Targum Jonathan (*ûq^{e}dāmay g^{e}lê ûmêm^{e}rî sāhîd*). La LXX invece ha solamente: *kai egō martys* (36,23). L'ipotesi di una dittografia, sulla base della LXX (cfr. BHS), è evocata da W. RUDOLPH, il quale però traduce: «ich bin der Wissende und Zeuge» (HAT 12, 1968^3, 186-187); nella stessa linea di lettura si situano L. ALONSO SCHÖKEL, *Profetas*, I, 1980, 546 e J. A. THOMPSON, *The Book of Jeremiah*, NICOT 1980, 543. M. DAHHOD, dal canto suo, ha una proposta che tenta di spiegare il *ketib* leggendovi il termine **hāwāh* in scrittura defettiva: *w^e'ānōkî hāwā yōdē' wā'ēd* («for I myself know the word and the witness»); ma le ragioni addotte non ci paiono decisive («Word and Witness: A Note on Jeremiah XXIX 23», *VT* 27 [1977] 483).

12 Una vera conoscenza rende vera la parola della testimonianza; una conoscenza solo presunta produce invece una parola che inganna: cfr. le opposizioni in Sal 35,20-22:

v.20-21 (nemici) *dibrê mirmôt yaḥăšōbûn ...*
'ām^{e}rû he'āḥ he'āḥ rā'ătâ 'ênênû
v.22 (Dio) *rā'îtâ yhwh*
'al teḥĕraš.

Esiste infine la possibilità che *non esistano testimoni* di un delitto: se il reato è stato commesso in circostanze tali che nessuno è in condizione di garantire una esatta versione dei fatti e di additare con sicurezza il colpevole, allora — come illustreremo in seguito — non si può procedere secondo le norme previste dal diritto penale, e si deve ricorrere, stando alla legislazione ebraica, a rituali o pratiche più o meno direttamente collegati con la religione (appello a Dio come giudice).

1.2. *Il testimone: vocabolario ebraico*

Il termine *'ēd* serve a definire innanzitutto la persona che funge da testimone forense [13].

È noto poi che sono detti *'ēd* anche degli oggetti: un mucchio di pietre (Gen 31,48), un cantico (Deut 31,26), un altare (Gios 22,27.28.34), ecc. Questi hanno una indiscutibile funzione giuridica, come segno di un impegno o contratto tra *due partners* [14]; non entrano tuttavia nel campo della testimonianza processuale [15].

Esiste anche la testimonianza «*notarile*» per atti di rilevanza legale [16] (Is 8,2; Ger 32,10.12.25.44; Rut 4,9.10.11): ciò è anteriore e strumentale ad eventuali processi di contestazione [17]. In quest'ultima evenienza, il

---

[13] Parallelo a *'ēd*, in Giob 16,19 troviamo il participio aramaizzante *śāhēd* (cfr. anche, in Gen 31,47, l'aramaico *śāhădû* con il significato di testimonianza) (M. WAGNER, *Die lexikalischen und grammatikalischen Aramaismen im alttestamentlichen Hebräisch*, BZAW 96, Berlin 1966, nr. 295).

Il termine *'ēdâ* si usa solo per degli oggetti (Gen 21,30: sette agnelli; 31,52: stele; Gios 24,27: pietra), e al di fuori di un contesto forense.

Il sostantivo *te'ûdâ* (Is 8,16.20; Rut 4,7) indica l'attestazione notarile.

[14] Possiamo notare, come particolarità linguistica, che il ruolo del testimone *non forense* viene espresso talvolta dal sintagma *'ēd bên ... ûbên* (Gen 31,44.48.50; Gios 22,27.28.34).

[15] I resti di una bestia sbranata hanno funzione di prova testimoniale (*'ēd*) per questioni di risarcimento tra servo-pastore e il suo padrone (Es 22,12) (cfr. però il suggerimento di F. C. FENSHAM, «*'d* in Exodus XXII 12», *VT* 12 (1962) 337-339, che legge *'ad* al posto di *'ēd*, in conformità con la LXX: *axei auton* (il proprietario) *epi tēn thēran*). Qualcosa di analogo vale per il panno che prova la verginità di una donna diffamata dal marito (Deut 22,17). Il sigillo, la cintura e lo scettro di Giuda costituiscono un decisivo elemento a discarico nel procedimento in corso contro Tamar (Gen 38,25), mentre la tunica insanguinata di Giuseppe sembra sufficiente a provare la sua morte accidentale (Gen 37,31-33). Cfr. altri casi analoghi in 1 Sam 24,12; 26,16; 2 Sam 19,25.

Solo nel caso di Deut 22,13-19 tuttavia, un «oggetto» (che però non è chiamato *'ēd*) è addotto come prova in una procedura chiaramente forense («davanti agli anziani della città»). Un sistema di «prove materiali» come garanzia di obiettività nel giudizio non è chiaramente documentato nell'antico Israele; in ogni caso appare chiaro che, quando si parla di *'ēd* in un processo, si fa allusione ad una persona.

[16] Cfr. G. M. TUCKER, «Witnesses and 'Dates' in Israelite Contracts», *CBQ* 28 (1966) 42-45.

[17] Cfr. I. L. SEELIGMANN, «Zur Terminologie», 265.

testimone cessa di essere «notarile» (pre-forense), ed interviene in giudizio come testimone qualificato (di accusa o di difesa).

1.2.1. Testimone «a carico» o «a discarico»

Nei nostri ordinamenti giuridici, la parola «testimone» rimane generica, e deve essere specificata mediante la qualifica «a carico» (contro) o «a discarico» (a favore) se si vuole percepire esattamente la sua funzione. Per quanto riguarda il vocabolario ebraico, questa distinzione, pur pertinente, non è veicolata da un lessico specifico: solo il contesto indica se la testimonianza è a favore o contro qualcuno[18]. Tuttavia possiamo dare delle indicazioni orientative di carattere generale che mostrano il prevalere, per il sostantivo *ʿēd,* del significato di testimone a carico.

(a) *testimone a discarico*

Raramente *ʿēd* significa testimone «a favore»[19]; questo senso è linguisticamente riconoscibile quando il sostantivo è costruito con un *suffisso pronominale:* Is 43,9.10.12; Is 44,8[20].9; Giob 10,17[21]; 16,19[22]: il contesto di questi testi sembra essere giudiziario, per cui si può attribuire alla terminologia una denotazione forense[23].

---

[18] H. van Vliet, con un discutibile ricorso all'etimologia (cfr. J. Barr, *The Semantics of Biblical Language*, London 1961, 107ss) di *ʿēd* (cfr. anche *THAT* II, 211 = «esser presente»), cerca di spiegare come si giunge al significato di testimone *contro* qualcuno: «The ʿd is in the first place 'one who is present' with the collateral meaning of: 'one who is in contact'... The fundamental idea of presence, contact, relation, originally expressed in the root ʿd must be born in mind when we think of the witness of the OT. He is related to the wrongdoer. He was in his presence. He had contact with him» (*No Single testimony*. A Study on the Adoption of the Law of Deut 19:15 par. into the New Testament, STRT 4, Utrecht 1958, 67-68).

[19] Ci sembra inesatta l'affermazione di C. van Leeuwen: «Es ist bemerkenswert, dass *ʿēd* im AT nicht als (menschlicher) Entlastungszeuge vorkommt» (*THAT* II, 214). I. L. Seeligmann cita Is 43,9 quale unico esempio di testimonianza a discarico («Zur Terminologie», 262).

[20] H. Simian-Yofre fa notare la corrispondenza tra la formula in Is 43,10.12; 44,8 (*'attem ʿēday*) e quella in Gios 24,22; Rut 4,9.10 (*ʿēdîm 'attem*) (*TWAT* V [*ʿēd*]: articolo di prossima pubblicazione). Cfr. anche 1 Sam 12,5.

[21] Il suggerimento di W. G. E. Watson («The Metaphor in Job 10,17», *Bib* 63 [1982] 255-257), che traduce *ʿdyk* con «your combatants» al fine di garantire la coerenza della metafora bellica nel versetto, non ci trova consenzienti; come vedremo, vi è nell'Antico Testamento un frequente simbolismo desunto dalla guerra per indicare il confronto forense (cfr. in particolare n. 107).

[22] Cfr. J. B. Curtis, «On Job's Witness in Heaven», *JBL* 102 (1983) 549-562.

[23] Possiamo ritenere inoltre che il testimone «notarile» (come in Is 8,2; Ger 32,10; Rut 4,9-10) stia dalla parte di chi lo convoca per un determinato atto giuridico: questo aspetto non entra tuttavia nella nostra trattazione propriamente giudiziaria.

(b) *testimone a carico*

Usato assolutamente, e nell'ambito di procedure chiaramente forensi, il sostantivo *'ēd* significa *sempre* testimone a carico [24]. Molto spesso le strutture sintattiche mettono in risalto che la testimonianza è *contro* qualcuno: frequentemente abbiamo il sintagma *'ēd bᵉ* (oppure *'ēd hyh bᵉ*): Num 5,13; 1 Sam 12,5; Mi 1,2; Mal 3,5; Prov 24,28; cfr. anche Ger 42,5; come vedremo, inoltre, l'attività del testimone è spesso espressa con i verbi *qwm bᵉ* e *'nh bᵉ*.

1.2.2. Testimone «veritiero» o «falso»

Poiché il testimone (*'ēd*) in un processo è fondamentalmente colui che accusa, grande importanza viene accordata, nel vocabolario e nell'ordinamento giuridico ebraico, alla validità o meno della sua parola: da essa dipende infatti tutto l'andamento del giudizio. Il lessico ebraico per segnalare la falsa testimonianza è più vario e più frequentemente attestato di quello (che significa il) contrario:

(a) *testimone veritiero*

'ēd 'ĕmûnîm	Prov 14,5 (opposto a: *'ēd šāqer*)
'ēd 'ĕmet	Prov 14,25 (opposto a: *yāpiḥ kᵉzābîm*) [25]

(b) *testimone falso* [26]

'ēd šeqer	Es 20,16; Deut 19,18; Sal 27,12; Prov 6,19; 14,5; 25,18
'ēd šᵉqārîm	Prov 12,17; 19,5.9

Un equivalente di *'ēd* + suff. pronom. potrebbe essere supposto nel sintagma *'ēd* **lᵉ** (opposto a *'ēd* **bᵉ**); al proposito, pertinente appare il testo di Is 19,20: *wᵉhāyâ* (l'altare con la stele) *lᵉ'ôt ûlᵉ'ēd lᵉyhwh ... kî yiṣ'āqû 'el yhwh* ecc. Questa frase, che ricorda quella di Gen 21,30 (il ricevere i sette agnelli *tihyeh lî lᵉ'ēdâ kî ḥāpartî 'et habbᵉ'ēr hazzō't*), starebbe dunque a significare che l'altare e la stele sono un segno testimoniale (non propriamente forense) del fatto che chi, nell'oppressione, si rivolge a YHWH, viene esaudito (H. Wildberger, BK X/2, 1978, 740). In Is 55,4, invece di *'ēd lᵉ'ûmmîm*, BHS propone di leggere *'ēd lᵉ'ammîm* (Siriaca [Targum] *l'mm'*); se si segue il TM, si deve notare l'originalità dell'espressione (per il contenuto del passo, cfr. J. H. Eaton, «The King as God's Witness», *ASTI* 7 [1968-1969] 25-40).

[24] Il caso di Lev 5,1 sembra riguardare la *deposizione* del testimone in generale, forse con la sfumatura della *denuncia* (*ngd, Hi*) portata contro qualcuno.

[25] Abbiamo altre espressioni per indicare il testimone «veritiero» in contesti non forensi: in questi casi si potrebbe forse tradurre meglio con testimone «*fededegno*»: cfr. Is 8,2 (*'ēdîm ne'ĕmānîm*); Ger 42,5 (*'ēd 'ĕmet wᵉne'ĕmān*); Sal 89,38 (*'ēd ... ne'ĕmān*).

[26] Su questo tema e sul vocabolario pertinente, cfr. M. A. Klopfenstein, *Die Lüge nach dem Alten Testament*, Zürich–Frankfurt a. M. 1964, 18-31; A. Phillips, *Ancient Israel's Criminal Law*. A New Approach to the Decalogue, Oxford 1970, 141-145.

'ēd šāw'	Deut 5,20 [27]
'ēd ḥinnām	Prov 24,28
'ēd keẓābîm	Prov 21,28
'ēd beliyya'al [28]	Prov 19,28
'ēd ḥāmās [29]	Es 23,1; Deut 19,16; Sal 35,11

Accanto alla terminologia con *'ēd,* ricordiamo quella parallela espressa con *yāpîḥ* [30], presente quasi esclusivamente nel libro dei Proverbi:

(a) *testimone veritiero*

yāpîḥ 'ĕmûnâ Prov 12,17 (opposto a: *'ēd šeqārîm*)

---

[27] Sulla presunta differenza semantica tra Es 20,16 (*'ēd šeqer*) e Deut 5,20 (*'ēd šāw'*), cfr. M. A. KLOPFENSTEIN, *Die Lüge*, 18-21; per una sostanziale uguaglianza di senso è invece F.-L. HOSSFELD, *Der Dekalog*, OBO 45, Göttingen 1982, 75-86. Le diverse sfumature di significato tra le espressioni indicanti la falsa testimonianza sono evocate da H. SIMIAN-YOFRE, *TWAT* V (*'ēd*).

[28] Il termine *beliyya'al* è stato oggetto di ripetuti interventi, volti a cercarne l'etimologia e il preciso significato: cfr. W. V. BAUDISSIN, «The Original Meaning of 'Belial'», *ExpTim* 9 (1897-1898) 40-45; P. JOÜON, «*beliyya'al* Bélial», *Bib* 5 (1924) 178-183; J. E. HOGG, «'Belial' in the Old Testament», *AJSL* 44 (1927-1928) 50-58; G. R. DRIVER, «Hebrew Notes», *ZAW* 52 (1934) 51-56; D. W. THOMAS, «*beliyya'al* in the Old Testament», in: *Biblical and Patristic Studies* in Memory of R. P. CASEY, Freiburg 1963, 11-19; V. MAAG, «Belīja'al im Alten Testament», *ThZ* 21 (1965) 287-299.

[29] In *Ahiq. 140*, abbiamo l'equivalente aramaico *śhd ḥms* (A. COWLEY, *Aramaic Papyri of the Fifth Century B. C.*, Oxford 1923, 217). Sul significato specifico da attribuire all'espressione *'ēd ḥāmās* non vi è perfetta unanimità fra gli esegeti; a noi pare che, a seconda del contesto, vengano evocati diversi aspetti dell'ingiustizia interpersonale attuata mediante la testimonianza in tribunale: cfr. I. L. SEELIGMANN, «Zur Terminologie», 263; H. J. STOEBE, «*ḥāmās* Gewalttat», *THAT* I, 585; H. HAAG, «*ḥāmās*», *TWAT* II, 1051, 1057-1058; J. PONS, *L'oppression dans l'Ancien Testament*, Paris 1981, 39-41.

[30] Molto discussa è l'interpretazione di *ypyḥ* sia per quanto riguarda la forma grammaticale (verbo, aggettivo verbale, sostantivo), sia per quanto riguarda la provenienza (dall'ugaritico?), sia infine per quanto concerne l'interpretazione dei vari testi biblici nei quali tale termine è o sarebbe attestato.

Fra gli interventi recenti, che presentano anche una storia della ricerca su questo tema, segnaliamo: W. BÜHLMANN, *Vom rechten Reden und Schweigen.* Studien zu Proverbien 10-31, Göttingen 1976, soprattutto pp. 93-96; D. PARDEE, «*ypḥ* 'witness' in Hebrew and Ugaritic», *VT* 28 (1978) 204-213 (il quale si rifà esplicitamente a W. MCKANE, *Proverbs.* A New Approach, London 1970); P. D. MILLER, «YAPÎAḤ in Psalm XII 6», *VT* 29 (1979) 495-501; HALAT, 866-867.

Personalmente riteniamo che, nei testi sopra citati, l'interpretazione di *ypyḥ* come sostantivo sia più convincente di quella che lo considera verbo: il significato del termine verrebbe così ad essere in qualche modo sinonimico di *'ēd.* Di diverso parere è E. ZURRO RODRIGUEZ, *Procedimientos iterativos en la poesia ugarítica y hebrea*, Diss. Pont. Ist. Biblico, Roma 1985, 103).

(b) *testimone falso*

yāpîḥ kezābîm	Prov 6,19 (parallelo a *'ēd šāqer*); 14,5 (parallelo a *'ēd šāqer*; opposto a *'ēd 'ĕmûnîm*); 14,25 (opposto a *'ēd 'ĕmet*); 19,5 (parallelo a *'ēd šeqārîm*); 19,9 (parallelo a *'ēd šeqārîm*)
yepēḥ ḥāmās	Sal 27,12 (parallelo a *'ēd šeqer*)

1.2.3. Pluralità o unicità, presenza o assenza di testimoni

Mettiamo qui in luce una particolarità della testimonianza che, essendo capitale nella struttura procedurale ebraica, merita uno sviluppo più dettagliato.

(a) La pluralità di testimoni richiesta dal sistema giudiziario ebraico

Secondo Deut 17,6; 19,15 e Num 35,30 il processo (penale) è correttamente istaurato in Israele solo se vi è una pluralità (convergente) di testimoni accusatori [31]. Il testo più esplicito e più completo è quello di Deut 19,15, che non restringe la norma ai soli procedimenti capitali [32]:

lō' yāqûm 'ēd 'eḥād be'îš

lekol 'āwōn
ûlekol ḥaṭṭā't
bekol ḥēṭ' 'ăšer yeḥĕṭā'

'al pî šenê 'ēdîm

'ô 'al pî šelōšâ 'ēdîm yāqûm dābār [33]

Questa normativa non è probabilmente coestensiva alla storia delle istituzioni giuridiche di Israele [34]; e ci si può sempre chiedere

---

[31] Che il principio dell'esclusione di un solo testimone sia ripetuto tre volte può essere un segno dell'importanza accordatagli nella legislazione dell'Antico Testamento (Cfr. H. van VLIET, *No Single Testimony*, 65).

[32] Non è di questo parere B. S. JACKSON, *Theft in Early Jewish Law*, 226, il quale ritiene che la richiesta di almeno due testimoni sia limitata ai casi in cui i reati richiedono una pena capitale: Deut 17,6 (idolatria); Num 35,30 (omicidio); Deut 19,15 (da riferirsi probabilmente a reati di furto).

[33] Per l'interpretazione della frase «due o tre (testimoni)», cfr. S. E. LOEWENSTAMM, «The Phrase 'X (or) X plus one' in Biblical and Old Oriental Laws», *Bib* 53 (1972) 543; e soprattutto, B. S. JACKSON, *Essays in Jewish and Comparative Legal History*, StJudLA 10, Leiden 1975, 153-171.

[34] È soprattutto rilevante il fatto che non si trovi accenno alla necessità di una pluralità di testimoni nel cosiddetto Codice dell'Alleanza (Es 21–23). Difficile ci pare, in ogni caso, delineare una storia di questa norma giuridica con argomenti «*e silentio*», o

quale fosse la sua interpretazione concreta presso i vari tribunali previsti dalla legislazione ebraica.

Ci sembra di dover affermare comunque che il principio della pluralità di testimoni ha innanzitutto una sua interna *ragionevolezza:* esso infatti impedisce giudizi sommari, e riduce l'eventualità di errori giudiziari [35]; infatti, in procedure dove l'attestazione orale è praticamente il solo mezzo di prova, la convergenza o meno delle testimonianze è l'unico criterio oggettivo per la decisione discrezionale del giudice [36]. Non solo: questo principio è teoricamente *necessario.* Immaginiamo infatti che un uomo accusi un altro di un reato; se l'imputato fornisce una diversa versione dei fatti o proclama semplicemente la propria innocenza, nell'ipotesi che non si possa trovare (mediante accurata inchiesta) nessun «testimone» per confermare le parole di una delle due parti, il giudice non ha elementi sufficienti per decidere, e deve probabilmente archiviare il caso [37]. Dare maggior credito all'opinione dell'uno piuttosto che a quella dell'altro (in base a criteri extra-giudiziari) sarebbe introdurre favoritismo o parzialità nel giudizio, oggetto di ripetute condanne nella legislazione di Israele.

Perché una causa possa essere «giudicata» si richiede quindi una accusa motivata in modo *probante*: ora è la pluralità convergente di testimonianze contro qualcuno a costituire l'elemento probatorio tipico nel sistema giudiziario ebraico. Due o tre testimoni bastano, ma una

---

trarre prove da testi come Deut 19,16ss (dove si parla di *due* uomini che hanno una controversia in sede giudiziaria); per questo riteniamo troppo drastica la posizione di I. L. Seeligmann, il quale sottovaluta perfino l'attestazione di 1 Re 21,10.13 quando scrive che la norma dei due testimoni «gehört nicht den ältesten Zeiten an, doch wird sie I Rg. XXI im Nordreich vorausgesetzt — wenn es sich nicht um eine Zufallssituation handelt» («Zur Terminologie», 264).

[35] Cfr. *THAT* II, 213-214.

[36] Cfr. H. van Vliet, *No Single Testimony*, 68.

[37] La Bibbia non fornisce precise normative in proposito, né vengono riportati casi nei quali si avrebbe un procedimento di archiviazione. D. Daube afferma che «ordinarily, in the case of one man's words against another's, any system gives preference to the *status quo*; that is to say, the party that wants a change must have some extra in his favour to win» («The Law of Witnesses in Transferred Operation», *JANES* 5 [1973] 91). Filone, commentando probabilmente Deut 19,15, dice che il giudice non deve prendere in considerazione (*mē prosiesthai*) una testimonianza isolata, perché, di fronte alla uguaglianza numerica tra accusatore e imputato, la cosa migliore è soprassedere, cioè sospendere il giudizio (*epechein*) (*De specialibus legibus*, IV, 53-54).

In questa prospettiva può essere interessante osservare che la denuncia di un profeta è talvolta avvalorata dal riferimento a coloro che in precedenza hanno parlato come lui: in questo caso, oltre alla denuncia della recidività del reato, avremmo una convergenza di testimonianze anche senza la presenza materiale di più testimoni (caso tipico sarebbe Ger 26,5.18).

molteplicità ancora maggiore è garanzia di più grande certezza giuridica: la prova diventa schiacciante [38].

Per quanto concerne il *vocabolario ebraico* della testimonianza, importa quindi che sia notata la forma grammaticale del *plurale*, e — come indicheremo in seguito — sono significative le espressioni che indicano quantità e molteplicità.

(b) assenza o insufficienza di testimoni

Riprendendo schematicamente quanto abbiamo dichiarato nel paragrafo precedente, possiamo dire che un processo può essere celebrato (conformemente al diritto) solo se 1) abbiamo una testimonianza di accusa; e 2) se questa è assunta da una pluralità di testimoni.

Ora, ognuna di queste due condizioni può *non* verificarsi:

1) invece di «presenza» possiamo avere *assenza* (mancanza) di testimoni: se infatti nessuno è (stato) spettatore del crimine e/o se nessuno si presenta in tribunale per una denuncia, il giudizio non presenta i caratteri formali necessari per essere instaurato.

2) invece di «pluralità» possiamo avere l'*unicità* della testimonianza: come abbiamo detto, ciò equivale a «insufficienza di prove», che, in quanto tale, rende impossibile una corretta decisione giudiziaria.

Queste eventualità possono sorgere per diverse ragioni: per circostanza fortuita, oppure per un piano premeditato del criminale, il quale tendenzialmente progetta il suo delitto cercando di assicurarsi condizioni di impunibilità. La sparizione di eventuali testimoni [39], il

---

[38] Per un ragionevole svolgimento dell'udienza processuale sembra sia necessario limitare il numero degli stessi testimoni così che l'escussione dei testi non diventi superflua e quindi inutilmente onerosa per il magistrato. B. S. Jackson ha consacrato un lungo articolo allo studio dell'espressione «due o tre testimoni», traendone la conclusione che si tratta di un intervento redazionale inteso a precisare quanto era già implicitamente riassunto dall'assioma: *unus testis nullus testis*: anch'egli quindi pensa che il carattere di pluralità nella testimonianza sia l'elemento semantico decisivo in questa prescrizione giuridica («Two or three witnesses», in: *Essays in Jewish and Comparative Legal History*, Leiden 1975, 153-171).

[39] L'eliminazione dei testimoni può essere direttamente voluta e attuata dal criminale per assicurarsi l'impunità. Una modalità è quella di uccidere il testimone in circostanze tali da far credere ad un incidente: è ciò che fa Davide, ad esempio, nei confronti di Uria (2 Sam 11,14-25). Un'altra modalità è quella di accusare (di un qualche delitto) il testimone stesso: la sua morte, in ossequio alle norme legali, o almeno la perdita di autorevolezza giuridica avrà come effetto la sospensione del procedimento contro il malfattore. In questo contesto è da situare, ad esempio, il tema del processo intentato contro il profeta, o, più in generale, la persecuzione contro di lui in nome di un decreto pronunciato sommariamente dall'autorità, incriminata dalla parola del profeta (Ger 26).

fenomeno dell'omertà, la corruzione dell'amministrazione giudiziaria che trova cavilli per non ascoltare certe deposizioni, e così via, sono altre cause del riprodursi di casi giuridici nei quali l'accusa è privata di forza probante.

Le due situazioni (assenza o insufficienza di testimoni) non sono certo identiche: nel primo caso non esiste la possibilità di nessuna formale procedura giuridica; nel secondo invece il giudice può essere sollecitato a compiere almeno una inchiesta preliminare nella speranza di trovare eventuali elementi a conferma dell'accusa (o dell'imputato).

E tuttavia, le due situazioni enunciate, quando sono viste nella loro rigorosa formalità, necessitano un trattamento che le accomuni sotto un medesimo profilo giuridico: esse infatti hanno come tratto comune la mancanza (assoluta o relativa; l'assenza cioè o l'insufficienza) di forza probante, indispensabile per l'azione di accusa.

È per questo che, nella legge ebraica, *quando un crimine è stato commesso,* ma non vi sono testimoni o la testimonianza è insufficiente (non si conosce quindi in modo certo chi sia il colpevole), al normale *iter* forense si sostituisce una pratica chiamata generalmente «giudizio di Dio»[40]; in altre parole, non essendo possibile al tribunale umano di decidere con sicurezza quale sia il diritto da affermare e il reo da punire, si chiede a Dio, supremo garante della giustizia nel mondo, di fornire gli elementi atti a stabilire la verità, oppure gli si affida il compito di intervenire direttamente con il suo verdetto inappellabile[41].

---

[40] Questo doppio sistema di intervento «giusto» contro il criminale è ancora oggi presente nella *coscienza popolare* che, più o meno esplicitamente, percepisce la intollerabilità di un reato che resterebbe impunito; si attribuisce così alla punizione divina o ad una «giustizia immanente» l'eventuale sventura del malvagio sfuggito alle maglie della umana giustizia.

Ma, per quanto concerne l'*ordinamento legale*, di fronte ai casi cui alludiamo nel testo, i codici penali moderni dichiarano semplicemente il «non luogo a procedere», senza introdurre (o addirittura esplicitamente vietando) procedure (costrittive) riferite a istanze di natura religiosa.

In particolare può essere interessante notare come il Codice di Procedura Penale Italiano, al num. 378, unisce nello stesso titolo (Sentenza di proscioglimento in istruttoria) le *sentenze a non doversi procedere* perché il fatto non sussiste o perché l'imputato non lo ha commesso, tanto nel caso in cui *manca del tutto la prova* che il fatto sussiste o che l'imputato lo ha commesso; oppure perché non risultano *sufficienti* prove per rinviare l'imputato a giudizio, o perché sono *ignoti* coloro che hanno commesso il reato. (Da notare che nelle disposiz. att. c.p.p., num. 62, quando manca del tutto la prova, si deve prosciogliere con la seguente motivazione: «perché l'azione penale non avrebbe potuto essere iniziata o non può essere proseguita»).

[41] Cfr. S. M. Paul, *Studies in the Book of the Covenant in the Light of Cuneiform and Biblical Law, VTS* 18 (1970) 90-91.

L. Koehler («Die hebräische Rechtsgemeinde», 158-159) ritiene che quando vengono meno le normali procedure giuridiche si ricorra in Israele all'oracolo, per il quale entra in funzione il «sacerdote». Sembra conforme ai testi biblici il fatto che, nel caso si debba

Per quanto concerne il *vocabolario ebraico*, il testo di Num 5,13[42] ci offre un ottimo punto di partenza: il caso è quello di una donna che tradisce il marito, senza che questi — pur sospettando — ne abbia la prova (è per questo che si è costretti a ricorrere al rito delle «acque amare»):

w^{e}šākab 'îš 'ōtāh šikbat zera'	REATO
w^{e}ne'lam mē'ênê 'îšāh *w^{e}nist^{e}râ (w^{e}hî' niṭmā'â)*	SENZA PROVE
w^e'ēd 'ên bāh *w^{e}hî' lō' nitpāśâ*	

Le ragioni per cui il sospetto del marito non può essere provato in sede giudiziaria sono sostanzialmente queste (cominciando dal fondo): 1) non c'è *neppure un testimone* (che l'abbia vista o l'abbia colta in flagrante); 2) il reato è stato commesso *in segreto* (anche il marito non ne è sicuro). Questa duplice modalità di espressione ci consente di organizzare il lessico ebraico della «mancanza di prove».

(1) reato senza testimoni

Num 5,13 è l'unico testo biblico dove il sostantivo *'ēd* sia collegato con la particella negativa *'ên*. Se però teniamo presente che il testimone è colui che «ha visto» (*r'h*) o «sa» (*yd'*), possiamo avere delle espressioni equivalenti che riproducono la medesima articolazione sintagmatica: 1. negazione; 2. esperienza che fonda la testimonianza. Qualche testo basterà come esempio:

---

ricorrere ad un «giudizio di Dio» mediante responso oracolare, il sacerdote abbia spesso una particolare rilevanza. Tuttavia, si deve ricordare che il sacerdote possiede anche una normale giurisdizione per questioni concernenti il sacro (cfr. p. 158); inoltre è ben noto che il «giudizio di Dio» può avvenire mediante sorteggio, giuramento, o altre cerimonie, per i quali la presenza del sacerdote non è sempre documentata (cfr. R. de VAUX, *Institutions*, I, 241-243).

[42] Sul testo di Num 5,11-31, interessante per il dettagliato procedimento dell'ordalia con le «acque amare», cfr. J. M. SASSON, «Numbers 5 and the 'Waters of Judgement'», *BZ* NF 16 (1972) 249-251; G. RINALDI, «La donna che 'ha deviato'. Considerazioni su Num 5,11-31», *EuntDoc* 26 (1973) 535-550; M. FISHBANE, «Accusations of Adultery: A Study of Law and Scribal Practice in Numbers 5:11-31», *HUCA* 45 (1974) 25-45; H.C. BRICHTO, «The Case of the *śōṭā* and a Reconsideration of Biblical 'Law'», *HUCA* 46 (1975) 55-70; H. MCKEATING, «Sanctions against Adultery in Ancient Israelite Society with some Reflections on Methodology in the Study of Old Testament Ethics», *JSOT* 11 (1979) 57-72; T. FRYMER-KENSKY, «The Strange Case of the Suspected Sotah (Numbers V 11-31)», *VT* 34 (1984) 11-26; J. MILGROM, «On the Suspected Adulteress (Numbers V 11-31)», *VT* 35 (1985) 368-369.

a) con la negazione *'ên:* Gen 31,50 (**'ên 'îš 'immānû** *r^e'ēh 'ĕlōhîm 'ēd bênî ûbênekā*[43]; cfr. v.49: *yiṣep yhwh bênî ûbênekā kî* **nissātēr** *'îš mērē'ēhû*); Es 2,12 (*wayyar' kî* **'ên 'îš;** cfr. al v.14 l'opposto: **nôda'** *haddābār*); Es 22,9 (**'ên rō'eh**); 1 Re 3,18 (**'ên zār 'ittānû** *babbayit*); Is 47,10 (**'ên rō'ānî**); Sal 14,1 = 53,2 (**'ên 'ĕlōhîm**[44]).

b) con *altri tipi* di negazione: Deut 21,1 (*lō' nôda'*); 21,7 (*'ênênû lō' rā'û*); con domanda retorica: Sal 64,6 (*mî yir'eh lāmô*); 73,11 (*'êkâ yāda' 'ēl w^eyēš dē'â b^e'elyôn*).

(2) reato (che rimane) segreto

Che la «cosa» rimanga segreta significa, in primo luogo, che nessuno ne viene a conoscenza: l'azione giuridica dell'accusa non è neppure ipotizzabile, dato che manca il fondamento e la ragione stessa del procedere. Da questo punto di vista, il vocabolario del «segreto» è antonimo della *notitia criminis*[45].

In secondo luogo, può invece avvenire che il fatto delittuoso sia conosciuto (per mezzo di una traccia inconfutabile, quale, ad esempio, il reperimento di un cadavere che porta i segni della violenza subita: cfr. Deut 21,1), ma l'autore del crimine rimanga ignoto; esclusa la possibilità di giungere — mediante interrogatori o altre indagini — ad una precisa imputazione, l'accusa non può sviluppare la sua azione forense. In questo caso il segreto (che copre il colpevole) può essere considerato un antonimo della esperienza oculare propria al testimone[46].

---

[43] N. H. SNAITH propone la correzione *'ên 'îš 'ammēnû rō'eh,* e traduce: «when no man of our (father's) kin is watching» («Genesis XXXI 50», *VT* 14 [1964] 373).

La prima correzione (*'ammēnû* invece di *'immānû*) non sembra necessaria; in Es 22,13-14 infatti, l'assenza/presenza di testimoni è così espressa: *b^e'ālâw 'ên 'immô / b^e'ālâw 'immô.*

La seconda (*rō'eh* al posto di *r^e'ēh*) appare più accettabile, e potrebbe consentire di riorganizzare la frase secondo due stichi paralleli ed oppositivi:

'ên 'îš	*'immānû*	*rō'eh*
'ĕlōhîm		*'ēd*
	bênî ûbênekā	

[44] L'affermazione «non c'è Dio» non deve essere intesa come una dichiarazione generale di ateismo, ma piuttosto come il rifiuto di ammettere l'intervento giudicante di Dio nella storia umana (cfr. Sal 10,4.11.13; Ger 5,12; Sof 1,12).

[45] Come si è già detto, il criminale tenta di cancellare le prove della sua colpevolezza (cfr. Prov 30,20); la terminologia del coprire, nascondere, celare si oppone a quella della *notitia criminis* (cfr. Es 2,12: *wayyiṭm^enēhû baḥôl*; 2,14: *'ākēn nôda' haddābār*).

[46] Cfr. a pag. 233 l'opposizione tra la terminologia del «segreto» e l'attività indagatoria del giudice.

Per quanto concerne il *vocabolario* ebraico segnaliamo in primo luogo la terminologia del «nascondere»: in particolare le radici *str, kḥd, ʿlm (Ni), ṭmn, ksh (Pi)*[47].

Si deve poi considerare il fatto che vi sono delle condizioni *oggettive* che conferiscono all'atto criminoso una specifica valenza di segretezza, rendono cioè strutturalmente impossibile alla magistratura di portare il caso in sede giudiziaria.

La *campagna (śādeh)* — in opposizione alla città — è il luogo dove la gente non abita, e dove quindi il delitto perpetrato sfugge alla possibilità di una testimonianza di accusa (cfr. Gen 4,8; 37,15-20; Deut 21,1; 22,25.27).

Ancora più significativa è la condizione di impunibilità assicurata dalla *oscurità,* dalla *notte,* dalla *tenebra,* ecc.: se infatti è *impossibile vedere* il malfattore, il crimine diventa non perseguibile secondo le ordinarie procedure previste per legge. Come esempio tipico ci sembra interessante ricordare Giob 24,13-17:

v.13: «Altri sono ribelli alla luce (*'ôr*),
non sono loro familiari le sue vie,
non battono i suoi sentieri:
14: all'alba (**lā'ôr**)[48] si alza l'assassino
per uccidere il misero e il povero;
di notte (**ûballaylâ**) si aggira il ladro.
15: L'adultero spia il crepuscolo (**nešep**),
dicendosi: 'nessuno mi vedrà',
e si nasconde (**sēter**) il volto.

---

[47] Cfr. S. E. Balentine, «A Description of the Semantic Field of Hebrew Words for 'Hide'», *VT* 30 (1980) 137-153.

La radice *str* ha particolare rilevanza in questa serie e merita qualche nota di commento che servirà altresì per situare i verbi e i testi che citeremo nel prosieguo della nota. Il verbo *str* (*Ni*) segnala frequentemente il nascondersi del (presunto) criminale ché tenta di evitare la cattura e la punizione (cfr. Is 28,15; Ger 23,24; 36,19; Am 9,3; Sof 2,3; Giob 34,22); ma anche la condizione in cui il malfattore opera (o potrebbe operare) (cfr. Gen 31,49; Num 5,13; Ger 16,17; si veda anche Sal 19,17 con il commento di L. Alonso Schökel, *Treinta Salmos*, 103). Il sostantivo *sēter* serve talvolta ad indicare il reato occultato, soprattutto mediante l'espressione *bassēter* (Deut 13,7; 27,15.24; 2 Sam 12,12; Sal 101,5; Giob 13,10; 31,27); analoga è da considerare la forma *bammistār(îm)* in Abac 3,14; Sal 10,8.9; 64,5.

Fra i testi che esprimono l'atto dell'occultamento segnaliamo: con *kḥd*: 2 Sam 18,13; Is 3,9 (*Pi*); Os 5,3; Sal 69,6 (*Ni*); con *ʿlm*: Num 5,13ss; Qoh 12,14; con *ṭmn*: Es 2,12; Gios 7,21-22; 2 Re 7,8; Giob 31,33 (in parallelo con *ksh, Pi*); con *ṣpn*: Ger 16,17 (*Ni*; parallelo a *str, Ni*); Os 13,12 (parallelo a *ṣrr*); con *ksh* (*Pi*): Sal 32,5; Prov 28,13; cfr. anche il tema del «coprire il sangue» (Gen 37,26; Ez 24,7-8; Giob 16,18).

[48] Alcuni esegeti preferiscono leggere *lō' 'ôr* («quando non c'è luce») per dare maggiore coerenza all'insieme che parla appunto dei ribelli alla luce. Il testo tradotto presenta non pochi problemi testuali, per i quali rinviamo ai commentari scientifici.

16: Nelle tenebre (**baḥōšek**) violano le case,
durante il giorno (*yômām*) se ne stanno nascosti,
non vogliono saperne della luce (*'ôr*):
17: il mattino (*bōqer*) è oscurità (**ṣalmāwet**) per tutti loro,
familiari ai terrori dell'oscurità (**ṣalmāwet**).

Fra i numerosi testi dove l'elemento della oscurità ha un certo significato giuridico, segnaliamo: Es 22,1-2; Giud 6,25-27; 1 Sam 28,8; 1 Re 3,19-20; Is 29,15; Ger 49,9; Ez 8,12; Abd 5; Sal 11,2.4; Giob 22,13; 23,17; Sir 23,18-21.

1.2.4. Il testimone reticente o pronto

Alla fine del presente capitolo, quando si tratterà del valore del «silenzio» nell'ambito delle procedure forensi, apparirà con maggiore precisione anche la figura del testimone reticente, il quale viene definito proprio dal fatto che non dice (in sede giudiziaria) la verità che conosce[49].

Notiamo che la reticenza può esprimersi pure mediante la negazione dei verbi indicanti l'iniziativa giuridica (del tipo: non presentarsi, non alzarsi, stare lontano, e così via); ne verrebbe che l'antonimo del testimone reticente è il testimone sollecito (cfr. Mal 3,5: *'ēd m^emahēr*)[50].

1.3. *Il sintagma della testimonianza di accusa*

Che cosa sia una testimonianza di *accusa,* cosa implichi cioè e quale siano i suoi elementi costitutivi, può essere illustrato ricorrendo al sintagma *'ēd b^e,* svolgendolo nelle sue componenti essenziali. Gli elementi fondamentali, fra loro in relazione sintagmatica — così che si possa parlare di logica delle loro relazioni e di struttura della testimonianza di accusa — sono i seguenti:

1. Si presenta — Con questo elemento si indica l'iniziativa intrapresa dall'accusa. Qui è da situarsi logicamente l'opposizione «presenza-assenza» di testimoni.

---

49 G. CARDASCIA rileva come l'obbligo della testimonianza in giudizio sia presente in Israele (documentato da Lev 5,1) e nel Medio Oriente antico, ma non nel diritto romano («Droits cunéiformes et droit biblique», in: *Proceedings of the Sixth World Congress of Jewish Studies*, I, Jerusalem 1977, 69-70).

50 Per la radice *mhr* in ambito giudiziario, cfr. anche Is 16,5: *šōpēṭ w^edōrēš mišpaṭ ûm^ehir ṣedeq*; e, con un senso non di sollecitudine ma di precipitazione, Prov 25,8: *'al tēṣē' lārib mahēr* (cfr. anche 6,18). Su Mal 3,5, cfr. E. D. FREUDENSTEIN, «A Swift Witness», *Tradition* 13 (1974) 114-123 (che non abbiamo potuto consultare).

2. un testimone	È l'elemento che abbiamo già descritto nel paragrafo precedente; nella sua definizione è contenuto il riferimento ad una conoscenza o esperienza che è condizione della sua azione giuridica. Le opposizioni tra «vero-falso», tra «uno-più», intervengono qui per qualificare il valore della testimonianza.
3. che accusa	L'elemento della parola in sede forense è strettamente collegato con i due elementi precedenti. Il testimone «reticente» dovrebbe trovare in questa sede la sua collocazione (oppositiva).
4. un uomo	Abbiamo qui la definizione dell'imputato. Questo elemento può essere sviluppato mediante la descrizione della persona incriminata, precisando in particolare la sua innocenza o colpevolezza.
5. di un reato	Elemento da cui l'accusa riceve tutta la sua forza giuridica e da cui dipende la sanzione.
6. punibile	Il riferimento alla sanzione punitiva è essenziale per la procedura forense, che ha di mira il ristabilimento della giustizia attraverso il verdetto di condanna.

Questo sintagma è stato ricavato, in parte, da un esame logico della definizione di testimone; ma ci viene anche dalla lettura comparata dei testi biblici, fatta nell'intento di cogliere il valore dei singoli elementi significativi di ogni frase pertinente.

Come prima esemplificazione, al fine di introdurre il lessico ebraico, prendiamo Deut 19,15.16 e Num 35,30:

	1	2	3	4	5	6
Deut 19,15 :	*qwm bᵉ*	*ʿēd ʾeḥād*		*ʾîš*	*lᵉkol ʿāwōn...*	
Deut 19,16 :	*qwm bᵉ*	*ʿēd ḥāmās*	*ʿnh bᵉ ... sārâ* [51]	*ʾîš*		(taglione)
Num 35,30 :		*ʿēd ʾeḥād*	*ʿnh bᵉ*	*nepeš*		*lāmût*

Dalla giustapposizione di questi tre testi appare che, partendo dal vocabolo *ʿēd,* è possibile organizzare il lessico secondo le articolazioni sintagmatiche principali. Si può vedere inoltre che non tutti gli elementi

[51] Seguiamo, per il sintagma *ʿnh bᵉ... sārâ*, l'interpretazione di E. JENNI, che traduce «(vor Gericht) Falsches aussagen» («Dtn 19,16: sarā 'Falschheit'», in: *Mélanges bibliques et orientaux* en l'honneur de H. CAZELLES, Neukirchen 1981, 201-211 (cfr. anche J. van der PLOEG, «Notes lexicographiques», *OTS* 5 [1948] 142-150).

del sintagma sono necessariamente rappresentati nei singoli testi concreti; bastano infatti alcune indicazioni significative per alludere all'insieme delle relazioni. Infine, il lessico presenta delle costanti e delle varianti: se facciamo un esame esaustivo partendo dal termine *'ēd,* troviamo che i termini più tipici — perché più frequenti nei testi più chiaramente giuridici — che esplicitano la testimonianza di accusa sono *qwm b^e^* e *'nh b^e^*. Sarebbe tuttavia errato pensare che il linguaggio forense si limiti a queste espressioni; il loro apparire manifesta certo una contestualità processuale, ma essa può analogamente venir evocata da una terminologia diversa; ciò che è decisivo infatti non è un singolo termine, ma la relazione di senso che esso intrattiene con gli altri termini della frase.

Sulla base di queste considerazioni formuliamo la nostra tesi: *ognuno* degli elementi del sintagma (che dice la testimonianza di accusa) si presenta secondo delle varianti paradigmatiche. Anche il termine *'ēd* può essere sostituito da altri che ne sono l'equivalente (per sinonimia, per metonimia, per metafora) senza che il linguaggio cessi di essere pertinentemente giuridico. L'identificazione di una struttura forense è in questi casi meno certa proprio a causa della minore precisione tecnica del linguaggio; non si può tuttavia erigere a principio normativo il ricorso esclusivo ad un vocabolo o ad una espressione senza incorrere in una visione estremamente parziale del campo semantico attinente al mondo forense.

Da ciò si deduce che è impossibile fornire la totalità delle varianti paradigmatiche di un sintagma quale quello sopra riportato; pensiamo tuttavia sia necessario evocare alcune delle formalità più significative, così da attirare l'attenzione sulla vastità del fenomeno e sulla sua importanza nella letteratura dell'Antico Testamento.

1.4. *Il testimone e il suo paradigma*

Perché il nostro discorso appaia nella sua coerenza, si deve tener ben presente il sintagma della testimonianza di accusa, e presupporre che la variante introdotta in un elemento determina delle varianti considerevoli in tutti gli altri.

1.4.1. Testimone: uomo

Il vocabolo *'ēd* può essere sostituito semplicemente dalla parola «*uomo*» (*'îš, 'ādām* o simili), che è un «semema» di *'ēd.* Ciò appare evidente quando a questo «uomo» sono attribuite le azioni proprie al testimone di accusa.

Se prendiamo, ad esempio, Deut 19,16-18, vediamo che la relazione tra accusatore e accusato è espressa dapprima dai termini *'ēd* : *'îš*; abbiamo poi la formula generica *š^e^nê hā'ănāšîm*; e infine il rapporto *'ēd – 'āḥîw*. In 1 Re 21,10-13 è narrato un chiaro episodio di (falsa) testimonianza: è rilevante il fatto che i testimoni non siano chiamati *'ēdîm*, ma *šᵉnayim 'ănāšîm bᵉnê bᵉliyya'al* (v.10), *šᵉnê hā'ănāšîm bᵉnê bᵉliyya'al* (v.13), *'anšê habbᵉliyya'al* (v.13). In Prov 25,18 l'equivalenza tra uomo e testimone è così attestata: «Mazza, spada e freccia acuta – *'îš 'ōneh bᵉrē'ēhû 'ēd šāqer*»; in Prov 21,28 vi è un parallelismo antitetico tra *'ēd kᵉzābîm* e *'îš šômē'*.

Il termine *'îš* (o sinonimi) è giuridicamente pertinente non solo quando è collegato con la terminologia della controversia (cfr. i già citati[52] *'îš rîb* + suffisso pronominale, *'îš môkiḥ*, a cui si può forse aggiungere *'îš midyānîm* (Q) di Prov 26,21), ma anche quando è costruito con i termini tipici che qualificano il valore della testimonianza forense (*šeqer, kāzāb, ḥāmās*, ecc).

Diamo qualche esempio:

– Ger 9,4	:	**wᵉ'îš** *bᵉrē'ēhû yᵉhātēllû* *we'ĕmet lō' yᵉdabbērû* *limmᵉdû lᵉšônām dabber šeqer*
– Sal 140,2	:	**'ādām** *rā'*... **'îš** *ḥămāsîm*
5	:	**'îš** *ḥămāsîm*
12	:	**'îš** *lāšôn* ... **'îš** *ḥāmās*
– Sal 5,7	:	*dōbᵉrê kāzāb* – **'îš** *dāmîm*[53] *ûmirmâ*[54]
– Sal 31,21	:	*ruksê* **'îš** – *rîb lᵉšōnôt*
– Sal 12,3	:	*šāw' yᵉdabbᵉrû* **'îš** *'et rē'ēhû*[55]

Cfr. anche Sal 18,4 (**'îš** *ḥāmās*); 43,1 (**'îš** *mirmâ wᵉ'awlâ*); 55,24 (**'anšê** *dāmîm ûmirmâ*); 62,10 (*kāzāb bᵉnê* **'îš**); Ez 22,9 (**'anšê** *rākîl*); Prov 6,12-15 (12: **'ādām** *bᵉliyya'al* **'îš** *'āwen*); 16,27-30 (27: **'îš** *bᵉliyya'al*; 28: **'îš** *tahpūkôt*; 29: **'îš** *ḥāmās*); 24,1 (**'anšê** *rā'â*); ecc.

---

[52] Cfr. p. 28,38.

[53] Cfr. N. A. van UCHELEN, «*'nšy dmym* in the Psalms», *OTS* 15 (1969) 205-212.

[54] Il rapporto tra testimonianza falsa e il sostantivo *mirmâ* è attestato esplicitamente in:

Prov 12,17:	*yāpîḥ 'ĕmûnâ yaggîd ṣedeq*	*wᵉ'ēd šᵉqārîm mirmâ*
Prov 14,25:	*maṣṣîl nᵉpāšôt 'ēd 'ĕmet*	*wᵉyāpiḥ kᵉzābîm mirmâ.*

[55] L'espressione *'îš 'et rē'ēhû* è in molti testi lessicalizzata, così da indicare semplicemente la reciprocità dell'azione. Riteniamo però che talvolta essa conservi ancora una certa connotazione interpersonale: in questo caso avremmo il rapporto tra un uomo (l'accusatore, l'ingannatore) e il suo concittadino.

1.4.2. Testimone: bocca, mano e le altre parti del corpo

Un'altra delle sostituzioni paradigmatiche, assai frequenti nella poesia ebraica, è di designare l'uomo mediante una parte significativa del corpo; così, invece di dire «uomo orgoglioso» si può, per metonimia, dire «occhi alteri». Ora, poiché il testimone è fondamentalmente visto nella sua funzione di parola, è l'organo della fonazione (la bocca, la lingua, le labbra) ad essere evidenziato e a sostituire paradigmaticamente il termine *'ēd*[56].

Questo tipo di sostituzione è per così dire contenuto nelle stesse formule legali che parlano della testimonianza valida in un processo, dove leggiamo: *l^epî 'ēdîm* (Num 35,30), *'al pî š^enayim 'ēdîm... 'al pî 'ēd 'eḥād*

---

[56] Nella analisi semantica del testimone (accusatore) abbiamo messo in valore l'importanza essenziale della sua *parola*, mediante la quale egli combatte e spera di riportare la vittoria giuridica. Nel seguito del nostro discorso cercheremo di leggere molti dei confronti descritti nei Salmi come l'attacco portato contro l'orante da avversari che — servendosi di menzogne — sono o equivalgono a dei falsi testimoni (cfr. M. A. Klopfenstein, *Die Lüge*, 25).

Sembra chiaro che non si possa ridurre ad una sola categoria il concetto di «nemico», né è plausibile che ogni testo identifichi chiaramente la menzogna con la testimonianza falsa in un processo formalmente istituito.

Tuttavia appare insufficiente l'interpretazione che ritiene una informale calunnia o l'occasionale maldicenza capace di far piombare il Salmista nell'angoscia che precede la morte; più convincente appare il riferimento a false denunce, di cui i testi biblici parlano come di un fenomeno frequente (I. L. Seeligmann, «Zur Terminologie», 263; *THAT* II, 213).

Ed è insoddisfacente la tesi di S. Mowinckel (*Psalmenstudien*. I. Åwän und die individuellen Klagepsalmen, Kristiania 1921), ripresa da N. Nicolsky (*Spuren magischer Formeln in den Psalmen*, BZAW 46, Giessen 1927) e più recentemente da Ch. Hauret («Les ennemis-sorciers dans les supplications individuelles», in: *Aux grands carrefours de la révelation et de l'exégèse de l'Ancien Testament*, Recherches Bibliques VIII, Bruges 1967, 129-137), che attribuisce a degli stregoni o fattucchieri (*pō'ălê 'āwen*) il potere magico di provocare malattie anche mortali. Se si possono trovare Salmi nei quali chi prega presenta la sua situazione come quella di un malato (cfr. K. Seybold, *Das Gebet des Kranken im Alten Testament*, BWANT 99, Stuttgart 1973) alle prese con dei nemici, resta da chiedersi: 1) se questo è estensibile a tutti gli altri testi, e 2) se addirittura non sia possibile una interpretazione metaforica della stessa malattia (cfr. Ch. Barth, *Die Errettung vom Tode in den individuellen Klage- und Dankliedern des Alten Testaments*, Zollikon 1947, 99-102), la cui sintomatologia servirebbe a descrivere l'esperienza della angoscia e l'approssimarsi della morte. Su questa tematica, e in particolare sul rapporto tra i Salmi di «lamentazione» e i testi di incantesimo babilonesi, cfr. N. Lohfink «Projektionen. Über die Feinde des Kranken im alten Orient und in den Psalmen», in: *Unsere grossen Wörter*, Freiburg-Basel-Wien 1977, 145-155; E. S. Gerstenberger, *Der bittende Mensch*. Bittritual und Klagelied des Einzelnen im Alten Testament, WMANT 51, Neukirchen 1980, 64-112; L. Ruppert, «Klagelieder in Israel und Babylonien — verschiedene Deutungen der Gewalt», in: *Gewalt und Gewaltlosigkeit im Alten Testament, ed.* N. Lohfink, QDisp 96, Freiburg–Basel–Wien 1983, 111-158.

(Deut 17,6), *ʿal pî šᵉnê ʿēdîm* (Deut 19,15) [57]; da qui si può comprendere il parallelismo espresso chiaramente in Prov 19,28:

ʿēd bᵉliyyaʿal *yālîṣ mišpāṭ*
ûpî rᵉšāʿîm *yᵉballaʿ ʾāwen.*

I testi al proposito sono particolarmente abbondanti; segnaliamo quindi solo alcune espressioni caratteristiche:

– Sal 109,2 : *kî* **pî** *rāšāʿ* **ûpî** *mirmâ ʿālay pātāḥû*
dibbᵉrû ʾittî **lᵉšôn** *šāqer*

– Sal 120,2 : *yhwh haṣṣîlâ napšî* **miśśᵉpat** *šeqer* **millāšôn** *rᵉmiyyâ*

– Sal 31,19 : *tēʾālamnâ* **śiptê** *šāqer haddōbᵉrôt ʿal ṣaddîq ʿātāq*

– Is 54,17 : *wᵉkol* **lāšôn** *tāqûm ʾittāk lammišpāṭ taršîʿî*

– Giob 15,6 : *yaršîʿăkā* **pîkā** *wᵉlōʾ ʾānî*
ûśᵉpātèkā *yaʿănû bāk*

Cfr. anche Is 59,3; Ger 9,2.7; Sof 3,13; Sal 5,10; 12,3-5; 31,21; 52,4.6; 63,12; 144,8.11; Prov 6,17; 10,18; 12,19.22; 17,4; 26,28.

Un'altra parte del corpo, *la mano,* ha una certa rilevanza nella testimonianza forense; ciò appare innanzitutto da Es 23,1 (*ʾal tāšet yādᵉkā ʿim rāšāʿ lihyōt ʿēd ḥāmās*), dove sembra evocato l'uso di porre la mano sul colpevole nell'atto di fare la dichiarazione di accusa. Ciò sarebbe attestato da Lev 24,14 (*wᵉsāmᵉkû kol haššōmᵉʿîm ʾet yᵉdêhem ʿal rōʾšô*) [58] e da Giob 9,33 (*môkîḥ yāšēt yādô ʿal šᵉnênû*) [59]. La mano entra poi in funzione al momento dell'esecuzione della sentenza; anche qui il ruolo dei testimoni è particolarmente sottolineato: *yad hāʿēdîm tihyeh bô bāriʾšōnâ lahămîtô wᵉyad kol hāʿām bāʾaḥărōnâ* (Deut 17,7).

---

[57] Le espressioni *lᵉpî* e *ʿal pî* hanno identico significato (P. Dhorme, *L'emploi métaphorique des noms de parties du corps en hébreu et en akkadien*, Paris 1923, 85); pur riconoscendo che esse risultano lessicalizzate, non ci pare da escludere l'evocazione della bocca come organo della testimonianza.

[58] Cfr. anche Dan 13,34, e l'*Excursus*: «Deutungen des Gestus und der Formel '*Die Hand/Hände aufstemmen auf das Haupt von...*'», in: H. Engel, *Die Susanna-Erzählung*, OBO 61, Freiburg-Göttingen 1985, 137-141.

R. Péter, «L'imposition des mains dans l'Ancien Testament», *VT* 27 (1977) 48-55, ritiene che, in ebraico, si debba distinguere tra l'imposizione della mano e l'imposizione dell*e* man*i*; in analogia con i riti di espiazione, l'atto evocato in Lev 24,14 (e Dan 13,34) — dove abbiamo il plurale — significa che i testimoni «ont été en quelque sorte 'souillés' par la faute commise; ils se déchargent donc de cette responsabilité sur le coupable 'de base' en lui imposant les deux mains» (p. 53). Questa è una delle ipotesi interpretative già suggerita da D. Daube, *The New Testament and Rabbinic Judaism*, JLCR 2 (1952), London 1956, 227.

[59] Cfr. H. Cazelles, *Etudes sur le Code de l'Alliance*, Paris 1946, 86.

Da qui si può capire perché la coppia *bocca-mano* sia talvolta utilizzata per descrivere l'azione dell'avversario in un (supposto) processo. Ad esempio:

– Sal 144,8.11 :	*'ăšer pîhem*	*dibber šāw'*
	wîmînām	*y^emîn šāqer*[60]

Cfr. anche Is 59,3; per la mano sola: Sal 26,10.

Di più, si può ragionevolmente supporre che, oltre alla bocca e alla mano, le varie parti del corpo manifestino la partecipazione all'atto della testimonianza: gli *occhi,* in quanto sede dell'esperienza sensoriale che fonda la possibilità dell'attestazione; il *cuore,* come sede dell'intelligenza che discerne i fatti e progetta l'azione; i *piedi,* che permettono l'accedere al tribunale.

Pensiamo di dare la corretta interpretazione di Prov 6,16-19 (e per riflesso di 6,12-15) affermando che le 6/7 cose che sono in abominio a Dio non sono altro che il falso testimone, descritto secondo le varie membra del corpo, pervertite nel loro uso iniquo:

Prov 6,16 :	*šeš hēnnâ śānē' yhwh*		
	w^ešeba' tô'ăbat (Q) *napšô*		
17 :	*'ênayim*	*rāmôt*	(1)
	l^ešôn	*šāqer*	(2)
	w^eyādayim	*šōp^ekôt dām nāqî*	(3)
18 :	*lēb*	*ḥōrēš maḥš^ebôt 'āwen*	(4)
	raglayim	*m^emahărôt lārûṣ lārā'â*	(5)
19 :	*yāpîḥ k^ezābîm 'ēd šāqer*		(6)
	ûm^ešallēḥ m^edānîm bên 'aḥîm		(7)

Prov 6,12 :	*'ādām b^eliyya'al 'îš 'āwen*		(6)
	hôlēk 'iqq^ešût peh		(2)
13 :	*qōrēṣ*	*b^e'ênāw*	(1)
	mōlēl	*b^eraglāw*	(5)
	môreh	*b^e'eṣb^e'ōtâw*	(3)
14 :	*tahpūkôt*	*b^elibbô ḥōrēš rā'*	(4)
	b^ekol 'ēt midyānîm (Q) *y^ešallēḥ*		(7)
15 :	*'al kēn pit'ōm yābô' 'êdô*		
	peta' yiššābēr w^e'ên marpē'		

[60] Per L. KOPF, *ymyn,* in alcuni testi, significherebbe «giuramento» («Arabische Etymologien und Parallelen zum Bibelwörterbuch», *VT* 9 [1959] 257-258), con probabile riferimento al gesto di alzare la mano destra nel pronunciare il giuramento.

La descrizione del falso testimone mediante le parti del corpo interessate all'atto della deposizione è fatta a volte con un sistema semplificato a tre elementi; ad esempio:

- Is 59,3 (mani–dita). 3 (labbra–lingua). 7 (piedi)
- Sal 101,5 (lingua, occhi, cuore)
- Sal 140,3 (cuore). 4 (lingua–labbra). 5 (mano)
- Prov 4,24 (bocca–labbra). 25 (occhi). 26-27 (piedi).

1.4.3. Testimone: parola

Collegata direttamente con il paragrafo precedente, con particolare riferimento alla dichiarazione orale del testimone nel processo, abbiamo un'altra possibile sostituzione paradigmatica: invece di «testimone» (falso, violento...) troviamo *il parlante* (falso, violento...), o *la parola* (falsa, ecc.).

Questa sostituzione è già indicata in alcuni testi nei quali l'espressione *ʿēd šeqer* è esplicitata da una frase nella quale si sottolinea l'atto della parola, del tipo:

– Deut 19,16	:	*kî yāqûm ʿēd ḥāmās bᵉʾîš*	*laʿănôt bô sārâ*
– Deut 19,18	:	*ʿēd šeqer hāʿēd*	*šeqer ʿānâ bᵉʾāḥîw*
– Prov 14,5	:	*ʿēd ʾĕmûnîm*	*lōʾ yᵉkazzēb*
			wᵉyāpîaḥ kᵉzābîm
		ʿēd šāqer	

La figura retorica della metonimia (l'effetto al posto della causa)[61] fa sì che il *parlare* equivalga a *testimone,* soprattutto quando sono evidenziati i termini tipici della testimonianza falsa. Alcuni esempi:

– Sal 101,7	:	*dōbēr šᵉqārîm* (cfr. v.5: *mᵉlošnî* (Q) *bassēter rēʿēhû*)
– Sal 63,12	:	*dōbᵉrê šāqer*
– Sal 5,7	:	*dōbᵉrê kāzāb* (cfr. anche Sal 58,4)
– Is 59,13	:	*dibrê šāqer*
– Sal 109,3	:	*dibrê śinʾâ*
– Sal 52,6	:	*dibrê bālaʿ* (parallelo a: *lᵉšôn mirmâ*)
– Sal 101,3	:	*dᵉbar bᵉliyyaʿal*
– Prov 29,12	:	*dᵉbar šeqer* (cfr. Prov 13,5)

---

[61] H. LAUSBERG, *Handbuch der literarischen Rhetorik*, München 1960, § 568, 3.

- Is 32,7 : *'imrê šeqer*
- Zac 8,17 : *šᵉbūʿat šeqer*[62]

cfr. anche

- Is 59,13 : *dabber ʿōšeq wᵉsārâ*
- Ger 9,4 : *dabber šeqer*
- Is 58,9 : *dabber 'āwen*
- Is 59,4 : *dabber šāw'*

1.4.4. Testimone: molti; falsi...

Abbiamo visto apparire progressivamente l'importanza attribuita alla qualifica della testimonianza; sono infatti i caratteri (in genere negativi) del testimone che suscitano le riflessioni dei vari autori biblici,

---

[62] Per quanto concerne il rapporto tra l'azione processuale e il giuramento, gli elementi che possiamo ricavare dai testi biblici non sono senza difficoltà di interpretazione: cfr. M. A. Klopfenstein, *Die Lüge*, 32-41; H. J. Boecker, *Redeformen*, 34-41; G. Giesen, «Semantische Vorfragen zur Wurzel *šbʿ* 'schwören'», in: *Bausteine biblischer Theologie*, Fs. G. J. Botterweck, BBB 50, Bonn 1977, 127-143; *id.*, *Die Wurzel šbʿ «Schwören»*. Eine semasiologische Studie zum Eid im Alten Testament, BBB 56, Bonn 1981, 118-132; B. Lang, «Das Verbot des Meineids in Dekalog», *TüTQ* 161 (1981) 97-105. Sul giuramento, in generale, cfr. anche J. Pedersen, *Der Eid bei den Semiten*, SGKIO 3, Strassburg 1914, spc. 179-189; H. S. Gehman, «The Oath in the Old Testament: Its Vocabulary, Idiom, and Syntax; Its Semantics and Theology in the Masoretic Text and the Septuagint», in: *Grace Upon Grace*, Fs. L. J. Kuyper, Grand Rapids 1975, 51-63.

Sembra innanzitutto che non esistesse la pratica costante di avvalorare la deposizione dei testimoni mediante giuramento; in condizioni normali, quando cioè l'accusa poteva contare su una pluralità convergente di testimoni, non pare fosse ritenuto necessario aggiungere un riferimento esplicito al mondo sacrale.

Il giuramento (imprecatorio) (radici *šbʿ* e *'lh*) interveniva invece, con valore decisorio in campo giuridico ed anche processuale, quando — data la necessità di giungere ad un verdetto — non si possedevano prove (testimoniali) sufficienti per dare ragione a uno o all'altro dei due contendenti. Se la nostra interpretazione dei dati è corretta, il giuramento è quindi un fattore suppletorio di ordine religioso assimilabile ai riti, ordalie, sorteggi e così via, che vanno generalmente sotto il titolo di «giudizio di Dio» (cfr. R. de Vaux, *Institutions*, I, 241-243).

Un caso tipico è quello esposto in Num 5,11-31: esplicitamente vi si afferma che il sospetto del marito nei confronti della moglie adultera non è suffragato da prove (vv.12-13); per questo — allo scopo di risolvere una conflittualità insostenibile nell'ambito familiare — si deve far ricorso all'ordalia delle acque amare, che prevede come elemento centrale un giuramento imprecatorio da parte della persona sospetta (v.21: *wᵉhišbîʿ hakkōhēn 'et hā'iššâ bišbūʿat hā'ālâ*) (cfr. J. Morgenstern, «Trial by Ordeal among the Semites and in Ancient Israel», in: *Hebrew Union College Jubilee Volume*, Cincinnati 1925, 111-143; si veda anche n. 42).

Un'altra situazione che sembra accadere più frequentemente è quella attinente a contestazioni di proprietà. Una delle norme del Codice dell'Alleanza recita: «Quando un

perché da essi dipende l'esito del fare giustizia in Israele. Due elementi in particolare riteniamo siano frequentemente menzionati in modo da diventare rivelatori (e sostituti) della testimonianza di accusa: la molteplicità e la falsità.

---

uomo dà in custodia al suo prossimo un asino o un bue o un capo di bestiame minuto o qualsiasi bestia, se la bestia è morta o si è prodotta una frattura o è stata rapita *senza testimone*, tra le due parti interverrà un giuramento per il Signore (*šᵉbūʿat yhwh tihyeh bên šᵉnêhem*), per dichiarare che il depositario non ha allungato la mano sulla proprietà del suo prossimo. Il padrone della bestia accetterà e l'altro non dovrà restituire» (Es 22,9-10). Come si vede il problema giuridico — nelle varietà dei casi — è sostanzialmente quello della indebita appropriazione di ciò che appartiene ad un altro senza che ciò possa essere chiaramente provato (cfr. anche Es 22,7-8).

Questa problematica è ribadita anche in Lev 5,21-24 nell'ambito più vasto dei prestiti, pegni, furto, estorsione, oggetti smarriti: la norma del Levitico dice che in questi casi è previsto un giuramento, il quale purtroppo può essere falso (comportando quindi una ulteriore disciplina riparatrice); a noi interessa sottolineare l'espressione di 5,22: *wᵉkiḥeš bāh wᵉnišbaʿ ʿal šāqer*, che mostra come l'atto del giuramento permettesse al possessore di garantirsi contro eventuali pretese da parte del proprietario; ciò lasciava tuttavia aperta la possibilità di «furti» garantiti dallo stesso giuramento.

Il collegamento tra (preteso) furto e (falso) giuramento potrebbe essere provato anche da Lev 19,11-12: leggendo assieme i due versetti, noi avremmo, da una parte, il furto o la frode (*lō' tignōbû wᵉlō' tᵉkaḥăšû wᵉlō' tᵉšaqqᵉrû 'îš baʿămîtô*), e dall'altra il falso giuramento (*wᵉlō' tiššābᵉʿû bišmî laššāqer*). In questa medesima direzione si può interpretare la visione di Zac 5,1-4, dove il rotolo della maledizione è indirizzato al ladro (v.3: *haggōnēb*; v.4: *haggannāb*) e allo spergiuro (v.3: *hannišbāʿ*; v.4: *hannišbāʿ bišmî laššāqer*) (J. SCHARBERT, «*'ālâ*», *TWAT* I, 280).

Più generico è il testo di Lev 5,1: qui si dice che qualcuno, che è stato testimone dei fatti, «ode la formula dello scongiuro» (*wᵉšāmᵉʿâ qôl 'ālâ*), e non interviene con una sua deposizione in merito ([*'im*] *lô' yaggîd*). Che si tratti di questioni di proprietà sembra essere suggerito dal passo terminologicamente parallelo di Prov 29,24, nel quale si fa riferimento esplicito al ladro: *ḥôlēq ʿim gannāb śônē' napšô – 'ālâ yišmaʿ wᵉlō' yaggîd* (cfr. n. 10; inoltre M. J. GELLER, «The šurpu Incantations and Lev V 1-5», *JSS* 25 [1980] 181-192).

Questi ultimi testi ci pongono un diverso problema: non è chiaro dalle espressioni usate chi sia a pronunciare tale scongiuro: si potrebbe infatti pensare che il magistrato (colui che ha la funzione dirimente nei casi di contestazione), mediante uno scongiuro, faccia appello ai presenti chiedendo indirettamente che chi è al corrente degli eventi si faccia avanti (cfr. Matt 26,63); oppure che sia lo stesso imputato a pronunciare su se stesso un giuramento imprecatorio che ha l'effetto di scagionarlo (cfr. S. H. BLANK, «An Effective Literary Device in Job XXXI», *JJS* 2 [1950-51] 105-107; B. S. JACKSON, *Theft in Early Jewish Law*, Oxford 1972, 218-223; J. MILGROM, *Cult and Conscience*, 84-103).

Una figura giuridica che in qualche modo unisce le due possibilità sopra menzionate è esposta in Deut 21,1ss, testo che ci consente inoltre di vedere che il tema dell'attestazione giurata può intervenire non solo per l'adulterio e il furto, ma anche nel caso di omicidio. Ecco il caso: si trova un assassinato *in campagna*, l'assassino è ignoto (*lō' nôdaʿ mî hikkāhû*); gli anziani che hanno funzione giudicante effettuano una misurazione fra le città circostanti in ordine a stabilire quale sia la località più prossima al corpo dell'ucciso: questa operazione sembra avere la funzione di designare il presunto imputato dell'atto criminale perpetrato. Ora è interessante rilevare che gli anziani di quella città e i sacerdoti (si suppone a nome di tutti gli abitanti) compiono un rituale che è

a) *la molteplicità*

Dal punto di vista dell'imputato, la testimonianza di accusa è spesso vista come una pluralità massiccia e impressionante, a cui egli non può contrapporre nessun intervento a favore [63]. Il lessico ebraico pertinente in questa sede ha nel termine *rabbîm* [64] (cfr. Es 23,2) una espressione che ci sembra particolarmente significativa. Ad esempio:

– Sal 3,2s : *yhwh māh rabbû ṣārāy*
rabbîm qāmîm ʿālāy
rabbîm ʾōmᵉrîm lᵉnapšî *ʾên yᵉšûʿātâ lô bēʾlōhîm*

La relazione tra la moltitudine degli avversari e l'assenza di aiuto nei confronti di chi è vittima (ingiusta) può essere vista in Sal 7,2-3; 22,12-13; 71,10-11; 142,7; Giob 19,11-19 [65]. L'importanza drammatica accordata

---

accompagnato da una dichiarazione solenne di non colpevolezza: «Le nostre mani non hanno sparso questo sangue e i nostri occhi non l'hanno visto spargere. Signore, perdona al tuo popolo Israele, che tu hai redento, e non permettere che sangue innocente sia versato in mezzo al tuo popolo Israele» (vv.7-8). Anche se non abbiamo il vocabolario o la formula del giuramento, si deve riconoscere che le espressioni usate hanno, da una parte, la funzione di scagionare la città dalla imputazione di omicidio, dall'altra servono a suscitare eventualmente l'intervento di un qualche testimone, così che non sia ingiustamente lasciato impunito un reato in Israele.

Abbiamo ancora altri testi che menzionano il giuramento (o lo spergiuro) in contesti generici, dove quindi non ci è possibile decidere con certezza quale sia la portata giuridica e giudiziaria di tale atto (1 Re 8,31; Ger 5,2; Mal 3,5; Sal 15,4; 24,4; Qoh 9,2; ecc.); poiché il giuramento è frequentemente usato anche nel caso di promesse, voti, impegni, alleanze e così via, non è metodologicamente corretto ricondurre tutte le manifestazioni del giuramento e dello spergiuro all'atto della deposizione giuridico-forense.

Si può tuttavia notare che in due testi il falso giuramento è chiaramente associato ai tre reati che fanno parte della lista condannata dal Decalogo (omicidio, adulterio, furto): in Os 4,2 (*ʾālōh wᵉkaḥēš wᵉrāṣōḥ wᵉgānōb wᵉnāʾōp*; cfr. anche Sal 59,13) e in Ger 7,9 (*hăgānōb rāṣōḥ wᵉnāʾōp wᵉhiššābēaʿ laššeqer*) l'elemento dello spergiuro occupa il posto che nel Decalogo è assegnato al divieto di deporre il falso contro il prossimo. Da qui si potrebbe vedere che il falso in tribunale può essere sia attestato dall'accusatore (*ʿēd šeqer*) sia giurato dall'imputato (*hannišbāʿ laššeqer*); e si può capire inoltre come, mediante l'atto legale della deposizione forense, si vengano a consacrare altri delitti, quali l'omicidio, l'adulterio e il furto.

[63] Cfr. O. Keel, *Feinde und Gottesleugner*. Studien zum Image der Widersacher in den Individualpsalmen, SBM 7, Stuttgart 1969, 206-209.

[64] Cfr. *THAT* II, 730.

[65] La relazione oppositiva tra la moltitudine degli avversari e l'assenza di difensori può essere una conferma della attribuzione al termine *rabbîm* del significato di «*tutti*» (cfr. J. Jeremias, «*polloi*», *TWNT* VI, 536-538; G. Braulik, *Psalm 40 und der Gottesknecht*, ForBib 18, Würzburg 1975, 116-117). Da qui si può probabilmente meglio capire la ripetuta menzione dell'isolamento o solitudine del supplicante nei Salmi di lamentazione (cfr. H. Seidel, *Das Erlebnis der Einsamkeit im Alten Testament*. Eine Untersuchung zum Menschenbild des Alten Testaments, TArb 29, Berlin 1969, spc. 21-39).

alla massa dei nemici che circondano (*sbb*: Sal 22,13.17; 109,3; Giob 16,13; ecc.; *ktr* (*Pi*): Sal 22,13; (*Hi*) Abac 1,4) e si scagliano contro l'innocente è uno dei leit-motif della cosiddetta lamentazione individuale: cfr., ad esempio, Ger 20,10; Sal 25,19; 31,14; 56,3; 119,157; 129,1; Giob 30,12; 35,9. Si noti anche il rapporto frequentemente stabilito tra la moltitudine degli avversari e la loro *forza* (cfr. 2 Sam 22,18; Sal 18,18; 38,20; 40,13; 69,5; 142,7; Giob 16,7-11; 23,6; ecc.).

b) *la falsità* [66]

L'opposizione tra testimone veritiero e testimone falso è quella di maggior valore e di più decisiva influenza nella dinamica processuale; la denuncia della falsità di un accusatore è il polo concettuale attorno al quale si condensano molti dei termini (sostantivi, aggettivi, avverbi; ed anche verbi) con cui si parla dell'avversario forense. E ciò secondo due formalità distinte, ma correlate fra loro.

Innanzitutto, abbiamo la serie che esplicitamente designa l'ingannatore [67], il calunniatore, l'artefice di trame contro l'innocente [68]: qui è se-

---

[66] Su questo tema, oltre ai già citati M. A. Klopfenstein, *Die Lüge*, 1964, e W. Bühlmann, *Vom rechten Reden und Schweigen*, 1976, si veda Th. W. Overholt, *The Threat of Falsehood*, StBibT Second Series 16, London 1970, 86-91.

[67] Cfr. O. Keel, *Feinde und Gottesleugner*, 132-154.

[68] Secondo W. Bühlmann, si possono distinguere nei Proverbi diverse sfumature di significato per quello che è genericamente chiamato *die schlechte Rede*, e cioè: la menzogna, la calunnia, la falsa testimonianza, l'intrigo, l'adulazione e la maldicenza (*Vom rechten Reden und Schweigen*, 16-26). Questa classificazione potrebbe servire per inquadrare il vocabolario anche negli altri libri della Scrittura.

Ci sia tuttavia permesso fare al proposito alcune considerazioni che sfoceranno in un assunto metodologico.

Si può immaginare che in Israele, come presso tutti i popoli, fosse diffuso il fenomeno della maldicenza e della calunnia, che — l'esperienza lo attesta — producono litigi, spaccature sociali, e talvolta anche conseguenze di impensata gravità quali suicidi e morti violente. Ed è naturale ritenere che anche in Israele fossero correnti varie forme di imbroglio, di intrigo, di calcolata menzogna, prassi frequente del commercio e di tanta parte della vita politica. Sarebbe quindi ingenuo pensare che la «falsità» debba essere sempre ricondotta ad una sfera giuridica o addirittura processuale; le affermazioni fatte nel corso del nostro studio e i passi ivi citati non pretendono essere la riduzione di questo complesso fenomeno sociale ad una sola categoria interpretativa.

Si deve tuttavia osservare che spesso le espressioni ebraiche — non solo nei Proverbi, ma anche nei testi profetici e nei Salmi — hanno un valore assiomatico generale, applicabile a molti campi e a diverse situazioni vitali; non viene quindi escluso, anzi è implicitamente contenuto nell'aforisma sapienziale, una eventuale allusione a pratiche interessanti l'ambito giudiziario (cfr. ad esempio l'uso di *nirgān* in Prov 16,27-30; 18,6-8; 26,20-22, dove troviamo una terminologia altrove esplicitamente riferita alla falsa testimonianza).

Inoltre, le espressioni che sembrano, a prima vista, limitate ad un ambito, possono essere trasferite ad un altro, producendo un effetto di senso sconcertante ma efficace. Se

manticamente chiaro che ci si trova di fronte ad un uomo che fa della menzogna la sua arma di combattimento privilegiata, e con la parola (falsa) riporta la vittoria. La seconda formalità è quella che, in conseguenza della denuncia di falsità, designa l'accusatore con termini negativi di diversa natura (orgoglioso [69], empio, violento, ecc.); questi termini potrebbero, a prima vista, sembrare semanticamente indipendenti, ma noi riteniamo che essi ricevano la loro coerente interpretazione se correlati con il concetto di «falso»: infatti è perché l'accusatore non dice la verità che si rivela la sua natura di soggetto ingiusto, con tutte le valenze di superbia, di sopruso e di perversione [70].

1.4.5. Testimone: avversario

Il testimone di cui stiamo parlando è fondamentalmente chi prende posizione (giuridica) *contro* qualcuno. Per questa sua essenziale caratteristica, in particolare quando il punto di vista è quello dell'imputato, il testimone accusatore viene ad assumere il ruolo e la denominazione dell'*avversario* [71]. Per quanto riguarda il vocabolario ebraico corrispondente a questa sezione, rinviamo a 1.5.1.

---

prendiamo, ad esempio, il termine «imbroglione» e lo rendiamo soggetto di azioni tipiche del falso testimone, otteniamo una denuncia particolarmente significativa con un messaggio originale (cfr. ad esempio il ruolo di *kîlay* in Is 32,5-7; oppure l'uso di *'îš bᵉliyyaʿal* o *'îš ḥāmās* nei Proverbi e nei Salmi; o ancora espressioni come *'îš lāšôn* di Sal 140,12 e *'îš śᵉpātayim* di Giob 11,2).

Notiamo infine che lo sfondo della procedura giudiziaria rende ultimamente evidenti le ragioni per cui si insiste sulla gravità della menzogna nel rapporto fra gli uomini: l'atto processuale manifesta infatti concretamente come una parola falsa crei le premesse di un giudizio infamante di condanna. La leggerezza con cui talvolta si parla (cfr. Prov 26,18-19) non è affatto una attenuante dell'atto; il confronto giuridico rivela — a causa della sua formale configurazione — come la stoltezza possa diventare estremamente dannosa per il prossimo e la società intera. In questo senso si potrebbe dire che tutti i «vizi» dell'uomo portano a compimento ed esprimono, nel momento giudiziario, la loro valenza mortifera.

[69] Cfr. O. KEEL, *Feinde und Gottesleugner*, 159-161. Per la terminologia ebraica dell'orgoglio, cfr. anche P. HUMBERT, «Démesure et chute dans l'Ancien Testament», in: *Maqqél shâqédh*, Hommage à W. VISCHER, Montpellier 1960, 63-68.

[70] Segnaliamo la particolare importanza da attribuire alle varie espressioni ebraiche contrassegnate dai termini *šeqer, ḥāmās, ḥinnām, mirmâ.* Solo il contesto può tuttavia determinare — a volte solo con approssimazione — quale sia la natura specifica del soggetto e degli atti menzionati (cfr. L. RUPPERT, *Der leidende Gerechte*, ForBib 5, Würzburg 1972, 30-33, che segnala anche il termine *rêqām* in Sal 7,5).

[71] La terminologia e il concetto di «avversario» non si identificano con quelli dell'accusatore (cfr. le esemplificazioni di A.F. PUUKKO, «Der Feind in den alttestamentlichen Psalmen», *OTS* 8 [1950] 47-65); si può tuttavia ritenere — come indica anche PUUKKO (p. 47) — che la conflittualità ha una radice giuridica, consistente nella

1.4.6. Testimone: colpevole, malvagio [72]

Infine, l'imputato — che si sente e si proclama innocente (*ṣaddîq*) almeno relativamente all'accusa di cui è vittima — identifica il testimone di accusa con il *rāšāʿ* (cfr. Prov 19,28). Questa identificazione può essere fatta anche da un giudice imparziale che, con una giusta sentenza, può condannare (*hršyʿ*, cioè dichiarare *rāšāʿ*) l'accusatore stesso, dicharando al tempo stesso innocente (*hṣdyq,* chiamando quindi *ṣaddîq*) l'accusato.

Cfr. ad esempio Sal 58,4; 140,5.9; Giob 27,7.

Questa serie di sostituzioni rende il campo semantico della testimonianza forense difficile da delimitare con rigore: spesso infatti il lettore non è in grado di decidere se si trovi in presenza di una situazione forense oppure no. Riteniamo necessario quindi fare due considerazioni di carattere generale che situino lo svolgimento fatto finora nell'ambito di una interpretazione globale dei testi biblici, alla ricerca di una visione coerente dei fenomeni studiati.

La prima di queste nostre osservazioni concerne il sistema giuridico e sociale di Israele. Molte delle situazioni che vengono evocate nei Salmi e in genere nei testi poetici della Bibbia mettono in scena un innocente (talvolta un gruppo) alle prese con dei malfattori. Crediamo sia frequente la volontà di presentare una situazione emblematica, una sorta di modello che consenta una applicazione interpretativa a eventi concreti dotati di fisionomia propria; il contesto preciso, il fatto storico, la situazione caratteristica è per così dire assunta in un linguaggio stereotipico, con termini ricorrenti di valore generico, così che il medesimo testo possa diventare chiave ermeneutica di una serie pressoché indefinita di eventi.

Il rapporto tra innocente e malvagio ha così una vastissima gamma di applicazioni interpretative, e sembrerebbe metodologicamente (e storicamente) riduttivo il vedere nell'insieme dei testi biblici la descrizione del rapporto processuale (tra accusatore e imputato).

---

pretesa di entrambe le parti di essere nel giusto; e si può aggiungere che questa pretesa riveste la formalità più alta (e più pericolosa) quando può esporsi davanti ad una istanza giudicante, conscia quindi del rischio di essere smentita e condannata. L'avversario per eccellenza è colui che è talmente sicuro del suo diritto e del successo che riporterà (in tribunale) da mettere in moto una procedura inarrestabile della quale lui stesso potrebbe in teoria restare vittima. Come si vede, l'analogia con lo scontro in guerra o in duello appare particolarmente manifesta. Su questo tema, cfr. H. BIRKELAND, *The Evildoers in the Book of Psalms*, Oslo 1955; G.W. ANDERSON, «Enemies and Evildoers in the Book of Psalms», *BJRyl* 48 (1965-66) 18-29; O. KEEL, *Feinde und Gottesleugner*; N.A. van UCHELEN, «*'nšy dmym* in the Psalms», *OTS* 15 (1969) 205-212.

[72] Cfr. O. KEEL, *Feinde und Gottesleugner*, 109-131.

Si deve comunque notare che l'«attacco» del malvagio contro il giusto, la violenza continua dispiegata contro gli innocenti, la minaccia costante del prevalere dell'ingiusto non potrebbero avere una tale strutturale importanza se non fossero coperti o meglio garantiti da un certo sistema legale, nel quale essi trovano la loro «ultima» manifestazione. Il fatto che si insista tanto, poi, sul concetto di menzogna (articolato alla terminologia della violenza) sembra orientare non ad una situazione di banditismo diffuso, ma all'esercizio di un sopruso rivestito dei caratteri del bene; il che ci porta nell'ambito della legislazione dello Stato e della sua quotidiana interpretazione da parte degli organi giurisdizionali. E ancora, non si capisce perché l'innocente, alle prese con dei «nemici numerosi e potenti», debba ricorrere a Dio con una preghiera angosciata, quando un normale tribunale potrebbe assicurargli la restituzione del suo diritto: ciò diventa spiegabile solo se si sottintende che è proprio nel processo istituito dagli uomini che il giusto viene ad essere oggetto di ingiustificata violenza [73]. La preghiera di Susanna a Dio al momento della sua condanna a morte (Dan 13,42-43) potrebbe essere ritenuta emblematica della «situazione vitale» nella quale nascono le lamentazioni del «giusto».

Noi pensiamo quindi che è per mezzo del sistema legale, anche nel suo aspetto propriamente processuale (mediante cioè delle sentenze regolarmente emesse da un legittimo tribunale), che il malfattore porta a compimento la sua ingiustizia contro gli innocenti: egli non solo ruba, commette adulterio, uccide e così via, ma, servendosi del complotto, della menzogna e della corruzione, ottiene la vittoria contro l'eventuale querelante: può persino deridere l'avversario tanto è sicuro che, nel giudizio, risulterà «giusto». Naturalmente non sempre è possibile dimostrare nei singoli testi presi separatamente la pertinenza di questa nostra interpretazione; essa però ci sembra conferire una maggiore coerenza di insieme ai testi biblici cui alludiamo.

La seconda delle considerazioni annunciate verte su un fatto propriamente letterario. Nel nostro svolgimento precedente abbiamo estratto dal loro contesto alcune espressioni che, secondo una analisi semantica e una logica concettuale, possono risultare dei sostituti paradigmatici del termine «testimone–accusatore» (*'ēd b^e*). Si potrebbe forse obiettare che il nostro procedimento, per quanto ragionevole, non corrisponda difatto ai testi concreti della Bibbia.

Non è evidentemente consentito ai limiti di questo lavoro il mostrare la pertinenza di ogni singola citazione; né moltiplicare le esemplificazioni dove appaiano i rapporti tra il termine *'ēd* e le sue sostituzioni para-

[73] Cfr. H. Schmidt, *Das Gebet der Anklagten im Alten Testament*, BZAW 49, Giessen 1928.

digmatiche[74]. Ci limitiamo quindi a presentare una unità testuale, *il Salmo 35,* nel quale il lettore potrà facilmente riconoscere l'apparire della terminologia sopra evocata.

In questo Salmo, l'orante, ingiustamente accusato, si rivolge a Dio perché prenda le sue difese. Si deve ritenere che gli «avversari» siano gli stessi lungo tutta la preghiera; ora, paradigmatizzando le varie espressioni che li definiscono, possiamo costatare la varietà e l'estensione della terminologia utilizzata, nella linea esatta di quanto abbiamo cercato di indicare nelle pagine precedenti:

v. 1 :	*yerîbay* *lōḥămāy*
3 :	*rōdepāy*
4 :	*mebaqšê napšî* *ḥōšebê rāʿātî*
10 :	*(ḥāzāq mimmennû)* *(gōzelô)*
11 :	**ʿēdê ḥāmās**
15 :	*nēkîm*[75]
17 :	*kepîrîm*
19 :	*'ōyebay šeqer* *śōne'ay ḥinnām*
26 :	*śemēḥê rāʿātî* *hammagdîlîm ʿālāy*[76]

Rispetto alle schematizzazioni tipiche che abbiamo fornito in precedenza, questo Salmo ci mette di fronte altre varianti, in un gioco di trasformazioni pressoché indefinito. Quando leggiamo un testo dove l'elemento passionale, la denuncia accorata o altri sentimenti ed emozioni costituiscono il substrato creatore della produzione letteraria, è normale

---

74 Rinviamo a M. A. Klopfenstein, *Die Lüge*, 41-81, dove, per i Salmi, sono indicati i vari termini di sinonimia con il lessico della menzogna.

75 Come risulta dai Commentari e dagli stessi Dizionari il termine *nēkîm* di Sal 35,15 (come anche tutto il v.16a) ha posto dei problemi ai traduttori antichi e moderni. Molti esegeti propongono di correggere in *nokrîm* (cfr. H.-J. Kraus, *Psalmen*, BK XV/1, 1972⁴, 275).

76 La lista sopra riportata può essere integrata dalle menzioni che sono fatte delle *parti del corpo*: occhio (v.19: *yiqreṣû ʿāyin*; v.21: *rā'ătâ ʿênênû*), bocca (v.21: *wayyarḥîbû ʿālay pîhem*), cuore (v.25: *'al yō'merû belibbām*). Si può inoltre ricordare il v.20: *lō' šālôm yedabbērû ... dibrê mirmôt yaḥăšōbûn* (cfr. G. Ravasi, *Il libro dei Salmi.* Commento e attualizzazione, I, Bologna 1981, 636-637).

attendersi non il linguaggio tecnico e formale del giurista, ma l'elaborazione personale e inventiva propria al genere «poetico».

In questo stesso Salmo vediamo inoltre apparire un fatto nuovo rispetto a quanto detto in precedenza: non abbiamo solo le sostituzioni paradigmatiche per sinonimia (con i fenomeni complementari di metonimia e sineddoche), ma assumono particolare valore anche le varianti *metaforiche*. Al v.1, infatti, i testimoni sono detti *lōḥămāy;* e i vv. 2-3 continuano l'immagine dello scontro guerriero attribuendo a Dio il ruolo del soldato armato. Al v.17 poi, gli stessi testimoni sono detti *k^{e}pîrîm:* l'immagine della fiera è preceduta dalla menzione del «digrignare i denti» (v.16), ed è probabilmente da collegarsi con l'«inghiottire» (*bl'*) articolato alla gola spalancata (*napšēnû*) (v.25). E ricordiamo infine che, ai vv. 7-8, i testimoni sono paragonati a dei cacciatori che scavano una trappola e tendono una rete per catturare l'orante, simbolo questo frequentemente usato per sottolineare l'aspetto di inganno presente nella attività degli accusatori.

Queste ultime osservazioni ci permettono di introdurre un discorso sulle principali trasformazioni metaforiche mediante le quali si esprime la testimonianza di accusa (e più in generale la situazione di controversia giuridica).

1.5. *Le metafore del testimone-accusatore* [77]

L'aspetto aggressivo dell'accusa, contenuto fondamentalmente nel sema «contro» (*b^e* oppure *'al*), viene veicolato spesso — specie nei testi poetici — da un linguaggio metaforico desunto da due campi semantici precisi: quello della *guerra* e quello della *caccia*. Il ricorso alla metafora non fa meraviglia a chi abbia una qualche familiarità con il mondo della letteratura; non deve quindi stupire che noi lo riteniamo pertinente a significare i rapporti giuridici e processuali. Ciò che importa è comprendere

---

[77] G. CASTELLINO, a proposito dei «nemici dei Salmi individuali», scrive: «Che valore ha e come va giudicato il linguaggio di cui si serve il salmista per descrivere il male, di qualunque genere esso sia, che lo tormenta o gli avversari che gli muovono insidie?... Tiriamo la conclusione che si impone: *La facilità con cui si passa da termini e figure di guerra (e) di caccia, a metafore di animali selvatici e feroci: cani, leoni, tori, dimostra che questo linguaggio è tutto metaforico e che nessuna di queste espressioni è da intendersi alla lettera. Da esse non è possibile ricavare la determinazione precisa dei nemici e del genere della loro attività ostile*» (*Libro dei Salmi*, Torino 1955, 259). Concordiamo con l'interpretazione metaforica, ma dissentiamo sul fatto che non sia possibile ricavare alcuna modalità della attività ostile dei nemici del Salmista: se questa si dispiega con *la parola* possiamo ragionevolmente pensare che si tratti di una accusa, qualunque siano le procedure mediante le quali essa è portata e perseguita fino in fondo.

il senso delle varie immagini, così da non fraintendere l'esperienza sottostante di natura rigorosamente giuridica [78].

a) il processo e la guerra

Il processo non è propriamente una battaglia, né lo scontro bellico è un processo; eppure questi due eventi, tra loro distinti, si richiamano mutuamente.

Il processo *assomiglia* ad una battaglia, in quanto è un affrontarsi di due parti — armate di argomenti, prove, parole convincenti — con il rischio della sconfitta, che è scacco vergognoso e talvolta mortale [79].

D'altra parte — come abbiamo già accennato [80] —, il confronto in guerra o il duello singolare non sono eventi estranei ad una considerazione giuridica [81]. Al contrario, la guerra è sempre motivata da ragioni che

---

[78] La nostra posizione interpretativa diverge da quella di B. GEMSER («The *rîb-* or Controversy-Pattern», 128), il quale, parlando di molti Salmi nei quali si trova il «*rîb-pattern*», afferma: «To interpret this class of Psalms as representing a real lawsuit and trial before a temple tribunal with decision by ordeal looks like a hermeneutic 'transsubstantiation' or substantializing of metaphor into reality. Undoubtedly the phraseology is often thoroughly judicial, but with this metaphor other comparison vary» (e, in nota, indica le immagini della battaglia, delle fiere, della caccia, dell'assedio, ecc.).

Noi non crediamo all'esistenza di un tribunale del tempio presso il quale si compissero abitualmente giudizi per ordalia (se non per i casi attestati dalla Scrittura, i quali sono contrassegnati dal dover procedere senza le prove testimoniali sufficienti); diciamo invece che chi dice quei Salmi si rivolge al tribunale di *Dio*, invisibile, ma reale per la fede di chi prega. Certo, ogni discorso su Dio non può essere che una «rappresentazione», ma questa «metafora» è coerente con la realtà giuridica vissuta dall'orante (cfr. Dan 13); tutt'altro livello metaforico deve essere assegnato infatti alle immagini che descrivono il fedele alle prese con cani feroci, con leoni o eserciti nemici.

[79] A questo proposito può essere illuminante citare la descrizione del dibattimento da parte di un esperto di procedura penale: «Col dibattimento il processo raggiunge la sua fase più viva e spesso più altamente drammatica. Come si evince dalla stessa espressione lessicale (la parola *dibattimento* richiama quella di *combattimento*) è in questa fase che le parti impegnano tutte le forze e sfoderano tutte le proprie armi per il trionfo delle rispettive tesi nel duello giudiziale: ed è per questo che soprattutto in questa fase si avverte l'esigenza del rispetto del principio del *contraddittorio*, fondato sull'eguaglianza di posizioni (la cosiddetta *eguaglianza delle armi*) delle parti contrapposte» (G. D. PISAPIA, *Compendio di procedura penale*, 352). Cfr. anche I. L. SEELIGMANN, «Zur Terminologie», 255-256.

[80] Cfr. soprattutto p. 39.

[81] Cfr. F. C. FENSHAM, «The battle between the men of Joab and Abner as a possible Ordeal by battle?», *VT* 20 (1970) 356-357; *id.*, «Ordeal by Battle in the Ancient Near East and the Old Testament», in: Studi in onore di E. VOLTERRA, VI, Milano 1971, 127-135; L. ALONSO SCHÖKEL, «Salvación y liberación. Apuntes de Soteriología del Antiguo Testamento», *CuadBib* 5 (1980) 112-120; *id.*, *Treinta Salmos*, 426-429, 435-436. Cfr. anche G. FURLANI, «La sentenza di dio nella religione babilonese e assira», in: *Atti della Accademia Nazionale dei Lincei*, Memorie, Classe di Scienze morali, storiche e filologiche, Serie VIII, vol. II, fasc. 5, Roma 1950, spc. 263-264; *id.*, «Le guerre quali giudizi di dio presso i Babilonesi e gli Assiri», in: Miscellanea G. GALBIATI (Fontes Ambrosianae 27), Milano 1951, 39-47.

si proclamano giuste, ed ha come scopo di restituire il diritto; l'esito dello scontro decide chi dei due abbia ragione o torto nelle sue rivendicazioni. Essendo la vittoria militare considerata il trionfo del diritto sulla ingiustizia, è normale attendersi che — nei tempi antichi ed anche moderni — la vittoria sul campo sia accompagnata da un processo fatto subire ai colpevoli sconfitti.

b) il processo e la caccia

Se la caccia può essere definita come «l'inseguimento di animali selvatici per prenderli vivi o morti»[82], e se in questa attività si dispiega un esercizio di forza e soprattutto di astuzia, possiamo capire perché spesso essa serva come grande metafora dei rapporti processuali tra accusatore e imputato, specie nel caso di un «dibattimento» dove opera un avversario infido, disonesto e crudele[83].

La caccia può essere fatta da un animale contro un altro[84], oppure da un uomo contro un animale; nel primo caso, il «cacciatore» è general-

---

[82] F. Palazzi, *Novissimo Dizionario della Lingua italiana*, 1978, 223.

[83] Di particolare interesse appare il linguaggio desunto dal mondo delle fiere quando esso è applicato a coloro che hanno autorità in Israele. I «capi», come è noto, ricevono spesso il titolo di *pastori* (*rōʿîm*), in quanto destinati a provvedere alle necessità del popolo, che, come un gregge (*ṣō'n*), viene guidato ai pascoli e protetto dalle insidie dei predatori (cfr. 1 Sam 17,34-36; 2 Sam 24,17; Am 3,12; Sal 77,21; 78,70-72; ecc.). Ora, quando i capi sono chiamati *fiere*, ciò significa che hanno perso il volto umano, perché trattano gli uomini (e in particolare i deboli) come semplice preda di cui saziarsi; invece di essere i «giudici» difensori e salvatori del diritto minacciato, essi diventano gli «avversari», accusatori e condannatori della gente di cui dovrebbero prendersi cura (cfr. Ez 34,1-10). Citiamo come esempio un passo molto significativo: «Dentro di essa (Gerusalemme) i suoi principi come un *leone* ruggente che sbrana la preda, divorano la gente, si impadroniscono di tesori e ricchezze, moltiplicano le vedove in mezzo ad essa ... I suoi capi in mezzo ad essa sono come *lupi* che dilaniano la preda, versano il sangue, fanno perire la gente per turpi guadagni ... I signori commettono violenze e si danno alla rapina, calpestano il povero e il bisognoso, maltrattano il forestiero, contro ogni diritto» (Ez 22,25.27.29). Cfr. anche Is 59,9-11; Sof 3,3 (K. Elliger, «Das Ende der 'Abendwölfe' Zeph 3,3 Hab 1,8», Fs. A. Bertholet, Tübingen 1950, 158-175); Sal 58,4-7; Prov 28,15; ecc.

Nell'oracolo di Ezechiele indirizzato contro i capi di Gerusalemme potrebbe anche esserci un raddoppiamento di ironia se si pensa che il leone è il simbolo di Giuda, e il lupo di Beniamino (cfr. Gen 49,9-10.27): le due tribù erano unite nell'unico regno del sud che aveva appunto la capitale a Gerusalemme (sul rapporto tra le tribù e animali totemici, cfr. *IDB*, IV, 674-675).

[84] La fiera va a caccia di altri animali, ma anche l'uomo può esserne vittima (1 Re 13,24; 2 Re 17,25; Am 5,19; Prov 22,13; ecc.), specialmente quando si avventura nei territori che sono il dominio delle «bestie selvatiche». L'antagonismo tra uomo e animale (con la conseguente distruzione della vita; tema del «sangue» versato: cfr. Gen 9,4-6) diventa metaforico per evocare il mondo della violenza; il regno escatologico della pace vede all'opposto la riconciliazione tra l'uomo e le bestie feroci (cfr. Is 11,6-7; 65,25), nell'ambito più vasto della riconciliazione tra il forte e il debole (lupo-agnello, leone-bue, ecc.).

mente la fiera, il predatore feroce e sanguinario che insegue un animale, il quale ha nella fuga la sola possibilità di scampo; nel secondo caso, il cacciatore è di solito l'uomo astuto, che sfrutta le sue capacità di conoscere il punto debole della sua vittima predestinata, per cui può farla cadere in trappola, sorprenderla in un agguato, e avere così il sopravvento su di lei [85].

È questa una descrizione brevissima e lacunare di una esperienza comune a tutti, ma familiare soprattutto al mondo antico: questi accenni ci permettono comunque di capire come la denuncia accusatoria (culminante in un processo) possa essere tradotta dalla vittima (o da colui che ne condivide i sentimenti) in termini presi dalla semantica della caccia, quali l'essere inseguito, braccato, attaccato di sorpresa e nei punti deboli, fino a che, uccisa la preda, se ne possano dividere le spoglie in una atmosfera di trionfo e allegrezza.

Si deve notare poi che la caccia serve altresì come metafora della guerra (cfr. Num 23,24; Is 5,29; 31,4; Ger 2,30; 4,7; 5,6; 50,17; Ez 19,1-9; Gioele 1,6; Nah 2,12-14; Abac 1,6-10). Se si considera il punto di vista della parte che si trova in condizioni di inferiorità (quanto al numero, all'armamento, all'esperienza militare), il nemico non può non apparire come una forza bestiale irresistibile, che, con irrisoria facilità, schiaccia, dilania e divora la sua vittima.

Dalle osservazioni fatte risulta che vi sono tre situazioni «vitali», a cui corrispondono tre campi semantici (ognuno con la sua propria terminologia) in relazione fra loro di interscambio: il processo è descritto *come* una guerra, la quale, a sua volta, può essere presentata *come* un atto venatorio. Il linguaggio poetico passa da un piano all'altro, mescolando e sovrapponendo termini e immagini.

Il vocabolario «giuridico» si situa — rispetto agli altri due — a un livello che potremmo chiamare concettuale: esso infatti rivela il senso sottostante agli eventi usando categorie che esprimono il rapporto con la verità, il diritto, il bene, l'uomo e la storia. Ma se riconosciamo e accettiamo questo generale fenomeno della metaforizzazione, dobbiamo conseguentemente riconoscere che un lessico non tecnicamente giuridico può esprimere dei rapporti di natura squisitamente giuridica.

In particolare, siamo indotti ad arricchire il paradigma del testimone-accusatore mediante la terminologia a) del nemico e b) dell'animale predatore.

---

[85] C. WESTERMANN sottolinea l'aspetto di minaccia nascosta, invisibile (*Vergleiche und Gleichnisse im Alten Testament und Neuen Testament*, CalwTMon 14, Stuttgart 1984, 84).

1.5.1. Il nemico e l'accusa

La terminologia usata per designare l'avversario forense è la stessa che serve per qualificare il nemico in una guerra [86].

'ôyēb [87], nella maggior parte dei casi, indica il nemico politico-militare (Num 10,19; 14,42; Deut 1,42; 1 Sam 4,3; 2 Sam 3,18; 2 Re 17,39; Esd 8,22.31; ecc.); ma, in certi testi, designa chiaramente l'avversario nella controversia (Giob 13,24; 27,7; 33,10; ecc.) e nel processo stesso (Sal 27,6; 35,19; ecc.). Una cosa analoga vale per i termini ed espressioni che hanno valore sinonimico, quali *ṣar, ṣōrēr, šôrēr,* e i participi dei verbi *śn', qwm (Qal* e *Hitpo*), *rdp, bqš (Pi),* ecc. [88].

Anche il sostantivo *śāṭān* [89], oltre ad un uso in contesto militare (Num 22,22.32; 1 Sam 29,4; 1 R 5,18; 11,14.23.25; 1 Cron 21,1), ha una sua significativa presenza nel campo forense (2 Sam 19,23; Sal 109,6; Zac 3,1-2; Giob 1,6-9.12; 2,1-4.6-7). Il participio *śōṭēn* è usato solo in senso giuridico (Sal 71,13; 109,20.29), così come le altre forme del verbo *śṭn* (Sal 38,21; 109,4). Il sostantivo *śiṭnâ* in Esd 4,6 (K) significa accusa (scritta) [90].

Come esempio della utilizzazione della terminologia del nemico bellico e forense in una stessa unità letteraria, si possono prendere il Sal 27: v.2: *mᵉrēʿîm – ṣāray wᵉ'ōyᵉbay;* v.3: (*maḥăneh – milḥāmâ*); v.6: *'ōyᵉbay sᵉbîbôtay;* vv.11s: *šôrᵉrāy – ʿēdê šeqer wîpēḥ ḥāmās;* e il Sal 120, dove troviamo: vv. 2-3: *śᵉpat šeqer – lāšôn rᵉmiyyâ;* v.6: *śônē' šālôm;* v.7: *milḥāmâ.*

---

[86] Cfr. L. Ruppert, *Der leidende Gerechte und seine Feinde.* Eine Wortfelduntersuchung, Würzburg 1973, 156-164.

[87] Cfr. *ibid.*, 7-13; E. Jenni, «*'ōjēb* Feinde», *THAT* I, 118-122; H. Ringgren, «*'āyab*», *TWAT* I, 228-235.

[88] Rinviamo qui alle liste dei «nemici» dell'«individuo» fornite da diversi commentatori dei Salmi: H. Gunkel – J. Begrich, *Einleitung in die Psalmen*, Göttingen 1966², 196-198; G. Castellino, *Libro dei Salmi*, Torino 1955, 260-261; H.-J. Kraus, *Psalmen*, BK XV/1, 40-43. Lo studio più dettagliato del campo semantico del «nemico» è quello di L. Ruppert, *Der leidende Gerechte und seine Feinde*, 1973, 13-109.

Di particolare interesse appaiono le espressioni composte come *'ōyᵉbay šeqer* (Sal 35,19; 69,5), *śōnᵉ'ay šāqer* (Sal 38,20), *śōnᵉ'ay ḥinnām* (Sal 69,5; Lam 3,52), ecc.

[89] Cfr. G. Fohrer, *Das Buch Hiob*, KAT 16, Gütersloh 1963, 82-83; G. Wanke, «*śāṭān* Widersacher», *THAT* II, 821-823.

[90] L'accusa prende generalmente in Israele la forma orale, ma in Esd 4,6 e Giob 31,35 si parla di una accusa fatta pervenire per iscritto. Pensiamo comunque che il giudice, di fronte ad una accusa scritta, non possa normalmente emettere una sentenza senza istruire una qualche forma di dibattimento. B. Gemser («The *rîb*- or Controversy-Pattern», 123) cita anche Is 65,6a; Dan 7,10 (e, come probabile, Sal 149,9a) quali attestazioni dell'esistenza presso la corte giudicante di registri (archivi) atti a documentare fatti e misfatti significativi (a questo proposito, si può ricordare anche Est 6,1-3). H. J. Boecker (*Redeformen*, 14), riferendosi a Giob 31,35, ritiene che questo testo sia influenzato dalla tradizione egiziana, la cui procedura per l'indizione del processo prescriveva la deposizione di una accusa scritta.

1.5.2. Il «cacciatore» e l'accusa[91]

Benché molti testi descrivano l'attività dell'avversario forense come quella di un cacciatore, non troviamo il sostantivo ebraico corrispondente, a meno che non si consideri il participio del verbo *rdp* come l'equivalente più pertinente.

Molto frequente è invece la presentazione del nemico «accanito» sotto l'immagine dell'animale feroce[92]; va quindi considerata ed esaminata contestualmente la terminologia che rappresenta l'avversario sotto i tratti di una fiera. Fra i numerosi passi biblici ci sembrano particolarmente pertinenti: Is 38,13-14; Ger 5,6; Os 13,7-8; Abac 1,8; Sal 7,3; 10,9; 17,12; 22,13.14.17.21.22; 35,17; 57,5; 58,5.7; 59,7.15; Giob 4,10-11; 10,16-17; 29,17.

1.5.3. La coerenza delle immagini

Se l'accusatore viene presentato, in modo metaforico, come un nemico bellico, come un animale feroce, come un cacciatore, è logico attendersi che il suo agire sia descritto in modo coerente all'immagine annunziata: ognuno degli elementi del sintagma subirà quindi una qualche trasformazione rispetto al termine tecnico proprio al linguaggio legale. È impossibile in questa sede dare anche sommariamente notizia della indefinita ricchezza di varianti che intervengono nello sviluppo sintagmatico delle varie metafore; ci sia consentito solo di sottolineare, in modo evocatore, alcuni tratti caratteristici che il lettore della Bibbia non mancherà di trovare pertinenti.

Se il dibattimento è immaginato come un combattimento, invece delle (o accanto alle) parole di accusa, avremo il dispiegamento delle armi[93]. Esempio tipico è Prov 25,18: *mēpîṣ wᵉḥereb wᵉḥēṣ šānûn – 'îš 'ōneh bᵉrē'ēhû 'ēd šāqer* (cfr. Is 54,17; 59,15-20; Ger 9,2; Sal 11,2; 37,14-15; 64,4; Giob 5,15; 30,12-15; Prov 30,14; ecc.)[94]. Alla terminologia che esprime l'esercizio della forza da parte dell'avversario (braccio, mano, vigore, ecc.), corrisponderà, da parte dell'imputato, il ricorso ai

---

[91] Cfr. O. KEEL, *Die Welt der altorientalischen Bildsymbolik und das Alte Testament*, Zürich 1972, 75-84; L. RUPPERT, *Der leidende Gerechte und seine Feinde*, 150-156, 166-171.

[92] Anche Dio è spesso rappresentato metaforicamente sotto i tratti di un animale feroce (in particolare, del leone): cfr. J. HEMPEL, «Jahwegleichnisse der israelitischen Propheten», *ZAW* 42 (1924) 74-104; C. WESTERMANN, *Vergleiche und Gleichnisse*, 81.

[93] Per tutto ciò che riguarda il mondo della guerra, si veda Y. YADIN, *The Art of Warfare in Biblical Lands*. In the Light of Archaeological Study, 2 voll., New York–Toronto–London 1963.

[94] Cfr. J. A. EMERTON, «The Translation of Psalm LXIV 4», *JTS* 27 (1976) 391-392; B. COUROYER, «El vocabulario del Tiro al Arco en el Antiguo Testamento», in: *Servidor de la Palabra*, Miscelanea Bíblica en honor del P. A. COLUNGA, Salamanca 1979, 111-126.

vocaboli che significano la difesa di tipo militare (città fortificata, rocca, scudo, nascondiglio, ecc.)[95].

Se il campo semantico utilizzato è quello della caccia, l'azione di accusa prenderà le forme dell'agguato[96], e il vocabolario della rete, trappola, fossa e così via sostituirà quello della testimonianza orale (Sal 7,16; 9,16; 10,9; 35,8; 140,6; ecc.). Al posto della bocca dell'accusatore, vedremo apparire le mascelle aperte delle fiere, i loro denti aguzzi; invece della parola, vi sarà il ruggito del leone (Sal 3,8; 22,14; 27,2.12; 35,16; 37,12; ecc.), e così via.

Infine, si deve osservare che il risultato dell'azione inteso o conseguito dal «nemico» riceverà una colorazione proporzionata al mondo metaforico utilizzato; non si avranno quindi i termini di condanna, punizione, esecuzione, che sono propri del mondo giuridico; ma apparirà la terminologia della sconfitta militare (retrocedere, cadere, mordere la polvere, colpire; disonore, rotta, ecc.: Sal 7,6; 10,15; 27,2; 35,4.26; 37,15; ecc.) e della cattura (preda, divorare, sbranare, inghiottire, ecc.: Sal 7,3; 9,16; 17,12; 38,8; ecc.).

Pur in modo sommario abbiamo aperto una prospettiva di lettura di molti testi biblici che ci ha tuttavia discostato dall'esame del lessico tecnico del dibattimento forense. Non consideriamo questo nostro sviluppo una parentesi secondaria; crediamo però sia utile ora riprendere in modo preciso il sintagma della testimonianza di accusa; e, avendo concluso lo studio paradigmatico dell'elemento «testimone», forniamo un analogo contributo — più limitato quanto all'estensione — per gli elementi che costituiscono l'*attività* giuridica dell'accusatore.

1.6. *Paradigma dell'azione di accusa*

Raggruppiamo le azioni tipiche dell'accusatore e il lessico che le segnala sotto due titoli: 1) l'iniziativa giuridica assunta dal testimone; e 2) l'atto della parola con il quale tale iniziativa si compie in tribunale.

---

[95] Cfr. C. WESTERMANN, *Vergleiche und Gleichnisse*, 87-89. Unilaterale ci pare l'opinione che riduce tutto alla istituzione delle città di asilo (L. DELEKAT, *Asylie und Schutzorakel am Zionheiligtum*. Eine Untersuchung zu den privaten Feindpsalmen, Leiden 1967).

[96] Volendo riprendere una espressione di J. ORTEGA Y GASSET, la caccia è una «persecución razonada», in quanto mette in gioco tutte le astuzie della intelligenza per riportare il successo (*La caza y los toros*, Madrid 1968, 101). L'*agguato* è una delle forme privilegiate dell'esercizio previdente della ragione nell'atto venatorio; per questo diventa metaforico della *premeditazione* nel compiere l'omicidio (Es 21,13; Deut 19,11; ecc.): il verbo *'rb* è caratteristico al proposito (Mi 7,2; Sal 10,8.9; Prov 1,11.18; 12,6). Su questo tema cfr. B. S. JACKSON, *Essays in Jewish and Comparative Legal History*, 91ss.

A conclusione di questa sezione che tratta della testimonianza faremo alcune considerazioni sulla rilevanza giuridica del «movente» dell'accusa stessa.

1.6.1. L'iniziativa giuridica dell'accusa

Essa viene espressa frequentemente mediante il verbo *qwm*, sia che il soggetto sia il testimone (*ʿēd*) [*qwm bᵉ*: Deut 19,15.16; Sal 27,12; Giob 16,8; *qwm*: Sal 35,11; Sof 3,8 (*corr*)], sia che troviamo un altro termine equivalente (Is 54,17: *kol lāšôn* + *qwm ʾet*; Mi 7,6: *bat* + *qwm bᵉ*; Sal 1,5[97]: *rᵉšāʿîm* + *qwm bammišpāṭ*; Giob 30,12: *pirḥaḥ* + *qwm ʿal yāmîn*; ecc.).

Il verbo *qwm* può essere considerato tipico dell'intervento processuale, secondo quanto abbiamo indicato al capitolo precedente[98]; è ovvio però che esso ha una gamma di connotazioni e di applicazioni che va ben al di là del campo semantico forense. Abbiamo inoltre già osservato che altri verbi di movimento adempiono ad una analoga funzione; in questa sede possiamo sottolineare che, nei testi poetici, quando compaiono le grandi metafore della guerra e della caccia, la terminologia dell'*aggressione* organizzata costituisce il naturale sostituto paradigmatico del verbo *qwm*. Nel Sal 27, ad esempio, si possono considerare parallele le espressioni dei vv. 2: **biqrōb ʿālay** *mᵉrēʿîm*; 3: *ʾim* **tāḥăneh ʿālay** *maḥăneh*... *ʾim* **tāqûm ʿālay** *milḥāmâ*; 6: *ʾōyᵉbay* **sᵉbîbôtay**; 12: **qāmû bî** *ʿēdê šeqer*.

1.6.2. La parola dell'accusa

I verbi che, in modo tecnico, esprimono l'atto della accusa sono *ʿnh* e *ngd (Hi)*[99].

Il verbo *ʿnh* indica in genere l'attestazione con valore giuridico (cfr. Deut 21,7; 25,9; Es 23,2: *ʿnh ʿal rib*[100]); il sintagma *ʿnh bᵉ* più specifica-

---

[97] Cfr. L. Koehler, «Archäologisches Nr. 15», *ZAW* 36 (1916) 27-28; S. M. Paul, «Unrecognized Biblical Legal Idioms in the Light of Comparative Accadian Expressions», *RB* 86 (1979) 236-237.

[98] Cfr. pp. 217-219.

[99] Attribuiamo un valore tecnico ai verbi *ʿnh* e *ngd* (*Hi*) non solo perché hanno ripetutamente come soggetto il termine *ʿēd*, ma anche perché compaiono in testi di natura legale, dove il linguaggio è tendenzialmente più rigoroso. Su questi verbi cfr. anche p. 62.

[100] La costruzione *ʿnh ʿal* è usata, con oggetto personale, in 2 Sam 19,43, dove indica la replica contro qualcuno con valore di accusa.

Nel testo di Es 23,2 l'espressione *ʿnh ʿal rib* sembra chiaramente significare «deporre in un processo»; J. M. McKay, seguendo tra l'altro la versione della LXX, ritiene che, al posto di *rib* si debba vocalizzare *rōb*; si giungerebbe così alla traduzione: «you shall not answer against the crowd», che, congiunta alla prima parte del versetto, verrebbe a

tamente segnala l'accusa (con soggetto *'ēd:* Es 20,16; Num 35,30; Deut 5,20; 19,16.18; Giob 16,8 [101]; Prov 25,18; con termini equivalenti: 2 Sam 1,16 (*pîkā*); Giob 15,6 (*śᵉpātèkā*); ecc.).

Il verbo *ngd (Hi)* [102], è in modo generale da collegarsi con la «notitia criminis»: l'*informatore* è, ancora ai nostri giorni, uno degli strumenti dei quali l'organo giudiziario si serve per le sue indagini conoscitive. Talvolta *ngd (Hi)* segnala una attestazione a favore di qualcuno (Sal 50,6; Giob 33,23); il più delle volte tuttavia significa la delazione o la denuncia sporta contro qualcuno (con soggetto *'ēd:* Lev 5,1; cfr. anche Prov 12,17; con altri soggetti: 1 Sam 14,33; 22,22; 27,11; Is 3,9, in parallelo con *'nh bᵉ;* Ger 20,10; Prov 29,24; Est 3,4) [103].

Il verbo *'wd (Hi)* [104], usato abitualmente con la preposizione *bᵉ*, significa attestare solennemente contro qualcuno. Nella maggioranza dei casi questa attestazione, venendo prima del reato, non è propriamente una accusa, ma ne è, per così dire, l'anticipazione condizionata (cfr. Gen 43,3; Es 19,21.23; Deut 4,26; 8,19; 30,19; 31,28; 32,46; ecc.). In pochi casi invece ha chiaramente il senso di «portare testimonianza» nell'ambito di un procedimento giuridico [*a favore:* Giob 29,11 (con oggetto diretto);

---

definire l'indipendenza del testimone nei confronti dell'opinione maggioritaria («Exodus XXIII 1-3, 6-8: a Decalogue for the Administration of Justice in the City Gate», *VT* 21 [1971] 315).

[101] In Giob 16,8 (*lᵉ'ēd hāyâ wayyāqom bî kaḥăšî bᵉpānay ya'ăneh*) appare chiaramente il rapporto tra la testimonianza (*'ēd*) e l'accusa (*bᵉpānay ya'ăneh*), anche se il soggetto grammaticale del verbo *'nh* è ritenuto il termine *kaḥăšî.* Quest'ultimo è interpretato come «la mia magrezza/malattia» (cfr. Sal 109,24) da molti commentatori moderni (F. DELITZSCH, S. R. DRIVER - G. B. GRAY, R. GORDIS, G. FOHRER, F. HORST, M. H. POPE, L. ALONSO SCHÖKEL); le versioni antiche si riferiscono invece alla radice *kḥš* = mentire, e traducono quindi con «la mia menzogna» (LXX, Siriaca, Targum) o «il mio calunniatore» (Vulgata); in questa linea vanno anche P. DHORME, *Le livre de Job*, Études Bibliques, Paris 1926, 211-212 («mon calumniateur», con riferimento a Is 30,9), e N. H. TUR-SINAI, *The Book of Job*, Jerusalem 1967, 265 («my lying»): questo autore fa anche l'ipotesi che uno scriba abbia corretto l'originale *kaḥăšô* («la sua falsa accusa») per motivi di riverenza verso Dio (cfr. anche J. VELLA, «Il Redentore di Giobbe [Nota a *Giob* 16,20]», *RivB* 13 [1965] 165). Dato il frequente rapporto semantico tra testimonianza e menzogna, riteniamo che la traduzione del versetto più accettabile sia quella di A. VACCARI, *La Sacra Bibbia*, IV,1, Firenze 1958, 47:

> «Si è fatto testimone e si è levato contro di me
> il mio calunniatore, che in faccia mi accusa».

[102] Cfr. I. L. SEELIGMANN, «Zur Terminologie», 261-262: «Das Verbum *hgyd* nimmt in sehr verschiedenen Quellen und Schichten die technische Bedeutung 'beim Gericht anzeigen' an» (p. 261).

[103] Dobbiamo segnalare anche il verbo *glh*, che si situa nella sfera semantica di *ngd* (*Hi*): al *Qal*, e nella forma *glh 'et 'ōzen–* può esprimere la denuncia (1 Sam 22,8.17); al *Piel* abbiamo un significato analogo in Is 16,3; 26,21; Ger 49,10; Giob 20,17; Lam 2,14; 4,22 (cfr. anche al *Niphal*, Is 22,14; Ez 21,29; Os 7,1; Prov 26,26).

[104] Cfr. *THAT*, II, 216-217 (C. VAN LEEUWEN); *TWAT* V, (*'ēd*) (H. SIMIAN-YOFRE); I. L. SEELIGMANN, «Zur Terminologie», 265-266.

contro: Am 3,13[105]; Mal 2,14 (*bên ... ûbên*); Sal 50,7 (*b*e)[106]; 81,9]. Solo in 1 Re 21,10.13 il verbo *'wd (Hi)* è usato (assoluto o con la preposizione *'et*) per indicare la testimonianza in sede chiaramente processuale. Ricordiamo infine che questo verbo viene usato per indicare la convocazione dei testimoni fatta da una parte in causa: questi testimoni hanno tuttavia funzione notarile (Is 8,2; Ger 32,10.25.44) o prestano assistenza in una controversia a due (Deut 4,26; 30,19; 31,28)[107].

È stato riconosciuto un certo valore giuridico al verbo *zkr*[108]; per quanto riguarda in particolare l'accusa, la forma *Hiphil* avente per oggetto un pronome personale (Is 43,26) o un sostantivo indicante il misfatto (Gen 41,9; Num 5,15; 1 Re 17,18; Ez 21,28-29; 29,16), equivale ai verbi di denuncia, anche in sede forense.

Se i verbi elencati in precedenza servono ad esprimere, con diverse sfumature, l'atto dell'accusa, non si deve dimenticare che essa è fondamentalmente un atto di parola. Ora i vari *verba dicendi,* per quanto generici siano, possono in certi contesti assumere il significato di accusare, specialmente quando sono collegati con termini che sono tipici del mondo della testimonianza[109]. Lo stesso verbo *dbr (Pi)* è uno dei più usati: cfr. Is 59,3-4; Sal 12,3-5; 109,2; 144,8.11; Prov 30,8; ecc.[110].

La terminologia dell'accusa finora elencata dice genericamente l'atto della attestazione forense, senza tuttavia qualificarne immediatamente il valore. Nella Bibbia abbiamo però molti testi in cui si parla di testimo-

---

105 Cfr. V. MAAG, *Text, Wortschatz und Begriffswelt des Buches Amos*, Leiden 1951, 180-181.

106 M. MANNATI («Le Psaume 50 est-il un *rîb*?», *Sem* 23 [1973] 37-40) non accetta la sfumatura di attestazione *contro*, e traduce: «je t'avertis solennellement»; nonostante l'abbondanza e la sottigliezza delle argomentazioni non accettiamo il suo parere, che ci pare ispirato da una «precomprensione» positiva della prima parte del Salmo 50.

107 Cfr. Is 43,9: *yitt*e*nû 'ēdêhem* («producano i loro testimoni»). Ricordiamo anche la formula originale di Giob 10,17: *t*e*ḥaddēš 'ēdèkā negdî*; di passaggio, segnaliamo come questo «rinnovare le prove (testimoniali)» contro Giobbe sia messo in parallelo con la metafora della caccia contro un leone (v.16: *kaššaḥal t*e*ṣûdēnî*) e l'immagine dell'assalto armato (*ḥălîpôt w*e*ṣābā' 'immî*) (cfr. nota 20).

108 Rinviamo in particolare a H. J. BOECKER, *Redeformen*, 105-111; cfr. anche W. SCHOTTROFF, «*zkr* gedenken», *THAT* I, 513; e le note 25 (cap. 2), 62 (cap. 4), 33.4c (cap. 5) oltre alle pp. 130-131, 233-235 del nostro lavoro.

109 Cfr. L. RUPPERT, *Der leidende Gerechte und seine Feinde*, 132-139.

110 Tra i *verba dicendi* segnaliamo ad esempio *hgh* (Is 59,3.13; Giob 27,4) e *nb' (Hi)* (Sal 59,8; 94,4; Prov 15,28). Il verbo *ṭpl*, per cui si propongono diversi significati (ZORELL: *excogitavit, concinnavit*; GESENIUS: *anschmieren*; BDB: *smear* or *plaster* (over), *stick, glue*; HALAT: *anschmieren, zuschmieren*), ha un certo rapporto con la parola accusatoria (cfr. Sal 119,69; Giob 13,4; Sir 51,5).

nianza *falsa*[111]; ora, la falsità (o concetti equivalenti) può essere riferita come attributo al testimone (= testimone falso), oppure può trasferirsi sulla parola pronunciata in tribunale (= accusa falsa): in quest'ultimo caso, la terminologia della calunnia, della *menzogna,* della mal-dicenza può intervenire come equivalente paradigmatico della testimonianza qualificata negativamente.

Una serie di testi importanti concernenti la legge sulla falsa testimonianza ci consente di illustrare le varianti del lessico nella uniformità della tematica.

- Es 20,16 : *lō'* **ta'ăneh** *b^erē'ăkā 'ēd šāqer*
- Deut 5,20 : *w^elō'* **ta'ăneh** *b^erē'ăkā 'ēd šāw'*
- Lev 19,16 : *lō'* **tēlēk rākîl** *b^e'ammèkā* (cfr. Ger 9,3; Ez 22,9)
  lō' ta'ămōd 'al dam rē'ekā
- Es 23,1 : *lō'* **tiśśā' šēma' šāw'** ... *lihyōt 'ēd ḥāmās*[112]

A proposito di quest'ultimo passo, si possono anche ricordare:

- Sal 15,3 : *lō'* **rāgal** *'al l^ešōnô*[113]
  lō' 'āśâ l^erē'ēhû rā'â
  w^eḥerpâ *lō'* **nāśā'** *'al q^erōbô*
- Giob 19,5 : *'im 'omnām 'ālay* **tagdîlû** (cfr. Sal 35,26)
  w^etôkîḥû *'ālay* **ḥerpātî**

---

[111] Cfr. H. J. STOEBE, «Das achte Gebot (Exod 20, Vers 16)», *WDienst* 3 (1952) 108-126.

[112] Nella linea delle antiche versioni (LXX, Vulgata, Targum Onkelos), di FILONE (*De Specialibus Legibus*, IV, 59-61), e di RASHI (cfr. *L'Exode*, Paris 1965, 187.189), H. van VLIET interpreta Es 23,1a come un monito rivolto al *giudice*, che deve stare in guardia per non accogliere una notizia menzognera: «He who tries to bear false witness must not find support, says Ex 23:1 that can be translated by 'You shall pay no heed to false report'. In this way the parallelism in the sentence is preserved, which goes on to say 'You shall not join hands with a wicked man, to be a malicious witness'» (*No Single Testimony*, 66).

H. CAZELLES (*Etudes sur le Code de l'Alliance*, Paris 1946, 85-86) ritiene invece che il comando di Es 23,1 («Tu ne feras pas de fausses déclarations») debba riferirsi ad eventuali *testimoni*: «Le législateur hébreu vise donc ceux qui font de fausses déclarations en justice. La procédure est orale, et ce sont les paroles qui sont les grands actes du procès. Le contexte indique qu'il s'agit plutôt de faux témoignage que de fausses dénonciations sans cependant les exclure». Questa è anche la linea interpretativa di U. CASSUTO (*A Commentary on the Book of Exodus*, Jerusalem 1967, 296), di M. NOTH (*Das zweite Buch Mose*. Exodus, ATD 5, Göttingen 1961², 138, 152-153) e di B. S. CHILDS (*The Book of Exodus*. A Critical, Theological Commentary, Philadelphia 1974, 445, 480-481).

[113] Cfr. 2 Sam 19,28 e Sir 5,14 (*wblšwnk 'l trgl r'*). Sul Sal 15,3, cfr. J. A. SOGGIN, «Il Salmo 15 (Volgata 14). Osservazioni filologiche ed esegetiche», *BbbOr* 12 (1970) 84.

Accanto ai verbi che significano l'atto del mentire, tra cui merita attenzione particolare il verbo *kzb (Pi)* [114] (cfr. Prov 14,5; Giob 6,28; 34,6), ricordiamo infine quelli che sottolineano l'aspetto dell'*ingannare;* citiamo, ad esempio, *kḥš (Pi)* [115], verbo questo molto vicino all'area semantica della menzogna (cfr. Lev 5,21-22; 19,11; Os 4,2), *rmh (Pi)* (2 Sam 19,27; Prov 26,19) [116], *pth (Pi)* [117] (1 Re 22,20-22; Prov 16,29; 24,28) e così via.

1.6.3. Contenuto e movente dell'accusa

Il *contenuto* della parola di accusa non è diverso da quello che abbiamo presentato al capitolo 2 del nostro studio. Si deve in certo modo supporre, dati i pochi testi espliciti al proposito, che la testimonianza accusatoria portata in sede forense abbia un più chiaro riferimento alla legge dello Stato regolante i rapporti fra i cittadini, legge che il magistrato tutela e applica nell'esercizio delle sue funzioni. Come più esplicito è il «titolo» di reato, così più preciso sarà il riferimento dell'accusa alla sanzione richiesta dalla stessa azione giuridica intrapresa.

Merita speciale considerazione poi la tesi di H.J. BOECKER, il quale mostra come, in sede forense, l'accusa si rivolga al giudice, e quindi parli dell'imputato *alla terza persona;* in una controversia invece («preforense», secondo la terminologia dell'autore) l'accusatore interpella direttamente il suo avversario, usando quindi la seconda persona [118]. I testi particolarmente significativi al proposito sono: Deut 21,20; 22,14; 1 Re 3,17.18.19; 21,13; Ger 26,11; cfr. anche 2 Sam 19,22; Is 5,3s. Prese con la dovuta cautela, queste osservazioni presentano un indubbio interesse, in quanto consentono, mediante un fenomeno stilistico, di situare certi testi biblici nel loro preciso contesto giuridico.

Per quanto concerne il *movente dell'accusa* [119], ci rendiamo conto di usare una espressione non consacrata dall'uso: si parla spesso infatti del movente di un delitto (elemento conoscitivo giudicato indispensabile per una coerente interpretazione del reato perpetrato), ma non del movente

---

[114] Cfr. in particolare M. A. KLOPFENSTEIN, *Die Lüge*, 184-187, 222-226. Ricordiamo anche lo *Hiphil* di *kzb* con il senso di «smentire» in Giob 24,25; e il *Niphal* («essere smentito») in Prov 30,6.

[115] Sull'importanza della radice *kḥš*, cfr. M. A. KLOPFENSTEIN, *Die Lüge*, 254-310.

[116] Come il sostantivo *šeqer* è più usato ed ha maggiore pertinenza giuridica di *šqr* (cfr. Lev 19,11: KLOPFENSTEIN, *Die Lüge*, 9-11), così i termini *mirmâ*, *r^e^miyyâ* e *tarmît* nei confronti del verbo *rmh* (cfr. *ibid*, 310-315).

[117] Cfr. D. J. A. CLINES – D. M. GUNN, «'You tried to persuade me' and 'Violence! Outrage' in Jeremiah 20,7-8», *VT* 28 (1978) 20-23.

[118] Cfr. «Anklagereden und Verteidigungsreden im Alten Testament», *EvT* 20 (1960) 398-412; *Redeformen*, 75-84.

[119] Cfr. p. 112-113.

di una accusa. Sembra ovvio infatti che il testimone, nel fare la sua deposizione, non abbia altra intenzione e altro interesse che il perseguimento legale della giustizia: egli, come il giudice, cercherebbe di «togliere il male in mezzo a Israele» contribuendo alla punizione del malfattore e alla tutela dell'innocente.

Ma, abbiamo spesso ribadito, esiste l'ipotesi di una accusa falsa che snatura il senso del procedere giuridico: ora, se questa, nell'esteriorità delle sue manifestazioni, non presenta elementi caratteristici diversi dalla accusa veritiera, è invece essenzialmente distinta da essa quanto al movente da cui è animata. L'accusa falsa è in sé «criminale», e come tale ha il suo movente che deve essere cercato, denunciato e condannato.

Le ragioni per cui un uomo può attaccare in giudizio un suo concittadino sono numerose quanto quelle che lo portano a perpetrare un delitto. A noi sembra opportuno segnalare l'importanza che — nei testi che ci riguardano — viene accordata alla denuncia dell'*odio* dell'accusatore nei confronti della sua vittima (cfr. Lev 19,17; Num 35,20; Sal 9,14; 18,18; 34,22; Prov 10,18; ecc.). Il mettere in rilievo che l'accusa è mossa e sostenuta da un sentimento iniquo, che essa procede da un desiderio riprovevole, e che ha di mira solo l'eliminazione di un uomo per vantaggio personale, è essenziale per qualificare la falsa accusa come reato doloso, delitto intenzionale, omicidio premeditato.

Quando, ad esempio, il Salmista si rivolge a Dio denunciando che i falsi testimoni «lo odiano senza motivo» (cfr. Sal 25,19; 35,19; 38,20; 69,5; 109,3), vediamo che egli non solo proclama la sua innocenza, ma la contrappone al movente perverso che sostiene la parola degli altri.

2. **La querela o l'appello**

Il Salmo 35 ci era servito[120] come esempio tipico per illustrare il fenomeno delle sostituzioni paradigmatiche dell'elemento «testimone», e in particolare per introdurre il discorso sull'importanza del linguaggio metaforico. In questo stesso Salmo, l'orante, rivolgendosi a Dio per ottenere un giusto giudizio che lo liberi dalle false accuse, motiva così il suo appello:

v.10 : *yhwh mî kāmôkā*
maṣṣîl *ʿānî* *mēḥāzāq mimmennû*
w^{e}ʿānî w^{e}'ebyôn *miggōz^{e}lô*

La situazione espressa dal Salmo si configura quindi in questo modo: da una parte, abbiamo degli accusatori che si servono della loro «*forza*»

[120] Cfr. pp. 268-269.

per attentare alla vita di un uomo (per «forza» si deve intendere il potere di ottenere quello che si vuole); dall'altra, abbiamo l'accusato, minacciato nei suoi diritti e nella sua vita stessa: ora, questi non si autopresenta solo come innocente (vv.12-14: mi rendono male per bene...; v.19: mi odiano senza motivo), ma dà rilievo alla sua stessa *debolezza* chiamandosi *ʿānî wᵉʾebyôn*. Proprio perché appartiene alla categoria di persone abitualmente sottoposta all'arbitrio e al sopruso dei potenti, l'orante rivendica il diritto di essere ascoltato, protetto e salvato da Colui che, ancora più forte dei forti, è il supremo garante della giustizia nel mondo.

In modo costante nella vita di Israele (come d'altra parte nella storia umana) si determina un conflitto tra due parti (due persone o gruppi), dove il più forte esercita il suo potere per prevalere sul più debole. Questo può avvenire a due livelli.

Il *primo livello* è quello dello sfruttamento e/o del (tentato) omicidio. Un uomo schiaccia un altro, lo defrauda dei suoi diritti elementari, dispone della sua vita come di una cosa che gli appartenga: come il Faraone nei confronti di Israele in Egitto (cfr. Am 8,4-6; Ez 22,29; Giob 22,5-9; ecc.). Si può arrivare sino all'omicidio esplicito come (apparente) trionfo di una volontà dispotica, che, avendo autorità, rende legale l'abuso del potere stesso (cfr. Is 59,7; Ger 22,17; Ez 22,6; ecc.). Colui che è oppresso, minacciato nella sua vita, tenta allora di rivolgersi ad una istanza di giustizia che abbia una autorità e una forza superiore a quella dell'oppressore, così da venir vendicato nel torto subito e reintegrato nei suoi diritti: egli sporge *querela*.

Il *secondo livello* presenta una struttura fondamentalmente simile, solo leggermente più complessa e innestata nelle procedure forensi. Abbiamo sempre un sopruso esercitato dalla parte «forte» contro la parte «debole», ma questo sopruso è portato a compimento *in modo legale,* sotto forma di una normale procedura forense. Il forte, avvalendosi della sua autorità morale, della sua abilità nel complotto, della sua stessa conoscenza delle leggi, trascina il debole in giudizio, gli fa causa in modo da privarlo dei suoi beni, del suo onore e della sua vita stessa. La particolarità di questa situazione è che la forza del forte viene sublimata (ingigantita e nobilitata) dall'abile utilizzazione dello strumento giuridico, mediante il quale l'ingiustizia (del cuore) è legalizzata dalla giustizia (esteriore). Tipico al riguardo è il comportamento di Gezabele nei confronti di Nabot (1 Re 21)[121], ma tanti altri testi della Scrittura

---

[121] Il racconto di 1 Re 21 è stato oggetto di numerosi studi che hanno fra l'altro cercato di spiegare la problematica giuridica sottostante alla vicenda intercorsa tra la casa reale e Nabot. Citiamo in particolare: K. Baltzer, «Naboths Weinberg (1 Kön. 21). Der Konflikt zwischen israelitischem und kanaanäischem Bodenrecht», *WDienst* 8 (1965) 73-88; F. I. Andersen, «The Socio-Juridical Background of the Naboth Incident», *JBL* 85 (1966) 46-57; J. M. Miller, «The Fall of the House of Ahab», *VT* 17 (1967) 307-324; P. Welten,

evocano una tale condotta perversa (cfr. Es 23,6; Deut 24,17; 1 Sam 12,3-4; Is 3,13-15; 10,1-2; Mi 3,9-11; Prov 22,22; ecc.). È possibile riconoscere questo secondo livello dell'oppressione talvolta dalla menzione esplicita della sede processuale, ma più spesso dal fatto che l'ingiustizia è *attuata per mezzo delle parole* che, rivestite di una maschera di diritto e addirittura di bontà, nascondono difatto odio, violenza e volontà di morte. In questo caso, l'innocente, sottoposto al tribunale dei forti, *fa appello* ad un magistrato con giurisdizione superiore, esponendo il suo caso come una ingiustizia processuale; oppure fa ricorso al tribunale supremo del Re-Dio, il cui giudizio è retto, i cui verdetti sono ispirati alla verità e alla irreprensibile imparzialità. Con l'appello, la situazione giuridica forense in qualche modo si capovolge: il debole-*accusato* (a volte addirittura già condannato), denunciando la menzogna e la violenza in atto nei suoi confronti, diventa *accusatore* dei suoi accusatori (e chiede la condanna di chi tramava o ha tramato la sua condanna).

La distinzione tra il primo e il secondo livello è chiara in teoria, ed è reperibile anche in alcuni testi; spesso però il linguaggio metaforico e una terminologia generica [122] non consentono di individuare con certezza la modalità concreta mediante la quale il malvagio attua la sua oppressione [123]. Come abbiamo più volte dichiarato, noi riteniamo che, in ogni caso, una oppressione stabile non può non essere garantita da una qualche per-

---

«Naboth Weinberg (1 Könige 21)», *EvT* 33 (1973) 18-32; H. SEEBASS, «Der Fall Naboth in 1 Reg XXI», *VT* 24 (1974) 474-488; D. NAPIER, «The Inheritance and the Problem of Adjacency. An Essay on I Kings 21», *Interpr* 30 (1976) 3-11; R. BOHLEN, *Der Fall Nabot.* Form, Hintergrund und Werdegang einer alttestamentlichen Erzählung (1 Kön 21), TThSt 35, Trier 1978; E. WÜRTHWEIN, «Naboth-Novelle und Elia-Wort», *ZTK* 75 (1978) 375-397.

[122] Al cap. 5, pp. 171-181, parlando della parzialità nel giudizio e della perversione del tribunale, abbiamo toccato il secondo livello di oppressione del «povero», indicandone il lessico proprio. A questo momento del nostro lavoro, ci troviamo di fronte ad una terminologia che non ha, a prima vista, nessuna specifica denotazione forense: essa si presenta, in modo generico, come una manifestazione della ingiustizia sociale (un reato grave), da cui può — eventualmente — scaturire una procedura giudiziaria. Le radici più frequentemente usate, con valore sostanzialmente sinonimico, sono: *ʿšq, lḥṣ, gzl, ynh, rṣṣ, dk', qbʿ, ʿnh, ḥms, ngś*. Per una trattazione sistematica del tema, e per una adeguata informazione bibliografica rinviamo a J. L. SICRE, *Los dioses olvidados*. Poder y riqueza en los profetas preexílicos, Madrid 1979, soprattutto pp. 101-190; e a J. PONS, *L'oppression dans l'Ancien Testament*, Paris 1981.

Si noti che la terminologia dell'oppressione appare anche in contesti giuridici e forensi: cfr. 1 Sam 12,3-4 (*ʿšq, rṣṣ*); Is 10,1-2 (*gzl, bzz*); 59,13 (*ʿšq*); Zac 7,9-10 (*ʿšq*); Giob 5,4 (*dk'*); Prov 22,22 (*gzl, dk'*); Qoh 5,7 (*ʿšq, gzl*); Lam 3,34-36 (*dk'*); ecc.

[123] Cfr., ad esempio, le riflessioni di J. van der PLOEG, «Le Psaume XVII et ses problèmes», *OTS* 14 (1965) 273-295; di J. COPPENS, «Le *ṣaddîq* – 'Juste', dans le Psautier», in: *De la Tôrah au Messie*, Mél. H. CAZELLES, Paris 1981, 304; e di G. GERLEMAN, «Der 'Einzelne' der Klage- und Dankpsalmen», *VT* 32 (1982) 33-49, il quale ritiene che Davide sia il modello del giusto perseguitato dai nemici, ed esaudito da Dio nella sua preghiera.

versa legislazione o dall'abuso di una legittima autorità; il che significa che il «ribelle» (alla legge o alla autorità) verrà ad essere condannato in giudizio; non solo: se si pensa che la legge è in qualche modo un decreto dell'autorità che definisce chi ha diritto e chi ha torto, una legislazione ingiusta non è altro, in realtà, che una condanna a priori dei portatori del diritto e una dichiarazione di innocenza per coloro che sono malvagi.

In ogni caso, sia che si tratti di querela (denuncia di primo grado), sia che si tratti di appello (richiesta di revisione di un processo), il vocabolario ebraico appare con identiche formulazioni; riteniamo per questo legittimo trattare simultaneamente delle due situazioni senza con ciò alterarne la specifica natura.

2.1. *Il querelante/appellante: vocabolario ebraico*

Rispetto al teste di accusa, di cui abbiamo trattato nel paragrafo precedente, il querelante porta nel suo nome la denuncia della violazione del diritto avvenuta nella sua persona; da questo punto di vista, egli si identifica con la «parte lesa». Per quanto concerne il vocabolario ebraico, non abbiamo tuttavia l'equivalente del termine *ʿēd,* che ci consentirebbe di tracciare con una certa sicurezza il campo semantico, ed il lessico ad esso riconducibile, della azione di querela. Ciò nonostante, in base alle considerazioni fatte precedentemente, possiamo indicare le principali formalità che qualificano il soggetto giuridico che sporge querela (o fa appello ad una istanza superiore di giudizio).

2.1.1. Parte lesa

Poiché il querelante è vittima e parte «lesa», le espressioni che equivalgono a «oppresso, conculcato, offeso» e così via assumono particolare rilievo. Nel torto subìto risiede infatti il fondamento giuridico della azione della querela; per cui chi prende la parola e diventa soggetto portatore di accusa è necessariamente la vittima di una qualche violenza.

I participi passivi sono in ebraico piuttosto rari; citiamo *ʿāšûq* (Ger 50,33; Sal 103,6; 146,7; Qoh 4,1) e *gāzûl* (Ger 21,12; 22,3); la condizione dell'oppresso si evince infatti soprattutto dalla descrizione dell'avversario come oppressore (cfr. Sal 35,10; 72,4; Is 3,14; Ger 22,17; ecc.).

2.1.2. Gli «sprovveduti»

Nella stessa serie paradigmatica è necessario introdurre anche i termini che indicano lo stato di miseria, di debolezza, di povertà; a questi si devono associare le categorie sociali degli sprovveduti, come l'orfano, la vedova, il forestiero, e così via [124]. Questa terminologia non significa immediatamente e in se stessa la condizione dell'ingiustizia subita; un giudizio imparziale deve infatti non identificare il misero con il diritto (Es 23,3; Lev 19,15). Coloro però che sono «poveri e deboli» sono il bersaglio così abituale del sopruso che, nella realtà concreta dei fatti, vengono spesso a ricevere la connotazione di «sfruttati» [125].

2.1.3. Gli innocenti

Le categorie sociali sopra ricordate tendono ad equivalere alla figura dell'innocente, del «giusto» (*ṣaddîq*). Anche qui, non si tratta di una perfetta sinonimia, ma di una importante connotazione. Poiché l'ingiustizia

---

[124] Per indicare il concetto di «povero», J. van der PLOEG seleziona i seguenti termini: *'ebyôn, dal, 'ānî ('ānāw), rāš, rêq, miskēn (mᵉsukkān?)* («Les pauvres d'Israël et leur piété», *OTS* 7 [1950] 236-270); analizzando i testi, l'autore mostra come in Israele esistesse un gran numero di persone povere fatalmente esposte all'azione ingiusta dei ricchi (definiti spesso con il titolo di *rᵉšā'îm*). Sembra così che si debba attribuire alla coppia poveri–*ṣaddîqîm* (opposta a ricchi–*rᵉšā'îm*) un valore giuridico e non religioso (contro la tesi di A. KUSCHKE, «Arm und reich im Alten Testament mit besonderer Berücksichtigung der nachexilischen Zeit», *ZAW* 57 [1939] 31-57). Cfr. anche J. J. STAMM, «Ein Vierteljahrhundert Psalmenforschung», *TRu* 23 (1955) 55-60; P. van den BERGHE, «*'Ani* et *'Anaw* dans les Psaumes», in: *Le Psautier*. Ses origines. Ses problèmes littéraires. Son influence, *ed.* R. de LANGHE, OrBiLov 4, Louvain 1962, 273-295; L. DELEKAT, «Zum hebräischen Wörterbuch», *VT* 14 (1964) 35-49; T. DONALD, «The Semantic Field of Rich and Poor in the Wisdom Literature of Hebrew and Accadian», *OrAnt* 3 (1964) 27-41; K. AARTUN, «Hebräisch 'ānī und 'ānāw», *BO* 28 (1971) 125-126.

All'elenco sopra menzionato va naturalmente aggiunta la lista tipica che comprende *gēr, yātôm* e *'almānâ* (cfr. F. C. FENSHAM, «Widow, Orphan and the Poor in Ancient Near Eastern Legal and Wisdom Literature», *JNES* 21 (1962) 129-139; R. D. PATTERSON, «The Widow, the Orphan and the Poor in the Old Testament and the Extra-Biblical Literature», *BS* 130 (1973) 223-235; P. D. MILLER (Jr.), «Studies in Hebrew Word Patterns», *HarvTR* 73 [1980] 80-82; ed anche A. TOSATO, «Sul significato dei termini biblici *'Almānâ, 'Almānût* ('vedova', 'vedovanza')», *BbbOr* 25 [1983] 193-214).

Inoltre, citiamo *dak* (Sal 9,10; 10,18; 74,21; Prov 26,28) e *'ōbēd* (che pensiamo debba tradursi con «vagabondo» o «nomade» in Deut 26,5; Giob 29,13; 31,19; Prov 31,6: diverse opinioni in merito elencate in *TWAT* I, 21,24).

Ricordiamo infine che i termini indicanti gli «sprovveduti» appaiono spesso in serie: cfr. Sal 146,7-10; Giob 29,12-17.

[125] Oltre alla ragione che potremmo chiamare «storica» o fattuale (la costatata oppressione di un uomo da parte di un altro) vi è un diverso aspetto che motiva giuridicamente la rivendicazione del misero: questi ha un assoluto diritto alla vita, diritto che, secondo la legge, colui che ha potere deve difendere, se non vuole incorrere nel reato di «*omissione di soccorso*». L'ingiustizia, in questo caso, viene a crearsi proprio nel momento in cui chi può non viene in aiuto dello sprovveduto, non ascolta il grido del povero (cfr. Es 23,20-26; Deut 24,14-15; Sal 72,14; Prov 3,27-28; ecc.). Cfr. G. BARBIERO, «Il Testo massoretico di Prov 3,34», *Bib* 63 (1982) spc. 373-374. Nella normativa data dalla Bibbia su questo punto, si è più inclini a vedere una precettistica morale che una disposizione di ordine legale (D. PATRICK, «Casuistic Law Governing Primary Rights and Duties», *JBL* 92 [1973] 180-184).

di cui qui parliamo concerne essenzialmente il rapporto interpersonale, è del tutto logico che sia commessa da chi ha la forza/il potere di attuarla; chi invece è sprovveduto, ben difficilmente avrà i mezzi per commettere un sopruso nei confronti di uno più potente di lui. Il «misero» è quindi *ṣaddîq* non solo in quanto ha subito/subisce una prepotenza immotivata giuridicamente (è vittima innocente)[126], ma lo è anche nell'atto dell'accusa e della querela (è giusto nella sua rivendicazione).

Possiamo qui vedere che, se il testimone falso veniva ad equivalere al *rāšāʿ* che attaccava lo *ṣaddîq* (cfr. Ab 1,4-13; Sal 31,19; 37,12.32), il querelante (oppresso, misero) viene ad equivalere allo *ṣaddîq* che dirige la sua accusa contro il *rāšāʿ* (cfr. Sal 34,16-17.22; 37,25-29; 55,23-24; 59,11-12; 142,7-8; ecc.)[127].

2.2. *L'atto della querela/appello*

2.2.1. Configurazione giuridica della querela/appello

La caratterizzazione del querelante tracciata nel paragrafo precedente è indispensabile per capire la particolare natura della sua azione giuridica. Egli interviene e sollecita il giudice con formule che assomigliano talmente alla supplica da far pensare ad una procedura che non è portatrice di diritto[128].

---

[126] Cfr. van der PLOEG, «Les pauvres d'Israël et leur piété», *OTS* 7 (1950) 241, 245.

[127] Per il parallelismo tra «povero» e «giusto» (*ṣaddîq*), cfr. ad esempio: Am 2,5 (M. A. BEEK, «The Religious Background of Amos II 6-8», *OTS* 5 [1948] 132-141; J. L. SICRE, «*Con los pobres de la tierra*», Madrid 1984, 105); 5,12; Sal 14,4; 34,19-20; 140, 13-14; Giob 36,6-7.

[128] Facciamo qui allusione al fatto che termini quali *tᵉpillâ, rinnâ, tᵉḥinnâ* (o i verbi corrispondenti) — che avevamo elencato per la richiesta di perdono (p. 109) — vengono usati anche come sinonimi della querela (cfr. Sal 6,10; 17,1; 28,2; 42,9; 80,5; 130,2; 142,2.7; ecc.).

Più in generale, i due tipi di richiesta (supplica e querela) presentano un contenuto abbastanza somigliante in quanto chi chiede grazia si trova talvolta — come il querelante — in una oggettiva condizione di sofferenza; la descrizione della sventura in cui si è immersi (spesso provocata da un «nemico» di cui si è in balía), unita alla richiesta di avere pietà in nome della giustizia, fanno sì che appaia meno evidente la specificità propria ad ognuna delle due azioni di carattere giuridico.

E vi è da notare infine che la richiesta di grazia o di amnistia, dopo aver esperimentato la durezza della punizione, mette frequentemente in gioco il rapporto tra colui che subisce la punizione (l'orante) e colui che la infligge (strumento della collera divina); se quest'ultimo va al di là di ciò che è giusto, lasciandosi trascinare in una arbitraria forma di oppressione, la nuova situazione che si viene a creare è quella classica del prepotente che opprime il debole. La preghiera che chiede l'amnistia (perdono e sospensione della pena) si può trasformare in una querela contro l'esecutore di giustizia (cfr. Is 10,5-19.24-27; 47,6-11; Abac 1,18-23; Zac 1,14-16; Sal 74,18-23; 79,3-5.10-13; ecc.). Scrive I. L. SEELIGMANN: «Nach dieser Interpretation wurde das Beten in Israel zu aller Zeit als eine Art Gerichtsrede vor Gott empfunden» («Zur Terminologie», 278).

Eppure vi è una distinzione fondamentale tra la «*supplica*» e la «*querela*»: la prima è l'atto di chi chiede qualcosa ad un altro al di là del diritto o addirittura con la coscienza precisa di non poter rivendicare nulla [129] (come nel caso in cui qualcuno domanda un prestito o una remissione di debito); la seconda invece è la procedura di chi parla in nome del diritto (cfr. Is 32,7), di chi si rivolge al giudice in quanto giudice, in quanto cioè istanza autorevole di decisione a favore di chi è (nel) giusto.

Resta allora da spiegare come azioni di diverso valore giuridico siano espresse con un vocabolario che si assomiglia: la ragione fondamentale risiede nello stato di «debolezza» caratteristico del querelante.

Innanzitutto, come abbiamo visto, egli è oppresso e conculcato nel suo diritto proprio perché non ha potere; ciò ha un riscontro forense nel fatto che le sue recriminazioni restano parole di un pover'uomo, di uno che non conta, di uno che non sa farsi valere. Si può notare d'altronde che la querela è spesso «individuale», cioè sostenuta da una persona *sola* contro una pluralità di avversari: questo rende la sua posizione giudiziaria di accusa pressoché insostenibile, secondo le norme di una rigorosa procedura. La debolezza del suo stato connota il suo intervento processuale, che si esprime quindi come lamento, lagnanza, sospiro e querimonia. La coerenza tra la sua condizione di debole e la sua debole parola è tuttavia paradossalmente ciò che conta in giudizio, perché attraverso di essa trapela la verità della sua testimonianza giuridica.

Il querelante inoltre è in condizione di strutturale inferiorità nei confronti del giudice stesso, al quale si rivolge proprio perché questi non si lascia intimidire da nessuno. Egli non può «imporsi» all'autorità, ma solo «esporsi» nell'umiltà del suo essere e del suo dire; le sue armi sono il grido della disperazione, l'insistito invito ad ascoltare e ad aiutare, e la descrizione particolareggiata della sua stessa miseria. Egli è colui che porta nella sua carne e nella sua voce il diritto alla pietà e al soccorso [130].

---

[129] Cfr. p. 138-139.

[130] Uno dei tratti caratteristici della querela (che la distingue dalla generica supplica) è la domanda «*perché* (non vieni in aiuto)?» che l'orante rivolge al giudice (Dio). In questo «perché?» si cela una concreta rivendicazione del diritto, che contesta l'istanza giudicante, chiamata a rispondere, a giustificarsi o a intervenire (cfr. Es 5,15; Ger 14,9; 15,18; Sal 22,1; 42,10; 43,2; 44,24-25; ecc.). Se questo «perché?» viene evaso, se il giudice non ascolta la querela, il giudice diventa oppressore, e l'orante è vittima della «coalizione» degli oppressori (l'avversario e il giudice stesso) (Sal 94,20), in un assurdo sconvolgimento dell'ordinamento del mondo.

Nel capitolo 2 abbiamo mostrato che una domanda (spesso formulata come «perché?») può equivalere ad una accusa. Anche nella domanda della querela si ritrova una qualche valenza accusatoria nei confronti del magistrato giudicante; tuttavia ad essa manca l'articolazione a qualsiasi forma di *sanzione* contro l'accusato stesso; ne viene che la querela è l'accusa del «debole» per eccellenza, che non può ricorrere a nessun altro per difendersi se non proprio a colui che sta mettendo in questione con la sua rivendicazione.

Se il querelante è in posizione di inferiorità rispetto al testimone di accusa, il suo stato — esposto presso un tribunale giusto — viene però ad usufruire di una condizione di privilegio; il giudice infatti, pur dovendo garantire imparzialità ed equidistanza nel processo, è chiamato ad appoggiare chi è senza difesa, a propendere per chi è debole, così che il giudizio possa essere equo[131].

Al fine di situare il vocabolario della querela e introdurre le principali relazioni sintagmatiche che la esprimono, prendiamo l'episodio narrato in 2 Re 8,1-6. Abbiamo una donna che, a causa della carestia, è costretta ad emigrare (*gwr*: vv.1.2) per sette anni nel paese dei Filistei; dalla narrazione si può supporre che, rientrata nella terra di Israele, non fosse riuscita a rientrare in possesso della sua casa e dei suoi terreni perché altri (non identificati nel racconto) li avrebbero usurpati; si può anche dedurre che i magistrati locali non potessero o non volessero intervenire a favore della donna: essa infatti «esce» per rivolgersi al tribunale del re.

L'azione giuridica della donna è espressa così: *wattēṣē' liṣʿōq 'el hammelek 'el bêtāh wᵉ'el śādāh* (v. 3); questa frase può essere analizzata secondo i suoi componenti:

1. un verbo di movimento (*yṣ'*) che indica l'iniziativa giuridica (cfr. Cap. 6);
2. un verbo che indica l'atto della querela (*ṣʿq 'el*);
3. il tribunale a cui ci si rivolge (*hammelek*);
4. il motivo della querela (*'el bêtāh wᵉ'el śādāh*)[132].

Di fronte all'azione giuridica della donna vi è la «reazione» dell'organo giudicante, che si esplicita secondo la modalità della fase inquisitoria: il re interroga la donna al fine di stabilire la verità dei fatti (*wayyiš'al hammelek lā'iššâ:* v.6). La querelante fa la sua deposizione esponendo i fatti (*wattᵉsapper lô:* v.6).

---

[131] Facciamo qui allusione al «principio del contraddittorio», che, nei nostri ordinamenti penali, rappresenta una delle manifestazioni del diritto di difesa dell'imputato: esso può essere definito come la partecipazione contemporanea e contrapposta di tutte le parti al processo, che devono godere di analoghe possibilità espressive (cfr. G. LEONE, *Manuale di diritto processuale penale*, 52-53).

[132] Questa struttura è ripetuta con una terminologia quasi identica al v.5:

1. *wᵉhinnēh hā'iššâ* ... : non abbiamo qui un verbo di movimento perché ci troviamo già alla presenza del giudice; esplicitato è solo il soggetto dell'azione giuridica.
2. *ṣōʿeqet 'el* : atto della querela.
3. *hammelek* : tribunale a cui ci si rivolge.
4. *ʿal bêtāh wᵉʿal śādāh* : motivo della querela (espresso qui con la preposizione *ʿal*, invece di *'el*).

La conclusione della vicenda coincide con la sentenza del tribunale regio: il giudice acconsente alla richiesta (implicita) della donna, e dispone l'esecuzione mediante decreto: 1) nomina di un funzionario (*sārîs*) che si occupi del caso; 2) mandato di restituzione (*hāšêb*) sia dei possedimenti della querelante, sia della loro rendita accumulata nell'assenza (v.6).

Sulla base di questo racconto, procediamo a dettagliare il vocabolario ebraico della querela; nel prossimo paragrafo parleremo dell'atto della querela stessa; ci occuperemo quindi del contenuto della richiesta; infine, mostreremo l'articolazione di questa azione giuridica con l'intervento dell'organo giudicante.

2.2.2. Atto della querela: vocabolario ebraico

I termini più comuni per segnalare l'atto della querela sono i verbi (ed eventualmente i sostantivi corrispondenti alle radici) *ṣʿq* o *zʿq, qrʾ* e *šwʿ(Pi)* [133]. Diamo qualche esempio, mostrando i principali elementi del sintagma della querela:

	soggetto	iniziativa	QUERELA	tribunale	motivo
			ṣʿq / zʿq		
2 Re 8,3 :	(emigrata)	*wattēṣēʾ*	*liṣʿōq*	*ʾel hammelek*	*ʾel bêtāh...* [134]
Es 5,15 :	*šōṭerê benê yiśrāʾēl*	*wayyābōʾû* [135]	*wayyiṣʿăqû*	*ʾel parʿōh*	*lēʾmōr: lāmmâ...*
Is 19,20 :	(Israele, di nuovo in Egitto)		*kî yiṣʿăqû*	*ʾel yhwh*	*mippenê lōḥăṣîm*
Es 22,22 :	(vv.20-21: *gēr; ʾalmānâ weyātôm*)		*ṣāʿōq yiṣʿaq*	*ʾēlay* (Dio)	oppressione: *ʿnh (Pi)*

---

[133] Il rapporto sinonimico tra questi verbi si evidenzia dal fatto che essi si trovano spesso associati fra loro: cfr. Ger 20,8; Sal 18,7; Giob 19,7; 35,9; Prov 21,13; ecc. (I. L. Seeligmann, «Zur Terminologie», 257-260).

[134] Il motivo della querela è più frequentemente espresso dalla preposizione *ʿal* (Deut 15,9; 24,15; Giob 34,28; oltre al sopra citato 2 Re 8,5); tuttavia in Neem 5,1 abbiamo la preposizione *ʾel: wattehî ṣaʿăqat hāʿām ûnešêhem gedôlâ ʾel ʾăḥêhem hayyehûdîm* («a motivo dei loro fratelli giudei»). Sul testo di Neem 5,1-13, cfr. L. Alonso Schökel, «'Somos iguales que nuestros hermanos'. Para una exégesis de Neh 5,1-13», *Salm* 13 (1976) 257-266.

[135] Può essere interessante notare che il sostantivo *ṣeʿāqâ* (o *šawʿâ*) è talvolta costruito con il verbo *bwʾ*, del tipo: *ṣaʿăqat benê yiśrāʾēl bāʾâ ʾēlāy* (Es 3,9); cfr. Gen 18,21; 1 Sam 9,16; Sal 18,7; 102,2; Giob 34,28.

	soggetto	iniziativa	QUERELA	tribunale	motivo
			qr' [136]		
Deut 15,9 :	(*'ebyôn*)		*w^eqārā'*	*'el yhwh*	*'ālèkā*
Deut 24,15 :	(*śākîr... 'ānî*)		*yiqrā'*	*'el yhwh*	*'ālèkā*
			šw' (Pi)		
Sal 72,12 :	*'ebyôn*		*m^ešawwē'*	(re)	(v.14: *mittôk ûmēḥāmās*)
Giob 30,20 :	(Giobbe)	*'āmadtî*	*'ăšawwa'*	*'ēlèkā* (Dio)	

Per *ṣ'q / z'q*, cfr. anche Gen 4,10; 18,21; 19,13; Es 3,7.9; 22,26; 1 Sam 7,8-9; 8,18; Prov 21,13; ecc.

Per *qr'*, cfr. anche Ger 11,14; 20,8; Sal 4,2.4; 34,7; ecc.

Per *šw' (Pi)*, cfr. anche Es 2,23; Abac 1,2; Sal 18,7; Giob 19,7; 29,12; 30,28; 35,9; Lam 3,8; ecc.

La serie paradigmatica dei verbi o espressioni che equivalgono all'atto della querela è piuttosto vasta; il vocabolario del gemito, del lamento, del pianto e così via può pertinentemente sostituire il lessico citato in precedenza [137] (cfr. Es 2,23: *'nḥ (Ni)*; Es 2,24: *n^e'āqâ*; Giob 24,12: *n'q*; Qoh 4,1: *dim'â*; ecc.).

2.3. *Il contenuto della querela*

Volendo esprimere con una sola parola il contenuto della querela, potremmo dire che la vittima dell'ingiustizia grida «*violenza*» [138]. Tre testi collegano direttamente i verbi della querela con il sostantivo *ḥāmās* [139]:

---

[136] In taluni contesti il verbo *qr'* riceve la sfumatura giuridica della querela (o appello): questo uso sembra tuttavia limitato alle richieste rivolte a *Dio* e non ai tribunali umani (per questo lo troviamo frequentemente nei Salmi: cfr. 3,5; 86,7; 120,1; 127,7; ecc.).

Quando *qr'* ha per referente la parte avversa, sembra significhi «querelare qualcuno», sia questo o no in sede processuale (cfr. Is 59,4; Giob 9,16; 13,22).

[137] Cfr. R. ALBERTZ, «*ṣ'q* schreien», *THAT* II, 569-570, dove viene fornita una lista assai ricca dei sinonimi del verbo *ṣ'q*.

[138] Cfr. H.J. BOECKER, *Redeformen*, 59-61.

[139] Dai tre testi sopra citati, trascritti in modo da mettere in luce i vari paradigmi si vede che *ḥāmās* fa parte di una costellazione di termini, fra i quali merita speciale considerazione il sostantivo *šōd* (I.L. SEELIGMANN, «Zur Terminologie», 257-258). Secondo V. MAAG, l'espressione *ḥāmās wāšōd* (Ger 6,7; 20,8; Ez 45,9; Am 3,10) costituisce un concetto unico (*Text, Wortschatz und Begriffswelt des Buches Amos*, 202); bisogna

Abac 1,2[140] :	*'ad 'ānâ*	*yhwh šiwwa'tî*			*w^{e}lō' tišmā'*
		'ez'aq 'ēlèkā	*ḥāmās*		*w^{e}lō' tôšî'*
3 :	*lāmmâ*			*tar'ēnî*	
			'āwen		
			w^{e}'āmāl	*tabbîṭ*	
			w^{e}šōd		
			w^{e}ḥāmās	*l^{e}negdî*	
			wayhî rîb		
			ûmādôn yiśśā'		
4 :					*'al kēn tāpûg tôrâ*
					w^{e}lō' yēṣē' lāneṣaḥ
					mišpāṭ
			kî rāšā' maktîr		
			'et haṣṣaddîq		
					'al kēn yēṣē' mišpāṭ
					m^{e}'uqqāl
Giob 19,7 :	*hēn*	*'eṣ'aq*	*ḥāmās*		*w^{e}lō' 'ē'āneh*
		'ăšawwa'			*w^{e}'ên mišpāṭ*
Ger 20,8[141] :		*'ez'āq*			
			ḥāmās		
			wāšōd		
		'eqrā'			

Il gridare «violenza» scaturisce dal fatto che qualcuno è vittima di una ingiustizia in corso (Giob 19,7; Ger 20,8); chi ne è spettatore (Abac 1,3) interpreta difatto il grido dell'innocente sopraffatto dal malfattore (Abac 1,4). Il contenuto primo della querela è dunque la denuncia di un

---

tuttavia notare che i due termini sono associati anche in altri modi (Abac 1,3: *w^{e}šōd w^{e}ḥāmās*; Is 60,18 e Abac 2,17: *ḥāmās*//*šōd*). Cfr. inoltre *kāzāb wāšōd* in Os 12,2; e *šōd* // *'āmāl* in Prov 24,2.

Anche il sostantivo *tôk* sembra essere uno stretto sinonimo di *ḥāmās*: cfr. Sal 72,14. In Sal 10,7 e 55,12, *tôk* è associato a *mirmâ* (cfr. Sof 1,9: *ḥāmās ûmirmâ*), ma anche a *'āmāl* e *'āwen*, questi ultimi presenti nella serie paradigmatica di Abac 1,3 (cfr. anche Sal 7,17).

Lo studio più dettagliato sulla terminologia della «violenza» si trova in J. Pons, *L'oppression dans l'Ancien Testament*, Paris 1981, che esamina in particolare le radici *ḥms, šdd, 'šq, ynh, rṣṣ, lḥṣ, 'nh, ngś*.

140 Su Abac 1,2ss, cfr. J. Jeremias, *Kultprophetie und Gerichtsverkündigung in der späten Königszeit Israels*, WMANT 35, Neukirchen 1970, 75-81; M. D. Johnson, «The Paralysis of Torah in Habakkuk I 4», *VT* 35 (1985) 257-266.

141 Cfr. S. Marrow, «Ḥāmās («violentia») in Jer 20,8» *VD* 43 (1965) 241-255: l'autore definisce *ḥāmās* come «invasionem in iura proximi, quae sponte provocat appellationem ad altiorem auctoritatem, ad arbitrum, vindicem, iudicem» (p. 253); e, a proposito di Ger 20,8, dice: «Exclamatione 'violentia!' accusator laesus invocat iustitiam, iura eius violata sunt. Extrema brevitate exhibetur et querela et appellatio» (p. 255). Cfr. anche l'articolo di D. J. A. Clines – D. M. Gunn, *VT* 28 (1978) 24-27 (citato nota 117).

crimine in atto[142]: ciò può essere manifestato dal termine *ḥāmās,* oppure da suoi eventuali sinonimi (cfr. il paradigma in Abac 1,3-4); in tutta una serie di testi — pensiamo in particolare alle cosiddette «lamentazioni» — questo elemento è sviluppato dalla descrizione dettagliata delle modalità secondo le quali tale «violenza» sta attuandosi.

Questo «grido» tuttavia non è solo uno sfogo personale o la semplice reazione istintiva alla sofferenza: esso è essenzialmente rivolto a qualcuno (*'el...*), e chiede di essere ascoltato in nome del diritto (cfr. il termine *mišpāṭ* in Abac 1,3.4; Giob 19,7). La querela rivela così l'altro aspetto del suo contenuto che costitutivamente le appartiene; essa è richiesta di intervento rivolta ad un soggetto che viene «autorizzato»[143] e giuridicamente obbligato dal grido stesso. È conforme alla teoria e alla prassi giuridica che il querelante rivolga la sua richiesta formalmente a chi è designato dalle istituzioni legali come istanza autorevole di giudizio: in questo senso la sua domanda di difesa e di salvezza (che equivale indirettamente ad una azione contro l'oppressore) è contemporaneamente una domanda di giudizio secondo giustizia.

Con questo secondo aspetto ci ricolleghiamo allora con un'altra espressione caratteristica, articolata anch'essa in modo esplicito ai verbi esprimenti la querela: intendiamo parlare dell'imperativo: *hôšîʿ*[144].

Due episodi, che hanno per protagonista una donna che fa appello al re, ci permetteranno di situare con precisione il nostro discorso: tenendo presente il racconto già commentato di 2 Re 8,1-6, si potrà più agevolmente inquadrare i testi nell'ambito che ora ci interessa.

In 2 Sam 14,1-24 è narrato come Gioab riesca ad ottenere da Davide la sospensione del procedimento contro Assalonne: lo stratagemma consiste nella messa in scena di un caso giuridico, abilmente recitato da

---

[142] Il termine *ḥāmās* ha certamente un preciso significato giuridico, essendo una delle modalità con cui viene specificato il «reato» o misfatto; vi è invece varietà di opinioni quanto alla sua tecnicità in sede forense (cfr. H. J. Stoebe, «*ḥāmās* Gewalttat», *THAT* I, 584-586).

[143] Tipico in questo senso è il caso della donna che subisce violenza carnale (cfr. Gen 39,14; 15,18; 2 Sam 13,19; e soprattutto Deut 22,24.27): chiunque ascolti il suo grido di aiuto è chiamato ad esserne difensore (H. J. Boecker, *Redeformen*, 64). Questa situazione, a nostro avviso, è da estendere in modo analogo agli altri casi di violenza perpetrata contro chi non è in grado di difendersi (avremmo così un caso di «analogia legis», in conformità alla massima: *ubi eadem ratio, ibi eadem iuris dispositio*: F. Antolisei, *Manuale di Diritto Penale*, 70-71). Cfr. M. Fishbane, «Biblical Colophons, Textual Criticism and Legal Analogies», *CBQ* 42 (1980) spc. 446-449.

[144] Su questo tema, cfr. la trattazione dettagliata di H. J. Boecker, *Redeformen*, 61-66. Si noti l'associazione del sostantivo *ḥāmās* e della radice *yšʿ* in Abac 1,2.

una donna di Teqoa [145]. Questa è la struttura della azione di querela presentata a Davide:

a) l'iniziativa giuridica della donna (v.4: [*wattābō'* [146]] ... *'el hammelek*) si perfeziona con l'appello rivolto al re (v.4: *wattō'mer: hôšī'â hammelek*): in questa semplice frase vi è il nucleo della procedura, che il seguito ha il compito di esplicitare.

b) il re procede all'interrogatorio (v.5: *wayyō'mer lāh hammelek: mah lāk*); la donna risponde con la sua deposizione (vv.5-7): è una vedova minacciata (*qāmâ ... 'al*) dal suo stesso clan, che esige, sotto pretesto di giustizia, la morte dell'unico figlio rimastole (reo di omicidio).

c) il re sentenzia a favore della donna (v.8) [147]; accogliendo favorevolmente l'appello che essa ha rivolto, il supremo magistrato di Israele viene così ad essere il salvatore di una vita, in pericolo per un procedimento certamente legale ma non equo [148].

In 2 Re 6,26-31 si narra un episodio occorso durante l'assedio di Samaria da parte degli Aramei, al tempo del profeta Eliseo: la vicenda presenta degli aspetti aberranti, ma vi possiamo riconoscere la struttura dell'appello al re:

a) «Mentre il re passava sulle mura» [149] (probabilmente per ispezionare la difesa della città), una donna fa appello al suo intervento (v.26:

---

145 La donna di Teqoa impersona un caso fittizio, ma gli atti e il vocabolario giuridico sono quelli di una normale procedura; Davide infatti si accorge della finzione solo dopo aver pronunciato il suo verdetto (2 Sam 14,18-20).

146 Il TM ha *wattō'mer* al posto di *wattābō'* in 2 Sam 14,4; le antiche versioni presentano tutte un verbo di moto, che rende la frase logicamente più scorrevole. Il rapporto tra iniziativa giuridica (verbo di movimento) e azione di querela (verbo di dire) è d'altra parte espressamente indicata in 14,3: **ûbā't** *'el hammelek* **w^{e}dibbart** *'ēlâw kaddābār hazzeh*.

147 La formula: *l^{e}kî l^{e}bêtēk wa'ănî* **'ăṣawweh** *'ālāyik*, fa certamente allusione a provvedimenti favorevoli all'appellante. J. F. A. SAWYER include anche il verbo *ṣwh (Pi)* nel campo semantico del «salvare» (cfr. Sal 44,5; 71,3) (*Semantics in Biblical Research*, 38).

148 Il racconto prosegue con una ulteriore discussione, mediante la quale la donna spinge il re a garantire con giuramento (v.11) l'applicazione della sentenza. Ciò ha la funzione di legare il giudice alla sua stessa decisione: infatti, a partire dal v.12, è Davide stesso ad essere messo in questione (*ûmiddabbēr hammelek haddābār hazzeh k^e'āšēm*: v.13) e ad essere accusato di ingiustizia verso il popolo per il suo zelo contro Assalonne. Che il verdetto di Davide sia o no conforme al diritto vigente in Israele (si tratta di un conflitto difficile tra la necessità di punire il colpevole e salvaguardare un erede [al trono] per il bene della nazione) non è oggetto della nostra considerazione, che è la procedura essenziale del ricorso al tribunale supremo del re.

149 Anche in 1 Re 20,39 abbiamo una situazione simile: «Quando passò il re, (il profeta) fece appello al re (*ṣā'aq 'el hammelek*)»: come in 2 Sam 14,1-24 il querelante pone un caso fittizio per costringere il sovrano ad emettere un verdetto su se stesso.

wᵉ'iššâ ṣā'ăqâ 'ēlâw lē'mōr: hôšî'â 'ădōnî hammelek). Anche qui si stabilisce un preciso rapporto tra l'atto della querela (*ṣ'q 'el*) e l'imperativo *hôšî'*: ciò è così stringente dal punto di vista giuridico che, benché il re (intuendo che si tratta di un problema di carestia) si dichiari impotente a risolvere il caso, prosegue tuttavia negli atti procedurali consueti.

b) All'interrogatorio del re (v.28: *wayyō'mer lāh hammelek: mah lāk*), fa seguito l'esposizione del caso da parte della querelante: essa è stata ingannata crudelmente da un'altra donna, che, non rispettando i patti, l'ha indotta ad uccidere «senza contropartita» il proprio figlio [150].

c) Il re non pronuncia la sentenza in merito; si straccia invece le vesti (v.30), significando probabilmente la non connivenza con l'evento delittuoso, e al tempo stesso esprimendo lo sconforto provocato da un simile discorso; il re costata infatti che la città è in preda ad una tale folle disperazione da non riuscire più a riconoscere un crimine inaudito nella uccisione del proprio figlio [151].

Le osservazioni fatte su questi due episodi ci permettono di vedere che la querela è difatto una richiesta di intervento a proprio favore (e quindi contro un altro), che si colora della terminologia della «salvezza» [radice *yš' (Hi)*], a causa della minaccia di morte in cui versa il richiedente. Non bisogna naturalmente identificare il lessico della querela nel solo imperativo *hôšî'*: nei testi dove il querelante sviluppa la sua supplica — facciamo allusione in particolare ai Salmi — un'ampia serie sinonimica occupa il medesimo posto nella struttura, adempiendo alla medesima funzione di senso.

Non possiamo provare questa nostra affermazione — che riteniamo rilevante — se non adducendo qualche esempio emblematico. Faremo quindi una lettura sintetica di tre Salmi, illustrando l'apparire del vocabolario della querela e dei suoi elementi portanti: il Salmo 3 ci servirà come testo breve atto a evidenziare le articolazioni fra i diversi aspetti dell'atto della querela; il Salmo 140 mostrerà soprattutto lo sviluppo della denuncia dell'ingiustizia in corso (serie: *ḥāmās*); il Salmo 31, infine, ci permetterà di sottolineare la complessità del paradigma della richiesta (imperativo *hôšî'*).

---

[150] Ricordiamo testualmente il terribile baratto avvenuto tra le due donne di Samaria che impossibilita il re nel rendere una sentenza di giustizia: «Questa donna mi ha detto: 'Dammi tuo figlio; mangiamolo oggi. Mio figlio ce lo mangeremo domani'. Abbiamo cotto mio figlio e ce lo siamo mangiato. Il giorno dopo io le ho detto: 'Dammi tuo figlio; mangiamocelo'; ma essa ha nascosto suo figlio» (2 Re 6,28-29).

[151] Si può notare tuttavia che il re decreta la morte di Eliseo, ritenuto il vero responsabile della situazione (2 Re 6,31).

Salmo 3[152]

Questo Salmo presenta fondamentalmente tre elementi strutturanti:

1) l'atto della querela (*qr' 'el*) rivolta a Dio. A questo elemento appartengono i titoli di Dio, che indicano il tipo di «organo giudiziario» a cui ci si rivolge; indirettamente vi fanno parte anche le espressioni che dicono le condizioni psicologiche (fiducia, paura, ecc.) della supplica.

2) La descrizione dell'atto violento in corso, configurato come un attacco massiccio (metafora o realtà della guerra?) e sprezzante contro l'orante. È questo il paradigma che corrisponde al grido *ḥāmās*.

3) La richiesta di intervento, rivolta al giudice: questo elemento rappresenta l'imperativo *hôšîʿ*, suddistinto in a) salvezza del richiedente, e b) contrattacco nei confronti degli oppressori.

	querela	***ḥāmās***	***hôšîʿ***	
v.2 :	*yhwh*	*mâ rabbû ṣārāy*		
		rabbîm qāmîm ʿālāy		
3 :		*rabbîm 'ōm^{e}rîm l^{e}napšî*	*'ên y^{e}šûʿātâ lô*	
	bēlōhîm			
4 :	*w^{e}'attâ yhwh*			
	māgēn baʿădî			
	k^{e}bôdî			
	ûmērîm rō'šî			
5 :	**qôlî 'el yhwh 'eqrā'**		*wayyaʿănēnî*	
	mēhar qodšô			
6 :	*'ănî šākabtî*			
	wā'îšānâ			
	hĕqîṣôtî			
	kî yhwh		*yism^{e}kēnî*	
7 :	*lō' 'îrā'*	*mēribbôt ʿām*		
		'ăšer sābîb šātû		
		ʿālāy		
8 :	*yhwh*		*qûmâ*	
			hôšîʿēnî	
	'ĕlōhay			*kî hikkîtā*
		kol 'ōy^{e}bay leḥî		
		šinnê r^{e}šāʿîm		*šibbartā*
9 :	*l^{e}yhwh*		*hayšûʿâ*	
	ʿal ʿamm^{e}kā		*birkātekā*	

---

[152] Sulla interpretazione generale del Salmo 3, cfr., in particolare, L. ALONSO SCHÖKEL, *Treinta Salmos*, 51-61.

I vv.2-3 sottolineano principalmente l'elemento *ḥāmās;* il riferimento alla «salvezza» è esplicitamente negato da coloro che opprimono l'orante. I vv. 4-7, che sono centrali, sviluppano l'elemento *querela:* solo al v.5a troviamo infatti la menzione dell'atto compiuto da chi recita il Salmo; questi versetti sono incentrati sul soggetto, sulle condizioni della supplica che sono (a) di fiducia nel soccorso e (b) di non paura di fronte alla violenza in atto. I vv. 8-9 evidenziano soprattutto l'elemento *hôšîʿ*: qui troviamo infatti gli unici imperativi del Salmo, che hanno per oggetto (a) la salvezza dell'orante e (b) l'abbattimento dei violenti.

Salmo 140

Non riteniamo che questo Salmo (come d'altronde gli altri che presentiamo come esempi) abbia una posizione speciale fra le richieste di appello a Dio; ci sembra tuttavia particolarmente indicato per sottolineare l'elemento *ḥāmās:* riproduciamo quindi del testo solo la parte nella quale si ritrova la terminologia dell'oppressione e dell'inganno (che ci rimanda, tra l'altro, a quanto avevamo detto sul falso testimone).

v.2 :	*... mē'ādām rāʿ* *mē'îš* **ḥămāsîm** ...	
3 :		*ḥāš^{e}bû rāʿôt b^{e}lēb* *yāgûrû milḥāmâ*
4 :		*šān^{e}nû l^{e}šônām k^{e}mô nāḥāš* *ḥămat ʿakšûb taḥat ś^{e}pātêmô*
5 :	*...mîdê rāšāʿ* *mē'îš* **ḥămāsîm** ...	*ḥāš^{e}bû lidḥôt p^{e}ʿāmāy*
6 :	*gē'îm*	*ṭām^{e}nû* *paḥ lî* *waḥăbālîm pār^{e}śû rešet* *l^{e}yad maʿgāl mōq^{e}šîm šātû lî*
9 :	*... ma'ăwayyê rāšāʿ*	*z^{e}māmô ...*
10 :	*rō'š m^{e}sibbāy* *ʿămal ś^{e}pātêmô ...*	
12 :	*'îš lāšôn ...* *'îš* **ḥāmās ...**	

Questo Salmo riprende le immagini tradizionali della guerra (vv.3.8) e della caccia (animali: v.4; cacciatore: vv.6.12) per descrivere metaforicamente l'azione dei malvagi contro l'orante: l'insistenza sull'organo della parola (v.4: lingua – labbra; v.10: labbra, v.12: lingua)[153], messo al servizio di una trama di male (vv.2.5 e soprattutto 9: *zāmām*, che ricorda Deut 19,19) ci fa individuare l'azione del falso testimone che — come sappiamo — equivale a «testimone violento» (*ʿēd ḥāmās*). Proprio la terminologia *ḥāmās* (vv.2.5.12) attraversa il Salmo, portandoci ad affermare che l'orante sta difatto gridando: «violenza» (la quale si presenta sotto forma di un complotto giudiziario contro di lui).

Salmo 31

Anche questo Salmo può essere letto secondo la strutturazione che abbiamo indicato per il Salmo 3; noi però intendiamo qui mostrare come la richiesta rivolta all'istanza giudicante da parte di chi vi fa ricorso si moduli in una grande varietà di termini che hanno *lo stesso valore* e quindi una analoga pertinenza giuridica. Paradigmatizzando perciò esclusivamente l'elemento *hôšîaʿ* (e sottolineando i verbi chiaramente all'imperativo) abbiamo:

v.2 :	*'al 'ēbôšâ*	
	pall^{e}ṭēnî	
3 :	**haṭṭēh** *'ēlay 'ozn^{e}kā*	
	haṣṣîlēnî	
	hĕyēh *lî l^{e}ṣûr māʿôz ... l^{e}hôšîʿēnî*	
4 :	*tanḥēnî*	
	ût^{e}nahălēnî	
5 :	*tôṣî'ēnî mērešet*	
6 :	*pādîtâ 'ôtî*	
8 :	*rā'îtā 'et ʿonyî*	
	yādaʿtā b^{e}ṣārôt napšî	
9 :	*w^{e}lō' hisgartanî b^{e}yad 'ôyēb*	
	heʿĕmadtā bammerḥāb raglāy	
10 :	**ḥonnēnî**	
16 :	**haṣṣîlēnî**	
17 :	**hā'îrâ** *pānèkā ʿal ʿabdekā*	
18 :	*'al 'ēbôšâ*	
		yēbōšû r^{e}šāʿîm
		yidd^{e}mû
19 :		*tē'ālamnâ śiptê šāqer*
21 :	*tastîrēm*	
	tiṣp^{e}nēm	
23 :	*šāmaʿtā qôl taḥănûnay*	
24 :		*m^{e}šallēm ... ʿōśēh ga'ăwâ*

[153] Si noti anche, al v.3, il riferimento al *cuore*; e al v.5 la menzione della *mano*. Come abbiamo osservato a pp. 257-260, ciò può caratterizzare la descrizione del falso testimone.

Vediamo qui apparire i termini che nel capitolo 5[154] avevamo detto equivalere al verbo *špṭ:* l'orante chiede infatti che Dio «giudichi», intervenendo verso colui che è chiaramente portatore di diritto. Questa serie di verbi ed espressioni sinonimiche ci consente la transizione al paragrafo seguente, che ha per oggetto appunto l'articolazione tra l'atto della querela e l'intervento del giudice.

2.4. *Rapporto tra la querela (appello) e l'azione del giudice*

Abbiamo affermato che la querela è una richiesta di intervento rivolta al *giudice,* il quale fa giustizia soccorrendo chi è ingiustamente oppresso. La terminologia che qualifica questo intervento è — come abbiamo appena ricordato — assai varia: in questo paragrafo vogliamo soprattutto mostrare la particolare pertinenza dei verbi *šmʿ* e *ʿnh,* che si articolano direttamente alla richiesta del querelante.

2.4.1. Appello – ascolto (***ṣʿq – šmʿ***)

La querela prende la forma della invocazione e del grido, e si rivolge quindi all'orecchio del giudice. È del tutto naturale quindi che si stabilisca un rapporto lessicale tra lo *ṣʿq* (e paralleli sinonimici) del querelante e lo *šmʿ* del giudice[155]. Dal punto di vista strettamente logico, l'azione dell'ascoltare è *intermedia* tra la querela e l'intervento attivo che produce salvezza; i testi biblici, tuttavia, a volte identificano la totalità dell'azione «salvatrice» con il solo verbo dell'*ascolto* (che significa difatto esaudimento della richiesta, con tutte le conseguenze che ciò comporta), a volte con il solo «*salvare*».

Siamo qui in presenza di una sorta di «schema letterario» (deuteronomistico?)[156] che interpreta in modo giuridico e giudiziario l'andamento della storia; ad esso fa costante riferimento la preghiera di Israele. Qualche testo permetterà di vedere l'organizzazione e il lessico di questo schema:

---

[154] Cfr. pp. 182-186.

[155] Abbiamo qui probabilmente una delle ragioni del parallelismo esistente tra *špṭ* e *šmʿ* a cui abbiamo fatto allusione a pp. 167-168.

[156] Cfr. H. J. Boecker, *Redeformen*, 64-65. Per quanto riguarda in particolare il libro dei Giudici, rinviamo a W. Beyerlin, «Gattung und Herkunft des Rahmens im Richterbuch», in: *Tradition und Situation.* Studien zur alttestamentlichen Prophetie, Fs. A. Weiser, Göttingen 1963, 1-29; W. Richter, *Traditionsgeschichtliche Untersuchungen zum Richterbuch*, BBB 18, Bonn 1963; *id., Die Bearbeitung des «Retterbuches» in der deuteronomischen Epoche*, BBB 21, Bonn 1964, spc. 3-13, 18-20; W. Brueggemann, «Social Criticism and Social Vision in the Deuteronomic Formula of the Judges», in: *Die Botschaft und die Boten*, Fs. H. W. Wolff, Neukirchen 1981, 101-114.

	soggetto	querela	ascolto	intervento
Neem 9,27	: Israele oppresso (*ṣārâ*)	*ṣʿq ʾel*	*šmʿ*	*yšʿ (Hi) miyyad...*
28	: »	*zʿq*	*šmʿ*	*nṣl (Hi)*
Num 20,15-16	: Israele oppresso [*rʿʿ (Hi)*]	*ṣʿq ʾel*	*šmʿ*	[intervento: *yṣʾ (Hi)*]
Deut 26,6-9	: Israele oppresso (... *ʿăbōdâ, ʿŏnî, ʿāmāl, laḥaṣ*)	*ṣʿq ʾel*	*šmʿ*	*rʾh* [intervento: *yṣʾ (Hi)*]
Es 3,7-8	: Israele oppresso (*ʿŏnî, ngś, makʾôb*)	*ṣ^{e}ʿāqâ*	*šmʿ*	*rʾh, nṣl (Hi) miyyad...*
Es 2,23-25	: Israele oppresso (*ʿăbōdâ*)	*zʿq* *šawʿâ ʾel*	*šmʿ*	*zkr, rʾh, ydʿ*
Sal 34,7	: *ʿānî*	*qrʾ*	*šmʿ*	*yšʿ (Hi) min (ṣārâ)*
18	: (*ṣaddîqîm*)	*ṣʿq*	*šmʿ*	*nṣl (Hi) min (ṣārâ)*
Ger 11,11	: Israele oppresso (*rāʿâ*)	*zʿq ʾel*	(non) *šmʿ*	
12	: »	*zʿq ʾel*		(non) *yšʿ (Hi)*
Abac 1,2	: profeta (*šōd w^{e}ḥāmās*)	*šwʿ (Pi)* *zʿq ʾel*	(non) *šmʿ*	(non) *yšʿ (Hi)*
Giob 27,9	: empio (*ṣārâ*)	*ṣ^{e}ʿāqâ*	(non) *šmʿ*	
Giob 34,28	: povero (*dal, ʿăniyyîm*)	*ṣ^{e}ʿāqâ*	*šmʿ*	
Ger 11,14	: Israele oppresso (*rāʿâ*)	*qrʾ ʾel*	(non) *šmʿ*	
Sal 22,25	: *ʿānî*	*šwʿ (Pi) ʾel*	*šmʿ*	
Sal 18,7	: orante (*ṣar*)	*qrʾ* *šwʿ (Pi) ʾel* *šawʿâ lipnê*	*šmʿ* *bwʾ b^{e}ʾōzen-*	
Sal 34,16	: (*ṣaddîqîm*)	*šawʿâ*	*ʾōzen- ʾel*	
Giud 3,9	: Israele oppresso (*ʿbd*)	*zʿq ʾel*		*yšʿ (Hi)*
Giud 10,12.14	: Israele oppresso (*lḥṣ*)	*ṣʿq ʾel*		*yšʿ (Hi) miyyad...*
Sal 107,6	: Israele angustiato (*ṣar*)	*ṣʿq ʾel*		*nṣl (Hi) min(m^{e}ṣûqâ)*
13.19	: »	*zʿq ʾel*		*yšʿ (Hi)* » »
28	: »	*ṣʿq ʾel*		*yṣʾ (Hi)* » »

	soggetto	querela	ascolto	intervento
Sal 22,6	: (padri: v.5)	*z'q*		*mlṭ (Ni)*
Giob 29,12	: *'ānî*	*šw' (Pi)*		*mlṭ (Pi)*
Sal 72,12-13	: *'ebyôn*	*šw' (Pi)*		*nṣl (Hi)* *ḥws* *yṣ' (Hi)*
Sal 18,4	: orante (*ṣar*)	*qr'*		*yš' (Ni) min ('ōyēb)*
Is 19,20	: Israele oppresso (*lḥṣ*)	*ṣ'q 'el*		*yš' (Hi)* *ryb* + suff.pron. *nṣl (Hi)*

2.4.2. Appello – risposta (*ṣ'q – 'nh*)

La querela è un atto di parola che, pronunciata in sede giudiziaria, domanda l'intervento del giudice: questo intervento è prima di tutto un *atto di parola* che è risposta alla richiesta fatta e, al tempo stesso, decreto o sentenza con valore normativo. In base a questa parola del giudice infatti si procede successivamente all'*esecuzione:* questa è l'applicazione concreta di ciò che il magistrato ha stabilito [157].

---

[157] Al fine di illustrare la reazione di parola del «giudice» all'atto della querela, prendiamo due episodi che si assomigliano quanto alla situazione che descrivono.

1) Gli Ebrei in Egitto sono costretti ad un lavoro massacrante e a subire le angherie dei sorveglianti (Es 5,6-14). I rappresentanti di Israele vanno allora a sporgere querela presso il Faraone (5,15: *ṣ'q 'el*). Di fronte alla loro richiesta (che è una accusa del Farone stesso e del suo popolo), abbiamo il decreto regale (5,17: *wayyō'mer*) che rifiuta il reclamo, attribuendolo ad una colpevole pigrizia.

2) Dopo la morte di Salomone, Geroboamo e tutta la assemblea di Israele si presentano da Roboamo per chiedere di «alleggerire la dura schiavitù» a cui erano sottoposti (1 Re 12,1-4); questa azione è espressa con un vocabolario generico (v.3: *wayyābō'û ... waydabbᵉrû 'el*), tuttavia il contenuto della richiesta ricorda quello di Es 5,15-16, introdotta con il verbo tecnico *ṣ'q 'el.* Roboamo chiede consiglio agli «anziani», che lo invitano ad emettere una sentenza favorevole (v.7: *wa'ănîtām wᵉdibbartā 'ălêhem dᵉbārîm ṭôbîm*); poi si rivolge ai «giovani» che sono invece di parere opposto. Roboamo segue quest'ultimo suggerimento, ed emette il suo decreto: *wayya'an hammelek 'et hā'ām qāšâ ... waydabbēr 'ălêhem ... lē'mōr* (v.13-14). Da qui si vede come il verbo *'nh* esprima chiaramente la reazione (in questo caso negativa) dell'istanza giudicante all'azione della querela; è interessante notare, d'altra parte come, al v.15, la stessa cosa è resa con il verbo *šm'*: *wᵉlō' šāma' hammelek 'el hā'ām*, il che ci mostra la complementarietà di questi due verbi nel sintagma della querela schematicamente riprodotto nel nostro testo.

Su quest'ultimo episodio cfr. D. G. Evans, «Rehoboam's Advisors at Shechem and Political Institutions in Israel and Sumer», *JNES* 25 (1966) 273-279; J. C. Trebolle Barrera, *Salomón y Jeroboán*, Bibliotheca Salmanticensis Diss. 3, Salamanca–Jerusalem 1980, 202-241. Per la relazione tra Esodo e 1 Re 12, cfr. lo stesso Trebolle, «La liberación de Egipto narrada y creída desde la opresión de Salomón», *CuadBib* 6 (1981) 1-19.

Secondo uno schema logico dovremmo quindi dettagliare l'«azione del giudice» nel suo rapporto alla querela, nel seguente modo:

accusatore	GIUDICE		
querela	ascolto	risposta sentenza	esecuzione
ṣʿq	*šmʿ*	*ʿnh*	*yšʿ (Hi)*

In qualche testo biblico è possibile ritrovare la totalità degli elementi sopra riportati; ma bisogna subito riconoscere che ognuna delle diverse «azioni» del giudice è sufficiente per alludere all'insieme delle operazioni giudiziarie implicate dalla querela. Diamo qualche esempio per ilustrare la varietà dei rapporti che si possono stabilire:

	querela	AZIONE DEL GIUDICE		
		šmʿ	***ʿnh***	***yšʿ (Hi)***
Giob 5,1	*qrʾ*		*ʿnh*	
Sal 3,5	*qrʾ*		*ʿnh*	
Giob 30,20	*šwʿ(Pi)*		(non) *ʿnh*	
1 Sam 8,18	*zʿq*		(non) *ʿnh*	
1 Sam 7,8 9	*zʿq ʾel* *zʿq ʾel*		 *ʿnh*	*yšʿ(Hi) miyyad*
Sal 120,1-2	*qrʾ ʾel*		*ʿnh*	*nṣl (Hi) min*
Giob 19,7	*ṣʿq* *šwʿ(Pi)*		(non) *ʿnh (Ni)* 	 (non) *mišpāṭ*
Is 46,7	*ṣʿq ʾel*		(non) *ʿnh*	(non) *yšʿ (Hi) min (ṣārâ)*
Is 58,9	*qrʾ* *šwʿ (Pi)*		*ʿnh* 	 *(hinnēnî)*
Prov 21,13	*z^{e}ʿāqâ* *qrʾ*	*ʾṭm ʾōzen* 	 (non) *ʿnh (Ni)*	
Giob 35,12 13	*ṣʿq* 	 (non) *šmʿ*	(non) *ʿnh* 	
Is 65,24	*qrʾ* *dbr (Pi)*	 *šmʿ*	*ʿnh* 	
Is 30,19-20	*zʿq*	*šmʿ*	*ʿnh*	*(ntn...)*
Sal 4,2	*qrʾ* *t^{e}pillâ*	 *šmʿ*	*ʿnh* 	[*rḥb (Hi)*]
Sal 17,6-7	*qrʾ*	*nṭh (Hi) ʾōzen* *šmʿ*	*ʿnh*	*yšʿ (Hi)*

A conclusione dello studio sulla accusa, sul lessico e le modalità con cui viene espressa nei testi biblici, vogliamo tracciare alcune linee che riassumono quanto abbiamo detto e consentono di delimitare i rispettivi ambiti semantici della testimonianza di accusa e della querela.

1. Quando ci troviamo in presenza di una testimonianza, il rapporto che viene prevalentemente illustrato è quello tra un uomo e il suo prossimo (dimensione che potremmo dire orizzontale); nella querela invece è messa al primo posto la relazione tra il querelante e il giudice (dimensione verticale). Per questa ragione si può confondere la «testimonianza» con una generica aggressione, e la querela con una generica preghiera.

2. L'azione giuridica del testimone è frequentemente attestata per quanto riguarda le procedure dei tribunali umani; la querela è invece per lo più rivolta a Dio come supremo giudice. Ciò sembra denunciare, in modo globale, la imperfezione dell'amministrazione della giustizia in Israele (cfr. Sal 58; 82; ecc.), incapace di proteggere i diritti degli oppressi.

3. La testimonianza introduce in genere le categorie che semanticamente vanno collocate sotto il titolo di «forza»; la querela, al contrario, modula nelle sue espressioni tutte le sfumature della «debolezza»: ciò vale per il soggetto della azione giuridica e per i suoi atti, per il linguaggio cosiddetto tecnico e per le sue trasformazioni metaforiche.

4. Trattando della testimonianza, i testi biblici ci pongono spesso di fronte ad una dichiarazione «falsa», con tutte le conseguenze giuridiche che ciò comporta; la querela di cui parla la Scrittura è invece per lo più veritiera. Questa potrebbe essere la ragione per cui non abbiamo un vocabolario ebraico sulla testimonianza «vera» paragonabile a quello sulla testimonianza falsa: le due modalità giuridiche si sono per così dire suddivise anche nella funzione allusiva al loro contenuto: è normale attendersi allora un risultato giudiziario (finale) negativo per il testimone e positivo per il querelante.

5. Chi sporge querela è talvolta vittima dello stesso testimone; ma, con la querela, il testimone (o perfino il giudice) è messo sotto accusa. Nei Salmi in particolare, si è soliti assistere a questa inversione dei ruoli, e al variare della forza giuridica insita nelle diverse azioni descritte. Si ricordi che ultimamente l'essere vittima costituisce una condizione giuridica privilegiata per ottenere giustizia.

6. La testimonianza ci pone semanticamente nella prospettiva della punizione (di cui la pena di morte è segno emblematico); la querela porta con sé invece l'area semantica della salvezza. Se quindi il giudice *sempre* condanna e al tempo stesso salva, le due manifestazioni giudiziarie (condanna–salvezza) possono essere rispettivamente collegate con le due ma-

nifestazioni accusatorie (testimonianza–querela). I moniti rivolti ai giudici nella legislazione ebraica tengono conto di questa essenziale differenza, che non è di natura sociologica, ma squisitamente giuridica. Teologicamente, l'avvento escatologico della giustizia segnerà la scomparsa definitiva dell'Accusatore (*śāṭān*) e consacrerà la vittoria dell'umile oppresso.

II. LA DIFESA

Supponiamo di essere in presenza di una situazione processuale tipica, sviluppatasi in conformità alle procedure legali, che, se non garantiscono, almeno si sforzano di difendere la verità e la giustizia: di fronte al giudice, in un contesto di assemblea pubblica, dei testimoni si sono alzati a deporre contro qualcuno. Questi si trova così a dover affrontare una minaccia che non può eludere; egli non può «lasciar perdere» (come nel caso di informali calunnie o maldicenze, di insulti o maledizioni) e «andare per la sua strada» incurante della opinione della gente. La parola che accusa, se non riceve una risposta proporzionata, avrà conseguenze negative precise nella vita dell'imputato, fino ad essere strumento di morte. Non solo: l'accusato ha certo *interesse* a difendersi ed è suo *diritto* farlo; ma ha altresì il *dovere* di rispondere nell'*interesse* della giustizia; il suo amore per la verità e la rettitudine lo obbliga a propugnare un giudizio equo, senza il quale è falsato il diritto nel mondo e minata la possibilità della civile convivenza.

La parola della difesa che risponde all'attacco dell'accusa ha quindi una simmetrica importanza giuridica; è tuttavia sorprendente vedere che, nella Bibbia, essa non sembra ricevere una attenzione paragonabile a quella accordata alla testimonianza contro qualcuno. I testi legislativi, ad esempio, non vi fanno accenno; perfino nel caso di una testimonianza falsa, sottolineano il dovere e il compito dei giudici, ma non indicano come l'imputato possa e debba difendersi. Se si cerca, d'altra parte, un termine ebraico che, nella sua specificità e nella sua tecnicità giuridica, definisca la «difesa» e consenta di reperire il vocabolario che ne costituisce il campo semantico (come *'ēd* per l'accusa, e *špṭ* per il giudice), l'indagine si conclude senza risultati soddisfacenti.

I pochi testi che raccontano vicende processuali non sono, a prima vista, particolarmente illuminanti al proposito; eppure, riteniamo, ci mettono sulla via di una ragionevole spiegazione dell'assenza di un vocabolario specifico per l'azione di difesa.

Allo scopo, prendiamo due episodi che avvengono al ritorno di Davide, dopo la sua fuga per la rivolta di Assalonne e la sconfitta di quest'ultimo: non si tratta di situazioni perfettamente forensi, perché il re deve giudicare di un reato (lesa maestà, tradimento) di cui lui stesso è stato la vittima; possiamo tuttavia ricondurre entrambi i casi ad una certa forma processuale. I due racconti illustrano le due modalità essenziali secondo cui può svilupparsi un discorso di difesa.

Il primo episodio (2 Sam 19,16-24) riguarda Shimei, che aveva «maledetto» Davide durante la sua fuga (17,5-14): la sua posizione ora è diventata così critica, che si affretta ad andare incontro al re vittorioso per mostrare che non è più dalla parte dei ribelli. La sua «difesa» è di riconoscere il suo torto e di chiedere il perdono dell'offeso (19,20-21); nonostante Abishai assuma il ruolo dell'accusatore (19,22; cfr. anche v.23), Davide accede alla richiesta di Shimei, decretando una specie di amnistia generale (per i pentiti) (19,23-24). Come si può notare, in questo caso, non si può parlare propriamente di un discorso di «difesa», dato che l'imputato ammette il suo crimine; è un tipo di discorso questo che in altre circostanze avrebbe forse la conseguenza di mitigare la pena, ma non «difenderebbe» certo l'accusato dalla giusta sanzione del giudice. Per quanto concerne il vocabolario pertinente a questa situazione giuridica rinviamo al cap. 3[158], dove si parla della «ammissione della colpa»: ripetiamo, il reo confesso, in tribunale, non è «assolto»; la sua parola conferma l'accusa e assicura quindi un verdetto di condanna.

Il secondo episodio (2 Sam 19,25-31) ha per imputato Meribbaal; accusato ingiustamente del suo servo Ziba di tradimento nei confronti del re (16,1-4), anch'egli, come Shimei, si presenta a Davide; questi riprende l'accusa (sotto forma di domanda) invitando Meribbaal a scusarsi (19,26). Abbiamo allora un breve discorso che presenta i caratteri autentici di una «difesa»: in primo luogo, l'accusato fornisce un'altra versione dei fatti, adducendo come elemento a discolpa la sua condizione di storpio (e indirettamente la trascuratezza della sua persona, segno che non ha gioito dell'esilio del re) (19,27); in seguito, contraccusa (di falsità) il suo stesso accusatore (19,27: *rimmānî;* 19,28: *wayraggēl bᵉʿabdᵉkā ʾel ʾădōnî hammelek*); infine, si affida alla sapienza di Davide dichiarando di non poter rivendicare nulla (19,28-29)[159].

---

[158] Cfr. pp. 79-90. Nel contesto di una controversia bilaterale, l'ammissione della colpa può indurre l'accusatore al perdono; nel contesto del giudizio, il giudice può forse usare la sua discrezionalità per mitigare la pena (su questo non abbiamo però trovato dei riscontri precisi nei testi biblici se non forse 2 Sam 12,13-14); ma, in genere, il pentimento in sede giudiziaria non sembra avere riscontrabile rilevanza nel modificare la sentenza condannatoria (cfr. ad esempio Gios 7,19-25).

[159] Bisogna inserire nel contesto di tutta la narrazione la frase: *ûmah yeš lî ʿôd ṣᵉdāqâ wᵉlizʿōq ʿôd ʾel hammelek* (2 Sam 19,29). Se, come abbiamo cercato di mostrare

Questo secondo episodio ci mostra concretamente che una vera «*difesa*» è il rovesciamento della «*accusa*»: non solo si fanno cadere gli argomenti contro l'imputato, così che questi sia completamente scagionato (dando, ad esempio, una nuova versione dei fatti, che dimostrerebbe che c'è stato «errore»), ma si formalizza difatto una accusa (di falsità, di intenzione malvagia, di tentato crimine) contro l'accusatore stesso. In altre parole, la nostra tesi è questa: una difesa «neutra» non esiste; *la difesa è l'accusa dell'accusatore* [160].

Questa nostra affermazione ha un aspetto drastico e paradossale; ma, da una parte, ci sembra corrispondere ai testi che narrano la celebra-

---

nelle pagine sulla querela, l'espressione *z'q 'el hammelek* ha valore di rivendicazione del proprio diritto, qui Meribbaal nega espressamente di essere in tale condizione (si potrebbe dire, in altri termini, che egli non è parte lesa nella vertenza che lo oppone al suo servo Ziba). Ora questo può sembrare strano, perché il figlio di Gionata ha esplicitamente accusato Ziba di calunnia, e sembra quindi nello stato di legittima aspettativa di una sentenza a lui favorevole.

Pensiamo sia necessario al proposito distinguere due aspetti della controversia: il primo concerne la accusa di tradimento nei confronti del re Davide, con la conseguente minaccia di morte; il secondo riguarda invece la proprietà dei beni appartenenti a Meribbaal. È nostra opinione che la «rivendicazione» (*ẓ'q 'el*) di cui è questione nel testo non tocchi tanto l'avere la vita salva, quanto le proprietà di cui Meribbaal era stato espropriato (a vantaggio del suo servo) da un precedente verdetto di Davide, proprio in conseguenza della falsa accusa di Ziba (16,4).

La «difesa» di Meribbaal, a ben osservare, mette Davide in una difficile posizione giuridica: se il re ritiene che Ziba abbia detto il vero, il verdetto emesso rimane giusto (ma allora si dovrebbe ulteriormente procedere nei confronti di Meribbaal per tentato tradimento); ma se è il figlio di Gionata ad avere ragione, il re deve riconoscere di avere commesso un errore giudiziario, per cui si rende doveroso risarcire chi ha subito ingiustamente un torto.

La nuova sentenza di Davide appare «salomonica»: egli interrompe il discorso del querelante (*lāmmâ t^edabbēr 'ôd d^ebārèkā*: 19,30), e decide di tagliare in due la proprietà, assegnando una parte ciascuna ai due contendenti (19,30). Come si vede, non vi è alcun accenno ad un atto di amnistia nei confronti dell'accusato (come invece è chiaramente detto per Shimei: 19,24): il discorso verte esclusivamente sul *śādeh* e su chi ne sia proprietario.

Quando Meribbaal affermava allora di non avere «diritto» (*ṣ^edāqâ*) di reclamo, egli sottolineava che la sua proprietà non era affatto un bene di «famiglia», qualcosa quindi che sarebbe stato iscritto nella storia giuridica di Israele con valore inalienabile; al contrario aveva affermato che essa era stata gratuitamente e graziosamente donata dal re (9,1-13) a lui che faceva parte della lista dei condannati a morte (19,19). Il valore di questa affermazione è duplice: primo, serve a Meribbaal per dimostrare che il suo andare incontro al re non è «interessato», ma è un atto di fedeltà personale al legittimo re [dopo il verdetto «salomonico» di Davide egli rifiuta infatti la parte assegnatagli, rivelando così — proprio come nel giudizio di Salomone — la verità delle sue intenzioni (19,31)]; secondo, serve a scagionare Davide da qualsiasi accusa: poiché la proprietà in questione era stata una «regalía», il sovrano poteva disporne secondo il suo beneplacito.

160 Cfr. pp. 98-101.

zione di un processo[161]; e, d'altra parte, dà ragione della costatata assenza di un vocabolario tipico della azione giuridica di difesa.

---

[161] Non possiamo qui discutere nei dettagli i testi biblici che raccontano dei processi; riteniamo tuttavia utili le seguenti osservazioni.

In *1 Sam 22,6-19*, il giudizio istaurato da Saul contro i sostenitori di Davide (accusato di ribellione) vede comparire Achimelek con tutta la sua famiglia davanti al tribunale del re, che lo accusa categoricamente di connivenza (22,13). L'imputato si difende: cerca di dare una diversa interpretazione dei fatti accreditatigli, e nega la volontà esplicita di opposizione al re. Come si sa, Saul decreta la morte; e questo può semplicemente apparire come un verdetto iniquo e barbarico, se non si tiene conto che Achimelek, difendendosi, ha difeso Davide (19,14), e per ciò stesso ha accusato (indirettamente) Saul di perseguitarlo ingiustamente. Se il re avesse assolto l'imputato, avrebbe contemporaneamente decretato la propria colpevolezza e si sarebbe in qualche modo auto-condannato (Su questo episodio, cfr. K.W. WHITELAM, *The Just King*, 83-89).

Nel processo a Geremia (*Ger 26,1-24*) il discorso di difesa del profeta (26,12-15) sembra semplicemente discolparlo dall'accusa; i principi preposti al giudizio sentenziano infatti la sua non colpevolezza (26,16). Il testo narrativo che segue non è limpido nella esposizione dei fatti, e lascia quindi adito a diverse interpretazioni (cfr., oltre ai Commentari, F.-L. HOSSFELD – I. MEYER, «Der Prophet vor dem Tribunal. Neuer Auslegungsversuch von Jer 26», *ZAW* 86 (1974) 30-50; I. MEYER, *Jeremia und die falschen Propheten*, OBO 13, Freiburg-Göttingen 1977, 15-45); crediamo tuttavia debba essere ribadito il fatto che l'assoluzione del profeta lascia «giuridicamente» intatta l'accusa portata da Geremia contro tutta la città (comprese le autorità politiche e religiose). Ciò significa che se Geremia non è colpevole, vengono ad essere colpevoli i suoi accusatori; e questo ad un duplice livello: 1) perché erano stati già accusati di crimini capitali da parte del profeta; 2) perché si sono fatti ingiusti accusatori dell'imputato. Se si tiene presente questa lettura dell'evento, si può forse meglio capire perché, dopo il verdetto dei principi, vi sia un ulteriore intervento che prosegue la dinamica della procedura penale.

Qui siamo costretti a formulare una ipotesi che non abbiamo trovato altrove attestata nei commentari o studi su questo brano: *l'intervento degli «anziani del paese» va da 26,17 a 26,23*; l'unità di senso, in ogni caso, non comprende solo l'evocazione del caso di Michea (abbastanza inutile, una volta che i giudici avevano già decretato l'assoluzione), ma anche quella di Uria. I due «precedenti» penali hanno la funzione di stabilire il principio dell'«analogia» in giurisprudenza: si tratta di due profeti che hanno parlato *come* Geremia (26,18; 26,20); quindi, osservando come *il re* ha giudicato in passato, si può giungere a formulare un verdetto coerente con la storia giurisprudenziale dello Stato di Giuda. Per il primo caso, Ezechia ha giudicato Michea innocente (26,19a); la conseguenza è stata allora che il re, trovandosi in posizione di colpevolezza, ha promosso una azione penitenziale pubblica (26,19b). Stando a questo primo esempio, i «giudici» (e tutti gli abitanti del paese) — decretando l'assoluzione del profeta — vengono ad addossarsi un grave crimine, vengono a dichiarare se stessi gravemente colpevoli (26,19c).

Se si osserva invece il secondo caso, il verdetto del re (che è il re attuale) è del tutto diverso: egli ha giudicato Uria un falso profeta, un mentitore pericoloso meritevole di morte (cfr. Deut 13,6; 18,20); per questo lo ha perseguito con accanimento fino a estradarlo dall'Egitto e condannarlo ad una morte infamante (26,21-23). Secondo questo precedente — stando quindi ad una pura prospettiva giuridica che non considera a priori il profeta come vero profeta (come invece fa inconsciamente il lettore, contravvenendo alla necessità di un discernimento esigito dalla Legge) — noi abbiamo un atto giurisprudenziale che si oppone al primo: quale dei due allora è normativo? Sembra logico e ragionevole riferirsi a *quanto ha decretato il re attuale*, dato che la profezia è una parola che accusa determinate persone in un preciso momento storico; se dunque si segue la

Per quanto concerne in particolare il lessico ebraico della difesa, possiamo rinviare (1) alle dichiarazioni di innocenza[162]; queste devono essere articolate con (2) la terminologia della querela o più precisamente dell'appello[163]; l'insieme costituisce l'impianto essenziale di una arringa che è contemporaneamente una requisitoria.

Detto questo, che riteniamo la cosa più decisiva per la comprensione della procedura di difesa, accenniamo ad alcuni termini o categorie che sottolineano più propriamente l'aspetto di reazione dell'imputato e il suo riferimento ad un sistema difensivo.

1. **La replica**

Il discorso della difesa è sempre «*secondo*» rispetto a quello della accusa, che ha l'iniziativa nel promuovere il processo e nell'aprirlo con la propria deposizione: per questo possiamo qualificare l'intervento della difesa come risposta o replica.

Linguisticamente, ciò non è sempre sottolineato dal lessico ebraico, che spesso introduce la parola della difesa con il semplice *'mr* (cfr. 1 Re 3,17.22; Ger 26;12; ecc.). Abbiamo però anche l'uso del verbo *'nh* (2 Sam 22,14; Gion 9,3.14-15; 13,22; 14,15; 23,5; ecc.) e *šwb (Hi)* (Abac 2,1; Giob 13,22; 31,14; 32,14; 33,5.13.32; 35,4; 40,4), che manifestano più concretamente l'aspetto del ribattere ad una parola precedente.

Accanto a questa terminologia dell'intervento orale, possiamo anche segnalare il valore del verbo *'rk*. Nei testi in prosa, dai quali sembra doversi ricavare il significato primo della radice, questo verbo è usato per lo più nell'ambito militare con il senso di «disporsi, schierarsi (per la batta-

---

sentenza di Ioiaqim, Geremia deve essere considerato un falso profeta, meritevole di morte. Si può pensare che gli «anziani del paese» ricordino implicitamente ai «principi» che essi stanno giudicando a nome del re; e una sentenza diversa da quella emessa dal re in persona (ma a conoscenza dei principi; cfr. 26,21) li pone in una posizione giuridica contraddittoria.

Si spiegherebbe così la fine brusca del racconto (26,24): Geremia non è affatto assolto; si rende invece necessario l'intervento autorevole di uno dei principi per impedire l'esecuzione capitale (da parte di quel «popolo» che rappresenta l'assemblea giudicante). Come questo intervento sia stato effettuato non ci è dato di sapere; forse si richiedeva l'unanimità nel verdetto capitale, e l'opposizione di Achiqam fu sufficiente ad impedire l'applicazione del verdetto.

Da tutta questa complessa vicenda processuale avremmo la conferma che la difesa dell'imputato coincide con la dichiarazione di colpevolezza degli accusatori. Ciò appare del tutto chiaramente nel testo (greco) del processo a Susanna (*Dan 13*): Daniele non può difendere l'innocente giudicata ingiustamente, senza incolpare e far condannare i falsi accusatori (13,48-62).

[162] Cfr. pp. 93-98.

[163] Cfr. pp. 281-303.

glia)» (1 Sam 4,2; 2 Sam 10,17; Ger 6,23; 46,3; 50,14.42), frequentemente nel sintagma *'rk milḥāmâ* (Gen 14,8; Giud 20,20.22; 1 Sam 17,2.8; Gioele 2,5; 1 Cron 12,34; ecc.). Se, come abbiamo visto, il processo è interpretato metaforicamente come una battaglia, non è strano che *'rk* compaia, in contesto squisitamente forense, per indicare il prendere posizione dei «contendenti» in ordine a riportare la vittoria giuridica [164].

Il verbo *'rk* può essere usato in forma assoluta (Giob 33,5; 37,19 e forse 36,19), con suffisso pronominale (Giob 6,4), con la preposizione *l^e* (Is 44,7; Sal 5,4; 50,21), nel sintagma *'rk mišpāṭ* (Giob 13,18; 23,4) oppure *'rk millîm 'el* (Giob 32,14).

A parte Sal 50,21, si può riconoscere una certa sfumatura difensiva a questo termine, come se significasse «prepararsi a sostenere un attacco avversario» [165]. Siccome ci troviamo in un ambito metaforico, potremmo dire che il verbo *'rk* equivale alle altre immagini della difesa militare che frequentemente appaiono nei testi poetici: corazza, scudo, cittadella, muro, riparo, ecc., le quali si oppongono alle immagini corrispondenti a carattere aggressivo: lancia, frecce, accampamento, esercito e così via. Naturalmente questa distinzione teorica non è sempre rispettata, perché, come dicevamo, una buona difesa è il saper contrattaccare l'avversario (Sal 35,2: scudo e targa; 35,3: lancia e scure).

2. Il ricorso ad un «difensore»

L'accusato, trovandosi di fronte ad un attacco agguerrito, ad una pluralità spesso schiacciante di testimoni avversari, può cercare di difendersi chiamando qualcun altro a deporre a suo favore: se si ritiene innocente, non solo farà ricorso ai suoi amici e a chi lo conosce bene, ma oserà fare appello al giudice supremo, sperando che la giustizia imparziale di un tribunale disinteressato possa, con la sua rigorosa inchiesta e la sapienza dell'ascolto, decidere a suo favore. In questo ultimissimo caso (l'«appello») siamo in presenza della situazione giuridica che abbiamo descritto nella sezione consacrata alla «accusa» e che abbiamo assimilato alla querela.

Nei testi biblici nei quali *Dio* è chiamato a difendere l'innocente (accusato falsamente), noi pensiamo che si tratti prevalentemente di un appello al giudice supremo; il vocabolario che esprime l'intervento del giudice e quello che designa l'aiuto del difensore tendono a confondersi

---

[164] Scrive J. Begrich: «*'rk* bezeichnet im technischen Sinn das Vorlegen der Beweise vor der Gegenpartei in der Verhandlung» (*Deuterojesaja*, 35).

[165] In Sal 50,21 (*'ôkîḥăkā w^e'e'erkâ l^e'ênèkā*), come appare dalla correlazione con il verbo *ykḥ* (*Hi*) e dal contesto, il verbo *'rk* ha chiaramente il senso di azione accusatoria. Negli altri testi sembra da preferirsi la sfumatura di carattere difensivo.

perché il risultato conseguito dalle due azioni sostanzialmente coincide: basti pensare a come Daniele, nel racconto del processo a Susanna, venga ad assumere prima la funzione di difensore (Dan 13,45-49), e poi quella di giudice (13,50ss). Nei testi invece in cui l'accusato fa appello ad *amici* e conoscenti, pensiamo si tratti di testimoni a favore.

Possiamo riassumere gli elementi significativi in questo senso — sintetizzando tra l'altro ciò che avevamo qua e là indicato nel corso del nostro lavoro — sotto tre principali rubriche.

2.1. *La richiesta di «intervento» (a favore)*

Abbiamo spesso fatto notare che i verbi di movimento segnalano l'iniziativa giuridica; ora, quando l'accusato chiede che un difensore si alzi, si faccia avanti, e così via, chiede difatto la totalità dell'*inter-venire* a difesa: il movimento del difensore è soprattutto significativo quando equivale a mettersi al suo fianco, farsi vicino così da essere solidale con lui nell'affrontare lo scontro dei nemici.

Rinviamo qui al capitolo 6 [166]; e ancora una volta ribadiamo che la terminologia non è specifica della difesa, ma dell'intervento; solo il contesto può decidere il senso e la funzione peculiare dell'azione giuridica.

2.2. *La richiesta che il difensore parli*

L'immagine frequentemente presente (specie nei Salmi) di un innocente in balía di avversari numerosi che lo accusano falsamente ha come corrispettivo la richiesta insistita che qualcuno parli a favore della vittima, che rompa il muro della omertà per rovesciare l'andamento del processo.

Nel paragrafo seguente tratteremo globalmente il tema del silenzio nell'ambito delle procedure giuridiche; là sarà più agevole inserire questo tipo di richiesta nella correlazione oppositiva parola-reticenza.

2.3. *La terminologia più usata per la funzione di «difesa»*

Vogliamo qui indicare la terminologia che più frequentemente segnala l'apparire del «*difensore*», di colui cioè che ha il compito di soccorrere il debole nella rivendicazione del suo diritto. Operiamo due grandi suddivisioni che, pur essendo equivalenti quanto al senso, presentano formalità diverse quanto al linguaggio utilizzato.

---

[166] Cfr. pp. 214-217.

2.3.1. L'essere a favore

Il difensore è in qualche modo l'antagonista dell'accusatore: se quest'ultimo è definito dall'essere *contro* l'imputato, il primo lo è dall'essere *a favore* di una potenziale vittima; se la proposizione *b^e* era come un segno caratteristico del teste di accusa (cfr. *ʿēd b^e, qwm b^e, ʿnh b^e; dibbēr b^e; hyh b^e; ryb b^e;* ecc.)[167], la preposizione *l^e* marca spesso la presenza del difensore. Ricordiamo quindi il valore di *ryb l^e*[168], *ʿēd l^e*[169], *hyh l^e* (Gen 31,42; Es 18,19; Sal 124,1.2), *dibbēr l^e* (Giob 13,7; cfr. anche 36,2), ed altri sintagmi simili[170].

2.3.2. La radice *ʿzr*

La radice *ʿzr* indica in generale l'azione del portare soccorso, del congiungere le proprie forze a quelle di un altro per un fine comune; il suo campo di applicazione è vario quanto lo è quello delle attività umane: dal mondo politico (1 Re 1,7; Is 20,6; 30,5.7; 31,3; ecc.) a quello più specificamente militare (Gios 1,14; 10,4.6.33; 1 Sam 7,12; 2 Sam 8,5; ecc.), dalla collaborazione nell'ambito familiare (Gen 2,18-20) a quella nel lavoro (Is 41,6).

Anche la sfera processuale è toccata da questa terminologia: «assistere» un imputato è una metafora comune al mondo biblico e alle moderne procedure per designare l'azione giuridica della difesa.

In ebraico, la radice *ʿzr,* usata nell'ambito processuale, compare per lo più accanto alla terminologia della «salvezza»; viene così connotato l'esito positivo dell'intervento del difensore. Come l'azione dell'accusatore è una tale minaccia che tende a diventare condanna, così l'azione del difensore — rivelando l'innocenza dell'accusato e la menzogna dell'accusatore — tende a «decidere» favorevolmente il confronto giuridico. Diamo qualche esempio di questo frequente slittamento tra la terminologia della difesa e quella che spesso è attribuita alla stessa autorità giudicante.

---

[167] Cfr. pp. 31, 62, 244, 276.

[168] Cfr. p. 31.

[169] Cfr. nota 23.

[170] Cfr. ad esempio Giob 36,2; e l'interpretazione di *yāpîḥ lô* data da P. D. MILLER, «YĀPÎAḤ in Psalm XII 6», *VT* 29 (1979) 495-501. Possiamo anche citare l'espressione *ʿnh l^e* nel senso di «testimoniare a favore» in una lettera del tempo di Giosia, alle righe 10-11 (cfr. J. NAVEH, «A Hebrew Letter from the Seventh Century B.C.», *IEJ* 10 (1960) 129-139; F. M. CROSS, «Epigraphic Notes on Hebrew Documents of the Eight-Sixth Centuries B.C.: II. The Murabbaʿât Papyrus and the Letter Found near Yabneh-yam», *BASOR* 165 (1962) 34-46; S. TALMON, «The New Hebrew Letter from the Seventh Century B.C. in Historical Perspective», *BASOR* 176 [1964] 29-38).

Cfr. – Is 41,4 : *ʿzr – gʾl*
– Is 49,8 : *ʿzr – ʿnh – (yšʿ)*
– Is 50,8-9 : *ʿzr – ṣdq (Hi)*
– Sal 37,40 : *ʿzr – plṭ (Pi) – yšʿ (Hi)*
– Sal 79,9 : *ʿzr – nṣl (Hi) – (yšʿ)*
– Sal 109,26 : *ʿzr – yšʿ (Hi)*
– Sal 72,12 : *ʿzr – nṣl (Hi)*
– Giob 29,12 : *ʿzr – mlṭ (Pi)*
ecc.

III. IL SILENZIO NELLE PROCEDURE GIURIDICHE

Il dibattimento può essere definito come una controversia portata davanti ad un giudice; in quanto tale, consiste nell'alternarsi della parola di due contendenti: all'intervento dell'accusa fa seguito quello dell'imputato che si difende, e così via. Questo scambio di parole si distingue dall'urbana conversazione non solo per la drammaticità del suo esito, ma anche perché ognuna delle parti tende a concludere il più rapidamente possibile il confronto; come in una rissa o in un duello, ognuno tenta di imporsi all'altro con il minore dispendio di energie, assestando i colpi in modo da evitare la replica.

La struttura della controversia, anche nella sua forma processuale, ha una fisionomia che può apparire così contraddittoria: da una parte, è giuridicamente necessario che il parlare dell'uno consenta il parlare dell'altro, altrimenti non si rispetterebbe l'avversario come soggetto umano e si negherebbe l'uguaglianza delle posizioni nell'atto giuridico [171]; d'altra parte, la parola di ognuno dei due contendenti è tale che la sua logica interna è di *mettere a tacere l'altro*. Ciò è manifestato a due livelli.

1. La parola esige silenzio

1.1. *Senso «giustificatorio» del parlare*

Il primo livello esprime le condizioni di silenzio di cui ogni parola vive: una parola infatti è sensata se può essere *ascoltata,* e l'ascolto esige *silenzio*. Per questo il discorso giuridico inizia spesso con l'invito, rivolto all'altra parte, ad ascoltare, invito talvolta esplicitamente articolato alla richiesta di tacere.

---

[171] Cfr. il già citato «principio del contraddittorio» (nota 131).

Ciò può apparire come un fenomeno di retorica senza grande rilevanza; ma in esso si cela qualcosa di decisivo per la comprensione del rapporto di parola, specie nell'ambito giuridico. Non vi è vera relazione tra soggetti, e quindi non vi è giustizia, se non si passa attraverso un momento, o meglio una condizione di silenzio che significa accettazione dell'altro, desiderio della verità, e necessità assoluta di essere «interrogati» nel proprio discorso. In secondo luogo, questo chiedere il silenzio, se avviene durante il dibattimento, equivale a negare valore alle parole che l'altro sta dicendo, è contestare il senso «giustificatorio» del discorso in atto; in modo generale, si può dire che chiedere il silenzio sia negare che l'altro sia «giusto». E ciò vale per la parola di accusa come per la parola di difesa: entrambe, esigendo il silenzio, contestano la verità e la «giustizia» del discorso opposto, entrambe dicono che l'altro è colpevole.

Vediamo di collegare queste nostre osservazioni con dei testi biblici così da comprovarle e approfondirle.

1.2. *La richiesta di ascolto: testi biblici*

Uno dei tratti significativi del *rîb,* secondo lo studio fatto da J. HARVEY[172], è che *l'accusa* introduce il suo discorso con un invito all'ascolto. Questo invito è fondamentalmente strutturato in 3 elementi: 1) l'imperativo che chiede ascolto; 2) il soggetto a cui ci si rivolge (destinatario); 3) il riferimento alla parola che sta per essere pronunciata.

(a) Il soggetto a cui ci si rivolge può essere *l'imputato:* egli non può sottrarsi di fronte ad una interpellazione precisa e solenne; è come se gli fosse personalmente recapitato e consegnato l'atto di imputazione:

– Sal 50,7 :	*šimʿâ*	*ʿammî*	*waʾădabbērâ*
		yiśrāʾēl	*w^{e}ʾāʿîdâ bāk*
– Is 1,10 :	*šimʿû*		*d^{e}bar yhwh*
		q^{e}ṣînê s^{e}dōm	
	haʾăzînû		*tôrat ʾĕlōhênû*
		ʿam ʿămōrâ	

– Cfr. anche 1 Sam 22,7.12; Is 41,1; Ger 2,4; Mi 1,2; Os 4,1; 5,1; Am 3,1; 4,1; Giob 15,17; 33,1; ecc.

– Particolarmente significativo come esempio appare il testo di Giob 33,31-33, perché non solo mostra il rapporto tra ascolto e silenzio, ma indica anche che «ascoltare» equivale a non poter replicare:

---

[172] *Le plaidoyer prophétique*, 54-55. L'autore include l'elemento dell'appello all'attenzione rivolto agli incolpati fra i «*preliminari del processo*», accanto alla convocazione del cielo e della terra, alla dichiarazione della impeccabilità del giudice e alla accusa della parte imputata.

v. 31 : *haqšēb* *'iyyôb*
šᵉmaʿ lî
haḥărēš *wᵉ'ānōkî 'ădabbēr*

v. 32 : «se hai argomenti, rispondimi,
parla, perché vorrei darti ragione;

v. 33 : se no,
'attâ
šᵉmaʿ lî
haḥărēš *wa'ă'allepkā ḥokmâ*

(b) Il destinatario dell'imperativo può essere il *testimone–arbitro* (questo è tipico specialmente nel profetismo). Ciò appare nuovo, ma coerente con quanto abbiamo detto in precedenza: il chiedere ascolto a dei testimoni è un artificio che serve ad indicare che l'imputato non vuole prestare orecchio; è in qualche modo una denuncia raddoppiata, in quanto non solo manifesta che l'imputato è colpevole, ma che addirittura non vuole nemmeno sentirne parlare.

Formalmente il sintagma si distribuisce secondo 4 elementi: 1) imperativo dell'ascolto; 2) destinatario; 3) riferimento alla parola; 4) imputato.

– Is 1,2s : *šimʿû* *šāmayim*
wᵉha'ăzînî *'ereṣ*
kî yhwh dibbēr
bānîm...
yiśrā'ēl...
ʿammî...

– Cfr. anche Deut 32,1.5; Ger 6,18-19; Mi 6,2-3; Giob 34,2-4.10.

Ma non è solo l'accusa a chiedere ascolto; anche l'*imputato* invita l'accusatore a tacere. Questo non è riscontrabile nei testi profetici perché essi rappresentano la «parola di Dio», la sua iniziativa di discorso accusatorio; altri testi tuttavia rivelano che la difesa assume gli stessi tratti dell'accusa. Come nel punto precedente, abbiamo infatti:

(a) l'appello all'ascolto rivolto all'altra parte: cfr. Giob 13,5-6.13.17; 21,2-3.5.
(b) L'appello rivolto al giudice: l'imputato, non riuscendo a farsi ascoltare dai suoi accusatori, chiede ascolto al giudice-difensore[173].

---

[173] Cfr. soprattutto pp. 282-283.

2. Il silenzio giuridico

Il secondo livello in cui il silenzio è significativo nel mondo giuridico biblico, verte sulla intenzionalità della parola pronunciata: il contendente vuole convincere l'altra parte, vuole provare la verità in modo tale che non sia più possibile (per nessuno) di replicare. L'accusa (e analogamente la difesa) vuole diventare l'unica parola, perché è la sola veritiera.

Letterariamente ciò si manifesta nelle frasi in cui si dice che un contendente cerca o riesce a tacitare l'altro, a chiudergli la bocca per sempre: il silenzio a cui si riduce l'avversario segna la fine della vertenza giuridica, ed equivale alla vittoria di uno dei due litiganti (Ez 16,63). In contesto forense, la parola del giudice è quella che — esternamente — impone silenzio a entrambe le parti (cfr. Giob 29,7-10.21-22; ed anche Abac 2,20): difatto però essa riprende o la parola della accusa oppure quella della difesa, per cui la sentenza del magistrato non fa altro che registrare e sanzionare il prevalere definitivo di un discorso, tacitando l'altro per sempre.

Ne risulta che chi tace appare come colpevole, per cui verrà condannato [174]: il suo silenzio è l'anticipazione simbolica della morte. Il processo si conclude infatti con il verdetto di condanna: questo, passato in giudicato, non può essere più contestato; il colpevole viene consegnato

---

[174] Ci sia permesso, a questo proposito, dare, se pur brevemente, la nostra interpretazione del silenzio di Gesù durante il suo processo. Tutti gli Evangelisti menzionano il fatto, anche se non concordano nel quadro circostanziale: Matteo e Marco lo segnalano sia per il giudizio davanti al Sinedrio (Matt 26,63; Mc 14,61) sia per quello davanti a Pilato (Matt 27,12-13; Mc 15,4); Luca lo pone invece come specifico per il processo presso Erode (Lc 23,9); Giovanni lo segnala ad un certo momento del dialogo tra Gesù e Pilato (Giov 19,9-10).

Prendendo come traccia la versione di Matteo (allo scopo di delimitare il nostro discorso) dobbiamo notare che il tacere di Gesù non è assoluto, ma è anzi in costante rapporto con il parlare: in Matt 26,62-63, egli non risponde alle accuse portate contro di lui dai falsi testimoni, ma parla quando il Sommo Sacerdote lo interroga; in Matt 27,11-13, risponde a Pilato, ma non alle accuse dei sommi sacerdoti e degli anziani.

Il rispondere di Gesù alle *autorità* giudicanti, crediamo, significa che egli non si sottrae alla testimonianza sulla sua persona: egli riafferma, anche in sede processuale, la verità sulla sua natura e missione messianica, ben sapendo che le sue parole potranno essere usate contro di lui.

Ma è ancora più importante rilevare che egli non risponde alle *accuse*: il difendersi equivale a provare che gli altri mentono, ed ha quindi come effetto la condanna della parte avversa. Ora Gesù rinuncia al legittimo diritto di difendersi, accetta di passare per colui che non può rispondere quasi fosse tacitato dall'accusa, in modo da manifestare che la sua innocenza non fa condannare nessuno. Egli volontariamente va alla morte: tace di fronte alle accuse e non sfugge alla condanna, affinché nel processo (momento rivelatorio culminante della sua intenzionalità di amore) risultasse chiaro che il suo desiderio non era di riportare la vittoria a danno degli altri, ma di subire piuttosto la morte pur di non trattare nessuno come nemico.

alla morte (o un suo equivalente simbolico), realizzazione concreta di un silenzio che è la fine del soggetto umano.

Anche in questo caso, intendiamo mostrare la pertinenza delle nostre affermazioni per la comprensione del mondo biblico, adducendo qualche esempio.

2.1. *Il dovere di «non tacere»*

Il «non tacere» equivale evidentemente a parlare; ciò prende significati diversi a seconda che si tratti dell'accusa o della difesa.

(a) il non tacere dell'accusa

Chi non tace rifiuta la connivenza con il malfattore, mostra il suo desiderio di giustizia denunciando il colpevole: è l'antagonista del testimone reticente, che indirettamente è difensore dell'ingiustizia.

– Cfr. Is 57,11-12; 58,1; 65,6-7; Sal 50,1.3.21.

(b) il non tacere della difesa

Poiché la relazione qui è piuttosto tra la vittima dell'ingiustizia e il suo difensore, il non tacere equivale in questo caso a giudicare e salvare. È questo un dovere soprattutto del magistrato; ed è una richiesta da parte dell'imputato, innocente.

– Cfr. Is 62,1; Sal 35,22-24; 83,2; 109,1.31; Prov 31,8-9; Est 4,14.

2.2. *Il tacere che significa sconfitta*

Parlando della controversia avevamo visto che ad un certo momento, quando l'accusatore riteneva che le sue parole non fossero più ascoltate (o fossero addirittura travisate e derise), cessava di parlare e lasciava il posto alle vie di fatto. Questo tacere dell'accusatore è *una accusa* dell'altro ancora più radicale del parlare, perché non denuncia solo il misfatto, ma la possibilità di uscire «ragionevolmente» dalla situazione ingiusta.

Il tacere di cui parliamo ora è invece l'incapacità per l'accusa (o per la difesa) di iniziare o proseguire il dibattimento: ed equivale quindi ad affermare che non si hanno (più) argomenti [175], che quindi l'avversario ha ragione.

---

[175] Cfr. P. Joüon, «Notes de lexicographie hébraïque», *Bib* 8 (1927) 51-52, sull'espressione *pitḥôn peh* (Ez 16,63; 29,21) come «*argument* pour se défendre».

(a) per *l'accusa,* il tacere *di fronte ad un reato* può essere sinonimo di connivenza o di impotenza nei confronti del malfattore.

– Cfr. Gen 34,5; 2 Sam 3,13; 2 Sam 13,20; Abac 1,13.

Nella controversia, quando l'accusa è tacitata, abbiamo invece la vittoria dell'imputato.

– Cfr. 1 Sam 2,9; Sal 31,18-19; 35,15; 107,42; Giob 5,16; 11,2-3; 32,1-3.15-20.

(b) per la *difesa* si suppone ovviamente una situazione di controversia (o almeno ad essa riconducibile): il tacere, invece di parlare per difendersi, è ammettere il proprio torto [176].

– Cfr. Gen 44,16; Is 53,7; 64,11; Mi 7,16; Sal 38,14-15; Giob 6,24; 13,18-19; 40,4-5; Lam 2,10; Neem 5,8; Dan 3,33 (greco).

La dinamica interna della controversia, e quindi del dibattimento giudiziario è tale che alla fine qualcuno deve tacere, e talvolta per sempre: e qui si rivela la insoddisfacente capacità del mondo giudiziario di restaurare la giustizia. Se infatti la giustizia consiste nella relazione fra soggetti, e se il soggetto è il soggetto parlante, la finalità intrinseca al processo (che è di far tacere un uomo per sempre) si rivela contraria alla giustizia stessa. Certo, di fronte alla perversione, l'uomo non può opporre che inadeguati strumenti; e tuttavia resta il problema di come sia possibile far sì che il silenzio del condannato non sia il fine o la fine del processo, ma una sua necessaria mediazione. Si apre qui la possibilità di concepire una «giustizia» che non vede nella condanna la sua piena realizzazione, ma che, mossa dal desiderio di relazione, cioè dall'amore, promuova nell'altro una parola nuova, una parola vera. Se il colpevole deve chiudere la bocca di fronte alla denuncia della sua colpevolezza, perché sa che non può parlare per «giustificarsi», può tuttavia aprirla per riconoscere che l'altro è così giusto da non lasciarlo nel silenzio e nell'isolamento della morte. La giustizia perfetta è quella che consente la lode a chi è stato ammutolito dalla sua propria ingiustizia.

---

[176] Cfr. E. Lipiński, *La liturgie pénitentielle*, 32-35.

Capitolo ottavo

La sentenza e l'esecuzione
(la fine e il fine del processo)

La fase dibattimentale è il cuore dell'istituzione processuale, perché evidenzia che il fatto giuridico più importante e al tempo stesso più problematico è la opposizione fra due parti, soggetti di diritto, che rivendicano — ognuna a modo suo — la verità delle loro affermazioni, e la necessità quindi di procedere autoritativamente secondo il tenore delle loro pretese. Come per la controversia [1], anche la contrapposizione tra accusatore e imputato in sede forense deve finire [2]: tutta l'istituzione e tutte le sue procedure giudiziarie sono predisposte perché si giunga all'atto del «giudicare», evento conclusivo e *decisivo,* nel senso originale del termine, mediante il quale il magistrato, discernendo tra innocente e colpevole, può affermare e ristabilire la giustizia con la forza del diritto.

La transizione dal dibattimento al «giudizio» è marcata dal silenzio imposto ai contendenti dalle regole stesse della procedura giudiziaria; questo silenzio indica che essi vengono a perdere il ruolo attivo, assunto ora dal *magistrato giudicante,* protagonista assoluto della conclusione del processo.

L'atto del giudice che conclude la procedura forense è la *sentenza.* Tracciarne i contorni e illustrarne gli aspetti fondamentali è condizione necessaria per la comprensione del giudizio in generale; ciò servirà anche a mostrare le articolazioni maggiori del presente capitolo.

La sentenza è un atto di *parola,* una dichiarazione che definisce la verità giudiziale vincolante per tutti [3]. Esternamente essa presenta alcuni caratteri formali che la avvicinano alla presa di posizione della accusa e/o della difesa; tuttavia, proprio il riprendere e fare propria, da parte del giudice, l'istanza di uno dei contendenti costituisce la stessa decisione forense; essa infatti, pur essendo il pronunciamento di un particolare

---

[1] Cfr. pp. 104-105.

[2] Cfr. H. J. Boecker, *Redeformen* 122.

[3] Secondo Deut 17,11-13, il non conformarsi alla decisione del giudice costituisce un reato (*'śh b^{e}zādôn, zyd*) capitale (*ûmēt hā'îš hahû'*).

soggetto giuridico, è l'atto in cui la giurisdizione si esprime in tutta la sua pienezza, ed ha quindi valore normativo per le parti sotto processo. Pur essendo frutto del libero convincimento del giudice, pur essendo il suo «parere» sul fondamento della domanda (azione giuridica) dell'accusa, la sentenza è un «verdetto», che, stando alla supposta etimologia della parola, introduce, mediante il rapporto al concetto di verità [4], le valenze di immutabilità e irrevocabilità proprie alla *cosa giudicata* [5].

Con la sentenza, atto pieno della giurisdizione, il giudice interpreta e realizza la volontà della legge penale [6]. Ora, se questa è costituita dal «praeceptum legis» e dalla «sanctio legis» [7], con il verdetto, il giudice rende operante il diritto punitivo iscritto nella stessa legislazione penale. Se la sentenza e la sua *esecuzione* sono per molti aspetti distinte, si deve tuttavia affermare che nella sentenza stessa è contenuto l'ordine di applicare la punizione (al colpevole) e/o di procedere al proscioglimento (dell'innocente).

La decisione giudiziaria presenta quindi due aspetti mediante i quali si esprime il «fare giustizia»: vi è l'aspetto della parola (che esige sapienza), la quale dichiara innocenza e colpevolezza, e manifesta secondo verità dove stia il diritto e dove il torto; e vi è l'aspetto concreto della sanzione (che richiede la forza) da applicarsi al reo, senza il quale il pronunciamento del giudice sarebbe sterile, senza efficacia nella storia concreta degli uomini. Questi due aspetti, fra loro complementari, vanno sempre tenuti assieme, anche se talvolta il discorso semplifica i dati, menzionando solo una parte e sottintendendo l'altra: così si può dire che il giudice ha condannato (senza specificare che ha inflitto la pena), oppure che ha punito (senza premettere che ha dichiarato colpevole).

Lo svolgimento del presente capitolo distinguerà tra verdetto ed esecuzione; benché infatti le due cose vadano pensate insieme, esse si susseguono, sia logicamente, sia temporalmente, quasi come causa ed effetto.

Alla fine del capitolo, accenneremo alle conseguenze intese o realizzate con l'atto del giudicare: interrogarsi su che cosa si ottiene, teoricamente e/o

---

[4] Il rapporto tra attività giudiziaria e verità è già stato accennato a p. 231 (conclusione della indagine/istruttoria). Conviene notare che il giudice, scelto secondo Es 18,21 tra gli *'anšê 'ĕmet* (cfr. anche Neem 7,2), ha proprio il compito di ristabilire la giustizia conformando se stesso e il suo verdetto alla verità: per questo, ci sembra, vediamo collegata la terminologia del giudicare con i termini *'ĕmet* (Is 16,5; 42,3; 61,8; Ez 18,8; Zac 7,9; 8,16; Mal 2,6 — in rapporto con Deut 17,11 —; Prov 29,14) e *'ĕmûnâ* (Sal 96,13).

[5] Cfr. G. Pugliese, «'Res iudicata pro veritate accipitur'», in: Studi in onore di E. Volterra, V, Milano 1971, 783-830.

[6] G. D. Pisapia, *Compendio di procedura penale*, 381.

[7] F. Antolisei, *Manuale di diritto penale*, 31-33.

praticamente, con un verdetto — o più generalmente con l'istituzione giudiziaria — permette di evitare una considerazione astratta del diritto, inserendolo invece nella storia concreta dell'uomo come una necessaria mediazione del civile convivere. La pena, in particolare, sia nel suo aspetto rigorosamente concettuale sia nella modalità di applicazione, è oggetto perenne di dibattito, proprio perché la sua funzione (di repressione del male, di deterrente sociale, di emendazione del colpevole) varia a seconda delle mutate circostanze storiche e culturali.

Poiché gli atti procedurali conclusivi del processo e il senso da loro veicolato sono familiari a tutti, il nostro capitolo avrà un andamento descrittivo, e fornirà prevalentemente gli elementi lessicografici più significativi.

1. **La sentenza**

Nel corso del nostro lavoro abbiamo visto spesso apparire due fenomeni concernenti il lessico che hanno una notevole importanza per l'interpretazione dei testi biblici.

Il primo possiamo chiamarlo *genericità o polivalenza del lessico:* ciò significa che *uno stesso termine* (o espressione) viene utilizzato *in campi semantici diversi* con diversi significati (tale è il caso, ad esempio, dei verbi *qr', qwm, 'śh,* ecc.); il significato viene specificato dalla sua «polarizzazione», cioè dalla precisa opposizione che si viene a stabilire tra una parola e quella/quelle a cui si contrappone nel contesto. Può anche avvenire che, all'interno di uno *stesso campo semantico,* il medesimo termine possa occupare diverse «posizioni» a seconda del contesto e dei termini correlati; così, ad esempio, il verbo *špṭ* può indicare la totalità dell'azione giudiziale (rapporto tra reato e giudicare), oppure l'atto conclusivo del processo che è l'emissione della sentenza (rapporto tra accusa e giudizio).

Il secondo fenomeno possiamo assumerlo sotto il titolo *varietà della terminologia;* ciò vuol dire che, benché il mondo giuridico, di natura sua, prediliga un linguaggio tecnico, non troviamo nella Bibbia una chiara specificazione del linguaggio che consenta di identificare e separare termini e formule in modo rigido e assoluto. Se, ad esempio, cerchiamo quale sia la formula usata dal giudice in un processo per pronunziare la sentenza (assolutoria o condannatoria), noi costatiamo che esistono sì espressioni «fisse e ripetute» [8], ma senza quelle esigenze

[8] Mutuiamo questa definizione di formula da S. BRETON, *Formulario profético de vocación y misión*, Diss. Pontificio Istituto Biblico, Roma 1984, 33, il quale fa notare inoltre la necessità di una «funzione stabile all'interno di uno schema».

di rigore formale richieste dai nostri ordinamenti perché un atto sia giuridicamente valido [9].

I due fenomeni che abbiamo brevemente presentato costituiscono la premessa per comprendere l'organizzazione del «vocabolario della sentenza» che ci accingiamo a illustrare; dapprima tratteremo del lessico che esprime il *pronunciamento* del giudice (qui ricompaiono termini «generici» già visti altrove nel nostro lavoro); presenteremo poi alcune delle principali modalità con cui si esplicita il *contenuto* del verdetto (qui esistono delle formule, difficili però da organizzare nei loro rapporti); infine, integreremo il nostro discorso con degli elementi complementari che, in certi testi biblici, assumono un valore simbolico correlato con l'atto della sentenza.

1.1. *Il pronunciamento del giudice*

In questa sede devono essere considerati i verbi (o espressioni) che hanno per soggetto il *giudice,* e che, in modo più o meno evidente, esprimono l'atto *decisorio* che conclude il processo.

1.1.1. La decisione giudiziaria

È necessario menzionare innanzitutto *i verbi che significano la funzione giurisdizionale* (*špṭ, dyn, šmʿ*, ecc.) [10]; se, come abbiamo detto nella introduzione al presente capitolo, la sentenza è l'espressione massima della giurisdizione, è evidente che tali verbi possono denotare o connotare l'emissione del verdetto da parte dell'autorità giudicante.

In particolare, ricordiamo [11] i sintagmi del tipo:

– *špṭ*	*mišpāṭ*	1 Re 3,28; Zac 7,9: 8,16
– *dyn*	*mišpāṭ*	Ger 21,12

[9] H. J. Boecker, partendo dal testo di Deut 25,1, e riferendosi tra l'altro a studi di diritto comparato dell'antico Oriente (*Redeformen*, 122-124), ritiene che la formula tipica della sentenza (di proscioglimento e di condanna) sarebbe da ritrovare nelle frasi nominali dove compaiono i termini *ṣaddîq* e *rāšāʿ* collegati con un pronome di seconda persona (*ibid.*, 123-132, 135-137). A questo proposito si noti che l'autore, non distinguendo tra la struttura della controversia e quella del giudizio, dice che il verdetto è talvolta pronunciato da una delle parti (*ibid.*, 124-125, 129), affermazione questa che non ci trova consenzienti. Di difficile catalogazione e forse anche di minore rigore formale sarebbero per Boecker le altre formule che si trovano a conclusione dei processi o nei testi legali dell'Antico Testamento.

[10] Cfr. pp. 165-168 del nostro lavoro. Si tenga soprattutto conto del fatto che la corretta amministrazione della giustizia è spesso presentata — con una grande varietà nella terminologia — mediante l'opposizione tra una azione *a favore* dell'innocente (lessico del salvare, vendicare, ecc.) e una azione *contro* il colpevole (lessico del punire, distruggere, ecc.).

[11] Cfr. p. 190.

– *ḥrṣ* [12]	*mišpāṭ*	1 Re 20,40
– *dbr (Pi)*	*mišpāṭ 'et*	2 Re 25,6; Ger 39,5; 52,9; cfr. Ger 1,16; 4,12
– *ntn*	*mišpāṭ*	Ez 23,24; Sof 3,5; Giob 36,6
– *yṣ' (Hi)*	*mišpāṭ*	Is 42,1.3; Sal 37,6
– *'mr*	*mišpāṭ*	Deut 17,11 (// *yrh* [*Hi*] *tôrâ*)
– *ngd (Hi)*	*debar hammišpāṭ*	Deut 17,9
– *šmʿ (Hi)*	*dîn*	Sal 76,9

I verbi che esprimono la funzione giurisdizionale sono tanto più pertinenti in questa sede quanto più significano l'atto della *separazione* tra reo e innocente (atto che li «definisce» giuridicamente); in altre parole, il giudicare diventa più evidentemente l'atto finale del processo quanto più si esplicita in due serie opposte di termini, la prima indicante l'«assolvere», la seconda il «condannare» [13].

Di particolare importanza, per la sua presenza nei testi legislativi concernenti l'attività dei giudici, è la coppia *ṣdq (Hi)* – *ršʿ (Hi)* [14]: l'oggetto di questi verbi fa apparire se il giudizio è giusto o iniquo.

---

[12] Il valore del verbo *ḥrṣ* in campo forense, oltre che dal testo di 1 Re 20,40 può essere attestato dall'espressione *killāyôn ḥārûṣ* (Is 10,22) e dal participio (*Niphal*) *neḥĕrāṣâ* (Is 10,23; 28,22; Dan 11,36) che fanno riferimento ad una decisione di tipo giudiziario. Si deve anche ricordare il rapporto tra la radice *špṭ* e la radice *ḥrṣ* in Gioele 4,12.14:

v.12: *haggôyim* *'el ʿēmeq* *yehôšāpāṭ (kî šām 'ēšēb lišpōṭ ...)*
v.14: *hămônîm hămônîm* *beʿēmeq* *heḥārûṣ.*

Da rilevare anche il verbo *gzr* (decidere) in Giob 22,28 (ogg.: *'ômer*); e, al *Niphal*, Est 2,1 (*ʿal* + suff. pronominale).

[13] Cfr. pp. 181-182. Scrive K. KOCH che, poiché il processo è originato da uno sconvolgimento delle relazioni comunitarie che devono essere ripristinate, «sollte kein Prozess (der Theorie nach) nur mit Freispruch einer Partei ohne die Verurteilung der anderen enden. Wenn der *ṣaddīq*-Partner freigesprochen und damit wieder in sein Ansehen und seine gedeihliche Lebensmöglichkeit eingesetzt wird (*ṣdq* hi.), wird zugleich die gegnerische Partei (und sei es nur wegen ungerechtfertigter Anklage) als Frevler verurteil (*ršʿ* hi)» («*ṣdq* gemeinschaftstreu/heilvoll sein», *THAT* II, 514).

[14] I verbi *ṣdq* (*Hi*) e *ršʿ* (*Hi*) — chiamati «delocutivi» da D. R. HILLERS («Delocutive Verbs in Biblical Hebrew», *JBL* 86 [1967] 320-324) — non sempre hanno per oggetto il *giudice*; essi vengono usati in sede di controversia per indicare il tipo di intervento che «equivale» ad una assoluzione (*hṣdyq* = dar ragione: Is 50,8; 53,11 (?); Giob 27,5) o ad una condanna (*hršyʿ* = dar torto: Is 50,9; 54,17; Sal 37,33; Giob 9,20; 10,2; 15,6; 32,3; 34,17; 40,8). Curioso appare il testo di 1 Sam 14,47s: parlando delle vittorie militari del re Saul, l'autore sembra usare una terminologia che interpreta queste imprese secondo lo schema giudiziario:

v.47: *bekōl 'ăšer yipneh yaršîʿ...* (condanna)
v.48: *wayyaṣṣēl 'et yiśrā'ēl miyyad šōsēhû* (salvezza).

	giudicare		assolvere		condannare	
Deut 25,1	(giudici)	*špṭ*	*ṣdq (Hi)*	*'et haṣṣaddîq*	*rš' (Hi)*	*'et hārāšā'*
1 Re 8,32	(Dio)	*špṭ*	*ṣdq (Hi)*	*ṣaddîq*	*rš' (Hi)*	*rāšā'*
2 Cron 6,23	(Dio)	*špṭ*	*ṣdq (Hi)*	*ṣaddîq*	*šwb (Hi)*	*lerāšā'*
Prov 17,15	(giudici?)		*ṣdq (Hi)*	*rāšā'*	*rš' (Hi)*	*ṣaddîq*
Is 5,23[15]	(giudici)		*ṣdq (Hi)*	*rāšā'*	*swr (Hi)*	*ṣidqat ṣaddîqîm mimmennû*
Es 23,7	(Dio)		non *ṣdq (Hi)*	*rāšā'*		
Sal 82,3	(giudici)	*špṭ*	*ṣdq (Hi)*	*'ānî wārāš*		
2 Sam 15,4	(Assalonne)	*(špṭ)*	*ṣdq (Hi)*	*kol 'îš 'ăšer yihyeh lô rîb ûmišpāṭ*		
Es 22,8	(Dio)				*rš' (Hi)*	(il colpevole)
Sal 94,21	(giudici: v.20				*rš' (Hi)*	*dām nāqî*
Prov 12,2	(Dio)				*rš' (Hi)*	*'îš mezimmôt*

1.1.2. La valutazione del caso e la decisione in merito

Sembra si debba introdurre, nel concetto generale di giudizio, la terminologia ebraica che esprime l'atto della *valutazione* del caso, con la *decisione* in merito [16].

[15] È possibile mettere a confronto il testo di Is 5,23 (*maṣdîqê rāšā' 'ēqeb šōḥad weṣidqat ṣaddîqîm yāsîrû mimmennû*) con quello di Giob 27,5 (*ḥālîlâ lî 'im 'aṣdîq 'etkem — 'ad 'egwā' lō' 'asîr tummātî mimmennî*): il medesimo vocabolario viene usato sia nella procedura giudiziaria sia nella controversia, ma la diversità dei soggetti giuridici determina particolari sfumature di significato: nel primo caso abbiamo un verdetto di condanna, nel secondo una dichiarazione di accusa (cfr. anche Giob 27,2 e 34,5).

[16] In Lev 24,10-16 e Num 15,32-36 sono narrati due episodi che hanno degli elementi in comune: si tratta di casi giuridici (rispettivamente, la bestemmia da parte di uno straniero, e il raccogliere della legna in giorno di sabato) per i quali, mancando un precedente giurisdizionale, si ricorre a Mosè, che, a sua volta, ricorre a Dio per la decisione. Il decidere (*prš*: Lev 24,12; Num 15,34) in questo caso equivale a sentenziare. È significativo rilevare che non si tratta tanto di introdurre una (nuova) legge, quanto piuttosto di applicare a un caso concreto una normativa generale per altro ben conosciuta; ci pare così che si debba riconoscere in questi due episodi l'importanza dell'atto *interpretativo* nella dinamica del giudizio: «esistono nella legge degli *spazi vuoti* che spetta all'interprete di colmare. Egli in tali casi deve continuare e condurre a termine l'opera del legislatore, trasformando la direttiva generica in compiuto comando... L'interprete certamente non crea il diritto, perché questo è compito della legge, ma *concorre alla creazione di esso, integrando, dove occorra, i comandi legislativi*» (F. ANTOLISEI, *Manuale di diritto penale*, 61).

Il verbo **ḥšb**

Verbo che senz'altro designa l'atto valutativo[17], *ḥšb* è ritenuto termine caratteristico del sacerdote che «sanziona con formule declaratorie... un sacrificio in quanto compiuto secondo le norme, oppure lo dichiara invalido», o «dichiara nella liturgia di ingresso al tempio che colui che entra è *ṣaddîq,* proclama la 'attribuzione' a giustizia (per la vita) o viceversa»[18].

Crediamo che non si debba limitare alla sede liturgica e alla autorità del sacerdote l'uso valutativo e decisorio del verbo *ḥšb.* La donna di Teqoa, parlando a Davide, critica la decisione reale concernente Assalonne in questi termini:

wᵉlāmmâ ḥāšabtâ kāzzōʼt ʻal ʻam ʼĕlōhîm
ûmiddabbēr hammelek haddābār hazzeh kᵉʼāšēm... (2 Sam 14,13).

Vengono qui giustapposte due «sentenze» del re, la prima espressa con il verbo *ḥšb* (decreto contro Assalonne e indirettamente contro il popolo), la seconda con il verbo *dbr (Pi)*[19] (decreto a favore del figlio della donna).

Due testi di Zaccaria inoltre permettono di vedere come il verbo *ḥšb* (unito al sostantivo *rāʻâ*) entri nella serie dei verbi concernenti il giudizio:

mišpaṭ ʼĕmet **šᵉpōṭû**
wᵉḥesed wᵉraḥămîm ʻăśû ʼîš ʼet ʼāḥîw
wᵉʼalmānâ wᵉyātôm gēr wᵉʻānî ʼal taʻăšōqû
wᵉrāʻat ʼîš ʼāhîw ʼal **taḥšᵉbû** *bilbabkem* (Zac 7,9-10)

dabbᵉrû *ʼĕmet ʼîš ʼet rēʻēhû*
ʼĕmet ûmišpaṭ šālôm **šipṭû** *bᵉšaʻărêkem*
wᵉʼîš ʼet rāʻat rēʻēhû ʼal **taḥšᵉbû** *bilbabkem* (Zac 8,16-17)

Il fatto che il verdetto in questi testi sia collegato con un atto interiore (*ḥšb* «nel cuore») sembra sottolineare che il giudizio (*špṭ*) ha la sua radice in un decreto già emesso nella sede «valutativa» dell'uomo prima che si esprima in parole (*dbr, Pi*) nella procedura giudiziaria.

Da qui si vede come il «parere» del magistrato, così come il suo interiore pensare e giudicare, si discostino da una pura opinione, in quanto diventeranno necessariamente espressione della verità e della giustizia normativa negli ordinamenti sociali, con un effetto di vita (e/o di morte) di assoluta rilevanza (cfr. Mi 2,1.3; Lam 2,8).

---

17 W. SCHOTTROFF, «*ḥšb* denken», *THAT* I, 643.

18 *Ibid.*, 644-645. Secondo K. SEYBOLD, invece, «für das hebr. Verbum *ḥšb* ergeben sich zwei Konstitutive Bedeutungsmomente, das Moment des Rechnens ... und das Moment des Planens» («*ḥāšab*», *TWAT* III,245).

19 Cfr. p. 167-168.

Particolarmente pertinenti appaiono i casi nei quali il verbo *ḥšb* è costruito con *l*ᵉ (imputato) e con il termine *ʿāwōn* (2 Sam 19,20; Sal 32,2; cfr. anche, al *Niphal,* con *dām:* Lev 17,4)[20]: si esprimerebbe qui non tanto l'imputazione, ma il «ritenere colpevole», proprio di una sentenza pronunziata in giudizio.

Il verbo **yʿṣ**[21]

Questo verbo è abitualmente tradotto con «dare un consiglio»; ma è chiaro che questo significato non si adatta ai casi nei quali il parere espresso consiste in una deliberazione da parte di una qualche autorità[22].

Questi ci sembrano i testi che presentano il verbo *yʿṣ* con il senso di decidere:

yʿṣ		*ʿal*	Is 19,12; 23,8
»	*rāʿâ*[23]	*ʿal*	Is 7,5
» *(pass.)*	*ʿēṣâ*	*ʿal*	Is 14,26
»	*ʿēṣâ*	*ʿal*	Is 19,17; Ger 49,30[24]

---

[20] Potrebbero essere considerate espressioni opposte quelle che presentano il termine *ṣᵉdāqâ* al posto di *ʿāwōn*; è necessario tuttavia fare qualche riserva. Il testo di Gen 15,6 (*wayyaḥšᵉbehā lô ṣᵉdāqâ*) non si situa in un ambito tematico di giudizio; data l'importanza teologica attribuita alla frase, diversi sono stati gli approcci e le interpretazioni: cfr. G. von Rad, «Die Anrechnung des Glaubens zur Gerechtigkeit», *TLZ* 76 (1951) 129-132; K. Seybold, «*ḥāšab*», *TWAT* III, 256-257 (con bibliografia). In Sal 106,31 (*wattēḥāšeb lô liṣdāqâ*) il verbo *ḥšb* (al *Niphal*) è costruito con duplice *l*ᵉ, il che rende l'espressione originale rispetto a tutte le altre: il testo ci sembra tematicamente riconducibile ad una sentenza.

[21] Cfr. L. Ruppert, «*jāʿaṣ*», *TWAT* III, 718-751.

[22] Cfr. H.-P. Stähli, «*yʿṣ* raten», *THAT* I, 749: «Aus der Bed. 'raten' ergibt sich auch die daraus resultierende von 'beschliessen, planen', wobei nach dem Zusammenhang dieses Planen bzw. Beschliessen sowohl einem positiven (selten, vgl. Jes 32,8) als auch einen negativen Sinn beinhaltet» (cfr. anche *TWAT* III,720). Lo slittamento semantico tra «consigliare» e «decidere» (oppure tra «consiglio» e «deliberazione») è riscontrabile anche nel latino «consiliari» («consilium»); nelle lingue moderne non è infrequente dare il nome di Consiglio ad un organo deliberativo.

Si può forse ritenere che, in sede giudiziaria, il verbo *yʿṣ* rinvii alla pratica giuridica del tribunale retto da una corte; il parere dei singoli magistrati veniva assunto dal presidente della giuria con valore vincolante.

[23] Opposto al sintagma *yʿṣ* + *rāʿâ* (Is 7,5; Ez 11,2; cfr. anche altri termini negativi) potrebbe essere considerato *yʿṣ* + *šālôm* (cfr. Prov 12,20; ed anche Zac 6,13).

[24] In Ger 49,20.30; 50,45; Ez 11,2 abbiamo il parallelismo tra *yʿṣ* e *ḥšb*; in Is 14,24 tra *yʿṣ* e *dmh* (*Pi*). Quest'ultimo verbo non ricorre in contesti chiaramente forensi; esso esprime talvolta l'idea del progetto (cfr. Num 33,56; Giud 20,5; 2 Sam 21,5; Is 10,7): come per *ḥšb*, non è facile stabilire dei precisi confini tra il significato di «pensare di (fare)» e «decidere di (fare)».

Cfr. anche l'opposizione tra la radice *yʿṣ* e *prr* (*Hi*) in 2 Sam 15,34; 17,14; Is 14,27; Sal 33,10; Esd 4,5; Neem 4,9.

y'ṣ	*'ēṣâ* [25]	*'el*	Ger 49,20; 50,45
»	*'ăṣat rā'*	*(bᵉ)*	Ez 11,2
»	*zimmôt*		Is 32,7
»	*nᵉdîbôt*		Is 32,8
»	*bōšet*	*lᵉ*	Abac 2,10
»	*lᵉhašḥît*		2 Cron 25,16
»	*lᵉhaddîḥ*		Sal 62,5

La radice **klh**

La radice *klh* esprime l'idea del compimento; non di rado (con il verbo al *Piel,* e nel sintagma *'śh kālâ*) viene connotata la valenza negativa di una azione distruttrice. Un particolare significato sembra debba essere però attribuito all'espressione *kālᵉtâ hārā'â,* che indica il decreto sfavorevole emesso dall'autorità: si può vedere al proposito:

1 Sam 20,7	:	*kālᵉtâ*	*hārā'â*	*mē'im...*		
20,9	:	»	»	*mē'im...*		*lābô' 'al...*
25,17	:	»	»		*'el...*	*wᵉ'al...*
Est 7,7	:	»	»	*mē'ēt...*	*'el...* [26]	

Almeno in qualche caso, inoltre, sembra debba essere attribuito al sostantivo *kālâ* il senso di «cosa decisa» (cosa giudicata):

1 Sam 20,33 : *kālâ hî' mē'im ... lᵉhāmît*

Is 28,22 : *kālâ wᵉneḥĕrāṣâ ... mē'ēt ... 'al ...* [27]

1.2. *La formulazione della sentenza*

La sentenza è la frase pronunciata dal giudice al termine del processo. Nei moderni ordinamenti penali si richiede un dispositivo

[25] Per l'uso di *'ēsâ* con il senso di *decisione*, cfr. *THAT* I, 750-751. Per una discussione più completa sulla terminologia e la problematica attinenti al «consiglio», cfr. P. A. H. de Boer, «The Counsellor», *VTS* 3 (1955) 42-71.

[26] Per 1 Sam 25,17 ed Est 7,7, L. Kopf propone la traduzione «das Unheil hat ihn erreicht» («Arabische Etymologien und Parallelen zum Bibelwörterbuch», *VT* 9 [1959] 284); da parte nostra riteniamo che si adatti meglio al contesto la versione: «la sventura è stata decisa».

[27] Per il binomio *kālâ wᵉneḥĕrāṣâ* («'statutum ac decretum' metonimice 'poena decreta'»: Zorell, voce *kālâ*), cfr. anche Is 10,23 e Dan 9,27. In Is 10,22 troviamo invece l'espressione sinonimica *killāyôn ḥārûṣ*. Ricordiamo anche Es 11,1 dove *kālâ* sembra avere un valore avverbiale che si potrebbe tradurre: «con decreto irrevocabile», «con definitiva decisione» o simili.

dotato di precisi requisiti formali, che, da una parte, garantiscono la sua piena validità giuridica, e, dall'altra, consentono di cogliere la struttura essenziale della sentenza stessa. Nella letteratura biblica la situazione si presenta invece in modo assai più fluido, e non poche sono le difficoltà per giungere a determinare i caratteri del verdetto giudiziario. Qualche esempio può bastare per illustrare il problema.

Nel processo ad Achimelek, una volta conclusa la difesa di quest'ultimo, il re Saul, rivolto all'imputato, pronuncia la sentenza: *wayyō'mer hammelek: môt tāmût 'ăḥîmelek 'attâ w*^{e}*kol bêt 'abîkā* (1 Sam 22,16). Dopo di che, rivolto ai suoi ufficiali, il re impartisce l'ordine di esecuzione, adducendone la motivazione giuridica:

wayyō'mer hammelek lārāṣîm hanniṣṣābîm 'ālâw:
sōbbû w^{e}*hāmîtû kōhănê yhwh*
kî *gam yādām 'im dāwid...* (22,17)

Da questo testo appare che il verdetto consiste in una dichiarazione che commina la punizione; questa dichiarazione è poi articolata all'imperativo (distinto e susseguente) che rende operativo il contenuto stesso della sentenza. Significativo appare il *kî* che giustifica la decisione e l'ordine del re.

Un altro caso: al termine del dibattimento che ha visto le due donne disputarsi il figlio (vivo), Salomone prende la parola una prima volta in questi termini:

wayyō'mer hammelek: *zō't 'ōmeret zeh b*^{e}*nî haḥay ûb*^{e}*nēk hammēt*
w^{e}*zō't 'ōmeret lō' kî b*^{e}*nēk hammēt ûb*^{e}*nî heḥāy*
(1 Re 3,23).

Questa dichiarazione del re dovrebbe equivalere alla sentenza, che certo non decide il caso perché costata semplicemente che si è giunti ad un punto morto; eppure essa giustifica l'ordine susseguente, che appare quello dell'esecuzione:

wayyō'mer hammelek: *gizrû 'et hayyeled haḥay lišnāyim*
ût^{e}*nû 'et haḥăṣî l*^{e}*'aḥat w*^{e}*'et haḥăṣî l*^{e}*'eḥāt* (3,25).

Salomone sta certo usando uno stratagemma per far luce sulla veridicità delle asserzioni delle due litiganti; ma l'accorgimento non sarebbe stato efficace se non avesse assunto le formalità tipiche dell'ordine di esecuzione della sentenza. Il verdetto definitivo e veritiero si trova alla fine del racconto: a causa della reazione delle donne, il re può con certezza discernere quale sia la vera madre; da qui dunque il decreto:

wayya'an hammelek wayyō'mer: *tenû lāh 'et hayyālûd haḥay*
wehāmēt lō' temîtūhû
hi' 'immô (3,27).

Nell'ultima espressione (*hî' 'immô*) vengono a coincidere il verdetto (che identifica chi ha ragione nella contesa)[28] e la motivazione dell'ordine di esecuzione (favorevole); manca nel racconto qualsiasi riferimento alla sorte toccata alla donna che ingiustamente rivendicava sia il bambino vivo, sia la sua «spartizione».

Nel processo fatto subire a Geremia, dopo la difesa del profeta, i giudici esprimono il loro parere:

wayyō'merû haśśārîm wekol hā'ām 'el hakkōhănîm we'el hannebî'îm
'ên lā'îš hazzeh mišpaṭ māwet
kî *bešēm yhwh 'ĕlōhênû dibber 'ēlênû* (Ger 26,16)

La sentenza declaratoria (di assoluzione) è chiaramente motivata; non troviamo però nel testo l'ordine di proscioglimento dell'imputato. Si noti come in questo caso i giudici si rivolgano agli accusatori, respingendo in pratica la loro domanda (cfr. 26,11); ci si può chiedere quindi se questa sia solamente una sentenza interlocutoria, che non decide in modo definitivo della contesa[29], ma solo nega all'accusa la validità di uno degli argomenti presentati.

Da questa breve esemplificazione appare che la natura dei processi narrati dalla Bibbia (che presentano tutti elementi problematici di giudizio) e le lacune informative derivanti dallo stesso genere letterario (che non è quello degli «atti di un processo») ci invitano non a cercare la formula tipica della sentenza, ma a ricavare piuttosto delle «formalità» che qualificano ed esprimono il momento e l'atto giurisdizionale.

---

[28] H. J. Boecker, a proposito di 1 Re 3,27, ritiene esista nella letteratura biblica un verdetto di tipo costatativo (*Festellungsurteil*), che non avrebbe lo scopo di definire chi sia colpevole e/o innocente (*Redeformen*, 142-143). A proposito del testo citato, ci sembra di dover affermare però che non solo, come dice l'autore, siamo in presenza di un procedimento che ha la forma del processo penale (*in der Form eines Strafprozesses*), ma che il giudizio di Salomone decide effettivamente in merito ad un reato assai grave (che, nel nostro linguaggio, chiameremmo alterazione di stato mediante sostituzione di neonato). È vero che il testo sottolinea esclusivamente l'intervento del re a favore della vera madre; ma il riconoscimento giuridico del suo diritto, analogo all'accoglimento di una querela, non assolve il reato perpetrato dalla parte avversa.

Su 1 Re 3,27, cfr. anche la lettura proposta da E. Ruprecht, «Eine vergessene Konjektur von A. Klostermann zu 1 Reg 3,27», *ZAW* 88 (1976) 415-418.

[29] Cfr. Cap. 7, n. 161.

Dall'analisi comparata dei testi biblici, gli aspetti formali più rilevanti ci appaiono i seguenti:

1) il verdetto ha una forma *declaratoria:* è una parola (si noti, anche dai brani sopra riportati, l'importanza del verbo *'mr*) che definisce chi dei contendenti sia colpevole (e chi sia innocente). Il verdetto può anche presentarsi sotto forma di un annuncio di punizione, il che suppone implicitamente la dichiarazione di colpevolezza.

2) Collegato con la sentenza propriamente detta, vi è l'*ordine* che impone l'esecuzione di quanto è stato decretato (sia questa l'applicazione della sanzione punitiva o il provvedimento a favore del portatore di diritto).

3) Di grande importanza è la *motivazione* che, apposta al verdetto o congiunta con l'ordine di esecuzione, rende la decisione giudiziaria manifestamente conforme alle regole del diritto.

Abbiamo già accennato al valore della *motivazione,* quando, parlando della accusa e della punizione in sede di controversia, ne abbiamo sottolineato le valenze giuridiche [30]. Dal punto di vista puramente lessicale (ci riferiamo alle particelle che introducono l'aspetto causale o consecutivo: *kî, ya'an, lākēn,* ecc.), come da quello del contenuto generale, non sussistono specifiche varianti tra la situazione giuridica del *rîb* e quella del *mišpāṭ*: l'elemento discriminante è fondamentalmente *il soggetto giuridico* (quindi non solo la persona, ma il ruolo che essa ricopre) a cui la frase viene attribuita. Come vedremo, questa osservazione vale anche per altri aspetti (lessicali e formali) del procedimento forense; senza la dovuta attenzione, si rischia di sovrapporre strutture e momenti giuridici di natura diversa.

Dell'*ordine* che concerne l'applicazione della sanzione o comanda un provvedimento a favore del querelante parleremo nel paragrafo seguente, consacrato all'esecuzione della sentenza.

Ci soffermiamo quindi a trattare ora per sommi capi della *sentenza* come atto di parola, presentandone la fenomenologia più comune, e a fornire un quadro di riferimento atto a classificare la estrema varietà delle formule usate nella letteratura biblica.

1.2.1. Colpevole

La forma più rigorosamente conforme alla sentenza di tipo declaratorio (che esplicita colpevolezza o innocenza dell'imputato) dovrebbe corrispondere in qualche modo a questo sintagma: il giudice dice (a

---

[30] Cfr. pp. 72-73.

qualcuno): «tu sei colpevole/innocente». Prescindendo dal fatto che si tratti di una sentenza giusta o no, possiamo reperire questo modello di sentenza in:

Giob 34,18 :

(Dio)	*hā'ōmēr*[31]	*l^{e}melek*	*b^{e}liyyā'al* *rāšā'*	SENTENZA CONDANNATORIA
		'el n^{e}dîbîm		

Prov 24,24 :

(giudice)	*'ōmēr*	*l^{e}rāšā'*	*ṣaddîq 'attâ*	SENTENZA ASSOLUTORIA

È questa la formula che più da vicino esplicita il senso di *ṣdq (Hi)* – *rš' (Hi)* attribuiti al giudice nell'esercizio del giudizio; essa definisce esclusivamente il fatto della colpevolezza (o innocenza) senza introdurre alcun elemento che — per quanto concerne il colpevole in particolare — precisi il grado e quindi la conseguente sanzione per il reato commesso.

Come si vede, vengono qui riprese, senza notabili varianti, espressioni che, in sede di controversia[32], hanno la funzione di incolpare l'avversario o di dichiarare la propria colpevolezza; il loro diverso valore riposa esclusivamente sul fatto che, pronunciata dal giudice, una frase si trasforma da semplice accusa in verdetto.

I testi legislativi presentano l'equivalente di una simile sentenza declaratoria laddove, di fronte ad un caso controverso, si stabilisce se effettivamente si debba ritenere qualcuno colpevole di un determinato reato; non abbiamo però l'uso di *ṣaddîq* e *rāšā'*, ma dichiarazioni del tipo: *rōṣēḥ hû'* (Num 35,16.17.18.21), *dām šāpāk* (Lev 17,4), *ûba'al haššôr nāqî* (Es 21,28), *w^{e}niqqâ hammakkeh* (Es 21,19), ecc.[33].

1.2.2. Reo di...

Una seconda modalità con cui si presenta la sentenza potrebbe essere ravvisata in quelle frasi che alla definizione di colpevolezza uniscono la pena che legalmente ne consegue, decidendo quindi contemporaneamente della imputazione e della sua gravità. Il sintagma di riferimento potrebbe essere così formulato: il giudice dice (di qualcuno): «è reo di ... (morte)».

---

[31] Con la maggior parte dei commentatori vocalizziamo *hā'ōmēr*; il TM (*ha'ămōr*) sembra supporre che il soggetto della frase sia Giobbe (e non Dio), il che rende ardua l'interpretazione di insieme del passo biblico (cfr. L. ALONSO SCHÖKEL – J. L. SICRE, *Job*, 482).

[32] Cfr. in particolare pp. 63-64, 85-90.

[33] Cfr. F.C. FENSHAM, «Das Nicht-haftbar-sein im Bundesbuch im Lichte der altorientalischen Rechtstexte», *JNWSemLg* 8 (1980) 17-34.

(a) Una prima forma ha nel sostantivo (ebraico) *ben* il termine che definisce la condizione del reo, termine che grammaticalmente regge un altro sostantivo indicante la sanzione. La troviamo, ad esempio, nella sentenza pronunciata da Davide dopo aver udito la deposizione (fittizia) di Natan:

wayyō'mer 'el nātān: ḥay yhwh[34]
kî **ben māwet** *hā'îš hā'ōśeh zō't* (2 Sam 12,5).

Del tutto simile il verdetto di Saul contro Davide, anche se la contestualità non è quella di un giudizio formalmente istaurato; rivolgendosi a Gionata, il re dice: *wᵉ'attâ šᵉlaḥ wᵉqaḥ 'ōtô 'ēlay kî* **ben māwet** *hû'* (1 Sam 20,31). Si potrebbe considerare questa frase come il verdetto pronunciato arbitrariamente da un despota al termine di un processo sommario; si potrebbe d'altra parte interpretarla come una semplice imputazione di reato[35], dato che Gionata prende le difese di Davide contestando l'affermazione del padre (*lāmmâ yûmat meh 'āśâ:* 20,32). Nei procedimenti penali nei quali il re è implicato come parte in causa è sempre problematico stabilire se l'autorità rivendichi il potere insindacabile del giudizio, oppure se si situi nella prospettiva della controversia con la possibilità quindi di riconoscere perfino la propria colpevolezza (cfr. 1 Sam 24 e 26).

Fra i testi pertinenti a questa suddivisione, ricordiamo Sal 79,11 e 102,21 (*bᵉnê tᵉmûtâ*). Deut 25,2 presenta invece l'espressione ebraica designante il condannato alla fustigazione: *wᵉhāyâ 'im bin hakkôt hārāšā'...*[36].

(b) La fraseologia sopra citata non è esclusivamente riservata a delle formali sentenze giudiziali, per le quali si richiede come locutore un

---

[34] È rilevante notare che il *giuramento* accompagna frequentemente il pronunciamento giudiziario del re (oltre a 2 Sam 12,5, cfr. 1 Sam 14,44; 19,6; 2 Sam 4,9-11; 14,11; 19,24; 1 Re 1,51-52; 2,23-24; ecc.). Lo scopo di tale atto, di cui non si fa menzione in sede legislativa, sembra essere quello di garantire la irrevocabilità della sentenza, di impedire cioè che, mosso da qualche altro interesse, il re possa in seguito mancare di parola e alterare il verdetto.

In questa linea va probabilmente inteso il giuramento di Dio (il quale naturalmente non può giurare che per se stesso) in occasione di solenni decisioni aventi il carattere del verdetto giudiziario; fra le numerose attestazioni, si veda ad esempio, 1 Sam 3,14; Is 14,24; 45,23; 62,8; Ger 22,5; 44,26; 49,13; Am 4,2; 6,8: Sal 95,11; ecc.

[35] In un altro episodio, che certamente non ha i caratteri del procedimento giudiziario ma piuttosto quelli della controversia, ci imbattiamo in una analoga espressione, pronunciata da Davide, come accusa nei confronti di Abner e delle guardie del corpo di Saul: *ḥay yhwh kî bᵉnê māwet 'attem* (1 Sam 26,16). Sembra utile, a questo proposito, ricordare quanto affermavamo a pp. 73-74: l'atto della accusa si presenta spesso con le apparenze del verdetto (si noti, tra l'altro, anche il giuramento), ma di esso è solo l'anticipazione condizionale.

[36] Il termine *ben* può essere sostituito da *'îš*: cfr. 2 Sam 19,29 (*'anšê māwet*) e 1 Re 2,26 (*'îš māwet 'āttâ*).

giudice in un esplicito contesto processuale. Ciò vale anche per una seconda forma di verdetto (includente il riferimento alla pena), nella quale il termine di riferimento è il sostantivo *mišpāṭ*, avente come *nomen rectum* il termine indicante la sanzione.

Nel processo contro Geremia, i giudici emettono una sentenza di proscioglimento in questi termini: *'ên lā'îš hazzeh* **mišpaṭ māwet** *kî*... (Ger 26,16). Ricordiamo che gli accusatori avevano introdotto la loro azione giuridica con una frase del tutto simile, seppur di contenuto opposto: **mišpaṭ māwet** *lā'îš hazzeh kî*... (26,11).

Questo modo di formulare la sentenza pare caratteristico dei testi legali del Deuteronomio:

Deut 19,6 : *w^elô 'ên mišpaṭ māwet kî*...

Deut 21,22 : *w^ekî yihyeh b^e'îš ḥēṭ' mišpaṭ māwet*

Cfr. anche Deut 22,26: *'ên lanna'ărā ḥēṭ' māwet kî*...[37]

(c) Una terza forma mediante cui si esprime il verdetto con l'indicazione della pena (capitale) è ravvisabile nella fraseologia in cui il termine *dām/dāmîm* è messo in rapporto con la responsabilità dell'imputato (spesso mediante la parola *rō'š*)[38].

Viene usata, ad esempio, da Davide per sanzionare la morte dell'amalecita che aveva dichiarato di aver ucciso Saul: **dām^ekā** (Q) **'al rō'šekā** *kî*... (2 Sam 1,16). In questa espressione — che, si noti, è pronunciata dal re dopo che il condannato è già stato giustiziato — la definizione di colpevolezza del reo è subordinata alla dichiarazione che il procedimento contro di lui (mediante l'esecuzione capitale) è un atto conforme a giustizia: il colpevole viene ad essere definito responsabile della sua stessa morte, così che non sia giuridicamente possibile in futuro nessuna pretesa alla vendetta (del sangue)[39].

---

[37] Cfr. K.-J. Illman, *Old Testament Formulas about Death*, Åbo 1979, 86-88.

[38] Il termine *dām* è certamente un termine tecnico che, unito a *b^erō'š*..., serve a formalizzare la attribuzione di responsabilità in ambito penale (cfr. Gios 2,19). In sede giudiziaria non si escludono tuttavia formulazioni diverse, pur equivalenti quanto al senso: cfr., ad esempio, Ez 18,20: *riš'at hārāšā'* (Q) *'ālâw tihyeh*; e Dan 13,55 (Teod.): *orthōs epseusai eis tēn seautou kefalēn* (cfr. anche v.59). P. Maon, «Responsabilité», *DBS* X, 357, ritiene che la forma più semplice con cui l'ebraico esprime il concetto di responsabilità è la preposizione *'al* seguita dal nome della persona (responsabile), o da una sua parte del corpo (ad esempio, *rō'š*) o dai suoi beni.

[39] Sulla terminologia di cui stiamo parlando, e soprattutto sulle sue implicazioni ermeneutiche e teologiche, rinviamo al dibattito tra H. Reventlow, «Sein Blut komme über sein Haupt», *VT* 10 (1960) 311-327, e K. Koch, «Der Spruch 'Sein Blut bleibe auf seinem Haupt' und die israelitische Auffassung vom vergossenen Blut», *VT* 12 (1962) 396-416. Sulla «responsabilità della pena», cfr. anche P. Pajardi, *Un giurista legge la Bibbia*, Milano 1983, 253-254.

Qualcosa di simile è detto da Salomone in connessione con l'ordine di mettere a morte Gioab: *wešābû* **demêhem berō'š** *yô'āb ûberō'š zar'ô le'ôlām* (1 Re 2,33)[40]; e, sempre Salomone, rivolgendosi a Shimei, dichiara: **dāmekā** *yihyeh* **berō'šekā** (1 Re 2,37): qui però abbiamo solo una sentenza condizionale, da applicarsi nel caso Shimei infranga le disposizioni decretate dal re.

Queste formule richiamano quelle di alcuni testi legislativi, che riproducono il verdetto ipoteticamente pronunciato su un caso sottoposto all'attenzione del legislatore. Ci sembra utile ricordare però una distinzione[41]: benché compaia il termine *dām/dāmîm* riferito ad un imputato, in alcune di queste frasi legali (costruite con *le* o *'al*) si definisce il reato, e non la sanzione: cfr. ad esempio, Es 22,1: *'ên lô dāmîm;* 22,2: *dāmîm lô;* Num 35, 27: *'ên lô dām;* Deut 19,10: *wehāyâ 'ālèkā dāmîm;* ecc. Più vicine alla sentenza sono invece le espressioni dove il termine *dām/dāmîm* è costruito con la preposizione *be: dāmâw bô* (Lev 20,9), *demêhem bām* (Lev 20,11.12.13. ecc.). Si possono ricordare anche le espressioni legislative di Ezechiele: *dāmâw bô yihyeh* (Ez 18,13), *dāmô bô yihyeh* (Ez 33,5), *dāmô berō'šô yihyeh* (Ez 33,4)[42].

1.2.3. Condannato a (morte)

In questo paragrafo affrontiamo una modalità espressiva della sentenza assai frequentemente usata; in essa il giudice decreta immediatamente la pena, sottintendendo del tutto la dichiarazione di colpevolezza. Il giudice condanna, esplicitando, mediante una formula spesso solenne, quale tipo di pena sia da infliggersi al reo.

Facciamo subito qualche esempio. Saul conclude il processo ad Achimelek con questa frase: **môt tāmût** *'ăḥîmelek 'attâ wekol bêt 'ābîkā:*

---

[40] L'espressione di 1 Re 2,33 presenta delle varianti significative rispetto alle formule di cui ci stiamo occupando nel corpo del nostro testo. Innanzitutto, il plurale *demêhem* si riferisce agli omicidî perpetrati da Gioab, non al suo sangue (versato al momento della sua esecuzione capitale). La morte di Gioab, inoltre, rappresenta solo uno dei titoli di condanna, dato che anche la sua discendenza verrà a subire le conseguenze negative dei suoi delitti (non ci è dato però di sapere quale forma prenderà la sanzione contro tale discendenza). E ancora: la sanzione contro Gioab è articolata ad un augurio di pace — che sembra avere anche valore di pronunciamento assolutivo — formulato sul trono e sul casato del re; ciò sembra sottolineare che la mancata punizione del generale dell'esercito di Davide costituiva una latente minaccia contro la stessa dinastia davidica (cfr. 2 Sam 3,38-39). Infine, si può notare la simmetria formale tra la formula di 1 Re 2,33 e quelle che designano la adeguata retribuzione assegnata dal giudice al malfattore (cfr. v.32, e pp. 349-351).

[41] Cfr. H.J. Boecker, *Redeformen*, 138; H. Christ, *Blutvergiessen im Alten Testament*, Basel 1977, 49, 105-115.

[42] Le espressioni in cui il termine *dām/dāmîm* è costruito con la preposizione *be* si applicano anche ai casi dove vi è condanna capitale per un reato diverso dall'omicidio.

«sei condannato a morte, Achimelek, tu con tutta la tua parentela» (1 Sam 22,16). Una sentenza del tutto identica è pronunciata da Saul contro Gionata, dopo che quest'ultimo è stato designato dalla sorte come colpevole: **môt tāmût** *yônātān* (1 Sam 14,44)[43].

Sentenze che equivalgono invece ad assoluzioni possono essere lette in 2 Sam 19,24 (*lō' tāmût:* verdetto pronunciato da Davide nei confronti di Shimei) e in 2 Sam 12,13 (*lō' tāmût:* sentenza divina che risparmia Davide, correlata ad un'altra che lo colpisce però nel figlio: *gam habbēn hayyillôd lᵉkā* **môt yāmût** (12,14)[44].

È chiaro che il verdetto capitale (o di proscioglimento) è logicamente articolato ad una dichiarazione (talvolta solo implicita) di colpevolezza (o di innocenza) dell'imputato; questa correlazione è attestata, in vario modo, nei testi biblici:

- Num 35,31 : *'ăšer hû'* **rāšā' lāmût** *kî môt yûmāt*
- Ez 3,18 : *bᵉ'omrî* **lārāšā' môt tāmût** ...
  hû' rāšā' *ba'ăwōnô* **yāmût** (cfr. anche Ez 33,8.14)
- Ez 18,4.20 : *hannepeš* **haḥōṭē't** *hî'* **tāmût**

- Ez 33,13 : *bᵉ'omrî* **laṣṣaddîq ḥāyōh yiḥyeh**
- Ez 18,9 : **ṣaddîq** *hû'* **ḥayōh yiḥyeh**
- Ez 18,17 : *hû'* **lō' yāmût** *ba'ăwōn 'ābîw* **ḥayōh yiḥyeh**
  (cfr. anche 18,21).

---

[43] Per l'uso della formula (cfr. anche Gen 2,17; 20,7; 1 Re 2,37.42; 2 Re 1,4.6.16; Ger 26,8; Ez 3,18; 33,8.14), cfr. K.-J. ILLMAN, *Old Testament Formulas about Death*, 104-105 («sentenza o minaccia di morte»).

Non vogliamo d'altra parte far credere che il verdetto del giudice debba prendere necessariamente la forma *môt tāmût*, seguita dal nome della persona condannata: si vedano le formule di Es 10,28; 1 Sam 11,13; 19,6; 2 Sam 19,23; 1 Re 2,24; ecc., che costituiscono altrettanti verdetti pronunciati dal giudice senza riprendere esattamente la terminologia suddetta.

[44] La formula *môt yāmût* (cfr. Num 26,65; 1 Sam 14,39; 2 Re 8,10), secondo K.-J. ILLMANN, è usata nel caso di assenza della persona condannata (*Old Testament Formulas*, 105-106).

Su 2 Sam 12, in particolare sul verdetto che colpisce il figlio (cfr. l'analogia con 1 Re 21,27-29) segnaliamo l'intervento di G. GERLEMAN, che però non ci pare risolvere tutti i problemi posti dal testo: «David wusste, dass der Tod des Neugeborenen eine Sühne war, durch welche Jahwe ein in Gang gekommenes Böses aufhob. Jahwe hatte die ḥaṭṭa't an David vorbeigehen lassen und sie auf das Kind gelegt. Davids Gebaren, als er vom Tod des Sohnes erfährt, hat den Charakter einer Gerichtsdoxologie. Nicht der Tod des Kindes, sondern die Aufhebung einer zerstörerischen Unheilwirkung wird von dem Erzähler als die allein wichtige Tatsache in den Mittelpunkt gestellt» («Schuld und Sühne. Erwägungen zu 2 Samuel 12», in: *Beiträge zur alttestamentlichen Theologie*, Fs. W. ZIMMERLI, Göttingen 1977, 138). Cfr. anche A. SCHENKER, *Versöhnung und Sühne*, Freiburg 1981, 41-53.

La formula *môt yûmat* (o semplicemente *yûmat*)[45] è l'equivalente nei testi legislativi della formula *môt tāmût* usata dal giudice in giudizio[46]. Naturalmente, altre espressioni possono sostituire paradigmaticamente la sentenza *môt tāmût/yûmat:* questo per ragioni di carattere letterario, oppure per il variare della pena in conformità al variare del reato[47]. Per quest'ultimo caso una delle formule più caratteristiche è quella concernente il risarcimento (dei danni), che ha il termine tipico nel verbo *šlm (Pi)*[48], talvolta con l'indicazione precisa dell'ammontare del risarcimento stesso:

2 Sam 12,6 : *y^ešallēm 'arba'tāyim*

Es 22,8 : *'ăšer yaršî'un 'ĕlōhîm y^ešallēm š^enayim l^erē'ēhû*

(cfr. anche Es 21,34.36.37; 22,2.3.4.5; ecc.; Lev 5,16; Sal 37,21; Prov 6,31 ecc.).

1.3. *L'imputato condannato o assolto*

Abbiamo finora considerato il giudizio dal punto di vista del giudice, in quanto il verdetto è l'espressione tipica e costitutiva della sua funzione.

---

[45] Cfr. K.-J. ILLMANN, *ibid.*, 119-127.

[46] Fra gli studi specifici sulle formule suddette segnaliamo anche: H. GESE, «Beobachtungen zum Stil alttestamentlicher Rechtsätze», *TLZ* 88 (1960) 147-150; J. MILGROM, *Studies in Levitical Terminology*, I. The Encroacher and the Levite. The Term *'Aboda*, Berkeley 1970, 5-8; H. SCHULZ, *Das Todesrecht im Alten Testament.* Studien zur Rechtsform der Mot–Jumat-Sätze, BZAW 114, Berlin 1969; G. LIEDKE, *Gestalt und Bezeichnungen alttestamentlicher Rechtssätze.* Eine formgeschichtlich-terminologische Studie, WMANT 39, Neukirchen 1971, 50-52, 120-130; V. WAGNER, *Rechtssätze in gebundener Sprache und Rechtssatzreihen im israelitischen Recht.* Ein Beitrag zur Gattungsforschung, BZAW 127, Berlin 1972, 16-31.

[47] Ecco qualche esempio:

- Gen 44,17 : *hā'îš 'ăšer nimṣā' haggābî' b^eyādô hû' yihyeh lî 'ābed*
- 1 Re 20,42 : *... w^ehāy^etâ napš^ekā taḥat napšô w^e'amm^ekā taḥat 'ammô*
- 2 Sam 12,10 : *w^e'attâ lō' tāsûr ḥereb mibbêt^ekā 'ad 'ôlām*
- Lev 20,14 : *zimmâ hî' bā'ēš yiśr^epû 'ōtô w^e'ethen* (cfr. Gen 38,24)
- Es 21,22 : *'ānôš yē'ānēš* (sull'importanza giuridica del verbo *'nš*, cfr. G. LIEDKE, *Gestalt*, 43-44).
- Es 21,20 : *nāqōm yinnāqēm* (cfr. G. LIEDKE, *Gestalt*, 48-49).

Da segnalare inoltre la importante formula: *w^enikr^etâ hannepeš hahî'* (cfr. Gen 17,14; Es 12,15.19; 31,14; Lev 7,20; ecc.); su questo, si veda la precisa esposizione con discussione critica di G. F. HASEL, *TWAT* IV, 362-364; fra gli studi monografici segnaliamo: W. ZIMMERLI, «Die Eigenart der prophetischen Rede des Ezechiel. Ein Beitrag zum Problem an Hand von Ez 14,1-11», *ZAW* 66 (1954) 13-19 [l'autore, oltre ad un esame preciso della formula e delle sue varianti, ricorda espressioni simili con il verbo *šmd* (*Hi*) (Deut 4,3; Ez 14,9) e con *'bd* (*Hi*) (Lev 23,30)]; D. J. WOLD, «The *Kareth* Penalty in P: Rationale and Cases», in: SBL 1979 Seminar Papers, I, *ed.* P. J. ACHTEMEIER, Missoula 1979, 1-45.

[48] Cfr. W. EISENBEIS, *Die Wurzel* **šlm** *im Alten Testament*, BZAW 113, Berlin 1969, 301-322; G. LIEDKE, *Gestalt*, 42-44.

Volendo tuttavia fornire un quadro più completo del linguaggio che serve a definire non solo l'atto, ma anche il momento della sentenza, è opportuno introdurre alcuni elementi significativi che concernono l'*imputato* e il suo esser fatto oggetto dell'atto giudiziario.

In ebraico non è frequente l'uso con significato passivo dei verbi che significano «giudicare» (*špṭ, dyn,* ecc); e la terminologia tecnica che traduciamo con «assolvere» e «condannare», resa in ebraico con la forma *Hiphil* di *ṣdq* e *rš',* non ha un preciso corrispondente con senso passivo. Le espressioni quindi a noi familiari del tipo: l'imputato è giudicato colpevole/innocente, l'imputato viene condannato a.../viene assolto da... non sono immediatamente riscontrabili nella letteratura biblica.

Il verbo *špṭ* infatti solo in tre casi, tutti presenti nei Salmi, viene usato al *Niphal* con il senso di «essere giudicato»:

- Sal 9,20 : *yiššāpeṭû gôyim 'al pānèkā*
- Sal 37,33 : *yhwh ... lō' yaršî'ennû behiššāpeṭô* (oggetto: *ṣaddîq:* v. 32).
- Sal 109,7 : *behiššāpeṭô yēṣē' rāšā'*

Questa particolarità sembra spiegarsi per il genere letterario dei Salmi stessi, che rappresentano per lo più il punto di vista di colui che, sottoposto a processo, chiede a Dio, giudice supremo, la propria assoluzione e la condanna dell'avversario. E dai Salmi ci viene lo spunto per approfondire la nostra ricerca.

1.3.1. La pertinenza giuridica del verbo *yṣ'*. La metafora della luce [49]

Il Salmo 109 [50], di cui abbiamo or ora citato il v.7, è una lunga requisitoria indirizzata a Dio contro dei nemici che accusano falsamente l'orante (vv.1-5); fra le richieste del salmista, la prima (vv.6-7) è che il suo

[49] Sul tema della luce, in riferimento a quanto esporremo nel paragrafo, cfr. A. M. GIERLICH, *Der Lichtgedanke in den Psalmen.* Eine terminologisch-exegetische Studie, FreibTSt 56, Freiburg i.B. 1940; S. AALEN, *Die Begriffe «Licht» und «Finsternis» im Alten Testament, im Spätjudentum und im Rabbinismus*, SNVAO, Oslo 1951, spc. 32-43, 71-73; si possono consultare anche F. ASENSIO, *El Dios de la luz.* Avances a través del Antiguo Testamento y contactos con el Nuevo, Roma 1958; P. HUMBERT, «Le thème vétérotestamentaire de la lumière», *RThPh* 99 (1966) 1-6.

[50] Mentre vi è consenso nel classificare il Sal 109 tra le «lamentazioni individuali», e nel rilevare che la situazione evocata è quella di un uomo falsamente accusato e trascinato in giudizio da nemici personali (G. CASTELLINO, *Libro dei Salmi*, Torino 1955, 226), vi è discussione sull'interpretazione della parte centrale del salmo stesso (vv.6-19), da alcuni attribuita all'orante, da altri invece considerata una citazione delle parole dell'avversario (H. J. KRAUS, *Psalmen*, BK XV/2, Neukirchen 1972, 746-747). Non ci è possibile in questa sede entrare nel merito del dibattito; per quanto riguarda il nostro soggetto resta che, da chiunque sia pronunciata, la frase *behiššāpeṭô yēṣē' rāšā'* rappresenta una esplicita richiesta di condanna giudiziaria.

avversario venga a subire l'azione accusatoria di un *rāšāʿ*, così da esperimentare cosa significhi essere ingiustamente accusato e «risultare» colpevole (*yēṣēʾ rāšāʿ*) in giudizio [51]. Il verbo *yṣʾ* connota la conclusione di un procedimento, ed ha la funzione — mediante i termini ad esso correlati — di segnalare il tipo di verdetto che è stato pronunciato dal giudice.

Ci sembra che tale espressione non abbia altri riscontri nella Bibbia. Il verbo *yṣʾ* tuttavia viene usato, in varie forme, per indicare il risultato dell'azione giudiziaria. Diamo qualche esempio:

a) innanzitutto *yṣʾ* [52], avente come soggetto sostantivi quali *mišpāṭ*, *tôrâ*, *dābār* [53], serve ad esprimere l'atto giudiziario del magistrato:

– Is 2,3 : *kî miṣṣiyyôn tēṣēʾ tôrâ ûdᵉbar yhwh mîrûšālāyim*
4 : *wᵉšāpaṭ bên haggôyim*

– Is 51,4 : *kî tôrâ mēʾittî tēṣēʾ ûmišpāṭî lᵉʾôr ʿammîm...*
5 : *qārôb ṣidqî yāṣāʾ yišʿî*
ûzᵉrōʿay ʿammîm yišpōṭû

– Abac 1,7 : *mimmennû mišpāṭô ûśᵉʾētô yēṣēʾ* [54]

---

[51] Cfr. Giob 27,7: *yᵉhî kᵉrāšāʿ ʾōyᵉbî*.

[52] Negli esempi citati nel testo, il verbo *yṣʾ* è usato al *Qal*; con il verbo allo *Hiphil* cfr. Is 42,1.3.

[53] Questa terminologia riprende, almeno parzialmente, la serie trattata alle pp. 187-193.

[54] Il sostantivo *śᵉʾēt* di Abac 1,7 è stato oggetto di diverso trattamento critico. W. H. Ward (*Habakkuk*, ICC, Edinburgh 1912, 8,9) e K. Elliger (*Das Buch der Zwölf Kleinen Propheten*, II, ATD 25, Göttingen 1975⁷, 29) lo omettono (per ragioni contenutistiche e metriche), riproducendo quindi sostanzialmente il testo della LXX e Sir.

La maggior parte dei commentatori invece conserva il binomio *mišpāṭô ûśᵉʾētô*, e — in accordo con i Dizionari (voce *śᵉʾēt*) — traduce: «il suo diritto e la sua grandezza/dignità». Come esempio tipico dell'interpretazione che consegue a questa scelta testuale e semantica, citiamo C. F. Keil: «von ihm nicht von Gott (vgl. Ps 17,2) geht sein Recht aus, d.h. es bestimmt nach eigenem Ermessen Recht und Norm seines Handelns und *sʾtw* seine Hoheit (Gen 49,3; Hos 13,1), «seine *doxa* (1 Cor 11,7) vor allen andern Völkern» (*Hitz.*), durch seine Waffengewalt sich zum Herrn derselben machend» (*Die zwölf Kleinen Propheten*, Leipzig 1888³, 416).

Diversa invece è l'interpretazione del Targum Jonatan, che rende il testo con *minnêh dînêh ûgᵉzērātêh napqîn* (ab ipsomet ipsius judicium et decretum promanant); cfr. anche Zorell (voce *śᵉʾēt*), che per Abac 1,7 propone il significato «edictum» (in riferimento al sostantivo *maśśāʾ*). In L. Alonso Schökel (*Profetas*, II, Madrid 1980, 1097, 1099) troviamo questa ultima linea interpretativa, con la traduzione: «él con su sentencia impondrá su voluntad y su derecho»; il commento completa le possibilità interpretative del testo: «Tomamos *śʾt* como sustantivo con valor de sentencia, decreto. Si se restringe su sentido a «perdón» (significado conocido de *nśʾ*), podría componer con *mšpṭ* una polaridad, «perdón y condena». Lo importante es leerlo como respuesta al verso 4. Repitiendo y variando el sintagma, el poeta provoca la extrañeza:

lōʾ yēṣēʾ *lāneṣaḥ* *mišpāṭ*
mimmennû *mišpāṭô* *yēṣēʾ* ».

– Abac 1,4 : *ʿal kēn tāpûg tôrâ wᵉlōʾ yēṣēʾ lāneṣaḥ mišpāṭ...*
ʿal kēn yēṣēʾ mišpāṭ mᵉʿuqqāl

– Dan 9,23 : *bitḥillat taḥănûnèkā yāṣāʾ dābār*

b) in altri casi abbiamo qualcosa di più specifico; il soggetto di *yṣʾ* non è tanto il «giudizio» (nel senso di verdetto), ma il «diritto soggettivo» (sostantivi quali *mišpāṭ* e *ṣedeq* con suffissi pronominali corrispondenti alla persona giudicata): la frase ebraica dunque che, parola per parola, verrebbe tradotta: «esce il mio/suo diritto» significa di fatto: «io vengo riconosciuto nel mio diritto, vengo assolto nel processo, riporto la vittoria giuridica». Il verbo *yṣʾ* può essere usato al *Qal* o allo *Hiphil:* in quest'ultimo caso si evidenzia più nettamente l'azione giuridica del giudice. Ecco alcuni esempi:

– Is 62,1 : ... *ʿad yēṣēʾ kannōgah ṣidqāh wîšûʿātāh kᵉlappîd yibʿār*[55]

– Os 6,5 : *ûmišpāṭî kāʾôr yēṣēʾ*[56]

– Sal 17,2 : *millᵉpānèkā mišpāṭî yēṣēʾ*

– Sal 37,6 : *wᵉhôṣîʾ kāʾôr ṣidqekā ûmišpāṭekā kaṣṣohŏrāyim*

– Ger 51,10 : *hôṣîʾ yhwh ʾet ṣidqōtênû*

Equivalenti, quanto al senso, ci appaiono le espressioni di Mi 7,9 (... *wᵉʿāśâ mišpāṭî yôṣîʾēnî lāʾôr*) e Giob 23,10 (*bᵉḥānanî kazzāhāb ʾēṣēʾ*), dove il soggetto di *yṣʾ* (o l'oggetto di *yṣʾ, Hiphil*) è la persona stessa portatrice di diritto.

Fra i testi citati alcuni meritano speciale considerazione: talvolta infatti *yṣʾ* appare variamente collegato con termini che appartengono al campo semantico della luce (*kāʾôr:* Os 6,5; Sal 37,6; *kannōgah:* Is 62,1; *lāʾôr:* Mi 7,9; cfr. anche Is 51,4: *lᵉʾôr ʿammîm*). Il sorgere del sole[57], che, come è noto, si esprime in ebraico mediante il verbo *yṣʾ*[58], sembra essere una delle metafore che indicano l'avvento della giustizia promossa da un retto giudizio (cfr. Mal 3,20: *wᵉzārᵉḥâ lākem yirʾê šᵉmî šemeš ṣᵉdāqâ*)[59].

---

[55] Cfr. la ripresa dello stesso tema in Sap 3,7.

[56] Per Os 6,5 seguiamo i commentatori che, adottando la lettura della LXX, Siriaca e Targum, dividono il testo ebraico diversamente dal TM (*ûmišpāṭèkā ʾôr*) (cfr. H.W. WOLFF, BK XIV/1, Neukirchen 1961, 134, 152).

[57] Il termine *ʾôr*, in certi testi, è certamente un equivalente del termine *šemeš*: cfr. Giob 31,26; 37,31; Prov 4,18.

[58] Cfr. Gen 19,23: *haššemeš yāṣāʾ ʿal hāʾāreṣ*; ed anche: Giud 5,31; Is 13,10; Sal 19,6.

[59] Cfr. anche Sap 5,6: *to tēs dikaiosynēs phōs ouk epelampsen hēmin, kai ho hēlios ouk aneteilen hēmin.*

Sul passo di Mal 3,20, si veda F. VATTIONI, «Malachia 3,20 e l'origine della giustizia in Oriente», *RivB* 6 (1958) 353-360. Sembra opportuno, al proposito, ricordare la

L'analisi fatta finora ci ha permesso di stabilire una correlazione (di tipo metaforico) tra *l'essere giudicati* (elemento reso da sostantivi come *mišpāṭî, ṣidqî* collegati con il verbo *yṣ'*) e *l'avvento della luce* (elemento espresso da sostantivi appartenenti al campo semantico della luce, collegati anch'essi con il verbo *yṣ'*).

Si può dar ragione dell'apparire di questo simbolismo ricorrendo alle considerazioni generali che vedono nella luce l'immagine privilegiata della vita, della verità e di analoghi concetti (cfr. Giob 17,11-14; 33,22-30). È possibile però articolare con maggiore precisione i temi del giudizio e della luce innestandoli sul fatto istituzionale del tempo o *momento nel quale il processo aveva luogo in Israele*.

È vero che non abbiamo prove sufficientemente sicure su quando i vari magistrati di Israele tenevano udienza e decidevano dei casi loro sottoposti; dai dati in nostro possesso si può tuttavia ragionevolmente dedurre che *il mattino* fosse il tempo normalmente consacrato allo svolgimento delle pratiche giudiziarie.

Ciò appare ragionevole: per un processo infatti [60] non solo si richiedono dei testimoni e una corte giudicante, ma — specie per le imputazioni capitali — è prevista e attestata la presenza dell'assemblea cittadina [61]; ora, è più facile instaurare il giudizio al mattino, prima che i cittadini escano dalla porta per recarsi al lavoro o si allontanino per ogni sorta di impegni. Se pochi sono i testi biblici dove esplicitamente si dice che un procedimento di tipo giuridico è inaugurato di buon'ora [62], il passo di 2 Sam 15,2 documenta chiaramente l'usanza da parte del re di concedere udienza nella mattinata a chiunque avesse qualcosa da sottoporre al suo tribunale.

---

tradizione babilonese del dio *Šamaš*, giudice supremo delle azioni umane, i cui figli sono il diritto (la dea *kittu[m]*) e la giustizia (il dio *Mi/esaru[m]*) (H.-J. KRAUS, *Psalmen*, BK XV/1, Neukirchen 1961, 156s; K. KOCH, «*ṣdq* gemeinschaftstreu/heilvoll sein», *THAT* II, 509; cfr. anche N. SARNA, «Psalm XIX and the Near Eastern Sun-God Literature», in: *Proc. of the Fourth World Congress of Jewish Studies*, I, Jerusalem 1967, 171-175.

[60] Anche i processi civili richiedono la presenza di testimoni autorevoli che garantiscono la regolarità degli atti compiuti (cfr. Rut 4,2; Ger 32,10.12.25.44). Pur non identificando procedimento civile e procedimento penale (seguendo H. J. BOECKER, *Redeformen*, 160-175 e M. J. BUSS, «The Distinction between Civil and Criminal Law in Ancient Israel», in: *Proc. of the Sixth World Congress of Jewish Studies*, I, Jerusalem 1977, 51-62; cfr. invece R. de VAUX, *Institutions*, I, 235-236), si può ritenere che le questioni di carattere giuridico, specie quelle soggette a eventuale contestazione, avvenissero nella stessa sede e avessero sostanzialmente gli stessi protagonisti.

[61] Cfr. pp. 207-208.

[62] Cfr. Gen 20,8; Es 8,16; ed anche Es 7,15; 9,13; Gios 7,16; Giud 6,28. Nessuno di questi testi appare decisivo per dimostrare che le udienze giudiziarie o i confronti giuridici avvenissero abitualmente alle prime ore del giorno. D'altra parte, è vero anche che non si trova nella Bibbia nessun testo che contraddica esplicitamente l'ipotesi sopra formulata.

Inoltre, in tre testi, troviamo attestato il collegamento tra l'attività giudiziaria e il mattino. Il più chiaro è Ger 21,12: qui il profeta, rivolgendosi alla casa reale, esorta ad amministrare la giustizia in modo conveniente dicendo: *dînû* **labbōqer** *mišpāṭ wᵉhaṣṣîlû gāzûl miyyad 'ōšēq*. In Sof 3,5 si parla invece di Dio, visto come il giusto giudice che pronuncia il suo verdetto all'alba: *yhwh ṣaddîq bᵉqirbāh lō' ya'ăśeh 'awlâ* – **babbōqer babbōqer** *mišpāṭô yittēn* **lā'ôr** *lō' ne'dār*. In Giob 7,18 infine, si può ritrovare una certa allusione all'attività indagatoria del giudice svolta al mattino, anche se il parallelismo nel testo sottolinea piuttosto il perdurare incessante dell'atto inquisitorio: *wattipqᵉdennû* **libqārîm** *lirgā'îm tibḥānennû* (cfr. anche Sal 73,14 e 101,8).

Un altro ordine di considerazioni in merito al nostro argomento può essere poi fornito dal ricordare che il mattino è il tempo privilegiato dell'intervento di Dio[63], intervento che si manifesta sia come *salvezza* (del giusto, del querelante, della vittima: cfr. Is 33,2; Sal 5,4; 30,6; 46,6; 57,9; 59,17; 90,14; 130,6-7; 143,8; Lam 3,23) sia come *punizione* (del malfattore: cfr. Gen 19,23-25; Es 14,24.27; Gios 6,15-21). Non sembra fuori luogo pensare che, all'apparire del mattino, Dio si manifesti con un verdetto giudiziario che ristabilisce la giustizia nel mondo[64].

Da qui viene che l'opposizione fondamentale tra luce e tenebre, oltre a rappresentare in generale la valenza simbolica di bene–male, vita–morte, serve anche a denotare l'opposizione tra giustizia e ingiustizia, tra salvezza e punizione. Poiché l'apparire del giorno equivale al momento in cui si realizza il giudizio secondo giustizia, la luce diviene simbolo della vittoria del diritto (cfr. 2 Sam 23,3-4; Is 2,4-5; 5,20; 9,1-6; 58,8-10; Mi 7,9; Sal 97,11; 112,4; Giob 11,17; 22,27-30; 38,12-15)[65], mentre la tenebra veicola l'immagine del prevalere o del perdurare dell'ingiustizia (Is 50,10; 59,9-10; Sal 30,6; 88,19; 107,10). In questa linea interpretativa non solo si capisce più a fondo lo sperare dell'uomo nella «luce» (Is 59,9; Ger 13,16; Sal 130,6-7;

---

[63] Questa è la tesi sostenuta da J. ZIEGLER, «Die Hilfe Gottes 'am Morgen'», in: *Alttestamentliche Studien*, Fs. F. NÖTSCHER, BBB 1, Bonn 1950, 281-288; cfr. anche I. L. SEELIGMANN, «Zur Terminologie», 278.

[64] Ch. BARTH (*TWAT* I, 751-754), riprendendo l'opinione di L. DELEKAT («Zum hebräischen Wörterbuch», *VT* 14 [1964] 7-9) critica le varie proposte di J. ZIEGLER (sopra citato), tendenti a spiegare il motivo letterario dell'aiuto di Dio avente luogo al mattino. In particolare, egli scrive: «Auch die Anknüpfung der Zeitangabe an den in Israel gebraülichen *Gerichtstermin* bereitet Schwierigkeiten. Sicher ist die Sprache des AT in mancher Hinsicht vom Rechtsleben Israels beeinflusst; aber eine bewusste oder nur faktische Analogie der Vorstellung betr. die zivile Rechtssprechung und die Offenbarung JHWHs im Tempel (Heilsorakel) erscheint zweifelhaft» (753). Non abbiamo trovato la ragione per cui sarebbe dubbio (L. DELEKAT dice *problematisch* e *sehr unsicher*) il rapporto tra l'intervento di Dio e la struttura giudiziaria per quanto riguarda il tempo del loro manifestarsi; stimiamo quindi ragionevole e coerente la posizione esposta nel nostro testo.

[65] Cfr. O. KEEL, *Jahwes Entgegnung an Ijob*, FRLANT 121, Göttingen 1978, 56.

Giob 30,26), ma anche l'apparire luminoso di Dio, che con il suo splendore teofanico manifesta e realizza il retto giudizio nel cosmo (cfr. Sal 50,1-2; 76,5; 94,1); Abac 3,3-4; ecc.)[66].

Senza quindi negare il valore altamente simbolico di luce e tenebre, noi lo colleghiamo con una esperienza collettiva e istituzionale di Israele, affermando che, se la notte è il momento tipico nel quale il malfattore compie il suo reato[67], il mattino è il tempo nel quale la giustizia dispiega la sua benefica natura; se la tenebra copriva il misfatto e il colpevole, la luce consente quell'indagine conoscitiva che svela il male (cfr. Sal 90,8; Giob 12,22; 25,3; ecc.) e lo condanna, apportando così giustizia e salvezza per le vittime innocenti.

Notiamo infine un'ultima connotazione concernente il nostro tema: l'instaurare il giudizio al mattino indica sollecitudine nell'amministrazione della giustizia; la prima cosa che si fa nella giornata è segno infatti di ciò che più preme e più è essenziale[68]. Si capisce allora la critica indirizzata dai profeti ai capi del popolo, quando di loro si dice che si alzano sì presto, ma per operazioni tutt'altro che encomiabili (Is 5,11 in riferimento a 5,20-23; Mi 2,1-2; Sof 3,7; cfr. anche Qoh 10,16-17).

La conclusione di queste nostre riflessioni è la seguente: uno dei modi, di tipo metaforico, mediante i quali viene indicato in ebraico l'avvento del giudizio è l'apparire del simbolo della luce (o, per contrasto, quello delle tenebre); specie per quanto riguarda l'imputato (o il querelante), questa è una delle immagini[69] con cui egli configura il desiderio o il risultato del giudizio conforme a giustizia.

---

[66] Sulla «teofania», specie in rapporto con il giudizio, cfr. E. BEAUCAMP, «La théophanie du Psaume 50 (49). Sa signification pour l'interprétation du Psaume», *NRT* 81 (1959) 897-915; F. SCHNUTENHAUS, «Das Kommen und Erscheinen Gottes im Alten Testament», *ZAW* 76 (1964) 1-22; J. JEREMIAS, *Theophanie*. Die Geschichte einer alttestamentlichen Gattung, WMANT 10, Neukirchen 1965, spc. 38-51, 62-63, 130-133; E. LIPIŃSKI, *La Royauté de Yahvé dans la poésie et le culte de l'Ancient Israël*, Bruxelles 1965, 187-270; N.H. RIDDERBOS, «Die Theophanie in Psalm 50,1-6», *OTS* 15 (1969) 213-226.

Si possono anche ricordare i testi nei quali viene stabilita una precisa relazione tra Dio (salvatore) e la sua luce: Is 58,10; 60,1; Sal 4,7; 18,29; 35,10; 36,10; 43,3; 44,4; 89,16; cfr. J.F.A. SAWYER, *Semantics in Biblical Research*, London 1972, 39-40.

[67] Cfr. pp. 252-253.

[68] L. ALONSO SCHÖKEL, *Profetas*, I, 513.

[69] Riprendendo le osservazioni fatte al cap. 7 (pp. 269-272) sulle metafore del dibattimento desunte dal mondo bellico e venatorio, ribadiamo che esse si manifestano coerentemente anche al livello del risultato conseguito, corrispondente quindi al momento della sentenza e della sanzione (pp. 274-275).

Segnaliamo come particolarmente pertinente il verbo *'bd*, che, specie al *Piel* e allo *Hiphil*, fa parte della terminologia indicante la sconfitta militare (*TWAT*, I,21-22), ma che, specie nei Salmi e nella letteratura sapienziale, è collegato con il termine *rāšā'* (*THAT* I, 19; *TWAT* I, 23): la «rovina dell'empio» non è altro che la condanna sancita per la condotta del malfattore (I. L. SEELIGMANN, «Zur Terminologie», 269).

1.3.2. La vergogna (e i suoi antonimi)

Ritorniamo al Sal 109: la requisitoria dell'orante si apre con una richiesta di condanna dei suoi avversari (v.7), e si conclude con una analoga domanda, espressa mediante il linguaggio metaforico della vergogna (a cui si oppone quello della gioia):

v.28 : *... qāmû* **wayyēbōšû** *wᵉʿabdᵉkā* **yiśmāḥ**
29 : *yilbᵉšû śôṭᵉnay* **kᵉlimmâ**
wᵉyaʿăṭû kamʿîl **boštām**

La traduzione dell'esperienza di colpevolezza nei termini psicologici della vergogna è così largamente attestata nei testi biblici che meriterebbe un trattamento specifico [70]; tuttavia, dato che è già stato individuato il valore giuridico e forense di tale terminologia [71] ci sembra necessario solo ribadirne in questo momento la pertinenza e sottilinearne il particolare valore semantico.

Se è vero che il linguaggio della «infamia» deve essere spesso collocato nel paradigma della condanna giudiziaria (o più in generale della sconfitta giuridica), resta da chiedersi il motivo di una simile attribuzione. Mentre nelle procedure moderne le conseguenze disonoranti di una condanna [72]

---

[70] Rinviamo a M. A. KLOPFENSTEIN, *Scham und Schande nach dem Alten Testament. Eine begriffsgeschichtliche Untersuchung zu den hebräischen Wurzeln bôš, klm* und *ḥpr*, Zürich 1972. Come appare dal titolo, l'opera si occupa delle tre radici più frequentemente usate in ebraico per esprimere sia la vergogna (esperienza soggettiva) sia l'infamia (stato oggettivo); in appendice (pp. 184-195) vengono studiati anche i termini *qlh/qālôn/qîqālôn*, appartenenti al campo della vergogna obiettiva (*Schande*). Ci rammarichiamo che l'autore non abbia considerato anche la radice *ḥrp*, soprattutto a causa del sostantivo *ḥerpâ* che appare frequentemente nel campo semantico della vergogna.

Fra i contributi più recenti segnaliamo gli articoli dei Vocabolari biblici: per *bwš*: *THAT* I, 269-272 (F. STOLZ) e *TWAT* I, 568-580 (H. SEEBASS): per *ḥpr*: *TWAT* III, 116-121 (J. GAMBERONI); per *klm*: *TWAT* IV, 196-208 (S. WAGNER); per *ḥrp*: *TWAT* III, 223-229 (E. KUTSCH). Per *bwš* si veda anche L. ALONSO SCHÖKEL, *Materiales para un diccionario bíblico hebreo-español*, Roma 1985.

[71] Ciò è variamente sottolineato dalle opere sopracitate; cfr. inoltre J. W. OLLEY, «A Forensic Connotation of bôš», *VT* 26 (1976) 230-234.

In merito al nostro argomento, stimiamo necessario puntualizzare la diversità tra l'esperienza della vergogna che si manifesta come senso di colpevolezza (riconosciuta) nella struttura bilaterale del *rîb* (cfr. p. 90), e l'infamia rappresentata dalla sconfitta giuridica in tribunale. Se la prima può essere «confessata» (cfr. Ger 3,25; Dan 9,7.8), e diventare strumento salvifico, la seconda indica invece la inaccettabile situazione di una condanna definitiva.

[72] Mentre antichi ordinamenti prevedevano pene direttamente infamanti quali il marchio e la gogna, il diritto moderno commina in genere, accanto alle pene principali, delle *pene accessorie* che colpiscono l'individuo nel suo onore giuridico, cioè «nella somma dei poteri, diritti, titolarità, ecc. di cui fruisce nella vita sociale» (F. ANTOLISEI, *Manuale di diritto penale*, 575-583).

impediscono il perfetto reinserimento del condannato nella struttura della civile convivenza, e costituiscono quindi una memoria attiva e punitiva del suo misfatto, nel mondo biblico, la vergogna esprime direttamente la sconfitta giuridica, con un significato non molto dissimile dall'esperienza stessa della morte [73].

Per spiegare questo fenomeno non sembra sufficiente dire che il verdetto sfavorevole del giudice coincide frequentemente con una punizione capitale; è probabilmente più esatto ritenere che l'esperienza penosa della condanna, per chi è entrato in un processo convinto delle sue ragioni e fiducioso di affermarsi, risulta la smentita radicale del suo stesso profilo di soggetto giuridico. Se un uomo si afferma come tale nella relazione alla verità, il giudizio di condanna tocca il colpevole (o presunto tale) prima nella sua struttura di soggetto spirituale che nella sua corporeità; anzi, l'eventuale punizione sensibile è solo espressione del tacitare (senza equivoci possibili) la falsità della sua parola.

È interessante infatti notare che un antonimo frequente della «vergogna» non è solo l'onore (o la gloria) (1 Sam 15,30; Is 24,23) ma altresì la *gioia* [74] (Is 66,5; Sal 32,11; 35,24-27; 71,13-15) che si esprime nella lode e nel canto, esperienza di vita manifestata nell'atto stesso del parlare [75].

2. **L'applicazione della sanzione** [76]

La sentenza del giudice, oltre a definire lo statuto giuridico di colpevolezza dell'imputato, commina la pena al colpevole. Tra l'emissione della sentenza e l'applicazione della sanzione vi è tuttavia un intervallo di tempo, durante il quale possono intervenire diversi atti o fatti che sospendono l'esecuzione o portano addirittura alla revisione della sentenza stessa.

Facciamo allusione, per esempio, ad una eventuale richiesta di appello: il condannato in prima istanza può impugnare la sentenza, e chiedere ad un organo giurisdizionale superiore di riprendere in esame il caso, sperando nella rimozione dello svantaggio nascente dalla precedente decisione del giudice [77]. Il condannato può anche inoltrare domanda di grazia,

---

[73] Cfr. Is 41,11; Sal 31,18; 37,19-20; 71,13; 83,18; 129,5-6; ecc. Cfr. anche *THAT* I, 270; e M. A. KLOPFENSTEIN, *Scham und Schande*, 57, 208.

[74] Cfr. Ch. BARTH, *Die Errettung vom Tode*, 150-151.

[75] Cfr. pp. 91-93.

[76] Cfr. E. ZINGG, «Das Strafrecht nach den Gesetzen Moses», *Judaica* 17 (1961) 106-119.

[77] Per il concetto giuridico di impugnazione (naturalmente, in riferimento specifico al Codice di procedura penale italiano), si può vedere G. LEONE, *Manuale di diritto processuale penale*, 569-655.

la quale, da una parte, conferma il verdetto di colpevolezza, ma, dall'altra, chiede la non applicazione o la commutazione della sentenza [78]. Queste situazioni giuridiche, teoricamente possibili e frequenti nei nostri ordinamenti moderni, hanno almeno parziale riscontro nei testi biblici. L'episodio che più evidentemente mostra che l'intervallo temporale tra la sentenza e l'esecuzione consente un intervento giuridico atto a rovesciare le sorti del processo è quello di Susanna: una volta celebrato e concluso il giudizio contro l'imputata, è proprio mentre essa viene condotta al luogo del supplizio che Daniele presenta istanza di revisione del processo, che si conclude con la morte dei falsi accusatori (Dan 13,45ss).

La separazione tra sentenza ed esecuzione è sottolineata anche dal fatto che per quest'ultima diventano protagonisti altri soggetti giuridici, ai quali viene dal giudice demandato autoritativamente il compito di procedere secondo giustizia. L'ordine dato al «giustiziere» (autorità di pubblica sicurezza, carnefice, ecc.) di applicare la pena indica che il giudice ha cessato la sua funzione, e che *un altro organo* — sottoposto a precise regole — porterà a compimento il decreto del tribunale. Ciò è ripetutamente attestato nelle procedure penali dell'Antico Testamento, dove inoltre, per la pena capitale, è prevista chiaramente anche una diversità di *luogo* tra la sede del processo e quella della esecuzione della sentenza [79].

Queste considerazioni devono tener conto tuttavia del fatto che varie volte nella Bibbia, specie nei testi poetici, i due momenti (verdetto ed esecuzione) tendono a sovrapporsi e ad essere attribuiti allo stesso soggetto giuridico [80]: ciò non è senza una qualche ragione, dato che la conclusione del processo dipende così strettamente dalla decisione giurisdizionale che anche le successive operazioni, pur svolte da persone diverse, sono idealmente ascritte a colui che ha pronunciato la sentenza. In questo senso possiamo mantenere che il soggetto giuridico «attivo» in questa fase conclusiva del processo è sempre il giudice; e in questa prospettiva presentiamo il lessico di maggiore rilevanza nella letteratura biblica.

---

[78] Cfr. cap. 6, n. 65; e F. Antolisei, *Manuale di diritto penale*, 608.

[79] Da sottolineare l'importanza del verbo *yṣ'* allo *Hiphil* nei testi legali che parlano della esecuzione della sentenza: cfr. Lev 24,14.23; Num 15,36; Deut 17,5; 22, (21).24; ed anche Gen 38,24.

H. J. Boecker rileva inoltre come il medesimo verbo venga usato quale formula di consegna del colpevole nel procedimento pre-forense (Giud 6,30), oppure per il processo (Deut 21,19) (*Redeformen*, 21,75).

[80] In particolare, viene detto spesso che il giudice sentenzia e *punisce*; nel diritto penale, sia biblico sia moderno, è più frequentemente sottolineato infatti il decreto punitivo che quello di proscioglimento.

2.1. *La punizione*

Deut 22,13-21 descrive, con una certa ricchezza di particolari, il caso di un marito che accusa la moglie di non essere stata vergine al momento del matrimonio; gli anziani della città, alla porta, fungono da corte. Se i genitori della donna potranno produrre le prove della verginità della figlia [81] i giudici procederanno contro il marito; in caso contrario, sarà la moglie a subire la punizione. Può essere interessante notare il modo in cui il testo presenta l'intervento giurisdizionale degli anziani giustapponendo le due possibili soluzioni:

w^{e}lāq^{e}ḥû	*ziqnê hāʿîr hāhî'*	*'et hā'îš*	
w^{e}yiss^{e}rû		*'ōtô*	
w^{e}ʿān^{e}šû		*'ōtô*	*mē'â kesep*... (Deut 22,18-19)
w^{e}hôṣî'û		*'et hannaʿărā 'el petaḥ bêt 'ābîhā*	
(*ûs^{e}qālûhā*	*'anšê ʿîrāh*		*bā'ăbānîm*...) (Deut 22,21)

Ciò su cui vogliamo attirare l'attenzione non è tanto la disparità del trattamento fatto subire ai due colpevoli [82], ma la diversità delle azioni attribuite direttamente ai giudici. In 22,18-19 abbiamo la serie dei verbi *lqḥ* – *ysr* (*Pi*) – *ʿnš*: *lqḥ* sembra indicare semplicemente l'azione autoritativa nei confronti del colpevole, *ysr* (*Pi*) dice in generale l'atto della sanzione, mentre *ʿnš* specifica nella ammenda pecuniaria [83] il tipo di pena in-

---

[81] In Deut 22,13-21 abbiamo il caso, abbastanza raro nei testi biblici, di una prova «materiale», consistente nel lenzuolo (macchiato di sangue) della prima notte di nozze. Data comunque l'evidente possibilità di falsificazione di una tale prova (S. R. DRIVER, *Deuteronomy*, ICC, Edinburgh 1902³, 255), sembra necessario supporre che essa fosse autenticata dalla deposizione di testi imparziali.

[82] La diversità di pena sancita per il marito (colpevole) rispetto a quella inflitta alla moglie (colpevole) contrasta con la norma di Deut 19,19, la quale prevede che al falso accusatore — in conformità alla regola del taglione (v.21) — sia fatto quello che egli tramava contro l'accusato. Poiché, nel caso di Deut 22,13-21, la donna rischia la lapidazione, ci si aspetterebbe una condanna capitale per il marito diffamatore.

[83] La somma pagata dal marito è devoluta dai magistrati ai genitori della donna (Deut 22,19): da questo punto di vista si tratterebbe di un risarcimento del danno inferto dal colpevole alla onorabilità della casa della moglie, e non di una sanzione penale. Secondo i nostri codici, infatti, la multa e l'ammenda appartengono al sistema delle pene criminali, e consistono nel pagamento *allo Stato* di una certa somma di denaro (F. ANTOLISEI, *Manuale di diritto penale*, 575-579), mentre il risarcimento del danno è una obbligazione di indole civile da prestare nei confronti della vittima del reato (*ibid.*, pp. 658-661). Dubitiamo però che questa distinzione fosse attivamente presente nella mentalità giuridica di Israele: ci sembra più logico supporre che il legislatore vedesse nel pagamento la pena principale, a cui era poi associata la pena accessoria, consistente nel divieto per il marito diffamatore di intentare in futuro qualsiasi (altra) causa di ripudio nei confronti della moglie (Deut 22,19).

flitta al marito diffamatore. In questo caso vengono dunque ascritte al giudice tutte le operazioni punitive. In 22,21 invece abbiamo solo il verbo *yṣ' (Hi)*, mediante il quale pare venga designato l'ordine di procedere all'esecuzione capitale, portata a compimento dalla popolazione del luogo.

Questo confronto ci mostra che è possibile trovare dei testi nei quali viene attribuito direttamente ai giudici l'atto della punizione, e altri nei quali la sanzione è applicata invece da persone ufficialmente designate e preposte a questo ufficio [84].

Venendo a trattare più precisamente del lessico concernente la punizione, possiamo distinguere due sfumature semantiche, che, pur avendo come referente il medesimo atto, ne illustrano una specifica valenza di senso: da una parte la punizione propriamente detta, dall'altra la retribuzione.

2.1.1. La punizione in generale

Dobbiamo considerare in primo luogo i verbi da ascriversi al paradigma punizione (castigo, correzione, sanzione): viene qui denotata direttamente la applicazione della pena a chi ha commesso (o è supposto aver commesso) un reato o è incorso in una contravvenzione.

In questa sede collocheremo dei verbi come *pqd* [85] e *ysr*, ed anche quelli che, frequenti in poesia, significano colpire, spezzare, abbattere, distruggere, ecc. [86]. È certo che tali verbi hanno a che fare con l'autorità

---

[84] Certo, la diversità di terminologia in Deut 22,18s e 21 deriva soprattutto dal fatto che siamo in presenza di due pene molto diverse; tuttavia ciò non contraddice il nostro discorso, dato che affermiamo solo che al giudice può essere attribuito direttamente l'atto punitivo. Al proposito, si noti che il verbo *mwt* (*Hi*) non è riservato esclusivamente al giustiziere (Deut 17,7; 1 Sam 11,12; 22,17-18; 2 Sam 14,7; Ger 26,24; 38,16; ecc.), ma è predicato altresì del giudice (Gen 18,25; 1 Sam 19,1: in rapporto al v.11; 2 Sam 14,32; 1 Re 2,8.26; Ger 26,21; ecc.).

[85] La complessità semantica del verbo *pqd* è stata analizzata da J. SCHARBERT, «Das Verbum PQD in der Theologie des Alten Testaments», *BZ* NF 4 (1960) 209-226. Per quanto concerne l'argomento che stiamo trattando, l'autore scrive: «Wenn auch *pqd* kein richterliches Strafen nach dem strengen Grundsatz der Talion oder nach bestimmten vom Strafrecht aufgestellten Normen meint, hat es doch zweifellos an vielen, ja an der meisten Stellen, sofern Gott Subjekt ist, eine enge *Beziehung zum Gericht Jahwes* über die gottfeindlichen Mächte» (p. 224). Cfr. anche, dello stesso autore, «Formgeschichte und Exegese von Ex 34,6f und seiner Parallelen», *Bib* 38 (1957) 138-142; A. PAX, «Studien zum Vergeltungsproblem der Psalmen», *SBF* 11 (1960-1961) 72-74; si vedano inoltre le monografie di H. FÜRST, *Die göttliche Heimsuchung*. Semasiologische Untersuchung eines biblischen Begriffes, Roma 1965; e G. ANDRÉ, *Determining the Destiny*. PQD in the Old Testament, ConBibOT 16, Lund 1980.

[86] In particolare, sembra che, accanto a *mwt* (*Hi*) (cfr. n. 84 del presente capitolo), si debba dare risalto al verbo *nkh* (*Hi*), il quale, collegato con la terminologia della «correzione» (Prov 17,10; 23,13-14; Ger 2,30; ecc.), viene però usato anche per segnalare l'atto punitivo derivante da un verdetto giudiziario (cfr. Deut 25,2; 1 Sam 22,19; Is 11,4; 14,29; Ger 20,2; 26,23; Sal 3,8; ecc.).

giudicante[87], ma è vero altresì che essi vengono pure utilizzati per l'azione punitiva che ha luogo nella controversia bilaterale, quando l'accusatore ritiene di non avere altra possibilità di farsi «sentire» se non quella di impartire una lezione al colpevole. Questo rilievo invita il lettore dei testi biblici a cercare, per quanto è possibile, di inserire tale terminologia nella struttura giuridica che le è propria, desunta dal contesto letterario. D'altra parte però, la uguaglianza nel lessico ci impone di pensare che vi siano valenze di senso che attraversano le due strutture giuridiche; in particolare ci sembra di poter affermare questo: ciò che il giudice attua, mediante l'esecuzione della sentenza, non è altro che il dispiegarsi pubblico e autorizzato della stessa intenzionalità di giustizia presente nel *rîb,* con la specificità che, nel *mišpāṭ,* è più manifesto il carattere di obiettiva sanzione.

Secondo la stessa linea interpretativa deve essere considerata la terminologia della *collera,* di cui abbiamo ampiamente discusso nella prima parte del nostro lavoro[88]: quando essa viene attribuita al giudice, sottolinea l'atto della sentenza contro qualcuno, e le conseguenze punitive che ne derivano[89].

Si può infine introdurre in questo filone semantico lo *strumento* che serve per la punizione (cfr. Es 21,20; Is 10,24; Prov 10,13; 13,24; 26,3) o

---

Una considerazione speciale merita la radice *nqh*. Secondo C. van Leeuwen, «aus den Belegstellen, den Parallel- und Gegenbegriffe geht hervor, dass *nqh* im AT in der Rechtssprache beheimatet ist und das Ledig-Sein von (sozial-) ethischer Verpflichtung, Strafe oder Schuld bezeichnet» («*nqh* ni. schuldlos sein», *THAT* II, 104). Anche i Dizionari (Zorell, BDB, Halat) concordano nell'attribuire alla forma *Niphal* di *nqh* il senso di essere immune da colpa, e (conseguentemente) esente da punizione. Per la forma *Piel*, che è quella che ci interessa in questo momento, C. Van Leeuwen (*THAT* II, 105) dà il significato generico di «ungestraft lassen», mentre i Dizionari sopracitati distinguono in a) «dichiarare innocente, prosciogliere», e b) «lasciare impunito». Da un punto di vista strettamente lessicografico quindi, *nqh* (*Pi*) dovrebbe entrare nella lista dei verbi esprimenti l'atto assolutorio; tuttavia è rimarchevole il fatto che, tranne Sal 19,3, esso viene sempre usato con forma o senso *negativo*, per cui il sintagma *lō'* (o *'al*) + *nqh* (*Pi*) + colpevole (o reato) equivale a «condannare» e «punire» (Es 20,7; 34,7; Num 14,18; Deut 5,11; 1 Re 2,9; Ger 30,11; 46,28; Nah 1,3; Giob 9,28; 10,14; per Gioele 4,21, cfr. la discussione critica in *THAT* II, 102). Il soggetto di *nqh* (*Pi*) è sempre Dio, tranne che in 1 Re 2,9, dove invece si tratta di Salomone, chiamato a fare giustizia di Shimei.

Nel paradigma della «punizione», ricordiamo anche la pertinenza dell'espressione *nṭh yad*, studiata da P. Humbert, («Etendre la main», *VT* 12 [1962] 383-395): essa indicherebbe il gesto (esclusivamente attribuito a Dio) della mano puntata (verso il colpevole) per un castigo.

[87] Cfr. pp. 181-182.

[88] Cfr. pp. 39-44.

[89] «La ira también puede significar la sentencia condenatoria en un juicio» (L. Alonso Schökel, *Profetas*, II, 754: a proposito di Ez 20,33; cfr. anche pp. 1117s, 1148). Un collegamento esplicito tra la collera e l'atto della sentenza (condannatoria) può essere visto in 1 Sam 20,30-31; 2 Sam 12,5; Is 65,5-7; Ez 7,3; ecc.

simbolicamente sta ad indicare l'autorità che decreta e infligge la pena. Facciamo allusione in particolare al sostantivo *šēbeṭ*[90], che, collegato con il lessico dell'ira (Is 10,5; 14,5-6; 30,30-31; Prov 22,8; Lam 3,1) o con quello della correzione (2 Sam 7,14; Is 30,31-32; Prov 10,13; 13,24; 22,15; 23,13-14; 26,3; 29,15), significa concretamente l'atto punitivo; essendo però uno dei simboli dell'autorità sovrana (Is 9,3; 14,5-6.29; Sal 2,9; Giob 9,34), può evocare specificatamente la sanzione propriamente giudiziaria (cfr. in particolare Is 11,4; Sal 45,7; Giob 21,9)[91].

2.1.2. La retribuzione

Tocchiamo in questo paragrafo la seconda modalità di espressione della punizione a cui sopra accennavamo: essa deve collocarsi paradigmaticamente accanto alla prima (con cui si trova letterariamente in parallelo); ma, avendo una precisa valenza semantica, può essere oggetto di una trattazione specifica.

Il carattere «retributivo» della sanzione evidenzia il collegamento tra il reato (o innocenza) e la pena (o proscioglimento/decreto favorevole), così che manifesta appaia la giustizia del giudizio: chi ha fatto il male (nel senso che ha trasgredito alla legge, ha commesso un reato) viene a subire — mediante l'azione promossa dalla autorità giudiziaria — *una sofferenza proporzionata*[92]; chi invece non ha fatto il male riceve soddisfazione nei

---

[90] Il sostantivo *maṭṭeh* è un sinonimo di *šēbeṭ* (cfr. il loro uso in parallelo: Is 9,3; 10,5.24; 14,5; 30,31-32); questo termine, anche da solo, serve come indicazione simbolica del potere sovrano, con connotazioni giuridiche (Ger 48,17; Ez 7,10-11; Sal 110,2).

[91] Cfr. Z. W. Falk, «Two Symbols of Justice», *VT* 10 (1960) 73-74; D. N. Freedman, «The Broken Construct Chain», *Bib* 53 (1972) 534 (per Is 10,5); G. Wilhelmi, «Der Hirt mit dem eisernen Szepter. Überlegungen zu Psalm II 9», *VT* 27 (1977) 196-204; J. P. J. Olivier, «The Sceptre of Justice and Ps. 45:7b», *JNWSemLg* 7 (1979) 45-54.

[92] Facciamo allusione alla cosiddetta *regola del taglione*, che, formulata con varianti in Es 21,23-25; Lev 24,19-20 e Deut 19,21 a proposito di casi giuridici diversi, sembra costituire un principio generale nella giurisprudenza israelitica. Su questo argomento, l'abbondante bibliografia testimonia di una discussione sempre viva sulle esigenze, estensione e applicazione di tale norma; fra gli studi classici segnaliamo J. Weismann, «Talion und öffentliche Strafe im Mosaischen Rechte» (1913), in: *Um das Prinzip der Vergeltung in Religion und Recht des Alten Testaments, ed.* K. Koch, WegFor 125, Darmstadt 1972, 325-406; A. Alt, «Zur Talionsformel» (1934), in: *Kleine Schriften zur Geschichte des Volkes Israel*, I, München 1953, 341-344; e fra i più recenti V. Wagner, *Rechtsätze in gebundener Sprache und Rechtssatzreihen im israelitischen Recht*. Ein Beitrag zur Gattungsforschung, BZAW 127, Berlin 1972, 3-15; B. S. Jackson, «The Problem of Exodus XXI 22-5 (Ius Talionis)», *VT* 23 (1973) 273-304 (= *Essays*, 1975, 75-107); M. Prevost, «A propos du talion», in: *Mélanges* dédiés à la mémoire de J. Teneur, Lille 1976, 619-629; S. E. Loewenstamm, «Exodus XXI 22-25», *VT* 27 (1977) 352-360; G. Cardascia, «La place du talion dans l'histoire du droit pénal à la lumière des droits du Proche-Orient ancien», in: *Mélanges* offerts à J. Dauvilliez, Toulouse 1979, 169-183; T. Frymer-Kensky, «Tit for Tat: the Principle of Equal Retribution in Near Eastern and Biblical

suoi diritti, viene risarcito dell'eventuale danno subìto, e garantito nell'esercizio della sua libertà [93].

Rispetto al paragrafo precedente, vediamo che il concetto di retribuzione, benché esprima per lo più l'evento punitivo, non manca di avere anche una significazione positiva quando è riferito all'innocente. Ciò appare chiaramente da 1 Re 8,32, testo che, sullo sfondo della terminologia usata per qualificare il compito dei giudici (cfr. Deut 25,1), dice ciò che ci si attende dalla attività giudicante di Dio:

wešāpaṭṭā 'et ăbādèkā	*leharšîʿ*	*rāšāʿ*	*lātēt darkô berō'šô*
	ûlehaṣdîq	*ṣaddîq*	*lātēt lô keṣidqātô*

Per quanto riguarda il lessico ebraico della retribuzione, rileviamo che (come appare anche dal testo sopra citato) abbiamo spesso un sintagma costruito a tre elementi: il primo è costituito da un verbo, nel quale viene espressa l'idea del «dare», «rendere» e simili; il secondo rappresenta ciò che viene «reso» (come vedremo abbiamo qui significative varianti); il terzo presenta infine il riferimento al soggetto (colpevole/innocente).

Il primo elemento è espresso soprattutto dai verbi *ntn, šwb (Hi), šlm (Pi)* [94], aventi per soggetto l'organo giudiziario. Si noti che questi verbi servono anche per dire ciò che il colpevole è tenuto (per legge) a fare nel caso venga sentenziata la sua colpevolezza [95]: è infatti lui che deve «dare» (nel senso di pagare) (*ntn:* Es 21,22.23.30; Deut 22,19.29; Prov 6,31; ecc.), «restituire» (*šwb, Hi:* Es 21,34; Lev 5,23), «risarcire» (*šlm, Pi:* Es 21,34.36.37; 22,2; 2 Sam 12,6; ecc.). Si tratta ovviamente di due usi linguistici non immediatamente sovrapponibili, ma dal loro rapporto si ricava l'idea che, mediante il retto giudizio, si saldano i conti, così che il ripagare del giudice coincida con il pagare del colpevole.

Il secondo elemento è quello che — dicevamo — presenta una più grande varietà di forme. (1) La più semplice è quella espressa da un termine (complemento oggetto dei verbi sopra elencati) che significa comportamento, condotta (malvagia o buona); se si traducesse parola per

---

Law», *BA* 43 (1980) 230-234; H.-W. JUNGLING, «'Auge für Auge, Zahn für Zahn'. Bemerkungen zu Sinn und Geltung der alttestamentlichen Talionsformel», *ThPh* 59 (1984) 1-38.

Noi condividiamo le affermazioni di M. GILBERT, che, sintetizzando i contributi degli studi esegetici, conclude che le formulazioni bibliche sul taglione «affirment la responsabilité personnelle de chacun sur ses actes, l'égalité de tous devant la loi et, à l'encontre d'une vengeance aveugle, la juste proportion entre la peine à subir et le délit commis» («La loi du talion», *Christus* 31 [1984] 81).

[93] Per quanto concerne la punizione, si potrebbe qui inserire il concetto di *contrappasso*, particolarmente evidenziato in ebraico quando troviamo la stessa radice per indicare reato e sanzione: cfr., ad esempio, Prov 3,34 (*lyṣ*); 22,23 (*qbʿ*).

[94] Cfr. G. GERLEMAN, «Die Wurzel šlm», *ZAW* 85 (1973) 1-14.

[95] Cfr. G. LIEDKE, *Gestalt*, 46-47.

parola il testo ebraico, il sintagma completo suonerebbe così: il giudice ripaga al colpevole la sua condotta (cfr. 1 Re 8,32a)[96]; una traduzione più degna avrebbe invece questo tenore: il giudice dà al colpevole ciò che si merita. Invece del complemento oggetto, possiamo avere una espressione introdotta da *k^e*, da cui la variante: il giudice ripaga conformemente alla condotta della persona giudicata (1 Re 8,32b). (2) Ben diversa invece è la forma nella quale l'oggetto dei verbi suddetti è un termine che significa «risarcimento» o simili; in questo caso verbo + oggetto dicono sostanzialmente quanto è già contenuto nel verbo stesso, lasciando invece indeterminata la ragione della retribuzione. La forma (1) e la forma (2) possono trovarsi in parallelo, come in Sal 28,4:

(1)	*ten*		*lāhem*
		k^epoʿŏlām	
		ûk^erōʿ maʿallêhem	
		k^emaʿăśēh y^edêhem	
	tēn		*lāhem*
(2)	*hašēb*	*g^emûlām*	*lāhem.*

Nel terzo elemento va soprattutto sottolineato il fatto che appaiono diverse preposizioni (*l^e, ʿal, ʾel, b^e*); talvolta si esplicita il riferimento alla imputabilità del reo mediante il termine *rōʾš*[97].

Con questo inquadramento formale, diamo ora alcuni esempi; la presentazione schematica consente di illustrare meglio la varietà della terminologia nella sostanziale identità del sintagma[98]. Il fatto che nella quasi totalità degli esempi il soggetto che «retribuisce» sia Dio sembra avere la sua ragione nella idea che Lui solo realizza il giusto giudizio (cfr. Sal 94,2).

1 Re 8,32	:	(Dio)	*ntn*	*darkô*	*b^erōʾšô*
			»	*k^eṣidqātô*	*lô*
Sal 28,4	:	»	»	*k^epoʿŏlām ...*	*lāhem*
Ger 32,19	:	»	»	*kidrākâw*	*l^eʾîš*
Ez 7,3	:	»	»	*ʾet kol tôʿăbōtāyik*	*ʿālayik*
4	:		»	*d^erākayik*	*ʿālayik*
9	:		»	*kidrākayik*	*ʿālayik*
Is 61,8	:	»	»	*p^eʿullātām*	*(lāhem)*

---

[96] In 1 Sam 26,23 troviamo una espressione analoga, formulata però nei confronti di una persona che ha agito correttamente: *w^eyhwh yāšîb lāʾîš ʾet ṣidqātô w^eʾet ʾĕmūnātô.*

[97] Anche il sostantivo *ḥêq* sembra avere un analogo valore in Is 65,6-7; Ger 32,18; Sal 79,12 (cfr. *TWAT* II, 914).

[98] Per lo stesso motivo di chiarezza non abbiamo rispettato l'ordine di apparizione delle parole secondo il testo ebraico.

Giud 9,56	: (Dio)	*šwb (Hi)*		*'ēt rāʿat 'ăbîmelek*	
57	: »			*'ēt kol rāʿat 'anšê š^{e}kem*	*b^{e}rō'šām*
1 Sam 25,39	: »	»		*'ēt rāʿat nābāl*	*b^{e}rō'šô*
1 Re 2,44	: »	»		*'et rāʿāt^{e}kā*	*b^{e}rō'šekā*
1 Re 2,32	: »	»		*'et dāmô*	*ʿal rō'šô*
Neem 3,36	: »	»		*ḥerpātām* [99]	*'el rō'šām*
2 Sam 16,8	: »	»		*kōl d^{e}mê bêt šā'ûl*	*ʿālèkā*
Sal 94,23	: »	»		*'et 'ônām* [100]	*ʿălêhem*
Os 4,9	: »	»		*maʿălālâw*	*lô*
Os 12,3	: »	»		*k^{e}maʿălālâw*	*lô*
Prov 24,12	: »	»		*k^{e}poʿŏlô*	*l^e'ādām*
Zac 9,12	: »	»	*(mišneh)*		*lāk*
2 Cron 6,23	: »	»			*l^{e}rāšāʿ*
Gioele 4,4.7	: »	»	*g^{e}mulkem*		*b^{e}rō'š^{e}kem*
Sal 28,4	: »	»	*g^{e}mûlām*		*lāhem*
Sal 94,2	: »	»	*g^{e}mûl*		*ʿal gē'îm*
Prov 12,14	: »	» (Q)	*g^{e}mûl y^{e}dê 'ādām*		*lô*
Lam 3,64	: »	»	*g^{e}mûl*	*k^{e}maʿăśēh y^{e}dêhem*	*lāhem*
Deut 32,41.43	: »	»	*nāqām* [101]		*l^{e}ṣārāy*
Giob 34,11	: »	*šlm (Pi)*		*pōʿal 'ādām*	*lô*
Is 65,6-7	: »	»		*ʿăwōnōtêkem ...*	*ʿal ḥêqām*
Ger 32,18	: »	»		*ʿăwōn 'ābôt*	*'el ḥêq ...*
Ger 16,18	: »	»	*(mišnēh)* [102]	*ʿăwōnām ...*	
2 Sam 3,39	: »	»		*k^{e}rāʿātô*	*l^{e}ʿōśēh hārāʿâ*
Sal 62,13	: »	»		*k^{e}maʿăśēhû*	*l^e'îš*

[99] Cfr. anche Dan 11,18.

[100] In Prov 20,26 (*m^{e}zāreh r^{e}šāʿîm melek ḥākām wayyāšeb ʿălêhem 'ôpān*), BHS propone di correggere l'ultima parola in *'ônām* (cfr. Sal 94,23). La correzione testuale non si impone, anche se l'interpretazione del versetto rimane problematica: l'immagine della ruota (*'ôpān*) potrebbe far allusione all'erpice (coerenza dell'immagine agricola nel versetto) o a qualche strumento di punizione a noi sconosciuto.

[101] La «vendetta» (*nqm*), di cui abbiamo parlato alle pp. 45-48, è un concetto che interviene anche in contesto giudiziario: cfr. Es 21,20; 1 Sam 24,13; 2 Re 9,7; Ger 51,36; Sal 99,8.

[102] Secondo A. PHILLIPS, Ger 16,18 rifletterebbe Is 40,2: *kî lāq^{e}ḥâ miyyad yhwh kiplayim b^{e}kol ḥaṭṭō'têhā* («'Double for all her Sins'», *ZAW* 94 [1982] 130). L'articolo tratta del senso da accordare alla punizione «doppia», che implicherebbe una generazione innocente.

Ger 25,14	:	(Dio)	*šlm (Pi)*		*k^{e}poʿŏlām* *ûk^{e}maʿăśēh y^{e}dêhem*	*lāhem*
Giud 1,7	:	»	»		*kaʾăšer ʿāśîtî*	*lî*
Sal 31,24	:	»	»	*(ʿal yeter)*		*ʿōśēh gaʾăwâ*[103]

2.2. *Il ruolo mandatario dell'esecutore della sentenza*

I testi legislativi e i racconti biblici mostrano che, a seconda dei vari reati, era prevista in Israele una considerevole varietà di pene. Alcune (le pene corporali), come la fustigazione (Deut 25,1-3; Ger 20,2) e la mutilazione (Deut 25,11-12; cfr. anche Giud 1,6), colpivano direttamente l'integrità personale; altre (le pene pecuniarie) incidevano sul patrimonio[104] (Es 21,34.37; 22,4.5.16; ecc.); altre ancora restringevano la libertà personale: più che all'imprigionamento[105], pensiamo a provvedimenti quali l'esilio (cfr. 2 Sam 14,13) o la residenza forzata (2 Re 2,36-37; Num 35,26-28; ecc.). Per i delitti più gravi era sancita la pena capitale, attuata per mezzo della spada (cfr. 1 Sam 22,17-19; 1 Re 2,31-34; ecc.), della lapidazione (Lev 24,14.23; Deut 13,10-11; 17,5-7; ecc.), o del supplizio del fuoco (Lev 20,14; 21,9; cfr. anche Gen 38,24)[106].

Più rilevante per il nostro studio è il fatto che l'esecuzione della sentenza introduce abitualmente — tranne probabilmente che nel caso della ammenda — la figura giuridica del «giustiziere», soggetto individuale o collettivo al quale si «comanda» di attuare la decisione del giudice[107]. Dal punto di vista lessicografico va allora evidenziato il formulario mediante il quale il giudice *consegna* il condannato per il supplizio.

Il quadro seguente illustra tale terminologia: l'espressione *ntn b^{e}yad...* è la più frequentemente usata, ma — e questo vale anche per le

[103] Anche il verbo *gml*, tipico della situazione giuridica bilaterale (cfr. Gen 50,15.17; 1 Sam 24,18), è talvolta usato per esprimere la retribuzione di tipo giudiziario (2 Sam 19,37; 22,21; Gioele 4,4; Sal 13,6); cfr. inoltre, fra i testi citati nello schema, la ricorrenza del sostantivo *g^{e}mûl*. Cfr. K. Seybold, «Zwei Bemerkungen zu *gmwl/gml*», *VT* 22 (1972) 112-117; A. Lauha, «'Dominus benefecit'. Die Wortwurzel *gml* und die Psalmenfrömmigkeit», *ASTI* 11 (1977-1978) 57-62.

[104] Scrive R. de Vaux: «il n'y a pas à proprement parler de peines pécuniaires, au sens d'amendes payées à l'Etat ou à la communauté ...» (cfr. la n. 83 di questo capitolo). «Par contre, le mal fait à un individu dans ses biens ou ses droits est réparé équitablement et cette compensation a un aspect pénal puisqu'elle est généralement supérieure au dommage causé» (*Institutions*, I, 246).

[105] Cfr. cap. 6, n. 14.

[106] L'esposizione dei corpi dei condannati, «appesi al legno» (Deut 21,22-23; Gios 8,29; 10,27; cfr. anche 2 Sam 4,12; 21,9-11) costituiva una pena accessoria, quale marchio di infamia per i rei di delitti gravissimi (R. de Vaux, *Institutions*, I, 243).

[107] Ciò avviene anche quando la sentenza del giudice è favorevole al querelante: cfr. 2 Sam 14,8; 1 Re 3,27; 2 Re 8,6.

espressioni paradigmaticamente simili — non in tutti i casi in cui viene utilizzata, essa designa il mandato dell'autorità ad eseguire la punizione (cfr. ad esempio, Lev 26,25; 1 Re 18,9; 2 Sam 24,14; ecc.). Si noti inoltre che non sempre è questione di pena capitale: in particolare, quando Dio è il soggetto, la pena a cui il colpevole è condannato è spesso l'esilio o la schiavitù (cfr. Sal 106,41; 119,18; Giud 2,14; ecc.). Si deve rilevare infine che, poiché il «giustiziere» è l'esecutore della volontà del giudice, nella misura in cui — avendo tra le mani il condannato — commette degli abusi nello svolgimento del suo compito, egli viene ad incorrere in un grave reato, e a subire una sanzione punitiva da parte di quella stessa autorità che lo aveva investito di potere (cfr. Is 10,5-16; 17,6-7; Deut 32,26-30; Zac 1,5[108]). *(Vedi tabelle pagine 353, 354)*.

3. **Le finalità del giudizio**

Il processo si conclude con la sentenza; l'intera procedura giudiziaria ha invece il suo compimento nella esecuzione della sentenza: qualora la parola pronunciata dal giudice restasse infatti lettera morta, sarebbe vanificato l'*iter* giuridico precedente, tutto inteso a ristabilire nella società una reale giustizia fra i cittadini. Se il processo è il luogo dove si lotta per il trionfo della verità e dove si celebra la vittoria dell'innocente sul malvagio, se le diverse procedure del giudizio sono rivolte a salvare la vittima dalla violenza, se quindi la comunità fa esperienza di un *mišpāṭ* come positivo cammino di vita, resta pur vero che la giustizia si attua mediante la condanna del colpevole e la sua *inevitabile punizione*.

Si può discutere, in sede di diritto penale, sul fondamento ultimo della pena, e sullo *jus puniendi* rivendicato dallo Stato; la storia ricorda infatti autori che hanno contestato il sistema penale, ritenendolo ingiusto, inutile e perfino dannoso, ed altri che si sono levati a difesa della intrinseca necessità della sanzione, stimandola necessaria per l'attuarsi della legge.

È chiaro comunque che, nella tradizione veterotestamentaria, non abbiamo solo una comminatoria legislativa, ma anche prescrizioni severe che vincolano l'autorità ad attuare il dettato della legge, senza lasciarsi smuovere da considerazioni o sentimenti che parrebbero più umanitari; basti citare Deut 13,9-11, che dà la normativa da eseguire nel caso di istigazione alla idolatria da parte di un congiunto: *lō' tō'beh lô wᵉlō' tišmaʿ 'ēlâw wᵉlō' tāḥôs ʿênᵉkā ʿālâw wᵉlō' taḥmōl wᵉlō' tᵉkasseh ʿālâw – kî*

---

[108] A proposito di Zac 1,5, nota L. ALONSO SCHÖKEL: «las naciones paganas tendrían que ser puros instrumentos para ejecutar un castigo limitado, pero se arrogan la iniciativa y se exceden en la crudeldad, por lo qual incurren en la ira de Dios» (*Profetas*, II, 1154).

Deut 19,12	(anziani)	*šlḥ*	*lqḥ*[109]	*ntn*	*b^{e}yad gō'ēl haddām*	*'ōtô*	*mwt*
2 Sam 21,8-9	(re Davide)		»	»	*b^{e}yad haggib'ōnîm*	suff. pron.	*mwt (Ho)*
Ger 26,24	(principe)	*(yād)*		»	*b^{e}yad hā'ām*	*'ōtô*	*mwt (Hi)*
Ger 38,16	(re Sedecia)			»	*b^{e}yad hā'ănāšîm hā'ēlleh*	suff. pron.	*mwt (Hi)*
Ger 22,25-26	(Dio)			»	*b^{e}yad m^{e}baqšê napšekā*[110]	suff. pron.	*mwt*
Ez 39,23	»	*(yād)* v.21		»	*b^{e}yad ṣārêhem*	suff. pron	*npl baḥereb*
Giud 6,13	»			»	*b^{e}kap midyān*	suff. pron	(schiavitù)
1 Sam 11,12	(Samuele)			»		*hā'ănāšîm*	*mwt (Hi)*
Ger 18,21	(Dio)			» *ngr (Hi)*[111]	*lārā'āb* *'al y^{e}dê ḥereb*	*b^{e}nêhem* suff. pron.	 *mwt*
Ger 25,31	»			*ntn*	*laḥereb*	*hār^{e}ša'îm*	
Is 43,28	»			»	*laḥērem* *l^{e}giddûpîm*	*ya'ăqōb* *yiśrā'ēl*	

[109] Per il rapporto tra *šlḥ* e *lqḥ* cfr. anche 1 Sam 20,31.

[110] Il giustiziere può essere anche il nemico personale del condannato (cfr. Ger 44,30); ciò non sembra costituire in Israele un ostacolo ad una comprensione giuridica dell'esecuzione della sentenza, nella misura in cui l'azione dell'avversario è autorizzata dall'organo giudicante.

[111] Per il verbo *ngr* (*Hi*), cfr. anche Sal 63,11 ed Ez 35,5.

Giud 2,14	(Dio)			*ntn* *mkr*	*b^{e}yad šōsîm* *b^{e}yad 'ôy^{e}bêhem*	suff. pron. suff. pron.	(schiavitù)
Sal 31,9	»			*sgr (Hi)*	*b^{e}yad 'ôyēb*	suff. pron.	
Gios 20,5	(anziani)			»	*b^{e}yādô (= gō'ēl haddām)*	*'et hārōṣēḥ*	
Zac 11,6	(Dio)			*mṣ' (Hi)*	*b^{e}yad rē'ēhû*	*'et hā'ādām*	
Is 19,4	»			*skr (Pi)*	*b^{e}yad 'ădōnîm qāšeh*	(Egitto)	(schiavitù)
Neem 9,28	»			*'zb* [112]	*b^{e}yad 'ōy^{e}bêhem*	suff. pron.	(schiavitù)
1 Re 2,25	(re Salomone)			*šlḥ* [113]	*b^{e}yad b^{e}nāyāhû*		*mwt*
Giob 8,4	(Dio)			»	*b^{e}yad piš'ām*	suff. pron.	

[112] Il sintagma *'zb b^{e}yad–* si trova pure in 2 Cron 12,5.

[113] Nel sintagma *šlḥ b^{e}yad–*, *b^{e}yad* significa in genere «per mezzo di (qualcuno)» (cfr. Es 4,13; 2 Sam 10,2; 15,36; 2 Cron 36,15; ecc.); il testo di 1 Re 2,25 viene quindi correttamente tradotto: «il re Salomone diede ordine a Benaia...». Poiché manca il complemento oggetto al verbo *šlḥ*, non si può ritenere il suddetto sintagma del tutto parallelo a quelli precedentemente elencati; tuttavia il senso generale del versetto è proprio quello di consegnare autorevolmente un condannato al giustiziere (cfr. l'uso di *šlḥ* in Deut 19,12).

Quanto al testo di Giob 8,4 (indicato subito dopo nel nostro schema) crediamo si debba senz'altro tradurre: «li consegnò in potere dei loro delitti»: è il reato stesso, per una sorta di immanente giustizia, ad avere la funzione di giustiziere nei confronti del colpevole (cfr. Is 64,6; Rom 1,26).

Le espressioni indicate sopra sono solo alcune delle più caratteristiche; altre formule equivalenti possono essere viste in Ger 15,2; 43,11; 50,35-38; Ez 23,46; 31,14; Sal 118,18.

hārōg tahargennû yādekā tihyeh bô bāri'šônâ lahămîtô weyad kol hā'ām bā'aḥărōnâ ûseqaltô bā'ăbānîm wāmēt (cfr. anche Deut 7,16; 19,13.21; 25,12; Num 35,32; 1 Sam 15,9.18-19; 1 Re 20,42; ecc.).

Poiché quindi la pena *deve* essere applicata al colpevole, resta da chiedersi quale sia la funzione, cioè l'efficacia (in ordine al ristabilimento della giustizia) intesa dal legislatore. I giuristi, nel corso dei secoli, hanno molto discusso su questo problema, e ancor oggi non mancano posizioni divergenti [114]; noi ci limiteremo a rilevare quanto l'Antico Testamento afferma, seguendo tre idee fondamentali che ci sembrano le più significative e ricorrenti.

3.1. *La repressione (del male)*

Il termine «repressione» non suscita certo un facile consenso nel lettore, dato che veicola immagini di processi sommari e di eccidi indiscriminati; si preferirebbe probabilmente parlare di «retribuzione», concetto che, direttamente connesso con quello di giustizia distributiva, presenta la pena come *malum passionis quod infligitur ob malum actionis* (Grozio).

L'Antico Testamento tuttavia, in molti testi, considera la punizione — specie quella capitale, che, per la sua stessa radicalità, richiede una motivazione proporzionata — come l'eliminazione del male stesso, da cui, in modo indiretto, verrebbe dunque la promozione della giustizia.

Il Deuteronomio, nella sua parte legislativa, a conclusione delle norme comportanti la pena di morte, utilizza frequentemente l'espressione stereotipa: *ûbi'artā hārā' miqqirbekā* [115] (Deut 13,6; 17,7; 19,19; 21,21; 22,21.24; 24,7; con *miyyiśrā'ēl:* 17,12; 22,22; con *dam hannāqî* al posto di *hārā'*: 19,13; cfr. anche 21,9) [116].

Questa espressione del Deuteronomio costituisce senz'altro una delle formule caratteristiche con le quali viene giustificata la sanzione punitiva;

---

[114] Cfr. F. Antolisei, *Manuale di diritto penale*, 555-556.

[115] Cfr. J. L'Hour, «Une législation criminelle dans le Deutéronome», *Bib* 44 (1963) 1-28; R.P. Merendino, *Das deuteronomische Gesetz*, BBB 31, Bonn 1969, 336-345, 398-400; G. Seitz, *Redaktionsgeschichtliche Studien zum Deuteronomium*, BZWANT 93, Stuttgart 1971, 131-132; M. Weinfeld, *Deuteronomy and Deuteronomic School*, Oxford 1972, 242-243; P.-E. Dion, «'Tu feras disparaître le mal du milieu de toi'», *RB* 87 (1980) 321-349.

[116] Concretamente, il male viene «estirpato» mediante la eliminazione degli individui giudicati gravemente colpevoli: si veda infatti lo stretto rapporto tra uccisione degli assassini e repressione del male in Giud 20,13: *tenû 'et hā'ănāšîm benê beliyya'al 'ăšer baggib'â ûnemîtēm ûneba'ărâ rā'â miyyiśrā'ēl.* Un atto amministrativo o una riforma politica che segni l'avvento della giustizia può venir presentato nei testi biblici semplicemente come lo spazzar via i delinquenti e tutto il loro mondo (cfr. 2 Sam 4,11; 1 Re 14,10; 21,21; 27,47; 2 Re 23,24); anche nei brani citati si usa il verbo *b'r* (*Pi*), quasi a sottolineare l'evidente rettitudine di un simile comportamento.

essa può essere paradigmaticamente accostata ad altre che, con diversa terminologia, esprimono l'analogo concetto di repressione del male [117]. Il lessico della retribuzione e della vendetta inoltre, di cui abbiamo fatto cenno in precedenza [118], riconduce indirettamente l'atto della punizione a questa medesima finalità.

3.2. *L'intimidazione (nella società)*

Il concetto di repressione del male pone l'accento sul delitto commesso, su qualcosa cioè che, compiuto nel passato, chiede un atto contrapposto che ne significhi l'intrinseca malvagità; secondo alcuni giuristi verrebbe qui a collocarsi la cosiddetta «vendetta legale» [119] che consegue il suo fine nel momento stesso in cui viene attuata.

Per molti aspetti diverso e complementare al primo è invece il concetto di intimidazione, posto come finalità della sanzione punitiva, poiché esso è rivolto al futuro, e mira a prevenire, nella società, la trasgressione della legge stessa, senza tuttavia che questo risultato sia automaticamente conseguito.

Nella tradizione giuridica di Israele è chiaramente presente l'idea della punizione come «*deterrente*». Ricorrendo ancora al Deuteronomio, possiamo vedere che, dopo la sanzione di legge, talvolta viene aggiunto un commento del tipo: *wᵉkol yiśrā'ēl yišmᵉʿû wᵉyīrā'ûn wᵉlō' yôsipû laʿăśôt kaddābār hārāʿ hazzeh bᵉqirbekā* (Deut 13,12; cfr. anche 17,13; 19,20; 21,21).

Questa stessa relazione è non di rado segnalata nella Scrittura: di fronte al giudizio (minacciato o in corso), e in particolare di fronte alla morte del colpevole, gli astanti sono presi dal timore; questo stato psicologico è considerato atto a inibire la propensione al male [120], e a favorire il retto comportamento del popolo (cfr. ad esempio: 1 Re 3,28; 8,40; Sal 76,8-10; Prov 24,21-22; e ancora: Es 14,31; Gios 4,24; Is 25,2-3; 41,2-5; Sof 3,6-7; Sal 52,8; Sal 65,10; Prov 3,7; 14,16; Neem 5,15; ecc.).

---

[117] Cfr. 1 Re 2,31 (*swr* [*Hi*] – *dᵉmê ḥinnām* – *min*); Ez 23,48 (*šbt* [*Hi*] – *zimmâ* – *min*); Is 4,4 (*dwḥ* [*Hi*] – *dᵉmê yᵉrûšālaim* – *min*).

Questi testi riproducono il sintagma a tre elementi, riscontrabile in *bʿr* (*Pi*) – *hārāʿ* – *min*. Altre forme possono naturalmente esprimere un analogo concetto di repressione del male: cfr. ad esempio Lev 20,14: (*bā'ēš yiśrᵉpû 'ōtô wᵉ'ethen*) *wᵉlō' tihyeh zimmâ bᵉtôkᵉkem*; Prov 20,8: (*melek yôšēb ʿal kissē' dîn*) *mᵉzāreh bᵉʿênâw kol rāʿ*.

[118] Cfr. pp. 347-351. Sul tema della «retribuzione» e sui suoi riflessi per la teologia, si veda soprattutto *Um das Prinzip der Vergeltung in Religion und Recht des Alten Testaments, ed.* K. KOCH, WegFor 125, Darmstadt 1972.

[119] Cfr. F. ANTOLISEI, *Manuale di diritto penale*, 563.

[120] Il «non provare timore» può per contro diventare sinonimo di disposizione a delinquere: cfr. Ger 3,8; 44,10; Mal 3,5; Sal 36,2; 55,20; 64,5; Qoh 8,11-12; ecc.

Si potrebbero ricondurre al concetto di «deterrenza» le diverse espressioni bibliche che, a proposito della sanzione, ne dicono il valore di esempio, o, più esattamente, di evento che, diventando proverbiale, rappresenterà un monito per le generazioni future (cfr. Ger 24,9; 29,18; 42,18; 44,8.12; Ez 5,14-15; Sal 44,15; ecc.).

3.3. *L'emendazione (del colpevole)*

I due precedenti concetti esprimenti la finalità della punizione valgono anche nel caso della pena di morte, anzi, per certi aspetti, trovano in essa la loro più perfetta realizzazione. Per quanto riguarda invece l'effetto (sperato) del miglioramento del reo, non si può se non presupporre una sanzione mitigata e temporanea: la «correzione» del colpevole consente allo Stato non solo di arginare la criminalità, ma di ripristinare altresì le convenienti relazioni fra i cittadini nella civile convivenza. La sanzione, in questo caso, ha come finalità principale la vita stessa del soggetto che ha mostrato inclinazione a delinquere; da questo punto di vista e in una considerazione strutturale, l'autorità (rappresentante la comunità) che infligge la pena viene a trovarsi in un rapporto bilaterale con il punito, e la sua intenzionalità non è dissimile da quella dell'accusatore in sede di controversia che punisce in ordine a riabilitare il condannato e a renderlo capace di giustizia interpersonale.

Rinviando allora a quanto già dibattuto nel nostro studio e alla terminologia pertinente [121], sottolineiamo solo il fatto che, poiché il concetto di punizione correttiva è frequentemente applicato dai testi biblici all'intervento di Dio nella storia, non è per nulla agevole distinguere con chiarezza se Dio agisca come giudice o come *partner* di una relazione bilaterale. Tuttavia, dato che nelle due procedure giuridiche, sia gli eventi realizzati sia la intenzione del loro autore coincidono su questo punto, si può giungere alla conclusione che, dove Dio è «soggetto», la intenzionalità profonda di tutti i procedimenti penali non può prescindere dal cercare di redimere l'uomo e di restituirlo alla sua dignità di persona nella comunione con gli altri.

---

[121] Cfr. pp. 34-36, 76-77, 124-125.

CONCLUSIONE

Al termine del percorso fatto, che ha necessariamente comportato uno sviluppo analitico, non sembra inutile raccogliere, sotto forma di conclusione, i risultati che riteniamo avere raggiunto. Non essendo agevole riassumere in poche righe il nostro lavoro, ci limiteremo a delineare gli aspetti globalmente più significativi, cominciando da quelli più particolari fino all'assunto centrale della presente dissertazione.

I. Per quanto riguarda lo studio del *vocabolario* giuridico procedurale, abbiamo principalmente raccolto e sintetizzato le conclusioni degli esegeti che ci hanno preceduto, arricchendole occasionalmente con la nostra puntuale ricerca. Ma non si è trattato solo di un puro lavoro di compilazione e di ripetizione. Gli studi monografici sui vari termini o espressioni del lessico ebraico, a causa della loro stessa settorialità, non sempre colgono l'aspetto giuridico, e difficilmente lo inseriscono correttamente nella logica che gli è propria; come esempio, si vedano le monografie sul «peccato» [1] o sul termine *pqd* [2]. I Dizionari teologici dell'Antico Testamento, che prevedono necessariamente il contributo di diversi autori, non studiano i termini nel campo semantico (giuridico), e si limitano per lo più a segnalare qualche termine parallelo o correlato. I brevi saggi di B. GEMSER [3] e I. L. SEELIGMANN [4] ci hanno fornito un materiale di base; completato dalle analisi di H. J. BOECKER [5], questo insieme si è venuto arricchendo fino a costituire la documentazione più esaustiva sull'argomento del ristabilimento della giustizia.

La caratteristica del nostro lavoro è di avere strutturato il lessico ebraico secondo i fondamentali momenti del procedere giuridico. Ciò ha consentito di vedere come la funzione di esprimere i concetti giuridici non fosse limitata ad un vocabolario, considerato tecnico, ma fosse espletata

---

[1] Š. PORÚBČAN, *Sin in the Old Testament*, Roma 1963; R. KNIERIM, *Die Hauptbegriffe für Sünde im Alten Testament*, Gütersloh 1965.

[2] J. SCHARBERT, «Das Verbum PQD in der Theologie des Alten Testaments», *BZ* NF 4 (1960) 209-226; H. FÜRST, *Die göttliche Heimsuchung*, Roma 1965; G. ANDRÉ, *Determining the Destiny*, Lund 1980.

[3] «The *rîb*- or Controversy Pattern in Hebrew Mentality», *VTS* 3 (1955) 120-137.

[4] «Zur Terminologie für das Gerichtsverfahren im Wortschatz des biblischen Hebräisch», *VTS* 16 (1967) 251-278.

[5] *Redeformen des Rechtslebens im Alten Testament*, Neukirchen 1964.

altresì da una terminologia «generica», che, in certi contesti e in particolari sintagmi, ha un significato del tutto simile al primo. Nel cap. 7 abbiamo ampiamente mostrato come al termine *'ēd* potevano sostituirsi molte altre espressioni, costituendo il complesso paradigma del «testimone». Una cosa simile può essere vista nei diversi momenti del nostro studio, dal termine *ryb* a *špṭ,* dalle formule di confessione della colpa a quelle usate per la sentenza in tribunale.

Un ulteriore elemento significativo nella nostra ricerca è di aver sempre cercato la articolazione esistente fra i vari termini del linguaggio procedurale. Non venivano così considerati solo i rapporti paradigmatici, ma ci si sforzava di mostrare come un elemento si collegasse con gli altri secondo una relazione sintagmatica. Ad esempio, nel cap. 6, abbiamo segnalato come i verbi di movimento rappresentassero l'istanza della iniziativa giuridica assunta dai vari soggetti: gli schemi forniti in quella sede mostrano come il verbo di movimento si articoli alla funzione giudicante (espressa dai termini indicanti il «giudice» e il suo giudicare); diverso appare allora il senso quando il movimento è indirizzato verso l'altra parte della controversia. Sempre al cap. 6, i verbi che definiscono l'atto inquisitorio del magistrato sono stati correlati con le diverse modalità esprimenti il risultato della inchiesta; e così via.

All'occasione, abbiamo anche sottolineato come le diverse relazioni sintagmatiche permettevano di vedere che termini identici hanno diverso significato: questo vale, ad esempio, per le espressioni della «supplica» (cap. 4: per il perdono; cap. 7: per la querela) o per espressioni simili nella bocca dell'accusatore o del giudice (Ger 26,11.16).

L'organicità del nostro intento ha potuto far emergere infine un fatto significativo: il vocabolario giuridico si trova, seppure con diversa frequenza, in gran parte dei testi biblici: la preoccupazione per la «giustizia», sia nella storia umana, sia nei rapporti tra gli uomini e Dio, appare chiaramente come una delle trame più importanti del testo biblico.

II. Ad un livello diverso, quello del reperimento delle *procedure* giuridico-penali, abbiamo rinunciato al tentativo di configurare una storia delle istituzioni giuridiche, a causa della scarsità dei dati che rende controversa la ricerca in merito. Il nostro intento è stato di delineare ciò che appare così costantemente presente nelle varie epoche e scritti biblici da costituire un non discusso supporto per l'interpretazione. L'organizzazione del nostro lavoro, desumibile dal titolo dei capitoli, riproduce infatti le modalità elementari della controversia (Parte I) e del giudizio (Parte II): la prima (cap. 1) è modulata secondo una struttura a tre elementi fondamentali: l'accusa (cap.2), la risposta (cap. 3) e la conclusione della vertenza (cap. 4); il secondo (cap. 5) si distribuisce anch'esso in tre momenti: l'iniziativa del processo (cap. 6), il dibattimento (cap. 7) e la fine del processo (cap. 8).

All'interno di questa semplice organizzazione, per le singole fasi procedurali, abbiamo fornito le articolazioni maggiori e per così dire più ovvie. Forniamo un elenco di tali rapporti, così da illustrare con una specie di riassunto la nostra idea e mostrarne la concreta attuazione. Nella I Parte, il cap. 1 introduce ai soggetti e all'evento giuridico della controversia; nel cap. 2, allo scopo di definire l'accusa, si è tracciato il rapporto tra «notitia criminis», presa di parola accusatoria e rapporto con la sanzione; al cap. 3 viene indicata la opposizione strutturale tra ammissione della propria colpa e dichiarazione di innocenza; il cap. 4 è costruito sul rapporto tra la richiesta di perdono (sia verbale che gestuale) e l'atto che lo concede. Nella II Parte, dopo il cap. 5 (strutturato secondo la triade: giudice – giudicare – giudizio), il cap. 6 mostra le articolazioni tra l'iniziativa di indire un processo e la istanza giurisdizionale; il cap. 7 sviluppa il concetto di dibattimento, nel quale sono presenti l'accusa (sia sotto forma di testimonianza che di querela) e la difesa; l'articolazione tra parola del dibattimento e silenzio segna il passaggio al cap. 8, che è incentrato sulla sentenza pronunciata dal giudice e sull'applicazione della pena.

All'interno di questa elementare organizzazione, che ci pare solida proprio perché non legata all'interpretazione di un singolo brano o a istituzioni storicamente insicure, si è chiarito anche il senso di singole operazioni giuridiche. Qualche esempio: il concetto di testimone ha diversa funzione ed efficacia se ci troviamo in una controversia (cap. 2) oppure in sede processuale (cap. 7); l'offerta di un dono è prassi normale e accettabile in un *rîb* (cap. 4), ma è sinonimo di corruzione nella struttura giudiziaria (cap. 5); l'accusa si presenta talvolta come una dichiarazione di condanna (cap. 2), ma il suo senso non può essere identificato con il verdetto del giudice (cap. 8); ecc.

L'aver disposto a base del nostro lavoro una solida struttura procedurale, ci sembra utile anche per chiarificare il senso di alcuni concetti, attinenti al mondo giuridico, frequentemente usati nella letteratura biblica. Anche qui ci limiteremo ad un accenno, elencando capitolo per capitolo, alcuni concetti fra i più significativi: la collera e la vendetta (cap. 1); l'accusa aggressiva ma desiderosa di comunione nella verità (cap. 2); la confessione dei «peccati» e la lode (cap. 3); il perdono, la riconciliazione e l'alleanza (cap. 4); giudicare e salvare (cap. 5); prossimità (o lontananza) di Dio a chi «invoca» (cap. 6); la guerra e il diritto; la difesa del proprio diritto come accusa (dell'altro) in un processo (cap. 7); «giustificazione» o punizione del colpevole (cap. 8). Non pretendiamo certo che il nostro studio sia l'ultima parola su tale problematica; speriamo solo sia un utile strumento per una sua migliore comprensione.

III. Il più significativo risultato che riteniamo aver conseguito, quello che costituisce per noi il centro della nostra dissertazione, è la distinzione tra la procedura della controversia e il procedimento giudiziario,visti nella loro specifica fisionomia e funzione, oltre che nella loro necessaria articolazione: ciò crediamo possa costituire infatti un principio di comprensione della Scrittura atto ad eliminare fraintendimenti e approssimazioni.

Nel suo articolo del 1962 sul *rîb-pattern* [6], J. HARVEY faceva alcune domande a cui la ricerca non aveva ancora dato una risposta soddisfacente: perché il *rîb* comincia generalmente, dopo l'introduzione, con una domanda posta dal messaggero? perché il frequente riferimento all'inutilità delle pratiche cultuali? perché la distinzione tra giudice e accusatore è praticamente eliminata nel *rîb*? perché la dichiarazione di colpevolezza è seguita da minacce invece di esserne preceduta, o di limitarsi ad una condanna? perché il diritto applicato nel *rîb* è così caratteristicamente apodittico? perché il *pattern* è diverso da quello utilizzato contro gli dei o popoli stranieri? perché una parte dei *rîb* hanno una struttura comune, ma terminano con un decreto positivo, che però non è una dichiarazione di innocenza?

A queste domande HARVEY ritenne di dare risposta situando i *rîb* (profetici) nel quadro del diritto internazionale che ha fornito anche lo schema dell'alleanza. Crediamo che il lettore della nostra dissertazione possa vedere come il nostro trattamento della controversia, da una parte, inglobi la prospettiva di HARVEY, e, dall'altra, spieghi puntualmente il senso di quelle questioni al di là del riferimento ad un modello letterario [7].

La problematica della giustizia sociale, a cui avevamo fatto cenno nell'Introduzione al nostro studio, come ad un interesse dell'intera società attuale, viene a trovarsi arricchita dalla considerazione di una duplice modalità di intervento giuridico contro l'ingiustizia. Se la prospettiva del giudizio non è la sola a regolare i rapporti fra i cittadini, e se è praticamente impertinente nei rapporti fra gli Stati, ne risulta un diverso sforzo nel cercare le vie della riconciliazione e della pace, perché diverso è il modo di «fare giustizia».

Infine, è la stessa teologia, cioè la comprensione della rivelazione di Dio, ad essere profondamente toccata [8]. Da questo punto di vista sarebbe

---

[6] J. HARVEY, «Le 'rîb-pattern', réquisitoire prophétique sur la rupture de l'alliance», *Bib* 43 (1962) 179-180.

[7] Da segnalare il recente contributo di M. DE ROCHE, «Yahweh's *rîb* against Israel: a Reassessment of the so-called 'Prophetic Lawsuit' in the Preexilic Prophets», *JBL* 102 (1983) 563-574, che si situa nella linea interpretativa del nostro lavoro.

[8] In particolare, si può tener conto della difficoltà risentita vivamente dalla coscienza contemporanea di fronte alla presentazione dell'immagine del Dio giudice, di cui scrive K. STOCK: «Es kann nicht zweifelhaft sein, dass eine verantwortliche Interpretation der Rechtfertigungslehre heute den Widerstand, ja den ausgesprochenen Widerwillen gegen die Prädikation Gottes als des Richters, wie er sich in repräsentativen Texten ausspricht,

necessario proseguire la nostra analisi all'interno del Nuovo Testamento, per cogliere gli elementi di continuità e di rottura con i quali, nella prospettiva cristiana, viene interpretata la tradizione biblica fino al suo compimento. Ci sembra però già importante l'aver notato che, quando si usa la metafora giuridica, l'agire di Dio *nella storia* è descritto secondo due modalità distinte e complementari.

Abbiamo a volte l'immagine di Dio giudice: ciò significa che di fronte a Lui stanno *due parti* fra loro in conflitto; per lo più uno dei due litiganti, servendosi della prepotenza e persino degli strumenti legali, cerca di eliminare il debole. Dio allora interviene facendo giustizia a favore di quest'ultimo e colpendo con la sua punizione l'arrogante e il violento. Questa manifestazione di giudizio rivela l'attenzione di Dio per le vittime (oltre che per gli stessi «autori») dell'ingiustizia nel mondo, ma non può identificarsi con il giudizio escatologico [9].

L'altra immagine che è rivelata nella Scrittura è quella di Dio accusatore: in questo caso, di fronte a Lui sta l'altro *partner* (sia esso un individuo, un popolo o l'intera umanità) a cui viene contestato il reato di tradimento: la dinamica è qui quella della controversia, con valenze talvolta aggressive, ma sempre nella prospettiva di una possibile e augurata riconciliazione [10].

La persona del Cristo, come ci appare nei Vangeli e in S. Paolo, rappresenta — nella nostra interpretazione — la sintesi di queste due metafore giuridiche: nella sua prima venuta (nella storia) Egli è lo strumento e il mediatore della riconciliazione, mediante la denuncia del peccato dell'uomo e l'offerta del perdono; nella sua seconda venuta (alla fine dei tempi) Egli comparirà come giudice dei vivi e dei morti. Se il giudizio è già anticipato, colui che è stato condannato non è l'uomo peccatore, ma il «principe di questo mondo», l'avversario antico dell'uomo [11].

Il «giudizio» con la sua strutturale relazione alla punizione è strumento di correzione e deterrente del male, ma induce un vivere secondo la dimensione della paura; la dinamica della controversia è via alla comprensione dell'amore che scaccia il timore e apre alla lode.

---

ernst zu nehmen hat. Ebenso ernst zu nehmen ist aber der Tatbestand, dass die biblische Überlieferung... von dem richtenden Gott redet und dass sie der Gemeinde in den vielfältigen Formen der Verkündigung, des Kirchenlieds, des Bekenntnisses und des Gebets faktisch präsent ist» («Gott der Richter. Der Gerichtsgedanke als Horizont der Rechtfertigungslehre», *EvT* 40 [1980] 241).

[9] Cfr. G. Barbiero, 'Il testo massoretico di Prov 3,34», *Bib* 63 (1982) 387-388.

[10] Cfr. W. Zimmerli, «Alttestamentliche Prophetie und Apokalyptik auf dem Wege zur 'Rechtfertigung des Gottlosen'», in: *Rechtfertigung*, Fs. E. Käsemann, Tübingen-Göttingen 1976, 575-592.

[11] Cfr. S. Lyonnet, «Justification, jugement, rédemption, principalement dans l'épître aux Romains», in: *Littérature et Théologie Pauliniennes*, RechBib V, Louvain 1960, 166-184.

SIGLE E ABBREVIAZIONI

AION	*Annali dell'Istituto universitario Orientale di Napoli*
AJSL	*American Journal of Semitic Languages and Literatures*
al.	*Alii*; altri autori o editori
AnBib	Analecta Biblica
AncB	Anchor Bible
AnglTR	*Anglican Theological Review*
AnGr	Analecta (Pont. Univ.) Gregoriana
AnLeeds	*Annual of the Leeds University Oriental Society*
AnStEbr	*Annuario di Studi Ebraici*
AOAT	Alter Orient und Altes Testament
ArOr	*Archiv Orientálni*
ASTI	*Annual of the Swedish Theological Institute (in Jerusalem)*
ATA	Alttestamentliche Abhandlungen
AThANT	Abhandlungen zur Theologie des Alten und Neuen Testaments
AUSS	*Andrews University Seminary Studies*
AustralBR	*Australian Biblical Review*
BA	*Biblical Archaeologist*
BASOR	*Bulletin of the American Schools of Oriental Research*
BBB	Bonner biblische Beiträge
BbbOr	*Bibbia e Oriente*
BDB	F. Brown – S. R. Driver – Ch. A. Briggs, *A Hebrew and English Lexicon of the Old Testament*, Oxford 1975
BeiBibExT	Beiträge zur biblischen Exegese und Theologie
BeiHistT	Beiträge zur historischen Theologie
BETL	Bibliotheca, Ephemerides Theologicae Lovanienses
BEvT	Beiträge zur evangelischen Theologie
Bib	*Biblica*
BiBei	Biblische Beiträge
BibFe	*Biblia y Fe*
BiblSt	Biblische Studien
BibTB	*Biblical Theology Bulletin*
BiLeb	*Bibel und Leben*
BJRyl	*Bulletin of the John Rylands Library*
BK	Biblischer Kommentar
BO	*Bibliotheca Orientalis*
BotAT	Botschaft des Alten Testaments
BS	*Bibliotheca Sacra*
BSHT	Breslauer Studien zur historischen Theologie
BVSAW PH	Berichte über die Verhandlungen der sächsischen Akademie der Wissenschaften zu Leipzig – Philologisch-historische Klasse

BWANT	Beiträge zur Wissenschaft vom Alten und Neuen Testament
BWAT	Beiträge zur Wissenschaft vom Alten Testament
BZ	*Biblische Zeitschrift*
BZAW	Beihefte zur Zeitschrift für die Alttestamentliche Wissenschaft
BZfr	Biblische Zeitfragen
BZNW	Beihefte zur Zeitschrift für die Neutestamentliche Wissenschaft
CalvTJ	*Calvin Theological Journal*
CalwTMon	Calwer Theologische Monographien
CBQ	*Catholic Biblical Quarterly*
ConBibOT	Coniectanea Biblica, Old Testament Series
CuadBíb	*Cuadernos Bíblicos*
CuBib	*Cultura Bíblica*
DB[S]	*Dictionnaire de la Bible [Supplément]*
Dhorme	*La Bible*. L'Ancien Testament, I-II, a cura di E. DHORME, Paris 1956. 1959
DictSpir	*Dictionnaire de Spiritualité*
DielhBlAT	*Dielheimer Blätter zum Alten Testament*
ed.	*Edidit*; editore
Einheitsübersetzung	*Einheitsübersetzung der Heiligen Schrift,* Das Alte Testament, Stuttgart 1974
ErfTSt	Erfurter Theologische Studien
EstAT	Estudios de Antiguo Testamento
EstBíb	*Estudios Bíblicos*
EstE	*Estudios Eclesiásticos*
ETL	*Ephemerides Theologicae Lovanienses*
EuntDoc	*Euntes Docete*
EurHS	Europäische Hochschulschriften
EvQ	*Evangelical Quarterly*
EvT	*Evangelische Theologie*
ExpTim	*The Expository Times*
ForBib	Forschung zur Bibel
ForTLing	Forum Theologiae Linguisticae
FreibTSt	Freiburger Theologische Studien
FRLANT	Forschungen zur Religion und Literatur des Alten und Neuen Testaments
GESENIUS	W. GESENIUS, *Hebräisches und aramäisches Handwörterbuch über das Alte Testament*, Berlin – Göttingen – Heidelberg 1915^{17}
GUOST	*Glasgow University Oriental Society Transactions*
HALAT	L. KOEHLER – W. BAUMGARTNER, *Hebräisches und aramäisches Lexicon zum Alten Testament*, 3 ed., Leiden 1967-
HarvTR	*The Harvard Theological Review*
HAT	Handbuch zum Alten Testament
HSM	Harvard Semitic Monographs
HUCA	*Hebrew Union College Annual*
ibid.	*Ibidem*; nello stesso luogo citato in precedenza
ICC	International Critical Commentary (of the Holy Scriptures of the Old and New Testament)

IEJ	*Israel Exploration Journal*
id.	*Idem*; stesso autore citato in precedenza
IndTSt	*Indian Theological Studies*
Interpr	*Interpretation*
IsrOrSt	*Israel Oriental Studies*
JANES	*Journal of the Ancient Near Eastern Society*
JAOS	*Journal of the American Oriental Society*
JBL	*Journal of Biblical Literature*
JBR	*Journal of Bible and Religion*
JJS	*Journal of Jewish Studies*
GK	W. GESENIUS - E. KAUTZSCH, *Gesenius' Hebrew Grammar*, 2nd English edition by A. E. COWLEY, Oxford 1910
JLCR	Jordan Lectures in Comparative Religion
JNES	*Journal of Near Eastern Studies*
JNWSemLg	*Journal of Northwest Semitic Languages*
JOÜON	P. JOÜON, *Grammaire de l'hébreu biblique*, Rome 1965[2]
JPTh	*Jahrbücher für protestantische Theologie*
JQR	*Jewish Quarterly Review*
JSOT	*Journal for the Study of the OT*
JSS	*Journal of Semitic Studies*
JTS	*Journal of Theological Studies*
KAT	Kommentar zum Alten Testament
KerDo	*Kerygma und Dogma*
LDiv	Lectio Divina
LSSt	Leipziger semitistische Studien
LuVitor	*Lumen*
LXX	*Septuaginta*
Materiales	L. ALONSO SCHÖKEL, *al.*, *Materiales para un diccionario bíblico hebreo + español*, Roma 1985
NAWG	Nachrichten der Akademie der Wissenschaften in Göttingen
NBE	*Nueva Biblia Española*, traduzione diretta da L. ALONSO SCHÖKEL e J. MATEOS, Madrid 1975
NEB	*New English Bible*, Oxford 1970[2]
NRT	*Nouvelle Revue Théologique*
NStB	Neukirchner Studienbücher
OBO	Orbis Biblicus et Orientalis
OLZ	*Orientalistische Literaturzeitung*
OnsGeestLev	*Ons Geestelijk Leven*
OrAnt	*Oriens Antiquus*
OrBiLov	Orientalia et Biblica Lovaniensia
OrSyr	*L'Orient Syrien*
OTL	Old Testament Library
OTS	*Oudtestamentische Studiën*
OTWerkSuidA	Die Ou Testamentiese Werkgemeenskap in Suid-Afrika
PEQ	*Palestine Exploration Quarterly*
PittsbTMonSer	Pittsburgh Theological Monograph Series
QDisp	Quaestiones Disputatae
RAC	*Reallexikon für Antike und Christentum*

RB	*Revue Biblique*
RechSR	*Recherches de Science Religieuse*
REJ	*Revue des études juives*
RHPhR	*Revue d'Histoire et de Philosophie Religieuses*
RIDA	*Revue Internationale des Droits de l'Antiquité*
RivB	*Rivista Biblica*
RSV	*Revised Standard Version*, London 1966
RThPh	*Revue de théologie et de philosophie*
RTL	*Revue théologique de Louvain*
Salm	*Salmanticensis*
SBF	*Studii Biblici Franciscani Liber Annuus*
SBL Diss	Society of Biblical Literature, Dissertation Series
SBL Mon	Society of Biblical Literature, Monograph Series
SBM	Stuttgart biblische Monographien
SBS	Stuttgarter Bibelstudien
SBT	Studies in Biblical Theology
ScEccl	*Sciences Ecclésiastiques*
ScotJT	*Scottish Journal of Theology*
Script	*Scripture*
Sem	*Semitica*
SemBEsp	Semana Bíblica Española
SGKIO	Studien zur Geschichte und Kultur des islamischen Orients
SHAW PH	Sitzungsberichte der Heidelberger Akademie der Wissenschaften, Philosophisch-historische Klasse
SNVAO	Skrifter utgitt av det norske videnskaps-akademi i Oslo
SSN	Studia Semitica Neerlandica
StANT	Studien zum Alten und Neuen Testament
StBibT	Studies in Biblical Theology
StJudLA	Studies in Judaism in Late Antiquity
STRT	Studia Theologica Rheno-Traiectina
TArb	Theologische Arbeiten
TBüch	Theologische Bücherei
THAT	*Theologisches Handwörterbuch zum Alten Testaments*, I-II, *ed.* E. JENNI & C. WESTERMANN, München 1971, 1976
ThPh	*Theologie und Philosophie*
ThSt	Theologische Studien
ThZ	*Theologische Zeitschrift*
TLZ	*Theologische Literaturzeitung*
TM	Testo Masoretico
TOB	*Traduction Oecuménique de la Bible*, Ancien Testament, Paris 1976
TRE	*Theologische Realenzyklopädie*
TRu	*Theologische Rundschau*
TThSt	Trierer theologische Studien
TThZ	*Trierer theologische Zeitschrift*
TüTQ	*Tübinger Theologische Quartalschrift*
TWAT	*Theologische Wörterbuch zum Alten Testament, ed.* G.J. BOTTERWECK, H. RINGGREN, *al.*, Stuttgart 1970-

TWNT	*Theologisches Wörterbuch zum Neuen Testament, ed.* G. KITTEL, Stuttgart 1933-
TyndB	*Tyndale Bulletin*
UF	*Ugarit-Forschungen*
Vaccari	*La Sacra Bibbia* tradotta dai testi originali con note a cura del Pontificio Istituto Biblico di Roma, 9 voll., Firenze 1957-1958
VD	*Verbum Domini*
VerkF	*Verkündigung und Forschung*
VT[S]	*Vetus Testamentum [Supplement]*
WDienst	*Wort und Dienst*
WegFor	Wege der Forschung
WMANT	Wissenschaftliche Monographien zum Alten und Neuen Testament
ZAW	*Zeitschrift für die Alttestamentliche Wissenschaft*
ZDMG	*Zeitschrift der Deutschen Morgenländischen Gesellschaft*
ZDPV	*Zeitschrift des Deutschen Palästina-Vereins*
ZORELL	F. ZORELL, *Lexicon Hebraicum et Aramaicum Veteris Testamenti*, Roma 1968
ZSTh	*Zeitschrift für systematische Theologie*
ZTK	*Zeitschrift für Theologie und Kirche*

BIBLIOGRAFIA

La Bibliografia comprende i titoli attinenti specificatamente al soggetto da noi trattato. Non abbiamo elencato le opere di carattere generale (come Grammatiche, Lessici, Introduzioni), né gli studi di linguistica; lo stesso vale per i Commentari ai diversi libri dell'AT e gli articoli dei Dizionari Biblici.

AALEN, S., *Die Begriffe «Licht» und «Finsternis» im Alten Testament, im Spätjudentum und im Rabbinismus*, SNVAO, Oslo 1951.

AARTUN, K., «Hebräisch ʿānī und ʿānāw», *BO* 28 (1971) 125-126.

ALBRIGHT, W. F., «The Judicial Reform of Jehoshaphat», in: A. MARX Jubilee Volume, New York 1950, 61-82.

———, «Some remarks on the Song of Moses in Deuteronomy XXXII», *VT* 9 (1959) 339-346.

ALONSO DÍAZ, J., «El Mesías y la realización de la justicia escatológica», in: *Mesianismo y escatologia*. Estudios en Memoria del Prof. Dr. L. ARNALDICH PEROT, Bibl. Salmanticensis XVI, Estudios 14, Salamanca 1976, 61-84.

———, «Las 'buenas obras' (o la 'justicia') dentro de la estructura de los principales temas de teología bíblica», *EstE* 52 (1977) 445-486.

———, «La 'justicia interhumana' idea básica de la Biblia», *CuBíb* 35 (1978) 163-195.

ALONSO SCHÖKEL, L., «Nota estilística sobre la partícula *hinnēh*», *Bib* 37 (1956) 74-80.

———, «L'infaillibilité de l'oracle prophétique», in: *L'Infaillibilité*. Son aspect philosophique et théologique, Actes du Colloque ... E. CASTELLI, Paris 1970, 495-503.

———, «La Rédemption œuvre de solidarité», *NRT* 93 (1971) 449-472.

———, «David y la mujer de Tecua: 2 Sm 14 como modelo hermenéutico», *Bib* 57 (1976) 192-205.

———, «'Somos iguales que nuestros hermanos'. Para una exégesis de Neh 5,1-13», *Salm* 13 (1976) 257-266.

———, *Treinta Salmos: Poesía y Oración*, EstAT 2, Madrid 1981.

ALT, A., «Die Ursprünge des israelitischen Rechts» (1934), in: *Kleine Schriften zur Geschichte des Volkes Israel*, I, München 1953, 278-332.

———, «Zur Talionsformel» (1934), *ibid.*, 341-344.

AMSLER, S., «Le thème du procès chez les prophètes d'Israël», *RThPh* 24 (1974) 116-131.

ANDERSEN, F. I., «The Socio-Juridical Background of the Naboth Incident», *JBL* 85 (1966) 46-57.

———, *The Sentence in Biblical Hebrew*, The Hague 1974.

ANDERSON, G. W., «Enemies and Evildoers in the Book of Psalms», *BJRyl* 48 (1965-1966) 18-29.

ANDRÉ, G., *Determining the Destiny*. PQD in the Old Testament, ConBibOT 16, Lund 1980.

ANTOLISEI, F., *Manuale di Diritto Penale*, Milano 1975[7].

AP-THOMAS, D. R., «Notes on Some Terms Relating to Prayer», *VT* 6 (1956) 226-241.

———, «Some Aspects of the Root ḤNN in the Old Testament», *JSS* 2 (1957) 128-148.

ARANOV, M. M., *The Biblical Threshing-Floor in the Light of the Ancient Near Eastern Evidence*. Evolution of an Institution, Diss. New York University 1977 (*DissAbstr* 38 [1977s] 6179s-A).

ASENSIO, F., *Misericordia et Veritas*. El *ḥesed* y *emet* divinos. Su influjo religioso-social en la historia de Israel, AnGr 48, Roma 1949.

———, *El Dios de la luz*. Avances a través del Antiguo Testamento y contactos con el Nuevo, Roma 1958.

AULD, A. G., «Cities of Refuge in Israelite Tradition», *JSOT* 10 (1978) 26-40.

AUVRAY, P., «Le prophète comme guetteur», *RB* 71 (1964) 191-205.

BACH, D., «Rite et parole dans l'Ancien Testament. Nouveaux éléments apportés par l'étude de tôdâh», *VT* 28 (1978) 10-19.

BACH, R., «Gottesrecht und weltliches Recht in der Verkündigung des Propheten Amos», in: Fs. G. DEHN, Neukirchen 1957, 23-34.

BAKER, D. W., «Further Examples of the *waw explicativum*», *VT* 30 (1980) 129-136.

BALENTINE, S. E., «A Description of the Semantic Field of Hebrew Words for 'Hide'», *VT* 30 (1980) 137-153.

———, «The Prophet as Intercessor: A Reassessment», *JBL* 103 (1984) 161-173.

BALTZER, K., «Naboths Weinberg (1 Kön. 21). Der Konflikt zwischen israelitischem und kanaanäischem Bodenrecht», *WDienst* NF 8 (1965) 73-88.

BARBIERO, G., «Il testo massoretico di Prov 3,34», *Bib* 63 (1982) 370-389.

BARR, J., *The Semantics of Biblical Language*, London 1961.

———, «Some Notes on *bēn* 'between' in Classical Hebrew», *JSS* 23 (1978) 1-22.

———, «Semitic Philology and the Interpretation of the Old Testament», in: *Tradition and Interpretation, ed.* G. W. ANDERSON, Oxford 1979, 31-64.

BARTH, Ch., *Die Errettung vom Tode in den individuellen Klage- und Dankliedern des Alten Testaments*, Zollikon 1947.

BARTH, M., *Rechtfertigung*. Versuch einer Auslegung paulinischer Texte im Rahmen des Alten und Neuen Testamentes, ThSt 90, Zürich 1969.

BARTLETT, J. R., «The Use of the Word *r'š* as a Title in the Old Testament», *VT* 19 (1969) 1-10.

BARUCQ, A., «Péché et innocence dans les Psaumes bibliques et les textes religieux de l'Egypte du Nouvel-Empire», in: *Etudes de critique et d'histoire religieuses*, Fs. L. VAGANAY, Lyon 1948, 111-137.

BASSLER, J. M., *Divine Impartiality*. Paul and a Theological Axiom, SBL Diss 59, Chico 1982.

BAUDISSIN, W. V., «The Original Meaning of 'Belial'», *ExpTim* 9 (1897-1898) 40-45.

BAUMANN, E., «Das Lied Mose's (Dt XXXII 1-43) auf seine Gedankliche Geschlossenheit untersucht», *VT* 6 (1956) 414-424.

Beaucamp, E., «La théophanie du Psaume 50 (49). Sa signification pour l'interprétation du Psaume», *NRT* 81 (1959) 897-915.

———, «La justice de Yahvé et l'économie de l'alliance», *SBF* 11 (1960-1961) 5-55.

———, «Justice divine et pardon», in: *A la rencontre de Dieu*, Mém. A. Gelin, Le Puy 1961, 129-144.

———, «La justice en Israël», in: *Populus Dei*, I. Israel, Studi in onore del Card. A. Ottaviani, Roma 1969, 201-235.

———, «Le péché dans l'Ancien Testament», *ibid.*, 299-334.

Beauchamp, P., «Propositions sur l'alliance de l'Ancien Testament comme structure centrale», *RechSR* 58 (1970) 161-193.

———, *L'un et l'autre Testament*. Essai de lecture, Paris 1976.

———, *Psaumes nuit et jour*, Paris 1980.

Beek, M. A., «The Religious Background of Amos II 6-8», *OTS* 5 (1948) 132-141.

Begrich, J., *Studien zu Deuterojesaja*, BWANT 77, Stuttgart 1938.

———, «Sofer und Mazkir. Ein Beitrag zur inneren Geschichte des davidisch-salomonischen Grossreiches und des Königreiches Juda», *ZAW* 17 (1940-1941) 1-29.

Bellefontaine, E., «Deuteronomy 21,18-21: Reviewing the Case of the Rebellious Son», *JSOT* 13 (1979) 13-31.

van den Berghe, P., «*'Ani* et *'Anaw* dans les Psaumes», in: *Le Psautier*. Ses origines. Ses problèmes littéraires. Son influence, *ed.* R. de Langhe, OrBiLov 4, Louvain 1962, 273-295.

Bergmeier, R., «Das Streben nach Gewinn — des Volkes *'āwōn*», *ZAW* 81 (1969) 93-97.

Bergren, R. V., *The Prophets and the Law*, HUCA Monograph Series 4, Cincinnati 1974.

Berkovits, E., «The Biblical Meaning of Justice», in *Man and God*. Studies in Biblical Theology, Detroit 1969, 224-252.

———, «Ṣedeq and Ṣ'daqa», *ibid.*, 292-348.

Berlin, A., *Poetics and Interpretation of Biblical Narrative*, Bible and Literature Series 9, Sheffield 1983.

Bernal Giménez, J. M., «El siervo como promesa de 'mišpāṭ'. Estudio bíblico del término 'mišpāṭ' en Is 42,1-4», in: *Palabra y vida*, Homenaje a J. Alonso Díaz, Madrid 1984, 77-85.

Bernhardt, K.-H., *Gott und Bild*. Ein Beitrag zur Begründung und Deutung des Bilderverbotes im Alten Testament, TArb 2, Berlin 1956.

Bettenzoli, G., «Gli 'Anziani di Israele'», *Bib* 64 (1983) 47-73.

———, «Gli 'Anziani' in Giuda», *ibid.*, 211-224.

Beuken, W. A. M., «Mišpaṭ. The First Servant Song and Its Context», *VT* 22 (1972) 1-30.

Beyerlin, W., «Gattung und Herkunft des Rahmens im Richterbuch», in: *Tradition und Situation*. Studien zur alttestamentlichen Prophetie, Fs. A. Weiser, Göttingen 1963, 1-29.

———, «Die *tôdā* der Heilsvergegenwärtigung in den Klageliedern des Einzelnen», *ZAW* 79 (1967) 208-224.

———, *Die Rettung der Bedrängten in den Feindpsalmen der Einzelnen auf institutionelle Zusammenhänge untersucht*, FRLANT 99, Göttingen 1970.

———, «Der nervus rerum in Psalm 106», *ZAW* 86 (1974) 50-64.
———, *Der 52. Psalm: Studien zu seiner Einordnung*, BWANT 111, Stuttgart 1980.
BIRKELAND, H., *The Evildoers in the Book of Psalms*, Oslo 1955.
BLANK, Sh. H., «The Curse, Blasphemy, the Spell, and the Oath», *HUCA* 23 (1950-1951) 73-95.
———, «An Effective Literary Device in Job XXXI», *JJS* 2 (1950-1951) 105-107.
———, «Irony by Way of Attribution», *Semitics* 1 (1970) 1-6.
BLAU, J., «Adverbia als psychologische und grammatische Subjekte/Praedikate im Bibelhebräisch», *VT* 9 (1959) 130-137.
BLOMMERDE, A. C. M., «The Broken Construct Chain, Further Examples», *Bib* 55 (1974) 549-552.
BLUM, E., *Die Komposition der Vätergeschichte*, WMANT 57, Neukirchen 1984.
BOECKER, H. J., «Anklagereden und Verteidigungsreden im Alten Testament. Ein Beitrag zur Formgeschichte alttestamentlicher Prophetenworte», *EvT* 20 (1960) 398-412.
———, «Erwägungen zum Amt des Mazkir», *ThZ* 17 (1961) 212-216.
———, *Redeformen des Rechtslebens im Alten Testament*, WMANT 14, Neukirchen 1964 (1970²).
———, *Recht und Gesetz im Alten Testament und im Alten Orient*, NStB 10, Neukirchen 1976.
———, «Ueberlegungen zur Kultpolemik der vorexilischen Propheten», in: *Die Botschaft und die Boten*, Fs. H. W. WOLFF, Neukirchen 1981, 169-180.
de BOER, P. A. H., «The Counsellor», *VTS* 3 (1955) 42-71.
———, *Gedenken und Gedächtnis in der Welt des Alten Testaments*, Fr. DELITZSCH-Vorlesungen 1960, Stuttgart 1962.
BOERMA, C., *Rich Man, Poor Man – and the Bible*, Leiden 1979.
BOHLEN, R., *Der Fall Nabot*. Form, Hintergrund und Werdegang einer alttestamentlichen Erzählung (1 Kön 21), TThSt 35, Trier 1978.
BONNARD, P. E., «Le vocabulaire du Miserere», in: *A la rencontre de Dieu*, Mém. A. GELIN, Le Puy 1961, 145-156.
BOOIJ, Th., «Negation in Isaiah 43,22-24», *ZAW* 94 (1982) 390-400.
BOOTH, O., «The Semantic Development of the Term *mšpṭ* in the Old Testament», *JBL* 61 (1942) 105-110.
BORNKAMM, G., «Lobpreis, Bekenntnis und Opfer», in: *Apophoreta*, Fs. E. HAENCHEN, BZNW 30, Berlin 1964, 46-63.
BOTTERWECK, G. J., «Die soziale Kritik des Propheten Amos», in: *Die Kirche im Wandel der Zeit*, Fs. J. HOEFFNER, Köln 1971, 39-58.
———, «'Sie verkaufen den Unschuldigen um Geld'. Zur sozialen Kritik des Propheten Amos», *BibLeb* 12 (1971) 215-231.
BRACKER, H.-D., *Das Gesetz Israels verglichen mit den altorientalischen Gesetzen der Babylonier, der Hethiter und der Assyrer*, Hamburg 1962.
BRAULIK, G., *Psalm 40 und der Gottesknecht*, ForBib 18, Würzburg 1975.
BRICHTO, H. C., «The Case of the śōṭā and a Reconsideration of Biblical 'Law'», *HUCA* 46 (1975) 55-70.
BRONGERS, H. A., «Die Rache- und Fluchpsalmen im Alten Testament», *OTS* 13 (1963) 21-42.

———, «Der Eifer des Herrn Zebaoth», *VT* 13 (1963) 269-284.
———, «Bemerkungen zum Gebrauch des adverbialen *we'attāh* im Alten Testament (ein lexikologischer Beitrag)», *VT* 15 (1965) 289-299.
———, «Der Zornesbecher», *OTS* 15 (1969) 177-192.
———, «Das Zeitwort *'ālā* und seine Derivate», in: *Travels in the World of the Old Testament*, Studies presented to Prof. M.A. BEEK, SSN 16, Assen 1974, 30-40.
———, «Fasting in Israel in Biblical and Post-Biblical Times», *OTS* 20 (1977) 1-21.
———, «Alternative Interpretationen des sogenannten waw copulativum», *ZAW* 90 (1978) 273-277.
———, «Some Remarks on the Biblical Particle *halō'*», *OTS* 21 (1981) 177-189.
BROWN, J.P., «Peace symbolism in ancient military vocabulary», *VT* 21 (1971) 1-23.
BRUEGGEMANN, W.A., «Amos' Intercessory Formula», *VT* 19 (1969) 385-399.
———, «Jeremiah's Use of Rhetorical Questions», *JBL* 92 (1973) 358-374.
———, «A Neglected Sapiential Word Pair», *ZAW* 89 (1977) 234-258.
———, «Social Criticism and Social Vision in the Deuteronomic Formula of the Judges», in: *Die Botschaft und die Boten*, Fs. H.W. WOLFF, Neukirchen 1981, 101-114.
BRUMMEL, L., *al., ed., Los pobres. Encuentro y compromiso*, Buenos Aires 1978.
BRUNNER, H., «Gerechtigkeit als Fundament des Thrones», *VT* 8 (1958) 426-428.
BRUNNER, R., «Das hörendes Herz», *TLZ* 79 (1954) 697-700.
BRUPPACHER, H., *Die Beurteilung der Armut im Alten Testament*, Zürich 1924.
BÜHLMANN, W., *Vom rechten Reden und Schweigen*. Studien zu Proverbien 10-31, OBO 12, Freiburg-Göttingen 1976.
BUIS, P., «Notification de jugement et confession nationale», *BZ* NF 11 (1967) 193-205.
———, «Les conflits entre Moïse et Israël dans l'Exode et Nombres», *VT* 28 (1978) 257-270.
BUSS, M.J., «The Meaning of Cult in the Interpretation of the Old Testament», *JBR* 32 (1964) 317-325.
———, «The Distinction between Civil and Criminal Law in Ancient Israel», in: *Proceedings of the Sixth World Congress of Jewish Studies*, I, Jerusalem 1977, 51-62.
BUSSINI, F., *L'homme pécheur devant Dieu*. Théologie et anthropologie, Lille 1979.
BUTTENWIESER, M., «Blood Revenge and Burial Rites in Ancient Israel», *JAOS* 39 (1919) 303-321.
CALLAWAY, Ph.R., «Deut 21:18-21. Proverbial Wisdom and Law», *JBL* 103 (1984) 341-352.
CAÑELLAS, G., «Fundamento veterotestamentario de la reconciliación», *BibFe* 5 (1979) 21-33.
CARCATERRA, A., «'Ius summum saepe summast malitia'», in: Studi in onore di E. VOLTERRA, IV, Milano 1971, 627-666.
CARDASCIA, G., «Droits cunéiformes et droit biblique», in: *Proceedings of the Sixth World Congress of Jewish Studies*, I, Jerusalem 1977, 63-70.
———, «La place du talion dans l'histoire du droit pénal à la lumière des droits du Proche-Orient ancien», in: Mélanges offerts a J. DAUVILLIEZ, Toulouse 1979, 169-183.

CARLSON, R. A., *David, the Chosen King*. A Traditio-Historical Approach to the Second Book of Samuel, Stockholm 1964.
CARMICHAEL, C. M., *The Laws of Deuteronomy*, Ithaca-London 1974.
CARRILLO ALDAY, S., *El Cantico de Moises (Deut 32)*, Madrid 1970.
CASTELLINO, G., *Le lamentazioni individuali e gli inni in Babilonia e in Israele*, Torino 1939.
CASSUTO, U., «The Song of Moses (Deuteronomy Chapter XXXII 1-43)» (1938), in: *Biblical and Oriental Studies*, I: Bible, Jerusalem 1973, 41-46.
CAZELLES, H., *Etudes sur le Code de l'Alliance*, Paris 1946.
———, «A propos de quelques textes difficiles relatifs à la justice de Dieu dans l'Ancien Testament», *RB* 58 (1951) 169-188.
———, «Institutions et terminologie en Deut I 6-17», *VTS* 15 (1966) 97-112.
———, «Le sens religieux de la Loi», in: *Populus Dei*, I. Israel, Studi in onore del Card. A. OTTAVIANI, Roma 1969, 177-194.
———, «La transgression de la loi en tant que crime et délit», *ibid.*, 521-528.
———, «Rédactions et Traditions dans l'Exode», in: *Studien zum Pentateuch*, Fs. W. KORNFELD, Wien 1977, 37-58.
———, «Droit public dans le Deutéronome», in: *Das Deuteronomium*. Entstehung, Gestalt und Botschaft, *ed.* N. LOHFINK, Leuven 1985, 99-106.
CHARBEL, A., «Virtus sanguinis non expiatoria in sacrificio *šᵉlāmîm*», in: *Sacra Pagina* 1, Gembloux 1959, 366-376.
———, *Zebaḥ šᵉlamîm: Il sacrificio pacifico; nei suoi riti e nel suo significato religioso e figurativo*, Jerusalem 1967.
CHILDS, B. S., *Memory and Tradition in Israel*, StBibT 37, London 1962.
CHRIST, H., *Blutvergiessen im Alten Testament*. Der gewaltsame Tod des Menschen untersucht am hebräischen Wort *dām*, Basel 1977.
CLARK, M., «A Legal Background to the Yahwist's Use of 'Good and Evil' in Genesis 2-3», *JBL* 88 (1969) 266-278.
———, «Law», in: *Old Testament Criticism, ed.* J. H. HAYES, San Antonio, 1974, 99-139.
CLIFFORD, R. J., «The Use of *hôy* in the Prophets», *CBQ* 28 (1966) 458-464.
CLINES, D. J. A. – GUNN, D. M., «'You tried to persuade me' and 'Violence! Outrage' in Jeremiah 20,7-8», *VT* 28 (1978) 20-27.
COATS, G. W., «Self-Abasement and Insult Formulas», *JBL* 89 (1970) 14-26.
———, *From Canaan into Egypt*. Structural and Theological Context for the Joseph Story, CBQ Monograph Series 4, Washington 1976.
———, «Strife without Reconciliation — a Narrative Theme in the Jacob Traditions», in: *Werden und Wirken des Alten Testaments*, Fs. C. WESTERMANN, Neukirchen 1980, 82-106.
CODY, A., «Notes on Proverbs 22,21 and 22,23b», *Bib* 61 (1980) 418-426.
COHEN, B., «Self-Help in Jewish and Roman Law», *RIDA* 3. sér. 2 (1955) 107-133.
———, *Jewish and Roman Law*, A Comparative Study, I-II, New York 1966.
COLLINS, T., «The Physiology of Tears in the Old Testament», *CBQ* 33 (1971) 18-38, 185-197.
COPPENS, J., «Le roi idéal d'Is IX 5-6 et XI 1-5 est-il une figure messianique?», in: *A la rencontre de Dieu*, Mém. A. GELIN, Le Puy 1961, 85-108.
———, «Le *ṣaddîq* – 'Juste' dans le Psautier», in: *De la Tôrah au Messie*, Mél. H. CAZELLES, Paris 1981, 299-306.

COSSMANN, W., *Die Entwicklung des Gerichtsgedankens bei den alttestamentlichen Propheten*, BZAW 29, Giessen 1915.

COUROYER, B., «El vocabulario del Tiro al Arco en el Antiguo Testamento», in: *Servidor de la Palabra*, Miscelanea Bíblica en honor del P. A. COLUNGA, Salamanca 1979, 111-126.

COWLEY, A., *Aramaic Papyri of the Fifth Century B.C.*, Oxford 1923.

COX, D., «Ṣedaqa and mišpat. The Concept of Righteousness in Later Wisdom», *SBF* 27 (1977) 33-50.

CRAMER, K., «Der Begriff *ṣdqh* bei Tritojesaja», *ZAW* 27 (1907) 79-99.

CRENSHAW, J. L., «*YHWH ṣ*^e*ba'ôt š*^e*mô*: A Form-Critical Analysis», *ZAW* 81 (1969) 156-175.

———, «Popular Questioning of the Justice of God in Ancient Israel», *ZAW* 82 (1970) 380-395.

———, *Prophetic Conflict*. Its Effect Upon Israelite Religion, BZAW 124, Berlin 1971.

———, *Hymnic Affirmation of Divine Justice*: The Doxologies of Amos and Related Texts in the Old Testament, SBL Diss 24, Missoula 1975.

CROATTO, J. S., «ṬÔBĀ como 'amistad (de Alianza)' en el Antiguo Testamento», *AION* 18 (1968) 385-389.

CROSS, F. M., «The Council of Yahweh in Second Isaiah», *JNES* 12 (1953) 274-277.

———, «Epigraphic Notes on Hebrew Documents of the Eight-Sixth Centuries B.C.: II. The Murabbaʿât Papyrus and the Letter Found near Yabneh-yam», *BASOR* 165 (1962) 34-46.

CRÜSEMANN, F., «Jahwes Gerechtigkeit (*ṣ*^e*dāqā/ṣädäq*) im Alten Testament», *EvT* 36 (1976) 427-450.

CURTIS, J. B., «On Job's Witness in Heaven», *JBL* 102 (1983) 549-562.

DACQUINO P., «La formula 'Giustizia di Dio' nei libri dell'Antico Testamento», *RivB* 17 (1969) 103-119, 365-382.

DAHOOD, M., «The Phoenician Contribution to Biblical Wisdom Literature», in: *The Role of the Phoenicians in the Interaction of Mediterranean Civilization, ed.* W. A. WARD, Beirut 1968, 123-148.

———, «Is the Emendation of *yādîn* to *yāzîn* Necessary in Job 36,31?», *Bib* 53 (1972) 539-541.

———, «Word and Witness: A Note on Jeremiah XXIX 23», *VT* 27 (1977) 483.

DALGLISH, E. R., *Psalm Fifty-One in the Light of Ancient Near Eastern Patternism*, Leiden 1962.

DAUBE, D., *Studies in Biblical Law*, Cambridge 1947.

———, «Error and Accident in the Bible», *RIDA* 2 (1949) 189-213.

———, «The Laying on of Hands», in: *The New Testament and Rabbinic Judaism*, JLCR 2 (1952), London 1956, 224-246.

———, «Rechtsgedanken in den Erzählungen des Pentateuchs», in: *Von Ugarit nach Qumran*. Beiträge zur alttestamentlichen Forschung, Fs. O. EISSFELDT, BZAW 77, Berlin 1958, 32-41.

———, *The Exodus Pattern in the Bible*, All Souls Studies 2, London 1963.

———, «To be Found Doing Wrong», in: Studi in onore di E. VOLTERRA, II, Milano 1971, 1-13.

———, «The Law of Witnesses in Transferred Operation», *JANES* 5 (1973) 91-93.

———, *Ancient Jewish Law*. Three Inaugural Lectures, Leiden 1981.

DAUBE, D. – YARON, R., «Jacob's Reception by Laban», *JSS* 1 (1956) 60-62.

DAVID, M., «The Codex Hammurabi and its Relation to the Provisions of Law in Exodus», *OTS* 7 (1950) 149-178.

———, «Die Bestimmungen über die Asylstadte in Joshua XX: Ein Beitrag zur Geschichte des biblischen Asylrechts», *OTS* 9 (1951) 30-48.

DAVIES, E. W., *Prophecy and Ethics*. Isaiah and the Ethical Traditions of Israel, JSOT Suppl. Series 16, Sheffield 1981.

DE GENNARO, G., *ed., Amore-Giustizia*; analisi semantica dei due termini e delle loro correlazioni nei testi biblici veterotestamentari e neotestamentari, L'Aquila 1980.

DEISSLER, A., «Micha 6,1-8: Der Rechtsstreit Jahwes mit Israel um das rechte Bundesverhältnis», *TThZ* 68 (1959) 229-234.

DELCOR, M., «Les attaches littéraires, l'origine et la signification de l'expression biblique 'Prendre à témoin le ciel et la terre'», *VT* 16 (1966) 8-25.

DELEKAT, L., «Zum hebräischen Wörterbuch», *VT* 14 (1964) 7-66.

———, *Asylie und Schutzorakel am Zionheiligtum*. Eine Untersuchung zu den privaten Feindpsalmen, Leiden 1967.

DEL OLMO LETE, G., «Estructura literaria de Ez 33,1-20», *EstBíb* 22 (1963) 5-31.

DE MARTINO, E., *Morte e pianto rituale nel mondo antico*. Dal lamento pagano al pianto di Maria, Torino 1958.

DEMPSTER, S., «The Deuteronomic Formula *kî yimmāṣē'* in the Light of Biblical and Ancient Near Eastern Law. An Evaluation of David Daube's Theory», *RB* 91 (1984) 188-211.

DENTAN, R. C., «The Literary Affinities of Exodus XXXIV 6f», *VT* 13 (1963) 34-51.

D'ERCOLE, G., «The Juridical Structure of Israel from the Time of her Origin to the Period of Hadrian», in: *Populus Dei*, I. Israel, Studi in onore del Card. A. OTTAVIANI, Roma 1969, 389-461.

———, «The Organic Structure of Israel in Terms of her Moral Order and Dogmatic Order of Cult», *ibid.*, 557-613.

DE ROCHE, M., «Yahweh's *rîb* against Israel: a Reassessment of the so-called 'Prophetic Lawsuit' in the Preexilic Prophets», *JBL* 102 (1983) 563-574.

DHORME, P., *L'emploi métaphorique des noms de parties du corps en hébreu et en akkadien*, Paris 1923.

DIAMOND, A. S., «An Eye for an Eye», *Iraq* 19 (1957) 151-155.

DICK, M. B., «The Legal Metaphor in Job 31», *CBQ* 41 (1979) 37-50.

DIESTEL, L., «Die religiöse Delicte im israelitischen Strafrecht», *JPTh* 5 (1879), 246-313.

DIETRICH, W., «Rache. Erwägungen zu einem alttestamentlichen Thema», *EvT* 36 (1976) 450-472.

DION, P.-E., «'Tu feras disparaître le mal du milieu de toi'», *RB* 87 (1980) 321-349.

DONALD, T., «The Semantic Field of Rich and Poor in the Wisdom Literature of Hebrew and Accadian», *OrAnt* 3 (1964) 27-41.

DONNER, H., «Die soziale Botschaft der Propheten im Lichte der Gesellschaftsordnung in Israel», *OrAnt* 2 (1963) 229-245.

———, *Die literarische Gestalt der alttestamentlichen Josephsgeschichte*, SHAW PH, Heidelberg 1976.

DRIVER, G. R., «Hebrew Notes», *ZAW* 52 (1934) 51-56.

DUCROT, P., «De la vendetta à la loi du talion», *RHPhR* 6 (1926) 350-365.

DUERR, L., «Altorientalisches Recht bei den Propheten Amos und Hosea», *BZ* 23 (1935-1936) 150-157.

DURHAM, J. I., «*šālôm* and the Presence of God», in: *Proclamation and Presence*, Fs. G. H. DAVIES, London 1970, 272-293.

DUS, J., «Die 'Sufeten' Israels», *ArOr* 31 (1963) 444-469.

EATON, J. H., «The King as God's Witness», *ASTI* 7 (1968-1969) 25-40.

EISENBEIS, W., *Die Wurzel* **šlm** *im Alten Testament*, BZAW 113, Berlin 1969.

EISSFELDT, O., *Das Lied Moses Deuteronomium 32:1-43 und das Lehrgedicht Asaphs Psalm 78 samt einer Analyse der Umgebung des Mose-Liedes*, BVSAW PH 104/5, Berlin 1958.

ELLIGER, K., «Das Ende der 'Abendwölfe' Zeph 3,3 Hab 1,8», Fs. A. BERTHOLET, Tübingen 1950, 158-175.

ELLUL, J., «Réflexions sur les contradictions de la Bible au sujet de la mort», in: *Filosofia e religione di fronte alla morte*, Archivio di Filosofia, Padova 1981, 315-330.

EMERTON, J. A., «The Translation of Psalm LXIV 4», *JTS* 27 (1976) 391-392.

———, «The Etymology of *hištaḥ*ᵃ*wāh*», *OTS* 20 (1977) 41-55.

ENGEL, H., *Die Susanna-Erzählung*. Einleitung, Uebersetzung und Kommentar zum Septuaginta-Text und zur Theodotion-Bearbeitung, OBO 61, Freiburg-Göttingen 1985.

EPSZTEIN, L., *La justice sociale dans le Proche-Orient ancien et le peuple de la Bible*, Paris 1983.

ERLANDSSON, S., «The Wrath of Yhwh», *TyndB* 23 (1972) 111-116.

EVANS, G., «'Coming' and 'Going' at the City Gate — a Discussion of Professor Speiser's Paper», *BASOR* 150 (1958) 28-33.

———, «Rehoboam's Advisors at Shechem and Political Institutions in Israel and Sumer», *JNES* 25 (1966) 273-279.

EYBERS, I. H., «The Stem š-p-ṭ in the Psalms», in: *Studies on the Psalms*, OTWerkSuidA 6, Potchefstroom 1963, 58-63.

FAHLGREN, K. HJ., *Ṣ*ᵉ*dāḳā, nahestehende und entgegengesetzte Begriffe im Alten Testament*, Uppsala 1932.

FALK, Z. W., «Gesture Expressing Affirmation», *JSS* 4 (1959) 268-269.

———, «Hebrew Legal Terms», *JSS* 5 (1960) 350-354.

———, «Two Symbols of Justice», *VT* 10 (1960) 72-74.

———, *Hebrew Law in Biblical Times*. An Introduction, Jerusalem 1964.

———, «'Words of God' and 'Judgments'», in: Studi in onore di E. VOLTERRA, VI, Milano 1971, 155-159.

———, *Introduction to Jewish Law of the Second Commonwealth*, 2 voll., Leiden 1972, 1978.

FENDLER, M., «Zur Sozialkritik des Amos. Versuch einer wirtschafts- und sozialgeschichtlichen Interpretation alttestamentlicher Texte», *EvT* 33 (1973) 32-53.

FENSHAM, F. C., «The Judges and Ancient Israelite Jurisprudence», in: OTWerkSuidA 2, Potchefstroom 1959, 15-22.

———, «Widow, Orphan and the Poor in Ancient Near Eastern Legal and Wisdom Literature», *JNES* 21 (1962) 129-139.

———, «'d in Exodus XXII 12», *VT* 12 (1962) 337-339.
———, «Legal Aspects of the Dream of Solomon», in: *Proc. of the Fourth World Congress of Jewish Studies*, I, Jerusalem 1967, 67-70.
———, «The Battle between the men of Joab and Abner as a possible Ordeal by Battle?», *VT* 20 (1970) 356-357.
———, «Ordeal by Battle in the Ancient Near East and the Old Testament», in: Studi in onore di E. VOLTERRA, VI, Milano 1971, 127-135.
———, «Father and Son as Terminology for Treaty and Covenant», in: *Near Eastern Studies*, Fs. W. F. ALBRIGHT, Baltimore 1971, 121-135.
———, «Transgression and Penalty in the Book of the Covenant», *JNWSemLg* 5 (1977) 23-41.
———, «Das Nicht-haftbar-sein im Bundesbuch im Lichte der altorientalischen Rechtstexte», *JNWSemLg* 8 (1980) 17-34.
FERGUSON, H., «The Verb *špṭ*», *JBL* 8 (1888) 130-136.
FICHTNER, J., «Die 'Umkehrung' in der prophetischen Botschaft. Eine Studie zu dem Verhältnis von Schuld und Gericht in der Verkündigung Jesajas», *TLZ* 78 (1953) 459-466.
FINKELSTEIN, J. J., «The Middle Assyrian *Šulmānu*-Texts», *JAOS* 72 (1952) 77-80.
FISHBANE, M., «Accusations of Adultery: A Study of Law and Scribal Practice in Numbers 5: 11-31», *HUCA* 45 (1974) 25-45.
———, «Biblical Colophons, Textual Criticism and Legal Analogies», *CBQ* 42 (1980) 438-449.
FOHRER, G., «Umkehr und Erlösung beim Propheten Hosea», *ThZ* 11 (1955) 161-185.
———, «Jesaja 1 als Zusammenfassung der Verkündigung Jesajas», *ZAW* 74 (1962) 251-268.
———, «Kritik an Tempel, Kultus und Kultusausübung in nachexilischer Zeit», in: *Archäologie und Altes Testament*, Fs. K. GALLING, Tübingen 1970, 101-116.
FOKKELMAN, J. P., *Narrative Art in Genesis*. Specimens of Stylistic and Structural Analysis, SSN 17, Assen 1975.
———, *Narrative Art and Poetry in the Books of Samuel*. A full interpretation based on stylistic and structural analyses, I: King David (II Sam 9-20 & I King 1-2), SSN 20, Assen 1981.
FOX, M., «Ṭôḇ as Covenant Terminology», *BASOR* 209 (1973) 41-42.
FRANKENA, R., «Einige Bemerkungen zum Gebrauch des Adverbs *'al kēn* im Hebräischen», in: *Studia Biblica et Semitica* Th. Ch. VRIEZEN... dedicata, Wageningen 1966, 94-99.
———, «Some Remarks on the Semitic Background of Chapters XXIX–XXXI of the Book of Genesis», *OTS* 17 (1972) 53-64.
FREEDMAN, D. N., «The Broken Construct Chain», *Bib* 53 (1972) 534-536.
FREUDENSTEIN, E. D., «A Swift Witness», *Tradition* 13 (1974) 114-123.
FRICK, F. S., *The City in Ancient Israel*, Missoula 1977.
FROST, S. B., «Asseveration by Thanksgiving», *VT* 8 (1958) 380-390.
FRYMER–KENSKY, T., «Tit for Tat: the Principle of Equal Retribution in Near Eastern and Biblical Law», *BA* 43 (1980) 230-234.
———, «The Strange Case of the Suspected Sotah (Numbers V 11-31)», *VT* 34 (1984) 11-26.

FÜRST, H., *Die göttliche Heimsuchung*, Semasiologische Untersuchung eines biblischen Begriffes, Roma 1965.

FUHRMANN, M., «Philologische Bemerkungen zur Sentenz 'Summum ius summa iniuria'», in: Studi in onore di E. VOLTERRA, II, Milano 1971, 53-81.

FURLANI, G., «La sentenza di dio nella religione babilonese e assira», in: *Atti della Accademia Nazionale dei Lincei* 1949, Memorie, Classe di Scienze morali, storiche e filologiche, Serie VIII, vol. II, fasc. 5, Roma 1950, 219-279.

———, «Le guerre quali giudizi di dio presso i Babilonesi e gli Assiri», in: *Miscellanea* G. GALBIATI (Fontes Ambrosianae 27), Milano 1951, 39-47.

GALLING, K., «Der Beichtspiegel. Eine gattungsgeschichtliche Studie» *ZAW* 47 (1929) 125-130.

———, «Tafel, Buch und Blatt», in: *Near Eastern Studies*, Fs. W. F. ALBRIGHT, Baltimore 1971, 207-223.

GAMPER, A., *Gott als Richter in Mesopotamien und im Alten Testment: zum Verständnis einer Gebetsbitte*, Innsbruck 1966.

GARCIA DE LA FUENTE, O., «Sobre la idea de contrición en el antiguo Testamento», in: *Sacra Pagina*, BETL XII-XIII, vol. I, Gembloux 1959, 559-579.

GEHMAN, H. S., «The Oath in the Old Testament: its Vocabulary, Idiom, and Syntax; its Semantics and Theology in the Masoretic Text and the Septuagint», in: *Grace Upon Grace*, Fs. L. J. KUYPER, Grand Rapids 1975, 51-63.

GELIN, A., «Le Péché dans l'Ancien Testament», in: *Théologie du péché*, Bibl. de Théologie, Sér. II, Théol. morale, vol. VII, Tournai 1960, 23-47.

———, *Les pauvres que Dieu aime*, Paris 1967.

GELLER, M. J., «The šurpu Incantations and Lev V 1-5», *JSS* 25 (1980) 181-192.

GEMSER, B., «The *rîb*- or Controversy-Pattern in Hebrew Mentality, *VTS* 3 (1955) 120-137.

GERLEMAN, G., «Die Wurzel šlm», *ZAW* 85 (1973) 1-14.

———, «Schuld und Sühne. Erwägungen zu 2 Samuel 12», in: *Beiträge zur alttestamentlichen Theologie*, Fs. W. ZIMMERLI, Göttingen 1977, 132-139.

———, «Das übervolle Mass. Ein Versuch mit ḥaesed», *VT* 28 (1978) 151-164.

———, «Der 'Einzelne' der Klage- und Dankpsalmen», *VT* 32 (1982) 33-49.

GERLITZ, P., «Religionsgeschichtliche und ethische Aspekte des Fastens», in: *Ex Orbe Religionum*, Fs. G. WIDENGREN, II, Leiden 1972, 255-265.

GERSTENBERGER, E., «The Woe-Oracles of the Prophets», *JBL* 81 (1962) 249-263.

———, *Wesen und Herkunft des apodiktischen Rechts*, WMANT 20, Neukirchen 1965.

———, *Der bittende Mensch*. Bittritual und Klagelied des Einzelnen im Alten Testament, WMANT 51, Neukirchen 1980.

GESE, H., «Beobachtungen zum Stil alttestamentlicher Rechtssätze», *TLZ* 88 (1960) 147-150.

———, «Psalm 50 und das alttestamentliche Gesetzesverständnis», in: *Rechtfertigung*, Fs. E. KÄSEMANN, Tübingen 1976, 57-77.

de GEUS, C. H. J., *The Tribes of Israel*. An Investigation into some of the Presuppositions of Martin Noth's Anphictyony Hypothesis, SSN 18, Assen 1976.

———, «Die Gesellschaftskritik der Propheten und die Archäologie», *ZDPV* 98 (1982) 50-57.

GIERLICH, A. M., *Der Lichtgedanke in den Psalmen*. Eine terminologisch-exegetische Studie, FreibTSt 56, Freiburg i.B. 1940.

GIESEN, G., «Semantische Vorfragen zur Wurzel *šbʻ* 'schwören'», in: *Bausteine biblischer Theologie*, Fs. G. J. BOTTERWECK, BBB 50, Bonn 1977, 127-143.

———, *Die Wurzel šbʻ «Schwören»*. Eine semasiologische Studie zum Eid im Alten Testament, BBB 56, Bonn 1981.

GILBERT, M., «La prière de Daniel, Dn 9,4-19», *RTL* 3 (1972) 284-310.

———, «La prière d'Azarias (Dn 3,26-45. Théodotion)», *NRT* 96 (1974) 561-582.

———, «La place de la Loi dans la prière de Néhémie 9», in: *De la Tôrah au Messie*, Mél. H. CAZELLES, Paris 1981, 307-316.

———, «La loi du talion», *Christus* 31 (1984) 73-82.

GIRAUDO, C., *La struttura letteraria della preghiera eucaristica*. Saggio sulla genesi letteraria di una forma. Toda veterotestamentaria, Beraka giudaica, Anafora cristiana, AnBib 92, Roma 1981.

GITAY, Y., *Prophecy and Persuasion*. A Study of Isaiah 40–48, ForTLing 14, Bonn 1981.

GLUECK, N., *Das Wort ḥesed im alttestamentlichen Sprachgebrauche als menschliche und göttliche gemeinschaftsgemässe Verhaltungsweise*, BZAW 47, Berlin 1927, 1961².

GOLDIN, H. E., *Hebrew Criminal Law and Procedure*, New York 1952.

GOLDMANN, M. D., «The Root *pll* and its connotation with prayer (Attempted Explanation of Deuteronomy XXXII, 31)», *AustralBR* 3 (1953) 1-6.

GOOD, E. M., *Irony in the Old Testament*, Bible and Literature Series 3, Sheffield 1981².

GOODMAN, A. E., «*ḥsd* and *twdh* in the Linguistic Tradition of the Psalter», in: *Words and Meanings*, Fs. D. W. THOMAS, Cambridge 1968, 105-115.

GORDIS, R., «A Rhetorical Use of Interrogative Sentences in Biblical Hebrew», *AJSL* 49 (1932-1933) 212-217.

GORDON, C. H., «*'lhym* in its reputed meaning of 'Rulers' and 'Judges'», *JBL* 54 (1935) 139-144.

———, «The Story of Jacob and Laban in the light of the Nuzi Tablets», *BASOR* 66 (1937) 25-27.

GORDON, R. P., «David's Rise and Saul's Demise: Narrative Analogy in 1 Samuel 24-26», *TyndB* 31 (1980) 37-64.

GOWAN, D. E., «The Use of *yaʻan* in Biblical Hebrew», *VT* 21 (1971) 168-185.

GRAFFY, A., «The Literary Genre of Isaiah 5,1-7», *Bib* 60 (1979) 400-409.

———, *A Prophet Confronts His People*. The Disputation Speech in the Prophets, AnBib 104, Rome 1984.

GRAY, J., «Tell El Farʻa by Nablus: a 'Mother' in Ancient Israel», *PEQ* 84 (1952) 110-113.

———, «The *goren* at the City Gate: Justice and the Royal Office in the Ugarit Text 'Aqht», *PEQ* 85 (1953) 118-123.

GREENBERG, M., «On Ezekiel's Dumbness», *JBL* 77 (1958) 101-105.

———, «The Biblical Concept of Asylum», *JBL* 78 (1959) 125-132.

———, «Some Postulate of Biblical Criminal Law», in: *Studies in Bible and Jewish Religion*, Y. KAUFMANN Jubilee Volume, Jerusalem 1960, 5-28.

———, «Another Look at Rachel's Theft of the Teraphim», *JBL* 81 (1962) 239-248.

GRESSMANN, H., *Die älteste Geschichtsschreibung und Prophetie Israels* (von Samuel bis Amos und Hosea), Göttingen 1910.

———, «Die literarische Analyse Deuterojesajas», *ZAW* 34 (1914) 254-297.

GRETHER, O., «Die Bezeichnung 'Richter' für die charismatischen Helden der vorstaatlichen Zeit», *ZAW* 57 (1939) 110-121.

GRIMME, H., «Der Begriff von hebräischem *hwdh* und *twdh*», *ZAW* 58 (1940-1941) 234-240.

GROSS, H., *Die Idee des ewigen und allgemeinen Weltfriedens im Alten Orient und im Alten Testament*, TThSt 7, Trier 1956.

———, «Theologische Eigenart der Psalmen und ihre Bedeutung für die Offenbarung des Alten Testaments. Dargestellt an Ps 51», *BiLeb* 8 (1967) 248-256.

———, «'Rechtfertigung' nach dem Alten Testament», in: *Kontinuität und Einheit*, Fs. F. MUSSNER, Freiburg–Basel–Wien 1981, 17-29.

———, «'Anfang und Ende'. Beobachtungen zum prophetischen Reden von Schöpfung, Gericht und Heil», in: *Künder des Wortes*. Beiträge zur Theologie der Propheten, Fs. J. SCHREINER, Würzburg 1982, 287-299.

GRUBER, M. I., *Aspects of Nonverbal Communication in the Ancient Near East*, I-II, Studia Pohl 12, Roma 1980.

GUNKEL, H., «Die Propheten als Schriftsteller und Dichter», in: H. SCHMIDT, *Die grossen Propheten*, Die Schrift des AT, II,2, Göttingen 1915, XXXVI-LXXII.

———, *Einleitung in die Psalmen*. Die Gattungen der religiösen Lyrik Israels, Göttingen 1933 (1966²).

GUNN, D. M., *The Story of King David*. Genre and Interpretation, JSOT Supplement Series 6, Sheffield 1978.

———, *The Fate of King Saul*. An Interpretation of a Biblical Story, JSOT Supplement Series 14, Sheffield 1980.

HAAG, H., «'Gegen dich allein habe ich gesündigt'. Eine Exegese von Ps 51,6», *TüTQ* 155 (1975) 49-50.

HAASE, R., «Körperliche Strafen in den altorientalischen Rechtssammlungen. Ein Beitrag zum altorientalischen Strafrecht», *RIDA*, 3. Sér. 10 (1963) 55-75.

HALPERN, B., «Yahweh's Summary Justice in Job XIV 20», *VT* 28 (1978) 472-474.

———, *The Constitution of the Monarchy in Israel*, HSM 25, Chico 1981.

HARDMEIER, Ch., *Texttheorie und biblische Exegese*. Zur rethorischen Funktion der Trauermetaphorik in der Prophetie, BEvT 79, München 1978.

HARRELSON, W., «A Meditation on the Wrath of God: Psalm 90», in: *Scripture in History and Theology*, Fs. J. C. RYLAARSDAM, Pittsburgh 1977, 181-191.

HARVEY, J., «Le 'Rîb-Pattern', réquisitoire prophétique sur la rupture de l'alliance», *Bib* 43 (1962) 172-196.

———, *Le plaidoyer prophétique contre Israël après la rupture de l'alliance*. Etude d'une formule littéraire de l'Ancien Testament, Studia 22, Bruges–Paris–Montréal 1967.

HAULOTTE, E., *Symbolique du vêtement selon la Bible*, Théologie 65, Paris 1966.

HAURET, Ch., «Les ennemis-sorciers dans les supplications individuelles», in: *Aux grands carrefours de la révélation et de l'exégèse de l'Ancien Testament*, Rech. bibliques 8, Bruges 1967, 129-137.

HAUSER, J., «The 'Minor Judges' — A Re-Evaluation», *JBL* 94 (1975) 190-200.
HEINISCH, P., *Die Trauergebräuche bei den Israeliten*, BZfr 13 F., 7/8, Münster 1931.
———, *Die Totenklage im Alten Testament*, BZfr 13 F., 9/10, Münster 1931.
HEMPEL, J., «Jahwegleichnisse der israelitischen Propheten», *ZAW* 42 (1924) 74-104.
———, *Die althebräische Literatur und ihr hellenistisch-jüdisches Nachleben*, Handbuch Lit.-Wiss, Ergänzungsheft, Wildpark-Postdam 1930.
———, *Heilung als Symbol und Wirklichkeit im biblischen Schrifttum*, NAWG PH, Göttingen 1958, n° 3, 237-314.
HENTSCHEL, G., *Die Elijaerzählungen*. Zum Verhältnis von historischem Geschehen und geschichtlicher Erfahrung, ErfTSt 33, Leipzig 1977.
HENTSCHKE, R., *Die Stellung der vorexilischen Schriftpropheten zum Kultus*, BZAW 75, Berlin 1957.
———, *Satzung und Setzender*. Ein Beitrag zur israelitischen Rechtsterminologie, BWANT 5/3, Stuttgart 1963.
HERMISSON, H. J., *Sprache und Ritus im altisraelitischen Kult*. Zur «Spiritualisierung» der Kultbegriffe im Alten Testament, WMANT 19, Neukirchen 1965.
HERNANDO, E., «Los profetas y el derecho de gentes», *LuVitor* 28 (1979) 129-152.
HERRMANN, J., *Die Idee der Sühne im Alten Testament*. Eine Untersuchung über Gebrauch und Bedeutung des Wortes kipper, Leipzig 1905.
HERTZBERG, H. W., «Die Entwicklung des Begriffes *mšpṭ* im Alten Testament», *ZAW* 40 (1922) 256-287; 41 (1923) 16-76.
———, «Die prophetische Kritik am Kult», *TLZ* 75 (1950) 219-226.
———, «Die 'Abtrünnigen' und die 'Vielen'. Ein Beitrag zu Jesaja 53», in: *Verbannung und Heimkehr*, Fs. W. RUDOLPH, Tübingen 1961, 97-108.
———, «Sind die Propheten Fürbitter?», in: *Tradition und Situation*. Studien zur alttestamentlichen Prophetie, Fs. A. WEISER, Göttingen 1963, 63-74.
HESSE, F., «Wurzelt die prophetische Gerichtsrede im israelitischen Kult?», *ZAW* 65 (1953) 45-53.
HILLER, D. R., «Amos 7,4 and Ancient Parallels», *CBQ* 26 (1964) 221-225.
HILLERS, D. R., «A Note on Some Treaty Terminology in the Old Testament», *BASOR* 176 (1964) 46-47.
———, «Delocutive Verbs in Biblical Hebrew», *JBL* 86 (1967) 320-324.
———, «*Hôy* and *Hôy*-Oracles: A Neglected Syntactic Aspect», in: *The Word of the Lord Shall Go Forth*, Fs. D. N. FREEDMAN, Winona Lake, 1983, 185-188.
HOFFMAN, Y., «The Root qrb as a Legal Term», *JNWSemLg* 10 (1982) 67-73.
HOFFMANN, H. W., «Form - Funktion - Intention», *ZAW* 82 (1970) 341-346.
———, *Die Intention der Verkündigung Jesajas*, BZAW 136, Berlin 1974.
HOFTIJZER, J., «David and the Tekoite Woman», *VT* 20 (1970) 419-444.
HOGG, J. E., «'Belial' in the Old Testament», *AJSL* 44 (1927-1928) 56-58.
HOLLADAY, W. L., *The Root šûbh in the Old Testament with Particular Reference to its Usages in Covenantal Contexts*, Leiden 1958.
HOLM-NIELSEN, S., «Die Sozialkritik der Propheten», in: *Denkender Glaube*, Fs. C. H. RATSCHOW, Berlin 1976, 7-23.
HORNIG, B., «Das Prosagebet der nachexilischen Literatur», *TLZ* 83 (1958) 644-646.

HORST, F., «Die Doxologien im Amosbuch», *ZAW* 47 (1929) 45-54.

———, «Der Eid im Alten Testament», *EvT* 17 (1957) 366-384.

———, «Recht und Religion im Bereich des Alten Testament», *EvT* 16 (1956) 49-75.

HOSSFELD, F.-L., *Der Dekalog*. Seine späten Fassungen, die originale Komposition und seine Vorstufen, OBO 45, Göttingen 1982.

HOSSFELD, F. L. – MEYER, I., *Prophet gegen Prophet*. Eine Analyse der alttestamentlichen Texte zum Thema: wahre und falsche Propheten, BiBei 9, Fribourg 1973.

———, «Der Prophet vor dem Tribunal. Neuer Auslegungsversuch von Jer 26», *ZAW* 86 (1974) 30-50.

HRUBY, K., «Le Yom ha-kippurim ou Jour de l'Expiation», *OrSyr* 10 (1965) 43-74, 161-192, 413-442.

HUBBARD, R. L., «Dynamistic and Legal Processes in Psalm 7», *ZAW* 94 (1982) 267-279.

HUFFMON, H. B., «The Covenant Lawsuit in the Prophets», *JBL* 78 (1959) 285-295.

———, «The Social Role of Amos' Message», in: *The Quest For the Kingdom of God*, Fs. G. E. MENDENHALL, Winona Lake 1983, 109-116.

HUMBERT, P., «Die Herausforderungsformel 'hinnenî êlékâ'», *ZAW* 51 (1933) 101-108.

———, «La formule hébraïque en *hineni* suivi d'un participe», *REJ* 97 (1934) 58-64.

———, «L'emploi du verbe *pā'al* et de ses dérivés substantifs en hébreu biblique», *ZAW* 65 (1953) 35-44.

———, «Le substantif *to'ēbā* et le verbe *t'b* dans l'Ancien Testament», *ZAW* 72 (1960) 217-237.

———, «Démesure et chute dans l'Ancien Testament», in: *Maqqél shâqédh*, Hommage à W. VISCHER, Montpellier 1960, 63-82.

———, «L'étymologie du substantif *to'ēbā*», in: *Verbannung und Heimkehr*, Fs. W. RUDOLPH, Tübingen 1961, 157-160.

———, «Etendre la main», *VT* 12 (1962) 383-395.

———, «Le thème vétérotestamentaire de la lumière», *RThPh* 99 (1966) 1-6.

HURVITZ, A., «The Chronological Significance of 'Aramaisms' in Biblical Hebrew», *IEJ* 18 (1968) 234-240.

———, *Bein Lashon Lelashon* (Biblical Hebrew in Transition. A Study in Post-Exilic Hebrew and its Implications for the Dating of the Psalms), Jerusalem 1972 (in ebraico).

———, «The Evidence of Language in Dating the Priestly Code. A Linguistic Study in Technical Idioms and Terminology», *RB* 81 (1974) 24-56.

———, «The Date of the Prose-Tale of Job Linguistically Reconsidered», *HarvTR* 67 (1974) 17-34.

———, *A Linguistic Study of the Relationship Between the Priestly Source and the Book of Ezekiel*. A New Approach to an Old Problem, Cahiers de la Revue Biblique 20, Paris 1982.

HVIDBERG, F. F., *Weeping and Laughter in the Old Testament*. A Study of Canaanite-Israelite Religion, Leiden–København 1962.

IBAÑEZ ARANA, A., Una etiologia etimológica atípica», *CuadBib* 9 (1983) 1-20.

ILLMAN, K.-J., *Old Testament Formulas about Death*, Åbo 1979.
In der SMITTEN, W. Th., *Esra*. Quellen, Ueberlieferung und Geschichte, SSN 15, Assen 1973.
IRSIGLER, H., *Gottesgericht und Jahwetag*. Die Komposition Zef 1,1 – 2,3, untersucht auf der Grundlage der Literarkritik des Zefanjabuches, Münchener Univ., Fachbereich Kath. Theol. Arbeiten zu Text und Sprache im AT 3, St. Ottilien 1973.
ISHIDA, T., «The Leaders of the Tribal Leagues 'Israel' in the Pre-monarchic Period», *RB* 80 (1973) 514-530.
IWRY, S., «*whnmṣ* — A Striking Variant Reading in 1QIs[a]», *Textus* 5 (1966) 34-43.
JACKSON, B. S., «Liability for Mere Intention in Early Jewish Law», *HUCA* 42 (1971) 197-225.
———, *Theft in Early Jewish Law*, Oxford 1972.
———, «The Problem of Exodus XXI 22-5 (ius talionis)», *VT* 23 (1973) 273-304.
———, *Essays in Jewish and Comparative Legal History*, StJudLA 10, Leiden 1975.
JACOB, B., «Erklärung einiger Hiob-Stellen», *ZAW* 32 (1912) 278-287.
JACOB, E., «Prophètes et Intercesseurs», in: *De la Tôrah au Messie*, Mél. H. CAZELLES, Paris 1981, 205-217.
JAEGER, N., *Il diritto nella Bibbia*. Giustizia individuale e sociale nell'Antico e Nuovo Testamento, Assisi 1960.
JAHNOW, H., *Das hebräische Leichenlied im Rahmen der Völkerdichtung*, BZAW 36, Giessen 1923.
JANOWSKI, B., *Sühne als Heilsgeschehen*. Studien zur Sühnetheologie der Priesterschrift und zur Wurzel KPR im Alten Orient und im Alten Testament, Neukirchen 1982.
JANZEN, W., «'*'Ašrê*' and '*hôy*' in the Old Testament», *HarvTR* 62 (1970) 432-433.
———, *Mourning Cry and Woe Oracle*, BZAW 125, Berlin–New York 1972.
JASTROW, M. (Jr.), «Dust, Earth and Ashes as Symbols of Mourning among the Ancient Hebrews», *JAOS* 20 (1900) 133-150.
JENNI, E., *Das hebräische Pi'el*, Zürich 1968.
———, «'Kommen' im theologischen Sprachgebrauch des Alten Testaments», in: *Wort – Gebot – Glaube*. Beiträge zur Theologie des Alten Testaments, Fs. W. EICHRODT, AThANT 59, Zürich 1970, 251-261.
———, «Zur Verwendung von *'attā* 'jetzt' im Alten Testament», *ThZ* 28 (1972) 5-12.
———, «Dtn 19,16: sarā 'Falschheit'», in: *Mélanges bibliques et orientaux* en l'honneur de H. CAZELLES, Neukirchen 1981, 201-211.
JEPSEN, A., «Gnade und Barmherzigkeit im Alten Testament», *KerDo* 7 (1961) 261-271.
———, «*ṣdq* und *ṣdqh* im Alten Testament», in: *Gottes Wort und Gottes Land*, Fs. H.-W. HERTZBERG, Göttingen 1965, 78-89.
———, «Warum? Eine lexikalische und theologische Studie», in: *Das ferne und nahe Wort*, Fs. L. ROST, BZAW 105, Berlin 1967, 106-113.
———, «Ahabs Busse. Ein kleiner Beitrag zur Methode literarhistorischer Einordnung», in: *Archäologie und Altes Testament*, Fs. K. GALLING, Tübingen 1970, 145-155.

JEREMIAS, J., *Theophanie*. Die Geschichte einer alttestamentlichen Gattung, WMANT 10, Neukirchen 1965.

———, *Kultprophetie und Gerichtsverkündigung in der späten Königszeit Israels*, WMANT 35, Neukirchen 1970.

———, «*mišpāṭ* im ersten Gottesknechtslied (Jes. XLII 1-4)», *VT* 22 (1972) 31-42.

———, *Die Reue Gottes*. Aspekte alttestamentlicher Gottesvorstellung, BiblSt 65, Neukirchen 1975.

JIRKU, A., *Das weltliche Recht im Alten Testament*. Stilgeschichtliche und rechtsvergleichende Studien zu den juristischen Gesetzen des Pentateuchs, Gütersloh 1927.

JOHAG, I., «*Ṭôb* — Terminus technicus in Vertrags- und Bündnisformularen des Alten Orients und des Alten Testaments», in: *Bausteine biblischer Theologie*, Fs. G. J. BOTTERWECK, BBB 50, Köln-Bonn 1977, 3-23.

JOHANSSON, N., *Parakletoi*. Vorstellungen von Fürsprechern für die Menschen vor Gott in der alttestamentlichen Religion, im Spätjudentum und Urchristentum, Lund 1940.

JOHNSON, A. R., «The primary Meaning of $\sqrt{}$*g'l*», *VTS* 1 (1953) 67-77.

———, «ḤESED and ḤĀSÎD», in: *Interpretationes ad Vetus Testamentum pertinentes*, Fs. S. MOWINCKEL, Oslo 1955, 100-112.

JOHNSON, B., «Der Bedeutungsunterschied zwischen *ṣädäq* und *ṣedaqa*», *ASTI* 11 (1977-1978) 31-39.

JOHNSON, M. D., «The Paralysis of Torah in Habakkuk I 4», *VT* 35 (1985) 257-266.

JONES, B. W., «The Prayer in Daniel IX», *VT* 18 (1968) 488-493.

JONES, G. H., «'The Decree of Yahweh (Ps. II 7)'», *VT* 15 (1965) 336-344.

JONGELING, B., «*Lākēn* dans l'Ancien Testament», *OTS* 21 (1981) 190-200.

JOÜON, P., «Etudes de sémantique hébraïque», *Bib* 2 (1921) 336-342.

———, «Reconnaissance et remercîment en hébreu biblique», *Bib* 4 (1923) 381-385.

———, «*b^eliyya'al* Bélial», *Bib* 5 (1924) 178-183.

———, «Notes de lexicographie hébraïque», *Bib* 6 (1925) 311-321; 7 (1926) 72-74; 8 (1927) 51-64; 17 (1936) 229-233; 18 (1937) 205-206; 19 (1938) 454-459.

JÜNGLING, H.-W., *Der Tod der Götter*. Eine Untersuchung zu Psalm 82, SBS 38, Stuttgart 1969.

———, «'Auge für Auge, Zahn für Zahn'. Bemerkungen zu Sinn und Geltung der alttestamentlichen Talionsformel», *ThPh* 59 (1984) 1-38.

JUSTESEN, J. P., «On the Meaning of ṣāḏaq», *AUSS* 2 (1964) 53-61.

KADDARI, M. Z., «Syntactic Presentation of a Biblical Hebrew Verb (mṣ')», in: *Studies in Hebrew and Semitic Languages*, Fs. E. Y. KUTSCHER, Ramat-Gan 1980, 18-25 (riassunto a p. LXI).

KALUGILA, L., *The Wise King*. Studies in Royal Wisdom as Divine Revelation in the Old Testament and its Environment, ConBibOT 15, Lund 1980.

KAUTZSCH, E., *Über die Derivate des Stammes* **ṣdq** *im alttestamentlichen Sprachgebrauch*, Tübingen 1881.

KEEL, O., *Feinde und Gottesleugner*. Studien zum Image der Widersacher in den Individualpsalmen, SBM 7, Stuttgart 1969.

———, *Die Welt der altorientalischen Bildsymbolik und das Alte Testament*, Zürich 1972.

———, *Jahwes Entgegnung an Ijob.* Eine Deutung von Ijob 38–41 vor dem Hintergrund der zeitgenössischen Bildkunst, FRLANT 121, Göttingen 1978.

KELLENBERGER, E., *häsäd wä'ämät als Ausdruck einer Glaubenserfahrung.* Gottes Offen-Werden und Bleiben als Voraussetzung des Lebens, Zürich 1982.

KENDALL, D., «The Use of Mišpaṭ in Isaiah 59», *ZAW* 96 (1984) 391-405.

KENIK, H. A., *Design for Kingship.* The Deuteronomistic Narrative Technique in 1 King 3:4-15, SBL Diss 69, Chico, 1983.

KENT, C. F., *Israels Laws and Legal Precedents*, London 1907.

KIDNER, D., «Sacrifice – Metaphors and Meaning», *TyndB* 33 (1982) 119-136.

KIMBROUGH, S. T., *Israelite Religion in Sociological Perspective.* The Work of Antonin Causse, Wiesbaden 1978.

KLEINERT, P., *Die Propheten Israels in sozialer Beziehung*, Leipzig 1905.

KLINE, M. G., *By Oath Consigned.* A Reinterpretation of the Covenant Signs of Circumcision and Baptism, Grand Rapids 1968.

KLOPFENSTEIN, M. A., *Die Lüge nach dem Alten Testament.* Ihr Begriff, ihre Bedeutung und ihre Beurteilung, Zürich-Frankfurt a.M. 1964.

———, *Scham und Schande nach dem Alten Testament.* Eine begriffsgeschichtliche Untersuchung zu den hebräischen Wurzeln *bôš, klm* und *ḥpr*, AThANT 62, Zürich 1972.

KNIERIM, R., «Exodus 18 und die Neuordnung der mosaischen Gerichtsbarkeit», *ZAW* 73 (1961) 146-171.

———, *Die Hauptbegriffe für Sünde im Alten Testament*, Gütersloh 1965.

KOCH, K., «Gibt es ein Vergeltungsdogma im Alten Testament?», *ZTK* 52 (1955) 1-42.

———, «Der Spruch 'Sein Blut bleibe auf seinem Haupt' und die israelitische Auffassung vom vergossenen Blut», *VT* 12 (1962) 396-416.

———, «Sühne und Sündenvergebung um die Wende von der exilischen zur nachexilischen Zeit», *EvT* 26 (1966) 217-239.

———, «Die Entstehung der sozialen Kritik bei den Propheten», in: *Probleme biblischer Theologie*, Fs. G. von RAD, München 1971, 236-257.

———, ed., *Um das Prinzip der Vergeltung in Religion und Recht des Alten Testaments*, WegFor 125, Darmstadt 1972.

KÖHLER, L., «Archäologisches Nr. 6», *ZAW* 34 (1914) 148.

———, «Archäologisches Nr. 15», *ZAW* 36 (1916) 27-28.

———, *Deuterojesaja stilkritisch untersucht*, BZAW 37, Giessen 1923.

———, «Archäologisches Nr. 22-23. Zu Ex 22,8. Ein Beitrag zur Kenntnis des hebräischen Rechts», *ZAW* 46 (1928) 213-220.

———, «Die hebräische Rechtsgemeinde» (1931), in: *Der hebräische Mensch*, Tübingen 1953, 143-171.

———, «Problems in the Study of the Language of the Old Testament», *JSS* 1 (1956) 3-24.

KOPF, L., «Arabische Etymologien und Parallelen zum Bibelwörterbuch», *VT* 9 (1959) 247-287.

KRAUS, H.-J., «Die prophetische Botschaft gegen das soziale Unrecht Israels», *EvT* 15 (1955) 295-307.

———, *Die prophetische Verkündigung des Rechts in Israel*, ThSt 51, Zollikon 1957.

———, *Prophetie in der Krisis*. Studien zu Texten aus dem Buch Jeremia, BiblSt 43, Neukirchen 1964.

———, «Die Anfänge der religionssoziologischen Forschungen in der alttestamentlichen Wissenschaft. Eine forschungsgeschichtliche Orientierung», in: *Biblisch-theologische Aufsätze*, Neukirchen 1972, 296-310.

KRAUSE, H.-J., «*hôj* als prophetische Leichenklage über das eigene Volk im 8. Jahrhundert», *ZAW* 85 (1973) 15-46.

KREUZER, S., «Zur Bedeutung und Etymologie von *hištaḥ^{a}wāh/yšthwy*», *VT* 35 (1985) 39-60.

KSELMAN, J. S., «A Note on Ps 51:6», *CBQ* 39 (1977) 251-253.

KÜCHLER, F., «Der Gedanke des Eifers Jahwes im Alten Testament», *ZAW* 28 (1908) 42-52.

KUSCHKE, A., «Arm und reich im Alten Testament mit besonderer Berücksichtigung der nachexilischen Zeit», *ZAW* 57 (1939) 31-57.

KUTSCH, E., «'Trauerbräuche' und 'Selbstminderungsriten' im Alten Testament», in: K. LÜTHI, E. KUTSCH, W. DANTINE, *Drei Wiener Antrittsreden*, ThSt 78, Zürich 1965, 23-42.

———, «'Wir wollen miteinander rechten'. Zu Form und Aussage von Jes 1,18-20», in: *Künder des Wortes*. Beiträge zur Theologie der Propheten, Fs. J. SCHREINER, Würzburg 1982, 23-33.

KUYPER, L. J., «The Repentance of Job», *VT* 9 (1959) 91-94.

———, «Righteousness and Salvation», *ScotJT* 30 (1977) 233-252.

LABUSCHAGNE, C. J., «The emphasizing particle *gam* and its connotations», in: *Studia Biblica et Semitica* Th. Ch. VRIEZEN... dedicata, Wageningen 1966, 193-203.

———, «The particles *hēn* and *hinnēh*», *OTS* 18 (1973) 1-14.

LACOCQUE, A., «The Liturgical Prayer in Daniel 9», *HUCA* 47 (1976) 119-142.

LAGRANGE, M.-J., «L'homicide d'après le Code de Hammourabi et d'après la Bible», *RB* 13 (1916) 440-471.

LÁKATOS, E., *La religión verdadera*. Estudio exegético del Salmo 51, Madrid 1972.

LAMADRID, A. G., «Pax et bonum. 'Shalôm' y 'ṭôb' en relación con 'berit'», *EstBib* 28 (1969) 61-77.

LANDES, G. M., «Linguistic Criteria and the Date of the Book of Jonah», *Eretz-Israel* 16 (1982) 147*-170*.

LANG, B., «Das Verbot des Meineids in Dekalog», *TüTQ* 161 (1981) 97-105.

———, «Sklaven und Unfreie im Buch Amos (II 6, VIII 6)», *VT* 31 (1981) 482-488.

———, «The Social Organisation of Peasant Poverty in Biblical Times», *JSOT* 24 (1982) 47-63.

LAPOINTE, R., «Foi et vérifiabilité dans le langage sapiential de rétribution», *Bib* 51 (1970) 349-368.

LAUHA, A., «'Dominus benefecit'. Die Wortwurzel *gml* und die Psalmenfrömmigkeit», *ASTI* 11 (1977-1978) 57-62

LAURENTIN, A., «*w^{e}ʿattah — kai nun*. Formule caractéristique des textes juridiques et liturgiques (à propos de Jean 17,5)», *Bib* 45 (1964) 168-197 (413-432).

van LEEUWEN, C., *Le développement du sens social en Israël avant l'ère chrétienne*, SSN 1, Assen 1955.

———, «Die Partikel *'im*», *OTS* 18 (1973) 15-48.

LEHMANN, M. R., «Biblical Oaths», *ZAW* 81 (1969) 74-92.

LEONE, G., *Manuale di Diritto Processuale Penale*, Napoli 1975[9].

LESCOW, Th., «Die dreistufige Tora. Beobachtungen zu einer Form», *ZAW* 82 (1970) 362-379.

LEVENSON, J. D., «1 Samuel 25 as Literature and as History», *CBQ* 40 (1978) 11-28.

LÉVÊQUE, J., «Anamnèse et disculpation: la conscience du juste en Job 29–31», in: *La Sagesse de l'Ancien Testament, ed.* M. GILBERT, BETL 51, Gembloux–Leuven 1979, 231-248.

L'HOUR, J., «Une législation criminelle dans le Deutéronome», *Bib* 44 (1963) 1-28.

LIAÑO, J. M., «Los pobres en el Antiguo Testamento», *EstBíb* 25 (1966) 117-167.

LIEBREICH, L. J., «The Impact of Nehemia 9:5-37 on the Liturgy of the Synagogue», *HUCA* 32 (1961) 227-237.

LIEDKE, G., *Gestalt und Bezeichnungen alttestamentlicher Rechtssätze*. Eine formgeschichtlich-terminologische Studie, WMANT 39, Neukirchen 1971.

LIMBURG, J., «The Root *ryb* and the Prophetic Lawsuit Speeches», *JBL* 88 (1969) 291-304.

LIND, M. C., *Yahweh is a Warrior*. The Theology of Warfare in Ancient Israel, Scottdale 1980.

LINDBLOM, J., *Die literarische Gattung der prophetischen Literatur*. Eine literaturgeschichtliche Untersuchung zum Alten Testament, Uppsala 1924.

LIPIŃSKI, E., *La Royauté de Yahvé dans la poésie et le culte de l'Ancien Testament*, Bruxelles 1965.

———, *La liturgie pénitentielle dans la Bible*, LDiv 52, Paris 1969.

LODS, A., *La croyance à la vie future et le culte des morts dans l'antiquité israélite*, Paris 1906.

von LOEWENCLAU, I., «Zur Auslegung von Jesaja 1,2-3», *EvT* 26 (1966) 294-308.

LOEWENSTAMM, S. E., «The Phrase 'X (or) X plus one' in Biblical and Old Oriental Laws», *Bib* 53 (1972) 543.

———, «Exodus XXI 22-25», *VT* 27 (1977) 352-360.

LOFTHOUSE, W. F., «Ḥen and Ḥesed in the Old Testament», *ZAW* 51 (1933) 29-35.

———, «The Righteousness of Yahweh», *ExpTim* 50 (1938-1939) 341-345.

———, «The Righteousness of God», *ibid.*, 441-445.

LOHFINK, N., «Enthielten die im Alten Testament bezeugten Klageriten eine Phase des Schweigens?», *VT* 12 (1962) 260-277.

———, «Gewaltenteilung. Die Ämtergesetze des Deuteronomiums als gewaltenteiliger Verfassungsentwurf und das katholische Kirchenrecht», in: *Unsere grossen Wörter*. Das Alte Testament zu Themen dieser Jahre, Freiburg–Basel–Wien 1977, 57-75, 252.

———, «Projektionen. Über die Feinde des Kranken im alten Orient und in den Psalmen», *ibid.*, 145-155.

———, *ed., Gewalt und Gewaltlosigkeit im Alten Testament*, QDisp 96, Freiburg–Basel–Wien 1983.

LONG, B. O., «Two Question-and-Answer Schemata in the Prophets», *JBL* 90 (1971) 129-139.

LUCK, U., «Gerechtigkeit in der Welt — Gerechtigkeit Gottes», *WDienst* 12 (1973) 71-89.

LUKE, K., «'Eye for Eye, Tooth for Tooth...'», *IndTSt* 16 (1979) 326-343.
LUST, J., «The Immanuel Figure: A Charismatic Judge-leader», *ETL* 47 (1971) 464-470.
LYONNET, S., «De 'Iustitia Dei' in Epistola ad Romanos (1,17 et 3,21-22; 10,3 et 3,5; 3,25-26)», *VD* 25 (1947) 23-34; 118-121; 129-144; 193-203; 255-263.
———, *De peccato et redemptione*. I. De notione peccati. II. De vocabulario redemptionis, Romae 1957, 1972².
———, «De notione expiationis», *VD* 37 (1959) 336-352.
———, «La notion de Justice de Dieu en Rom III,5 et l'exégèse paulinienne du 'Miserere'», in: *Sacra pagina*, BETL 13, Paris-Gembloux 1959, 342-356.
———, «Expiation et intercession. A propos d'une traduction de saint Jérôme», *Bib* 40 (1959) 885-901.
LYONNET, S., – SABOURIN, L., *Sin, Redemption and Sacrifice*. A Biblical and Patristic Study, AnBib 48, Roma 1970.
MAAG, V., *Text, Wortschatz und Begriffswelt des Buches Amos*, Leiden 1951.
———, «Bᵉlīja'al im Alten Testament», *ThZ* 21 (1965) 287-299.
———, «Unsühnbare Schuld», *Kairos* 2 (1966) 90-106.
MAARSINGH, B., «Das Verbum *nāḥam, ni.*», in: *Übersetzung und Deutung*, Fs. A. R. HULST, Nijkerk 1977, 113-125.
MABEE, Ch., «Jacob and Laban. The Structure of Judicial Proceedings (Genesis XXXI 25-42)», *VT* 30 (1980) 192-207.
McCARTHY, D. J., «Hosea XII 2: Covenant by Oil», *VT* 14 (1964) 215-221.
———, «Notes on the Love of God in Deuteronomy and the Father-Son Relationship between Yahweh and Israel», *CBQ* 72 (1965) 144-147.
———, «Moses' Dealings with Pharao: Ex 7,8 – 10,27», *CBQ* 27 (1965) 336-347.
———, «The Wrath of Yahweh and the Structural Unity of the Deuteronomistic History», in: *Essays in Old Testament Ethics*, Fs. J. P. HYATT, New York 1974, 97-110.
———, *Treaty and Covenant*. A Study in Form in the Ancient Oriental Documents and in the Old Testament, AnBib 21A, Rome 1978².
———, «The Uses of *wᵉhinnēh* in Biblical Hebrew», *Bib* 61 (1980) 330-342.
———, «Les droits de l'homme et l'Ancien Testament», in: *Droits de l'homme. Approche chrétienne*, Fédération Internationale des Universités Catholiques. Centre de coordination de la recherche, Rome 1984, 11-25.
McCREE, W. T., «The Covenant Meal in the Old Testament», *JBL* 45 (1926) 120-128.
MACHOLZ, G. C., «Die Stellung des Königs in der israelitischen Gerichtsverfassung», *ZAW* 84 (1972) 157-182.
———, «Zur Geschichte der Justizorganisation in Juda», *ZAW* 84 (1972) 314-340.
———, «Gerichtsdoxologie und israelitisches Rechtsverfahren», *DielhBlAT* 9 (1975) 52-79.
McKANE, W., «The *Gibbôr Ḥayil* in the Israelite Community», *GUOST* 17 (1957-1958) 28-37.
McKAY, J. W., «Exodus XXIII, 1-3, 6-8: A Decalogue for the Administration of Justice in the City Gate», *VT* 21 (1971) 311-325.
McKEATING, H., «Vengeance is Mine. A Study of the Pursuit of Vengeance in the Old Testament», *ExpTim* 74 (1962-1963) 239-245.

———, «The Development of the Law of Homicide in Ancient Israel», *VT* 25 (1975) 46-68.

———, «Sanctions against Adultery in Ancient Israelite Society with some Reflections on Methodology in the Study of Old Testament Ethics», *JSOT* 11 (1979) 57-72.

McKenzie, D. A., «Judicial Procedure at the Town Gate», *VT* 14 (1964) 100-104.

———, «The Judge of Israel», *VT* 17 (1967) 118-121.

McKenzie, J. L., «The Elders in the Old Testament», *Bib* 40 (1959) 522-540.

———, «Vengeance is Mine», *Script* 12 (1960) 33-39.

Malamat, A., «Kingship and Council in Israel and Sumer: a Parallel», *JNES* 22 (1963) 247-253.

———, «Organs of Statecraft in the Israelite Monarchy», *BA* 28 (1965) 34-65.

———, «Charismatic Leadership in the Book of Judges», in: *Magnalia Dei. The Mighty Acts of God*, Essays on the Bible and Archaeology in Memory of G. E. Wright, Garden City 1976, 152-168.

Malchow, B. V., «Social Justice in the Wisdom Literature», *BibTB* 12 (1982) 120-124.

Mand, F., «Die Eigenständigkeit der Danklieder des Psalters als Bekenntnislieder», *ZAW* 70 (1958) 185-199.

Mannati, M., «Le Psaume 50 est-il un *rîb*?», *Sem* 23 (1973) 27-50.

———, «Les accusations de Psaume L 18-20», *VT* 25 (1975) 659-669.

Markert, L., *Struktur und Bezeichnung des Scheltworts*. Eine gattungskritische Studie anhand des Amosbuches, BZAW 140, Berlin–New York 1977.

Marrow, S., «Ḥāmās («violentia») in Jer 20,8», *VD* 43 (1965) 241-255.

Martin-Achard, R., «Yahwé et les ʿanāwīm», *ThZ* 21 (1965) 349-357.

Masing, U., «Der Begriff *ḥesed* im alttestamentlichen Sprachgebrauch», in: *Charisteria* I. Köpp... oblata, Holmiae 1954, 26-63.

Mastin, B. A., «*Wāw explicativum* in 2 Kings VIII 9», *VT* 34 (1984) 353-355.

Mayer, R., «Sünde und Gericht in der Bildersprache der vorexilischen Prophetie», *BZ* 8 (1964) 22-44.

Mayer, W. R., «'Ich rufe dich von ferne, höre mich von nahe!'. Zu einer babylonischen Gebetsformel», in: *Werden und Wirken des Alten Testaments*, Fs. C. Westermann, Neukirchen 1980, 302-317.

Mayes, A. D. H., *Israel in the Period of the Judges*, SBT Second Series 29, London 1974.

Mendelsohn, I., «Authority and Law in Canaan-Israel», in: *Authority and Law in the Ancient Orient*, JAOS Supplement 17, Baltimore 1954, 25-33.

Mendenhall, E., «Ancient Oriental and Biblical Law», *BA* 17 (1954) 26-46.

———, «The Vengeance of Yahweh», in: *The Tenth Generation*. The Origins of the Biblical Tradition, Baltimore–London 1973, 69-104.

Merendino, R. P., *Das deuteronomistische Gesetz*. Eine literarkritische, gattungs- und überlieferungsgeschichtliche Untersuchung zu Dtn 12-26, BBB 31, Bonn 1969.

Merz, E., *Die Blutrache bei den Israeliten*, BWAT 20, Leipzig 1916.

Mettinger, T. N. D., *Solomonic State Officials*. A Study of the Civil Government Officials of the Israelite Monarchy, ConBibOT 5, Lund 1971.

———, *King and Messiah*. The Civil and Sacral Legitimation of the Israelite Kings, ConBibOT 8, Lund 1976.

MEYER, I., *Jeremia und die falschen Propheten*, OBO 13, Freiburg–Göttingen 1977.

MIGUÉLEZ, S., «La justicia de Dios ante el pecado del hombre», *BibFe* 1 (1975) 191-200.

MILGROM, J., «The Cultic *šᵉgāgā* and its Influence in Psalms and Job», *JQR* 58 (1967) 115-125.

———, *Studies in Levitical Terminology*, I. The Encroacher and the Levite. The Term *'Aboda*, Berkely–Los Angeles–New York 1970.

———, «The Priestly Doctrine of Repentance», *RB* 82 (1975) 186-205.

———, *Cult and Conscience*: The *Asham* and the Priestly Doctrine of Repentance, StJudLA 18, Leiden 1976.

———, «The Concept of *ma'al* in the Bible and the Ancient Near East», *JAOS* 96 (1976) 236-247.

———, «Two kinds of *ḥaṭṭā't*», *VT* 26 (1976) 333-337.

———, «The Cultic *'šm*: A Philological Analysis», in: *Proc. of the Sixth World Congress of Jewish Studies*, I, Jerusalem 1977, 299-308.

———, «Concerning Jeremiah's Repudiation of Sacrifice», *ZAW* 89 (1977) 273-275.

———, «Sancta Contagion or Altar/City Asylum», *VTS* 32 (1981) 278-310.

———, «On the Suspected Adulteress (Numbers V 11-31)», *VT* 35 (1985) 368-369.

MILLER, J. M., «The Fall of the House of Ahab», *VT* 17 (1967) 307-324.

MILLER, P. D., «YĀPÎAḤ in Psalm XII 6», *VT* 29 (1979) 495-501.

———, «Studies in Hebrew Word Patterns», *HarvTR* 73 (1980) 79-89.

———, *Sin and Judgment in the Prophets*. A Stylistic and Theological Analysis, SBL Mon 27, Chico 1982.

MOGENSEN, B., «*ṣᵉdāqā* in the Scandinavian and German Research Traditions», in: *The Productions of Time*: Tradition History in the Old Testament Scholarship, *ed.* K. JEPPESEN & B. OTZEN, Sheffield 1984, 67-80.

MONTY, V., «La nature du péché d'après le vocabulaire hébreu», *ScEccl* 1 (1948) 95-109.

———, «Péchés graves et légers d'après le vocabulaire hébreu», *ScEccl* 2 (1949) 129-168.

MORALDI, L., *Espiazione sacrificale e riti espiatori nell'ambiente biblico e nell'Antico Testamento*, AnBib 5, Roma 1956.

———, «Espiazione nell'Antico e nel Nuovo Testamento», *RivB* 9 (1961) 289-304; 10 (1962) 3-17.

MORAN, W. L., «Some Remarks on the Song of Moses», *Bib* 43 (1962) 317-327.

MORGENSTERN, J., «Trial by Ordeal among the Semites and in Ancient Israel», in: *Hebrew Union College Jubilee Volume*, Cincinnati 1925, 111-143.

MORRIS, L., «'Asham», *EvQ* 30 (1958) 196-210.

———, «The Punishment of Sin in the Old Testament», *AustralBR* 6 (1958) 61-86.

MORRISON, M. A., «The Jacob and Laban Narrative in the Light of Near Eastern Sources», *BA* 46 (1983) 155-164.

MOULE, C. F. D., «'... As we forgive ...'. A Note on the Distinction between Deserts and Capacity in the Understanding of Forgiveness», in: *Donum Gentilicium*, New Testament Studies in Honor of D. DAUBE, Oxford 1978, 68-77.

MOWINCKEL, S., *Psalmenstudien.* I. *Åwän und die individuellen Klagepsalmen*, Kristiania 1921.
MUILENBERG, J., «The Linguistic and Rhetorical Usages of the Particle *ky* in the Old Testament», *HUCA* 32 (1961) 135-160.
MULDER, M. J., «Die Partikel *ya'an*», *OTS* 18 (1973) 49-83.
MULLEN, E. Th. (Jr.), *The Divine Council in Canaanite and Early Hebrew Literature*, HSM 24, Chico 1980.
NAPIER, D., «The Inheritance and the Problem of Adjacency. An Essay on I Kings 21», *Interpr* 30 (1976) 3-11.
NAVEH, J., «A Hebrew Letter from the Seventh Century B.C.», *IEJ* 10 (1960) 129-139.
NEL, Ph., «The Concept 'Father' in the Wisdom Literature of the Ancient Near East», *JNWSemLg* 5 (1977) 53-66.
NEUBAUER, K. W., *Der Stamm CH N N im Sprachgebrauch des Alten Testaments*, Berlin 1964.
NEUFELD, E., «Self-Help in Ancient Hebrew Law», *RIDA* 3. Sér. 5 (1958) 291-298.
———, «The Emergence of a Royal-Urban Society in Ancient Israel», *HUCA* 31 (1960) 31-53.
NICOLSKY, N., *Spuren magischer Formeln in den Psalmen*, BZAW 46, Giessen 1927.
———, «Das Asylrecht in Israel», *ZAW* 48 (1930) 146-175.
NIELSEN, K., *Yahweh as Prosecutor and Judge.* An Investigation of the Prophetic Lawsuit (Rib-Pattern), JSOT Supplement Series 9, Sheffield 1978.
———, «Das Bild des Gerichts (*Rib*-Pattern) in Jes. I–XII. Eine Analyse der Beziehungen zwischen Bildsprache und dem Anliegen der Verkündigung», *VT* 29 (1979) 309-324.
NÖTSCHER, F., *Die Gerechtigkeit Gottes bei den vorexilischen Propheten.* Ein Beitrag zur alttestamentlichen Theologie, ATA VI/1, Münster i.W. 1915.
NORTH, R., «Angel-Prophet or Satan-Prophet?», *ZAW* 82 (1970) 31-67.
———, «Civil Authority in Ezra», in: Studi in onore di E. VOLTERRA, VI, Milano 1971, 377-404.
NOTH, M., «Das Amt des 'Richters Israels'», in: Fs. A. BERTHOLET, Tübingen 1950, 404-417.
———, «Die Bewährung von Salomos 'Göttlicher Weisheit'», *VTS* 3 (1955) 225-237.
OBERHUBER, K., «Zur Syntax des Richterbuches. Der einfache Nominalsatz und die sog. nominale Apposition», *VT* 3 (1953) 2-45.
OGUSHI, M., *Der Tadel im Alten Testament.* Eine formgeschichtliche Untersuchung, EurHS XXIII/115, Frankfurt a.M. 1978.
OLIVIER, J. P. J., «The Sceptre of Justice and Ps. 45:7b», *JNWSemLg* 7 (1979) 45-54.
OLLEY, J. W., «A Forensic Connotation of bôš», *VT* 26 (1976) 230-234.
O'ROURKE BOYLE, M., «The Covenant Lawsuit of the Prophet Amos: III.1 – IV.13», *VT* 21 (1971) 338-362.
OSTBORN, G., *Tōrāh in the Old Testament.* A Semantic Study, Lund 1945.
OTTO, E., «Die Stellung der Wehe-Worte in der Verkündigung des Propheten Habakuk», *ZAW* 89 (1977) 73-107.

OVERHOLT, Th. W., *The Threat of Falsehood*. A Study in the Theology of the Book of Jeremiah, StBibT Second Series 16, London 1970.

van OYEN, H., «Schalom. Gesetz und Evangelium unter dem Aspekt des Friedens», in: *Wort – Gebot – Glaube*. Beiträge zur Theologie des Alten Testaments, Fs. W. EICHRODT, AThANT 59, Zürich 1970, 157-170.

PAJARDI, P., *Un giurista legge la Bibbia*. Ricerche e meditazioni di un giurista cattolico sui valori giuridici del messaggio biblico ed evangelico, Milano 1983.

PALACHE, J. L., «Ueber das Weinen in der jüdischen Religion», *ZDMG* 70 (1916) 251-256.

———, *Semantic Notes on the Hebrew Lexicon*, Leiden 1959.

PARDEE, D., «*Yph* 'witness' in Hebrew and Ugaritic», *VT* 28 (1978) 204-213.

van Dyke PARUNAK, H., «A Semantic Survey of NḤM», *Bib* 56 (1975) 512-532.

PASCHEN, W., *Rein und Unrein*. Untersuchung zur biblischen Wortgeschichte, StANT 24, München 1970.

PATRICK, D., «Casuistic Law Governing Primary Rights and Duties», *JBL* 92 (1973) 180-184.

———, «The Translation of Job XLII 6», *VT* 26 (1976) 369-371.

PATTERSON, R. D., «The Widow, the Orphan and the Poor in the Old Testament and the Extra-Biblical Literature», *BS* 130 (1973) 223-235.

PAUL, S. M., *Studies in the Book of the Covenant in the Light of Cuneiform and Biblical Law, VTS* 18 (1970).

———, «Unrecognized Biblical Legal Idioms in the Light of Comparative Accadian Expressions», *RB* 86 (1979) 231-239.

PAUTREL, R., «'Immola Deo sacrificium laudis'. Ps 50,15», in: *Mélanges bibliques*... en l'honneur de A. ROBERT, Paris 1957, 234-240.

PAX, E., «Studien zum Vergeltungsproblem der Psalmen», *SBF* 11 (1960-1961) 56-112.

PEDERSEN, J., *Der Eid bei den Semiten* in seinem Verhältnis zu verwandten Erscheinungen sowie die Stellung des Eides im Islam, SGKIO 3, Strassburg 1914.

———, *Israel*. Its Life and Culture, I-II, Copenhagen 1926.

PENNA, A., «I diritti umani nel Vecchio Testamento», in: *I diritti umani*. Dottrina e prassi, Opera collettiva diretta da G. CONCETTI, Roma 1982, 61-95.

PÉTER, R., «L'imposition des mains dans l'Ancien Testament», *VT* 27 (1977) 48-55.

PETTAZZONI, R., *La Confessione dei peccati*, Parte seconda, volume secondo: Egitto – Babilonia – Israele – Arabia meridionale, Bologna 1935.

PFEIFFER, E., «Die Disputationsworte im Buche Maleachi (Ein Beitrag zur formgeschichtlichen Struktur)», *EvT* 12 (1959) 546-568.

PHILLIPS, A., «The Interpretation of II Sam 12,5-6», *VT* 16 (1966) 242-244.

———, «The Ecstatics' Father», in: *Words and Meanings*, Fs. D. W. THOMAS, Cambridge 1968, 183-194.

———, *Ancient Israel's Criminal Law*. A New Approach to the Decalogue, Oxford 1970.

———, «Some Aspects of Family Law in Pre-exilic Israel», *VT* 23 (1973) 349-361.

———, «Nebalah — a Term for Serious Disorderly and Unruly Conduct», *VT* 25 (1975) 237-241.

———, «Another Look at Murder», *JJS* 28 (1977) 105-126.

———, «Prophecy and Law», in: *Israel's Prophetic Tradition*, Fs. P. R. Ackroyd, Cambridge 1982, 217-232.
———, «'Double for all her Sins'», *ZAW* 94 (1982) 130-132.
Pidoux, G., «Quelques allusions au droit d'asile dans les Psaumes», in *Maqqél Shâqédh*, Fs. W. Vischer, Montpellier 1960, 191-197.
Pirenne, J., «Les Institutions du peuple hébreu», *Archives du Droit Oriental* 4 (1949) 51-75; 5 (1950-1951) 99-131; *Archives d'Histoire du Droit Oriental et RIDA* 1 (1952) 33-86; 2 (1953) 109-149; *RIDA* 3. sér. 1 (1954) 195-235.
Pisapia, G. D., *Compendio di procedura penale*, Padova 1979².
van der Ploeg, J., «Le sens de *gibbôr ḥail*», *RB* 50 (1941) = *Vivre et penser*, I, 120-125.
———, «*Shāpaṭ* et *mishpāṭ*», *OTS* 2 (1943) 144-155.
———, «Notes lexicographiques», *OTS* 5 (1948) 142-150.
———, «Studies in Hebrew Law», *CBQ* 12 (1950) 248-259, 416-427; 13 (1951) 28-43, 164-171, 296-307.
———, «Les chefs du peuple d'Israël et leur titres», *RB* 57 (1950) 40-61.
———, «Les pauvres d'Israël et leur piété», *OTS* 7 (1950) 236-270.
———, «Les 'nobles' israélites», *OTS* 9 (1951) 49-64.
———, «Les *šoṭᵉrim* d'Israël», *OTS* 10 (1954) 185-196.
———, «Les anciens dans l'Ancien Testament», in: *Lex tua Veritas*, Fs. H. Junker, Trier 1961, 175-191.
———, «Le Psaume XVII et ses problèmes», *OTS* 14 (1965) 273-295.
———, «Les juges en Israël», in: *Populus Dei*, I. Israel, Studi in onore del Card. A. Ottaviani, Roma 1969, 463-507.
———, «Le pouvoir exécutif en Israël», *ibid.*, 509-519.
Polley, M. E., «Hebrew Prophecy within the Council of Yahweh, Examined in its Ancient Near Eastern Setting», in: *Scripture in Context*, Essays on the Comparative Method, PittsbTMonSer 34, *ed.* C. D. Evans, *al.*, Pittsburgh 1980, 141-156.
Polzin, R., *Late Biblical Hebrew*. Toward an Historical Typology of Biblical Hebrew Prose, HSM 12, Missoula 1976.
Pons, J., *L'oppression dans l'Ancien Testament*, Paris 1981.
Porteous, N. W., «Semantics and Old Testament Theology», *OTS* 8 (1950) 1-14.
———, «Royal Wisdom», *VTS* 3 (1955) 247-261.
———, «Actualization and the Prophetic Criticism of the Cult», in: *Tradition und Situation*. Studien zur alttestamentlichen Prophetie, Fs. A. Weiser, Göttingen 1963, 93-105.
Porter, J. R., «The Legal Aspects of the Concept of 'Corporate Personality' in the Old Testament», *VT* 15 (1965) 361-380.
Porúbčan, Š., *Sin in the Old Testament*. A Soteriological Study, Roma 1963.
Preiser, W., «Vergeltung und Sühne im altisraelitischen Strafrecht», in: Fs. E. Schmidt, Göttingen 1961, 7-38.
Press, R., «Die Gerichtspredigt der vorexilischen Propheten und der Versuch einer Steigerung der kultischen Leistung», *ZAW* 70 (1958) 181-184.
Prevost, M. H., «A propos du talion», in: *Mélanges* dédiés à la mémoire de J. Teneur, Lille 1976, 619-629.
———, «L'oppression dans la Bible», in: *Mélanges* à la mémoire de M.-H. Prevost, Paris 1982, 3-16.

PRICE, I. M., «The Oath in Court Procedure in Early Babylonia and the Old Testament», *JAOS* 49 (1929) 22-39.

PRIEST, J. E., *Governmental and Judicial Ethics in the Bible and Rabbinic Literature*, New York 1980.

PUGLIESE, G., «'Res iudicata pro veritate accipitur'», in: Studi in onore di E. VOLTERRA, V, Milano 1971, 783-830.

PUUKKO, A. F., «Der Feind in den alttestamentlichen Psalmen», *OTS* 8 (1950) 47-65.

RABELLO, A. M., «Les effets personnels de la puissance paternelle en droit hébraïque, à travers la Bible et le Talmud», in: *Mélanges* à la mémoire de M.-H. PREVOST, Paris 1982, 84-101.

von RAD, G., «'Gerechtigkeit' und 'Leben' in den Psalmen», Fs. A. BERTHOLET, Tübingen 1950, 418-437.

———, «Die Anrechnung des Glaubens zur Gerechtigkeit», *TLZ* 76 (1951) 129-132.

———, *Theologie des Alten Testaments*, I-II, München 1957, 1960.

———, *Die Josephgeschichte*, BiblSt 5, Neukirchen 1964[4].

———, «Gerichtsdoxologie», in: *Schalom*. Studien zu Glaube und Geschichte Israels, Fs. A. JEPSEN, Stuttgart 1971, 28-37.

———, «Zwei Ueberlieferungen von König Saul» (1968), in: *Gesammelte Studien zum Alten Testament*, II, TBüch 48, München 1973, 199-211.

RAITT, Th. M., «The Prophetic Summons to Repentance», *ZAW* 83 (1971) 30-49.

RAMSEY, G. W., «Speech-Forms in Hebrew Law and Prophetic Oracles», *JBL* 96 (1977) 45-58.

REDFORD, D. B., «A Study of the Biblical Story of Joseph (Genesis 37-50)», *VTS* 20 (1970).

REED, W. L., «Some Implications of Ḥēn for Old Testament Religion», *JBL* 73 (1954) 36-41.

REHM, M., «Nehemias 9», *BZ* NF 1 (1957) 59-63.

REINDL, J., *Das Angesicht Gottes im Sprachgebrauch des Alten Testaments*, ErfTSt 25, Leipzig 1970.

REITERER, F. V., *Gerechtigkeit als Heil. ṣdq* bei Deuterojesaja. Aussage und Vergleich mit der alttestamentlichen Tradition, Graz 1976.

RÉMY, P., «Peine de mort et vengeance dans la Bible», *ScEccl* 19 (1967) 323-350.

RENAUD, B., *Je suis un Dieu jaloux*. Evolution sémantique et signification théologique de *qin^{e}'ah*, LDiv 36, Paris 1963.

RENDTORFF, R., «Priesterliche Kulttheologie und prophetische Kultpolemik», *TLZ* 81 (1956) 341-344.

———, *Studien zur Geschichte des Opfers im Alten Israel*, WMANT 24, Neukirchen 1967.

RENKER, A., *Die Tora bei Maleachi*. Ein Beitrag zur Bedeutungsgeschichte von tôrā im Alten Testament, FreibTSt 112, Freiburg–Basel–Wien 1979.

von REVENTLOW, H., «Das Amt des Mazkir. Zur Rechtsstruktur des öffentlichen Lebens in Israel», *ThZ* 15 (1959) 161-175.

———, «Die Völker als Jahves Zeugen bei Ezechiel», *ZAW* 71 (1959) 33-43.

———, «'Sein Blut komme über sein Haupt'», *VT* 10 (1960) 311-327.

———, *Wächter über Israel*. Ezechiel und seine Tradition, BZAW 82, Berlin 1962.

———, *Liturgie und prophetisches Ich bei Jeremia*, Gütersloh 1963.

———, *Rechtfertigung im Horizont des Alten Testaments*, BEvT 58, München 1971.

REVIV, H., «Elders and 'Saviors'», *OrAnt* 16 (1977) 201-204.

———, «The Traditions Concerning the Inception of the Legal System in Israel. Significance and Dating», *ZAW* 94 (1982) 566-575.

———, *The Elders in Ancient Israel*. A Study of a Biblical Institution, Jerusalem 1983 (in ebraico).

REYMOND, Ph., «Le rêve de Salomon (1 Rois 3,4-15)», in: *Maqqêl Shâqêdh*, Fs. W. VISCHER, Montpellier 1960, 210-215.

———, «Sacrifice et 'spiritualité', ou sacrifice et alliance? Jér 7,22-24», *ThZ* 21 (1965) 314-317.

RHODES, A. B., «Israel's Prophets as Intercessors», in: *Scripture in History and Theology*, Fs. J. C. RYLAARSDAM, Pittsburgh 1977, 107-128.

RICHTER, H., *Studien zu Hiob*. Der Aufbau des Hiobbuches, dargestellt an den Gattungen des Rechtsleben, TArb 11, Berlin 1959.

RICHTER, W., *Traditionsgeschichtliche Untersuchungen zum Richterbuch*, BBB 18, Bonn 1963.

———, *Die Bearbeitung des «Retterbuches» in der deuteronomischen Epoche*, BBB 21, Bonn 1964.

———, «Zu den 'Richtern Israels'», *ZAW* 77 (1965) 40-72.

———, «Die *nāgīd*-Formel. Ein Beitrag zur Erhellung des *nāgīd*-Problems», *BZ* NF 9 (1965) 71-84.

RICOEUR, P., *Finitude et culpabilité*, Paris 1960.

RIDDERBOS, N. H., «*'apar* als Staub des Totenortes», *OTS* 5 (1948) 174-178.

———, «Psalm 51: 5-6», in *Studia biblica et semitica* Th. Ch. VRIEZEN... dedicata, Wageningen 1966, 299-312.

———, «Die Theophanie in Psalm 50, 1-6», *OTS* 15 (1969) 213-226.

RIESENER, I., *Der Stamm* **'bd** *im Alten Testament*. Eine Wortuntersuchung unter Berücksichtigung neuerer sprachwissenschaftlicher Methode, BZAW 149, Berlin–New York 1979.

RINALDI, G., «La donna che 'ha deviato'. Considerazioni su Num 5,11-31», *EuntDoc* 26 (1973) 535-550.

RING, E., *Israels Rechtsleben im Lichte der neuentdeckten assyrischen und hethitischen Gesetzesurkunden*, Stockholm–Leipzig 1926.

RINGGREN, H., «Einige Schilderungen des göttlichen Zorns», in: *Tradition und Situation*. Studien zur alttestamentliche Prophetie, Fs. A. WEISER, Göttingen 1963, 107-113.

ROBERTS, J. J. M., «The Divine King and the Human Community in Isaiah's Vision of the Future», in: *The Quest For the Kingdom of God*, Studies in Honor of G. E. MENDENHALL, Winona Lake 1983, 127-136.

ROBERTSON, D. A., *Linguistic Evidence in Dating Early Hebrew Poetry*, SBL Diss 3, Missoula 1972.

ROBINSON, H. W., «The Council of Yahweh», *JTS* 45 (1944) 151-157.

RÖSEL, H. N., «Jephtah und das Problem der Richter», *Bib* 61 (1980) 251-255.

ROSENTHAL, F., «Ṣedaqa, charity», *HUCA* 23 (1950-1951) 411-430.

ROST, L., «Die Gerichtshoheit am Heiligtum», in: *Archäologie und Altes Testament*, Fs. K. GALLING, Tübingen 1970, 225-231.

———, «Erwägungen zum Begriff *šālôm*», in: *Schalom*. Studien zu Glaube und Geschichte Israels, Fs. A. Jepsen, Stuttgart 1971, 41-44.

Roubos, K., *Profetie en Cultus in Israël* (Prophecy and Cult in Israel), Wageningen 1956.

Rouillard, H., «Les feintes questions divines dans la Bible», *VT* 34 (1984) 237-242.

Rozenberg, M. S., «The šōfeṭīm in the Bible», *Eretz-Israel* 12 (1972) 77*-86*.

Rüterswörden, U., *Die Beamten der israelitischen Königszeit*. Eine Studie zu śr und vergleichbaren Begriffen, BWANT 117, Stuttgart 1985.

Ruppert, L., *Die Josepherzählung der Genesis*. Ein Beitrag zur Theologie der Pentateuchquellen, StANT 11, München 1965.

———, *Der leidende Gerechte*. Eine motivgeschichtliche Untersuchung zum Alten Testament und zwischentestamentliche Judentum, ForBib 5, Würzburg 1972.

———, *Der leidende Gerechte und seine Feinde*. Eine Wortfelduntersuchung, Würzburg 1973.

———, «Klagelieder in Israel und Babylonien — verschiedene Deutungen der Gewalt», in: *Gewalt und Gewaltlosigkeit im Alten Testament*, QDisp 96, Freiburg–Basel–Wien 1983, 111-158.

Ruprecht, E., «Eine vergessene Konjektur von A. Klostermann zu 1 Reg 3,27», *ZAW* 88 (1976) 415-418.

Ruwet, J., «Misericordia et Iustitia Dei in Vetere Testamento», *VD* 25 (1947) 35-42, 89-98.

Sakenfeld, K. D., *The Meaning of Ḥesed in the Hebrew Bible*. A New Inquiry, HSM 17, Missoula 1978.

Santos Olivera, B., «'Vindex' seu 'Redemptor' apud hebreos», *VD* 11 (1931) 89-94.

Sarna, N., «Psalm XIX and the Near Eastern Sun-God Literature», in: *Proc. of the Fourth World Congress of Jewish Studies*, I, Jerusalem 1967, 171-175.

Sasson, J. M., «Numbers 5 and the 'Waters of Judgment'», *BZ* NF 16 (1972) 249-251.

Sauer, G., «Die Umkehrforderung in der Verkündigung Jesajas», in: *Wort – Gebot – Glaube*. Beiträge zur Theologie des Alten Testaments, Fs. W. Eichrodt, AThANT 59, Zürich 1970, 277-297.

Savage, M., «Literary Criticism and Biblical Studies: A Rhetorical Analysis of the Joseph Narrative», in: *Scripture in Context*. Essays on the Comparative Method, *ed.* C. D. Evans, *al.*, PittsbTMonSer 34, Pittsburgh 1980, 79-100.

Sawyer, J. F. A., «What was a Mošiaʿ?», *VT* 15 (1965) 475-486.

———, *Semantics in Biblical Research*. New Methods of Defining Hebrew Words for Salvation, StBibT Second Series 24, London 1972.

———, «Types of Prayer in the Old Testament. Some Semantic Observations on *Hitpallel, Hithannen*, etc.», *Semitics* 7 (1980) 131-143.

Schäfer-Lichtenberger, Ch., *Stadt und Eidgenossenschaft im Alten Testament*. Eine Auseinandersetzung mit Max Webers Studie «Das antike Judentum», BZAW 156, Berlin 1983.

Scharbert, J., *Der Schmerz im Alten Testament*, BBB 8, Bonn 1955.

———, «Formgeschichte und Exegese von Ex 34,6f und seiner Parallelen», *Bib* 38 (1957) 130-150.

———, «Das Verbum PQD in der Theologie des Alten Testaments», *BZ* NF 4 (1960) 209-226.

———, «šlm im Alten Testament», in: *Lex tua Veritas*, Fs. H. JUNKER, Trier 1961, 209-229.

———, *Heilsmittler im Alten Testament und im Alten Orient*, QDisp 23/24, Freiburg i.Br. 1964.

SCHENKER, A., *Versöhnung und Sühne*. Wege gewaltfreier Konfliktlösung im AT mit einem Ausblick auf das NT, BiBei 15, Freiburg 1981.

———, *Der Mächtige im Schmelzofen des Mitleids*. Eine Interpretation von 2 Sam 24, OBO 42, Freiburg 1982.

SCHILLING, O., «Die alttestamentliche Auffassung von Gerechtigkeit und Liebe», in: *Vom Wort des Lebens*, Fs. M. MEINERTZ, Münster i.W. 1951, 9-27.

SCHMID, H. H., *Gerechtigkeit als Weltordnung*. Hintergrund und Geschichte des alttestamentlichen Gerechtigkeitsbegriffes, BeiHistT 40, Tübingen 1968.

———, *Šalôm*. «Frieden» im Alten Orient und im Alten Testament, SBS 51, Stuttgart 1971.

———, «Gerechtigkeit und Barmherzigkeit im Alten Testament», *WDienst* 12 (1973) 31-41.

———, «Rechtfertigung als Schöpfungsgeschehen. Notizen zur alttestamentlichen Vorgeschichte eines neutestamentlichen Themas», in: *Rechtfertigung*, Fs. E. KÄSEMANN, Tübingen–Göttingen 1976, 403-414.

SCHMID, R., *Das Bundesopfer in Israel*. Wesen, Ursprung und Bedeutung der alttestamentlichen Schelamim, StANT 9, München 1964.

SCHMIDT, H., *Das Gebet der Angeklagten im Alten Testament*, BZAW 49, Giessen 1928.

SCHMIDT, L., «*De Deo*». Studien zur Literarkritik und Theologie des Buches Jona, des Gesprächs zwischen Abraham und Jahwe in Gen 18,22ff. und von Hi 1, BZAW 143, Berlin–New York 1976.

SCHMIDT, W. H., *Königtum Gottes in Ugarit und Israel*. Zur Herkunft der Königsprädikation Jahwes, BZAW 80, Berlin 1961.

———, *Zukunftsgewissheit und Gegenwartskritik*. Grundzüge prophetischer Verkündigung, BiblSt 64, Neukirchen 1973.

———, «'Rechtfertigung des Gottlosen' in der Botschaft der Propheten», in: *Die Botschaft und die Boten*, Fs. H. W. WOLFF, Neukirchen 1981, 157-168.

SCHMITT, H.-Ch., *Die nichtpriesterliche Josephgeschichte*. Ein Beitrag zur neuesten Pentateuchkritik, BZAW 154, Berlin 1980.

SCHMÖKEL, H., *Das angewandte Recht im Alten Testament*. Eine Untersuchung seiner Beziehungen zum kodifizierten Recht Israels und des alten Orients, Leipzig 1930.

SCHMUTTERMAYR, G., «RḤM — Eine lexikalische Studie», *Bib* 51 (1970) 499-532.

SCHNUTENHAUS, F., «Das Kommen und Erscheinen Gottes im Alten Testament», *ZAW* 76 (1964) 1-22.

SCHÖTZ, D., *Schuld- und Sündopfer im Alten Testament*, BSHT 18, Breslau 1930.

SCHOLNICK, S. H., «The Meaning of *mišpaṭ* in the Book of Job», *JBL* 101 (1982) 521-529.

SCHOORS, A., *I Am God Your Saviour*. A Form-critical Study of the Main Genres in Is XL-LX, *VTS* 24 (1973).

———, «The Particle *ky*», *OTS* 21 (1981) 240-276.

SCHOTTROFF, W., *«Gedenken» im Alten Orient und im Alten Testament*. Die Wurzel zākar im semitischen Sprachkreis, WMANT 15, Neukirchen 1964.

———, «Das Weinberglied Jesajas (Jes 5,1-7). Ein Beitrag zur Geschichte der Parabel», *ZAW* 82 (1970) 68-91.

———, «Zum alttestamentlichen Recht», *VerkF* 22 (1977) 3-29.

SCHOTTROFF, W. – STEGEMAN, W., *ed., Traditionen der Befreiung*. Sozialgeschichtliche Bibelauslegung, Bd. 1. Methodische Zugänge, München 1980.

SCHÜNGEL-STRAUMANN, H., *Gottesbild und Kultkritik vorexilischer Propheten*, SBS 60, Stuttgart 1972.

SCHULZ, H., *Das Todesrecht im Alten Testament*. Studien zur Rechtsform der Mot–Jumat–Sätze, BZAW 114, Berlin 1969.

SCHUNCK, K.-D., «Die Richter Israels und ihr Amt», *VTS* 15 (1966) 252-262.

SCHWANTES, M., *Das Recht der Armen*, BeiBibExT 4, Frankfurt a.M. 1977.

SCULLION, J. J., «Ṣedeq - ṣedaqah in Isaiah cc. 40–66 with special reference to the continuity in meaning between Second and Third Isaiah», *UF* 3 (1971) 335-348.

SEEBASS, H., «Nathan und David in II Sam 12», *ZAW* 86 (1974) 203-211.

———, «Der Fall Naboth in 1 Reg XXI», *VT* 24 (1974) 474-488.

———, *Geschichtliche Zeit und theonome Tradition in der Joseph-Erzählung*, Gütersloh 1978.

———, «Die Stämmesprüche Gen 49,3-27», *ZAW* 96 (1984) 333-350.

SEELIGMANN, I. L., «Menschliches Heldentum und göttliche Hilfe. Die doppelte Kausalität im alttestamentlichen Geschichtsdenken», *ThZ* 19 (1963) 385-411.

———, «Zur Terminologie für das Gerichtsverfahren im Wortschatz des biblischen Hebräisch», *VTS* 16 (1967) 251-278.

SEGERT, S., «Form and Function of Ancient Israelite, Greek and Roman Legal Sentences», in: *Orient and Occident*, Essays presented to C. H. GORDON, AOAT 22, Neukirchen 1973, 162-165.

SEIDEL, H., *Das Erlebnis der Einsamkeit im Alten Testament*. Eine Untersuchung zum Menschenbild des Alten Testament, TArb 29, Berlin 1969.

SEITZ, G., *Redaktionsgeschichtliche Studien zum Deuteronomium*, BWANT 93, Stuttgart 1971.

SEKINE, M., «Das Problem der Kultpolemik bei den Propheten», *EvT* 28 (1968) 605-609.

SEYBOLD, K., «Zwei Bemerkungen zu *gmwl/gml*», *VT* 22 (1972) 112-117.

———, *Das Gebet des Kranken im Alten Testament*, BWANT 99, Stuttgart 1973.

SHAVIV, Sh., «*Nābî'* and *nāgîd* in 1 Sam IX 1 – X 16», *VT* 34 (1984) 108-113.

SICRE, J. L., *Los dioses olvidados*. Poder y riqueza en los profetas preexílicos, Madrid 1979.

———, «La monarquía y la justicia. La práctica de la justicia como elemento aglutinante en la redacción de Jr 21,11 – 23,8», in: *El misterio de la Palabra*, Homenaje ... L. ALONSO SCHÖKEL, Madrid 1983, 193-206.

———, *«Con los pobres de la tierra»*. La justicia social en los profetas de Israel, Madrid 1984.

SIMON, V., «The Poor Man's Ewe-Lamb. An Example of a Juridical Parable», *Bib* 48 (1967) 207-242.

SKA, J.-L., «La sortie d'Egypte (Ex 7-14) dans le récit sacerdotal (P^g) et la tradition prophétique», *Bib* 60 (1979) 191-215.

SKEHAN, P. W., «The Structure of the Song of Moses in Deuteronomy (Deut 32: 1-43)», *CBQ* 13 (1951) 153-163.

SMITH, C. R., *The Bible Doctrine of Sin*, London 1953.
SMITH, S., «The Threshing Floor and the City Gate», *PEQ* 78 (1946) 5-14.
———, «On the Meaning of *goren*», *PEQ* 85 (1953) 42-45.
SNAITH, N. H., *The Distinctive Ideas of the Old Testament*, London 1944.
———, «The hebrew Root *g'l* (I)», *AnLeeds* 3 (1961-1962) 60-67.
———, «Genesis XXXI 50», *VT* 14 (1964) 373.
———, «The Sin-Offering and the Guilt-Offering», *VT* 15 (1965) 73-80.
SNIJDERS, L. A., «Psaume XXVI et l'innocence», *OTS* 13 (1963) 112-130.
SOGGIN, J. A., «Der prophetische Gedanke über den heiligen Krieg, als Gericht gegen Israel», *VT* 10 (1960) 79-83.
———, «Il Salmo 15 (Volgata 14). Osservazioni filologiche ed esegetiche», *BbbOr* 12 (1970) 83-90.
———, «Das Amt der 'kleinen Richter' in Israel», *VT* 30 (1980) 245-248.
SPEISER, E. A., «'Coming' and 'Going' at the 'City' Gate», *BASOR* 144 (1952) 20-23.
———, «Census and Ritual Expiation in Mari and Israel», *BASOR* 149 (1958) 17-25.
———, «Background and Function of the Biblical Nāśī'», *CBQ* 25 (1963) 111-117.
———, «The Stem PLL in Hebrew», *JBL* 82 (1963) 301-306.
STAMM, J. J., *Erlösen und Vergeben im Alten Testament*. Eine begriffsgeschichtliche Untersuchung, Bern 1940.
———, «Ein Vierteljahrhundert Psalmenforschung», *TRu* 23 (1955) 1-68.
———, «Der Weltfriede im Alten Testament», in: J. J. STAMM – H. BIETENHARD, *Der Weltfriede im Alten und Neuen Testament*, Zürich 1959, 7-63.
STECK, O. H., *Überlieferung und Zeitgeschichte in den Elia-Erzählungen*, WMANT 26, Neukirchen 1968.
STEK, J. H., «Salvation, Justice and Liberation in the Old Testament», *CalvTJ* 13 (1978) 133-165.
STOCK, K., «Gott der Richter. Der Gerichtsgedanke als Horizont der Rechtfertigungslehre», *EvT* 40 (1980) 240-256.
STOEBE, H. J., «Das achte Gebot (Exod 20, Vers 16)», *WDienst* 3 (1952) 108-126.
———, «Die Bedeutung des Wortes *ḥäsäd* im Alten Testament», *VT* 2 (1952) 244-254.
te STROETE, G., «Sünde im Alten Testament. Die Wiedergabe einiger hebräischer Ausdrücke für 'Sünde' in fünf gangbaren west-europäischen Bibelübersetzungen», in: *Übersetzung und Deutung*, Fs. A. R. HULST, Nijkerk 1977, 164-175.
SUBILIA, V., *La giustificazione per fede*, Brescia 1976.
SWARTZBACK, R. H., «A Biblical Study of the Word 'Vengeance'», *Interpr* 6 (1952) 451-457.
TALMON, S., «The New Hebrew Letter from the Seventh Century B.C. in Historical Perspective», *BASOR* 176 (1964) 29-38.
———, «*Amen* as an Introductory Oath Formula», *Textus* 7 (1969) 124-129.
TASKER, R. V., *The Biblical Doctrine of the Wrath of God*, London 1951.
THOMAS, D. W., «*bᵉliyyaʿal* in the Old Testament», in: *Biblical and Patristic Studies* in Memory of R. P. CASEY, Freiburg 1963, 11-19.
THOMPSON, J. A., «Expansion of the *ʿd* Root», *JSS* 10 (1965) 222-240.

THOMPSON, R. J., *Penitence and Sacrifice in Early Israel outside the Levitical Law*, Leiden 1963.

THOMSON, H. C., «The Significance of the Term 'Asham in the Old Testament», *GUOST* 14 (1953) 20-26.

———, «*Shopeṭ* and *Mishpaṭ* in the Book of Judges», *GUOST* 19 (1961-1962) 74-85.

THYEN, H., *Studien zur Sündenvergebung im Neuen Testament und seinen alttestamentlichen und jüdischen Voraussetzungen*, FRLANT 96, Göttingen 1970.

TIGAY, J. H., «Psalm 7,5 and Ancient Near Eastern Treaties», *JBL* 89 (1970) 178-186.

TOAFF, E., «Evoluzione del concetto ebraico di zedāqa», *AnStEbr* (1968-1969) 111-122.

TOOMBS, L. E., «Love and Justice in Deuteronomy», *Interpr* 19 (1965) 399-411.

TOSATO, A., «Sul significato dei termini biblici *'Almānâ, 'Almānût* ('vedova', 'vedovanza')», *BbbOr* 25 (1983) 193-214.

TREBOLLE BARRERA, J. C., *Salomón y Jeroboán.* Historia de la recensión y redacción de I Reyes 2-12,14, Bibliotheca Salmanticensis Diss. 3, Salamanca–Jerusalem 1980.

———, «La liberación de Egipto narrada y creída desde la opresión de Salomón», *CuadBib* 6 (1981) 1-19.

TROMP, N. J., «Tibi soli peccavi — Ps 51,6», *OnsGeestLev* 54 (1977) 226-234.

———, «The Hebrew Particle *bal*», *OTS* 21 (1981) 277-287.

TSEVAT, M., «God and the Gods in Assembly. An Interpretation of Psalm 82», *HUCA* 40-41 (1969-1970) 123-137.

TUCKER, G. M., «Witnesses and 'Dates' in Israelite Contracts», *CBQ* 28 (1966) 42-45.

van UCHELEN, N. A., «*'nšy dmym* in the Psalms», *OTS* 15 (1969) 205-212.

VALGIGLIO, E., *Confessio nella Bibbia e nella letteratura cristiana antica*, Torino 1980.

VANNOY, J. R., «The use of the Word *hā'ᵉlōhîm* in Exodus 21:6 and 22:7,8», in: *The Law and the Prophets*, Fs. O. Th. ALLIS, Nutley 1974, 225-241.

VATTIONI, F., «I precedenti letterari di Is 32,17. Et erit opus iustitiae pax», *RivB* 6 (1958) 23-32.

———, «Malachia 3,20 e l'origine della giustizia in Oriente», *RivB* 6 (1958) 353-360.

de VAUX, R., «Titres et fonctionnaires égyptiens à la cour de David et de Salomon», *RB* 48 (1939) 395-397.

———, *Les Institutions de l'Ancien Testament*, I-II, Paris 1958, 1960.

———, *Les sacrifices de l'Ancien Testament*, Cahiers de la Revue Biblique 1, Paris 1964.

VELLA, J., *La giustizia forense di Dio*, Supplementi alla Rivista Biblica, Brescia 1964.

———, «Il Redentore di Giobbe (Nota a *Giob* 16,20)», *RivB* 13 (1965) 161-168.

———, «Una trama letteraria di liti di Dio con il suo popolo: schema di teologia biblica», in: *Jalones de la Historia de la salvación en el Antiguo y Nuevo Testamento*, XXVI SemBEsp (1965), Madrid 1969, 113-131.

VESCO, J.-L., «Amos de Teqoa, défenseur de l'homme», *RB* 87 (1980) 481-513.

VETTER, D., «Satzformen prophetischer Rede», in: *Werden und Wirken des Alten Testaments*, Fs. C. WESTERMANN, Neukirchen 1980, 174-193.
VICTOR, P., «A Note on *ḥōq* in the Old Testament», *VT* 16 (1966) 358-361.
VÍLCHEZ, J., «El binomio justicia-injusticia en el libro de la Sabiduría», *CuadBib* 7 (1981) 1-16.
van VLIET, H., *No Single Testimony*. A Study on the Adoption of the Law of Deut 19:15 par. into the New Testament, STRT 4, Utrecht 1958.
VOGT, E., «Die Lähmung und Stummheit des Propheten Ezechiel», in: *Wort – Gebot – Glaube*. Beiträge zur Theologie des Alten Testaments, Fs. W. EICHRODT, AThANT 59, Zürich 1970, 87-100.
VOLZ, P., *Die biblische Altertümer*, Stuttgart 1914.
———, «Die radikale Ablehnung der Kultreligion durch die alttestamentlichen Propheten», *ZSTh* 14 (1937) 63-85.
de VRIES, S. Ph., *Jüdische Riten und Symbole*, Wiesbaden 1981.
WAGNER, V., «Umfang und Inhalt der *mōt-jūmat*-Reihe», *OLZ* 63 (1968) 325-328.
———, *Rechtssätze in gebundener Sprache und Rechtssatzreihen im israelitischen Recht*. Ein Beitrag zur Gattungsforschung, BZAW 127, Berlin 1972.
von WALDOW, E., *Der traditionsgeschichtliche Hintergrund der prophetischen Gerichtsreden*, BZAW 85, Berlin 1963.
———, «Social Responsability and Social Structure in Early Israel», *CBQ* 32 (1970) 182-204.
WALTHER, A., *Das altbabylonische Gerichtswesen*, LSSt 6, Leipzig 1917.
WAMBACQ, B. N., «La prière de Baruch (1,15 – 2,19) et de Daniel (9,5-19)», *Bib* 40 (1959) 463-475.
WANKE, G., «*'ôy* und *hôy*», *ZAW* 78 (1966) 215-218.
———, «Zu Grundlagen und Absicht prophetischer Sozialkritik», *KerDo* 18 (1972) 2-17.
de WARD, E. F., «Mourning Customs in 1,2 Samuel», *JJS* 23 (1972) 1-27, 145-166.
WARMUTH, G., *Das Mahnwort*. Seine Bedeutung für die Verkündigung der vorexilischen Propheten Amos, Hosea, Micha, Jesaja und Jeremia, BeiBibExT 1, Frankfurt 1976.
WARNER, S. M., «The Period of the Judges within the Structure of Early Israel», *HUCA* 47 (1976) 57-79.
WATSON, W. G. E., «Reclustering Hebrew *l'lyd*», *Bib* 58 (1977) 213-215.
———, «The Metaphor in Job 10,17», *Bib* 63 (1982) 255-257.
van der WEIJDEN, A. H., *Die «Gerechtigkeit» in den Psalmen*, Nimwegen 1952.
WEIL, H.-M., «Exégèse d'Isaïe 3,1-15», *RB* 49 (1940) 76-85.
WEINFELD, M., *Deuteronomy and Deuteronomic School*, Oxford 1972.
———, «The Origins of the apodictic Law. An overlooked Source», *VT* 23 (1973) 63-75.
———, «Judge and Officer in Ancient Israel and in the Ancient Near East, *IsrOrSt* 7 (1977) 65-88.
WEINGREEN, J., «The Case of the Daughters of Zelophchad», *VT* 16 (1966) 518-522.
WEISMAN, Z., «Charismatic Leadership in the Era of the Judges», *ZAW* 89 (1977) 399-412.

Weismann, J., «Talion und öffentliche Strafe im Mosaischen Rechte» (1913), in: *Um das Prinzip der Vergeltung in Religion und Recht des Alten Testaments, ed.* K. Koch, WegFor 125, Darmstadt 1972, 325-406.

Welch, A. C., «The Source of Nehemiah IX», *ZAW* 47 (1929) 130-137.

Welten, P., «Naboth Weinberg (1 Könige 21)», *EvT* 33 (1973) 18-32.

Wenham, G. J., «Legal Forms in the Book of the Covenant», *TyndB* 22 (1971) 95-102.

Westermann, C., «Struktur und Geschichte der Klage im Alten Testament», *ZAW* 66 (1954) 44-80.

———, *Das Loben Gottes in den Psalmen*, Göttingen 1954.

———, «Die Begriffe für Fragen und Suchen im Alten Testament», *KerDo* 6 (1960) 2-30.

———, *Grundformen prophetischer Rede*, BEvT 31, München 1960.

———, «Boten des Zorns. Der Begriff des Zornes Gottes in der Prophetie», in: *Die Botschaft und die Boten*, Fs. H. W. Wolff, Neukirchen 1981, 147-156.

———, *Vergleiche und Gleichnisse im Alten Testament und Neuen Testament*, CalwTMon 14, Stuttgart 1984.

Whitelam, K. W., *The Just King*. Monarchical Judicial Authority in Ancient Israel, JSOT Suppl. Series 12, Sheffield 1979.

Whitley, C. F., «Deutero-Isaiah's Interpretation of *ṣedeq*», *VT* 22 (1972) 469-475.

———, «The Semantic Range of *Ḥesed*», *Bib* 62 (1981) 519-526.

Wildberger, H., «Die Thronnamen des Messias, Jes 9,5b», *ThZ* 16 (1960) 314-332.

Wildeboer, G., «Die älteste Bedeutung des Stamme *tsdq* [= *ṣdq*]», *ZAW* 22 (1902) 167-169.

Wilhelmi, G., «Der Hirt mit dem eisernen Szepter. Überlegungen zu Psalm II 9», *VT* 27 (1977) 196-204.

Williams, J. G., «The Alas-Oracles of the Eighth Century Prophets», *HUCA* 38 (1967) 75-91.

Willis, J. T., «The Genre of Isaiah 5:1-7», *JBL* 96 (1977) 337-362.

Wilson, R. R., «An Interpretation of Ezekiel's Dumbness», *VT* 22 (1972) 91-104.

———, «Enforcing the Covenant: The Mechanisms of Judicial Authority in Early Israel», in: *The Quest For the Kingdom of God*, Studies in Honor of G. E. Mendenhall, Winona Lake 1983, 59-75.

Wiseman, D. J., «'Is it peace?' — Covenant and Diplomacy», *VT* 32 (1982) 311-326.

Wold, D. J., «The *kareth* Penalty in P: Rationale and Cases», in: *SBL 1979 Seminar Papers*, I, *ed.* P. J. Achtemeier, Missoula 1979, 1-45.

Wolff, H. W., «Die Begründungen der prophetischen Heils- und Unheilssprüche», *ZAW* 52 (1934) 1-22.

———, «Das Thema 'Umkehr' in der alttestamentlichen Prophetie», *ZTK* 48 (1951) 129-148.

———, «Der Aufruf zur Volksklage», *ZAW* 76 (1964) 48-56.

———, «'Wissen um Gott' bei Hosea als Urform von Theologie», in: *Gesammelte Studien zum Alten Testament*, München 1973², 182-205.

Wolverton, W. I., «The King's 'Justice' in Pre-Exilic Israel» *AnglTR* 41 (1959) 276-286.

WRIGHT, G. E., «The Lawsuit of God: A Form-Critical Study of Deuteronomy 32», in: *Israel's Prophetic Heritage*, Essays in Honor of J. MUILENBURG, New York 1962, 26-67.

WÜRTHWEIN, E., «Der Ursprung der prophetischen Gerichtsrede», *ZTK* 49 (1952) 1-16.

———, «Kultpolemik oder Kultbescheid? Beobachtungen zu dem Thema 'Prophetie und Kult'», in: *Tradition und Situation*. Studien zur alttestamentlichen Prophetie, Fs. A. WEISER, Göttingen 1963, 115-131.

———, «Naboth-Novelle und Elia-Wort», *ZTK* 75 (1978) 375-397.

YADIN, Y., *The Art of Warfare in Biblical Lands*. In the Light of Archaeological Study, 2 voll., New York–Toronto–London 1963.

YARON, R., «Jewish Law and Other Legal Systems of Antiquity», *JSS* 4 (1959) 308-331.

YEE, G. W., «A Form-Critical Study of Isaiah 5:1-7 as a Song and a Juridical Parable», *CBQ* 43 (1981) 30-40.

ZEITLIN, I. M., *Ancient Judaism*. Biblical Criticism from Max Weber to the Present, Cambridge 1984.

ZIEGLER, J., «Die Hilfe Gottes 'am Morgen'», in: *Alttestamentliche Studien*, Fs. F. NOETSCHER, BBB 1, Bonn 1950, 281-288.

ZIMMERLI, W., «Die Eigenart der prophetischen Rede des Ezechiel. Ein Beitrag zum Problem an Hand von Ez 14,1-11», *ZAW* 66 (1954) 1-26.

———, «Alttestamentliche Prophetie und Apokalyptik auf dem Wege zur 'Rechtfertigung des Gottlosen'», in: *Rechtfertigung*, Fs. E. KÄSEMANN Tübingen-Göttingen 1976, 575-592.

———, «Das Gottesrecht bei den Propheten Amos, Hosea und Jesaja», in: *Werden und Wirken des Alten Testaments*, Fs. C. WESTERMANN, Neukirchen 1980, 216-235.

ZINGG, E., «Das Strafrecht nach den Gesetzen Moses», *Judaica* 17 (1961) 106-119.

ZINK, J. K., «Uncleanness and Sin. A Study of Job XIV 4 and Psalm LI 7», *VT* 17 (1967) 354-361.

ZURRO RODRIGUEZ, E., *Procedimientos iterativos en la poesia ugarítica y hebrea*, Diss. Pont. Ist. Biblico, Roma 1985.

INDICE DEGLI AUTORI

INDICE DELLE CITAZIONI BIBLICHE (*selettivo*)

Isaia

Salmi

INDICE DEI TERMINI EBRAICI

INDICE DEI CONCETTI

SOMMARIO

TIPOGRAFIA POLIGLOTTA DELLA PONTIFICIA UNIVERSITÀ GREGORIANA
PIAZZA DELLA PILOTTA, 4 - ROMA